AG SPAK

Arbeitsgemeinschaft sozialpolitischer Arbeitskreise

Materialien der AG SPAK – M 294

Herausgeber:
Alexander Gregory / Torsten Schmotz
im Auftrag von
Evangelisches Bildungswerk München (ebw)
IBPro e.V. – Institut für Beratung und Projektentwicklung
Die Paritätische Geldberatung eG
VIS a VIS Beratung – Konzepte – Projekte

Fundraising-Praxis vor Ort

**Ideen, Methoden, Beispiele, Tipps und Adressen
zur Finanzierung von regionalen Vereinen, Projekten
und gemeinnützigen Einrichtungen
in ganz Deutschland**

AG SPAK Bücher

Impressum

ISBN 978-3-940865-89-2

6. vollständig überarbeitete und stark erweiterte Auflage 2015

© bei den Autoren

Herausgeber:	Alexander Gregory / Torsten Schmotz
im Auftrag von	Evangelisches Bildungswerk München (ebw)
	IBPro e.V. – Institut für Beratung und Projektentwicklung
	Die Paritätische Geldberatung eG
	VIS a VIS Beratung – Konzepte – Projekte

Ratgeber-Reihe

Satz + Titellayout:	Hannelore Zimmermann, Waldemar Schindowski
	Hintergrundbild Umschlag: © tashatuvango
Druck:	Digitaldruck leibi.de

klimaneutral gedruckt
weitere Information: www.leibi.de/klima

Zu bestellen über den Buchhandel oder direkt bei:
AG SPAK Bücher, Burlafinger Str. 11, 89233 Neu-Ulm,
Fax 07308/91 90 95, spak-buecher@leibi.de, www.agspak-buecher.de

Die Herausgeber sind sehr dankbar, wenn die Nutzer des Buches ihre Korrekturen und Ergänzungen mitteilen: Alexander Gregory, Artur-Kutscher-Platz 2, 80802 München, Tel. 089/34 50 03, a.gregory44@gmail.com oder an Torsten Schmotz, Buchenstraße 3, 91564 Neuendettelsau, Tel. 09874/322 311, tschmotz@foerder-lotse.de

Aus Gründen der schnelleren Lesbarkeit wurde jeweils die so genannte männliche Form von Berufsbezeichnungen etc. verwendet. In diesem Zusammenhang ist den Herausgebern und Autoren die Information wichtig, dass viele Frauen im Fundraising sehr erfolgreich sind, der Spendenanteil von Frauen höher ist, es mehr Stifterinnen als Stifter gibt und Frauen im sozialen und ehrenamtlichen, also im gesellschaftlich immer bedeutenderen „dritten Sektor" dominieren.

Haftungsausschluss: Trotz aller Sorgfalt bei der Recherche können die Autoren und Herausgeber für die Richtigkeit der in dieses Buch aufgenommenen Fakten und Hinweise keinerlei Haftung übernehmen. Der Markt der Fördermöglichkeiten für Gemeinwohlorientierte ist zudem ständigen Änderungen unterworfen. In diesem Buch werden dazu nur Beispiele genannt. Die vorliegende Ausgabe beruht auf dem Stand von Juni 2015. Wir empfehlen unseren Lesern, bei Interesse an einer bestimmten Förderung selbst zu recherchieren, welche aktuellen Programme es dazu gibt. Verbindliche Auskünfte zu rechtlichen und steuerlichen Fragen holen Sie gegebenenfalls bei Ihrem Rechtsanwalt, Notar oder Steuerberater ein.

Dieses Buch ist auch als eBook erschienen: ISBN 978-3-945959-00-8

Bibliografische Informationen Der Deutschen Bibliothek

Die Deutsche Bibliothek verzeichnet diese Publikation in der Deutschen Nationalbibliografie.
Detaillierte bibliografische Daten sind im Internet unter: http://dnb.de abrufbar.

Inhalt

8

Teil 3 Antragsmittel – Die Fördertöpfe sind gut gefüllt

Gebrauchsanweisung

- Wer sollte dieses Buch lesen?
- Wer sollte dieses Buch nicht lesen?
- Wie Sie das Buch am besten nutzen können
- Wie dieses Buch aufgebaut ist
- Neues in dieser sechsten Auflage
- Vier zentrale Begriffe, die wir nutzen

Starten Sie durch

Wir heißen Sie herzlich willkommen in unserem Anleitungs- und Nachschlagebuch für die Fundraising-Praxis vor Ort. Freuen Sie sich auf einen komprimierten Überblick über Methoden, Instrumente und Strategien, auf zahlreiche Tipps, Praxisbeispiele und Checklisten. 28 namhafte Autoren haben für Sie ihr Fachwissen und ihre jahrelange Erfahrungen beim Einwerben von Unterstützung und Spenden zusammengefasst.

Unter Fundraising verstehen wir in diesem Buch alle zielführenden Aktivitäten, um die notwendigen Ressourcen (Geld- und Sachmittel, Mitarbeit, Bekanntheit) zu gewinnen, die den Bestand und die Weiterentwicklung von gemeinwohlorientierten Aktivitäten und Organisationen sichern. Das kann beispielsweise durch die Gewinnung von Mitmenschen als Spender geschehen, durch einen Sponsoringvertrag mit dem örtlichen Supermarkt oder durch die Beantragung von Fördermitteln bei der örtlichen Sparkassenstiftung. Dabei geht es nicht nur um finanzielle Unterstützung, sondern auch um Hilfe in Form von Sachspenden, ehrenamtlichem Engagement, Dienstleistungen, Öffentlichkeitsarbeit, Kooperationen und Weiterempfehlungen.

Wer sollte dieses Buch lesen?

Fundraising-Praxis vor Ort wendet sich grundsätzlich an alle Engagierten aus dem gemeinnützigen und öffentlichen Bereich, die für ihre Organisationen und Aktivitäten nachhaltig die Finanzierung sichern wollen.

Fundraising kann für die unterschiedlichsten Aktivitäten genutzt werden, egal ob Sie als kirchliche Gruppe außerschulische Jugendarbeit anbieten, als Bürgerinitiative gegen eine Stromtrasse aktiv sind, ein internationales Chorfestival organisieren, als öffentliche Schule die Erweiterung der Bibliothek finanzieren, in Ihrer Stadt ein Hospiz gründen möchten oder in Südamerika ein Selbsthilfeprojekt für Bauern unterstützen.

Aus unserer Erfahrung benötigen vor allem folgende Verantwortliche von gemeinwohlorientierten Organisationen und Projekten das notwendige Praxiswissen im Bereich Fundraising:
– Vorstände, Geschäftsführer und Führungskräfte
– Verantwortliche für die Bereiche Öffentlichkeitsarbeit, Kommunikation, Marketing und Finanzen
Dabei ist es unerheblich, ob Sie ein kleinerer, ausschließlich ehrenamtlich getragener Verein sind oder ein großer Regionalverband beispielsweise vom Roten Kreuz oder der Caritas mit mehreren hundert Mitarbeitern.

Haben Sie erstmals Aufgaben im Fundraising-Bereich übernommen, dann beantwortet *Fundraising-Praxis vor Ort* alle wichtigen Fragen zu den Einsatzmöglichkeiten der verschiedenen Instrumente und Methoden. Dabei unterscheiden wir bewusst Aktivitäten „vor der Haustür", welche sich von Einsteigern gut umsetzen lassen, von Aktivitäten für Fortgeschrittene. Auch Mandatsträgern, Mitarbeitenden in der öffentlichen Verwaltung und in den Verbänden sei das Buch empfohlen. Es ermöglicht ihnen kompetente Dialoge über Chancen der Finanzierung gemeinnütziger Projekte. Alle Förderer – Behörden, Richter, Firmen, Verbände, Stiftungen, Fonds oder Spender – können mit diesem Buch ihre Position und Verantwortung im Konzert des Fundraising erkennen und ihre Antragsteller besser beraten. Fundraiser mit mehr Erfahrungen werden dieses Buch als Nachschlagewerk und (das Schlagwortregister) als Lexikon für die tägliche Praxis nutzen oder sich damit in neuere Themen wie zum Beispiel Online-Fundraising und Crowdfunding einarbeiten.

Wer sollte dieses Buch nicht lesen?

Suchen Sie nach einer wissenschaftlichen Perspektive auf das Fundraising? Sind Sie ein Anhänger von akademischen Diskussionen? Dann werden Sie mit unserem Buch wahrscheinlich nicht glücklich werden. Bewusst haben wir auf Fußnoten und ein wissenschaftliches Quellenverzeichnis verzichtet. Unser Ziel ist es auch nicht, alle Methoden und Instrumente bis in kleinste Detail zu beschreiben. Inzwischen gibt es umfassende Fachliteratur zu den einzelnen Instrumenten, die wir zur Vertiefung empfehlen. Wir wenden uns dagegen an Engagierte, welche schnellen Zugriff auf knapp gefasste Beschreibungen und praxisnahe Beispiele für möglichst viele Fundraising-Instrumente suchen und diese schnell und direkt umsetzen möchten.

Wie Sie das Buch am besten nutzen können

Unser Buch ist als Nachschlagewerk für den täglichen Einsatz konzipiert. Stehen Sie vor der Herausforderung, einen Benefizevent zu organisieren, müssen Sie Ihren ersten Spendenbrief formulieren oder wollen Sie wissen, wo Sie nach regionalen Stiftungen recherchieren können? Um das passende Kapitel zu finden, gehen Sie entweder über unser detailliertes Inhaltsverzeichnis oder Sie nutzen das ausführliche Schlagwortregister am Ende des Buches.

Zu jedem Thema geben wir Ihnen einen komprimierten Überblick über die entscheidenden Fakten, aufgelockert durch zahlreiche *Praxisbeispiele* und Erfahrungen von anderen gemeinnützigen Organisationen und Projekten. An vielen Stellen haben wir *Checklisten* für Sie zusammengestellt, die Sie direkt für die Umsetzung in die Praxis nutzen können. Erfahrungen, die uns besonders am Herzen liegen, finden Sie in unseren grau hinterlegten (*Tipp-*)Kästchen.

Wie dieses Buch aufgebaut ist

Wir haben versucht, jedes Thema / jede Methode in einem in sich abgeschlossenen Kapitel zusammenzufassen. Sie müssen unser Buch also nicht von vorne bis hinten durcharbeiten, um es optimal nutzen zu können, sondern können direkt zu dem Kapitel springen, welches Sie aktuell interessiert. Viele Strategien und Instrumente des Fundraisings sind mit weiteren Themen vernetzt. Aus diesem Grund finden Sie in fast jedem Kapitel Querverweise. Der Einsteiger in das Thema Fundraising ist schnell durch die Vielzahl von Instrumenten und Strategien überrollt. Vor diesem Hintergrund stellen wir die Themen nicht in alphabetischer Reihenfolge vor, sondern haben unser Buch in fünf inhaltlich definierte Teile strukturiert:

Teil 1: Bevor sie loslegen - Fundamente des Fundraisings

In diesem Teil erhalten Sie einen komprimierten Überblick über die zentralen Grundlagen erfolgreichen Fundraisings. Fundraising besteht dabei nicht nur aus der Anwendung der richtigen „Techniken", um Spender zu gewinnen. Ihre Organisation muss hinter Ihren Aktivitäten der Spendengewinnung stehen und Sie benötigen die Unterstützung Ihrer Führungsmannschaft. Zentrale Erfolgsfaktoren sind ein planerisches Vorgehen und die Integration der Öffentlichkeitsarbeit. Abschließend geben wir Ihnen in einen ersten Überblick, welche typischen Finanzierungsbausteine Ihnen für gemeinwohlorientierte Aktivitäten zur Verfügung stehen. In der Praxis geht es darum, diese Bausteine entsprechend Ihrer Ziele und Rahmenbedingungen clever zu kombinieren.

Teil 2: Spenden, Sponsoring und mehr - Klein anfangen, um schnell zu wachsen

Hier lernen Sie die verschiedenen Strategien und Instrumente kennen, wenn Sie Privatpersonen, Unternehmen und Medien für Ihre Arbeit gewinnen möchten. Der Teil 2.1 *Spendeninstrumente vor der Haustür* umfasst dabei grundlegende Aktivitäten wie zum Beispiel Mitgliedsbeiträge, Gründung von Förderkreisen, Spendenbriefe oder Benefizevents, welche für fast alle Spenden sammelnden Organisationen relevant sind. Der Teil 2.2 *Spezielle Fundraising-Instrumente* stellt weitere Möglichkeiten vor, beispielsweise das Einwerben von Großspenden und Erbschaften oder die eigenwirtschaftliche Betätigung. Hier ist häufig mit mehr Organisationsaufwand und längeren Planungs- und Umsetzungszeiträumen zu rechnen. Diese Instrumente nutzt man meist erst dann, wenn man erste Erfahrungen im Fundraising gesammelt hat.

Teil 3: Antragsmittel - Die Fördertöpfe sind gut gefüllt

Kommunen, Ministerien, Stiftungen oder die Soziallotterien (wie die Aktion Mensch) vergeben Ihre Zuwendungen in der Regel nur auf Antrag. Was viele nicht wissen: Die Summe dieser Antragsmittel übersteigt das Finanzierungspotenzial aus dem Bereich Spenden und Sponsoring bei weitem! Wie Sie passende Förderquellen recherchieren und wie Sie Ihre Aktivität und Ihr Konzept in einem überzeugenden Förderantrag darstellen, erfahren Sie in Teil 3.1 *Antragsmittel gezielt einwerben*. In Teil 3.2 *Antragsmittel vor der Haustür*, erhalten Sie einen Überblick über die Fördermöglichkeiten, die sich mit relativ wenig Aufwand einwerben lassen. Es gibt aber auch Fördermittelquellen, welche einen größeren Einsatz benötigen, wie zum Beispiel die Europäischen Förderprogramme. Dabei geht es aber dann auch meist um deutlich höhere Summen. Diese Finanzierungsquellen stellen wir in Teil 3.3 *Antragsmittel für Fortgeschrittene* vor.

Teil 4: Organisatorisches - Sich die Arbeit leichter machen

Das Fundraising erfordert viel Einsatz und ist oft die schweißtreibende Arbeit von Wenigen. Viele Einsteiger machen den Fehler, dass sie angesichts der Herausforderungen in Aktionismus verfallen und wertvolle Arbeitszeit verschwenden, weil Sie alles selbst machen möchten. In diesem Teil stellen wir vor, inwieweit der Einsatz von Softwarelösungen und die Zusammenarbeit mit spezialisierten Dienstleistern Sie nachhaltig entlasten kann und den Erfolg Ihrer Maßnahmen deutlich verbessert. Zusätzlich werfen wir einen Blick auf übergreifende Themen: Welche rechtlichen Vorgaben müssen Sie beachten, welche ethischen Fragen stellen sich und welche Qualifizierungsmöglichkeiten gibt es im Fundraising?

Teil 5: Fundraising in ausgewählten Branchen

Die meisten in diesem Buch vorgestellten Strategien und Instrumente gelten übergreifend für alle Branchen, die sich für das Gemeinwohl engagieren. Aber es gibt für bestimmte Arbeitsbereiche auch Besonderheiten. Beispielsweise sind für Schulen und Hochschulen die ehemaligen Schüler und Studenten (die so genannten Alumni) eine besonders wichtige Zielgruppe. Im Teil 5 geben Experten aus folgenden Branchen Einblick in Ihre Fundraising-Erfahrungen: Schulen, Hochschulen, Gesundheitswesen, Kulturbereich, Kirchen, Museen und politische Bildung.

Nützliches zum Schluss

In einem Nachschlagewerk ist das Schlagwortregister eines der meist genutzten Bereiche. Zusätzlich finden Sie hier auch ein Verzeichnis aller Checklisten. Möchten Sie bestimmte Themen vertiefen, dann hilft Ihnen unser Literaturverzeichnis weiter. Möchten Sie mehr über unsere Autoren und die vier Organisationen erfahren, die uns mit der Herausgeberschaft beauftragt haben, dann werfen Sie einen Blick in unseren Autoren-/Herausgeberbereich.

Vier zentrale Begriffe, die wir nutzen

Bei der Arbeit an diesem Buch ist uns immer wieder bewusst geworden, dass im Fundraising zahlreiche Begriffe zum Teil sehr unterschiedlich interpretiert und verwendet werden. Aus diesem Grund hier unsere Definitionen von vier zentralen Begriffen:

Gemeinwohlorientierte Aktivitäten

Wenn wir von gemeinwohlorientierten Aktivitäten sprechen, meinen wir die Arbeit von Personen oder Organisationen, welche einen zusätzlichen Nutzen für die Personen schaffen möchten und bei denen die eigene Profitmaximierung nicht im Vordergrund steht.

Gemeinnützige Organisation

Die Gemeinnützigkeit einer gemeinwohlorientierten Organisation kann auf Antrag vom Finanzamt festgestellt werden. Dies hat bestimmte Steuerprivilegien zur Folge, die in diesem Buch in den entsprechenden Kapiteln dargestellt werden.

Social-Profit-Organisation

Gemeinwohlorientierte Organisationen werden oft als Non-Profit-Organisation (NPO) bezeichnet, weil sie keinen kommerziellen Gewinn anstreben. Da sie aber sehr wohl einen gesellschaftlichen Mehrwert zum Ziel haben, wird in diesem Buch stattdessen der Begriff Social-Profit-Organisation (SPO) verwendet.

Zuwendungen

Zuwendungen sind freiwillige Leistungen der privaten oder öffentlichen Hand, die auf Antrag vergeben werden. Zuwendungen der öffentlichen Hand haben darüber hinaus noch einige weitere Definitionsmerkmale, die im Kapitel 3.1.1 *Was Förderer erwarten und welche Möglichkeiten Antragsmittel bieten* und in den Kapiteln 3.2.1 und 3.3.1 näher erläutert werden.

Neues in dieser sechsten Auflage

Fundraising-Praxis vor Ort ist die Weiterentwicklung der Vorgängerausgaben mit den Titeln *Fundraising in Süddeutschland*; *Fundraising in Nordrhein-Westfalen* und *Fundraising in Hessen, Rheinland-Pfalz und Saarland*. Neben Alexander Gregory hat nun Torsten Schmotz, Experte für die Fördermittelgewinnung, die Herausgeberschaft übernommen.

Praxiswissen von 28 Fachautoren

In dieser sechsten Auflage haben wir das gesamte Werk grundlegend überarbeitet, neu strukturiert und deutlich erweitert. Besonders wichtig war es uns, durch die Gewinnung von zusätzlichen Fachautoren, den Erfahrungsschatz für die Leser deutlich zu erweitern (im Teil *Nützliches zum Schluss* können Sie sich einen Überblick über diese Autoren verschaffen).

Aufnahme von aktuellen Entwicklungen im Fundraising und Erweiterung auf weitere Branchen

Die bestehenden Kapitel wurden überarbeitet, aktualisiert und oft völlig neu geschrieben. Neue Kapitel behandeln das branchenspezifische Fundraising für die Bereiche Schule, Hochschule, Gesundheitswesen, Kultur, Kirchen , Museen und Politische Bildung. Im Teil 4 *Organisatorisches – Sich die Arbeit leichter machen* gibt es nun eigene Kapitel zu den Themen *Notwendige Personal-, Sach- und Finanzressourcen, Zusammenarbeit mit Dienstleistern* und *Qualifikationsmöglichkeiten.* Mit dem Kapitel 3.3.4 *Soziale Investoren und Crowdfunding* und in vielen anderen Passagen des Buches berücksichtigen wir aktuelle Entwicklungen im Fundraising. Mit dieser Kapitelstruktur wollen wir die Suche nach den richtigen Informationen vereinfachen. Instrumente und Methoden, welche aus unserer Sicht zusammen gehören, finden sich im gleichen Abschnitt.

Starten Sie durch

Als Berater und Trainer machen wir immer wieder die Erfahrung, dass erfolgreiches Fundraising neben Methoden und Prozessen vor allem von Menschen abhängt, die wirklich etwas bewegen möchten. Lassen Sie sich nicht von der Vielfalt der Instrumente und Strategien abschrecken, sondern machen Sie den ersten Schritt bei sich vor Ort. Vielleicht bitten Sie einen befreundeten Musiker um ein Benefizkonzert, posten einen Spendenaufruf auf Ihrer Facebookseite, schreiben einen Spendenbrief an Freunde und Bekannte oder machen einen Termin bei Ihrer örtlichen Bank, damit diese das Sponsoring für Ihre Aktion übernimmt.

Dabei wünschen wir Ihnen viel Erfolg.
Die Herausgeber

Teil 1

Bevor Sie loslegen
– Fundamente des Fundraisings

In diesem Teil erhalten Sie einen komprimierten Überblick über die zentralen Grundlagen erfolgreichen Fundraisings. Fundraising besteht dabei nicht nur aus der Anwendung der richtigen „Techniken", um Spender zu gewinnen. Ihre Organisation muss voll und ganz hinter Ihren Aktivitäten der Spendengewinnung stehen und Sie benötigen die Unterstützung Ihrer Führungsmannschaft und möglichst aller Mitarbeiter. Zentrale Erfolgsfaktoren sind ein planerisches Vorgehen und die Integration der Öffentlichkeitsarbeit. Abschließend geben wir Ihnen in einen ersten Überblick, welche typischen Finanzierungsbausteine Ihnen für gemeinwohlorientierte Aktivitäten zur Verfügung stehen. In der Praxis geht es darum, diese Bausteine entsprechend Ihrer Ziele und Rahmenbedingungen clever zu kombinieren.

Kapitelübersicht

1.1 Fundraising heißt Beziehungsarbeit

Dieter Schöffmann

- Fundraising funktioniert vor allem vor Ort
- Fundraising heißt Beziehungsarbeit
- Erster Schritt: Der Blick nach Innen
- Warum Menschen, Unternehmen und Institutionen spenden und fördern
- Wie man Spender und Förderer gewinnen kann
- Fundraising erfordert Investitionen in Beziehungen und ein Budget

Fundraising funktioniert vor allem vor Ort

Gemeinwohlorientierte, das heißt auf gesellschaftlichen Mehrwert gerichtete Arbeit, findet vor allem vor Ort statt. 80 bis 90 Prozent aller sozialen Einrichtungen, Umweltinitiativen, ehrenamtlichen Theatergruppen, Orchester, Hilfsorganisationen für Entwicklungsländer, Sportvereine und andere wirken im örtlichen Bereich: In einer Gemeinde, einer Stadt, einem Stadtteil oder einem Landkreis. Auch die Finanzierung erfolgt dabei hauptsächlich aus diesem Umfeld. Und selbst die großen landes- oder bundesweit agierenden Verbände verdanken ihre Finanzierung in der Regel der Tatsache, dass sie flächendeckend Regional- und Ortsgruppen haben und mit ihrer Arbeit bei den Menschen vor Ort präsent sind.

Die meisten privaten oder öffentlichen Spender und Förderer geben nur für Zwecke, die einen Bezug zu ihrem persönlichen Umfeld und zur eigenen Lebenswirklichkeit haben. Eltern sind gerne bereit, sich für den Kindergarten ihrer Kinder zu engagieren, die Gemeinderatsmitglieder genehmigen einen Zuschuss für den Umbau des örtlichen Sportvereinsheims, weil sie sich damit mit ihren Wählern gut stellen, und der lokale Supermarkt erhofft sich vom Sponsoring des Feuerwehrjubiläums ein besseres Image bei seinen Kunden.

Die örtlichen Quellen sind in der Regel die ergiebigsten bei der Finanzierung der Arbeit von Social-Profit-Organisationen (SPO). 70 Prozent der öffentlichen und privaten Fördermittel werden im lokalen und regionalen Umfeld vergeben. Wenngleich es sich dieses Fundraising-Handbuch zum Ziel gesetzt hat, die Fördermöglichkeiten auf internationaler, nationaler und örtlicher Ebene möglichst umfassend aufzuzeigen, so wurde es doch vor allem als Hilfestellung für das Fundraising vor Ort und für die Arbeit vor Ort geschrieben.

Fundraising heißt Beziehungsarbeit

Als Grundlage für die weiteren Ausführungen definieren wir Fundraising als die Zusammenfassung aller Aktivitäten, um die notwendigen Ressourcen (Geld- und Sachmittel, Mitarbeit, Bekanntheit) zu gewinnen, die den Bestand und die Weiterentwicklung von gemeinwohlorientierten Aktivitäten und Organisationen sichern. Fundraising ist besonders dann erfolgreich, wenn es systematisch mittel- und langfristig geplant wird (siehe Kapitel 1.2 *In fünf Schritten zum Fundraising-Plan*). Praktisch alle gemeinwohlorientierten Organisationen betreiben Fundraising. Sie bemühen sich erfolgreich um Mitgliedsbeiträge, Zuschüsse, Spenden, Zuweisung von Geldauflagen und Ähnliches.

Um Unterstützung zu gewinnen, ist eine Austauschbeziehung notwendig. Auf der einen Seite stehen die Menschen, Initiativen und Organisationen, welche sich für ein gemeinwohlorientiertes Vorhaben engagieren und weitere Unterstützung benötigen (Empfänger). Auf der anderen Seite stehen die „Ressourcengeber", also Menschen, Unternehmen und Förderinstitutionen die potenziell bereit sind, zu spenden, zu sponsern oder sich zu engagieren (Spender und Förderer). Damit solche Beziehungen gezielt aufgebaut werden können, müssen folgende Fragen beantwortet werden:

– Der Empfänger muss sich klar werden, warum er externe Unterstützung benötigt (etwa: die Eigenmittel reichen für eine Renovierung nicht aus), wofür er diese einsetzen möchte (zum Beispiel Anschaffung einer neuen Schaukel im Kindergarten) und was er seinerseits bereit ist, für diese Unterstützung zu geben (beispielsweise öffentliche Danksagung im Rahmen des nächsten Sommerfestes).

– Der Empfänger muss sich überlegen, was potenzielle Unterstützer motivieren könnte (wie persönliche Betroffenheit, Mitleid, schlechtes Gewissen, die Möglichkeit etwas zu verbessern, weltanschauliche oder konfessionelle Gründe).

– Es muss überlegt werden, wie man potenzielle Spender und Förderer findet, wie diese angesprochen werden können (persönliche Ansprache, Telefongespräch, Brief, Zeitungsartikel), welche Informationen diese für ihre Entscheidung benötigen (persönliches Erleben, Präsentation von Fakten, Ansprache von Gefühlen) und wie das Vertrauen aufgebaut werden kann (Selbstdarstellung, Weiterempfehlung).

— Tipp: Fundraising bedeutet mehr als Nehmen ————————————

Halten Sie sich bei allen Planungen und Maßnahmen immer vor Augen: Fundraising bedeutet Geben und Nehmen

---

Erster Schritt: Der Blick nach Innen

Fundraising heißt, zunächst die eigenen Möglichkeiten aufzudecken. Was können Sie gut? Welche besonderen Fähigkeiten, Verbindungen gibt es in Ihrem Team, im Freundeskreis und im Umfeld Ihres Projektes? Es empfiehlt sich, zunächst an das Bestehende anzuknüpfen und alles auszuschöpfen, was sich daraus an Unterstützung entwickeln lässt. Das bringt viel mehr, als wenn Sie sich sofort an Fremde wenden.

Wie ein Steinwurf ins Wasser

Wenn Sie einen Stein ins Wasser werfen, breiten sich die Wellen in konzentrischen Kreisen aus und innen sind die Wellen am höchsten. Auch Fundraising verläuft grundsätzlich „von innen nach außen": Innen ist die Bindung und die Bereitschaft zur Unterstützung am stärksten. Fragen Sie immer erst sich selbst, dann die engsten Mitverantwortlichen für das Projekt, dann den Freundeskreis des Projektes - wenn nicht vorhanden: Gründen Sie einen! – dann alle die, die schon mal von Ihnen und Ihren Aktivitäten gehört haben, dann alle Ihre persönlichen Bekannten und die der anderen Mitarbeitenden.

Dazu ein Beispiel: Das Team trifft sich und alle bringen ihre persönlichen Adressbücher mit. Jeder legt seines auf den Tisch und nennt zehn Verwandte und Bekannte, die einen Spendenbrief bekommen und dabei informiert werden, dass ihre Adresse von X stammt, der auch im Projekt engagiert ist. Dann werden die übrigen Gremien der Organisation, dann alle Mitglieder, bisherigen Förderer, dann alle im Stadtteil Wohnenden oder besonders von dem Projektthema Betroffenen angesprochen/angeschrieben. Erst dann folgt der „Rest der Welt".

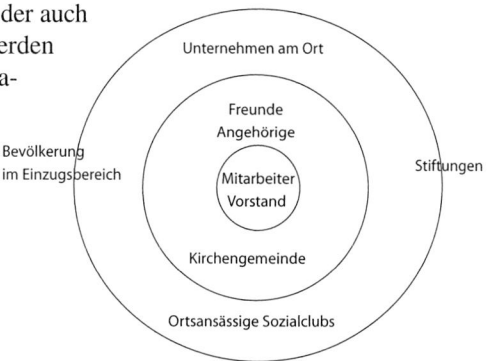

Alle sollen dahinterstehen

Fundraising ist eine zentrale Managementaufgabe Ihrer Organisation, doch alle sollten über das Fundraising-Vorhaben informiert sein, dahinter stehen und sich beteiligen können. Einer positiven Teamleitung, die lobt, motiviert und über eine hohe soziale Kompetenz verfügt, wird auch gelingen, dass die Fundraising-Ziele erreicht werden.

> **— Tipp: Binden Sie den Vorstand aktiv mit ein**
>
> Es gibt gute Gründe, dass der Vorstand als erster selbst spendet, das erste Los von der Tombola kauft oder sein persönliches Adressbuch öffnet:
> – Bestehende Kontakte des Vorstands, aber auch aller anderen Mitarbeiter zu nutzen, ist einfacher, als völlig neue Kontakte aufzubauen.
> – Eine Fundraising-Regel lautet „Gleiche fragen Gleiche". Wenn der Vorstand bei einem potenziellen Großspender persönlich vorspricht oder beim Bürgermeister um einen Termin bittet, hat er eher Erfolg, als wenn es der Praktikant versucht.
> – Vorstand und Geschäftsleitung haben für die Mitarbeiter und Ehrenamtlichen eine Vorbildfunktion. Wer selbst gegeben hat, kann andere überzeugender motivieren.

Fundraising muss vom Topmanagement gewollt sein

Es reicht nicht aus, Mitarbeiter mit dem Fundraising zu beauftragen, wenn diese dann vom „Topmanagement" ihrer Organisation alleine gelassen werden. Für das Fundraising ist eine zielgerichtete Leitung und Führung erforderlich,

1.1   Fundraising heißt Beziehungsarbeit

die in der Lage ist, die einzelnen, teils widerstrebenden, Personen, Abteilungen und Interessen in einem gemeinsamen Klärungs- und Entscheidungsprozess zu integrieren. Ebenso kann und sollte die Leitung ihre Aufgabe in der Entwicklung und Formulierung langfristiger strategischer Ziele sehen, die über den Minimalkonsens partikularer Interessen einzelner Abteilungen oder Personengruppen hinausreichen.

Warum Menschen, Unternehmen und Institutionen spenden und fördern

Häufig wird das Bild des selbstlosen Spenders verwendet, der großzügig ein bestimmtes Vorhaben unterstützt. Wenn man kritisch auf die Realität schaut, wird man dieses Bild aber kaum finden. Wie bei allen menschlichen Aktivitäten spielen auch Spender und Förderer individuelle Interessen und Bedürfnisse eine wichtige Rolle. Wenn man sie befragt, warum sie für ein bestimmtes Vorhaben spenden und sich engagieren, lassen sich folgende Motivationen erkennen:

Mitleid, schlechtes Gewissen und der Wunsch, aktiv etwas zum Positiven zu verändern

Ein zentrales Element für viele ist Mitleid. Man fühlt sich durch das Leid von anderen emotional angesprochen und möchte mit seinem Beitrag das Leid lindern. Wenn Menschen von einer großen Naturkatastrophe oder kleine Kinder von Mangelernährung betroffen sind, haben viele Menschen das Bedürfnis, aktiv zu werden, um die Situation zu verbessern. Nicht selten wird Mitleid auch von einem Gefühl des schlechten Gewissens begleitet: „Mir geht es persönlich sehr gut, aber andere Menschen hatten einfach Pech in ihrem Leben".

Konfessionelle und andere Weltanschauungen

In vielen Religionen ist eine regelmäßige Spende für Bedürftige oder für die eigene Kirche, Moschee oder Synagoge Pflicht. Nicht umsonst gehören Organisationen wie *Diakonie*, *Caritas*, *Islamic Relief* oder *Brot für die Welt* zu den größten Spenden sammelnden Organisationen in Deutschland. Andere spenden aus persönlicher Überzeugung für Umweltprojekte oder den Tierschutz.

Persönliche Betroffenheit, soziale Anerkennung und sozialer Druck

Wenn der Sportverein bei seinen Mitgliedern eine Spendenaktion für neue Sportgeräte macht oder die Kirchengemeinde die Kirchgänger für die Renovierung der eigenen Orgel zur Kollekte aufruft, sind die Chancen meist sehr gut, weil die Spender und Förderer von den Aktivitäten selbst profitieren, für die sie spenden. Die besten Spender der Bergwacht sind Menschen, denen die Bergretter einmal persönlich geholfen haben.

Die Unterstützung gemeinnütziger Aktivitäten eröffnet neue Möglichkeiten der sozialen Interaktion. Als Ehrenamtlicher treffe ich zum Beispiel regelmäßig Gleichgesinnte und erhalte für meine Arbeit Anerkennung und Dank. Wenn Spenden gesammelt werden, spielt häufig auch ein gewisser sozialer Druck eine Rolle. Welcher Kirchgänger gibt den Klingelbeutel gerne an den Nachbarn weiter, ohne zumindest ein paar Münzen dazu zu geben? Wenn im Kollegen- und

Freundeskreis offen gesammelt wird und viele mitmachen, fällt es schwer, offen zu sagen, dass man nicht spenden möchte.

Motivationen von Mandatsträgern, Unternehmen, öffentlicher Verwaltung und Förderinstitutionen

Mandatsträger wie Gemeinde- und Stadträte, Bürgermeister, Landräte, Landtagsabgeordnete oder Minister wollen ihren Wählern deutlich machen, was sie Positives für sie erreichen. Deswegen unterstützen sie breiten- und öffentlichkeitswirksame Projekte vor Ort. Bei der Einweihung halten sie dann auch gerne ein Grußwort. Unternehmen möchten mit der Unterstützung von gemeinwohlorientierten Aktivitäten das Image bei Kunden und Mitarbeitern verbessern und im besten Fall ihren Abverkauf fördern. Die öffentliche Verwaltung freut sich über die Aktivitäten, die sie von den eigenen Aufgaben entlasten (etwa die Betreuung von Flüchtlingen und Asylsuchenden). Förderstiftungen und -fonds verfolgen die eigenen Satzungsziele.

— **Tipp: Was motiviert Ihre Spender** ——————————————————

Analysieren Sie, welche der zentralen Motivationen für Spender und Förderer Sie mit Ihrem Spendenvorhaben ansprechen können.

Wie man Spender und Förderer gewinnen kann

Menschen geben für Menschen (und Tiere)

Wofür wird gegeben? Menschen geben für Menschen (und Tiere). Sie wollen nicht Beiträge zu Häusern, Autos oder Personalkosten leisten. Wenn Sie ein Haus bauen wollen, beschreiben Sie daher die guten Taten, die darin für Menschen getan werden. Bei Fahrzeugen schreiben Sie über die Menschen, die darin transportiert; bei Personalkosten über die Menschen, die betreut werden sollen.

— **Tipp: Spender nicht Spenden** ———————————————————

Werben Sie um Spender, nicht um Spenden. Spender wollen persönlich gemeint sein.

Nicht nur nach Geld fragen

Seien Sie kreativ! Menschen können Ihnen auf sehr viele Weisen helfen – nicht nur mit Geld. Bitten Sie um Sachmittel, Sachspenden, bitten Sie um menschliches Engagement, ehrenamtliche Mitarbeit (Zeitspenden), um das besondere Knowhow (Wissenskapital) und um die speziellen Kontakte, über die ein bestimmter Mensch oder eine Institution verfügt. Um Ihren Klienten zu helfen, bitten Sie ein Kino um Freiplätze, den Verkehrsverbund um Netzkarten für den Nahverkehr und Ähnliches.

Bieten Sie Lösungen an, sprechen Sie über Ihre Vision

Wenn Sie nur ein Problem anbieten, werden Sie bestenfalls eine Spende bekommen; oft mit dem unwillkürlichen Motiv, sich das Problem damit vom Hals zu schaffen. Wenn Sie eine Lösung, eine Vision anbieten, gewinnen Sie oft nicht nur eine Spende, sondern einen Menschen, der sich mit Ihrer Arbeit identifiziert. Sie gewinnen dadurch Freunde, die weiter dabeibleiben, mit ihrem Geld, ihrer Zeit und als Fürsprecher.

Es sollte für Unterstützer Ihre Mission deutlich werden, also das, was Sie tun wollen, um der Vision näher zu kommen.

— Tipp: Eigenes Beispiel ———————————————————————————————

Selbst zuerst zu geben, ist das beste Argument!

Fragen, fragen, immer wieder fragen

Immer noch ist es hierzulande ein Tabu, auf Geld zu sprechen zu kommen. Das ist schade, denn die meisten potenziellen Unterstützer sind einfach nie (in angemessener Weise / zum richtigen Zeitpunkt) gefragt worden. Gehen Sie nie aus, ohne die Visitenkarte und den Flyer Ihrer Organisation dabei zu haben. Anstatt über das Wetter zu reden, erzählen Sie Ihrem Gegenüber einfach von Ihrem Engagement.

Bemühen Sie sich um Transparenz

Wer das Gefühl hat, Entscheidungsstrukturen nicht zu durchschauen und finanzielle Abläufe nicht nachvollziehen zu können, wird keine Unterstützung geben, auch wenn der Zweck noch so gut ist. Erfolgreiches Fundraising ist Beziehungspflege und Vertrauensbildung. Stellen Sie das eigene Anliegen transparent und nachvollziehbar dar. Was wird mit der Spende konkret finanziert? Legen Sie Kosten- und Finanzierungspläne auf Ihrer Website offen. Nennen Sie prominente Fürsprecher für Ihre Sache. Laden Sie zur direkten Begegnung ein (beim Benefizkonzert, beim Tag der Offenen Tür...).

Laden Sie ein zu Mitarbeit und Mitsprache

Auch Spender wollen nicht auf ihren Geldbeutel reduziert, sondern als Menschen wahrgenommen werden. Laden Sie sie ein, in ihrem Projekt mitzuwirken und mitzureden. Ganz generell geht im Fundraising der Trend hin zu Unterstützungsformen, in denen der Förderer über die Verwendung seiner Gabe mitentscheiden kann.

Sie werden im Fundraising am ehesten Erfolg haben, wenn Sie darin weniger eine Ressourcenbeschaffung für Ihre Organisation sehen. Betrachten Sie stattdessen Fundraising als Ihre Dienstleistung am Spender. Sie eröffnen ihm Möglichkeiten, dass er entsprechend seinen individuellen Werten handeln kann.

Zu Mitwirkungsformen siehe auch in den Kapiteln

Danken Sie

Wichtig ist der Dank für die erhaltene Unterstützung, aber auch für das begründete Nein, von dem man lernen kann. Und: Gut gedankt ist schon wieder halb gefragt! Ein Dank mit einer Beschreibung, was mit der Spende alles getan und erreicht werden konnte, motiviert für die nächste Spende.

Planen Sie Ihren Dank schon vor Beginn der Kampagne. Überlegen Sie, was Sie leisten können – aber auch, was den Spender erfreut. Gut formulierte Standard-Briefe, -Postkarten, -E-Mails können recht persönlich wirken, vor allem, wenn die Textbausteine mit individuellen Elementen (namentliche Anrede, Nennung des Spendenbetrages) ergänzt werden. Die Textbausteine müssen regelmäßig neu formuliert werden, damit Spender die gleichen nicht mehrmals bekommen. Ein Anruf kostet mehr Zeit, hinterlässt aber auch einen viel tieferen Eindruck. Am besten bedankt sich derjenige, der die Förderbitte unterschrieben hat oder der Vorstand / Geschäftsführer.

Fundraising erfordert Investitionen in Beziehungen und ein Budget

Fundraising ist keine Zauberformel, um schnell und mit wenig Aufwand Gelder zu beschaffen und damit vielleicht die Folgen jahrelangen Missmanagements in Einrichtungen und Organisationen auf einmal zu beseitigen. Vielmehr erfordert Fundraising langjährige Investitionen. Mit Fragen und Danken wird die Beziehung zur unterstützenden Person hergestellt. Diese Beziehung gilt es zu pflegen und behutsam auszubauen. Letztendlich sind die Beziehungen Ihrer Organisation zu den Unterstützern Ihr Kapital, und die Spende der Zins aus diesem Kapital.

Für die meisten Fundraising-Aktivitäten brauchen Sie ein Budget. Bevor Unterstützung von außen kommt, müssen Sie mit viel Zeiteinsatz Menschen ansprechen, Geld für Spendenbriefe und anderes ausgeben (siehe auch das Kapitel 4.1 *Notwendige Personal-, Sach- und Finanzressourcen*). Deutlich ist dies an der Spenderpyramide zu erkennen: Die Spendenhöhe, aber auch die zeitliche

Investition von Ihrer Seite steigen mit dem Grad der Anbindung an Ihre Organisation.

Fundraising wirkt mehrfach

Fundraising lohnt doppelt: Organisationen, die langfristige gute Beziehungen zu vielen Förderern aufbauen, erreichen diese im Laufe der Zeit mit immer geringerem Aufwand. Sie sind bei der Verfolgung ihrer Ziele unabhängiger und in der Öffentlichkeit bekannter. Weil sie Vielen gegenüber Rechenschaft ablegen und intensiver kommunizieren, ist auch ihre fachliche Arbeit besser und erfolgreicher.

1.2 In fünf Schritten zum Fundraising-Plan

Dieter Schöffmann / Torsten Schmotz

- Erster Schritt: Analyse des eigenen Bedarfs und der Ausgangssituation
- Zweiter Schritt: Fundraising-Ziele festlegen
- Dritter Schritt: Instrumente planen sowie Finanzplan und Budget festlegen
- Vierter Schritt: Durchführung der Fundraising-Maßnahme
- Fünfter Schritt: Controlling und Evaluation
- Praxisbeispiele für die Planung

Erfolg beim Fundraising setzt Planung voraus. Da Ihre Ressourcen begrenzt sind, werden Sie sorgfältig planen, welches das für Ihre Organisation geeignete Fundraising-Instrument ist, um die Finanzierung Ihres Vorhabens zu sichern. Ob Sie Projektzuschüsse aus öffentlichen Quellen beantragen oder private Mittel einwerben wollen – immer sollten Sie mit einem klaren Konzept vorgehen.

Erster Schritt: Analyse des eigenen Bedarfs und der Ausgangssituation

Wofür benötigen Sie Spenden und Fördermittel?

Je exakter Sie Ihren Bedarf bestimmen können, was und wie viel an Geld-, Sach- oder Personalmitteln wann benötigt wird, umso genauer wird Ihre Planung sein. Folgende Checkliste dient Ihnen zur Bedarfsermittlung:

Checkliste 1: Bedarfsermittlung für Ihre Spendenaktivitäten

Für welches Vorhaben benötigen wir Mittel?
Brauchen wir Geld-, Sach- oder Dienstleistungen?
In welchem Umfang und für welchen Zeitraum (z.B. zwei bis fünf Jahre) benötigen wir die Mittel (Kosten-, Zeitpläne)?
Welcher Finanzbedarf hat erste, zweite, dritte usw. Priorität?
Welche Eigenmittel sind bereits vorhanden? Welche Förderzusagen gibt es bereits?
Haben wir Anspruch auf eine öffentliche Finanzierung?

Bestandsaufnahme der eigenen Einrichtung

Um gezielt Beziehungen zu Förderern und Spendern aufbauen zu können, müssen Sie sich und Ihre Organisation hinterfragen, ob Sie ein attraktiver und vertrauenswürdiger Partner sind. Neben der Aktivität, für die Sie Spenden einsammeln möchten, ist die zentrale Frage, ob man Ihrer Organisation mit einem guten Gefühl sein Geld anvertrauen kann.

Checkliste 2: Bestandsaufnahme der eigenen Organisation

Wozu gibt es unsere Organisation? Was soll letztlich durch ihre Existenz erreicht werden? Was ist heute unser Existenzzweck? Welche Leitbilder verfolgen wir? Welche Visionen leiten uns?
Wollen wir auch morgen das sein, was wir heute sind?
Stehen die Menschen in unserer Organisation hinter unseren Leitbildern und unserem Selbstverständnis und verstehen sie unsere strategischen Zielvorstellungen?
Wo und in welcher gesellschaftlichen, ökonomischen und kulturellen Umwelt befinden wir uns heute?
Welches sind die Stärken und Schwächen unserer Organisation?
Wie sieht unsere Angebotspalette aus, und wie soll sie sich weiterentwickeln?
Was bieten wir der Gesellschaft, der Öffentlichkeit, unseren Mitgliedern und Spendern?
Was ist der (gute) Ruf unserer Organisation? Wissen wir, was man über unsere Organisation denkt (Organisations-Image)? Stimmt das mit unserem Selbstbild überein?
Wer erkennt unsere Arbeit an und unterstützt unsere künftigen Ziele (Privatpersonen, Prominente, Unternehmer und Unternehmen, Mandatsträger, öffentliche Institutionen)?
Sind unsere ehrenamtlich und hauptamtlich aktiven Mitglieder bereit, auch selbst für unsere Arbeit im Allgemeinen oder für bestimmte Projekte zu spenden?
Mit wem stehen wir im Wettbewerb? Unterscheiden wir uns von den Mitbewerbern? Was ist unsere Besonderheit? Wo sind wir einzigartig?
Wer hat uns in der Vergangenheit mit Geld- und Sachspenden, ehrenamtlichem Engagement und Weiterempfehlung unterstützt? Können diese Kontakte auch in Zukunft genutzt werden?
Welche Erfahrungen im Bereich Öffentlichkeitsarbeit, Spendengewinnung und Fördermitteleinwerbung wurden bereits gesammelt? Welche Formen des Fundraisings gibt es bei uns schon? Wer sind die Ansprechpartner? Welche personellen und finanziellen Ressourcen setzen wir bisher für das Fundraising ein? Wer wird dadurch angesprochen? Wie sind die Reaktion und der Ertrag? Wie lassen sich diese Erfahrungen nutzen?

— **Tipp: Wem würden wir fehlen?** —

Um Schwachstellen in Ihrem Selbstverständnis und Ihrer Außenwirkung zu entdecken, sollten Sie öfter einmal die Frage stellen: Wem würde etwas fehlen, wenn es uns morgen nicht mehr gäbe?

Marktanalyse: Wer könnte Sie fördern?

Jedes Vorhaben und jede Organisation hat einen eigenen individuell zusammengesetzten Kreis von Spendern und Förderern. Nicht jeder Mensch ist bereit, für jedes Thema zu spenden. Aus diesem Grund ist es sinnvoll, sich genauer Gedanken zu machen, welchen Menschen und Institutionen eine Affinität zum eigenen Vorhaben haben könnten und bei wem die Förderaussichten am besten sind.

Checkliste 3: Wer sind potenzielle Spender, Unterstützer und Förderer?

Um welche gesellschaftlichen Probleme geht es, deren Lösung sich Ihre Organisation widmet? Warum gibt es einen hohen Bedarf an Ihrem Angebot? Welcher gesellschaftliche Nutzen wird erzielt?
Welche Zielgruppen stehen im Fokus? Worin besteht der Bedarf der Zielgruppe? Wie wird sich dieser Bedarf in Zukunft entwickeln?
Wo wirkt Ihre Aktivität geografisch (lokal, regional, überregional, landesweit, international)? Ist Ihr Angebot auf andere Bereiche/Regionen übertragbar?
Entlasten Sie die öffentliche Hand oder andere Institutionen bei ihren Pflichtaufgaben? Sind Ihre Leistungen besser/günstiger als die Angebote der öffentlichen Hand?
Welche konkreten Ziele verfolgen Sie mit Ihrer Maßnahme (Bedarfe der Zielgruppen, Innovation, Nachhaltigkeit, Veränderung der Rahmenbedingungen?
Was macht Ihre Organisation besonders vertrauenswürdig für Spender und Förderer (fachliche und finanziellen Kompetenzen, Empfehlungen)? Was funktioniert bei Ihnen besser bzw. was machen Sie anders? Welchen besonderen Beitrag leistet Ihre Organisation?
Welche Menschen und Förderer profitieren direkt oder indirekt von Ihrem Angebot?
Was können Sie Spendern und Förderern bieten (emotionale Bestätigung, öffentliche Anerkennung und Aufmerksamkeit, Steuervorteile, direkte persönliche Vorteile etc.)? Wem könnte Ihr Vorhaben wie viel wert sein?
Wer sind Ihre Partner? Welche Netzwerke können Sie nutzen?
Wie ist der Plan für die Umsetzung des Spendenvorhabens (zeitlicher Rahmen, Meilensteine, Gesamtfinanzierung)?

— Tipp: Unterstützer am Planungsprozess beteiligen

Die Ergebnisse eines solchen Prüfungs- und Klärungsprozesses sollten Sie intern überprüfen lassen, und zwar nicht nur von hauptamtlichen Kollegen, sondern insbesondere von den ehrenamtlich Engagierten und auch von Ihren bisherigen Unterstützern, die Sie zum Beispiel zu einem entsprechenden Werkstatttreffen einladen können. Die Ehrenamtlichen und Unterstützer werden einen anderen und unter Umständen kritischeren Blick auf die bisherigen Planungen werfen. Hierfür ist es wesentlich, dass Sie nicht nur nach der inhaltlichen Zustimmung fragen, sondern auch danach, ob die Anwesenden bereit wären, das Vorhaben mit Zeit oder Geld zu unterstützen. Bejahen sie dies, hat die Planung sie überzeugt, und Sie haben die ersten Botschafter für Ihr zukünftiges Fundraising gewonnen.

Zweiter Schritt: Fundraising-Ziele festlegen

Nehmen wir an, dass die Analyse ergeben hat, dass es Marktlücken gibt, die Ihre Organisation mit ihrem Angebot (besser) schließen kann. Dann ist die nächste Aufgabe, eine Strategie und Maßnahmen dafür zu entwickeln. Und die hierzu notwendigen Ressourcen – Personal, Infrastruktur, Knowhow, Geld... – zu bestimmen, und zwar die Ressourcen, über die Ihre Organisation schon verfügt, sowie die, die noch zu beschaffen sind. Vorsicht: Wenn Sie zu viel auf einmal wollen oder Ihre Ziele zu hoch ansetzen, provozieren Sie Misserfolge und frustrieren alle Beteiligten.

Die Stiftung will Einwanderern die Integration in ihre neue Heimat erleichtern. Die Analyse ergab, dass der Staat diese Aufgabe allein nicht schafft. Daher gibt es eine Menge bürgerschaftlicher Organisationen, die Flüchtlinge und Migranten mit Sprachkursen, beruflicher Qualifizierung, Beratung, ärztlicher Betreuung und Therapie unterstützen. Doch den meisten dieser Organisationen fehlt es an ausreichenden Mitteln, sodass es lange Wartelisten für die bedürftigen Flüchtlinge und Migranten gibt. Also setzte sich Kolibri unter anderem zum Ziel, die von den Organisationen benötigten Mittel über Fundraising zu beschaffen.

Checkliste 4: Festlegen der Fundraising-Ziele

Einnahmeziele:
- Welche Geldsummen und Sachspenden sollen eingeworben werden?
  Beispielformulierung: „Bis Ende nächsten Jahres werden wir eine Gesamtsumme von 75.000 Euro an Privatspenden, Sponsoring-Einnahmen und Fördermitteln einwerben und damit 35 Prozent unserer laufenden Gesamtkosten decken."
- Welches ehrenamtliche Engagement soll eingeworben werden?
  Beispielformulierung: „Bis kommenden Dezember gewinnen wir 25 neue Ehrenamtskräfte und bilden diese für unseren Besuchsdienst aus. Damit können wir die Anzahl der geleisteten Besuchsstunden bei unserer Zielgruppe auf 100 Stunden pro Monat erhöhen"

Ziele der Öffentlichkeitsarbeit
- Anzahl von Presseerwähnungen
- Anzahl von Teilnehmern an Veranstaltungen
- eigene Teilnahme an externen Veranstaltungen
- Anzahl und Reichweite von Anzeigen, Spendenbriefen, Informationsmaterial
- Welches Bild/Image soll nach außen vermittelt werden?

Ziele der direkten Ansprache von Spendern und Förderern
- Anzahl der Kontakte in der Adressdatenbank
- Anzahl der neu gewonnenen Spender, Sponsoren und Förderinstitutionen
- Gewinnung von neuen Zielgruppen
- Anzahl der Großspender
- Anzahl der gewonnen Multiplikatoren und Netzwerkpartner

Organisationsinterne Ziele:
- Aufbau der internen Infrastruktur (z.B. Einführung einer Fundraising-Datenbank)
- Aufbau interner und externer Unterstützung (z.B. Aufbau eines Förderkreises, interne Spendenkampagne)

Terminliche Ziele
- Bis wann müssen bestimmte Spenden spätestens eingegangen sein?
- Bis wann sollen welche Zielgruppen angesprochen sein?

Dritter Schritt:
Instrumente planen sowie Finanzplan und Budget festlegen

Nach der Festlegung der Ziele erfolgen die Auswahl und die Planung der passenden Instrumente. Welche Instrumente sich am besten für welches Vorhaben eignen, können Sie in den einzelnen Kapiteln dieses Buches nachschlagen. Wenn ihre Organisation schon länger im Fundraising aktiv ist, sollte der so zusammengestellte Fundraising-Plan auch die Erfahrungen der Vorjahre berücksichtigen.

— Praxisbeispiel: Welche Instrumente *Kolibri* nutzt

Die Stiftung erzählt auf in ihrem Internetauftritt **www.kolibri-stiftung.de**, auf ihrem Facebook-Profil, in ihrem Newsletter und bei ihren Events immer wieder die Geschichten von Einwanderern, um damit möglichst viele Menschen zu mobilisieren. Mit Hilfe von Spendenaufrufen, eines nicht öffentlichen Salons, öffentlicher Benefizevents, Kunstversteigerungen, dem Verkauf von Misteln vor Weihnachten und anderem sammelt Kolibri Gelder für die Hilfsprojekte anderer Organisationen. Alle Aktivitäten werden ausschließlich von Ehrenamtlichen geleistet, die die Stiftung zum Beispiel auf der Freiwilligenmesse für ihre Ziele begeistern konnte.

Checkliste 5: Auswahl der Fundraising-Instrumente

Allgemeine Öffentlichkeitsarbeit
Pressemeldungen, Einladungen an die Presse zu Events, Kommunikation über das Internet, etc.
Ansprache von Kooperationspartnern und Multiplikatoren
Persönliche Ansprache/Termine, Einladung zu Veranstaltungen, Nutzung bestehender Netzwerke, Kontakt zu neuen Netzwerken, Auf- und Ausbau von Förderkreisen, Weiterempfehlungen etc.
Gewinnung von Privatspendern
Spendenbriefe, telefonische Betreuung, persönlicher Kontakt (Großspender), Ansprache im Rahmen von Eigen- und Fremdveranstaltungen, Benefizevents, Online-Fundraising, Nutzung von Fremdadressen, Beteiligung an Ehrenamtsbörsen etc.
Gewinnung von Unternehmenspartnern und Sponsoren
Betreuung bestehender Kontakte, Recherche potenzieller Partner, persönliche Gespräche, Definition von Sponsoringangeboten etc.
Gewinnung von Fördermitteln
Definition von Förderprojekten, Recherche von Förderprogrammen, Antragstellung, Betreuung bestehender Kontakte etc.
Notwendige Organisation, Knowhow und Ausstattung für den Einsatz der Instrumente: Definition Corporate Design, Erstellung Internetseite, notwendige Weiterbildungen, Zusammenarbeit mit Dienstleistern, notwendige Software, Definition Budget etc.

Finanzplan und Budget festlegen

Auch wenn Sie eine noch so kleine Fundraising-Aktivität starten, ohne Investitionen funktioniert Fundraising nicht. Jeder Brief oder jedes Telefonat kostet Geld und Zeit. Nur mit einem Finanz- und Arbeitszeitplan können Sie Ihre Aktion später überprüfen. Fragen Sie sich:
–   Welche Mittel (Geld, Arbeitszeit/Qualifikation) können Sie für die geplanten Fundraising-Aktivitäten einsetzen?

- Wie viel Arbeitszeit / welche Qualifikationen können bezahlte Mitarbeiter / wie viel können freiwillige/ehrenamtliche Mitarbeiter einbringen?
- Wie sieht die Grobschätzung der Kosten aus?

(siehe auch Kapitel 4.1 *Notwendige Personal-, Sach- und Finanzressourcen*).

— Tipp: Gründen Sie ein ehrenamtliches Fundraising-Komitee —

Kleine Organisationen können sich meist keine hauptamtliche Fundraising-Abteilung leisten. Und selbst bei großen Organisationen mit hauptamtlichen Fundraisern wird es Kapazitätsgrenzen geben. Wenn Sie also ins Fundraising einsteigen oder Ihr Fundraising ausbauen wollen, kann eine erste, strategisch bedeutsame Maßnahme die Bildung eines ehrenamtlichen Fundraising-Komitees sein. Suchen Sie dafür gezielt Ihnen nahestehende Menschen, die über Zeit, Kompetenzen und/oder Ressourcen verfügen, die sie in die Entwicklung und Realisierung von Fundraising-Strategien, -instrumenten und -maßnahmen einbringen können. Vielleicht haben sie Marketing-Knowhow und können die Organisationsleitung bei der Entwicklung eines Fundraising-Konzeptes unterstützen. Andere trauen sich, potenzielle Unterstützer anzusprechen oder sind bereit, ihre eigenen beruflichen, persönlichen oder anderen Beziehungen für das Fundraising mobilisieren. Wieder andere haben Zugang zur relevanten Öffentlichkeit und eignen sich als Botschafter für Ihre gute Sache.

Vierter Schritt: Durchführung der Fundraising-Maßnahme

Der Maßnahmen- oder Aktionsplan umfasst alle Einzelmaßnahmen, die erforderlich sind, um das jeweilige Ziel zu erreichen. Ausführlich wird dies unten in den einzelnen Kapiteln beschrieben.

Fünfter Schritt: Controlling und Evaluation

Nicht alle geplanten Maßnahmen werden wie erwartet ablaufen. Es wird Aktivitäten geben, die größere Erfolge haben als vorhergesehen, und es wird wahrscheinlich auch Fehlschläge geben.

Controlling heißt aktive Steuerung

Bei länger laufenden Aktionen müssen Sie sicherstellen, dass Sie die aktuelle Entwicklung beobachten und einschätzen können, um rechtzeitig eingreifen zu können. Hier spricht man von Controlling des Fundraisings. Folgende Daten sollten Sie dazu regelmäßig (etwa monatlich) auswerten und entscheiden, ob Sie eingreifen sollten:

Checkliste 6: Fundraising-Controlling auf monatlicher Basis

Erfolg von laufenden Aktionen (Höhe und Anzahl der Spenden, Anzahl der Kontakte, gewonnene neue Kontakte, Rücklaufquoten etc.)
Arbeitsergebnisse der Zuarbeit durch Dienstleister
Arbeitsergebnisse der Zuarbeit von internen und externen Unterstützern
Erfolg aktueller Öffentlichkeitsarbeit (Anzahl Pressemeldungen, Erwähnungen etc.)
Einhalten von sonstigen Meilensteinen / terminlichen Vorgaben
Überwachung des laufenden Budgets (Einnahmen, Ausgaben)

Evaluation: Was hat es gebracht?

Neben dieser Steuerung des Tagesgeschäfts ist es wichtig, die fortlaufenden Erfahrungen systematisch auszuwerten und die richtigen Schlüsse daraus zu ziehen. Dabei kann Ihnen die folgende Checkliste helfen:

Checkliste 7: Evaluation – jährliche Bewertung der Ergebnisse

Inwieweit haben wir unsere Ziele erreicht?
Welche Rahmenbedingungen haben eine wichtige Rolle gespielt? Lassen sich die Rahmenbedingungen in Zukunft beeinflussen?
Ließ sich die Planung 1:1 umsetzen? Was ist an der Planung bei zukünftigen Aktionen zu berücksichtigen?
Wie war die Wirkung bei den Zielgruppen? Wie lässt sich diese Wirkung noch verbessern?
Worauf sind evtl. Abweichungen zurückzuführen?
Was hat gut funktioniert? Worauf können wir in Zukunft aufbauen? Wie können wir unser Angebot weiter entwickeln?
Was hat nicht funktioniert? Was müssen wir ändern?

Förderung erneuern

Eine Zuwendung ist die Grundlage für die nächste. Die Erfahrung zeigt, dass bisherige Spender auch künftig am meisten spenden. Doch dafür muss der Spender „gepflegt" und eine Beziehung zwischen ihm und dem Projekt aufgebaut werden.

Praxisbeispiele für die Planung

— Praxisbeispiel: Jahresplan für das Fundraising eines Vereins

Januar	Verwendungsnachweise und (Sammel-) Zuwendungsbestätigungen verschicken
	Osterbazar vorbereiten
	Auswertung der Aktivitäten des Vorjahres
Februar	Feinplanung der diesjährigen Vorhaben, etwa der Weihnachts-Spendenkampagne und weiterer Aufrufe an Förderer. Auch wenn in der Vorweihnachtszeit nach wie vor die höchsten Spendeneinnahmen einzuwerben sind, sollten Sie Spendenaufrufe zu Jahrestagen oder besonderen Ereignissen nicht außer Acht lassen.
März	Danksagung und Jahresbericht an die Förderer versenden
	Jahresbericht an Richter und Staatsanwälte
	Stiftungsanträge fertigstellen (Einsendeschluss 31. März)
April	Osterbazar durchführen
	Zuschussantrag ans Jugendamt abschicken
Mai	Fahrradrallye vorbereiten
Juni	Sponsoring-Konzept für eine Benefiz-Veranstaltung im nächsten Jahr erstellen
Juli	Fahrradrallye durchführen
August	Arbeitgeberzuschuss bei der *Agentur für Arbeit* beantragen
September	Weltkindertag (20. September): Unterschriftenaktion am Stadtplatz
	Weihnachtsmarkt vorbereiten

Oktober	Planung für das nächste Jahr:
	Umzug in neue Geschäftsräume / Suche nach Mietpaten für die höhere Miete
November	Weihnachts-Spendenkampagne durchführen
Dezember	Weihnachtsmarkt durchführen
	Weihnachtsfeier für Mitarbeiter

— Praxisbeispiel: Planung eines Fundraising-Events

1. Dezember-Woche: Anfrage bei verschiedenen Chören wegen eines Benefizkonzerts für die *Kolibri-Stiftung* im kommenden Jahr

2. Januar-Woche: Nach Zusage Beratung im Kolibri-Team über die verschiedenen Terminangebote

3. Januar-Woche: Suche nach einem kostengünstigen Raum mit 150 bis 300 Plätzen und Flügel. Nach Zusage für einen der angebotenen Termine durch eine Kirche im Stadtteil: Stiftungsteam, Chor, Solistin informieren. Ankündigungstext auf Stiftungswebseite stellen. Umfrage im Stiftungsteam, wer mitmacht, wer koordiniert, wer begrüßt.

2. April-Woche: Vorgespräch mit Hausmeister

3. April-Woche: Eingang endgültiges Konzertprogramm / Herstellung Flyer / Miniposter (ab da Verteilung bei allfälligen Events) / Eintrittskarten / Absprache mit Chor wegen *GEMA*

1. Mai – Mitte Juni: Presse-Information / Online-Kalender-Einträge

3. Mai-Woche: Flyer und Poster in Läden etc. im Stadtteil verteilen

1./3. Juni-Woche: Massen-Email an Hausliste / Reminder / *Facebook*-Posting / befreundete Multiplikatoren um Verbreitung via Email/Webseiten/Facebook bitten / Rotwein besorgen (Sponsor) / Herstellung Programmzettel

2. Juni-Woche: Koordinator an Team: Letzte Infos

3. Juni-Woche: Brot besorgen (Sponsor) / Durchführung des Konzerts mit Empfang und Sammlung der Emailadressen der Besucher

4. Juni-Woche: Team-Treff mit Auswertung / Dank an Chor, Solistin / gastgebende Kirche / Hausmeister / Sponsoren. Eingabe der neuen Adressen in Stiftungs-Datenbank

Weiterführende Kapitel:

4.1 *Notwendige Personal-, Sach- und Finanzressourcen*

4.2 *Hilfe von den Profis – Auswahl und Zusammenarbeit mit Dienstleistern*

1.3 Kein Fundraising ohne Öffentlichkeitsarbeit

Tina Keeling

- Die zentralen Botschaften: Seriosität, Wirkungspotenzial und Leidenschaft
- Öffentlichkeitsarbeit als Leitungs- und Teamaufgabe
- Sich aktiv ins Gespräch einbringen: Presseerklärungen
- Ihr Bild nach außen: Corporate Design
- Kommunikationskanäle aktiv nutzen
- Webeartikel als Sympathieträger

In der Regel wird Ihnen nur derjenige etwas spenden, der sich sagt: „Ach die sind das. Von diesem Projekt habe ich doch kürzlich schon mal gehört". Daher handeln Sie immer nach dem Satz: „Tue Gutes und sprich (kontinuierlich) darüber!" Denn eine Social Profit Organisation und ihr Projekt kann noch so gut sein – wenn keiner davon weiß, wird auch keiner etwas geben.

Die zentralen Botschaften: Seriosität, Wirkungspotenzial und Leidenschaft

Wer Ihnen etwas gibt, will wissen, welcher Sache seine Spende zugutekommt. Und er muss Ihren Versprechungen trauen. Das wird er am ehesten, wenn Ihre Organisation / Ihr Projekt allgemein bekannt ist und ihr ein guter Ruf vorauseilt. Dieser entsteht jedoch nicht von allein oder nach dem Zufallsprinzip. Die wichtigste Aufgabe der Öffentlichkeitsarbeit ist insofern, die Kernbotschaften Ihrer Organisation an den Mann/an die Frau und an die für Sie wichtigen Zielgruppen zu bringen. Kommunikation richtet sich dabei nicht nur nach außen an Journalisten, potenzielle Förderer und Interessenten, sondern auch nach innen. Das heißt, Kommunikation sollte auch in die eigene Organisation hinein wirken. Haupt- und ehrenamtliche Mitarbeiter lassen sich am besten für das Fundraising motivieren und einbinden, wenn sie sich von Ihnen informiert fühlen.

Die zentralen Botschaften Ihrer Öffentlichkeitsarbeit sollten sein: Seriosität, Wirkungspotenzial und (vor allem) Leidenschaft für Ihre Mission. Machen Sie sich im Team Gedanken darüber, was das für Ihre Öffentlichkeitsarbeit heißt: Welche Botschaften vermitteln Sie aktuell? Prüfen Sie Ihre Flyer, Ihre Webseite, Ihre Präsentationen und alles andere im Einzelnen und überarbeiten Sie die Inhalte so, dass sie mit Ihren zentralen Botschaften übereinstimmen.

Öffentlichkeitsarbeit als Leitungs- und Teamaufgabe

Da die Aufgabe von Öffentlichkeitsarbeit darin besteht, unter allen Bezugsgruppen Ihrer Organisation für Vertrauen und Bekanntheit zu sorgen, muss die Öffentlichkeitsarbeit der Leitung Ihrer Organisation unterstellt sein. Dies setzt voraus, dass der Leitung die Notwendigkeit und Wichtigkeit der Öffentlichkeitsarbeit klar ist und sie bereit ist, Öffentlichkeitsarbeit aktiv zu betreiben.

Im nächsten Schritt sollten eine oder mehrere Personen in Ihrem Team benannt werden, die sich der Öffentlichkeitsarbeit annehmen. Sie müssen sich über alle Vorgänge in der Organisation informieren und müssen über alle Vorhaben rechtzeitig informiert werden. Ihre Aufgabe ist die kontinuierliche Kontaktpflege mit der internen und externen Öffentlichkeit (siehe oberer Abschnitt), der die zentralen Werte und Kernaussagen der Organisation gezielt kommuniziert werden. Nur so entsteht ein unverwechselbares Profil, das entscheidend zur Imagebildung Ihrer Einrichtung beiträgt.

Entwickeln Sie zuerst ein Konzept für Ihre Öffentlichkeitsarbeit, bevor Sie in Fundraising-Aktivitäten investieren (weil diese sonst kaum wirken).

— Tipp: Üben Sie Ihre Präsentation —

Sich aktiv ins Gespräch einbringen: Presseerklärungen

Mindestens ein- bis zweimal im Jahr sollten Sie eine Pressemitteilung erstellen, über etwas Herausragendes, das bei Ihnen passiert. Bedenken Sie jedoch, dass der Anlass etwas pfiffiger sein muss, als das bloße 25-jährige Bestehen Ihrer Organisation. Nach dem Motto „der Köder muss dem Fisch und nicht dem Angler schmecken" versuchen Sie, sich in die Lage von Journalisten zu versetzen. Diese wollen entweder über aktuelle Trendthemen, spritzige Ideen/Projekte oder wirkliche Neuigkeiten informiert werden.

Machen Sie sich einen Zeitplan, wie lange vor einer Veranstaltung welche Medien zu informieren sind. Nutzen Sie Tages-, Wochen-, Monats- und Quartalszeitungen, Print-Veranstaltungskalender, die kirchliche Presse, die Anzeigenblätter, öffentliche und private Rundfunk- und Fernsehanstalten, Internet-Veranstaltungskalender. Eine knappe Nachricht mit einer Illustration versehen, sollten Sie immer auch über Ihren Facebook-Account verbreiten.

— Tipp: Vorgehensweise im Krisenfall

Betreiben Sie im Krisenfall niemals eine Vogel-Strauß-Politik! Gerade in einer solchen Situation kommt der zielgruppen- und situationsbezogenen Öffentlichkeitsarbeit mit transparenter Informationsweitergabe eine enorm große Bedeutung zu. Ein Ärgernis oder gar ein Skandal sollte niemals ausgesessen werden.

Kluge Organisationen stellen vorsorglich einen allen Akteuren bekannten Krisenplan auf. Im Krisenfall brauchen Sie einen Krisensprecher/-stab, der unter Umständen rund um die Uhr kontaktierbar ist. Informieren Sie von sich aus und frühzeitig alle Betroffenen, Mitarbeitenden und andere. Nichts ist schlimmer, als wenn wichtige Informationen erst aus den Medien bekannt werden.

Ihr Bild nach außen: Corporate Design

Zur Mindestausstattung Ihrer Organisation gehören: Informationsmaterial über Ihre Einrichtung und Ihr Projekt, der Jahresbericht, Überweisungsträger mit eingedrucktem Empfänger und Spendenkontonummer, eine Internetseite und vorformulierte Dankschreiben (die immer wieder variiert werden). Weitere Druckmaterialien wie Imagebroschüren, Handzettel, Plakate und sonstige Werbeträger können sukzessive erstellt werden. Alle Materialien sollten auf einen Blick wiedererkennbar Ihrer Organisation zuzuordnen sein. Dies wird durch ein gut zu Ihnen passendes einheitliches Layout und Logo erreicht.

— Tipp: Pro-bono-Agentur suchen

Wenn Sie sich die Unterstützung durch eine Werbe- oder Kommunikations-Agentur nicht leisten können, versuchen Sie eine Agentur zu finden, die Ihnen ein professionelles Kommunikationskonzept als Dienstleistungs-Spende entwickelt. Viele Agenturen arbeiten pro-bono für eine gemeinnützige Organisation, von deren Bedeutung sie überzeugt sind.

Machen Sie sich jedoch vorher bewusst, dass Sie - anders als bei bezahlten Dienstleistern – wenig Möglichkeiten haben, auf eine fristgerechte Fertigstellung zu pochen. Sollte bei der Pro-bono-Agentur ein lukrativer Auftrag eingehen, wird sie die Fertigstellung Ihres Kommunikationskonzeptes vermutlich hintanstellen. Umso frühzeitiger Sie Ihr Anliegen mit klaren Absprachen und Zeitplänen angemeldet haben, umso eher ist eine solche Verzögerung verkraftbar.

Kommunikationskanäle aktiv nutzen

Folgende Kommunikationskanäle stehen Ihnen zur Verfügung:

Checkliste 8: Kommunikationsmedien für die Öffentlichkeitsarbeit

Externe Medien: Zeitung, Radio, Fernsehen, Kino, Internetseiten, Social Web Seiten (*Facebook* u.a.)
Interne Medien: Mitarbeiterzeitung, Schwarzes Brett, Kantine, Lohnabrechnung, Mitarbeiterversammlung, Aufdruck auf der Dienstkleidung, Fahrzeugwerbung, Intranet, E-Mail, Besucherbuch, Broschüren, Handzettel, Schriftentisch oder -ständer
Bestehende Medien im Umfeld: Schaukasten, Gemeindebrief, Internetseite, Mitgliederzeitung, Schwarzes Brett, Newsletter, Schilder, Plakatwände, Infoscreen, Telefon- und Branchenbuch, Infomaterial und Werbung von Partnern
Veranstaltungen: Tag der offenen Tür, Benefizveranstaltung, Jubiläum, Besuchergruppen

Nutzen Sie auch Freianzeigen in Zeitungen (siehe dazu das Kapitel 2.1.3 *Neuspendergewinnung – Frisches Blut für Ihre Organisation*).

— **Tipp: Ihr Friseur als Kommunikator** —————————————————————

Projekte brauchen Fürsprecher. Denn Mundpropaganda wirkt stärker als jede andere Werbeform. Beim Friseur haben die Menschen Zeit für ein Gespräch. Begeistern Sie Ihren Friseur, damit er seinen Kunden von Ihrem Projekt berichtet und am Zahltisch eine Sammeldose und ein Kästchen mit Flyern aufstellt. Ähnliche Chancen bieten sich bei Apothekern, Ärzten, Masseuren und im übrigen Gesundheitsbereich, auf Ämtern, in Läden, bei Anwälten, Notaren und anderen.

Werbeartikel als Sympathieträger

Der Erfolg eines Werbeartikels – auch als Gimmick oder Give-away bezeichnet – ist eher abhängig von einer kreativen Idee als von dem dafür aufgewendeten Betrag. Klären Sie:

Checkliste 9: Auswahl von Werbeartikeln/Give-aways

Einsatzzweck: Soll der Werbeartikel eine Gegengabe für den Spender oder ein Dank für langjährige Unterstützer sein oder wollen Sie sich damit bei einem Interessenten in Erinnerung rufen? Ist der Artikel für alle Zielgruppen gleichermaßen attraktiv (z.B. USB Stick für die Generation 70+)?
Corporate Design: Entspricht der Werbeartikel in Aufmachung und Aussage der Einrichtung bzw. der Dienstleistung, die damit beworben wird (Logo, Verwendung der Organisationsfarben, Produktslogan, Material, Funktion etc.)?
Wirkung bei den Spendern: Wie überbringt der Werbeartikel seine Botschaft, z.B. beim Auspacken, Zusammensetzen, Aufziehen, Einsatz, Gebrauchsanweisung lesen etc.?
Abwicklung: Lässt sich der Werbeartikel gut für die eigenen Aktionen einsetzen (Größe, Gewicht, Transportfähigkeit)?
Wahrnehmung durch die Spender: Sind die Produktions- und Versandkosten des Werbeartikels angemessen? Das heißt, können Sie die Produktions- und Versandkosten gegenüber einem kritischen Spender rechtfertigen? Würden Sie Spender verärgern, da diese nicht wünschen, dass ihr Spendengeld in kostspielige oder aus ihrer Sicht sinnlose Gimmicks gesteckt werden?

In dieser Reihe erschien auch der Ratgeber *Presse- und Öffentlichkeitsarbeit*. Er bietet über 1.500 Redaktions-Adressen in Bayern von Zeitungen, Zeitschriften, Nachrichtenagenturen, Hörfunk, Fernsehen, Werbung, sonstigem Marketing und Dienstleistungen. Damit können Sie (zumindest in Bayern) ganz bequem Ihren eigenen Presseverteiler aufbauen. Mit vielen Tipps von Profis zum Kontakt mit Redaktionen, für die Formulierung von Pressemitteilungen und für Ihre gesamte Öffentlichkeitsarbeit: AG SPAK Bücher, ISBN 978-3-930830-41-1, **www.agspak-buecher.de**. In den anderen Bundesländern helfen Ihnen die klassischen Presse-Nachschlagewerke Stamm, Leitfaden durch Presse und Werbung und Zimpel, Medien-Nachschlagewerk. Die Suche nach Redaktions-Kontakten ist in diesen beiden Werken allerdings etwas mühsamer, da sie eher dazu da sind, der Wirtschaft die Werbemöglichkeiten bei den Medien zu erläutern.

Nach Paul Watzlawick kann man nicht nicht kommunizieren. Jedoch darauf zu bauen, dass automatisch die richtige Information draußen beim Spender ankommt und ihn zum Spenden bewegt, ist illusorisch. Umso wichtiger ist es, dass Sie Ihre Öffentlichkeitsarbeit aktiv und zielgerichtet in die Hand nehmen.

Weiterführende Kapitel: Medien als Fördermittelgeber

Viele Medien sammeln selbst Spenden, um diese an gemeinnützige Organisationen weiter zu geben. Die bekanntesten sind *Ein Herz für Kinder* vom Springerverlag, die *Aktion Mensch* oder die *RTL Stiftung*. Weiterführende Informationen finden Sie in den Kapiteln 3.2.4 *Förder- und Spendenfonds – meist unbürokratisch und einfach* und 3.3.7 *Lotterie- bzw. Wettmittel – Glück kann man beantragen*.

1.4 Finanzierungsmöglichkeiten im Überblick – Was lässt sich wofür einsetzen?

Torsten Schmotz

- Private Spenden, Förderbeiträge - Der Klassiker
- Sponsoring, Gebühren von Klienten und eigenwirtschaftliche Betätigung – Der Wachstumsmarkt
- Gesetzliche Finanzierung - Finanzierung außerhalb des Fundraisings
- Zuwendungen der öffentlichen Hand - Der größte Fördertopf
- Zuwendungen von privaten Trägern - Förderung der Zukunft
- Die Finanzierungsbausteine in der Praxis

Um gemeinwohlorientierte Aktivitäten zu finanzieren, gibt es eine große Zahl von unterschiedlichen Finanzierungsmöglichkeiten, angefangen bei der klassischen Spende, über Einnahmen von Sponsoren oder Kunden bis zu Förderungen durch die Kommune oder eine Stiftung. Viele davon stellen Ihnen die Autoren in diesem Buch im Detail vor. Um sich aber einen grundlegenden Überblick zu verschaffen und um die Finanzierungsbereiche vergleichen zu können, möchten wir sie anhand der grundlegenden Rahmenbedingungen, Beispiele und Einsatzmöglichkeiten hier komprimiert vorstellen.

Private Spenden, Förderbeiträge und ehrenamtliches Engagement – Der Klassiker

Beispiele	– Die Spende im Rahmen eines Infostandes in der Fußgängerzone – Die Einnahmen aus einer Tombola beim Sommerfestes einer Kita. – Die regelmäßige Patenschaftsspende für ein Kind in einem Entwicklungsland.
Wer finanziert?	Privatpersonen, Organisationen und Unternehmen
Was ist zu beachten?	– Formen: Geld-, Sach-, Wissens-, Dienstleistungs- und Zeitspenden (ehrenamtliches Engagement) – Über den Erfolg entscheiden vor allem die gewählte Zielgruppe, die Attraktivität des Themas und die Qualität der Kommunikation (siehe auch Abschnitt *Warum Menschen, Unternehmen und Institutionen spenden und fördern* in Kapitel 1.2). – Die Spender/Förderer erhalten keine direkte Gegenleistung für ihre Unterstützung. – Um eine steuerwirksame Spendenquittung ausstellen zu können, muss der Spendenempfänger als gemeinnützig durch das Finanzamt anerkannt sein.

Wofür lässt es sich am besten einsetzen?	Eignet sich grundsätzlich für alle gemeinnützigen Aktivitäten. Nicht zweckgebundene Spenden können frei für die Finanzierung der eigenen Aktivitäten eingesetzt werden. Es können damit Kosten aus der Vergangenheit, aus der Gegenwart und aus der Zukunft getragen werden.
Verfügbare Mittel	Das jährliche Spendenvolumen in Deutschland wird nach verschiedenen Statistiken auf 4 bis 7 Mrd. Euro geschätzt.

Sponsoring, Gebühren von Klienten und eigenwirtschaftliche Betätigung – Der Wachstumsmarkt

Beispiele	– Elternbeitrag im Kindergarten – Mitgliedsbeitrag beim *Deutschen Alpenverein* – Sponsoring von Sport-Trikots einer Amateurmannschaft – Einnahmen aus einem Flohmarkt
Wer finanziert?	– Privatpersonen, Organisationen und Unternehmen
Was ist zu beachten?	– Der Förderer erhält eine werthaltige Gegenleistung für seine finanzielle Unterstützung. – Es handelt sich i.d.R. um ein privatwirtschaftliches Vertragsverhältnis. – Im Einzelfall muss geklärt werden, ob die Mittel versteuert werden müssen.
Wofür lässt es sich am besten einsetzen?	– Eignet sich grundsätzlich für alle gemeinwohlorientierten Aktivitäten, bei denen dem Förderer eine werthaltige Gegenleistung angeboten werden kann. – Die Mittel sind in der Regel nicht zweckgebunden.
Verfügbare Mittel	– Es gibt keine übergreifende Statistik aber die Aktivitäten in diesem Bereich haben in den letzten Jahren stark zugenommen.

Die Instrumente zu diese ersten beiden Finanzierungsbereichen finden Sie im Teil 2 unseres Buches

Gesetzliche Finanzierung – Finanzierung außerhalb des Fundraisings

Beispiele	– Ein Kindergartenbetreiber in Bayern hat pro betreutem Kind Anspruch auf einen jährlichen Förderbetrag durch die örtliche Gemeinde in einer fest definierten Höhe. Geregelt ist dies durch das *Bayerische Kinderbildungs- und -betreuungsgesetz (BayKiBiG)*. – Eine Werkstätte für behinderte Menschen erhält feste Zuschüsse im Rahmen der Eingliederungshilfe *(SGB IX)*.
Wer finanziert?	Öffentliche Hand und Sozialversicherungsträger (Vergabeinstitutionen sind z.B. die Gesundheits- und Pflegekassen, die Gemeinden, Landkreise, Bezirke, Bundesländer und Bundesministerien)
Was ist zu beachten?	– Beschränkt sich auf gesetzlich geregelte Bereiche (insbesondere Gesundheitswesen, Behindertenhilfe, Jugendhilfe etc.) – Die Mittel werden ausschließlich zweckgebunden vergeben. – Umsetzung meist durch Leistungsverträge und Rahmenvereinbarungen

Wofür lässt es sich am besten einsetzen?	Der Einsatz ist gesetzlich genau geregelt. Andere Förderer lehnen in der Regel die Finanzierung von gesetzlich finanzierten Aktivitäten ab (keine Doppelförderung).
Verfügbare Mittel	Die Gesamtsumme der sog. Sachleistungen im Sozialbereich beläuft sich in Deutschland auf eine Höhe von über 230 Mrd. Euro. Dieser Bereich ist mit Abstand der größte Finanzierungstopf für gemeinwohlorientierte Arbeit in Deutschland. Insbesondere Träger der Sozialarbeit decken aus diesem Topf häufig 80-95% ihrer Aufwendungen.

Die gesetzliche Finanzierung ist kein Schwerpunkt in diesem Buch, da sie nicht zu den Instrumenten des Fundraisings gezählt wird.

Zuwendungen der öffentlichen Hand – Der größte Fördertopf

Beispiele	– Die *Stadt Ansbach* hat dem Stadttheater 2013 einen Betriebskostenzuschuss in Höhe von 848.000 Euro gewährt. – Die *Europäische Union* gewährt im Rahmen ihres Förderprogramms *ERASMUS+* einen Zuschuss für ein internationales Chorprojekt von drei Gymnasien aus Deutschland, Ungarn und Dänemark. – Das *Bundesministerium für Arbeit und Soziales* gewährt im Rahmen eines Förderprogramms Zuschüsse für innovative Projekte zum Thema demografischer Wandel in der Pflege.
Wer finanziert?	– Vergabeinstitutionen sind die Gemeinden, Landkreise, Bezirke, Landesregierungen, Bundesministerien, *Europäische Kommission* und beauftragte Dritte.
Was ist zu beachten?	– Themen von hoher (politischer) Relevanz für die staatlichen Stellen – Die Mittel werden ausschließlich zweckgebunden vergeben. – Es gelten spezielle rechtliche Vorgaben (z.B. *Bundeshaushaltsordnung*).
Wofür lässt es sich am besten einsetzen?	– Institutionelle und projektbezogene Förderung ist möglich. – Die Vergabe im Rahmen von Fördermittelprogrammen ist in der Regel nur für zukünftige, noch nicht begonnene Aktivitäten möglich. Durch Verwaltungsvorschriften wird im Einzelfall definiert, welche Institutionen antragsberechtigt sind. Eine Gemeinnützigkeit ist hier nicht immer Voraussetzung.
Verfügbare Mittel	– Im Schnitt werden etwa 10% der öffentlichen Haushalte in Form von Zuwendungen vergeben. Das sind deutschlandweit mindestens um die 30 Mrd. Euro jährlich.

Trotz angespannter Haushaltslage ist der Bereich der öffentlichen Zuwendungen deutlich größer als der Bereich der Spenden und privaten Zuwendungen.

Zuwendungen von privaten Trägern – Förderung der Zukunft

Beispiele	– Die *Aktion Mensch* fördert das Landessportfest für Menschen mit Behinderung in Niedersachsen. – Die *Allianzkulturstiftung* gewährt einen Zuschuss zu einem internationalen Kulturfestival zum Thema Bildende Kunst. – Die *Robert Bosch Stiftung* schreibt jährlich den deutschen Schulpreis aus.
Wer finanziert?	– Stiftungen, Lotteriegesellschaften, Unternehmen, Förderfonds
Was ist zu beachten?	– Die Mittel werden fast immer zweckgebunden vergeben. – Institutionelle und projektbezogene Förderung ist möglich.
Wofür lässt es sich am besten einsetzen?	– Themen die zu den Förderschwerpunkten der privaten Träger passen. – Die Vergabe im Rahmen von Fördermittelprogrammen ist in der Regel nur für zukünftige, noch nicht begonnene Aktivitäten möglich. – Bei Förderwettbewerben können auch laufende oder abgeschlossene Aktivitäten unterstützt werden. – Gefördert werden in der Regel gemeinnützige Träger oder bedürftige Einzelpersonen.
Verfügbare Mittel	– Die Fördergesamtsumme der privaten Träger beläuft sich geschätzt auf 3 bis 5 Mrd. Euro.

Die Zuwendungen durch die öffentliche Hand und durch private Träger müssen in der Regel beantragt werden. Die einzelnen Instrumente finden Sie im Teil 3 dieses Buches.

Die Finanzierungsbausteine in der Praxis

Je nach Organisationsform und Schwerpunkt der Tätigkeit, kann die Zusammensetzung der Finanzierungsbausteine für einen gemeinwohlorientierten Träger im Alltag sehr unterschiedlich sein. Viele kleine Vereine werden allein durch Privatspenden, gelegentliche Zuwendungen und das ehrenamtliche Engagement ihrer Mitglieder getragen. Viele gemeinnützige Bildungs- und Kulturträger sind vor allem von den Zuwendungen der öffentlichen Hand und dem Erfolg bei den Kunden abhängig. Altenpflegeeinrichtungen finanzieren sich im Wesentlichen im Rahmen der gesetzlichen Finanzierung durch die Pflegekassen und die Beiträge der Bewohner. Der Bereich der Behindertenhilfe ist häufig vollständig durch gesetzliche Finanzierung durchfinanziert.

Wenn Sie möglichst viele verschiedene Finanzierungsarten nutzen, verringern Sie ihre Abhängigkeit von einem Bereich. Auf der anderen Seite kann der Aufwand für das Einwerben der unterschiedlichen Unterstützungsarten dadurch zu groß werden. Informieren Sie sich in den folgenden Kapiteln über die einzelnen Fundraising-Instrumente und entscheiden dann, was am besten zu Ihrer Ausgangslage und zu Ihren Ressourcen passt.

Was für die Organisationen gilt, lässt sich meist auf einzelne Projekte übertragen. Ein einzelnes Konzertfestival kann sich beispielsweise zu 60 Prozent über die Einnahmen aus Konzertkarten finanzieren. Die übrigen 40 Prozent werden durch Sponsoringeinnahmen der örtlichen Spardabank und einer kleineren Zuwendung aus dem Kulturetat der Kommune getragen.

Teil 2

Spenden, Sponsoring und mehr – klein anfangen, um schnell zu wachsen

In diesem Abschnitt lernen Sie die verschiedenen Strategien und Instrumente kennen, wie Sie Privatpersonen, Unternehmen und Medien für Ihre Arbeit gewinnen. Der Teil 2.1 *Spendeninstrumente vor der Haustür* umfasst dabei grundlegende Aktivitäten wie zum Beispiel Mitgliedsbeiträge, Gründung von Förderkreisen, Spendenbriefe oder Benefizevents, welche für fast alle spendensammelnden Organisationen relevant sind. Der Teil 2.2 *Spezielle Fundraising-Instrumente* stellt weitere Möglichkeiten vor, beispielsweise das Einwerben von Großspenden und Erbschaften oder die eigenwirtschaftliche Betätigung. Hier ist häufig mit mehr Organisationsaufwand und längeren Planungs- und Umsetzungszeiträumen zu rechnen. Mit diesen Instrumenten arbeitet man meist erst dann, wenn man schon erste Erfahrungen im Fundraising gesammelt hat.

Kapitelübersicht

2.1 Spendeninstrumente vor der Haustür

2.1.1 Mitgliedsbeiträge – eine solide Grundfinanzierung

Alexander Gregory / Peter Lindlacher

- Verschiedene Formen der Mitgliedschaft im Angebot
- Wen man als neues Mitglied gewinnen kann
- Nicht ohne Risiko – Mitgliederwerbung an Haustür und auf der Straße
- Loyalitäts-Management: Bindung durch Information, Kontakt und Mitsprachemöglichkeit
- Für beide Seiten bequemer: Beiträge per Lastschrift einziehen

Mitgliedsbeiträge sind eine solide Grundfinanzierung. Mitglieder zeichnen sich durch hohe Identifikation mit der Organisation aus und bleiben ihr oft jahrelang erhalten. Die Organisation hat dadurch Gelder zur Verfügung, mit denen sie langfristig kalkulieren kann. Deswegen zählt man diese Einnahmen zu den Eigenmitteln. Organisationen wie das *Deutsche Rote Kreuz*, die *Johanniter-Unfall-Hilfe* oder der *Deutsche Alpenverein* finanzieren einen wichtigen Teil Ihrer Aktivitäten über Mitgliedsbeiträge. Für viele Zuschüsse aus privaten oder öffentlichen Mitteln ist der Nachweis eines bestimmten Anteiles derartiger Eigenmittel erforderlich oder hilfreich.

Bei jeder Kampagne brauchen Sie Unterstützer. Jemand muss mit voller Überzeugung nach Geld fragen, also brauchen Sie Sammelnde, Menschen mit Beziehungen, Multiplikatoren und Türöffner. Mitglieder sind am ehesten dafür zu mobilisieren. Das gilt jedoch nur, wenn sie gut informiert und hoch motiviert sind. Versuchen Sie, auch Prominente für Ihre Sache zu gewinnen (siehe im Kapitel 2.1.5 *Benefizevents – Spendensammeln mit hohem Unterhaltungswert*).

Verschiedene Formen der Mitgliedschaft im Angebot

Um zu verhindern, dass mit einer Vielzahl von Mitgliedern auch Entscheidungen schwerer steuerbar werden, bieten viele Organisationen verschiedene Arten von Mitgliedschaft mit unterschiedlichen Rechtsstellungen an:

Checkliste 10: Formen der Mitgliedschaft im Vergleich

Ordentliche Mitgliedschaft	Normaltyp des Vereinsmitgliedes. Oft haben nur sie Stimmrecht.
Außerordentliche Mitgliedschaft	Gastmitglieder, Mitgliedschaft auf Zeit etc.
Fördermitgliedschaft	Mitglieder, die die Vereinsziele (insbesondere mit ihrem Mitgliedsbeitrag) fördern, jedoch nicht aktiv am Vereinsleben teilnehmen.
Ehrenmitglieder	Wegen besonderer Verdienste oft vom Beitrag befreit, ansonsten alle Rechte und Pflichten

Wen kann man als neues Mitglieder gewinnen kann

Für die meisten schon seit längerem bestehenden Social-Profit-Organisationen ist es eine jährliche Herausforderung, ihre Mitgliederzahlen stabil zu halten. Durch die gesellschaftliche Veränderung, sind immer weniger Menschen bereit, sich langfristig an eine Organisation zu binden. Über die folgende Checkliste können Sie potenzielle Mitglieder auswählen und eine gezielte Ansprache planen.

Checkliste 11: Wen können wir als Mitglied gewinnen

Spender, die Sie über einen längeren Zeitraum mit regelmäßigen Zuwendungen bedenken
Ehemalige Klienten oder Mitarbeiter, die Ihrer Einrichtung verbunden bleiben wollen
Besucher Ihrer Veranstaltungen (Tag der offenen Tür, Benefizkonzert, Vortrag etc.)
Abonnenten Ihres Newsletters
Geschäftskunden und Lieferanten, die Sympathie und Verständnis für Ihre Arbeit zeigen möchten
Personen und Prominente aus Politik, Verwaltung, Wirtschaft, Medien, Kultur und der Fachöffentlichkeit, die auch als ideelle Förderer für Ihr Anliegen hilfreich sind

— Praxisbeispiel: Künftige Fördermitglieder fürs Museum —————————

Kinder und Jugendliche etwa in Museen, die zunächst „gezwungenermaßen", etwa im Rahmen eines Schulausfluges, Ihr Haus besuchen müssen, sich später aber gerne engagieren werden, wenn sie sich an die Museumsbesuche positiv erinnern (siehe Kapitel 5.6 *Fundraising für Museen*).

— Tipp: Persönlich Ansprechen ——————————————————————

Mitgliedergewinnung funktioniert in der Regel nur durch persönliche Ansprache. Machen Sie eine Kampagne: Jedes Mitglied soll ein neues Mitglied werben. Nutzen Sie Veranstaltungen mit einem eigenen Infostand zu den Vorteilen einer Mitgliedschaft.

Auf Vielfalt innerhalb der Organisation achten

Die Ansprache und Gewinnung von (aktiven) Mitgliedern und ehrenamtlich Engagierten findet häufig in den Generationen, Milieus und Kulturen statt, die bislang schon im Verein präsent sind. Ist der Verein nicht ständig bestrebt, neue Mitglieder aus jüngeren Generationen oder aus anderen Milieus und Kulturen hinzuzugewinnen, werden die Mitglieder tendenziell immer homogener: Sie werden zum Beispiel gemeinsam alt. Oder sie bilden eine Welt des männlich oder deutsch Seins ab, die es außerhalb des Verein so immer weniger gibt. Diese Homogenität mag unter den Mitgliedern auf Zustimmung stoßen, da sie Widersprüche und Spannungen im Verein gar nicht erst entstehen lässt und so zu einem heimeligen Wohlgefühl beiträgt. Sie führt aber häufig auch dazu, dass die Vereinsentwicklung stagniert, etwa weil Engagementspotenziale aus jüngeren oder anderen gesellschaftlichen Gruppen nicht wahrgenommen und erschlossen werden. Umgekehrt steigen Leistungsfähigkeit und Chancen des Vereins, seine Anliegen zu verwirklichen, je mehr und je unterschiedlichere Mitglieder aktiv mitwirken. Er erhält mehr und vielfältigere fachliche und kulturelle Impulse. Er kann durch die Vielfalt seiner Mitgliedschaft unmittelbarer die unterschiedlichen gesellschaftlichen Gruppen erreichen.

So sollte eine Bürgerinitiative anstreben, dass ihre Mitglieder mindestens die kulturelle, altersmäßige, berufliche und sonstige Vielfalt ihres Einzugsgebietes widerspiegeln. Ein KiTa-Trägerverein etwa sollte anstreben, nicht nur die jeweiligen Eltern mit Kindern in der Einrichtung als Mitglieder zu gewinnen, sondern auch Eltern, deren Kinder die KiTa schon verlassen haben, Nachbarn ohne Kinder und andere Menschen, denen an einer guten Bildungsinfrastruktur im Stadtteil gelegen ist. Eine Elternselbsthilfe für Kinder und Erwachsene mit geistiger Behinderung sollte beispielsweise nicht nur „betroffene Eltern" als Mitglieder akzeptieren, sondern auch andere Bürger, denen das Wohlergehen und die Inklusion von Menschen mit Behinderung ebenso ein Anliegen sein kann.

Nicht ohne Risiko
– Mitgliederwerbung an der Haustür und auf der Straße

Die Gewinnung von Mitgliedern ist sehr aufwendig und zeitintensiv. Manche Spenden sammelnden Organisationen beauftragen aus diesem Grund Werbe- oder so genannte Dialogmarketingagenturen, deren Mitarbeiter (oft in

Vereinskleidung) auf der Straße oder an der Haustür Fördermitgliedschaften einwerben. Für die Provision werden im Extremfall bis zu vier Jahresbeiträge einbehalten. Da die Werbegespräche wegen dieser Entlohnungsform in den meisten Fällen sehr ergebnisorientiert geführt und deshalb von den angesprochenen Menschen oft als bedrängend empfunden werden, werden die Werber häufig auch als „Drücker" bezeichnet. Nur wenigen Organisationen, die solche Drückerkolonnen einsetzen, gelingt es, die Agenturen und ihre Mitarbeiter so zu kontrollieren, dass es nicht zu Beschwerden kommt. Einige Tipps, wenn Sie trotzdem mit solchen Agenturen kooperieren möchten:

Checkliste 12: Mitgliederwerbung mit Agenturen

Lassen Sie sich Referenzen geben und überprüfen Sie diese. Tauschen Sie sich im Kollegenkreis über Erfahrungen mit verschiedenen Dienstleistern aus.
Schließen Sie die Verträge mit den Agenturen nicht ausschließlich erfolgsorientiert ab.
Sichern Sie sich ab, dass die Werber keine Entlohnung erhalten, die in direktem Verhältnis zur Höhe der Spendenzusage steht.
Geben Sie den Werbern ausreichend Zeit, sich mit Ihren Werbethemen gründlich auseinander zu setzen. Rechnen Sie dafür auch mit einer finanziellen Beteiligung an den Schulungskosten.
Stornoquoten über 10 % zeugen von mangelhafter Qualität der Arbeit. Informieren Sie sich über das Schulungsprogramm der Dialogmarketingagentur und lassen Sie sich das Recht vertraglich absichern, die Gesprächsinhalte der Werber mitzugestalten und jederzeit zu überprüfen.
Stellen Sie für die Werbung einen Werberausweis zur Verfügung, aus dem auch hervorgeht, dass der sich Ausweisende in Ihrem Auftrag unterwegs ist.
Haustürwerbung sollten Sie vertraglich nicht zulassen.
Nutzen Sie die öffentliche Präsenz in der Fußgängerzone für begleitende Pressearbeit und Mailings.
Entwickeln Sie eine Strategie, wie Sie mit Nachfragen aus der Bevölkerung im Zuge der Direktdialog-Kampagne umgehen.
Richten Sie eine Telefon-Hotline ein, um Beschwerden und Stornierungswünschen erfolgreich zu begegnen.

Loyalitäts-Management: Bindung durch Information, Kontakt und Mitsprachemöglichkeit

Wenn Sie Ihre Mitglieder binden oder Menschen neu für eine Mitgliedschaft gewinnen wollen, prüfen Sie, was Sie ihnen als Nutzen bieten können. Warum sollte jemand Mitglied werden? Zunächst sind da sicher die ideellen Ziele der Organisation zu nennen. Sie zu unterstützen, verschafft Förderern das gute Gefühl, dass sie zu dem Teil der Menschheit gehören, die etwas gegen Missstände tut. (Siehe auch Kapitel 1.1 *Fundraising heißt Beziehungsarbeit – Abschnitt Warum Menschen, Unternehmen und Institutionen spenden und fördern*)

Entsprechend müssen die Mitglieder regelmäßig informiert werden. Nur dann können Sie sich voll hinter die Organisation stellen. Senden Sie deshalb Ihre Jahresberichte an alle Ihre Mitglieder und Förderer. Das heißt auch, den

Jahresbericht so zu formulieren, dass es den Mitgliedern Spaß macht, ihn zu lesen! Verteilen Sie einen regelmäßigen Infobrief zu aktuellen Entwicklungen in Ihrer Organisation.

Checkliste 13: Eine Mitgliedschaft attraktiv machen

Einladung zu aktuellen Veranstaltungen, exklusive Einladungen, Einladungen zu eindrucksvollen Aktivitäten
Einbeziehung in Entscheidungs- und Diskussionsprozesse
Ermäßigungen und kostengünstige Angebote
Angebote zur Freizeitgestaltung und für soziale Kontakte
Privates und berufliches Networking
Honorierung der Unterstützung (öffentlicher Dank z.B. durch Ehrennadel, Erwähnung im Infobrief etc.).
Gemeinsam Veranstaltungen (Sommer- oder Weihnachtsfeste, Förderstammtische, Besichtigung der Einrichtungen, „Thanksgiving-Parties" etc.)

— **Tipp: Vorsicht bei zu hohen Rabatten** ————————————————

Achtung: um die Gemeinnützigkeit nicht zu gefährden, darf der Wert jährlicher Rabatte für Mitglieder den Jahresbeitrag nicht übersteigen!

Wie man Mitgliedsgebühren festlegt

Die Mitgliedsbeiträge/Aufnahmegebühren können sich orientieren an
– der wirtschaftlichen Leistungsfähigkeit der Mitglieder,
– der Intensität der Nutzung der Vereinseinrichtungen.
Dabei sollen Sie Ihrer Zielsetzung berücksichtigen:
– Wollen Sie viele Mitglieder, um möglichst hohe Einnahmen über einen relativ niedrigen Einzelmitgliedsbetrag zu erhalten?
– Wollen Sie Mitglieder, die Ihre Organisation durch ihr Know-how und ihre Kontakte unterstützen und der Mitgliedsbeitrag ist eher nebensächlich?
– Streben Sie einen „exklusiven Club" an, der als Zugangsvoraussetzung Finanzstärke hat?
Eventuell empfiehlt es sich, eine Staffelung der Mitgliedsbeiträge vorzunehmen. Im Vergleich zu anderen Freundes- und Förderkreisen in der Kultur können diejenigen von Museen, Galerien und Sammlungen in der Regel sehr hohe Mitgliedsbeiträge einnehmen. Dies hat eine Umfrage des Kulturkreises der deutschen Wirtschaft ergeben. Offenbar haben insbesondere große Museen einen hohen Prestigewert, so dass die Mitgliedschaft in einem renommierten Freundes- und Förderkreis einen nennenswerten Beitrages wert ist (Weitere Informationen: **www.kulturkreis.eu** und im Kapitel 5.6 *Fundraising für Museen*).

Für beide Seiten bequemer: Beiträge per Lastschrift einziehen 53

Der Lastschrifteinzug (*SEPA Direct Debit*) ist nur auf Grundlage eines Mandats möglich. Es enthält eine *Gläubiger-Identifikationsnummer*, die man als Zahlungsempfänger einmalig bei der Bundesbank beantragen muss und eine

Mandatsreferenznummer, die vom Zahlungsempfänger vergeben wird und den Bezug der Lastschrift zum Mandat zeigt. Der Lastschrifteinzug muss dem Kunden vor Abbuchung mitgeteilt werden (mit Betrag, Fälligkeit, Gläubiger-ID und Mandatsreferenznummer). Diese Mitteilung nennt man Vorabankündigung oder auch Pre-Notification. Pro Transaktion fallen 9,3 Cent an.

Mit Mitgliedsbeiträgen Steuern sparen

Mitgliedsbeiträge an gemeinnützige Organisationen sind für die Mitglieder abzugsfähig, wenn

– die Organisationen abzugsfähige Zuwendungsbestätigungen für Spenden ausstellen können;
– es sich bei den Beiträgen nicht hauptsächlich um ein Leistungsentgelt (zum Beispiel für die Nutzung der Vereinseinrichtungen) handelt und
– die Beiträge nicht im Hinblick auf die eigene Freizeitgestaltung geleistet werden.

Nicht absetzbar sind Mitgliedsbeiträge (wohl aber Spenden) an Sport-Vereine, sowie an Vereine, die in erster Linie der kulturellen Freizeitgestaltung, der Heimatpflege und Heimatkunde, der Tierzucht, der Pflanzenzucht, der Kleingärtnerei, des traditionellen Brauchtums einschließlich des Karnevals, der Fastnacht und des Faschings, der Soldaten- und Reservistenbetreuung, des Amateurfunks, des Modellflugs und des Hundesports dienen. Grund: Die Mitgliedsbeiträge haben hier eher den Charakter von Entgelten für Dienstleistungen des Vereins für seine Mitglieder.

Steuerfreiheit für den Träger

Einnahmen aus Mitgliedsbeiträgen (bis zu einer Höhe von 1.000 Euro pro Jahr) und Aufnahmegebühren (bis zu einer Höhe von 1.500 Euro) gehören zum ideellen Bereich des Vereins und sind für ihn steuerfrei (siehe Kapitel 2.2.6 *Eigenwirtschaftliche Betätigung – Geld verdienen fürs Gemeinwohl*).

Fördermitglieder zu weiteren Spenden motivieren

In einigen Freundes- und Förderkreisen – vielfach von Museen – ist es üblich, zusätzlich zum Mitgliedsbeitrag eine freiwillige Spende zu erbitten. Es ist allerdings gefährlich, sich darauf fest zu verlassen. Denn in wirtschaftlich schwierigen Zeiten, werden viele Mitglieder nur ihren Pflichtanteil und nicht zusätzlich eine freiwillige Spende zahlen.

— **Tipp: Sorgfältiger Umgang mit Beschwerden** ————————————

Wie gehen Sie mit Kritikern um? Die Grundregel dafür ist überraschend: Wer sich beschwert, ist mit Ihrer Organisation weitaus mehr verbunden als das Durchschnitts-Mitglied (die so genannte Karteileiche). Wenn Sie auf den Kritiker eingehen, haben Sie die Chance, ein neues, überdurchschnittlich engagiertes und treues Mitglied zurückzugewinnen.

2.1.2 Freundeskreis und Förderverein – Starke Partner für Ihren guten Zweck

Sieglinde Ruf

- Drei Beispiele für mögliche Organisationsformen
- Die Gründung eines Fördervereins – darauf müssen Sie achten
- Freundeskreis oder eingetragener Förderverein – was passt zu Ihnen

Freundeskreise und Fördervereine können eine bedeutende Unterstützung für eine andere Social-Profit-Organisation sein. So bringt beispielsweise der *Zentral-Dombau-Verein zu Köln* von 1842 mit seinen über 14.200 Mitgliedern pro Jahr etwa 60 Prozent der Ausgaben für Wiederherstellung und Erhalt des *Kölner Domes* auf. Im Jahr 2013 waren das 3.670.000 Euro **www.zdv.de**

Nicht nur Kirchen, Schlösser oder Denkmäler, auch Kultureinrichtungen wie Theater und Museen, Krankenhäuser und Kliniken, Naturschutz, Sport und der ganze Bildungsbereich, insbesondere Schulen und Kindergärten, profitieren auf vielfältige Weise vom Engagement eines Freundeskreises oder Fördervereins. Es kann also sehr lohnend sein, einen Freundeskreis oder Förderverein ins Leben zu rufen.

Drei Beispiele für mögliche Organisationsformen

Ob Freundeskreis, Unterstützer- oder Förderkreis, Förderverein oder Fördergemeinschaft, Gesellschaft der Freunde, Förderclub oder ganz anders – aus rechtlicher Sicht ist nicht der Begriff entscheidend, sondern die Organisationsform. Unter jedem dieser Begriffe können sich Unterstützerinnen und Unterstützer organisieren. Der wesentliche Unterschied besteht darin, ob ihr Zusammenschluss körperschaftlich verfasst ist oder nicht. Als Körperschaft gilt sowohl der eingetragene Verein als auch der nicht eingetragene Verein.

Informelle Gruppe oder körperlich verfasste Organisation

Drei Beispiele: Unterstützerkreise, wie sie etwa junge Menschen im Internationalen Jugendfreiwilligendienst aufbauen, sind eher privater Natur und meist zeitlich befristet. Anders der *Förderverein des Freilichtmuseums am Kiekeberg e. V.*, dessen Satzung ihn klar als Förderverein ausweist. Vor 25 Jahren von neun Personen gegründet, ist er inzwischen auf 10.000 Mitglieder angewachsen **www.foerderverein-kiekeberg.de**. Der Freundeskreis der *Hanns-Lilje-Stiftung* in Hannover wiederum hat sich als nicht rechtsfähige Vereinigung mit einer eigenen Satzung organisiert. Mitgliedsbeiträge und Spenden fließen direkt der von ihm unterstützten Stiftung zu und werden von dieser bestätigt. Dieser Förderkreis verzichtet also nicht nur auf eine eigene Rechtspersönlichkeit, sondern auch auf die mögliche eigene Gemeinnützigkeit **www.hanns-lilje-stiftung. de/freundeskreis.html**. Der eingangs erwähnte Förderverein des *Kölner Domes* ist übrigens ebenfalls kein eingetragener Verein. Er wurde gegründet, bevor das Bürgerliche Gesetzbuch am 1. Januar 1900 in Kraft trat, und ist ein so genannter altrechtlicher Verein.

All die Personen, die sich in Freundeskreisen und Fördervereinen zusammengeschlossen haben, engagieren sich gemeinsam für einen guten Zweck. Sie haben dies ausdrücklich stillschweigend oder durch formale Mitgliedschaft erklärt. Ihr Engagement ist unverzichtbar für die von ihnen geförderten Menschen, Stiftungen, Museen, Kirchen, Hilfswerke.

Kurze Definition von Freundeskreis und Förderverein

In diesem Kapitel wird der Begriff Freundeskreis verwendet für einen nicht körperschaftlich verfassten Zusammenschluss von Personen, die von der Social-Profit-Organisation aus angesprochen und von ihr her als „Kreis" geformt werden. Als Förderverein wird ein körperschaftlich verfasster, eingetragener Verein mit mindestens sieben Mitgliedern verstanden, dessen satzungsgemäßer Zweck die Förderung einer anderen gemeinwohlorientierten Organisation ist.

Die Gründung eines Fördervereins – darauf müssen Sie achten

Ein gemeinnütziger Verein hat seine Zwecke selbstlos, ausschließlich und unmittelbar zu verwirklichen. Unmittelbar bedeutet: der Verein muss seine Zwecke grundsätzlich selbst verwirklichen. Dieses Gebot der Unmittelbarkeit ist für Fördervereine aufgehoben. Bei einem Förderverein ist als satzungsgemäßer Zweck die Förderung einer anderen gemeinnützigen Organisation festgelegt. Er verwirklicht diesen Zweck im Wesentlichen durch die Beschaffung und Weitergabe von finanziellen Mitteln – also durch Fundraising zugunsten des Kindergartens, der Universität, des Sportvereins, der Kirchengemeinde. Deshalb darf ein Förderverein 100 Prozent seiner Mittel an eine andere gemeinnützige Einrichtung weiterleiten. Dies muss jedoch eindeutig in der Satzung verankert sein.

Nach dem Gesetz zur Stärkung des Ehrenamts dürfen ab 2014 auch Überschüsse aus der Vermögensverwaltung und Gewinne aus den wirtschaftlichen Geschäftsbetrieben sowie 15 Prozent der zeitnah zu verwendenden Mittel weitergegeben werden, um zum Beispiel Stiftungslehrstühle mit Vermögen auszustatten. Die Gründung eines eingetragenen Fördervereins unterscheidet sich nicht von der Gründung eines anderen eingetragenen Vereins. Es bestehen lediglich höhere Anforderungen an die Ausgestaltung der Satzung und die Mitwirkung des Amtsgerichts. Schritt-für-Schritt-Beschreibungen einer Vereinsgründung finden Sie beispielsweise unter **www.bdvv.de/ehrenamt-sponsoring-satzung/Article/ID/52/Session/1-c9q7aqsZ-0-IP/Vereinsgründung.htm**

Entgegen weit verbreiteter Auffassung sind Rechtsfähigkeit, Gemeinnützigkeit und Steuerfreiheit keine automatischen Vereinsmerkmale. Näheres zu steuerprivilegierten Vereinseinnahmen finden Sie in den Kapiteln 2.2.1 *Unternehmenskooperation – mehr als Sponsoring* und 2.2.6 *Geldverdienen fürs Gemeinwohl – Eigenwirtschaftliche Betätigung* sowie unter **www.vereinsbesteuerung.info**.

--- **Literaturtipp:** ---

In dieser Reihe erschien auch der Band „Vereinspraxis" – Ein Ratgeber zum Vereinsrecht, zum Arbeitsrecht und zu kaufmännischen Fragen
IBPro (Hrsg.), Autoren: Ulrike Köllner/ Dieter Harant 5. Aufl. 2013, 210 S., Verlag AG SPAK

--- **Tipps zur Ausgestaltung der Satzung von Fördervereinen** ---

Im Vereinszweck legen Sie fest, welche gemeinnützige Organisation der Förderverein finanziell und auf sonstige Weise unterstützt. Dazu zwei Checklisten:

Checkliste 14: Satzungsgestaltung für einen Förderverein

Verwirklichung des Satzungszwecks
Bei der Auflistung der Maßnahmen, mit denen der satzungsgemäße Zweck insbesondere verwirklicht wird, sollten Sie u.a. Formulierungen verwenden wie „Beschaffung von Mitteln", „Werbung für die Organisation XY", „Unterstützung bei der Organisation und Durchführung von Veranstaltungen", „Mithilfe bei ...", „Übernahme von Patenschaften für ...". Sonst laufen Sie Gefahr, dass das Finanzamt Ihren Förderverein behandelt wie andere steuerbegünstigte Vereine. Diese dürfen nach Auffassung der Finanzämter nur bis zu 50 Prozent der Mittel einem anderen gemeinnützigen Verein oder einer Körperschaft des öffentlichen Rechts (Stadt, Gemeinde, Universität) zukommen lassen.

Interne Wirkung beachten
Es hat sich als sehr sinnvoll erwiesen, Fundraising und auch ehrenamtliches Engagement ausdrücklich in der Satzung zu verankern. Dies auch deshalb, weil die Satzung nicht nur für das Finanzamt oder das Amtsgericht formuliert wird, sondern auch für Interessierte und Mitglieder. Sie wirkt dauerhaft prägend nach innen.

Wie unabhängig soll der Verein sein
Die Regelung zur Größe und Besetzung des Vorstandes entscheidet wesentlich über Nähe und Distanz von Förderverein und geförderter Organisation. Sie entscheidet auch über Mitsprachemöglichkeiten der Organisation im Förderverein sowie über die strukturelle Anbindung an Organisation, Region und Gesellschaft überhaupt.

Die Mitgliedschaft bewusst steuern
Bei den Regelungen zur Mitgliedschaft entscheiden Sie unter anderem darüber, ob Mitglieder Stimmrecht haben, ob es den Status des Ehrenmitglieds gibt und Ähnliches.

Langfristige Wirkung beachten
Die entsprechenden Paragraphen der Satzung sollten – unabhängig von den zum Zeitpunkt der Gründung handelnden Personen – in ihren Auswirkungen gründlich durchdacht und klug gestaltet werden.

Es lohnt sich bei der Formulierung der Satzung über den Tellerrand zu schauen. Besorgen Sie sich Satzungen anderer Vereine. Holen Sie die Expertise von Juristen, Steuerfachleuten und von Fundraising- und Kommunikations-Profis ein.

Checkliste 15: Satzungsformulierung für einen Verein

Nach § 60 AO sind in neue Satzungen (und Satzungen, die geändert werden) zwingend folgende Festlegungen aufzunehmen
§ 1 Der – Die ....(Körperschaft) mit Sitz in .... verfolgt ausschließlich und unmittelbar – gemeinnützige – mildtätige – kirchliche – Zwecke (nicht verfolgte Zwecke streichen) im Sinne des Abschnitts „Steuerbegünstigte Zwecke" der Abgabenordnung. Zweck der Körperschaft ist .... (z.b. die Förderung von Wissenschaft und Forschung, Jugend- und Altenhilfe, Erziehung, Volks- und Berufsbildung, Kunst und Kultur, Landschaftspflege, Umweltschutz, des öffentlichen Gesundheitswesens, des Sports, Unterstützung hilfsbedürftiger Personen). Der Satzungszweck wird verwirklicht insbesondere durch .... (z.b. Durchführung wissenschaftlicher Veranstaltungen und Forschungsvorhaben, Vergabe von Forschungsaufträgen, Unterhaltung einer Schule, einer Erziehungsberatungsstelle, Pflege von Kunstsammlungen, Pflege des Liedgutes und des Chorgesanges, Errichtung von Naturschutzgebieten, Unterhaltung eines Kindergartens, Kinder-, Jugendheimes, Unterhaltung eines Altenheimes, eines Erholungsheimes, Bekämpfung des Drogenmissbrauchs, des Lärms, Förderung sportlicher Übungen und Leistungen).
§ 2 Die Körperschaft ist selbstlos tätig; sie verfolgt nicht in erster Linie eigenwirtschaftliche Zwecke.
§ 3 Mittel der Körperschaft dürfen nur für die satzungsmäßigen Zwecke verwendet werden. Die Mitglieder erhalten keine Zuwendungen aus Mitteln der Körperschaft.
§ 4 Es darf keine Person durch Ausgaben, die dem Zweck der Körperschaft fremd sind, oder durch unverhältnismäßig hohe Vergütungen begünstigt werden.
§ 5 Bei Auflösung oder Aufhebung der Körperschaft oder bei Wegfall steuerbegünstigter Zwecke fällt das Vermögen der Körperschaft an – den – die – das – .... (Bezeichnung einer juristischen Person des öffentlichen Rechts oder einer anderen steuerbegünstigten Körperschaft), der – die – das – es unmittelbar und ausschließlich für gemeinnützige, mildtätige oder kirchliche Zwecke zu verwenden hat; oder an eine juristische Person des öffentlichen Rechts oder eine andere steuerbegünstigte Körperschaft zwecks Verwendung für .... (Angabe eines bestimmten gemeinnützigen, mildtätigen oder kirchlichen Zwecks, z.B. Förderung von Wissenschaft und Forschung, Erziehung, Volks- und Berufsbildung, der Unterstützung von Personen, die im Sinne von § 53 der Abgabenordnung wegen .... bedürftig sind, Unterhaltung des Gotteshauses in ....).

Freundeskreis oder eingetragener Förderverein – was passt zu Ihnen

Ob Freundeskreis oder Förderverein – beide bieten Personen, die Ihrer Organisation wohl gesonnen sind, einen Rahmen, vielleicht sogar eine Heimat für ihr Engagement. Sie schaffen Möglichkeiten der Begegnung mit der Organisation und mit Gleichgesinnten, etwa beim Empfang der Förderer durch den Vorstand im Rahmen des Sommerfestes. Sie bieten besondere Erlebnisse, zum Beispiel bei exklusiven Führungen oder Reisen. Beide erlauben – und umgekehrt: beide verlangen – eine größere Nähe zur Organisation, eine höhere Verbindlichkeit, eine emotionalere Beziehung. Unter Fundraising-Gesichtspunkten sind beide ein so genanntes Bindungsinstrument.

Dabei wird die Schwelle, sich als Mitglied im Freundeskreis zu erklären, für einen Spender oder Interessenten in der Regel niedriger sein, als die Beitrittserklärung zu einem eingetragenen Verein zu unterschreiben. Der Förderverein verlangt einen höheren Bindungsgrad als der Freundeskreis. In die Überlegung, ob Freundeskreis oder Förderverein (im Sinne der oben genannten Definitionen, die Bezeichnung ist freibleibend) für Ihre Organisation das Richtige sind, sollten Sie diese wichtigen Gestaltungselemente einbeziehen:

Checkliste 16: Entscheidungsmatrix Freundeskreis oder Förderverein

Gestaltungsmöglichkeiten	Freundes-kreis	Förder-verein e.V.	Bemerkung
Feste Mitgliederbeiträge (siehe Kapitel 2.1.1).	(eher) nein	ja	Freundeskreis sollte niederschwelliger angelegt sein
Staffelung der Mitgliederbeiträge		Kann sinnvoll sein	Kann sinnvoll sein, z.B. im Kulturbereich
Zusätzliche Bitte um Spenden	ja	ja	Beide Personenkreise weiterhin um Spenden bitten, zusätzlich zum eventuellen Mitgliederbeitrag. Gegebenenfalls ausgewählte Projekte anbieten.
Angebot von Vergünstigungen (Siehe auch Checkliste 13: Eine Mitgliedschaft attraktiv machen)	ja	ja	Finden Sie eine angemessene und attraktive Staffelung für Vergünstigungen: wie reduzierter oder freier Eintritt, Jahresgabe, vergünstigter Erwerb von Artikeln aus dem Shop, spezielle Führungen oder Vorträge, Teilnahme an Reisen zu Projekten. Erfreuen Sie Ihre Freunde und Förderer mit kleinen Überraschungen.
Ist ein interessierter Personenkreis per se vorhanden?		ja	Bei Schulen und Kindergärten z. B. ist durch die Elternschaft eine große, wenn auch regelmäßig wechselnde Gruppe an potenziellen Förderern vorhanden. In der Regel organisieren sie sich eigeninitiativ als positiv-kritisches Gegenüber und ermöglichen Projekte, für die sonst das Geld fehlt.
Ist kein interessierter Personenkreis vorhanden?	ja		Interessenten hat Ihre Organisation ganz bestimmt! Beginnen Sie einfach, Spendern die Zugehörigkeit zu einem Freundeskreis anzubieten. So bauen Sie sich einen Kreis intensiver verbundener Förderer auf.
Wie ist die Einnahmesituation Ihrer Organisation: Ist die Höhe der Einnahmen jenseits der steuerlichen Freigrenzen?		ja	Durch die Gründung eines Fördervereins kann Ihre Organisation unter Umständen die steuerlichen Freigrenzen doppelt nutzen (etwa die der Umsatzsteuer bei 17.500 Euro pro Jahr). Lassen Sie sich beraten.

Handelt es sich eher um eine junge Organisation	ja		Ihre Organisation ist in der Aufbau- und Stabilisierungsphase? Dann behalten Sie die Fäden in der Hand und bündeln Sie die Energien innerhalb der Organisation.
Starke inhaltliche Prägung der Organisation, wenig Ressourcen für Öffentlichkeitsarbeit und Fundraising		ja	Begeistern Sie einige wenige Menschen dafür, einen Förderverein zugunsten Ihrer Organisation zu gründen.

Wie immer auch die Entscheidung ausfällt, es gibt Voraussetzungen dafür, dass ein engagierter Freundeskreis oder ein Förderverein starker Partner für Ihre Organisation sein kann. Sorgen Sie vor allem dafür, dass die Kommunikation mit den Schlüsselpersonen und den Mitgliedern von Freundeskreis und Förderverein regelmäßig und reibungslos funktioniert – in beide Richtungen.

Vorausschauende Jahresplanung für Kommunikationsmaßnahmen und Fundraising-Aktivitäten, angemessenes Budget, ein oder zwei feste Ansprechpersonen und regelmäßige Pflege der Adressdatenbank sollten zum Standard gehören. Lohn der Mühe sind viele verwirklichte Projekte, wunderbare Begegnungen und die gemeinsame Freude am Erfolg.

— **Tipp: Infomaterial der Ministerien** —————————————————

Aufgrund der unterschiedlichen Zuständigkeiten veröffentlichen verschiedene Ministerien jeweils eigene Informationen für Vereine, teils auf Bundesebene, teils auf Länderebene. Die Materialien stehen als als Print und/oder als PDF zum kostenlosen Herunterladen bereit; gelegentlich können Sie kostenpflichtige Broschüren oder eine CD-ROM bestellen. Hilfreiche Materialien finden Sie zum Beispiel über diese Links:

- **www.bmjv.de/SharedDocs/Downloads/DE/Broschueren/DE/Leitfaden_Vereinsrecht.html?nn=1955982** *Bundesministerium der Justiz und für Verbraucherschutz*: Leitfaden zum Vereinsrecht; hier auch Muster eines Gründungsprotokolls etc.
- **https://broschueren.nordrheinwestfalendirekt.de/broschuerenservice/finanzministerium**: Vereine & Steuern. Arbeitshilfe für Vereinsvorstände und Mitglieder
- **https://broschueren.nordrheinwestfalendirekt.de/broschuerenservice/justizministerium/vereinsleben/21**: Was Sie über das Vereinsleben wissen sollten
- **www.baden-wuerttemberg.datenschutz.de/datenschutz-im-verein/**: Datenschutz im Verein. Informationen über die datenschutzrechtlichen Rahmenbedingungen beim Umgang mit personenbezogenen Daten in der Vereinsarbeit

2.1.3 Neuspendergewinnung
– frisches Blut für Ihre Organisation

Alexander Gregory

- Den Überblick behalten: Kontakte zentral sammeln und verwalten
- Verschiedene Wege zu neuen Adressen
- Wen spricht man am besten an?

Wenn Sie den Kreis ihrer Spender erweitern möchten, um dadurch zusätzliche Spendeneinnahmen einzuwerben, müssen Sie in der Regel Kontakt zu Menschen aufbauen, die Ihre Aktivitäten noch nicht kennen. In diesem Kapitel finden Sie einen Überblick über die Instrumente, welche Sie dafür einsetzen können. Dabei gilt die Devise: Jeder, der Interesse an den Zielen der Organisation zeigt, ist ein potenzieller Geld- oder Zeitspender. Aber nicht jeder den wir ansprechen, entwickelt tatsächlich auch Interesse an unserer Arbeit. Vor diesem Hintergrund müssen wir versuchen, einen möglichst großen Personenkreis anzusprechen.

Den Überblick behalten: Kontakte zentral sammeln und verwalten

Je größer der Kreis der Kontakte wird, umso schwieriger ist es den Überblick zu behalten. Insbesondere wenn mehrere Personen Ihrer Organisation parallel neue Kontakte aufbauen. Es macht daher Sinn, alle Kontakte an einer Stelle zu sammeln. Dieser Adressenpool (die so genannte Hausliste) einer Organisation ist ihr wichtigstes Kapital. Dementsprechend sollte dieser Pool sorgsam verwaltet werden (siehe auch Kapitel 4.5 *Zuwendungen professionell verwalten – Fundraising Datenbank*).

Es empfiehlt sich, zu einzelnen Spendern und anderweitigen Unterstützern kurze Notizen über Absprachen, besondere Interessen und Ähnliches anzulegen. So können Sie sich kurz vor einem Gespräch die gesammelten Informationen ins Gedächtnis zurückrufen. Gleichzeitig ist dieses Wissen auch anderen zugänig. Bei einem Wechsel der Ansprechpartner innerhalb Ihrer Organisation muss so nicht die Beziehung zum Unterstützer von Anfang an wieder neu aufgebaut werden.

--- **Tipp: Nur angemessene Daten sammeln** ---------------------

Wahren Sie die Würde Ihrer Unterstützer: Ein Grundsatz beim Anlegen eines Spenderdatenblattes ist, dass die betroffene Person es jederzeit selber lesen können sollte.

Regelmäßige Analyse der bestehenden Kontakte

Analysieren Sie mindestens einmal jährlich Anzahl und Grund von verloren gegangenen und neu gewonnenen Unterstützer-Adressen. Wer mehr als zwei Jahre weder Geld noch Zeit spendete, ist (zunächst) zu den verlorenen Kontakten zu zählen. Die Reaktivierung dieser früheren Unterstützer ist sinnvoll und in der Regel leichter als die Gewinnung neuer Adressen.

— Tipp: Gemeinsam Kontakte ansprechen ———————————————

Kooperieren Sie bei der Reaktivierung verloren gegangener Spender mit anderen Spenden sammelnden Organisationen. Bieten Sie gemeinsame Veranstaltungen, gemeinsames Infomaterial an. Das Doppelangebot mobilisiert erfahrungsgemäß stärker und nützt beiden Organisationen.

Verschiedene Wege zu neuen Adressen

Bitten Sie um die Weitergabe von Infomaterial

Möglichkeiten, an Adressen von neuen Interessenten zu kommen, sind öffentlich zugängliche Archive anderer Organisationen, Handbücher, Verzeichnisse der Industrie- und Handelskammern und Vereinslisten sowie die Empfehlungen Ihrer bisherigen Unterstützer, zugkräftige öffentliche Veranstaltungen, Plakate, Füllanzeigen, Unterschriftenlisten und Meinungsumfragen. Dazu im Folgenden nähere Erläuterungen:

Bitten Sie Ihre haupt- und ehrenamtlichen Mitarbeiter und Ihre Spender um die Nennung von Namen und Adressen von Freunden, Bekannten und Familienangehörigen, die vielleicht zur Unterstützung bereit sind. Diese bekommen einen ersten Brief, in dem sich die Organisation vorstellt und denjenigen nennt, der die Adresse empfohlen hat. Versenden Sie Ihre Mailings an die Nachbarn Ihrer Spender, denn „gleich und gleich gesellt sich gern". Schicken Sie Ihren guten Spendern mehrere Mailings mit der Bitte, sie an gute Freunde weiterzugeben. Bitten Sie immer um die Weiterleitung Ihrer E-Mails. Bitten Sie Unternehmen, Ihre Spendenbriefe an Mitarbeiter und Kunden zu senden, oder Versandhäuser, sie zu Katalogen oder Paketen beizulegen.

Sprechen Sie mit Sammlungen neue Zielgruppen an

Bitten Sie öffentlich darum, Ihnen gebrauchte Tinten- und Tonerpatronen, Handys, Kupferkabel, Briefmarken und Ähnliches zu überlassen – zur Verwertung für Ihren gemeinnützigen Zweck. Die Erträge aus solchen Recycling-Sammlungen sind mehr oder weniger lohnend (siehe im Kapitel 2.2.6 *Geld verdienen fürs Gemeinwohl – Eigenwirtschaftliche Betätigung*), aber die Menschen, die Ihnen zunächst solche Materialien zur Verfügung stellen, werden später oft zu Spendern.

— Tipp: Spendendosen als kleine Litfaß-Säule —

Überall da, wo Bargeld umgesetzt wird, also etwa an Ladenkassen und Fahrkartenschaltern, können Sie um Erlaubnis zum Aufstellen von Spenden-Dosen bitten, in die gutmütige Menschen Kleingeld werfen. Eine behördliche Erlaubnis ist nicht erforderlich. In Läden, die Geschenk-, Zauber- oder Scherzartikel verkaufen, bekommen Sie auch witzige Dosen, wie die (batteriebetriebene) *Mystery Coin Bank*, bei der eine Hand nach der Münze greift. Die Dosen sollten

Foto: Peter Lindlacher

plombiert sein. Sie sollten die Adresse und Telefonnummer der Organisation tragen und regelmäßig geleert werden, um dem Ladenbesitzer den Kontakt zu Ihrer Organisation zu erleichtern. Auch wenn der Ertrag gering ist, so können Sie mit der Dose doch neue Zielgruppen auf Ihre Organisation hinweisen. Die Dose sollte daher – wie eine kleine Litfaß-Säule – groß genug und klar beschriftet sein, denn selten ist am Standort Platz genug zur Auslage erläuternder Prospekte. Nach Wunsch bedruckte Dosen liefert der Werbemittelfachhandel.

Nutzen Sie Ihre Dienstleister, Lieferanten und Multiplikatoren

Vergessen Sie auch nicht die Personen und Firmen, mit denen Ihre Organisation in Geschäftsbeziehungen steht und alle, die fachlich an Ihnen interessiert sind (etwa Ärzte bei einem Gesundheitsprojekt). Politiker und Journalisten gehören auch in Ihre Versandkartei, da sie Ihnen Türen öffnen können.

Nutzen Sie Veranstaltungen zum Sammeln von Adressen

Organisieren Sie alle Ihre Veranstaltungen so, dass die Gewinnung von neuen Adressen interessierter Menschen an erster Stelle steht. Bereiten Sie eine Palette von Angeboten für Interessierte und Neugierige vor, durch die Sie die Adressen erhalten können. Je mehr diese Angebote „zum Anfassen" und „zum Mitmachen" sind, desto eher reagieren die Menschen: Organisieren Sie Tombolas, Lotterien, Preisausschreiben, Verteilung von Gutscheinen für kleine Geschenke, eine Tasse Kaffee oder ein Freibier. Alle Lose, Teilnehmer- und Gutscheine sind dabei nur gültig, wenn auf ihnen Name und (E-Mail-) Adresse eingetragen sind. Legen Sie Namens- und (E-Mail-) Adresslisten zum Eintragen aus, mit denen die Besucher bestimmte kostenlose Informationsmaterialien bestellen können. Erfragen sie neben der (E-Mail-) Adresse zumindest noch die Telefonnummer. Denn oft ist die Adresse unleserlich. Dann können Sie sie telefonisch erfragen. Vielleicht finden Sie eine Firma als Partner, mit der Sie eine größere Publikumsaktion beispielsweise mit Preisausschreiben machen können. Alle Adressen derer, die Teilnehmerkarten zurückschicken oder anrufen, werden notiert und später zur Spendenwerbung angeschrieben. Siehe dazu das Kapitel 2.2.1 *Unternehmenskooperation – mehr als Sponsoring*.

Kostenlose Plakate werben Interessenten

Zu bestimmten Zeiten im Jahr können nicht alle Plakat- und Werbeflächen in Deutschland kontinuierlich ausgelastet werden. Da die Anbieter vermeiden wollen, dass die Flächen leer bleiben, stellen sie sie dann gratis gemeinnützigen Organisationen zur Verfügung. Zu beachten ist, dass dabei der genaue Zeitpunkt der Schaltung von den Anbietern nicht garantiert wird. Eine zeitgleiche Flankierung anderer Fundraising-Aktionen und -Veranstaltungen im Sinne eines integrierten Kommunikations-Mixes ist daher nicht immer möglich. Es empfiehlt sich somit, einen Inhalt zu verwenden, der längerfristig (und möglicherweise auch an anderen Orten) gültig ist. Bedenken Sie, dass Plakatwerbung Markenkommunikation ist: Wenn Ihre Organisation relativ unbekannt ist, verpufft die Wirkung einer Plakatkampagne schnell. Bauen Sie Ihren Bekanntheitsgrad in diesem Fall zunächst durch gute Pressearbeit, häufigen Kontakt zu Ihren Spendern, persönliche Vernetzung oder Events aus. Auch wenn Sie Gratis-Plakatierung angeboten bekommen, haben Sie noch erhebliche weitere Kosten. Spannbänder an Brücken dürfen nach diversen Landesbauordnungen nur begrenzte Zeit im Aushang bleiben.

— Tipp: Großplakate selbst gestalten

Plakat-Großflächen mit zum Beispiel neun Quadratmetern können einzeln gemietet und selbst gestaltet werden. Sie kosten für die Mindestbelegungsdauer von zehn Tagen nur ein paar Euro. Versuchen Sie, langfristig eine Plakatwand in absoluter Toplage zu ergattern, wo sie täglich von Zehntausenden gesehen wird. Gestalten Sie das Plakat zunächst auf einem DIN A4-Blatt, kopieren Sie es auf Folie oder fotografieren sie es, projizieren Sie es auf das Plakatpapier und malen Sie die Umrisse dann in der entsprechenden Größe nach. Danach das Plakat bei der Plaktat-Werbegesellschaft (etwa der *Ströer AG*) abliefern, die es anklebt.

Das Plakatieren im öffentlichen Raum ist weitgehend monopolisiert
– *Deutsche Eisenbahnreklame:* Sie plakatiert im Bereich der DB- und S-Bahn-Wagen, -Strecken und -Bahnhöfe **www.derg.de**.
– *Ströer Out-of-Home Media AG* (früher: *Deutsche Städte-Medien DSM*): Sie plakatiert in und an U-Bahnen und -Bahnhöfen, auf Litfaßsäulen sowie statischen und bewegten Anschlagtafeln, Bauzäunen, Schaltkästen („Moskitos"), Kultur-Säulen „Szene/Kultur" **www.stroeer.de**.
– *Infoscreen:* Die Belegung findet überwiegend in U-Bahnhöfen statt. Die Kalkulation für einen Werbespot errechnet sich nach Belegung x Frequenz x Sekundenpreis x Spotlänge x Belegungstage **www.infoscreen.de** – gehört auch zur Ströer AG.

Mit „Frei- oder Füllanzeigen" Freunde gewinnen

Bitten Sie Zeitungen, Ihre Anzeigen gratis oder zum Sozialpreis zu schalten, als „Frei- oder Füllanzeigen" immer dann, wenn bei der Erstellung einer Anzeigenseite – dem so genannten Umbruch – Platz übrig bleibt. Solche Anzeigen sollten „zeitlos" sein, weil Sie ja vorher nie wissen, wann sie erscheinen. Der Zeitung müssen Sie dafür fertig gestaltete Anzeigenvorlagen in verschiedenen Formaten liefern (vorher genaue Maße erfragen).

In der Anzeige bieten Sie Informationsmaterial an. Wer das anfordert, wird von Ihnen anschließend auch um Unterstützung gebeten. Nebenbei machen diese Anzeigen Ihre Organisation bekannter. Empfehlenswert ist die Gestaltung der Anzeige mit einem Coupon zum Ausschneiden, der den Interessierten die Antwort erleichtert. Wenn Sie eine Telefonnummer nennen, muss das Telefon zu den angegebenen Zeiten besetzt sein!

Fragen Sie schriftlich (mit einem Entwurf der Anzeige) bei der Anzeigenleitung der Zeitungen nach, ob und in welchem EDV-Format Sie die Anzeige einreichen können (in der Regel auf einer CD). Frei- oder Füllanzeigen sind Sachspenden. Bei Ausstellung von Zuwendungsbestätigungen dafür erhöht das bei der Spender-Firma den Umsatz, wofür Steuern entrichtet werden müssen, die durch die Absetzbarkeit der Spende nicht ausgeglichen werden. Daher verzichtet beispielsweise die Süddeutsche Zeitung auf eine solche Bestätigung (siehe das Kapitel 4.5 *Zuwendungen professionell verwalten – Fundraising Datenbank*). Die Presse stellt immer wieder ausgewählte Spenden-Projekte im re-

*Ansprechende Vorlagen für „Füll-Anzeigen",
wie die vom Landesbund für Vogelschutz (LBV),
werden von den Zeitungen gerne gratis abgedruckt.
Siehe auch das Beispiel von Euronatur
im Kapitel 3.3.1 „Förderung durch den Bund".*

daktionellen Teil vor, so etwa das Magazin *Chrismon* **www.chrismon.de** (Projekt). Daraufhin schreiben Ihnen neue Interessenten. Auch über Ihre Homepage können sie neue Adressaten gewinnen, zum Beispiel als Abonnenten Ihres Newsletters (siehe im Kapitel 2.2.2 *Spenden aus dem Netz – Online-Fundraising*).

Unterschriftenlisten und Meinungsumfragen auswerten

Über Unterschriftenlisten, die an Schaltern, in Büros, sozialen Einrichtungen und Vereinen auliegen, oder den Unterschriften, die von Ihren Freiwilligen in der Fußgängerzone gesammelt werden, erhalten Sie Adressen von Interessenten. Auch über Meinungsumfragen kommen Sie an solche Daten.

Adressen mieten oder kaufen

Adresshändler bieten Kontaktdaten von potenziellen Spendern an. In bestimmten Fällen kann das hilfreich sein, wenn Sie sonst keine Chancen haben, diese Kontakte zu erreichen. Im Kapitel 2.1.6 *Der Spendenbrief – der Klassiker im Fundraising* erfahren Sie mehr über diese Möglichkeit. Die beschriebenen Instrumente sind hier in einer übersichtlichen Checkliste zusammengefasst.

Checkliste 17: Instrumente für die Gewinnung neuer Unterstützer

Adressverzeichnisse und Adressaustausch: öffentlich zugängliche Adressverzeichnisse, Adressen von Kooperationspartnern, Adressen von Adressbrokern/Versandunternehmen
Persönliche Weiterempfehlung: durch Spender, Mitarbeiter, Freunde, Bekannte, Unterstützer, Kooperationspartner, öffentliche Hand
Kommunikation über Partner und Medien: Presse (Frei- und Füllanzeigen), Plakate, Medien und Informationsmaterial von Kooperationspartnern (siehe Kapitel 1.3 *Kein Fundraising ohne Öffentlichkeitsarbeit*), Veranstaltungen von Partnern
Offene Veranstaltungen und Aktionen: Benefizevents, Sammlungen, Tag der Offenen Tür, Meinungsumfragen, Unterschriftenlisten, Infostände
Adressen mieten oder kaufen: Auswahl von vertrauenswürdigen Dienstleistern, Definition von Auswahlkriterien, Einschätzung Preis-/Leistungsverhältnis

Wen spricht man am besten an?

Wen fragen Sie – reiche oder arme Leute?

Viele Menschen meinen, reiche Leute seien die aussichtsreichsten Spender. Die großen Spendensummen setzen sich jedoch aus vielen Kleinspenden zusammen. Es ist sicher nicht falsch, potente Menschen und Firmen für Ihr Projekt zu interessieren, doch der Weg zu einer Großspende ist immer weit. Meist reichen die Wurzeln dafür lange in die Zeit zurück, als die Beziehung begründet wurde oder die persönliche Bindung an den besonderen Spendenzweck entstand.

— Tipp: Mit kleinen Spenden fängt es an —————————————

Mancher Spender gibt erst einmal eine kleine Summe, um zu testen, wie Ihre Reaktion ist. Berühmt ist die Geschichte, wie der streitbare Theologe *Hans Küng* an Mittel für sein Institut kam. *Graf von der Groeben*, der Coca-Cola-Lizenz-Millionär aus Baden-Baden, fragte eines Tages bei Küng an, bekam aber keinen Termin. Er machte einen zweiten Versuch und schickte eine Spende von 70 Euro, verbunden mit theologischen Fragen. *Küng* nahm Groeben erst jetzt ernst und antwortete sehr gewissenhaft. Daraufhin erhielt er postwendend 50.000 Euro.

Wie gewinnen Sie junge Zielgruppen?

Veranstalten Sie passgenaue Events, um vor allem auch junge Leute für Ihre Einrichtung zu interessieren. Denn diese sind die Mitglieder und Förderer von morgen. Auch wenn Kinder und Jugendliche selbst im Moment noch keine nennenswerte Unterstützung im finanziellen Sinne leisten können, so ist ihre Funktion als Multiplikatoren (etwa gegenüber ihren Eltern) und als spätere Freunde Ihrer Einrichtung unschätzbar.

Kinder und Jugendliche sind eine wichtige Spendergruppe. Sie haben ein ausgeprägtes Gespür für (gesellschaftliche) Ungerechtigkeiten und viel spontane Hilfsbereitschaft. Dass ihre Spende anderen wirksam hilft, gibt ihnen das Gefühl, ebenso wichtig zu sein wie die Erwachsenen. Wer sich in der Jugend für etwas engagiert hat, bleibt einer Sache oder Organisation ein Leben lang verbunden. Fast jeder ist schon Sternsingern begegnet und sah, mit welchem Eifer die Jugendlichen dabei sind, Spenden für Entwicklungsprojekte zu sammeln. Jährlich kommt so ein zweistelliger Millionenbetrag zusammen.

Kinder und Jugendliche sind ein wichtiges Glied in der Fundraising-Kette. Durch ihr Engagement finden sie leicht Zugang zu den Herzen und Geldbörsen ihrer Eltern, Bekannten und generell zu allen Erwachsenen. Wenn man zudem ganze Schulen, Kitas, Ausbildungsabteilungen großer Firmen, Jugendorganisationen und andere als Fundraiser gewinnen kann, gewinnt man sehr viele aktive Fundraiser, die zudem unkonventionell vorgehen.

Schulklassen können durch ihre Kreativität (wenn sie zum Beispiel selbstgemalte Bilder versteigern) und durch ihren Einfluss auf Eltern und andere Erwachsene durchaus nennenswerte Beträge sammeln. Die Presse berichtet besonders gerne über solche Aktionen, was für die Organisation ebenso wichtig sein kann wie die gesammelten Spenden. 80.000 Schüler erarbeiteten 2013 bundesweit 1,6 Millionen Euro für **www.schueler-helfen-leben.de**. Das Konzept: Sie übernehmen einen Tag lang einen Job und spenden ihren Verdienst. Delegierte Schüler aller sammelnden Schulen entscheiden über die zu fördernden Vorhaben (siehe auch **www.aktion-tagwerk.de**, **www.sozialer-tag.de** und **www.mitmachen-ehrensache.de**.

— Praxisbeispiel: Kinder mitentscheiden lassen

Die Münchner Organisation *Children for a better World* geht noch einen Schritt weiter. Sie gibt Kindern nicht nur die Gelegenheit (mit ihren Eltern) für Kinder zu spenden, sondern hat auch einen Kinderbeirat, in dem Kinder mitarbeiten und über Kinder-Hilfsprojekte mitentscheiden, also die Politik der Organisation mit beeinflussen können **www.children-for-a-better-world.de**.

2.1.3   Neuspendergewinnung – frisches Blut für Ihre Organisation

2.1.4 Haus und Straßensammlung – das Geld liegt auf der Straße

Alexander Gregory

- Durch eine Sammlung bekommt man ein Gesicht
- Sonderfall Rheinland-Pfalz, Saarland und Thüringen
- Transparenz für die Spender durch Selbstverpflichtung
- Das Kommunikationskonzept rund um die Straßensammlung
- Auf der Straße – Die Umsetzung der Sammlung

Haus- und Straßensammlungen durch professionelle Kolonnen sind umstritten und haben viele Menschen misstrauisch gemacht (siehe das Kapitel 2.1.1 *Mitgliedsbeiträge – eine solide Grundfinanzierung*). Andererseits sind Sammlungen ein gut eingeführtes und für viele Organisationen wichtiges Fundraising-Instrument.

Zu den bekanntesten Straßensammlern gehören die *Sternsinger*. Mehr als eine halbe Million jugendliche Sternsinger ziehen rund um den Dreikönigstag durch die Gemeinden. 2013 konnte das Kindermissionswerk über 44 Millionen Euro gesammelter Gelder zur Unterstützung von notleidenden Kindern in Asien, Afrika und Lateinamerika zur Verfügung stellen. Das *Müttergenesungswerk* sammelt rund um den Muttertag: 2013 kamen 530.000 Euro „Dosengeld" zusammen. Allerdings fällt es der Organisation immer schwerer, ehrenamtliche Helfer zu finden.

Durch eine Sammlung bekommt man ein Gesicht

Der *BUND* schätzt seine Sammelaktion – nicht nur wegen des Ergebnisses, sondern „weil unsere Organisation durch den Sammler an der Tür ein Gesicht bekommt: er kann Fragen beantworten und mit dem Geber in einen Dialog treten". Der *Caritasverband Freiburg* erzielt regelmäßig Erträge im Millionenbereich bei seiner Aktion, die in die gesamte Öffentlichkeitsarbeit eingebettet ist. „Der Bürger ist informiert, in Pfarreien liegen Informationen aus, auf Plakaten und Aufklebern und mit Pressekonferenzen machen wir aufmerksam." Wird ein Spender zu Hause nicht angetroffen, findet er in seinem Briefkasten einen Brief samt Zahlkarte.

Eine Sammlung bedeutet einen großen logistischen Aufwand. Dazu müssen meist mehrere Personen und Aktivitäten gut aufeinander abgestimmt werden. Nutzen Sie die folgende Checkliste für die Vorbereitung.

Checkliste 18: Grundüberlegungen zur Straßensammlung

Was – Geld oder Sachspenden
Wann – Start, Dauer und Ende der Aktion
Wo – örtliche Begrenzung, z.B. Gemeinde oder Kreis?
Wie – von Person zu Person, öffentlicher Aufruf, Spendenbrief etc.?
Durch wen – Vereinsmitglieder, Dritte, Jugendliche?
Bei wem – Mitgliedern, Veranstaltungsteilnehmern, Dritten?
Für was oder wen – Vereinszweck, gemeinnützige Ziele, Unterstützung von Flüchtlingen usw.?

Sonderfall Rheinland-Pfalz, Saarland und Thüringen

Da gesetzliche Vorgaben zum Spendensammeln Ländersache sind, sind diese in verschiedenen Bundesländern unterschiedlich. Im Zuge des Abbaus überflüssiger Bürokratie haben inzwischen fast alle Länder ihre Sammlungsgesetze aufgehoben. Es gibt sie nur noch in den Bundesländern *Rheinland-Pfalz* **www.add.rlp.de** (Kommunale-und-hoheitliche-Aufgaben, -Soziales/Ordnungswesen, -Hoheitsangelegen), *Saarland* **www.saarland.de** und *Thüringen* **http://landesrecht.thueringen.de/jportal/**. Nur dort bedürfen Haus- und Straßensammlungen der behördlichen Erlaubnis. Diese ist dort auch für die Werbung von Fördermitgliedern auf Straßen und Plätzen sowie an der Haustür erforderlich. Jedoch werden nur in *Rheinland-Pfalz* Sammlungen durch eine zentrale Behörde, die *Aufsichts- und Dienstleistungsdirektion – ADD in Trier* mehr oder weniger streng überwacht.

Erlaubnisfreie Sammlungen

Auch in den drei Bundesländern mit Erlaubnisvorbehalt sind alle passiven Sammlungsarten, bei denen also keine psychische und physische Einwirkung stattfindet, generell erlaubnisfrei oder zu erlauben. Darunter fallen also Spendenaufrufe durch Zeitungsanzeigen, Plakate und Ähnliches oder das bloße Aufstellen von Sammeldosen in Geschäften. Ebenfalls Sammlungen unter Mitgliedern und Personen, die dem Verein „persönlich verbunden" sind, etwa Verwandte, Freunde. Und auch immer dann, wenn die Sammlung räumlich und zeitlich zusammen mit einer Versammlung/Veranstaltung des Vereins in geschlossenen Räumen unter den Teilnehmern stattfindet, beispielsweise beim Diavortrag über Naturschutz und der dabei gesammelten Spende für Regenwälder. Nicht anzuwenden sind die Gesetze auch auf Sammlungen, die von Religionsgemeinschaften, die Körperschaften des öffentlichen Rechts sind, in ihren Räumen oder in örtlichem Zusammenhang mit Veranstaltungen durchgeführt werden.

Erlaubnispflichtige Sammlungen

Erlaubnispflichtig sind in den drei oben genannten Bundesländern alle aktiven Sammlungsarten, bei denen auf Straßen und Plätzen, in Gaststätten oder anderen, jedermann zugänglichen, Räumen aktiv aufgerufen wird zu:
– Geld- oder Sachspenden,
– Spenden geldwerter Leistungen,

– Verkauf von Waren durch den Verweis auf gemeinnützige oder mildtätige Zwecke.

Aktiv bedeutet, dass durch Einwirken von Person zu Person, also durch eine auf Einzelpersonen gerichtete Entfaltung körperlicher Tätigkeit wie zum Beispiel Ansprechen, Hinhalten einer Sammelliste oder Spendendose physischer und psychischer Einfluss auf Menschen ausgeübt wird.

Inhaltliche und organisatorische Auflagen

Anspruch auf Erteilung der Erlaubnis besteht, wenn durch die Sammlung oder die Verwendung des Sammlungsertrages die öffentliche Sicherheit und Ordnung nicht gestört wird und der Veranstalter gewährleistet, dass die Sammlung ordnungsgemäß durchgeführt wird, eine zweckentsprechende Verwendung des Sammlungserlöses gegeben ist und wenn die Kosten nicht in einem offensichtlichen Missverhältnis zum Reinertrag stehen. Die Erlaubnisbehörde kann die Vorlage einer Abrechnung verlangen.

– Das Sammelergebnis darf nur für die gemeinnützigen Ziele – nicht für die Kosten der Sammlung verwendet werden.
– Es darf nur mit eigenen Mitarbeitern oder Ehrenamtlichen gesammelt werden. Die Sammler müssen mit sich führen: Personalausweis oder Schülerausweis und Sammelausweis ihrer Organisation, in dem das Aktenzeichen des Erlaubnisbescheides eingetragen ist.
– Kinder und Jugendliche dürfen bei Straßensammlungen nur tagsüber und ab vierzehn Jahren sammeln (Ausnahmen davon möglich).
– Für Haussammlungen müssen durchnummerierte, abgestempelte und mit dem Aktenzeichen des Erlaubnisbescheides versehene Listen verwendet werden, in die die Spender sich und den Betrag eintragen.
– Die Beschaffenheit der Dosen sollte (etwa durch Plombierung) eine Veruntreuung unmöglich machen.

Transparenz für die Spender durch Selbstverpflichtung

Seitens der großen Wohlfahrtsverbände wird befürchtet, dass in den Ländern ohne Gesetz und damit ohne Erlaubnisvorbehalt die Zahl der Trittbrettfahrer ansteigt, die nur vorgeben, für gemeinnützige Zwecke zu sammeln. Die erforderliche Transparenz der Sammlungen sei nicht gewährleistet, da keine Kontrolle der Spenden sammelnden Organisationen vorab erfolge sondern erst, wenn kritische Hinweise aus der Bevölkerung kommen.

Die *Liga der freien Wohlfahrtsverbände* und andere Spendenorganisationen in Bayern treten dem mit einer Selbstverpflichtung entgegen. So sollen alle Sammler sich mit einem Sammlerausweis legitimieren können. In Bayern sind die Wohlfahrtsverbände dazu übergegangen, Zeiträume abzustimmen, um die einzelnen Sammlungen zu koordinieren. Die Termine können beim jeweiligen Spitzenverband erfragt werden. Tipps zur Haus- und Straßensammlung gibt es in allen Bundesländern bei den Wohlfahrtsverbänden und der *PARITÄTISCHEN Geldberatung eG* (E-Mail: geldberatung@paritaet-nrw.org).

Seriöse Sammler führen einen Sammlerausweis mit sich. Dieser Ausweis enthält den Namen des Sammlers und den Stempel des Veranstalters sowie gegebenenfalls den Vermerk über die behördliche Zulassung der Sammlung. Auch der Personal- oder Schülerausweis sollte mitgeführt werden. Sinnvoll ist auch ein Namens- und Organisationsschild, das an der Kleidung getragen wird. Jeder Sammler sollte möglichst dort sammeln, wo man ihn kennt. Einem bekannten Gesicht aus der Nachbarschaft begegnet man offener.

Das Kommunikationskonzept rund um die Straßensammlung

Die Sammler müssen auf eventuelle Fragen gut vorbereitet sein. Wenn Sie mit weiteren Infomaterialien ausgestattet sind, vermittelt dies eine höhere Seriosität. Zudem kann eine Straßensammlung mehr Wirkung entfalten, wenn Sie durch weitere Kommunikationsmaßnahmen unterstützt wird.

Checkliste 19: Kommunikationsinstrumente für die Straßensammlung

Versuchen Sie, einige Wochen vor der Sammlung in den örtlichen und überörtlichen Medien präsent zu sein. Stellen Sie laufende und geplante Projekte dar. Benennen Sie deutlich das soziale/gesellschaftliche/politische Problem, um das Sie sich kümmern und beschreiben Sie Ihre Lösung für dieses Problem.
Erstellen Sie ein Faltblatt, möglichst konkret mit Berichten und Projekten Ihrer Arbeit. Dieses Faltblatt können Sie z.B. einige Tage vor der Sammlung in den kostenlosen Anzeigen- oder Gemeindeblättern einlegen lassen. Dies kostet nicht viel oder ist möglicherweise sogar umsonst. Denken Sie bei Ihren Veröffentlichungen auch an die Amtsblätter, dort können Sie Ihre Sammlung offiziell ankündigen.
Erstellen Sie für Ihre Sammler ein kurzes Informationsblatt zum Mitnehmen und Überreichen. Bewährt hat sich auch der Einwurf einer kurzen Information in die Briefkästen einige Tage vor der Sammlung.
Versuchen Sie einen örtlichen Prominenten zu finden, der für Sie zu Spenden aufruft und medienwirksam mit sammelt.
Sammeln Sie möglichst für ein konkretes Projekt. Die Aussage „…für unsere Arbeit" ist zu abstrakt.
Bündeln Sie Ihre Aktivitäten. Wenn es Ihnen gelingt, während des Sammlungszeitraumes eine gute öffentliche Aufmerksamkeit zu bekommen, dann schreiben Sie doch gleichzeitig auch die örtlichen Unternehmen an.

Auf der Straße – Die Umsetzung der Sammlung

Bereiten Sie Ihre Sammler gut vor – insbesondere, wenn Sie mit ehrenamtlichen Helfern arbeiten. Sie sollten wissen, für wen und wofür gesammelt wird. Der Verwendungszweck sollte bekannt sein. Ihre Sammler sollten etwas über Ihre Arbeit und die jeweiligen Projekte sagen können. Vor Beginn der Sammlung ist eine gemeinsame Veranstaltung angebracht. Stellen Sie während der Dauer der Sammlung den Versicherungsschutz sicher.

Die Sammler müssen betreut werden

Im Anschluss an die Sammlung ist es wichtig, die Sammler zu ehren. Feiern Sie ein gemeinsames Fest oder laden Sie alle Sammler zum Essen ein. Reden Sie auch noch einmal über die Erfahrungen, die die Sammler gemacht haben. Jeder erlebt beim Sammeln auch mal Frust und dann gilt: Geteiltes Leid ist halbes Leid. Grundsätzlich unterliegen Sie als Sammler jedoch der Schweigepflicht darüber, wer wie viel gespendet hat.

Checkliste 20: Vorbereitungstipps für Haus- und Straßensammler

Als Sammler sind Sie Repräsentant Ihrer Einrichtung. Deshalb sollte Ihnen bewusst sein, dass die Arbeit Ihrer Einrichtung auch an Ihrem Auftreten gemessen wird. Der Wettbewerb an den Haustüren und auf der Straße ist in den letzten Jahren immer größer geworden. Durch diverse Skandale sind die Spender verunsichert.
Stellen Sie sich kurz vor, damit der Besuchte auch weiß, mit wem er es zu tun hat. Weisen Sie gegebenenfalls auf Ihren ehrenamtlichen Status hin. Das erhöht den Spendenbetrag. Sprechen Sie laut und deutlich, vor allem ältere Leute können häufig nicht mehr so gut hören. Sie dürfen nicht davon ausgehen, dass jeder Mensch Ihre Einrichtung kennt und weiß, was Ihre Einrichtung alles macht.
Eine günstige Tageszeit für Sammlungen ist sehr wichtig. Denken Sie daran, dass Berufstätige erst am späten Nachmittag zu erreichen sind, und dass eine Störung bei Mittags- und Essenszeiten vermieden wird. Bevorzugte Sammlungszeiten sind der späte Vormittag, der Nachmittag und die frühen Abendstunden.
Nehmen Sie immer Sammlungsflugblätter mit und werfen Sie diese in die Briefkästen der Wohnungen, deren Bewohner Sie nicht angetroffen haben.
Die Sammlungssituation auf der Straße ist eine ganz andere als an der Haustür. Es empfiehlt sich, an einer belebten Ecke als zentrale Anlaufstelle einen Informationsstand zu erstellen. Dort kann anschaulich und ausführlich über Ihre Einrichtung informiert werden. Sammeln Sie auf der Straße mit mehreren Sammlern gleichzeitig. Bilden Sie eine so genannte „Sammlerstrecke", damit vorbeilaufende Menschen mehrmals Kontakt mit der Sammlung bekommen. Beginnen Sie am Anfang der Strecke mit dem Verteilen von Sammlungsflugblättern, damit der mögliche Spender weiß, wofür gesammelt wird. In einigem Abstand dahinter folgen dann ein oder zwei Sammler mit der Sammelbüchse.
Achten Sie darauf, welche Personen bereits ein Sammlungsabzeichen tragen. Wer schon einmal gespendet hat, sollte nicht noch einmal zur Spende aufgefordert werden.

Sammlungslisten, Zuwendungsbestätigungen

Sammlungslisten sind in vertrauenerweckender Weise auszufüllen, also nicht mit Bleistift und ohne Ausradierungen. Die Eintragung des Spenders und der Straße in die Sammlungsliste sollte von Ihnen weder gefordert noch ohne ausdrückliche Einwilligung des Spenders vorgenommen werden. Auf jeden Fall muss der gespendete Geldbetrag in die Sammlungsliste eingetragen werden. Wenn Spenden an Ihre Organisation steuerlich absetzbar sind, weisen Sie auf die Möglichkeit der Ausstellung einer Zuwendungsbestätigung hin, denn nicht selten wirkt sich dies auf die Höhe der Spende aus. Stellen Sie aber grundsätzlich keine Quittungen an der Haustür aus. Notieren Sie den Wunsch des Spenders mit Name und Anschrift und senden Sie ihm die Zuwendungsbestätigung nachträglich zu.

— Tipp: Der Mensch als Herdentier

Am liebsten beteiligt man sich da, wo sich schon andere beteiligt haben. Denn das erweckt Vertrauen. Sorgen Sie also dafür, dass schon zu Beginn einige Spendeneinträge auf der Sammelliste stehen (fragen Sie als erstes Ihre Verwandten) und auch die Dose sollte von Anfang an scheppern.

Überreichen Sie den Spendern ein kleines Geschenk von symbolischem Wert. Das erhöht den Spendenbetrag. Am besten geeignet ist ein Spendenabzeichen, das der Spender ansteckt. So wissen andere Sammler sofort, dass diese Person schon gespendet hat und belästigen ihn nicht weiter.

— Tipp: Anzeigepflicht bei Spenden von Heimbewohnern

Einmalige Spenden von Heimbewohnern an eine Einrichtung der Alten- oder Behindertenhilfe, die 250 Euro übersteigen, müssen nach dem Heimgesetz der Heimaufsicht angezeigt werden.

2.1.5 Benefizevents – Spenden sammeln mit hohem Unterhaltungswert

Christine Lindemann / Kerstin Hemme / Alexander Gregory

- Im persönlichen Kontakt komplexe Sachverhalte erklären
- Wen wollen Sie erreichen?
- Mit Kooperationspartnern Kosten sparen
- Zwei Varianten von Benefizevents
- Ihr Aushängeschild: Prominente und Schirmherren
- Jahres- und Gedenktage als Aufhänger nutzen
- Bewegen Sie mit Ideen – vier weitere Praxisbeispiele
- Aspekte der Kreativplanung – Der Spannungsbogen
- Nicht zu unterschätzen: Rechtliche und steuerliche Aspekte
- Konkrete Veranstaltungsplanung im Überblick
- Sich nicht in die Quere kommen: Konkurrenzausschluss

Im persönlichen Kontakt komplexe Sachverhalte erklären

Soziale Organisationen erbringen wertvolle Dienstleistungen. Je mehr potenzielle Spender darüber wissen, desto eher werden sie spenden. Deshalb ist es eine zentrale Aufgabe des Fundraisings, für die Spender eine Art „Schaufenster" zu schaffen, in dem diese Dienstleistungen sichtbar werden.

— Praxisbeispiel: Kunstausstellung von Flüchtlingskindern —

Ein solches Schaufenster wurde bei *REFUGIO* z.B. für die kunsttherapeutische Arbeit mit traumatisierten Flüchtlingskindern durch die Ausstellung und den gleichnamigen Ausstellungskatalog „Meine bunte Welt" geschaffen. Der Katalog zeigt anhand der Geschichte traumatisierter Flüchtlingskinder und der verschiedenen Bilder, die sie während der Therapie malten, ihr tiefes Leiden, aber auch ihre Fortschritte während der Therapie. Das gelang so eindrucksvoll, dass mit diesem Katalog in der Benefiz-, Stiftungs- und Geldauflageneinwerbung ein sechsstelliger Betrag erzielt werden konnte.

Katalog zur Ausstellung
„Meine bunte Welt" von REFUGIO München

Wen wollen Sie erreichen?

Wenn Sie eine Benefizveranstaltung planen, sollten Sie sich zunächst überlegen, welche Zielgruppe am ehesten auf Ihre Veranstaltung anspricht und Sie unterstützen wird.

Ist beispielsweise ein Kulturereignis geplant, sollten Sie erkunden, welche Personen solche kulturellen Events schätzen werden. Wenn die *Marianne-Strauß-Stiftung* in München gegen eine hohe Spende für soziale Zwecke zu einem Opernabend einlädt, erreicht sie damit keine Massen, aber in der Regel eine zahlungskräftige Spenderschaft. Die Planungssicherheit für einen Kulturevent ist in diesem Falle leichter gegeben, als mit einem Mailing „blind" potenzielle Spender Ihrer Einrichtung anzuschreiben. Wenn Ihre Adressdatenbank auch die Interessen der Spender sammelt, wird Ihnen eine passgenaue Selektion der richtigen Zielgruppe für jedes Event leicht fallen.

Mit Kooperationspartnern Kosten sparen

Nehmen wir an, Sie können einen Künstler zu einem Gratisauftritt bewegen, und dieser ist einer großen Zielgruppe bekannt, so wird Ihnen die Bewerbung des Events leichter fallen. Sie finden dann auch eher weitere engagierte Kooperationspartner, die beispielsweise auf Pro-bono-Basis die Räumlichkeiten, die Technik und Bühne stellen oder als Mediapartner ein Budget für den Plakatdruck sowie einen Verteiler für die Direkt-Werbung zur Verfügung stellen. Versuchen Sie, Kooperationspartner zu finden, die Budgets für Künstlerspesen, Saalmiete, Druck- und Versandkosten, Beschaffung und Bedienung der Technik haben und eventuell die Bedienung übernehmen können.

Der Arbeitsaufwand kann Ihre Freiwilligen zeitlich und personell schnell überfordern. Beim unten erwähnten Konzert der drei Tatortkommissare übernahm der Sender die technische Betreuung (Beleuchtung und Beschallung). Die Ehrenamtlichen von *REFUGIO* hätten das nie leisten können. Wenn Sie bei Ihrem Benefizkonzert eine Kirchengemeinde als Mitveranstalter gewinnen, entfällt außerdem die normalerweise auch für eine Social-Profit-Organisation (SPO) zu entrichtende GEMA-Gebühr, da die Kirchen eine Pauschalvereinbarung haben. Das gilt auch für diejenigen Chöre, deren Verbände ebensolche Vereinbarungen mit der *GEMA* haben (s.u. im Abschnitt *Rechtliche und steuerliche Aspekte*).

Checkliste 21: Potenzielle Kooperationspartner für Benefizevents

Für Räumlichkeiten
Pfarr- und Kirchengemeinden
Sportvereine, kulturelle Vereine, politische Stiftungen
Schulen, Kindergärten, Volkshochschulen, Hochschulen, Akademien, sonstige Bildungseinrichtungen
Rathaussäle, Stadtteiltreff, sonstige öffentliche Einrichtungen
Tagungshäuser, Hotels
Öffentlichkeitsarbeit
Lokale Anzeigenblätter
Tageszeitungen
Rundfunk- und TV-Sender
Freie Journalisten

Ehrenamtliches Engagement / Pro-bono-Aktivitäten
Designer, Drucker
Caterer für Speisen, Getränke (z.B. Brauereien, Bäcker, Metzger)
Fotograf, Medienexperte
Sound- und Lichtanlage
Empfang, Registrierung, Kasse

--- **Tipp: Die Presse einbinden** --

Auch mediale Unterstützung kann von Bedeutung für Ihren Benefiz-Event sein: Fragen Sie beispielsweise bei Kulturredaktionen an, die nach Absprache mit dem Verlagsleiter, Ihren Event-Flyer der örtlichen regionalen Tageszeitung beilegen könnten. Oder Sie bieten zusätzlich einen redaktionellen Beitrag für Ihren geplanten Benefiz-Event an. Dieser könnte dann mit einem integrierten Gewinnspielmechanismus (Verlosung von einigen Ihrer Benefiz-Event-Karten über die Redaktion) verbunden werden.

Zwei Varianten von Benefizevents

Mit Benefizveranstaltungen sind alle Veranstaltungen gemeint, deren (Rein-) Erlös einem guten Zweck zukommt. Der Erlös muss dabei nicht zwingend eine monetäre Zuwendung bedeuten. Zum „Erlös" gehören auch Angebote zur:
– Ehrenamtlichen Mitarbeit
– Dienstleistungsspenden
– Sachspenden oder
– die Bereitschaft, persönliche Kontakte für die Organisation bereitzustellen.

--- **Praxisbeispiel: _HORIZONT e.V._** --

HORIZONT e.V., ein gemeinnütziger Verein, der sich um obdachlose Kinder und deren Mütter in München kümmert, wurde die Möglichkeit eingeräumt, auf relevanten Messen (Messe 66, Mineralientage München) einen Infostand und eine Präsentationsfläche mit Informationsmaterial zu erhalten, das Ganze auf Pro-bono-Basis. Somit konnten neue wichtige Kontakte und im besten Falle auch Spenden „auf neuem Terrain" generiert werden.

In der Praxis sind Benefizveranstaltungen eine Mischung aus einer Dialog- beziehungsweise Kommunikationsplattform, Unterhaltung und der Möglichkeit der klassischen Spendenakquise. Und sie sind zusätzlich ein hervorragendes Instrument für die Spenderpflege (exklusive Platzreservierung für Ihre besonderen Spender oder ein Ehrenplatz neben dem Schirmherren und Ähnliches). Bei der Planung und Durchführung von Benefizveranstaltungen, deren Erlebnischarakter im Vordergrund stehen sollte, kann daher im Groben zwischen zwei strategischen Ausrichtungen unterschieden werden:

Variante A)   Spendengenerierung

Die einmalige Einwerbung möglichst vieler Spendengelder in möglichst kurzer Zeit. Hier steht also die vertriebliche Akquise im Vordergrund.

Variante B) Dialogförderung und Spenderbindung

Der Aufbau und die regelmäßige Fortführung von Maßnahmen zur Dialogförderung mit potenziellen und zugleich bestehenden Spendern. Hier steht die Spenderbindung im Vordergrund.

A) Events für die Spendengenerierung

Beispiele für die Variante A) sind die Durchführung von Benefiz-Konzerten. Hier wäre es optimal, wenn ein bekannter und sympathischer Interpret „als Zugpferd" gewonnen werden kann, um dadurch Einnahmen durch ein möglichst ausverkauftes Konzert zu erzielen. Bei guter örtlicher Bewerbung füllt aber auch ein Laienchor die Stadtkirche.

Prominente Künstler müssen persönlich angesprochen werden

Als Erstes ist zu empfehlen, alle haupt-, neben- und ehrenamtlichen Mitarbeiter sowie Vorstände Ihrer Organisation anzufragen, wer direkt oder über seinen Kontaktkreis Berührungspunkte zu Interpreten, Veranstaltern oder Medienvertretern hat („charity begins at home" / Schatzkammer der Organisation / siehe im Kapitel 1.1 *Fundraising heißt Beziehungsarbeit*). Ein persönlicher Kontakt aus der Organisation heraus – selbst wenn dieser über zwei oder drei Zwischenpersonen hergestellt wird – wird am ehesten zu einer Zusage oder zu einer aktiven Teilnahme an Ihrem Event führen, da man Ihnen durch den direkten Bezug zur Organisation in der Regel auch mehr Vertrauen schenken wird.

Wenn sich nach einer systematischen Abfrage innerhalb der Organisation keine Ansatzpunkte ergeben, sollte versucht werden, die Agenturvertreter der prominenten Persönlichkeiten im Internet zu recherchieren, ihre Affinität zu sozialen Themen herauszufinden und telefonisch beziehungsweise per E-Mail Kontakt aufzunehmen. Hierzu kann die Homepage **www.schauspieler-agenturen. de** helfen. Außerdem kann eine professionelle Recherche im Internet auch gekauft werden **www.munzinger.de, www.kress.de**.

B) Events für die Dialogförderung

Ist ein Benefiz-Event vor allem auch als dialogfördernde Maßnahme (Variante B) konzipiert, dann will die Organisation zum Beispiel ihren Bekanntheitsgrad erhöhen, ihr Image in ihrer Außenwirkung stärken, gegebenenfalls sogar verändern, oder über ihre Arbeit informieren (Wissenswirkung), Adressen neuer potenzieller Freunde und Unterstützer sammeln (Datenbank erweitern) und sich bei ihren treuen Spendern bedanken (Spenderbindung).

Steht die Dialogförderung im Vordergrund, so geht es weniger um sofortige möglichst hohe (Spenden-)Einnahmen. Mittel- und langfristig werden dialogfördernde Maßnahmen jedoch in der Regel auch die Spendeneingänge nachhaltig stabilisieren oder erhöhen und die Zahl der freiwilligen Mitarbeiter und wohlmeinenden Unterstützer erweitern. Auch hier gilt: Sympathie schafft Vertrauen, und Vertrauen ist ein positiver Verstärker, um Spendeneinnahmen zu erhöhen.

Der regionale Bekanntheitsgrad einer Organisation kann durch ausreichend beworbene Benefiz-Events erweitert werden, da Name und ideeller Zweck der Organisation einem breiten Publikum vorgestellt werden und die Organisation auch vom positiven Image des beteiligten Interpreten profitieren kann. Optimal ist, wenn der Interpret auch noch selbst als Spender fungiert. So haben beispielsweise die drei (damaligen) Münchner Tatortkommissare (*Miroslav Nemec, Udo Wachtveitl* und *Michael Fitz*) ein Benefizkonzert für *REFUGIO* durchgeführt und ihre Gage gespendet. Ideal ist, wenn sie sich zusätzlich noch als Spendensammler betätigen.

Die notwendige Fußarbeit

Um Kontakte zu potenziellen Spendern aufzubauen, ist „Fußarbeit" unumgänglich. Mit Fußarbeit ist die Informationsarbeit bei den eigenen Events – aber auch an (halb-)öffentlichen Plätzen wie zum Beispiel auf Stadtviertel- und Pfarrfesten, Großveranstaltungen (Ökumenischer Kirchentag, Landesgartenschau, Stadtgründungsfeste), Foyers von Sparkassen oder Verbänden, an Schulen, in Pfarr- und Kirchengemeinden, auf kommunalen Gewerbeschauen oder Open Air-Konzerten gemeint. Benötigt werden hierzu ein ansprechender Stand (Infotheke, Rollbanner, aktualisiertes Informationsmaterial) sowie ehrenamtliche Helfer, die kommunikativ sind und in Gesprächen qualifiziert auf Fragen von Interessierten antworten können. Unterstützt werden kann dies durch einen Imagefilm Ihrer Organisation, der am Infostand gezeigt wird.

— Tipp: Gut vorbereiteter Informationsstand ————————————————————

Für die Kurzentschlossenen unter den Interessierten sollte immer ein Dauerspende- oder Mitgliedsformular zur Hand sein. Das Ziel der Arbeit an Informationsständen sollte neben dem Aspekt des „Ins-Gespräch-Kommens" und der Weitergabe von Informationsmaterial auch die Einwerbung von Adressen potenzieller Spender sein, um – am besten mithilfe einer gut organisierten Datenbank – sie künftig erneut anschreiben und einladen zu können.

— Praxisbeispiel: Tag der offenen Tür ————————————————————————

Dialogfördernde Maßnahmen haben vor allem das Ziel, bestehende Spender weiterhin an die Organisation zu binden. Dazu laden Sie am besten regelmäßig zur vertieften inhaltlichen Auseinandersetzung ein und erläutern die genaue Spendenverwendung. *HORIZONT e.V.* lädt seine Spender, Freunde und Förderer jährlich zum „Tag der Offenen Tür" im Rahmen seines Sommerfests in das *HORIZONT-Haus* ein; eine besondere Gelegenheit für alle Beteiligten, auf die Arbeit im *HORIZONT-Haus* aufmerksam zu machen, die nur dank der finanziellen Unterstützung der eingeladenen Gäste möglich ist.

Dialogfördernde Maßnahmen mit dem Ziel, ein bestimmtes Image nach innen und außen zu bilden oder zu verändern, sind immer dann angezeigt, wenn sich eine Organisation neu gründet oder auch seine Aufgabenfelder verändert. Im Rahmen dieser Öffentlichkeitsarbeit kann dann auch um eine Spende gebeten werden.

Ihr Aushängeschild: Prominente und Schirmherren

Versuchen Sie herauszufinden, für welche sozialen Themen sich bestimmte Promis ganz besonders interessieren, um sie für Ihre Veranstaltung zu gewinnen, sei es als Gast oder als aktiver Partner Ihres Events (Vorlesen, mit Kindern spielen und Ähnliches).

— Praxisbeispiel: Wie *Anne-Sophie Mutter* Hilfsprojekte auswählt —————————

In einem Interview wurde *Anne-Sophie Mutter* gefragt, nach welchen Kriterien sie Hilfsprojekte aussuche, die sie unterstützen würde. Sie antwortete, dass das rein gefühlsmäßig geschehe. Nach einem Fernsehbericht über ein Kinderheim in Rumänien habe sie es dann mehrere Jahre unterstützt, da das dortige Leid sie stark bewegte. Aids-Projekte unterstütze sie unbegrenzt, aber auch Unspektakuläres wie eine Kirchenrenovierung in Tirol.

Alfred Biolek moderierte die Benefiz-Veranstaltung der *Deutschen Aids-Stiftung* und der *Deutschen Stiftung Weltbevölkerung* in der *Stuttgarter Liederhalle*. Der bekannte, kürzlich verstorbene, Jazz-Saxofonist *Klaus Kreuzeder* spielte zum Beispiel im Rahmen der Ausstellung *Tatort Stadion – Rassismus und Diskriminierung im Fußball*, veranstaltet von der *Initiative Löwen-Fans gegen rechts*.

— Praxisbeispiele: Lassen Sie die Promis für sich tanzen ————————————

Eine weitere Idee: Präsentieren Sie Promis live bei einer Aktivität. Beispiel: Zehn Schauspieler aus der *Lindenstraße* kochten im *Kölner Schokoladenmuseum* für die Hilfsorganisation *CARE*. Der Erlös der Veranstaltung kam einem Hilfsprojekt für Frauen in Somalia zugute. Schirmherr der Veranstaltung war der Kölner Oberbürgermeister.

Unter dem Titel *Die Macht der Ohnmacht* feierte die *Münchner Lichterkette* ihr Jubiläum mit einem rauschenden Abend. Alle Spender waren eingeladen und aufgefordert, erneut zu spenden. Alles an dem Abend war durch Dritte finanziell unterstützt: Das Pierrot-Zelt von *Tollwood* mit 500 Plätzen; Kinospots, die für Toleranz werben, von *Dominik Graf, Doris Dörrie, Harald Schmidt, Angela Schmitt, Maren Ade;* der Auftritt von *Konstantin Wecker* und Band; der damalige Münchner Oberbürgermeister Ude als Kabarettist; Lesungen von *Iris Berben, Veronica Ferres, Axel Milberg, Katja Riemann* und *Friedrich von Thun*.

Vertrauenswürdigkeit durch Schirmherrn vermitteln

Ihre Spendenbitte beziehungsweise Ihre Kampagne wird in der Regel vertrauenswürdiger, wenn eine prominente Persönlichkeit (Politiker, Künstler) Sie dabei als Schirmherr unterstützt. Beispielsweise ist *Jutta Speidel* als bekannte Münchner Schauspielerin gleichzeitig Gründerin und Vorsitzende des gemeinnützigen Vereins *HORIZONT e.V.*, der sich um obdachlose Kinder und deren Mütter in München kümmert. Als Frontfrau gibt sie *HORIZONT* ein authentisches Gesicht. Sie setzt sich seit über 20 Jahren für obdachlose Kinder und Mütter direkt ein und ist auf vielen Events persönlich mit dabei. Jede Organisation sollte darüber nachdenken, inwieweit sie Prominente – möglichst längerfristig – als aktive Mitglieder, Freunde oder Multiplikatoren einbinden kann. Wenn Sie regional arbeiten, ist dabei eher an den örtlichen Bürgermeister zu denken, als an einen vom Fernsehen bekannten Moderator, der mit der Region nichts zu tun hat.

Machen Sie ein Brainstorming im Team, wer Ihnen dazu einfällt, wer zu Ihrer Organisation, aber auch zu Ihrer Unternehmensphilosophie, zu Ihrer „Marke" thematisch passen könnte. Wer eine gewisse Reputation bereits über Jahrzehnte genießt, wer vor allem skandalfrei ein gutes Bild auch nach außen abgibt, kann in die engere Auswahl mit einbezogen werden.

Prüfen Sie als Alternative immer, ob ein von Ihnen in Ihrer Werbung vorgestellter Aktivist Ihr Anliegen nicht glaubwürdiger vermittelt, als der von Ihnen ins Auge gefasste Promi. Ob Sie also nicht lieber die Menschen sichtbar machen sollten, die wirklich hinter der Organisation stehen. Auch ein zufriedener Spender, den Sie vorstellen, ist eine gute Referenz. Viele Promis wollen nicht nur virtuell/medial, sondern konkret mitmachen – politisch und gesellschaftlich etwas bewirken. „Ihr eigenes Projekt" stellen sie dann gerne auch ihren Netzwerken vor. Sprechen Sie Prominente möglichst persönlich (per Brief) oder über deren Agenten an. Die Suche nach Informationen über Promis bieten meist einschlägige Gesellschaftsblätter, wie die Publikumszeitschrift *Bunte, Gala, myself* sowie lokale Tageszeitungen und Boulevardblätter. Aber auch *Wikipedia* ist eine sehr gute Recherche-Internetplattform, auf der man wichtige Eckdaten über Prominente vorfindet, die auf deren eigenen Webseiten vertieft werden. Internet-Archive wie **www.kress.de**, **www.handelsblatt.de** oder **www.manager-magazin.de** enthalten ebenfalls spannende Hintergrundinformationen zu prominenten Persönlichkeiten aus Wirtschaft, Medien, Gesellschaft und Politik.

Jahres- und Gedenktage als „Aufhänger" nutzen

Nationale und Weltorganisationen haben viele thematische Jahrestage ausgerufen oder stellen einen Monat oder ein ganzes Jahr unter ein bestimmtes Thema. Wenn Sie Ihren Event darauf beziehen, haben Sie die entsprechende Organisation praktisch zur „Schirmherrin" Ihrer Veranstaltung gemacht und partizipieren von ihrem Image. Die Presse greift Ihre Ankündigung eher auf, und den Lesern erscheint Ihre Veranstaltung plausibel und sie erkennen den Bezug schneller.

— Praxisbeispiel: Tag zur Unterstützung von Folteropfern ————————

So haben die Vereinten Nationen den 26. Juli zum *Tag zur Unterstützung von Folteropfern* erklärt. *REFUGIO* München lud aus diesem Anlass zu einer Lesung mit einem politisch verfolgten Schriftsteller ein.

Für viele Organisationen passt auch der 5. Dezember als Tag des Ehrenamtes oder die regelmäßig vom *Bundesnetzwerk Bürgerschaftliches Engagement (BBE)* ausgerufene *Woche des bürgerschaftlichen Engagements*. Historische Gedenktage, die sich jähren, können ähnlich genutzt werden. Hier eine Auswahl an Gedenktagen beziehungsweise Perioden:

Checkliste 22: Wichtige Gedenk- und Jahrestage

19. Januar	Einführung des Frauenwahlrechtes in Deutschland
21. Februar	Tag der Muttersprache bzw. der mehrsprachigen Erziehung
29. Februar	Europäischer Tag der seltenen Krankheit
8. März	Internationaler Frauentag
15. März	Internationaler Verbraucherschutztag
21. März	Internationaler Tag des Waldes und Internationaler Tag zur Beseitigung der Rassendiskriminierung
22. März	Weltweiter Tag des Wassers
7. April	Weltgesundheitstag
27. April	Tag der erneuerbaren Energie
1. Mai	Tag der Arbeit
3. Mai	Welttag der Pressefreiheit
5. Mai	Europatag
8. Mai	Verabschiedung des Grundgesetzes
15. Mai	Tag der Familie
20. Mai	Museumstag
21. Mai	Welttag der kulturellen Entwicklung und Vielfalt
22. Mai	Tag der biologischen Vielfalt
1. Juni	Internationaler Kindertag
5. Juni	Tag der Umwelt
6. Juni	Tag der Sehbehinderten
20. Juni	Weltflüchtlingstag
11. Juli	Weltbevölkerungstag
6. August	Hiroshima-Gedenktag
12. August	Tag der Jugend
23. August	Internationaler Tag der Erinnerung an den Sklavenhandel und dessen Abschaffung
1. September	Antikriegstag
5.-12. September	Internationale Wasserwoche
16. September	Tag der Erhaltung der Erd-Atmosphäre
20. September	Weltkindertag´
21. September	Tag des Friedens
4. Oktober	Welttierschutztag
5. Oktober	Tag der Epilepsie
5. Oktober	Weltlehrertag/Tag der Bildung
16. Oktober	Welternährungstag
17. Oktober	Internationaler Tag für die Beseitigung der Armut
23. Oktober	Tag der UN
16. November	Tag der Toleranz
25. November	Internationaler Tag „Nein zur Gewalt gegen Frauen"
1. Dezember	Welt-Aids-Tag
2. Dezember	Internationaler Tag zur Abschaffung der Sklaverei
3. Dezember	Tag der Behinderten
10. Dezember	Tag der Menschenrechte
18. Dezember	Tag der Migranten

2.1.5   Benefizevents – Spenden sammeln mit hohem Unterhaltungswert

Weitere Praxisbeispiele

Der letzte Samstag im September ist Tag der Gehörlosen – Beispiel: Der *Gehörlosenverband München und Umland* veranstaltete aus diesem Anlass eine Podiumsdiskussion mit dem Thema: „Gleiches Recht auf Informationszugang". Der Oktober ist Internationaler Brustkrebsmonat; Beispiel: Mit einem Solidaritätsfest am Münchner Friedensengel haben Frauen auf Vorsorge, qualifizierte Früherkennung und Heilungschancen aufmerksam gemacht und auch Mängel aufgezeigt. *Doris Dörrie*, die *Uwe-Ochsenknecht-Band* und andere Prominente waren dabei.

– Praxisbeispiel: Aberglauben abbauen ———————————————————

Wussten Sie schon, dass seit 1976 jedes Jahr am 13. August der Internationale Linkshändertag gefeiert wird? Dieser geht auf den Amerikaner *Dean R. Campbell* zurück, der auch die weltweit erste Linkshänder-Vereinigung *Lefthanders International* gründete. Er wählte bewusst einen Freitag den 13. als ersten Linkshändertag, da dieser ebenso wie die Linkshändigkeit mit einem starken Aberglauben verbunden ist. Der Bezug zu prominenten Linkshändern, wie der erfolgreichste deutsche Tischtennisspieler *Timo Boll* oder *Jochim Löw* ist auch hier gegeben.

Lassen Sie Ihrer Fantasie freien Lauf, einen „special day" als Benefiz-Event zu planen und umzusetzen, nach dem Motto „Geht nicht, gibt's nicht". Je interessantere Bezüge Sie zu besonderen Gedenktagen finden, umso attraktiver kann Ihr Event auch einem erlebnisverwöhnten Publikum näher gebracht werden. Denn auch die Konkurrenz unter Social-Profit-Organisationen ist groß – heben Sie sich also möglichst durch ein frisches und innovatives Motto ab.

Bewegen Sie mit kreativen Ideen – vier weitere Praxisbeispiele

Benefiz-Kinovorführung

Bei einer Benefiz-Kinovorführung des Films *Nirgendwo in Afrika* zahlten die Besucher erst nach der Vorstellung eine beliebige Summe in den Spendentopf der *Mukutani Foundation*. Die Regisseurin und ihre Hauptdarstellerin empfingen die Besucher vor der Veranstaltung und standen danach für Fragen zur Verfügung.

Lokal-Promis spielen Theater

Pfarrer und Kirchenvorstände der ländlichen *Evangelischen Gemeinde Wolfratshausen* studierten das Stück „Ein Engel kommt nach Babylon" von *Friedrich Dürrenmatt* ein und führten es mit großem Erfolg mehrmals auf. Die Attraktion dabei: Jeder wollte diese (Lokal-)Promis einmal verkleidet auf der Bühne sehen. Der überraschend hohe Ertrag an Eintrittsgeldern und Spenden half, die dringende Kirchenrenovierung zu finanzieren.

Alle Vorstellungen dieser spontanen Theateraktion der Evangelischen Gemeinde Wolfratshausen zugunsten der Kirchenrenovierung waren ausverkauft.

Die *Bürgerstiftung ZwischenRaum* in Jena fragte Unternehmen und Prominente nach unverkäuflichen Gelegenheiten und versteigerte diese unter erheblichem Medieninteresse bei einer öffentlichen Auktion in zu diesem Zweck gratis zur Verfügung gestellten, repräsentativen Räumen. Versteigert wurden zum Beispiel eine Übernachtung in einem Bettenhaus, ein Rundflug über Jena mit einem Jenoptik-Vorstand und anderes. Was Sie brauchen: Einen witzigen Auktionator, Ideen für „unbezahlbare Gelegenheiten" nach dem Muster „ein Tag bei den Dreharbeiten des nächsten Films von ..." und genug Zeit für die Vorbereitung, alle Ideen auch umzusetzen.

Schüler der Journalistenakademie hörten von der Geldnot der *Münchner Telefonseelsorge*, stellten den Kontakt zu einer Schauspielerin her und erreichten über sie, dass eine Rolle bei *Marienhof* über *eBay* zugunsten der Organisation versteigert werden konnte. Für die Renovierung des *Valentin-Karlstadt-Museums* wurde beispielsweise ein Frühstück auf dem Münchner Rathausbalkon mit persönlicher Begrüßung durch den Oberbürgermeister versteigert. Nutzen Sie die innovative Versteigerungs-Internetplattform **www.unitedcharity.de**, auf der Sie erstens gute Anregungen finden und zudem auch selbst Ihre unverkäuflichen Gelegenheiten kostenlos einstellen können.

Galadiners

Die jährlichen Gala-Events der *UNESCO* mit über 1.000 Gästen bei einem Eintrittspreis ab 460 Euro bringen auch dank der Anwesenheit von vielen bekannten Prominenten eine hohe Spendensumme ein. Aber auch als kleine Organisation können Sie ein Gala-Dinner mit Ihrer Schirmherrin im kleinen-feinen Rahmen, unterstützt von örtlichen Restaurants beispielsweise Ihre Spenderklientel erfreuen.

Aspekte der Kreativplanung – Der Spannungsbogen

Aufgabe der Kreativplanung einer Benefizveranstaltung ist es, einen so genannten Spannungsbogen entlang einer Handlung zu schaffen und den Aufbau, die Verteilung und die Auflösung von Spannung in den drei Phasen Opening, Mittelteil mit Höhepunkt und Finale zu inszenieren. Denn der Erlebnischarakter von Benefiz-Events sollte im Vordergrund stehen.

Opening – Die Aufmerksamkeit gewinnen

In dieser Phase liefern Sie dem Teilnehmer Informationen zum Veranstaltungsablauf, geben ihm Orientierung in Zeit und Raum und führen ihn inhaltlich an das Thema der Veranstaltung heran. Informationen und Orientierung, das heißt, den Teilnehmer vom Parkplatz bis zum Veranstaltungsort durch ein Leitsystem (Logo, Wegmarkierung, Symbole) zu führen. Unmittelbar vor dem Veranstaltungsort ist es sinnvoll, ein „Key visual" als Willkommensgeste zu platzieren, zum Beispiel einen kleinen Tisch mit weißer Tischdecke, einem einladenden Blumenstrauß sowie einer Programmübersicht.

Begrüßen Sie ihre Teilnehmer, wann immer es möglich ist, persönlich. Haben Sie eine prominente Schirmherrin oder Gastgeberin, zögern Sie nicht, diese bei der Begrüßung mit einzubinden. Denken Sie an Namensschilder. Es sollte in jedem Fall ein Ansprechpartner Ihrer Organisation sichtbar zur Verfügung stehen, der den Teilnehmern Orientierung gibt: Wo ist die Garderobe? Wo sind die Toiletten? Wo kann das Gepäck aufbewahrt werden, gerade bei mehrtägigen Veranstaltungen? Er sollte auch für spezielle Anfragen und Wünsche der Gäste zu Verfügung stehen. Wenn die Veranstaltung dann eröffnet wird und sich die zentralen Akteure Ihrer Organisation mit Namen und Funktion vorgestellt haben, geht es im nächsten Schritt darum, die Aufmerksamkeit der Teilnehmer zu gewinnen, und sie inhaltlich an das Thema der Veranstaltung heranzuführen.

— Tipp: Der gelungene Start in die Veranstaltung

Methodisch empfiehlt es sich, an dieser Stelle „leichte Kost" zu wählen, also keinen ermüdenden Vortrag oder lange Danksagungen zu halten. Sinnvoll sind beispielsweise kurze Theaterstücke, ein Tanz, eine kleine Lesung, eine kurze Besichtigung, ein Impulsreferat oder Ähnliches. Was immer Sie wählen, zielführend sollte sein, dass der Teilnehmer inhaltlich an das Thema herangeführt wird, ohne mit einer Informationsflut konfrontiert zu werden. Der Teilnehmer soll vielmehr das Gefühl haben, sich zurücklehnen und die Eindrücke auf sich wirken lassen zu können. So gewinnt er Zeit, um sich mit dem Thema der Veranstaltung „verlinken" zu können und eine erste Meinung zu bilden.

Das Opening von einem Tag der offenen Tür von *HORIZONT e.V.* ist immer mit einer kurzen Tanz- und Gesangseinlage der *HORIZONT-Bewohnern* verbunden.

Mittelteil mit Höhepunkt – mehr als das Buffet

Der heimliche Höhepunkt jeder Veranstaltung ist in der Regel das Buffet. Das ist menschlich und völlig in Ordnung, es sollte nur nicht der einzige Höhepunkt ihrer Veranstaltung sein. „Höhepunkt" kann in Bezug auf Benefizveranstaltungen besser als Wendepunkt beschrieben werden, weil dieser Begriff das Ziel ihrer Veranstaltung schärft: Der Teilnehmer soll nach der Veranstaltung nicht mehr „Derselbe" sein, der er vorher war. Er soll mindestens eine neue Sichtweise, Erkenntnis oder Haltung zu einem sozialen Aspekt in der Gesellschaft gewonnen haben, in dessen Umfeld ihre Organisation aktiv ist. Im besten Fall erhalten Sie von Ihrem Teilnehmer „Zustimmung" zu den Zielen Ihrer Organisation, und wiederum im besten Fall drückt sich diese Zustimmung darin aus, dass er Geld für Ihre Arbeit spendet – unmittelbar oder auch zeitlich versetzt zu Ihrer Veranstaltung. Deshalb ist es bei der Kreativplanung einer Benefizveranstaltung wichtig, sich immer wieder selbst zu fragen: Was will ich, das sich bei den Teilnehmern nach der Veranstaltung verändert hat?

— Tipp: Die Teilnehmer aktivieren

Je mehr die Teilnehmer im Mittelteil einer Veranstaltung aktiv beteiligt werden, also eine Handlung selbst ausführen können, desto größer wird die Chance, dass sie eine Veränderung durchlaufen. Handlungen erzeugen Emotionen. An sie erinnert man sich später gut. Nach oder während einer Podiumsdiskussion sollte zum Beispiel auf Fragen von Teilnehmern eingegangen werden, um sie aktiv einzubeziehen. Zu einem Streetworkprojekt passt beispielsweise eine Outdooraktivität im Stadtteil.

Auf einigen Etappen der Wanderausstellung „Meine bunte Welt" von *REFUGIO München* wurde zum Beispiel parallel der Workshop „Kunst aus einer anderen Perspektive" angeboten, in dem die Teilnehmenden selbst malten.

Finale mit einem festen Abschlusspunkt

Am Ende einer Benefizveranstaltung ist es wichtig, noch einmal alle Teilnehmer zusammen zu bringen, um ein „Ausplätschern" der Veranstaltung zu verhindern. Dieses lässt sich beispielsweise dadurch erreichen, dass am Ende die Preise einer Tombola verteilt werden, am besten von Kindern wie bei *HORIZONT e.V.* Oder dass während der Veranstaltung ein Kreuzworträtsel an die Teilnehmer ausgegeben wird und die Auflösung am Veranstaltungsende erfolgt. Das Rätsel und die Preise sollten, wenn möglich, inhaltlich und thematisch mit der Arbeit der Organisation zusammenhängen.

Bei einer Benefizveranstaltung zur Mitgliederwerbung können Kurz-entschlossene, die während der Veranstaltung eine Mitgliedschaft unterschreiben, zum Beispiel am Veranstaltungsende durch eine kleine Prämie belohnt werden. Wenn das in der schriftlichen Programmübersicht enthalten und mündlich im Opening angekündigt wird, bleiben die Teilnehmer in der Regel auch bis zum Ende der Veranstaltung.

— **Tipp: Der letzte Eindruck bleibt** ————————————

Zusammenfassend gilt für die Kreativplanung und -umsetzung einer gelungenen Benefizveranstaltung der Leitsatz „Der erste Eindruck entscheidet, der Letzte bleibt". Dazwischen sollte möglichst eine Bewusstseinsveränderung in den Köpfen, in den Herzen, Ansichten oder Haltungen der Teilnehmer erreicht werden, die im besten Fall dazu führt, dass Ihre Organisation ideelle oder finanzielle Unterstützung erfährt. Zwischen diesen drei Phasen sollte genug Raum für die Teilnehmer sein, sich untereinander auszutauschen oder ihren Gedanken nachzuhängen. Je nach Tageszeit und Anlass dürfen warme und kalte Getränke nicht fehlen.

Jetzt fehlt nur noch das Veranstaltungsmotto

Neben der Veranstaltung selbst sollte natürlich auch das Motto der Veranstaltung spannend gewählt sein und Neugier wecken. Ein Motto oder Slogan erhellt in verdichteter Form schlagartig den Charakter Ihrer Arbeit und kann zusätzlich durch ein „Visual" verstärkt werden. Mitarbeiter der *Lesefüchse* **www.lesefuechse-muenchen.de** haben zum Beispiel während eines Seminars das Motto für eine gemeinsame Benefizveranstaltung mit der Polizei entwickelt, das lautete: „Aufschlagen statt Draufschlagen". Dieser Appell wurde bildlich durch ein aufgeschlagenes Buch verstärkt.

Praxisbeispiel: Welches Motto / welcher Slogan passt zu mir

Organisation	Motto / Slogan
Wort- und Sinnspiel:	
Caritas	Nah. Am nächsten
Bahnhofsmission	Zum Zuge kommen

Einfache treffende Aussagen:	
Atomkraftgegner	Atomkraft, nein Danke!
Terre des hommes	Hilfe für Kinder in Not
Humorvolle Aussagen:	
Land Baden-Württemberg	Wir können alles, außer Hochdeutsch.
Clausthaler Bier	Nicht immer, aber immer öfter
Vermittlung von Wünschen und Visionen:	
Obama (Wahlkampf)	Yes we can
König Pilsener	Heute ein König

Nicht zu unterschätzen: Rechtliche und steuerliche Aspekte

GEMA – Gebühren für Musik

Die *GEMA – Gesellschaft für musikalische Aufführungs- und mechanische Vervielfältigungsrechte –* vertritt die Rechte der Komponisten, Textdichter und Musikverleger. Nach dem Urheberrechts-Gesetz hat jeder, der Musik öffentlich (oder im privaten Kreis ab 30 Personen) aufführt, Gebühren an die *GEMA* abzuführen. Sie bemessen sich nach der Raumgröße, dem (höchsten) Eintrittspreis und der Art und Dauer der Veranstaltung. Es gibt unterschiedliche Vergütungssätze für Tonfilm, Rundfunk, Fernsehen, ernste Musik, Unterhaltungsmusik, Musikeinlagen in Bühnenwerken und Bühnenmusik (Kabarett, Theater, Kleinkunst), Wiedergabe von Tonträgern in Kursen und anderes.

— Tipp: So können Sie sparen

Bei Vorliegen eines Gesamt- oder Rahmenvertrags gibt es Ermäßigungen. Die Kirchen, die meisten Wohlfahrtsverbände, Laienchor- und Orchester-Verbände sowie viele andere Landes- oder Bundesorganisationen haben solche Verträge abgeschlossen; dadurch kommen ihre Mitglieder in den Genuss einer Vergünstigung bei den Gebühren oder diese sind (etwa bei den Kirchen) pauschal bezahlt. Auch beim Abschluss von Jahresverträgen gibt es Ermäßigungen.

Nicht immer muss man zahlen

Die Vergütungspflicht entfällt für Veranstaltungen der Jugendhilfe, der Sozialhilfe, der Alten- und Wohlfahrtspflege, der Gefangenenbetreuung sowie für Schulveranstaltungen, sofern sie nach ihrer sozialen oder erzieherischen Zweckbestimmung nur einem bestimmt abgegrenzten Kreis von Personen zugänglich sind. Dies gilt nicht, wenn die Veranstaltung dem Erwerbszweck dient. Erkundigen Sie sich (bei den Verbänden oder der *GEMA*), was in Ihrem Falle gilt. Die Rechte der Musikverlage sind mit den Pauschalvereinbarungen oft nicht abgelöst. Das heißt, dass Sie die Noten nicht einfach kopieren dürfen, sondern für jeden Sänger beim Verlag kaufen müssen.

Am besten vorher Postkarten von der zuständigen Bezirksdirektion **www. gema.de** anfordern, um die Veranstaltung anzumelden; dann legt die *GEMA* den Betrag fest. Was passiert, wenn man die Anmeldung vergisst? Erfolgt eine Überprüfung der *GEMA* (über Pressemeldungen), darf sie die doppelte Vergütung verlangen. Bei einer erstmaligen Nichtanmeldung einer Veranstaltung von Vereinen, Altenclubs und anderen sozial engagierten Organisationen verzichtet die *GEMA* aus Kulanz auf die Verdoppelung des Normaltarifs. Diese Regelung gilt allerdings nicht im Wiederholungsfall.

VG Wort – Gebühren für öffentliche Lesungen

Ähnliches wie für die *GEMA* gilt bei öffentlichen Lesungen für die *VG Wort* **www.vgwort.de**. Sie vertritt die Autoren und Verlage, deren Texte genutzt werden.

KSK – Gebühren an die Künstlersozialkasse

Bei öffentlichen Auftritten von bei der *Künstlersozialkasse (KSK)* versicherten Künstlern werden Abgaben an die *KSK* fällig. Abgabepflichtig sind Veranstalter, die jährlich mehr als drei Veranstaltungen mit selbständigen Künstlern und Publizisten organisieren und damit Einnahmen erzielen wollen sowie Organisationen, die für ihre Werbung/Öffentlichkeitsarbeit nicht nur gelegentlich Aufträge an selbständige Künstler oder Publizisten erteilen. Ab 450 Euro pro Jahr ist eine Auftragserteilung „nicht nur gelegentlich" **www.kuenstlersozialkasse.de**.

Wenn Ihre Organisation einem Verband angeschlossen ist, prüfen Sie, ob ein Rahmenabkommen zwischen dem Verband und der Künstlersozialversicherungskasse besteht.

– Tipp: Vorsicht Umsatzsteuerpflicht —————————————————

Achtung: Wenn beim Event Eintritt erhoben wird, so sind dies Einnahmen aus gewerblicher Tätigkeit. Ab 17.500 Euro (Gesamt-)Umsatz pro Jahr entsteht dafür Umsatzsteuerpflicht. Auch die regelmäßige Durchführung von Benefizveranstaltungen mit Spendensammlung kann vom Finanzamt als gewerbliche Tätigkeit eingestuft werden.

Steuer für ausländische Künstler

Für ausländische Künstler muss der Veranstalter in der Regel eine so genannte Ausländersteuer bezahlen. Für Umsatz- und Einkommensteuer sowie Zuschläge können dies mehr als 50 Prozent der Gage sein. Also sind bei 500 Euro Gage noch 250 Euro Ausländersteuer einzukalkulieren. Beim Auftritt von Ensembles (ohne Solisten) entfällt die Umsatzsteuer. Wenn eine Organisation nachweist, dass sie zu einem Drittel oder mehr von der öffentlichen Hand finanziert ist, kann man beim Finanzamt um eine Befreiung von der Ausländersteuer nachsuchen. Bei einer Tournee klären, ob der Tournee-Veranstalter die Steuerbefreiung bei einem anderen Finanzamt bereits erhalten hat. Wenn ja, gilt das in der Regel auch beim eigenen Finanzamt. Wenn die Spesen bei den Künstlern höher und die Gage niedriger angesetzt werden, ermäßigt das auch die Steuer. Mehr Infos unter **www.kunstrecht.de**.

Ab 35.000 Euro Jahresumsatz: Körperschaftssteuer beachten

Die Erlöse aus dem Kartenverkauf für ein Benefizkonzert sind Einnahmen aus einem steuerpflichtigen wirtschaftlichen Geschäftsbetrieb. Ab 35.000 Euro Jahresumsatz fallen dafür Körperschaftssteuern an. Wenn allerdings die Förderung der Kultur Satzungszweck der Organisation ist, ist diese bei kulturellen

Veranstaltungen als steuerprivilegierter Zweckbetrieb anzusehen, und die Körperschaftssteuer entfällt.

— Tipp zur Umsatzsteuer ————————————————————————————

Es gibt die Möglichkeit der Umsatzsteuer-Befreiung für Künstler und Kulturunternehmer (§ 4 Nr. 20a und b UStG). Danach sind steuerfrei

a) die Umsätze folgender Einrichtungen des Bundes, der Länder, der Gemeinden oder der Gemeindeverbände: Theater, Orchester, Kammermusikensembles, Chöre, Museen, botanische Gärten, zoologische Gärten, Tierparks, Archive, Büchereien sowie Denkmäler der Bau- und Gartenbaukunst.

Das Gleiche gilt für die Umsätze gleichartiger Einrichtungen anderer Unternehmer (darunter fallen so ziemlich alle öffentlich auftretenden Künstler – egal, ob Gemeinnützigkeit im Spiel ist oder nicht), wenn die zuständige Landesbehörde (in der Regel die Bezirksregierung) bescheinigt, dass sie die gleichen kulturellen Aufgaben wie die in Satz 1 bezeichneten Einrichtungen erfüllen. Steuerfrei sind auch die Umsätze von Bühnenregisseuren und Bühnenchoreographen an Einrichtungen im Sinne der Sätze 1 und 2, wenn die zuständige Landesbehörde bescheinigt, dass deren künstlerische Leistungen diesen Einrichtungen unmittelbar dienen. Für die Erteilung der Bescheinigung gilt § 181 Absatz 1 und 5 der Abgabenordnung entsprechend. Museen im Sinne dieser Vorschrift sind wissenschaftliche Sammlungen und Kunstsammlungen,

b) die Veranstaltung von Theatervorführungen und Konzerten durch andere Unternehmer, wenn die Darbietungen von den unter Buchstabe a bezeichneten Theatern, Orchestern, Kammermusikensembles oder Chören erbracht werden.

Sachspendensammeln – Auktion/Versteigerung

Wenn Sie Sachspenden sammeln und sie in Form einer Auktion/Versteigerung bei einem Benefizevent meistbietend veräußern, ist dies steuerlich als wirtschaftlicher Geschäftsbetrieb anzusehen. Wenn von Prominenten persönliche Gegenstände, von Künstlern Bilder und Ähnliches als Spende für eine Benefiz-Versteigerung zur Verfügung gestellt werden, können sie den gemeinen Wert in der Regel als Betriebsausgabe oder als Sonderausgabe absetzen. Zahlt der Ersteigerer für den Gegenstand einen höheren Preis, als den gemeinen Wert, kann er die Differenz als Spende absetzen. Kann der gemeine Wert der Sachspende nicht ohne großen Aufwand ermittelt werden, kann die begünstigte Organisation dem Sachspender und dem Ersteigerer je eine Spendenquittung über die Hälfte des Versteigerungserlöses ausstellen. Beide Spender müssen mit ihrem Einzelbetrag in der Quittung genannt werden. Zu den Steuerfragen siehe auch das Kapitel 2.2.6 *Eigenwirtschaftliche Betätigung – Geld verdienen fürs Gemeinwohl.*

Nicht vergessen: Melde- und Genehmigungspflichten

Im Prinzip muss jede öffentliche (das heißt öffentlich beworbene) Veranstaltung angemeldet werden. Manche sind darüber hinaus genehmigungspflichtig. Das kommunale Ordnungsamt (Kreisverwaltungsreferat) legt dann die Auflagen fest. Auch Indoor-Veranstaltungen, wie Faschingsfeste, Discos sind anzeigepflichtig. Die Anzeige im Einzelnen kann für entsprechende regelmäßige

Veranstaltungen unterbleiben, wenn ein Gebäude speziell für diese baurechtlich genehmigt ist (wie Kino, Kirche, Turnhalle). Eventuell ist die Polizei einzubeziehen wegen der Verkehrsleitung und dem Personenschutz für VIPs. Das Luftfahrtamt muss Massenstarts von Luftballons genehmigen.

Checkliste 23: Zuständigkeit der Kreisverwaltungsbehörden/Ordnungsämter bei öffentlichen Veranstaltungen

Veranstaltungen im Freien auf öffentlichen Straßen und Plätzen (z.B. Straßenfeste, Standkonzerte, Info- und Sportveranstaltungen),
Veranstaltungen im Freien auf Privatgrund und in städtischen Grünanlagen (z.B. Open-Air-Konzerte, Sommerfeste),
Veranstaltungen in geschlossenen Räumen (z.B. Konzerte, Sportveranstaltungen und dergleichen in Hallen oder sonstigen Räumlichkeiten),
Versammlungen unter freiem Himmel (z.B. Aufzüge, Kundgebungen, Demonstrationen), Ausstellungen (z.B. Christkindlmärkte, Messen und Ausstellungen), Informationsstände auf öffentlichen Straßen und Plätzen (z.B. Infostände von Parteien und Vereinen),
vorübergehende Erlaubnis für Abgabe von Speisen und Getränken,
Tombolas, Verlosungen für gemeinnützige Zwecke,
Werbung für Veranstaltungen (z.B. Plakatierung, Dreieckständer),
Pyrotechnik, private Feuerwerke zu besonderen Anlässen (z.B. goldene Hochzeit, runder Geburtstag).

— **Tipp: Hygiene-Merkblätter aushändigen** —————————————————

Bei vielen kommunalen Ordnungsämtern gibt es Merkblätter für ehrenamtliche Helfer bei Vereinsfesten und ähnlichen Veranstaltungen für den Umgang mit Lebensmitteln. Allen Helfern im Bewirtungsbereich (auch wenn sie die Speisen und Getränke zu Hause vorbereiten) ist vom Veranstalter dieses Merkblatt auszuhändigen. Es enthält die wesentlichen lebensmittelrechtlichen und -hygienischen Grundregeln. Diese werden immer umfangreicher. Ende 2014 kam zum Beispiel eine Kennzeichnungspflicht für Allergene hinzu. Wer regelmäßig mithilft, unterliegt darüber hinaus einer speziellen Belehrungspflicht. Termine dafür gibt es ebenfalls beim Ordnungsamt. Siehe **www.bundesrecht.juris.de/bundesrecht/ifsg/**

Konkrete Veranstaltungsplanung im Überblick

Die Planung einer Benefizveranstaltung erfolgt in der Regel nicht linear, sondern ist ein dynamischer Prozess. Hier eine Checkliste, an was dabei alles zu denken ist:

Checkliste 24: Gesamtplanung einer Benefizveranstaltung

Planungsschritt	Schlüsselfrage
Veranstaltungsziele	– Warum soll es die Veranstaltung geben? – Was soll danach bei den Teilnehmenden anders sein? – Welche Botschaft wollen Sie vermitteln?
Zielgruppe	– Wer soll, wer kann an der Veranstaltung teilnehmen? – Ist die Zielgruppe homogen/heterogen? – Wie sind die Bedürfnisse, Erfahrungen und Erwartungen der Zielgruppe(n)?

Strategiewahl	– Für welche Strategie entscheiden Sie sich: Spendeneinwerbung oder Dialogförderung oder beides?
Kreativplanung	– Was wird den Teilnehmenden an Programm, (Inter-)Aktion, Kommunikation und Catering geboten? – Welche Methoden und Inhalte sollen einen Spannungsbogen erzeugen? – Wie kann die Kernbotschaft der Veranstaltung in einer zugkräftigen Überschrift sprachlich abgebildet werden?
Veranstaltungs-rahmen	– Wann und wo soll die Veranstaltung wie lange stattfinden? (Werktags, am Wochenende, in der Organisation / woanders; mehrstündig, eintägig oder mehrtägig) – Wer wird wann in welcher Form eingeladen? (Übernachtungsmöglichkeiten?)
Projektteam	– Wer ist für die Planung und Durchführung verantwortlich? – Wer arbeitet im Projektteam mit und erledigt welche Teilaufgabe bis wann in welcher Qualität? – In welchem Turnus trifft sich das Projektteam?
Budgetplanung	– Wie viel darf die Veranstaltung kosten? – Können Kosten refinanziert werden (Eintritt?) – Wer könnte die Kosten sponsern?
Externe Dienstleister	– Welche (Teil-)Aufgaben kann die Organisation nicht selbst erbringen (Graphiker, Bühne, Ton, Licht, Technik, Künstler)?
Erfolgskontrolle	– Soll der Erfolg gemessen werden? – Wenn ja, an welchen Kriterien? (Teilnehmerzahlen, Feedbackauswertung, Stimmungsbarometer, Spendeneingänge?)
Nachbereitung	– Was ist gut gelaufen? – Was könnte nächstes Mal besser laufen? – Was kann weggelassen werden? – Was kann inhaltlich weiterentwickelt werden?

Das sollte man nicht vergessen

Bestellen Sie gegebenenfalls einen Sanitätsdienst wegen der Ersten Hilfe. Kennzeichnen Sie gefährliche Stellen (Treppen, Stufen, glatte Böden) und sorgen Sie für einen barrierefreien Zugang. Klären Sie Versicherungsfragen (vgl. im Kapitel 2.1.8 *Zeitspenden von Freiwilligen – wertvoller als Geld*). Bereiten Sie Dankgaben für Dozenten, Künstler und Erinnerungspräsente vor. Stellen Sie eigene Mitarbeiter ab, die sich um die Betreuung von VIPs und die Presse kümmern. Planen Sie ein Alternativprogramm und eine alternative Location bei schlechtem Wetter.

– Tipp: Teilnehmerlisten ─────────────────────────────────────

Vergessen Sie nie, Ihre Besucher um Eintrag von Namen, Telefonnummer und (E-Mail-)Adresse auf Listen zu bitten, damit Sie ihnen auch künftig schreiben (und Spendenbitten schicken) können.

Die vollständige Kalkulation der Kosten

Öffentliche Veranstaltungen können bei unvorsichtiger Planung schnell ein gehöriges Defizit verursachen, wenn man die Kosten nicht richtig im Blick hat. Mit dieser Checkliste schaffen Sie sich einen Überblick über die voraussichtlichen Kosten und Einnahmen.

Checkliste 25: Das vollständige Budget für eine Benefizveranstaltung

> **Kosten:** Programmkosten, Raummieten / technische Ausstattung, Personal, Veranstaltungsdienste, Öffentlichkeitsarbeit, GEMA, Versicherungen wie Künstlerversicherung, Haftpflichtversicherung etc.
>
> **Einnahmen:** Eintrittsgelder, kommunale Förderung, Bewirtungseinnahmen, Sponsoring, Anzeigenverkauf (Programmheft, Plakat, Handzettel), ehrenamtlich geleistete Arbeit (gegenüber Zuschussgebern unter Eigenmitteleinsatz aufführen!) etc.

Sich nicht in die Quere kommen: Konkurrenzausschluss

Bei der zeitlichen Terminierung von Benefizveranstaltungen ist ein Konkurrenzausschluss mit anderen Veranstaltungen des öffentlichen Lebens oder auch mit anderen gemeinnützigen Organisationen sicherzustellen. Ungünstig wäre es zum Beispiel, eine Benefizveranstaltung am Abend eines Weltmeisterschaftsspiels der deutschen Fußballnationalmannschaft durchzuführen. Auch regionale, kulturelle und religiöse Termine sowie die Schulferien sind zu beachten. Schwierig ist es auch, wenn Organisationen, die mit Ihnen im unmittelbaren regionalen Wettbewerb stehen, am selben Tag einen Benefiz-Event veranstalten würden. Dies ist auch für Pressevertreter oft herausfordernd, da bei wenig Zeit und Budget meist nur die gesellschaftlich spannendere Plattform besucht wird. Eine intensive Marktrecherche im Wettbewerbsumfeld ist daher im Vorfeld unerlässlich.

— Tipp: Mit Agenturen kooperieren

Haben Sie bereits einen bekannten Künstler gefunden, so ist wegen der vielen Menschen, die Sie dadurch anlocken, Ihre Veranstaltung auch für weitere Sponsoren interessant. Professionelle Agenturen sind dann möglicherweise bereit, den Event mitsamt der Sponsorensuche komplett zu organisieren. Sie holen sich die Kosten und ihr Honorar über eine Provision praktisch selbst von den Sponsoren oder nutzen die Veranstaltung, um ihren eigenen Bekanntheitsgrad zu erhöhen oder auch den Zugang zu interessanten Institutionen zu erhalten. Trotzdem kann auf diese Weise ein höherer Ertrag für die gute Sache übrigbleiben, weil die Agenturerfahrung hilft, Fehlkalkulationen zu vermeiden. Beispiele für Agenturen finden sich unten im Kapitel 2.2.1 *Unternehmenskooperation – mehr als Sponsoring.*

2.1.6 Der Spendenbrief
– der Klassiker im Fundraising

Alexander Gregory / Regina Glatt

- ■ Die Ziele des Spenden-Mailings festlegen
- ■ Nur so kommt der Brief an – Adressen aufbereiten
- ■ So schreiben Sie Texte, die gelesen werden
- ■ Mit diesen Bestandteilen gewinnen Sie Aufmerksamkeit
- ■ So testen Sie Ihren Spendenbrief
- ■ Das Angebot von Post und Co. optimal nutzen
- ■ Mailing selber machen oder über Dienstleister abwickeln?
- ■ Auf den Rücklauf vorbereitet sein

Menschen mit einem Brief über eigene Aktivitäten zu informieren und zu Spenden aufzurufen, gehört zu den meist genutzten Fundraising-Instrumenten. Pro Jahr werden in Deutschland über 160 Mio. persönlich adressierte Spendenbriefe versandt. Dazu kommen unadressierte Briefbeilagen in Zeitschriften und Postwurfsendungen. Der in größerer Auflage vervielfältigte Spendenbrief, auch Mailing genannt, ist ein geeigneter Weg, um viele Menschen schnell auf Ihr Anliegen anzusprechen. Untersuchungen zeigten, dass ein Brief sechsmal wirksamer, als eine E-Mail ist. Gedruckte Informationen werden tiefer im Gedächtnis verankert als virtuelle und setzen eher einen emotionalen Prozess in Gang. Das Ertasten und Anfassen des Papiers aktiviert Gehirnareale, die für das Wiedererinnern wichtig sind. Viele große Spenden-Organisationen leben vor allem von ihren Mailings.

Durch die Flut von im Schnitt 654 Werbebriefen, die jedes Jahr vor allem vor Weihnachten im deutschen Briefkasten landen, hat dieses Fundraising-Instrument allerdings viel von seiner Wirkung verloren. Viele Fundraiser sind heute schon zufrieden, wenn 0,5 bis 1 Prozent der Angeschriebenen reagieren. Damit Ihr Spendenbrief richtig ankommt, können Sie sich an den folgenden Schritten orientieren:

Die Ziele des Spenden-Mailings festlegen

Nur weil es eine Serienbrieffunktion gibt, sollte das nicht dazu verführen, alle Welt mit ein und denselben Anschreiben zu beglücken. Die Informationsbedürfnisse und Erwartungen der Angeschriebenen sind sehr unterschiedlich. Wer Ihre Organisation noch nicht kennt, möchte erst einmal mehr über Ihre Aktivitäten und die dahinter stehenden Personen erfahren. Ein langjähriges Fördermitglied interessiert sich vor allem für die aktuellen Veränderungen und für die Aktivitäten, die er mit seinem Förderbeitrag finanziert hat. Ein Großspender oder wichtiger Sponsor erwartet möglicherweise einen persönlichen Brief vom Vorstand.

Mailings können unterschiedliche Funktionen erfüllen. Sie dienen zum Beispiel zur Gewinnung von neuen Spendern, zur Bindung bisheriger Spender, zur Motivierung gelegentlicher Spender, Fördermitglied zu werden oder zur Reaktivierung verloren gegangener Unterstützer. Mailings die für ein bestimmtes Projekt oder Vorhaben werben (etwa Sanierung des Glockenturms, Zuschuss für ein Zeltlager der lokalen Jugendgruppe, aktuelle Überschwemmungskatastrophe) haben höhere Erfolgsaussichten, als allgemein Spendenaufrufe. Legen Sie also zuerst fest, welche Ziele Sie erreichen möchten und welche Zielgruppe Sie dazu am besten ansprechen. Schicken Sie nicht allen für Sie erreichbaren Empfängern den gleichen Brief. Die Wirkung ist höher, wenn Sie Teil-Zielgruppen unterschiedlich anschreiben.

Checkliste 26: Ziele für ein Mailing festlegen

Was sind die Ziele des Mailings (z.B. Neugewinnung von Spendern, Reaktivierung, Spenderbindung, Gewinnung von Fördermitgliedern, Aktivierung zu ehrenamtlicher Unterstützung)?
Soll um Unterstützung für ein bestimmtes Vorhaben geworben werden (z.B. Nothilfe, Katastrophenhilfe, soziale Dienstleistungen, Bau- und Renovierungsprojekte, Kampagne)?
Welche Zielgruppe wird angesprochen (z.B. potenzielle Neuspender, Fördermitglieder, Dauerspender, Großspender)?
Welche Informationsbedürfnisse und Ansprüche hat die Zielgruppe an einen Brief?

Nur so kommt der Brief an – Adressen aufbereiten

Gut gepflegte Adressen sind die Grundlage jedes erfolgreichen Mailings. Wenn eine Organisation ihr erstes Mailing vorbereitet, wird schnell klar, ob man die Kontaktdaten vollständig und ordentlich erfasst hat. Um einen Serienbrief programmieren zu können, empfiehlt es sich, die Daten in Tabellenform zu speichern (beispielsweise Excelliste, CSV-Format).

Checkliste 27: Erforderliche Adressdaten für ein Mailing

Mindestdaten
Anrede: Herr, Frau, Familie, Ehepaar, ggf. Ordensanrede Bruder oder Schwester
Vorname
Nachname
Straße + Hausnummer
Postleitzahl
Ort
Land
Wünschenswerte Zusatzdaten
Titel
Anredeformulierung (Sehr geehrte Frau Dr. Müller, Lieber Kollege Schmidt, Lieber Fritz)
Handelt es sich um Privat- oder Firmenadressen?

Zusatzdaten bei Firmenadressen
Organisation/Unternehmen
Abteilung
Position
Postfachadresse

— Tipp: Adresspflege benötigt viel Zeit ————————————————————

Vor dem ersten Mailing sollten Sie genügend Zeit einplanen, die Adressen gründlich zu kontrollieren, zu korrigieren oder zu ergänzen. Beteiligen Sie alle Personen in Ihrer Organisation am Korrekturlesen Ihrer Adresskartei. Gegebenenfalls macht es Sinn, hier auf externe Dienstleister zurück zugreifen (siehe Kapitel 4.3 *Hilfe von den Profis – Auswahl und Zusammenarbeit mit Dienstleistern*)

So schreiben Sie Texte, die gelesen werden

Ein persönlicher Brief ist ein Gesprächsangebot. Der Empfänger nimmt nacheinander die Briefhülle, den Brief, den Prospekt und die Reaktionsmedien in die Hand und entscheidet, ob er dieses Angebot annehmen möchte. Betrachten Sie diese Einzelteile als die verschiedenen Phasen eines Kontaktes oder Gesprächs zwischen Ihnen und dem Empfänger. Gestaltung und Inhalt des einen soll immer Lust auf die Zur-Kenntnisnahme des nächsten machen.

Für die Rettung einer wunderbaren Seenlandschaft brauche ich Ihre schnelle Hilfe!

Heinz
Sielmann
Stiftung

Prof. Heinz Sielmann

Gut Herbigshagen

Liebe Naturfreundin, lieber Naturfreund,

heute wende ich mich in einer sehr dringenden Angelegenheit an Sie, die keinen Aufschub duldet:

Nach langen Verhandlungen haben wir jetzt einen Vertrag zum Kauf eines wunderbaren Naturparadieses südöstlich von Berlin unterschrieben: die Groß Schauener Seenkette. Diese Idylle mit meiner Stiftung zu retten, ist ein Wunsch, der mich schon länger beschäftigt.

— Tipp: Einen Brief schreiben, das kann ja jeder... ————————————————

Das Gegenteil ist richtig. Ein wirksames Mailing zu texten – dafür brauchen auch Profis mindestens zwei Arbeitstage. Am besten funktioniert es im Team. Gehen Sie trotzdem, auch wenn Sie „Anfänger" sind, mutig an die Arbeit. Schreiben Sie möglichst authentisch, als ob Sie Verwandte um etwas bitten: „Ihre Spender sind Ihre Freunde, sie wollen von Ihnen hören" *(Mal Warwick)*.

Der Text soll die Aufmerksamkeit des Lesers gewinnen und ihn motivieren, sich mit Ihrem Anliegen auseinander zu setzen. Viele Briefadressaten legen einen Werbebrief (und nichts anderes ist Ihr Spendenbrief) nach den ersten zwei Sätzen zur Seite, weil sie sich nicht angesprochen fühlen. Folgende Empfehlungen von Kommunikationsprofis der Werbebranche können Ihnen bei der Formulierung Ihrer Texte helfen:

Was der Leser in den ersten Sekunden wahrnimmt

In den ersten zwei (!) Sekunden nimmt der Empfänger zwölf Signale auf. Dabei fragt er (nach *S. Vögele*, Dialogmethode),

- wer ihm schreibt;
- wie er ihn anspricht;
- wer unterschrieben hat;
- was er von dem Brief hat;
- ob er ihn interessiert und er ihn lesen soll;
- warum er angeschrieben wurde;
- warum jetzt;
- wem geholfen werden soll;
- ob ihn das Thema anspricht;
- wie er bislang damit umgegangen ist;
- was er davon hatte;
- wer das beweist;
- was von ihm erwartet wird;
- was er tun kann.

— **Tipp: Entscheidend sind die ersten und die letzten Sätze** ——————

Inhaltlich sind die ersten und die letzten drei Sätze Ihres Briefes (Überschrift und P.S. mitgerechnet) die wichtigsten. Sie werden zuerst gelesen. Wenn es danach noch nicht „gefunkt" hat, liest der Empfänger nicht weiter.

Den richtigen Stil treffen und lesefreundlich schreiben

Der sprachliche Stil sollte zur Zielgruppe, zum Spendenvorhaben und zum (positiven) Image der Organisation passen. Neue Kontakte sollte man förmlicher ansprechen als Menschen, zu denen eine lange und intensive Beziehung besteht. Möchte man Jugendliche oder junge Erwachsene ansprechen, kann es passend sein, vom Sie zum Du überzugehen. Für viele Spender spielen bei der Entscheidung, ob Sie eine Organisation unterstützen, neben den Fakten vor allem die Emotionen eine entscheidende Rolle. Halten Sie Ihren Text – auch wenn Sie eine förmliche Ansprache wählen – möglichst persönlich.

Ob der Empfänger einen Brief zu Ende liest, hängt nicht nur von den Formulierungen, sondern auch von der lesefreundlichen Aufbereitung ab. Dabei hat sich das Leseverhalten in den letzten Jahren verändert. Die meisten Leser erwarten kurze und klar strukturierte Texte.

Checkliste 28: Richtiger Stil und Lesefreundlichkeit für Spendenbriefe

Wählen Sie je nach Adressat die passende Ansprachform (förmlich/offiziell, privat).
Sprechen Sie den Empfänger direkt an (in der Regel mit dem Wort „Sie").
Nutzen Sie aussagekräftige Bilder, um ihre Botschaften zu untermalen.
Schreiben Sie nicht über sich selbst. Vermeiden Sie also „ich", „wir", „uns".
Nutzen Sie Signalwörter: Worte wie „Not", „bedrohlich", „dringend", „umgehend" lösen Handlungsreflexe aus.
Seien Sie sehr zurückhaltend mit Fremdwörtern, Fachausdrücken, Abkürzungen, Zahlen und Statistiken.
Schriftgröße und Schriftart soll zum Alter der Zielgruppe passen. Schriften mit Häkchen (sog. Serifen) wie z.B. Times New Roman lesen sich generell angenehmer.
Schriftarten, Schriftfarben und Schriftgrößen im gleichen Dokument nicht zu stark variieren (maximal 3-4)
Ein Satz sollte nicht über mehr als drei Zeilen gehen. Lieber kurze Hauptsätze, als verschnörkelte Satzkonstruktionen
Anstatt langer Textblöcke, lieber mehrere Absätze mit 3 bis 5 Zeilen
Gezielt mit Zwischenüberschriften, Zitaten, Unterstreichungen, Farben, Grafiken oder Bildern die Texte auflockern und die Augen des Lesers führen. Werden diese Elemente allerdings zu oft eingesetzt, vermindert das die Lesegeschwindigkeit und Aufmerksamkeit.
Wenn Sie Aufzählungen/Auszeichnungen verwenden, entscheiden Sie sich für eine Art: entweder Minuszeichen, Sternchen oder Fettpunkte vor den Kernaussagen. Zahlen wirken dagegen in einem Brief zu bürokratisch. Bis 12 sollten sie ausgeschrieben werden.
Über die richtige Länge eines Spendenbriefes gibt es kontroverse Meinungen auch unter den Fundraising-Profis. Es gibt Mailings, die mit einer cleveren Kombination aus Bild und Texten auf Postkartengröße hohe Rückläufe erzeugen. Andere Spendenorganisationen schwören auf ihren doppelseitig bedruckten zweiseitigen Brief. Zielgruppen und Themen sind zu unterschiedlich, um hier allgemeine Tipps zu geben. Testen Sie verschiedene Formen aus.

Mit der Anrede eröffnen wir das „Gespräch" mit unseren Lesern

Sie sollte richtig geschrieben sein. Bei falscher Schreibweise des Namens oder wenn Sie eine Frau als Herrn anreden, hat Ihre Spendenbitte keine Chance. Wenn Sie Adressen mieten, dann nur gut gepflegte mit Geschlechtsangabe. Die Anrede sollte möglichst persönlich sein. Wenn im Adressfeld auch noch der Vorname steht, macht das einen deutlich vertrauteren Eindruck. Je nach Beziehungsstatus kann die Anrede eher formal wie „Sehr geehrte Frau Dr. Müller" oder persönlicher wie „Liebe Familie Schmitz", „Sehr geschätzter Kollege Friedrich" oder „Lieber Fritz" formuliert werden. In einer guten Adressverwaltung lassen sich unterschiedliche Anredeformen hinterlegen. Ist die Anrede nicht personalisiert, sollte sie wenigstens gruppenbezogen sein („Sehr geehrte Mitglieder", „Sehr geehrte Freunde des Regenwaldes"). Bei nicht-personalisierten Briefen kommt eine hervorgehobene Überschrift in Frage – ein Appell, der zum Beispiel die Notwendigkeit der Hilfe betont.

Texteinstieg: Fangen Sie nicht bei sich, sondern beim Leser an

Versuchen Sie, nicht schon in den ersten Sätzen des Briefes von sich und Ihrer Organisation zu schreiben, sondern sprechen Sie an, was für die Leser interessant oder von Vorteil ist.

— **Tipp: Perspektivumkehr** —————————————————————

Der Leser liest nach dem ersten Satz nicht weiter, wenn nicht von ihm, von seiner Lebenswelt, von etwas, das ihn brennend interessiert die Rede ist.

So können beim Leser eigene Erfahrungen oder die von nahen Menschen aktiviert werden. Auch seine Ängste können einen Bezug begründen. Oder Förderer gehören einer Gruppe an – oder wollen ihr angehören – die Sie in ihrem Fundraising ansprechen. Gut lassen sich auch regionale Verbundenheit nutzen: „Wir Hamburger …". Holen Sie die Leser bei ihren eigenen Erlebnisse ab („Können Sie sich erinnern, dass Sie in Ihrer Kindheit...", „Stellen Sie sich vor...", „Ist es Ihnen auch schon einmal passiert, daß..."). Stellen Sie – im gegebenen Fall – den Gruppenbezug her: „Bergsteiger freuen sich, wenn sie nach langem Aufstieg endlich in einer gastfreundlichen Hütte angelangt sind..." (dann folgt die Bitte, für die Renovierung zu spenden). Erzählen Sie von Menschen, die Ihre Hilfe brauchen. Schreiben Sie über Neuigkeiten in Ihrer Arbeit. Bringen Sie erstaunliche Fakten.

— **Praxisbeispiele: Vier gelungene Einstiege in einen Brief** —————————

„Sehr geehrter Herr Müller, wie würden Sie der kleinen Mareike erklären, dass ihre geliebte Oma nicht mehr mit ihr spazieren gehen kann, weil die Großmutter den Weg nach Hause nicht mehr findet?" (Spendenbrief einer Alzheimer-Initiative).

„Verwandeln Sie jetzt Ackerland in eine lebendige Auenwiese!" (Spendenbrief des WWF, um im Biosphärenreservat Mittlere Elbe 60 Hektar Ackerfläche erwerben zu können. Neben dem Text das Foto eines Frosches).

„21. Juni – Sommeranfang. Hochsaison der Schmetterlinge..." (Spendenbrief im Juni für ein Schmetterling-Schutzprojekt).

„Haben Sie schon einmal in einem dunklen Zimmer gesessen, das Sie nicht verlassen konnten? Ich kann mich jedenfalls gut daran erinnern, wie sich meine ältere Schwester immer einen Spaß daraus machte, mich beim Kohlen holen im dunklen Keller schmoren zu lassen. Es war furchtbar... Nun gibt es Menschen, die sich selbst in einen dunklen Keller einschließen – bildlich gesprochen. Sie sind krank, ihnen muss geholfen werden, weil sie sich aus ihrer Dunkelheit nicht selbst befreien können. Um diese Menschen aus dem Dunkel ins Licht zurückzuholen benötige ich Ihre Hilfe... " (Spendenbrief der Ev. Stiftung Alsterdorf).

Nennen Sie erst dann das Problem, das gelöst werden soll: Wer? Was? Wann? Wie? Warum? Prüfen Sie: ist der Briefeinstieg mit einem Blick erfassbar? Eine Kombination von Wort und Bild leistet das am ehesten.

— **Tipp: Wahren Sie die Würde Ihrer Klienten** —————————————

Schildern Sie hilfsbedürftige Menschen nicht nur als elende, passive Hilfeempfänger, sondern wahren Sie die Würde derer, für die Sie sammeln. Formulieren Sie ein positives Angebot an den Leser.

Hauptteil: Die überzeugende Projektvorstellung

In den darauf folgenden Sätzen des Briefes erläutern Sie Ihr Programm, welches das Problem löst. Beschreiben Sie die Erfahrungen und das Wissen Ihrer Organisation. Deshalb kann der Leser Ihrer Organisation vertrauen. Schreiben Sie immer nur über ein Vorhaben, nicht über mehrere – das verwirrt die Leser: Ein Brief – eine Botschaft. Schreiben Sie, warum Sie dieses Projekt machen – weniger darüber, wie. Im Zweifel sind die Leser Laien in Ihrem Metier und nicht an fachlichen Details Ihres beispielsweise sozialpädagogischen Ansatzes interessiert. Umso mehr wollen sie wissen, was ihre Spende konkret bewirkt. Wie wird die Welt dadurch besser?

Beachten Sie: Erklärungen ändern (vielleicht) Überzeugungen – Emotionen lösen Handlungen aus. Erzählen Sie etwa von einem Menschen, dem Ihr Projekt geholfen hat. Jetzt wollen Sie weiteren Menschen helfen. Geschichten kann der Leser nacherleben. Sie bleiben länger im Gedächtnis (und führen eher zu einer Spende).

— Tipp: Was in Spendenbriefen absolut Tabu ist

Schreiben Sie nicht vordergründig von zu finanzierenden Häusern, Autos, Personalkosten, sondern von Menschen (Tieren) in Not und von Ihrer Vision. Argumentieren Sie niemals mit Ihrer – bezogen auf das Vorhaben – unzureichende Haushaltslage. Wollen Sie Spenden für ein Haus, schildern Sie, wie darin Menschen in Not geholfen wird. Geht es um ein Auto, erzählen Sie, wie Sie gehunfähige Menschen damit transportieren möchten. Personalkosten sind plausibel, wenn Sie beschreiben, wie die zu finanzierende Fachkraft kranken Menschen hilft.

Betonen Sie, dass Ihr Vorhaben nur gelingt, wenn der Leser mithilft. Nennen Sie Vorteile, die der Leser hat, wenn er spendet, zum Beispiel das gute Gefühl, wirksam geholfen zu haben. Argumentieren Sie glaubwürdig. Sprechen Sie alle Fragen an, die beim Lesen auftauchen könnten (auch unangenehme).

Abschluss mit Handlungsaufforderung, Dank und P.S.

Bitten Sie gezielt um eine Spende oder eine andere ganz konkrete Form der Unterstützung. Das ist kein Betteln. Betteln wäre es nur, wenn Sie nicht sagen, wofür Sie das Geld brauchen. Erklären Sie mit zwei bis drei Beispielen, was Beträge in welcher Höhe bewirken. Die meisten Spender wissen nicht, welcher Betrag angemessen ist und spenden daher ziemlich genau den oder einen der im Brief erbetenen Beträge! Ist etwa der höchste genannte Betrag 100 Euro, wird kaum einer mehr geben.

Sagen Sie, wie leicht es ist, Geld zu überweisen („Beiliegendes Überweisungsformular ausfüllen und zur Bank geben. Fertig."). Danken Sie dem Spender für sein Mitfühlen und die großherzige Tat. Der Brief trägt die Unterschrift desjenigen, der im Kopf genannt ist – so persönlich, wie möglich (von Hand oder zumindest blauen Schriftzug eindrucken).

Wenn Sie alle Teile zusammen haben, überprüfen Sie ob Argumentationsfolge, Formulierungen und Stil sauber zusammen passen und eine Einheit ergeben. Nutzen Sie dazu noch einmal die Checkliste 29: *Richtiger Stil und Lesefreundlichkeit für Spendenbriefe*

Mit diesen Mailingbestandteilen gewinnen Sie Aufmerksamkeit

Die meisten Mailings bestehen aus mehreren Elementen: aus der Briefhülle, dem Brief, Reaktionsmedien und eventuell einem Prospekt. Im Einzelfall kann man aber auch mit einer Postkarte oder einem so genannten Selfmailer arbeiten. Ein Selfmailer ist eine aufklappbare Karte, bei der Versandhülle, Anschreiben und Antwortmedium in einem Medium vereint sind (diese Form kann bei Produktion und Versand günstiger als ein klassisches Mailing sein).

Alle Bestandteile eines Mailings sollen als eine Einheit erscheinen. Prüfen Sie deshalb, ob die verschiedenen Bestandteile der Sendung in ihren Aussagen untereinander (inhaltliche oder optische) Widersprüche enthalten.

Die Versandhülle – hoffentlich zum Aufreißen

Die Gestaltung der Versandhülle ist wichtig, da sie darüber entscheidet, ob der Brief überhaupt geöffnet wird. Als „Teaser" (Lockmittel) werden farbige Aufdrucke (zum Teil mit Fotos), duftende Briefmarken, von außen ertastbare Briefbeilagen, lackierte Oberflächen und vieles mehr eingesetzt. Der Aufdruck sollte kurz und bündig formuliert sein, Ihr Mailing zum richtigen Ansprechpartner leiten, direkt an den Leser gerichtet sein und möglichst persönlich wirken. Die Farben Grün, Blau und Violett gelten (in dieser Reihenfolge) als die wirksamsten.

16 bis 34-jährige Empfänger halten einen bedruckten Umschlag für höherwertig. Ältere (und die sind die wichtigste Spendergruppe) bevorzugen eher eine schlichte Aufmachung. Ist die Adresse auf dem Brief, so ist die Hülle ein Fensterkuvert. Derart personalisierte Werbebriefe sind heute nicht mehr

aufwändig und – zumindest in kleinen Auflagen – auf jedem PC/Drucker herstellbar. Ein auf die Hülle geklebtes Adressetikett wirkt dagegen extrem bieder.

— Tipp: Mit Handschrift und kreativen Einfällen herausstechen

Wenn Ihre Auflage klein ist, machen Sie doch aus der Not eine Tugend: Setzen Sie sich im Team zusammen und adressieren Sie alle Briefhüllen handschriftlich. *Gothenburg Homeless Aid* ließ ihre Briefe eine Nacht auf der Straße liegen, trockneten sie und sandte sie an 1.500 Empfänger. Der erste Satz lautete: „Bitte entschuldigen Sie das der Brief so aussieht. Er hat eine Nacht auf der Straße verbracht", um die Not Obdachloser zu thematisieren. 22 Prozent der Angeschriebenen reagierten und spendeten 163.000 Euro.

Die selbstgeklebte Sonderbriefmarke erweckt den Eindruck eines „Privatbriefes", der eher geöffnet wird. Ist Ihre Auflage sehr groß, so bieten die einschlägigen Dienstleister maschinelle Frankierung mit Briefmarken an, allerdings nur mit solchen Marken, die als Rolle gekauft werden können. Bei der Deutschen Post können Sie Ihre eigene Briefmarke gestalten. Sie kann auch auf den Umschlag gedruckt werden. Neben die Marke drucken manche Hilfsorganisationen: „Bitte ausschneiden und zurückschicken. Nach Möglichkeit gerne mehr. Mit dem Verkauf von Briefmarken unterstützen wir viele Projekte. Dankeschön!" Die so gesammelten Briefmarken werden meist als Kiloware verkauft und bringen nicht viel Geld. Doch werden damit Menschen mit erhöhtem Förderbedarf beschäftigt. Außerdem ist jeder, der Briefmarken zurückschickt, als potenzieller Spender eine wertvolle Adresse.

Jeder Empfänger sucht vor dem Öffnen der Hülle nach dem Absender. Daher darf dieser nicht vergessen werden. So werden Enttäuschungen vermieden. Als Absender wird die Person angegeben, die den Spendenbrief unterschrieben hat und die Organisation.

— Tipp: Mit Vorausverfügung falsche Adressen identifizieren

Auf den Umschlag gehört eine Vorausverfügung: „Nicht nachsenden!" oder „Bei Umzug mit neuer Anschrift zurück!". Das kostet bei Brief und Postkarte nichts. Das kostenpflichtige Angebot *Premiumadress* ermöglicht diese Vorausverfügungen auch bei *Infopost*. Für alle Ihre Sendungen erfasst es Ihre fehlerhaften oder falschen Adressen, gleicht sie mit aktuellen Datenbanken ab, bringt sie auf den neuesten Stand und stellt sie Ihnen zum Download bereit. Die Ausgabe lohnt, weil Sie auf diese Weise Ihre Kartei bei jedem Versand aktualisieren. Merke: Die Deutschen ziehen alle sechs bis sieben Jahre einmal um. Nach einem Jahr sind also mindestens 14 Prozent Ihrer Adressen obsolet.

Professionelles Briefpapier und Layout vermitteln Vertrauenswürdigkeit

Gestalten Sie den Briefkopf klar und – je nach Zielgruppe – gediegen oder auffällig. Das Briefdesign soll dem gewünschten Image der Organisation und dem Spendenzweck entsprechen. Papier und Verarbeitungsqualität sind sehr wichtig. Der Kopf besteht aus Logo und Name der Organisation. Darunter (an der oberen Begrenzung des Kuvertfensters) folgt die Adresse in Kleinschrift und am Rand der Name der (möglichst allgemein bekannten) Person, die schreibt –

möglichst mit Foto und Datum. Versuchen Sie, einen Prominenten zu finden, der bereit ist, als der Briefschreiber zu fungieren. Zur Suche nach solchen Promis siehe das Kapitel 2.1.5 *Benefizevents – Spendensammeln mit hohem Unterhaltungswert.*

In der Fußzeile ist Platz für ein kleines Logo des Dachverbandes, Namen von Vorstand/Kuratorium, Kontonummern, Nennung der an die Organisation verliehenen Auszeichnungen, Mitgliedschaft im Spendenrat, Spendensiegel des *DZI* und anderes, gefördert von (Name der Kommune oder ähnliches), Telefon- und Faxnummer, E-Mail- und Internet-Adresse, eventuell noch einmal die Anschrift.

Der „Verkaufs"-Prospekt

Der Prospekt (Flyer) beschreibt Ihre Organisation allgemein. Oder – viel wirkungsvoller – er gibt eine genaue Beschreibung des Projektes, für das im Spendenbrief geworben wird. Seine Größe und Falzung richtet sich nach der Größe und dem durch Hülle, Brief und Überweisungsträger noch nicht ausgeschöpften Restgewicht (etwa die 20-g-Portogrenze). Der Empfänger liest erst die Titelseite, dann die Rückseite und dann erst die Innenseiten! Bieten Sie eiligen Lesern durch die Überschriften und Bildelemente des Prospektes eine Botschaft in Kurzform an. Bieten Sie Garantien und Testimonials, Zitate aus Dankesbriefen an Ihre Organisation, offizielle Auszeichnungen und andere Belege dafür, dass Ihre Arbeit tatsächlich so wertvoll ist, wie Sie das behaupten.

--- **Tipp: Bilder sagen mehr als Worte** ---

Lockern Sie den Prospekt mit Bildern auf. 80 Prozent der Botschaft wird über die optische Gestaltung und nur 20 Prozent über Text vermittelt. Portraits bzw. Nahaufnahmen von Menschen (vor allem von Kindern) sowie alles, was „Action" zeigt, hat die größte Wirkung.

Keinesfalls sollten Sie (etwa, um Porto zu sparen) dem Spendenbrief noch Einladungen zu einer Veranstaltung, einen Fragebogen oder andere Beilagen zu einer völlig anderen Angelegenheit beilegen. Immer nur eine Botschaft oder eine Bitte!

Es dem Spender leicht machen – Reaktionselemente

Legen Sie dem Brief Vordrucke (Überweisungsträger, Antwortkarte/-umschlag, Coupon zum Ausschneiden, Bestellschein) bei, damit der Empfänger bequem spenden oder seinen Beitritt erklären kann. Füllen Sie alles bereits so persönlich wie möglich aus. Auch die Antwortkarte (der Antwortumschlag) ist an die Person adressiert, die den Brief geschrieben hat. Achten Sie auf klare und eindeutige Erläuterungstexte und klare Zahlungsmodalitäten. Je einfacher das Ausfüllen Ihres Reaktionsmittels, desto mehr Reaktionen sind zu erwarten.

Damit das Geld sicher bei Ihnen ankommt – Überweisungsformular

Legen Sie bei Spendenaufrufen immer ein – zumindest teilweise vorausgefülltes – Überweisungsformular bei. Ihre Bank ist in der Regel bereit, die Formulare für Sie zu bedrucken. Werden die Überweisungsträger in größeren Auflagen extra gedruckt, so können die einschlägigen Dienstleister sie auch gleich personalisieren, also mit den Namen der (potenziellen) Spender versehen. Auch der Online-Spender kann so ein Formular gut brauchen – als Vorlage zum Ausfüllen der Online-Überweisung.

Wenn das Überweisungsformular folgende Angaben enthält, reicht es dem Spender bis zu 200 Euro als Spendenquittung aus: Name und Kontonummer des Auftraggebers und Empfängers, der Betrag, der Buchungstag, die Nummer des Freistellungsbescheides des Empfängers und ob es sich um eine Spende oder einen Mitgliedsbeitrag handelt. Falls nicht, sollten Sie besser auch die Kleinspenden unter 200 Euro quittieren. Ihre Spender werden diese Dienstleistung schätzen!

Überweisungsformular – Beispiel Sielmann-Stiftung

— Tipp: Spenderadresse abfragen

Die meisten Spender meinen, dass ihre Anschrift dem Empfänger automatisch mitgeteilt wird. In Ihrem Spendenprospekt oder Brief müssen Sie daher darauf hinweisen, dass eine Zuwendungsbestätigung / Spendenquittung nur dann ausgestellt werden kann, wenn Name und Adresse ins Zweckfeld des Überweisungsträgers geschrieben oder zum Beispiel mit einem gleichzeitigen E-Mail mitgeteilt werden; die Angabe im Feld „Auftraggeber" reicht nicht. Leider werden häufig die Angaben im Zweckfeld bei der maschinellen Übertragung auf Ihren Kontoauszug verstümmelt. Ist ansonsten wenigstens die *IBAN* des Spenders bei Ihnen angekommen, gibt es einen Trick, um die Adresse herauszufinden: Überweisen Sie dem Spender beleglos ein paar Cent und teilen Sie ihm auf dem Verwendungsfeld etwa folgendes mit: „Danke für die Spende. Adresse fehlt. Bitte Telefon ..... anrufen." So erreichen Sie Ihren Spender, und er kann mit Ihnen Kontakt aufnehmen. Der Text ist auf höchstens 54 Stellen begrenzt (besser noch weniger). Manche Spenden-Software hat hierfür ein eigenes Programm.

Geben um zu nehmen – Give-aways

Geben und nehmen unterliegt kulturellen Regeln, die bereits Kleinkinder erlernen: Wer bekommen will, muss geben – nicht unbedingt Gleichwertiges, aber etwas. Wegen dieser unbewussten und tief in uns allen verankerten Regel fällt es uns leichter zu geben, wenn wir ein kleines Gegengeschenk bekommen. Auch deshalb liegen den Spendenbriefen kleine Dinge bei, wie hübsche Adressaufkleber, Postkarten, Heftpflaster (bei einem Brief des Roten Kreuzes), Einladungen zu Benefizkonzerten, Karton-Bilderrahmen und Ähnliches. Für eine solche Beilage spricht auch: Wenn der Empfänger schon von außen fühlt, dass etwas Dickeres im Brief steckt, öffnet er ihn eher. Sie können auch Gegenleistungen versprechen, wie Ermäßigungen bei Kursen und Seminaren, Kalender/Planer mit nützlichen Infos, Geburtstagskalender, Buch mit Widmung, Kunstdruck, Karton-Bilderrahmen und anderes. All das sollte aber kein Plunder sein, den jeder sofort wegwirft, sondern dem Empfänger wirklich nützen.

— **Praxisbeispiel: Ziegelsteine** ——————————————————————

Die Münchner Organisation *Rhythmikon* erbat Spenden für ein neues Gebäude, indem sie zum Kauf von Ziegelsteinen aufforderte. Wer 100 Steine kaufte und dafür 100 Euro überwies, bekam zum Dank einen hübschen Miniaturziegelstein und eine Urkunde.

Jedes Gramm zählt – Kalkulation des Mailing-Gewichtes

Je nach Auflage und Gewicht berechnen sich die Portokosten für Ihr Mailing. Beachten Sie bei der Papierwahl, auf welches Gesamtgewicht Sie am Ende kommen. Beispiele für Papiergewichte: Ein DIN A4-Bogen mit 80g Papiergewicht pro qm wiegt 80/16 = 5 g; eine Antwortkarte DIN A6 mit 150 g pro qm wiegt 150/64 = 2,35 g. Die Formel für Briefhüllen lautet: Höhe mal Breite in mm mal 2,4-mal Papiergewicht durch 1 Million = Gewicht in g. Drei Blätter 80 g-Papier und eine Briefhülle wiegen 20 g. Mailings benötigen eine gute Vorbereitung. Mit folgender Checkliste erhalten Sie einen Überblick, über die einzelnen notwendigen Aufgaben und Arbeitsschritte:

Checkliste 29: Konzeption, Ausarbeitung und Vorbereitung von Mailings

Äußere Form und Zusammenstellung des Mailings:
Reizt der Umschlag zum Öffnen? Oder sieht er nach Postwurfsendung aus? Trägt er eine Sonderbriefmarke? Ein Slogan, ein Bild oder ein Aufkleber wecken die Neugier.

Ansprache, Argumentation, Formulierungen und Textgestaltung:
Ist der Brief nicht zu lang? Ist er personalisiert? Manchmal ist es ehrlicher, ein Rundschreiben auch als solches zu kennzeichnen. Ist die Überschrift einladend? Weckt sie die Neugier, ohne sofort mit Spendenforderung oder dramatischen Katastrophen zu drohen oder den Empfänger gar zu erpressen („Wenn Sie nicht helfen, stirbt dieses Kind!").

Fesselt der **Beginn des Briefes**? Versuchen Sie den Leser zu überraschen, an etwas anzuknüpfen, was er kennt, was ihn interessieren könnte. **Wer hat den Brief unterschrieben?** Möglichst immer der ranghöchste Vertreter der Organisation oder ein Prominenter, das unterstreicht die Bedeutung, die Ihre Organisation der Bitte beimisst. Findet sich ein **Foto** des Unterschreibenden auf dem Brief?

Haben Sie ein P.S., das den Inhalt in einem Appell nochmals eindrücklich wiederholt? Hat Ihr Brief **Anlagen**? Informationsbroschüren eignen sich genauso wie die Kopie eines Zeitungsartikels. Liegt ein kleines **Geschenk** bei (Postkarte, Aufkleber, Lesezeichen)?

Ist der Brief einfach und mit kurzen Sätzen geschrieben? Möglichst keine Fachausdrücke; illustrierende Beispiele und erfolgreiche Problemlösungen statt komplizierter Konzepte und Ziele. Haben Sie klar gemacht, dass Sie persönlich voll und ganz hinter dem Anliegen stehen und das mit einem Beispiel verdeutlicht?

Haben Sie um Antwort, Anregungen jenseits der finanziellen Spende gebeten? **Bieten Sie den Austausch an, laden Sie zur Mitarbeit ein** – dies zeigt, dass es Ihnen nicht nur um Geld, sondern um die Sache geht.

Tipp: Mit persönlichen Briefen überzeugen

Als kleine Organisation sollten Sie lieber persönliche Briefe an potenzielle Unterstützer schreiben, statt ein Massen-Mailing durchzuführen. Nutzen Sie den Charme kleiner, handgemachter Auflagen an bekannte Unterstützer. In einem solchen Fall schadet es auch nicht, ein wenig unprofessionell zu wirken. Das macht Sie sympathisch.

So testen Sie Ihren Spendenbrief

Eine alte Weisheit aus dem Marketing lautet: Der Köder muss dem Fisch schmecken – nicht dem Angler. Wenn Spendenbriefe nur im Kollegenkreis der eigenen Organisation abgestimmt werden, sind die Ergebnisse häufig nicht zielführend. Die Kollegen haben ein ganz anderes Hintergrundwissen und andere Interessen, als ihre Spender. Lassen Sie vor diesem Hintergrund Ihre Entwürfe von fremden Leuten lesen, die von Ihren Eigenschaften her möglichst den Zielgruppen entsprechen. Fragen Sie Sie:

Checkliste 30: Fragen an die Testleser des Spendenbriefs

Welches Gefühl hatten Sie, als Sie die Postsendung das erste Mal in der Hand hielten?
Hätten Sie den Brief geöffnet, wenn Sie ihn im Briefkasten gefunden hätten?
Haben Sie den Brief sofort vollständig gelesen?
An welche Botschaften erinnern Sie sich?
Haben Sie sich angesprochen gefühlt? Welche Gefühle wurden bei Ihnen ausgelöst?
Halten Sie die Botschaften für glaubwürdig?
Waren die Botschaften verständlich und nachvollziehbar?
Hat Sie etwas gestört/geärgert?
Wie schätzen Sie den Absender ein?
Würden Sie nun aktiv werden?
Was hat Sie überzeugt/ nicht überzeugt?

Mailings in freier Wildbahn testen

Die wirkliche Rückmeldung, ob und wie ein Mailing seine Ziele erreicht, erhält man in der Regel erst nach dem Versand, wenn die Kunden reagieren (oder auch nicht). Wenn es um sehr große Aussendungsmengen geht (mehr als 5.000 Adressen), empfiehlt sich ein Testmailing mit einer kleineren Stichprobe (beispielsweise 1.000 Adressen). Sie können auch zwei verschiedene Varianten eines Mailings parallel an je die Hälfte Ihrer Adresse schicken, um Erfahrungen für zukünftige Aussendungen zu sammeln. Vergessen Sie dabei nicht, dass Sie sicherstellen müssen, dass die Rückläufer aus beiden Aktionen auch nachverfolgt werden können.

Das Angebot von Post und Co. optimal nutzen

Für den Versand und die Auslieferung werden Sie bei größeren Auflagen in der Regel auf einen Postdienstleister zurückgreifen. Seit der Liberalisierung des Postmarktes gibt es neben der *Deutschen Post* weitere Anbieter. Zum Teil agieren diese aber nur in einem regionalen Umfeld (Für eine Übersicht suchen Sie in einer Internetsuchmaschine nach „Postdienstleister"). Um die für Ihr Vorhaben passenden Angebote zu finden, informieren Sie sich im Internet. Wenn Sie neu bei diesem Thema sind, ist eine telefonische oder persönliche Beratung eine gute Lösung. Wenn Sie mit einer Marketing- oder Fundraising-Agentur zusammenarbeiten, kennen diese das Angebot im Postbereich meist sehr gut und können Sie ebenfalls beraten. Das Angebot der Postdienstleister lässt sich unterscheiden in die Bereiche Versanddienste, Adresspflege und weiterführende Dienste.

Welches Versandmodell passt zu Ihrem Mailing

Je nach Auflage, Größe, Gewicht und Zielregion gibt es verschiedene Möglichkeiten Ihre Post auf den Weg zu bringen. Dabei sind die Portokosten sehr unterschiedlich und Sie können bei der richtigen Vorgehensweise einige hundert Euro sparen. Im Folgenden werden verschiedene Angebote der *Deutschen Post* vorgestellt:

Infopost

Bei der *Infopost* können Sie adressierte Briefe und Informationsmappen in größerer Auflage versenden. Voraussetzung ist, dass jede Einzelsendung von der Anzahl der Inhalte, der Beschaffenheit (Gewicht), der Gestaltung und dem Format identisch ist. Dazu kommen folgende Mindestmengen:
- 4.000 Sendungen, wenn bundesweit in verschiedenen Postleitzahlengebieten versendet wird
- 250 Sendungen, wenn innerhalb einer Leitregion (die ersten beiden Zahlen der Postleitzahl sind identisch) versendet wird
- 50 Sendungen, wenn innerhalb einer Einlieferungsstelle versendet wird

Die Briefe müssen dabei immer nach den Postleitzahlen in auf-/oder absteigender Reihenfolge sortiert sein. Ein Standardbrief bis 20g kostet mit Infopost 0,28 Euro gegenüber 0,62 Euro als Normalbrief (Preise von Anfang 2015). Hier lässt sich also viel Geld sparen. Mit der Frankierwelle für Infopost können Sie ein individuelles Werbemotiv selbst gestalten. Die Druckvorlagen dazu können Sie einfach in verschiedenen Dateiformaten im Internet herunterladen **www. frankiervermerk.de**.

Premiumadress

Mit dem Zusatzservice *Premiumadress* erhalten Sie eine professionelle Zustellbarkeitsprüfung und eine effiziente Adresspflege. Die Adresse wird von Zustellern vor Ort geprüft, mit aktuellen Datenbanken abgeglichen und mit Hilfe elektronischer Adressinformationen auf den neuesten Stand gebracht. Sie können entscheiden, welche Informationen Sie nutzen wollen und was mit unzustellbaren Sendungen geschieht.

Auch ganz ohne Adressen kommen etwa Spendenbriefe in das richtige, vorher definierte Verteilgebiet. Beim Versand als *Postwurfsendung* gibt es die Zustellungsvarianten „An alle Haushalte", „An alle Haushalte mit Tagespost" oder „An alle Briefabholer". So erreichen Sie neue Spender entweder flächendeckend in ganz Deutschland oder in exakt selektierten Gebieten in einem bestimmten Umkreis **www.postwurfsendung.de**.

Teiladressierter Versand

Auf Basis der vom Kunden gewählten Selektionskriterien wie zum Beispiel Kaufkraft, Alter, Gebäudesituation und anderes filtert die *Deutsche Post* relevante Haushalte innerhalb der ausgewählten Verteilgebiete heraus, beispielsweise „Alle Bewohner des Hauses Meisenstr. 2" **www.postwurfspezial.de**.

Plusbrief

Der *Plusbrief* ist Umschlag und Briefmarke in einem. In unterschiedlichen Formaten und mit verschiedenen Portowerten erspart er die Frankierarbeit und den separaten Einkauf von Briefmarken. Die *Pluskarte* können Sie Ihren Spendern als bereits frankiertes Responseelement schicken. Und den *Plusbrief Individuell* können Sie selbst gestalten: Mit einem Foto oder Logo auf Umschlag und Marke **www.plusbrief.de**.

Gogreen

Beim Versand von Briefen entstehen Treibhausgasemissionen. Mit *GOGREEN* werden diese Emissionen neutralisiert. Der Ausgleich erfolgt über international anerkannte Klimaschutzprojekte.

Steuerung von Mailings per Software

Hierzu bietet die *Deutsche Post* eine hilfreiche Software an. Diese unterstützt bei der Versandvorbereitung von Aussendungen. Möglich ist Adressenimport, Anschriftenprüfung, Dubletteneliminierung, Errechnung der günstigsten Versandart und Vorbereitung aller Einlieferungsunterlagen **www.infopostmanager. de**. Sie können individuelle Gestaltungselemente per „Varioplus" nutzen oder den personalisierten Code zum Adressdialog, der eine Verbindung zu Ihrem Online-Portal schafft und Ihnen qualifizierte Rückmeldungen besorgt.

Adressdialog – Online-Reaktion auf eine Offline-Aktion

Sie geben Interessenten die Möglichkeit, im Internet auf Ihre Werbeaktion zu reagieren. Mit einem persönlichen Code loggt sich der Empfänger online ein und hat auf einer so genannten Landingpage die Möglichkeit, individuelle Informationen abzurufen. Diese direkte crossmediale Verknüpfung von Offline-und Online-Kommunikation sorgt für schnelle Aktivierung der (potenziellen) Spender und liefert Informationen für Ihre Spenderdatenbank **www.adressdialog.de**.

--- **Tipp: Sichern Sie sich Sonderkonditionen** ---

Wenn Sie nach Empfänger-PLZ vorsortierte Briefsendungen in bestimmten Mengen einliefern, können Sie im Rahmen von Teilleistungsverträgen Rabatte erzielen.

Mailing selber machen oder über Dienstleister abwickeln?

Wenn Sie gerade in stundenlanger Arbeit 500 Spendenbriefe selber ausgedruckt (hoffentlich ist die Druckertinte nicht ausgegangen), dann gefaltet und im Kuvert verstaut haben und Sie klebrige Finger vom Briefmarken kleben haben, fragen Sie sich wahrscheinlich, ob das nicht einfacher zu machen ist. Mit Hilfe von spezialisierten Dienstleistern aus der Direktwerbung können Sie viel Zeit sparen, Ihre Ressourcen auf die wirklich wichtigen Dinge konzentrieren und erhalten meist ein deutlich professionelleres Ergebnis. Ein Mailingdienstleister kann 500 Briefe innerhalb von 20 Minuten drucken, falzen, kuvertieren und postfertig machen. Ist Ihre Stammdatei zu klein, vermietet Ihnen ein Dienstleister zusätzliche Adressen und übernimmt zahllose weitere Arbeitsschritte – siehe das Kapitel 4.3 *Auswahl und Zusammenarbeit mit Dienstleistern.*

Auf den Rücklauf vorbereitet sein

Wenn Ihr Mailing in den Briefkästen der Adressaten gelandet ist, müssen Sie sich auf Reaktionen einstellen. Diese beschränken sich nicht immer auf die Überweisung auf das Spendenkonto.

Für Rückfragen erreichbar

Angeschriebene haben vielleicht Fragen zu Projekten oder Ihrer Organisation und möchten weitere Informationen erhalten, bevor sie spenden. Bieten Sie für einen solchen Fall einen Rückkanal an (in der Regel Telefon oder E-Mail). Besetzen Sie Ihr Telefon gut nach einem Versand. Stellen Sie sicher, dass Sie eingehende Anfragen auch zeitnah beantworten können. Menschen die sich melden, zeigen ein hohes Interesse und die Erfolgsaussichten für eine Unterstützung sind bei ihnen sehr hoch.

— **Tipp: Nehmen Sie sich genug Zeit für jeden Beschwerde-Anruf** ————

Für typische Fragen und Beschwerden sollte eine Antwortliste geschrieben werden und neben jedem Telefon liegen. Eventuell üben Sie im Team in Rollenspielen den Umgang mit Menschen, die sich beschweren. Geben Sie dem Beschwerdeführer das Gefühl, dass er gehört wird. Korrigieren Sie Ihre Fehler. Erklären Sie ihm, wo auch Sie, trotz aller Sorgfalt, machtlos sind (Beispiel: Dubletten-Versand bei zwei Schreibweisen eines Namens). Solche Menschen sind wirklich an Ihrer Organisation interessiert. Bekommen sie das Gefühl, dass sie ernst genommen wurden, sind sie Ihrer Organisation anschließend oft für viele weitere Jahre eng verbunden. Eine Faustregel sagt, dass es für jeden, der sich beschwert, zehn weitere gibt, die sich auch geärgert haben. Deshalb sind auch einzelne Beschwerden wichtig für Ihre Organisation.

Sagen Sie „Danke"

Formulieren Sie den Dankesbrief im Zuge Ihrer Arbeit am Spendenbrief gleich mit. Dann ist alles aus einem Guss. Senden Sie Ihren Dank sofort nach dem Eingang einer Spende ab – zusammen mit der Zuwendungsbescheinigung / Spendenquittung. Speichern Sie die Daten in ihrer Spendenverwaltung. Sprechen Sie Ihren Spender dabei persönlich mit Namen an. Nehmen Sie Bezug auf den Spendenzweck. Sagen Sie ihm konkret, wofür seine Spende verwendet werden soll. Sprechen Sie ihm offiziellen Dank aus. Unter den Dankesbrief gehört die Unterschrift des Vorstandes oder der Geschäftsführung. Zeigen Sie Ihre Freude über die Spende. So verstärken Sie die Spendermotivation. Falls Sie wissen (beispielsweise bei Dauerspendern), dass es diesem Spender genügt, können Sie die (Sammel-)Bescheinigung auch gleich nach Jahresende zusenden und ihm dies im Dankesbrief ankündigen. Bei größeren Summen sollten Sie anrufen, um sich zu bedanken. Schicken Sie jedem Spender nach einigen Monaten (am Ende des Jahres) noch mal einen Dankesbrief; das zeigt ihm, dass Sie ihn nicht vergessen haben.

Bieten Sie ihren Unterstützern kleine Aufmerksamkeiten: Briefe, Telefonate, Minipräsente, Clubprogramm, Teilnahme an Benefiz- (Kultur-)Veranstaltungen, ermäßigten Eintritt, Ehrenplatz in der ersten Reihe, Informationen/ Berichte über Ihre Arbeit und Ähnliches.

Rückmeldungen zu Adressen einpflegen

Nicht jeder Brief erreicht den Adressaten. Menschen ziehen um, möchten keine Briefe mehr oder versterben. Stellen Sie sicher, dass diese Daten in ihrer Adressdatenbank eingepflegt werden. Damit können Sie sich viele unnötige Kosten bei Ihrem nächsten Mailing sparen.

— **Tipp: Vom Wettbewerb lernen** ——————————————————

Sammeln Sie Spendenbriefe anderer Organisationen, die Sie bekommen – gute und schlechte Beispiele – und lernen Sie daraus für Ihre eigenen.

2.1.7 Fundraising per Telefon, Fax, SMS und E-Mail

Kai Fischer / Alexander Gregory

- Rechtliche Einschränkungen und konkreter Nutzen
- Ihre Spender freuen sich über einen Anruf
- Call Center für einen guten Zweck
- Erst im Aufbau: Nutzung von Handy und SMS beim Spenden
- E-Mail-Fundraising

Neben dem Brief können Sie noch zahlreiche andere Medien zur Kommunikation mit Ihren Spendern nutzen. Mit dem Telefon kann man in einen direkten Dialog treten. Fax, SMS und E-Mail können schnell und mit überschaubaren Aufwand und Kosten eingesetzt werden. Aus rechtlichen Gründen ist der Einsatz dieser Instrumente aber nur unter bestimmten Bedingungen möglich.

Rechtliche Einschränkungen und konkreter Nutzen

Nach deutschem Recht zum „unlauteren Wettbewerb" gilt es als unsittlich, fremde Menschen mit einem Werbe-Anliegen anzurufen oder ihnen Werbe-Faxe zu schicken, wenn sie sich nicht ausdrücklich oder stillschweigend damit einverstanden erklärt haben (§ 7 UWG „unzumutbare Belästigung"). Das Versenden unverlangter SMS ist ein unzulässiger Eingriff in das Persönlichkeitsrecht. Entsprechende Verträge mit Dialog- oder Telemarketing-Firmen oder Callcentern sind ungültig. Die Branche bietet allerdings Adresslisten zur Miete an, bei denen ein Einverständnis vorliegt. Das Bundesjustizministerium verneinte jedoch die Anwendbarkeit des UWG auf Spenden sammelnde Organisationen. Diese stünden nicht im Wettbewerb als Marktteilnehmer (§ 1 UWG). Dennoch ist davon abzuraten, Fremde, also Menschen, die noch nicht mit Ihnen in Kontakt getreten sind, mit Anrufen, Faxen oder SMS zu belästigen. Der Erfolg ist erfahrungsgemäß gering. Investieren Sie Ihre Zeit lieber in die regelmäßige telefonische Kontaktaufnahme mit Ihren Stammspendern (siehe untenstehenden Tipp).

Ihre Spender freuen sich über einen Anruf

Wie bereits erwähnt, sind Telefonaktionen bei Ihren Stammspendern, Freunden und Mitgliedern nicht nur rechtlich zulässig: Die meisten der von Ihnen Angerufenen freuen sich sogar darüber, dass sich die Organisation einmal meldet. Zwischen 9 und 20 Uhr fühlt sich kaum jemand gestört, wenn „seine" Organisation anruft und um Hilfe bittet. Gerade in Ferienzeiten oder im Sommer haben die

Menschen oft genug Zeit für ein Telefonat. Der Anrufer sollte gut vorbereitet sein und genug Zeit haben, weil bei der Gelegenheit vielfach Fragen gestellt und Beschwerden vorgebracht werden. Das Spendenanliegen sollte freundlich und gelassen vorgetragen werden. Keinesfalls darf Druck ausgeübt werden.

— Tipp: Ein Grund für einen Anruf findet sich immer

Rufen Sie auch aus anderem Anlass an. Begrüßen Sie Neuspender, übermitteln Sie Geburtstagsglückwünsche, laden Sie zu Ihren Events ein und berichten Sie über den Erfolg Ihres Projektes. Auch für die Rückgewinnung ehemaliger Spender eignet sich das Telefon hervorragend; so können diese eine eventuelle Kritik gleich loswerden.

— Dankanruf: Aus fünfzig Euro wird ein gespendetes Haus

Heiner Koch, der Geschäftsführer einer in Königsdorf angesiedelten Einrichtung des *Albert-Schweitzer-Familienwerkes*, ruft jeden seiner Spender ab 50 Euro persönlich an. So lernte er eine Frau kennen, die der Organisation am Ende ein Haus schenkte **www.albert-schweitzer.org**.

Die meisten Organisationen kennen diese „Goldadern" nicht, die in ihren Karteien schlummern, weil sie nicht mit ihren Freunden und Mitgliedern sprechen. Das Telefon ist auch ein gutes Instrument, um aus Einmalspendern Dauerspender oder Mitglieder zu machen.

Telefon-Fundraising bietet viele Chancen

Der Aufwand einer Telefon-Werbeaktion ist größer, als bei einem Mailing, doch ist der Spendenertrag auch höher. Sinnvoll ist eine solche Aktion also, wenn Sie das erforderliche geeignete Team haben und einmal mehr Geld brauchen als üblich. Oder um aus Interessenten (Besucher Ihrer Events, Menschen, die Infos bestellt haben) Spender zu machen. Oder um Ihre Stammspender nach einigen Jahren zu bitten, die Spendensumme zu erhöhen. Unabhängig von den eingeworbenen Spendensummen lohnen sich Telefonaktionen fast immer, weil sie erheblich zur Bindung an Ihre Organisation beitragen. Für all die Förderer, die Ihre Veranstaltungen nicht besuchen, ist es ja die einzige Gelegenheit zu einem Gespräch mit Ihnen.

Überprüfen Sie bei jedem Anruf die Daten in Ihrer Kartei – so bleibt diese aktuell. Spender, die Ihnen bisher noch keine Einzugsermächtigung erteilt haben, sollten Sie bei dieser Gelegenheit darum bitten. Das erleichtert Ihre Abläufe enorm und wird von immer mehr Menschen akzeptiert. Wenn Ihnen jemand am Telefon eine Spende oder die Erhöhung der Dauerspende zusagt, sollten Sie ihm am nächsten Tag bereits ein Dank- und Bestätigungsschreiben schicken. Notieren Sie nach dem Telefonat alles, was es Ihnen bei künftigen Kontakten erleichtert, mit dem Spender in ein gutes Gespräch zu kommen. Denken Sie daran, dass das nächste Gespräch vielleicht andere aus Ihrer Organisation führen und dokumentieren Sie alles, was dieser unbedingt wissen sollte.

Checkliste 31: Tipps zur professionellen Gesprächsführung am Telefon

Bereiten Sie sich inhaltlich gut vor:
- Von jeder Zielperson benötigen Sie mindestens Telefonnummer, Anrede, Vorname, Zuname.
- Halten Sie Zusatzinformationen bereit (Kontakt- und Spendenhistorie, aktuelle Beziehung zur Organisation, Engagement aus der Vergangenheit).
- Legen Sie die konkreten Ziele des Anruf fest (Dank für Spende, Abgleich Adressdaten, Information über aktuelle Projekte, Gewinnung einer neuen Spende etc.).
- Erstellen Sie einen Muster-Gesprächsablauf (Wie wollen Sie das Gespräch beginnen, was sind die wichtigsten Argumente um Ihr Anliegen zu untermauern, was sind mögliche Einwände, wie können Sie das Gespräch verbindlich abschließen?).

Sorgen Sie für die notwendigen Rahmenbedingungen:
- Arbeitsplatz, von dem Sie ohne Störungen und Nebengeräusche telefonieren können
- Möglichkeit, während des Gesprächs Notizen zu machen
- Sicher stellen, dass die gewonnenen Informationen weiter verarbeitet werden (z.B. Änderung der Adresse, Versand von Infomaterial, Rückruf etc.)
- Mentale Vorbereitung, z.B. mit einer kleinen Entspannungsübung

Machen Sie einen guten ersten Eindruck und stellen Sie sich vor. Nennen Sie Vor- und Zunamen und die Organisation, für die Sie anrufen.

Stellen Sie sicher, dass Sie tatsächlich mit der Zielperson sprechen (Spreche ich mit Frau Erna Müller?). Wenn die Zielperson nicht da ist, fragen Sie, wann Sie am besten wieder anrufen können.

Sprechen Sie deutlich und nicht zu schnell. Häufig wenden wir uns an ältere Menschengruppen, die nicht mehr so gut hören und verstehen.

Versuchen Sie immer freundlich zu bleiben und eine entspannte Gesprächsatmosphäre zu schaffen.

Argumentieren Sie eindeutig, engagiert und überzeugt. Vermeiden Sie Konjunktive und Füllworte. Machen Sie deutlich, dass Sie loyal zu Ihrer Organisation stehen.

Belehren Sie nicht und stellen Sie keine Suggestivfragen („Sie sind doch sicher auch der Meinung, dass…").

Wenn sich die Angerufenen über die Organisation beschweren, machen Sie deutlich dass Sie den „persönlich erfahrenen Ärger" nachvollziehen können, nehmen Sie die Argumente ernst und danken Sie für das offene Feedback.

Entwickeln Sie aus den Erfahrungen Ihren Gesprächsleitfaden weiter. Welche Argumente kommen besonders gut an? Welche neuen Einwände müssen Sie entkräften?

Call Center für einen guten Zweck

Für Ihre Aktionen können Sie auch die Hilfe eines seriösen Dienstleisters (Telefon-Dialog-Agentur) in Anspruch nehmen, der Fundraising-Kompetenz und Verständnis für die Notwendigkeiten und Abläufe bei Gemeinwohlorientierten hat. Solche Firmen finden Sie unter **www.ddv. de** und in der Dienstleisterliste von **www. fundraising-verband.de**. Fragen Sie nach, in welchen Fachverbänden (z.B. *Deutscher*

Die Mitarbeiterin von Tele-Dialog bereitet sich intensiv auf ihre Gespräche vor. www.teledialog.com

Dialogmarketing-Verband, Deutscher Fundraising Verband) die Agentur Mitglied ist.

— Tipp: Mindestlohn-Gesetz beachten ——————————————————————

Nach dem *MiLoG* sind auch Sie als Auftraggeber dafür verantwortlich, dass der Dienstleister den Mindestlohn bezahlt!

Lassen Sie sich Referenzen zeigen und fragen Sie bei anderen Kunden nach der Zufriedenheit. Schließen Sie keine erfolgsorientierten Verträge ab. Überzeugen Sie sich davon, dass die Mitarbeiter der Firma für den besonderen Umgang mit Spendern qualifiziert sind und sich gut mit Ihrer Organisation und Ihren Projekten vertraut machen. Vereinbaren Sie Kontrollmechanismen der Dialogqualität. Manche Dienstleister sind auch bereit, Ihre Mitarbeiter zu schulen. Dann haben Sie die ideale Kombination: eigene Mitarbeiter mit der besonderen Glaubwürdigkeit aus Nähe zu den Projekten und Professionalität beim Telefonieren (siehe auch das Kapitel 4.2 *Hilfe von den Profis – Auswahl und Zusammenarbeit mit Dienstleistern*).

Fundraising mit einer Spendenhotline

Das Telefon ist auch dann ein nützliches Kommunikationsinstrument, wenn Sie im Rahmen einer (medial gestützten) Kampagne vielen Menschen eine Möglichkeit bieten wollen, auf einen Aufruf spontan zu reagieren. Der Spender erspart sich so den Weg zur Bank.

Spendenhotlines funktionieren über die 0190-0, eine besondere Mehrwertdienst-Telefonnummer. Von jedem Anrufer wird eine Spende über ein paar Euro mit der Telefonrechnung abgebucht. Ein automatisches System nimmt den Anruf entgegen, der Anrufer wird dabei mit einer aufgesprochenen Ansage begrüßt. Die Spende wird mit der nächsten Telefonrechnung abgebucht, die Ihrer Organisation dann zufließt. Davon abgezogen werden die Telefonkosten und eine Provision. Es gibt Dienstleister, die so bis zu einem Drittel der Spende einbehalten. Das ist zu viel und würde von Ihren Spendern sicher nicht verstanden. Handeln Sie günstigere Konditionen aus. Spenden dieser Art können nur von einem Festnetz-Telefonanschluss getätigt werden. Der Erfolg einer Spendenhotline hängt nicht von der Größe der Organisation ab, sondern vor allem von der Bekanntmachung und der Bewerbung der Nummer.

Erst im Aufbau: Nutzung von Handy und SMS beim Spenden

Diese Form des Spendens hat sich in Deutschland noch nicht durchgesetzt. Bisherige Erfahrungen zeigen zudem, dass nur sehr kleine Beträge gespendet werden. Nur in besonderen Fällen (etwa Naturkatastrophen) beteiligen sich unter Umständen so viele Menschen, dass dennoch nennenswerte Summen zusammen kommen. Beispiel-Dienstleister: **www.gruen.net/spendino/sms-spenden/**. Siehe dazu auch das Kapitel 2.2.2 *Spenden aus dem Netz – Online-Fundraising*. Auch hier erfolgt die Abrechnung über die (Mobil-)Telefonrechnung. Es können Spenden zwischen einem und zehn Euro abgewickelt werden.

Etwa 0,17 Euro des Spendenbetrags verbleiben beim Netzbetreiber. Daten des Spenders werden nicht an die Spendenorganisation weitergeleitet. Die steuerliche Absetzbarkeit von SMS-Spenden ist umstritten und aufgrund der mangelhaften Ausweisung auf den Mobilfunkrechnungen einiger Mobilfunkbetreiber schwierig.

E-Mail-Fundraising

Für Formulierung und Aufbau einer Spendenwerbung per E-Mail gilt vieles, was im Kapitel 2.1.6 *Der Spendenbrief – der Klassiker im Fundraising* gesagt wurde.

Werden Sie nicht zum Spammer: Nutzen Sie nur eigene Adressen

Wie immer im Direktmarketing sind auch bei E-Mail die „richtigen" Adressen für den Erfolg ausschlaggebend. Grundsätzlich sollten Sie nur Adressen verwenden, wenn Sie die schriftliche und ausdrückliche Erlaubnis der Empfänger zur Zustellung besitzen. Es werden immer wieder Adressen zum Kauf oder zur Miete angeboten. Machen Sie hiervon keinen Gebrauch. Auch wenn Sie diese in der Spendenwerbung einsetzen dürfen, wird niemand reagieren.

Denken Sie auch daran, dass Spendenwerbung ohne Einverständnis als Spam angesehen wird. Die Entscheidung, ob Sie eine Erlaubnis zur Zusendung haben oder nicht, liegt allein in der Wahrnehmung des Empfängers. Denn dieser wird entsprechend seiner Wahrnehmung reagieren. Nicht nur, dass Ihre E-Mails in einem Spam-Ordner landen können, Sie können auch das Image Ihrer Organisation nachhaltig beschädigen. Deshalb dürfen Sie auch nicht einfach alle vorliegenden E-Mail-Adressen in Ihren Verteiler einspeisen. Denn nicht jeder, mit dem Sie einmal Kontakt hatten, will auch von Ihnen regelmäßig mit Ihrem Newsletter beglückt werden. Respektieren Sie die gesetzten Grenzen und Ihr E-Mail-Fundraising wird sich erfolgreich entwickeln.

Checkliste 32: Möglichkeiten E-Mails für Ihren Newsletter zu gewinnen

Auf Ihrer Website sollte ein entsprechendes Formular, versehen mit der Aufforderung, den Newsletter zu bestellen, nicht fehlen. Dieses gehört sowohl auf die Homepage als auch auf alle Unterseiten.
Bieten Sie Besuchern, die gespendet oder eine andere Aktion durchgeführt haben, den Newsletter an. Sie haben oft Interesse zu erfahren, wie es weitergeht und wie erfolgreich Ihre Projekte sind.
Setzen Sie Unterschriftenlisten ein, so gehört ein Feld zur Bestellung weiterer Informationen mit auf das Formular. Sie gewinnen auch hier neue Interessenten.
Auf allen Ihren Veranstaltungen können Sie auf Ihren Newsletter hinweisen und um die E-Mail-Adressen der Teilnehmer bitten.
Ebenso wie die Adresse Ihrer Website gehört auch die Aufforderung, Ihren Newsletter zu bestellen, mit auf alle Dokumente, die Ihr Haus verlassen.
Auch am Telefon können Sie um die E-Mail-Adresse bitten. Telefonieren Sie allerdings vorwiegend mit älteren Menschen, wird dies wenig erfolgreich sein. Viele ältere Menschen nutzen das Internet, aber nicht alle regelmäßig E-Mail.

— Tipp: Fast jeder Kontakt ist eine Möglichkeit nach der E-Mail-Adresse zu fragen ——————

Überlegen Sie, wo Ihre Organisation mit Menschen Berührungspunkte hat. An diesen Stellen kann grundsätzlich immer auch um die E-Mail-Adresse gebeten werden.

Schaffen Sie auf Ihrer Webseite die Möglichkeit, Ihren Newsletter zu bestellen. Grundsätzlich müssen Sie jede Online-Bestellung Ihres Newsletters zeitnah schriftlich bestätigen. Ein double-opt-in, bei dem die Bestellung durch Anklicken eines Links noch einmal bestätigt werden muss, ist aus rechtlichen Gründen Standard. Nur so können Sie sicherstellen, dass Ihr Newsletter auch nur von denen erhalten wird, die ihn auch bestellt haben.

Mit der zeitnahen Bestätigung begrüßen Sie nicht nur Ihre neuen Abonnenten, sondern müssen Ihnen auch die Möglichkeit einräumen, den Newsletter einfach wieder abzubestellen. Viele E-Mail-Versand-Programme sehen hierfür einen Link vor, der nur angeklickt werden braucht und der Abonnent wird sofort für den weiteren Versand gesperrt. Dieser Link gehört übrigens in jede E-Mail, die Sie verschicken. Jemanden weiterhin E-Mails zuzusenden, der dies explizit nicht möchte, beschädigt nachhaltig Ihr Image und entzieht Ihrer Organisation das Vertrauen in Ihre Seriosität.

Die Relevanz der Inhalte ist entscheidend für die Beschäftigung mit der E-Mail

Die Empfänger der E-Mail werden sich mit den Inhalten nur dann beschäftigen, wenn diese für sie relevant und mit einem Nutzen verbunden sind. Von daher sollten Sie vor Beginn des E-Mail-Fundraisings überlegen, was für Ihre Förderer und Interessenten relevant ist und wie diese Informationen erhoben und aufbereitet werden. Schreiben Sie deshalb nur dann E-Mails, wenn Sie etwas für die Empfänger Substanzielles zu sagen haben.

Relevanz und Nutzen müssen Sie den Empfängern kommunizieren. Hierfür bietet sich die Betreff-Zeile an, welche in allen E-Mail-Programmen angezeigt wird. Etwa fünfzig Zeichen stehen Ihnen zur Verfügung, um einen Anreiz zu schaffen, Ihre E-Mails zu öffnen. Hierbei ist allerdings zu beachten, dass starke Werbeaussagen für viele Filter ein Spam-Indikator sind. Es besteht dann die Gefahr, dass die E-Mail niemals den Empfänger erreicht.

Setzen Sie Ihre E-Mail in erster Linie als Bindungsinstrument ein. Erzählen Sie Geschichten über Ihre Erfolge und zeigen Sie an einzelnen Beispielen, wie Ihre Organisation helfen konnte und einen Unterschied gemacht hat. In konkreten Situationen können Sie dann um Spenden bitten. Menschen, die gut gebunden sind, werden – Anlass und Dringlichkeit vorausgesetzt – entsprechend reagieren (siehe dazu auch das Kapitel 2.1.6 *Der Spendenbrief – der Klassiker im Fundraising*).

Statt komplexe Newsletter mit mehreren verschiedenen Inhalten anzubieten, ist es sinnvoller, nur monothematische Newsletter zu versenden. Diese können hinsichtlich ihrer Relevanz und Handlungsaufforderung effektiver konzipiert werden. Und die Empfänger werden nicht abgelenkt und können sich ganz auf ein Thema konzentrieren. Dies sichert Ihnen die notwendige Aufmerksamkeit, die Sie im Fundraising benötigen.

**Der Anlass der Aussendung entscheidet mit
über die Reaktion der Empfänger**

Schicken Sie E-Mails, die in Bezug zu Ereignissen stehen, die in den Medien gerade diskutiert werden. Dies garantiert Ihrer E-Mail eine höhere Aufmerksamkeit und erhöht die Bereitschaft der Empfänger zu reagieren. Fehlen diese Möglichkeiten, dann lassen sich häufig andere Anlässe für den Versand finden, beispielsweise saisonale: So hat die Obdachlosenhilfe mit dem ersten Frost einen guten Aufhänger für eine E-Mail.

Kampagnen steigern den Erfolg

Die Reaktion der Empfänger erhöht sich, wenn diese nicht nur eine einmalige E-Mail mit einem Spendenaufruf von Ihnen erhalten. Einen besseren Rücklauf erzielen Sie, wenn mehrere E-Mails nacheinander eine Art kleine Kampagne bilden, die eine innere Dramaturgie hat. Hierdurch werden die Empfänger in eine Geschichte mit einbezogen und können Teil dieser werden. Sie können aber auch verschiedene andere Kommunikationskanäle mit ihrem E-Mail-Fundraising kombinieren. So können per E-Mail Mailings oder Telefonanrufe angekündigt oder nachbearbeitet werden.

Die Gestaltung hat Einfluss auf den Erfolg

E-Mails lassen sich heute vielfach als HTML-Dokumente versenden. Dabei kann die E-Mail ähnlich wie eine Website grafisch gestaltet werden. Auswertungen des Verhaltens der Empfänger zeigen, dass E-Mails im HTML-Format deutlich höhere Öffnungs- und Klickraten aufweisen als E-Mails, die im herkömmlichen txt-Format verschickt werden. Allerdings ist der Versand von HTML-Dokumenten per E-Mail alles andere als einfach. Unterschiedliche E-Mail-Programme und Anbieter von Postfächern stellen HTML unterschiedlich dar. Wenn also Ihre E-Mail auch so dargestellt werden soll, wie Sie es beabsichtigt haben, dann ist sehr viel Feinarbeit in der Programmierung gefragt. Hinzu kommt, dass einige Empfangsgeräte E-Mails im HTML-Format überhaupt nicht anzeigen können und etwa 20 Prozent aller Internet-Nutzer lieber E-Mails nur im txt-Format erhalten wollen.

An das Ende Ihrer E-Mail gehört in jedem Fall der Hinweis auf das Impressum sowie die Möglichkeit, schnell und einfach das Abonnement zu beenden. Beides ist Pflicht und gesetzlich vorgeschrieben. Fordern Sie Ihre Leser auf, Ihren Newsletter weiterzusenden und bieten Sie allen, die Ihre E-Mail weitergeleitet bekommen haben, das Abonnement Ihres Newsletters an. Auch Hinweise zum Datenschutz oder zum Copyright können Sie am Ende Ihres Newsletters mit aufnehmen.

Den richtigen Versandzeitpunkt wählen

Schließlich spielt auch der Versandzeitpunkt eine Rolle für den Erfolg Ihres E-Mail-Fundraisings. Werden Ihre E-Mails auf der Arbeit gelesen, dann sind gute Versandzeitpunkte der späte Vormittag oder kurz nach der Mittagspause. Versenden Sie zu früh, kann Ihre E-Mail auf dem morgendlichen Stapel geraten und beim Abarbeiten gleich mit gelöscht werden. Vielfach ist es auch besser, zu Beginn der Woche E-Mails zu verschicken, denn über das Wochenende bröckelt die Reaktion merklich ab. Werden Ihre E-Mails allerdings zu Hause gelesen, können andere Versandzeitpunkt zu besseren Reaktionen führen. Am besten Sie probieren es aus und schauen, wann für Sie der beste Zeitpunkt ist.

— **Tipp: Bußgeld wegen offenen Versands eines E-Mail-Verteilers** —————

Die E-Mail-Adressen aller Angeschriebenen wurden von einem Handelsunternehmen versehentlich mit einer Kundenmitteilung ausgesandt. Das Landesamt für Datenschutzaufsicht in Ansbach sah darin einen Verstoß gegen geltende Datenschutzbestimmungen und verhängte ein Bußgeld. Schützen Sie unbedingt die Daten Ihrer Empfänger bei Massenaussendungen durch Verwendung der Blind-Copy-Einstellung.

Technische Infrastruktur für Serien-E-Mails

Um das Potenzial des E-Mail-Fundraisings voll ausschöpfen zu können, muss eine technische Infrastruktur zur Verfügung stehen, die es erlaubt, unter Umständen sehr schnell auf Ereignisse zu reagieren. Eine kompetente Umsetzung sowie vor allen Dingen eine differenzierte Auswertung jeder Aussendung sind wichtige Erfolgsfaktoren im E-Mail-Fundraising. So besteht eine sehr gute Chance, Interessenten und Förderer langfristig zu kultivieren und zu binden. Da Outlook kaum Möglichkeiten der Personalisierung und Individualisierung bietet, ist es für E-Mail-Fundraising nicht geeignet. Auch auf den Massenversand mit Word sollte verzichtet werden. Es besteht die Gefahr, dass Ihre E-Mails in den Spam-Filtern der Provider hängen bleiben.

— **Tipps für die passende Software** ————————————————————

Eine professionelle technische Infrastruktur gibt es für geringe Versandmengen auch kostenlos. Ein englischsprachiger Dienst ist *MailChimp* **http://mailchimp.com**. Sehr beliebt ist auch die Lösung *CleverReach*, für welche es eine deutsche Sprachversion gibt **www.cleverreach.de**. Der Autor nutzt seit mehr als zehn Jahren *Mailingwork* **www.mailingwork.de**.

2.1.8 Zeitspenden von Freiwilligen – wertvoller als Geld

Gabi Klein

- Ganz schön anspruchsvoll – was Engagierte von Ihnen erwarten
- So gewinnt man gezielt Freiwillige
- Engagement älterer Menschen – es werden immer mehr
- Die Auswahl ist groß – Freiwilligen-Dienste im sozialen, ökologischen, kulturellen, sportlichen Bereich
- Freiwilligenarbeit muss organisiert sein
- Weitere Unterstützung und weitere Informationen zum Ehrenamt

Zeitspender sind der wertvollste Schatz Ihrer Organisation. Nach außen sind sie Botschafter und wichtige Multiplikatoren Ihrer Sache. Jeder einzelne hat unterschiedliche Kontakte, die Ihnen nützen können. Nach innen sind sie oft diejenigen, die Ihre Vision am klarsten vertreten. Viele Arbeiten sind alleine gar nicht zu bewältigen. Freiwillige können die bestehenden Ressourcen entlasten und machen bestimmte Angebote häufig sogar erst möglich. Wenn Sie Ihre aktuellen Freiwilligen möglichst lange motivieren und zusätzliche gewinnen wollen, müssen Sie ein entsprechendes Konzept haben. Nutzen Sie dazu die vielfältigen Angebote der Beratung, Vermittlung und Qualifizierung der Organisationen und Verbände rund ums freiwillige Engagement.

Ganz schön anspruchsvoll – was Engagierte von Ihnen erwarten

Das freiwillige Engagement hat sich in den letzten Jahren geändert. Wer heute ins Ehrenamt einsteigt, möchte sich meist nicht mehr langfristig binden. Auf der anderen Seite möchte er seine Kompetenzen und Interessen sehr gezielt einsetzen und erwartet eine gute Organisation und Betreuung. Folgende Checkliste gibt Ihnen einen Überblick über die wichtigsten Motivatoren von Freiwilligen.

Checkliste 33: Zentrale Motive von freiwillig Engagierten

Hohe persönliche Identifikation mit einem Thema
Mitleid, Unzufriedenheit mit einer Situation, das Gefühl etwas verändern zu wollen, schlechtes Gewissen, Verantwortungsgefühl
Begeisterung, Überzeugung, Lebenseinstellung, Weltbild, persönlicher Glaube, Pflichtgefühl
eigene Problemlagen angehen (z.B. in der Suchthilfe)
Dienstleistungen für sich und seine Angehörigen verbessern (z.B. Kindergarten, Schule, Kirchengemeinde)
Einfluss nehmen und Verantwortung erhalten

Persönliche Weiterentwicklung / Selbstwertgefühl
etwas zurückgeben, eine Pflicht erfüllen
gebraucht werden, Anerkennung ernten, Befriedigung erleben
Herausforderungen finden, an der Tätigkeit wachsen
Neues erfahren, sich für neue Aufgaben qualifizieren
Spaß haben
praktische Erfahrung vor künftiger beruflicher Tätigkeit sammeln
etwas mit Niveau tun, mitgestalten, mitentwickeln
persönlichen Fähigkeiten und Interessen einbringen
Öffentliche Anerkennung / Soziale Kontakte
Leute kennen lernen, Freundschaften schließen, Kontakt bekommen
Berufliche Kontakte auf- und ausbauen, in ein Arbeitsfeld hineinkommen
Image als private oder als öffentliche Person verbessern
Vorbildern nacheifern

Freiwillige gibt es nicht umsonst! Für ein alle Seiten zufriedenstellendes Engagement benötigen sie eine Einführung und Begleitung in ihre freiwillige Arbeit, eine Anerkennung ihres Wirkens und – falls nötig – Fortbildung, Spesenerstattung, Arbeitsmittel und einen Arbeitsplatz.

So gewinnt man gezielt Freiwillige

Die meisten Freiwilligen engagieren sich in ihrem persönlichen Umfeld (Schule, Sportverein, Kirchengemeinde) und wurden durch Familienmitglieder, Freunde, Bekannte oder Kollegen angesprochen. Es gibt aber auch Vermittlungsagenturen und Organisationen, welche Freiwillige zu einem passenden Einsatz vermitteln.

Sprechen Sie Menschen aus Ihrem Umfeld an

Immer, wenn jemand für eine bestimmte Aufgabe gebraucht wird, können alle in Ihrem Team in ihrem Familien-, Freundes- und Bekanntenkreis nach einer passenden „Besetzung" suchen. Gehen Sie ruhig davon aus, dass manche Ihrer bisherigen Geldspender gerne bei Ihnen auch mitarbeiten (und mitreden) möchten. Ihre Unterstützer freuen sich, wenn sie merken, dass Sie nicht nur an ihrem Geld, sondern an ihnen selbst interessiert sind. Gehen Sie also auf Ihre Unterstützer und bisher passiven Mitglieder zu und fragen Sie sie nach ihren Talenten und ob oder wo sie vielleicht mitwirken würden.

Auch völlig Fremde sind oft zu spontaner Hilfe bereit. Wenn ihnen die Zusammenarbeit gefällt und sie sich mit den Zielen Ihrer Organisation und mit den Aufgaben identifizieren können, bleiben sie Ihnen auch länger verbunden. Suchen Sie Freiwillige ruhig auch mal per Inserat in Verbands- und Stadtteilblättern, Gemeindebriefen und der Lokalpresse. Fragen Sie bei einer der Freiwilligenagenturen nach, ob sie Ihnen jetzt oder später interessierte Menschen vermitteln kann.

Nutzen Sie Freiwilligen-Messen und die Veranstaltungen der Woche des bürgerschaftlichen Engagements wie etwa Freiwilligentage, Tage der offenen Tür oder Stadtfeste, um Interessenten für ein freiwilliges Engagement kennenzulernen. Die Zahl potenzieller Freiwilliger ist sehr groß. Bei der 9. *Freiwilligenmesse in München* kamen in 2015 rund 6.000 Interessierte, um sich an 80 Ständen von Organisationen über eine mögliche Mitarbeit zu informieren.

Freiwilligenagenturen

Die Agenturen vermitteln Ihrer Organisation Freiwillige und beraten Sie zu diesem Thema. Bei der Bundesarbeitsgemeinschaft und den Landesarbeitsgemeinschaften der Freiwilligenagenturen finden Sie die Adressen aller angeschlossenen Vermittlungsbörsen in Deutschland. Häufig werden dort auch Materialien zum Download und viele weiterführende Links rund ums Ehrenamt angeboten. Die *Bundesarbeitsgemeinschaft der Freiwilligenagenturen e.V.* finden Sie unter **www.bagfa.de**, die Landesarbeitsgemeinschaften der Freiwilligenagenturen gibt es in jedem Bundesland. Auch außerhalb der Arbeitsgemeinschaften finden sich viele weitere, oft kommunal und von kirchlichen Trägern organisierte Freiwilligenagenturen.

Engagement älterer Menschen – es werden immer mehr

Durch den demografischen Wandel nimmt in Deutschland der Anteil von Menschen der so genannten Generation 60+ weiter zu. Diese sind meist aus dem aktiven Arbeitsleben ausgeschieden, möchten ihre Erfahrungen und ihr Engagement aber in neue Aufgabenfelder einbringen. Mehre Organisationen haben sich auf die Weitervermittlung spezialisiert:

Seniorentrainer

Vermittlung in den Bundesländern Bayern, Hamburg, Hessen, Mecklenburg-Vorpommern, Niedersachsen, Nordrhein Westfalen, Rheinland-Pfalz, Schleswig-Holstein und Thüringen über die *Bundesarbeitsgemeinschaft seniorTrainerin* **www.seniortrainer.org**).

Senior-Expert-Service (SES)

Vermittelt Ihnen Hilfe durch qualifizierte Ruheständler, wenn Sie Projekte in Entwicklungsländern, in Osteuropa und den neuen Bundesländern haben. Motto „Fachwissen weitergeben in Industrie und Verwaltung" **www.ses-bonn.de**.

Eirene – Friedensdienst der Älteren

Derzeit arbeiten jährlich etwa 100 Freiwillige in sozialen Projekten und Entwicklungsprogrammen im Ausland *Eirene, Internationaler Christlicher Friedensdienst e.V.* **www.eirene.org**.

BAGSO

Die *Bundesarbeitsgemeinschaft der Senioren-Organisationen e.V.* **www.bagso. de** gibt allgemeine Auskünfte über nachberufliche Einsatzmöglichkeiten.

www.senioren-initiativen.de

www.senioren-initiativen.de unterhält das Internetportal des Bundesministeriums für Familie, Senioren, Frauen und Jugend – als Informations- und Ideenpool für Initiativen älterer Menschen und mit Selbstdarstellungen von mehr als tausend Initiativen und Einrichtungen, in denen sich ältere Menschen engagieren.

Die Auswahl ist groß – Freiwilligen-Dienste im sozialen, ökologischen, kulturellen, sportlichen Bereich

Über ein Freiwilliges Soziales, Ökologisches, Kulturelles oder Sportliches Jahr können sich junge Menschen im Alter von 16 bis 26 Jahren zwischen sechs und 18 Monaten (in der Regel zwölf Monate) ehrenamtlich für ein gemeinnütziges Projekt engagieren.

– *FSJler* arbeiten vor allem im sozialen und erzieherischen Bereich. Auskünfte: *Bundesministerium für Familie, Senioren, Frauen und Jugend* **www.bmfsj.de**;
– *FÖJler* arbeiten zum Beispiel in Naturschutzprojekten oder in Jugendorganisationen der Naturschutzverbände mit siehe **www.oekojobs.de**, **www.jbn.de**;
– *FKJler* arbeiten auch in Jugendclubs, in Museen, Theatern, bei Kulturprojekten oder in sozialen Brennpunkten, in Medientreffs, Rockmusikinitiativen, Jugendkunstschulen. Die Koordination liegt bei der Bundesvereinigung Kulturelle Jugendbildung, Projektbüro **www.fsjkultur.de**.
– Das *Freiwillige Jahr im Sportbereich* ist beispielsweise Mitarbeit in einem Sportverein. Neben dem sportlichen Teil kann aber auch Verbandsarbeit wie das Organisieren von Sportfesten und Ausflügen zum Programm gehören.
– Im *Bundesfreiwilligendienst* engagieren sich Freiwillige aller Altersstufen für das Allgemeinwohl. Die Regeldauer ist zwölf Monate. Man kann den Dienst aber auch auf sechs Monate verkürzen oder auf 18 Monate verlängern, maximal möglich sind 24 Monate Dienstdauer. Menschen, die älter als 27 Jahre sind, können auch in Teilzeit (mehr als 20 Stunden pro Woche) tätig werden. Die Freiwilligen erhalten ein Taschengeld und werden in ihrer Tätigkeit angeleitet. Bevor Sie *BFDlerinnen* und *BFDler* einsetzen können, muss Ihre Einrichtung als Einsatzstelle im Bundesfreiwilligendienst anerkannt sein. Informationen gibt es über das Bundesamt für Familie und zivilgesellschaftliche Aufgaben **www.bundesfreiwilligendienst.de**.

Zudem gibt es unterschiedliche Freiwilligen-Dienste im Ausland sowie Praktika, Workcamps, Mitarbeit in Partnerorganisationen der professionellen Entwicklungszusammenarbeit und vieles mehr (siehe **www.oneworld-jobs.org**, **www.weltwaerts.de**, **www.fsj-adia.de**, **www.ijab.de** und auch einen Europäischen Freiwilligendienst (siehe **www.go4europe.de**, **www.jugend-in-aktion.de**).

Freiwilligenarbeit muss gut organisiert sein

Die Freiwilligen möchten keinen Lohn, aber sie erwarten eine gute Einarbeitung und Begleitung. Folgende Checkliste kann Ihnen dabei helfen, den Bereich zu organisieren.

Teil 2   Spenden, Sponsoring und mehr – klein anfangen, um schnell zu wachsen

Definieren sie die Ziele und Rahmenbedingungen: Für welche Arbeitsbereiche und für welche Aufgaben benötigen Sie freiwillige Mithilfe? Ist ehrenamtliche Unterstützung effektiver und effizienter als andere Möglichkeiten? Geht es um die Entlastung der hauptamtlichen Kräfte? Welche Qualifikationen sind dafür notwendig? Ist das Aufgabenfeld für Freiwillige attraktiv? Geht es um punktuelle Hilfe (z.B. einmalige Organisation eines Events) oder um fortlaufenden Einsatz (Aufbau eines regelmäßigen Besuchsdienstes)? Soll eine bestimmte Anzahl von Stunden geleistet werden?

Erstellen Sie ein genaues Aufgabenprofil: Menschen, die sich ehrenamtlich engagieren, wollen mit ihrem Einsatz von Kompetenz und Knowhow etwas bewegen. Je genauer Sie das Anforderungsprofil (Aufgaben, besondere Fähigkeiten, Zeitvolumen, Dauer etc.) für Freiwillige erstellen, umso besser können Sie und der potenzielle Ehrenamtliche abschätzen, ob eine Zusammenarbeit für beide Seiten gewinnbringend ist.

Richten Sie für Freiwillige Arbeitsplätze ein: Stellen Sie nötige Arbeitsmittel und einen angemessenen Arbeitsplatz zur Verfügung. Erstatten Sie ihnen zwingend anfallende Auslagen und Spesen ohne großen formalen Aufwand und vertrauen Sie ihnen dafür eventuell eine Handkasse zur späteren Abrechnung an. Sorgen Sie für ausreichenden Versicherungsschutz.

Ermöglichen Sie Freiwilligen die nötige Fortbildung: In der Regel ist es angemessen, dass Sie Ihren Freiwilligen zumindest einen Zuschuss zur erforderlichen Fortbildung geben. In großen Verbänden und den Kirchen gibt es dafür Zuschüsse, um die Sie sich bewerben können. Die Förderung von Ehrenamtlichen-Fortbildung ist das Anliegen vieler Stiftungen. Zuschüsse gibt es auch nach dem *Landesaltenplan* (s.u. „Förderung durch das Land – *Bayerisches Staatsministerium für Arbeit*") und über das *Kuratorium Deutsche Altenhilfe* (s.o. im Kapitel „Förderfonds").

Freiwillige einbeziehen: Beziehen Sie sie in den Informationsfluss Ihrer Organisation mit ein, und lassen Sie sie in Teambesprechungen mitreden. Achten Sie auf klare Verteilung von Aufgaben und Verantwortung. Freiwillige Arbeit kann hauptamtliche ergänzen, aber nicht ersetzen. Nehmen Sie eventuelle Vorbehalte und Ängste, die von Seiten der Hauptamtlichen kommen, ernst und thematisieren Sie sie. Achten Sie auf Vorzeichen von Konflikten zwischen Haupt- und Ehrenamtlichen.

Freiwillige begleiten: Die Begleitung und Führung von Freiwilligen ist eine anspruchsvolle Aufgabe und kostet Zeit. Die dafür Zuständigen in Ihrer Organisation sollten sich bei anderen Organisationen umsehen, die damit eine gute Hand haben. Und Sie sollten sich gezielt beraten und fortbilden lassen.

Freiwilliges Engagement anerkennen: Bei einer Zeitspende verfahren Sie ebenso wie bei einer Geldspende: Danken Sie! Welche Form angemessen ist, ist abhängig von Ihrer Organisationskultur und Ihren Möglichkeiten: Laden Sie eine ehrenamtliche Projektgruppe am Ende des Projektes zu einem Abendessen ein. Erwähnen Sie die ehrenamtliche Unterstützung, ohne die viele Ihrer Aktivitäten nicht möglich wären, in ihrer Öffentlichkeitsarbeit. Nennen Sie die Ehrenamtlichen namentlich in Ihrem Jahresbericht. Arrangieren Sie Treffen zwischen den haupt- und ehrenamtlichen Mitarbeitern ihrer Organisation, bei denen im informellen Rahmen neue Ideen entwickelt werden können. Stellen Sie Ihren Ehrenamtlichen auf Wunsch eine Bescheinigung über ihre Tätigkeit aus. Schreiben Sie ihnen auf Wunsch ein aussagekräftiges Zeugnis, das auch für eine berufliche Bewerbung taugt.

Auf Fallstricke achten: Steuer-, Arbeitsrechts- und Versicherungsfragen

Freiwilliges Engagement wird aus der Tradition heraus nicht mit einer monetären Gegenleistung gleichgesetzt. Allerdings gab es immer schon Ehrenämter, die durch finanzielle Anerkennung gekennzeichnet sind wie zum Beispiel bei Schöffen oder Engagierten bei der Freiwilligen Feuerwehr. Auch in einigen neuen Engagementformen wie bei den Freiwilligendiensten oder bei den Übungsleitern wird der Einsatz finanziell anerkannt. Der *Deutsche Paritätische Wohlfahrtsverband – Gesamtverband e.V.* hat eine leicht verständliche und praxisnahe Arbeitshilfe zu diesem Thema herausgegeben: „Der Einsatz von Ehrenamtlichen aus arbeits-, sozialversicherungs- und steuerrechtlicher Sicht". In ihr werden die unterschiedlichen Formen der Zahlung an Ehrenamtliche dargestellt und diese unter Berücksichtigung arbeits-, sozialversicherungs- und steuerrechtlicher Aspekte näher beleuchtet **www.der-paritaetische.de**.

─ **Tipp: Übungsleiter- und Ehrenamtspauschale als Motivationsschub** ─────

Einnahmen aus nebenberuflichen Tätigkeiten als Übungsleiter, Ausbilder, Erzieher, Betreuer oder vergleichbaren nebenberuflichen Tätigkeiten, aus nebenberuflichen künstlerischen Tätigkeiten oder der nebenberuflichen Pflege zur Förderung gemeinnütziger, mildtätiger oder kirchlicher Zwecke (aber nicht Vorstands- oder Verwaltungstätigkeit) sind bis zur Höhe von insgesamt 2.400 Euro pro Jahr steuerfrei (so genannte Übungsleiterpauschale, § 3 Nr. 26 EStG). Gleiches gilt, wenn (auf Vorstandsbeschluss hin) ehrenamtliche Tätigkeit vergütet wird (bis zu 720 Euro sind pauschal steuerfrei, § 3 Nr. 26a EStG).

Steuern sparen mit Zuwendungsbestätigungen

Dienstleistungen, die von vornherein unentgeltlich erbracht werden sollen („Zeitspenden"), sind keine Spende im Sinne des Steuerrechts. Daher kann für ihren Wert keine Spendenbescheinigung ausgestellt werden. Etwas anderes ist es, wenn beispielsweise Handwerker, Buchhalter, Übungsleiter auf vertragliche Ansprüche oder Ehrenamtliche auf die Erstattung von Auslagen verzichten (genaueres siehe im Kapitel 4.5 *Zuwendungen professionell verwalten – Fundraising Datenbank*).

Wenn etwas passiert – Gesetzliche Unfallversicherung

Beitragsfrei versichert (entweder bei der zuständigen Unfallkasse, der *Verwaltungs-Berufsgenossenschaft – VBG* in Hamburg oder bei der *Berufsgenossenschaft für Gesundheitsdienst und Wohlfahrtspflege*) sind folgende Ehrenämter in Land und Kommune (Schöffen bei Gericht, Mitglieder im Gemeinderat), in der Kirchengemeinde (Mitglieder im Pfarrgemeinde- oder Kirchenvorstand), in Hilfeleistungs-Organisationen (Mitglieder der Freiwilligen Feuerwehr, ehrenamtlich Tätige im Rettungsdienst), in der Wohlfahrtspflege („Grüne Damen" im Krankenhaus, Hospizhelfer in der Sterbebegleitung, mithelfende Patienten oder Heimbewohner). Gleiches gilt, wenn sich Vereine im Auftrag oder mit Zustimmung von Bund, Ländern, Kommunen oder öffentlich-rechtlichen Religionsgemeinschaften engagieren. Insbesondere die beiden großen Amtskirchen haben praktisch das gesamte Feld des kirchlichen Engagements unter Generalauftrag gestellt.

Die örtlich zuständigen Unfallkassen haben in ihrer Satzung zahlreiche weitere Ehrenamtliche unter beitragsfreien Unfallversicherungsschutz gestellt, weil ihre Tätigkeiten freiwillig, unentgeltlich, im öffentlichen Interesse und für eine gemeinnützige Organisation erbracht werden. Alle anderen Ehrenamtlichen in gemeinnützigen Organisationen können sich bei der *Verwaltungs-Berufsgenossenschaft (VBG)* für zur Zeit (2015) nur drei Euro pro Person und Jahr gegen die Folgen von Arbeits- sowie Wegeunfällen versichern (oder von ihrer Organisation dort versichert werden), wenn sie in ihrem Ehrenamt gewählt oder beauftragt wurden. Eine Verankerung der Funktion in der Satzung ist nicht erforderlich.

Das Leistungsspektrum der gesetzlichen Unfallversicherung reicht von der Heilbehandlung über die Rehabilitation bis hin zu Rentenleistungen an den Versicherten und seine Hinterbliebenen sowie eine umfassende Unterstützung zur Prävention von Unfällen. Die gesetzliche Unfallversicherung bietet einen umfassenden Schutz gegen Unfallrisiken, den andere Versicherungssysteme nicht bieten, **www.vbg.de/ehrenamt**.

Zudem habe viele Länder Landessammelverträge für die im Landesbereich bürgerschaftlich Engagierten abgeschlossen, die nachrangig gelten, wenn keine andere Versicherung greift wie etwa eine private Gruppenversicherung, die Vereine für wenig Geld abschließen können. Das *Bundesministerium für Arbeit und Soziales* hat eine umfassende Broschüre „Unfallversichert im Engagement" herausgegeben, die das ganze Spektrum der gesetzlichen Unfallversicherung darstellt **www.bmas.de**.

Wenn etwas schiefgeht – Haftpflichtversicherung

Mit Aufnahme einer dienstlichen – auch ehrenamtlichen – Tätigkeit ist die private Sphäre unterbrochen. Eine abgeschlossene Privat-Haftpflichtversicherung ist für Schäden, die in dieser Zeit verursacht werden, zumeist nicht zuständig. Gemeinwohlorientierte Organisationen sollten ihre Ehrenamtlichen daher Haftpflicht versichern.

Für die deutschen evangelischen Landeskirchen und katholischen Bistümer bestehen Haftpflicht-Sammelversicherungsverträge, die auch die Ehrenamtlichen einschließen. Mitversichert sind dabei auch kirchennahe Organisationen und Vereine. Die einzelnen Einrichtungen der Wohlfahrtspflege haben in der Regel ebenfalls solche Verträge abgeschlossen. Haftungserleichterungen gelten für Vereins- und Stiftungsvorstände, die unentgeltlich tätig sind oder für ihre Tätigkeit ein Honorar von maximal 500 Euro im Jahr erhalten. Sie haften dem Verein gegenüber nur für Vorsatz und grobe Fahrlässigkeit. Nach außen haften Vorstand und Verein nebeneinander. Der Vorstand kann nur bei nur leichter Fahrlässigkeit vom Verein die Freistellung von solchen Schadenersatzpflichten zu verlangen.

Weitere Hinweise zum Thema Versicherungsschutz finden Sie in den Broschüren „Mit Sicherheit freiwillig engagiert" und „Zum Beispiel: Sicherheit im Ehrenamt" der *Akademie Bruderhilfe* **www. bruderhilfe.de** und im Handbuch „Ehrenamtliche – Versicherungsschutz in Kirche, Caritas und Diakonie" von der Materialstelle des *Ecclesia-Versicherungsdienstes* **www.ecclesia.de**. Die Broschüre der Versicherungswirtschaft „Gut gesichert. Gutes tun. Sicherheit im Ehrenamt" findet sich unter **www.klipp-und-klar.de**.

Weitere Unterstützung und weitere Informationen zum Ehrenamt

Stiftung Mitarbeit

Die Stiftung fördert bürgerschaftliches Engagement durch Beratung und Information, Fachtagungen und Seminare, Publikationen und Arbeitshilfen sowie kleine finanzielle Starthilfezuschüsse für neue Initiativen. Außerdem führt sie Modellprojekte zur Bürgerbeteiligung durch. Initiativen und Selbsthilfegruppen können bei der Stiftung bestimmte Seminare auch bestellen, die dann vor Ort angeboten und speziell auf ihren Bedarf zugeschnitten werden **www.mitarbeit.de**.

Wegweiser Bürgergesellschaft

Der *Wegweiser Bürgergesellschaft* ist ein Projekt der *Stiftung Mitarbeit*. Die Website informiert mit aktuellen Meldungen, einem eNewsletter und mit weiteren Datenbanken über Neuigkeiten, Termine, Veranstaltungen sowie Wettbewerbe und Förderpreise in den Bereichen Bürgergesellschaft und bürgerschaftliches Engagement: **www.buergergesellschaft.de**.

Bundesnetzwerk Bürgerschaftliches Engagement

Das *Bundesnetzwerk Bürgerschaftliches Engagement (BBE)* ist ein Zusammenschluss von Akteuren aus Bürgergesellschaft, Staat und Wirtschaft. Sein Ziel ist die nachhaltige Förderung von Bürgergesellschaft und bürgerschaftlichem Engagement in allen Gesellschafts- und Politikbereichen. Die Website und der Newsletter des *BBE* bieten praxisnahe Informationen **www.b-b-e.de**.

Akademie für Ehrenamtlichkeit

Die Akademie bietet Veranstaltungen zur Qualifizierung und zu organisationsübergreifendem Erfahrungsaustausch an. Auf ihrer Webseite werden vielfältige Informationen zum Thema „Ehrenamt" gegeben, mit Beiträgen von Fachtagungen, Veranstaltungsübersichten sowie Hinweisen auf mögliche Fördergelder und rechtliche Hinweise **www.ehrenamt.de**.

Aktion Gemeinsinn e.V.

Die *Aktion Gemeinsinn* will die Bürger dazu ermutigen, sich an den Diskussionen über aktuelle gesellschaftliche und politische Probleme zu beteiligen und an ihrer Lösung aktiv mitzuwirken **www.gemeinsinn.de**.

Aktive Bürgerschaft e.V.

Aktive Bürgerschaft ist eine überparteiliche Initiative zur Förderung bürgerschaftlichen Engagements (insbesondere in Bürgerstiftungen), die von genossenschaftlichen Organisationen getragen wird. Sie vergibt Förder- und Wissenschaftspreise, führt Wissenschafts-, Management- und Fachtagungen zur Bürgergesellschaft durch und publiziert. Sie ist mit der *Bertelsmann Stiftung* Träger des Netzwerkes *CIVITAS – Bürgerorientierte Kommune* **www.aktive-buergerschaft.de**.

NAKOS

Die *Nationale Kontakt- und Informationsstelle zur Anregung und Unterstützung von Selbsthilfegruppen* bietet ein Informationssystem zur Selbsthilfe **www.nakos.de**.

Portal Bürgergesellschaft

Übersicht von Organisationen, die Freiwilligenarbeit fördern **www.buergergesellschaft.net**.

Stiftung Bürger für Bürger

Die Stiftung versteht sich als Servicestelle für Engagement. Auf ihrer Webseite finden sich ihre Aktivitäten, vielfältige Service-Angebote wie Literaturhinweise sowie zahlreiche Links zu Freiwilligenagenturen und anderen Einrichtungen zur Förderung bürgerschaftlichen Engagements **www.buerger-fuer-buerger.de**.

2.1.9 Garantierter Gewinn - Lotterien und Tombolas selbst veranstalten

Alexander Gregory

- Tombolas gezielt einsetzen
- Auf keinen Fall vergessen – Genehmigung einholen
- Lotteriesteuer wird nicht immer erhoben
- Beispiel aus der Praxis: Gummientenrennen

Tombolas gezielt einsetzen

Mit Tombolas können Sie auf Veranstaltungen gute Einnahmen erzielen. Die wirkungsvoll moderierte Tombola und die Preisübergabe kann zudem sehr gut als der Höhepunkt eines Benefiz-Events eingesetzt werden, mit dem Menschen umworben und Spender enger an die Organisation gebunden werden. Entscheidend für den Erfolg ist ein talentierter, witziger Moderator und ein gutes Verkaufsteam (siehe das Kapitel 2.1.5 *Benefizevents – Spendensammeln mit hohem Unterhaltungswert*). Um für sich zu werben, spenden Firmen gerne ihre eigenen Produkte. Von ortsansässigen Geschäftsleuten bekommen sie am ehesten ihre Ladenhüter und Privatpersonen spenden das, was sie sowieso zum Flohmarkt geben wollten. Die Sachspenden sollten jedoch attraktiv sein, zum Publikum passen und Bezug zur Arbeit der Organisation haben (wie Bücher). Besser ist es daher, die Preise selbst auszusuchen und notfalls solche auch hinzu zu kaufen.

Auf keinen Fall vergessen – Genehmigung einholen

Öffentliche Lotterien (Verlosungen von Geldgewinnen) und Tombolas/Ausspielungen (Verlosung von Warengewinnen oder geldwerten Dienstleistungen) sind grundsätzlich genehmigungspflichtig. Tombolas in der Größenordnung bis 40.000 Euro Umsatz laufen unter den unten aufgeführten Bedingungen als so genannte „kleine Lotterie". Den Organisationen, die Mitglieder der Wohlfahrtsverbände sind, liegt meist eine pauschale Genehmigung zur Durchführung kleiner Lotterien vor. Die Tombola muss in diesem Fall nur noch formlos eine Woche vor der Veranstaltung angezeigt werden. Die Genehmigungsvoraussetzungen weichen von Bundesland zu Bundesland und manchmal auch von Regierungsbezirk zu Regierungsbezirk voneinander ab.

Das Geld für die Teilnahme an einer Lotterie oder Ausspielung kann auch indirekt entrichtet werden. Das ist beispielsweise der Fall, wenn mit dem Kauf einer Eintrittskarte der Besucher gleichzeitig ein Los erhält oder die Eintrittskarte als Los dient.

Grundlage ist in allen 16 Bundesländern der *Staatsvertrag zum Glückspielwesen*. Eine Übersicht der in den einzelnen Ländern geltenden Besonderheiten findet sich unter **www.bdvv.de/tombola/gluecksspiel-staatsvertrag.htm**. Als Beispiel für solche besonderen Regelungen hier der Hinweis auf die in Bayern und Baden-Württemberg geltenden: Für die Genehmigung (oder Anzeige bei pauschaler Genehmigung) zuständig ist zunächst die Gemeinde des Veranstaltungsortes

– im Falle von öffentlichen Ausspielungen geringwertiger Gegenstände bei Volksbelustigungen, wenn die Beschaffungskosten für den einzelnen Gewinngegenstand geringer als 40 Euro sind;

– bei Veranstaltungen in geschlossenen Räumen (= Tombolas, hierbei spielt der Wert des einzelnen Gewinngegenstandes keine Rolle) oder außerhalb geschlossener Räume (beispielsweise Fußgängerzone) bis zu einem Spielkapital von 40.000 Euro (Anzahl der zum Verkauf kommenden Lose mal Lospreis).

Wird das genannte Spielkapital überschritten oder ist die Lotterie überörtlich, ist die jeweilige (Bezirks-)Regierung zuständig (oder bei landesweiten Lotterien das zuständige Regierungspräsidium und bei bundesweiten Lotterien das Innenministerium).

Voraussetzungen für die Erteilung der Genehmigung
sind zum Beispiel in Bayern und Baden-Württemberg:

– Das Bedürfnis für eine solche Veranstaltung darf in dem jeweiligen örtlichen Bereich nicht bereits durch ähnliche Veranstaltungen gedeckt sein.

– Der Veranstalter muss gemeinnützig (oder Religionsgemeinschaft, politische Partei, juristische Person des öffentlichen Rechts) sein.

– Der Ertrag muss gemeinnützigen, mildtätigen oder kirchlichen Zwecken zukommen.

– Im Zusammenhang mit der Veranstaltung darf keine Wirtschaftswerbung betrieben werden, die über die Ausstellung von Sachgewinnen hinausgeht (Firmen dürfen nicht mit den Sachspenden werben).

– Der Ertrag, die Gewinne und die Kosten müssen in einem angemessenen Verhältnis zueinander stehen, das heißt:

– Gewinne im Wert von mindestens 25 Prozent (über 40.000 Euro Umsatz 30 Prozent) des Spielkapitals (= Zahl der Lose x Lospreis) müssen zur Verlosung kommen,

   – auf mindestens 20 Prozent der Lose muss ein Gewinn entfallen und

   – mindestens 25 Prozent (über 40.000 Euro Umsatz 30 Prozent) des Spielkapitals müssen als voraussichtlicher Reingewinn verbleiben und dem in dem Genehmigungsantrag aufgeführten Zweck zugeführt werden.

– Zeitnahe Verwendung des Gewinnes.

– Von der Lotterie oder Ausspielung ist eine Abrechnung zu fertigen und aufzubewahren.

– Der Losverkauf darf die Dauer von drei Wochen nicht überschreiten.

– Aus den Einnahmen des Losverkaufes dürfen nur die Auslagen für die Anschaffung der Gewinngegenstände, für Lose, für Bestreiten der Lotteriesteuer und Gebühren, nicht aber auch sonstige Kosten der Veranstaltung, wie Musik, Saalmiete, Ausstattung und Ähnliches gedeckt werden.

Lotteriesteuer wird nicht immer erhoben

Nicht-öffentliche Tombolas (wie bei einer Vereinsveranstaltung mit Mitgliedern und geladenen Gästen) sind grundsätzlich nicht lotteriesteuerpflichtig. Werden von einer Körperschaft nur zwei öffentliche Tombolas pro Jahr durchgeführt, dann gilt: Kleinere Tombolas sind lotteriesteuerfrei (§ 18 RennwLottG), wenn

Tombola für den guten Zweck — Foto: Peter Lindlacher

der Gesamtpreis der Lose den Betrag von 650 Euro nicht übersteigt und keine Bargeldpreise zu gewinnen sind. Wenn die Lose den Betrag von 650 Euro übersteigen, aber noch unter 40.000 Euro liegen, mildtätigen, gemeinnützigen oder kirchlichen Zwecken zugutekommen und von einer zuständigen Behörde genehmigt sind, dann sind auch diese Tombolas lotteriesteuerfrei.

— Tipp: Doppelt profitieren ————————————————————

Hat die Körperschaft einen Förder-e.V., kann der noch mal zwei Tombolas pro Jahr lotteriesteuerfrei durchführen.

Genehmigte Lotterien sind als Zweckbetriebe auch in sonstiger Hinsicht steuerbegünstigt (siehe im Kapitel 2.2.6 *Eigenwirtschaftliche Betätigung – Geld verdienen fürs Gemeinwohl*). Für die eingesammelten Sachspenden können Zuwendungsbestätigungen / Spendenquittungen ausgestellt werden. Hierbei ist der Wert (auch für Spenden unter 200 Euro) genau zu ermitteln und zu dokumentieren. Eine Spende liegt nur dann vor, wenn es keine Gegenleistung gibt, also etwa bei der Veranstaltung (über eine bescheidene Danksagung hinaus) keine Werbung für die Firma gemacht wird, von der die Sache stammt.

Bei einem umsatzsteuerpflichtigen Gesamtumsatz von mindestens 17.500 Euro pro Jahr fällt zusätzlich die ermäßigte Umsatzsteuer (7 Prozent) an. Die Voraussetzung für die Ermäßigung sehen die Finanzbehörden dabei für Lotterien als gegeben an, da der Zweckbetrieb „nicht in erster Linie der Erzielung zusätzlicher Einnahmen durch die Ausführung von Umsätzen dient, die in unmittelbarem Wettbewerb mit dem allgemeinen Steuersatz unterliegenden Leistungen anderer Unternehmer ausgeführt werden".

Rechtzeitig vor der Lotterie oder Ausspielung muss bei der Lotteriesteuerstelle des zuständigen Finanzamtes eine Lotteriesteueranmeldung abgegeben werden, in der die Anschrift des Veranstalters, der Ort und der Zeitraum der Veranstaltung, die Zahl der Lose und der Lospreise mitzuteilen sind.

Beispiel aus der Praxis: Gummientenrennen

Eine bekannte Lotterieform ist das Gummientenrennen als Fundraising-Event. Das Prinzip ist einfach: Jeder, der mitmachen möchte, kann zu einem bestimmten Preis die Patenschaft über eine Gummiente übernehmen. Alle (nummerierten) Enten werden (direkt vom Laster) gleichzeitig ins Wasser gelassen und treiben darin. Welche Nummer als erstes über eine Ziellinie schwimmt, deren Pate hat gewonnen. Die Gewinner erhalten „gesponserte" Preise. Der Reinerlös fließt in die Kasse der gemeinwohlorientierten Organisation. Beim europaweit größten *Duck Derby*, dem Kölner Entenrennen zugunsten lernbehinderter Kinder gingen 50.000 Gummienten an den Start. 80.000 Menschen waren dabei. Die Enten wurden ausgeliehen, weltweit hat darauf die amerikanische „Duck Derby"-Gesellschaft eine Lizenz **www.duckrace.de**.

Allerdings ist dies eine für den Veranstalter riskante Form des Fundraisings, weil die Grundkosten für die Lizenz und die Leihe der Enten ziemlich hoch sind. Falls sich nicht genügend Personen beteiligen (Wetterglück!), bleibt der Veranstalter auf den Kosten sitzen. Die Kostenbeträge können – je nach Planung – sechsstellig sein. Diese Hürde kann am ehesten genommen werden, wenn die örtlichen Medien beteiligt werden und im Vorfeld viel Werbung machen.

Fotos: Peter Lindlacher

Checkliste 35: Vorbereitung und Durchführung einer Tombola

Klären Sie: Was ist das Ziel der Tombola – nur Einnahmen oder darüber hinaus wichtiger Programmpunkt Ihres Events?
Haben Sie einen witzigen Moderator und ein gutes Verkaufsteam für die Lose?
Welche Preise passen zum erwarteten Publikum, zur Arbeit Ihrer Organisation, zum Anlass?
Welche Firmen / welche Privatpersonen könnten Ihnen solche Preise spenden?
Wieviel Zeit brauchen Sie, um die Preise zu beschaffen, sie auszuzeichnen und die Lose vorzubereiten. Welche (möglichst ehrenamtlich tätigen) Personen können diese Arbeit übernehmen?
Wer kümmert sich bis wann um die Anzeige, wenn es in dem Verband, dem Sie angeschlossen sind, eine pauschale Genehmigung für Lotterien gibt (bzw. wer um die Genehmigung, wenn nicht)?

2.1.10 Geldauflagen – Bußgeldzuweisungen von Gericht

Peter Lindlacher

- Warum sich Geldauflagen lohnen können
- Erster Schritt: Aufnahme in die Liste der gemeinnützigen Einrichtungen
- Zweiter Schritt: Direkte Kontaktaufnahme
- Sorgfältige Verwaltung der eingehenden Gelder
- Informationen, Kontaktadressen zu Geldauflagen in den Bundesländern

Warum sich Geldauflagen lohnen können

Mit Graffitisprayern oder bestechlichen Politikern und Unternehmern einigt sich die Justiz gerne ohne Prozess auf einen finanziellen Denkzettel. Ein von Bundesland zu Bundesland unterschiedlicher Anteil dieser Gelder – deutschlandweit geschätzt (weil es keine lückenlose Gesamtstatistik dazu gibt) 120 Millionen Euro pro Jahr – fließt an gemeinwohlorientierte Organisationen. Die *Ärzte ohne Grenzen* erhalten davon angeblich insgesamt eine Million.

Bei diesen Geldauflagen (oft fälschlich Bußgelder genannt), zu denen Privatpersonen oder Unternehmen hauptsächlich von Richtern oder Staatsanwälten verpflichtet werden, handelt es sich nicht um abzugsfähige Spenden. Daraus ergibt sich, dass den Zahlern keinesfalls eine Zuwendungsbestätigung ausgestellt werden darf. Wenn Ihre Organisation sich bisher noch nicht um Geldauflagen bemüht hat, sollten Sie das erwägen. In der Regel finden auch kleinere relativ unbekannte Organisationen den einen oder anderen Richter, Staats- oder Amtsanwalt, der ihnen ein paar hundert Euro an Geldauflagen zuspricht. Bei den entsprechenden Gesprächen und Schreiben empfiehlt es sich, nicht den Begriff Bußgeld, sondern den der Geldauflage zu verwenden, weil Bußgelder nur bei der Ahndung von Ordnungswidrigkeiten eine Rolle spielen und stets der Staatskasse zufließen.

— Achtung: ————————————————————————————

Geldauflagen waren gelegentlich Gegenstand von Skandalen. So hat ein Richter regelmäßig Gelder an einen Verein zugewiesen, der ihn dann zu überhöhten Honoraren zu Vorträgen einlud.

Erster Schritt:
Aufnahme in die Liste der gemeinnützigen Einrichtungen

Die Aufnahme in die *Liste der gemeinnützigen Einrichtungen*, denen in Straf- und Ermittlungsverfahren Geldauflagen zugesprochen werden können, muss beim Präsidenten des jeweiligen Land- oder Oberlandesgerichts beantragt werden. Der

Eintrag in die Liste ist erforderlich. Richter können zwar nach eigenem Gutdünken die Geldauflagen zusprechen, sie sind aber gehalten, vorher in der Liste nachzusehen, ob die betreffende Organisation dort eingetragen ist, und tun das auch. Denn dadurch erspart sich der Entscheider eine eigene Überprüfung der Empfänger-Organisation. Die Listen werden alle zwei Jahre jeweils zum 1. Januar neu zusammengestellt. Die Organisationen, die Zuweisungen erhalten haben, müssen in nachprüfbarer Weise dem Oberlandesgericht mitteilen, dass sie in den beiden Jahren von einem Gericht oder einer Staatsanwaltschaft im Bezirk des Oberlandesgerichtes eine Zuweisung erhalten haben. Wenn dies nicht geschieht, muss die Organisation einen neuen Aufnahmeantrag stellen.

Zuständige Gerichte

Das Oberlandesgericht ist zuständig für Einrichtungen, deren Wirkungskreis sich über den Bezirk eines Landgerichts hinaus erstreckt (überregionale Liste). Die Landgerichte sind zuständig für Einrichtungen, deren Wirkungskreis den Bezirk des Landgerichts nicht überschreitet (regionale Liste). So führt in München das Landgericht I die Liste für die Landgerichte I und II. In Baden-Württemberg führen die Oberlandesgerichte Karlsruhe und Stuttgart die Verzeichnisse für den jeweiligen Bezirk. Pro Jahr werden in Deutschland rund 130.000 Gerichts- und 190.000 Ermittlungsverfahren gegen Zahlung einer Geldauflage eingestellt. Mehr als 10.000 Richter bei Amts- und Landgerichten sowie Wirtschaftsstrafkammern, Staatsanwälte, Finanzämter und Familienkassen verteilen einen Gutteil davon an gemeinnützige Organisationen.

Checkliste 36: Beantragung zur Aufnahme in die Liste für Geldauflagen

Der Antrag auf Aufnahme in die Liste der gemeinnützige Organisationen wird erklärt durch Einreichung folgender Unterlagen (Kopien) an den Präsidenten des zuständigen Gerichts;
Aktueller Freistellungsbescheid des Finanzamtes
Satzung/Statuten
Registerauszug der Eintragung als e.V.
Aktueller Tätigkeits-/Geschäftsberichts mit Selbstdarstellung, aus der auf einen Blick die Zielsetzung und Leistungen Ihrer Organisation ersichtlich sind
Verpflichtungsermächtigung gegenüber der listenführenden Stelle, Rechenschaft über die Höhe und Verwendung der zugeflossenen Geldbeträge abgeben
Einverständnis für die Veröffentlichung des Rechenschaftsberichtes

Zweiter Schritt: Direkte Kontaktaufnahme

Der Eintrag in die Liste allein führt noch nicht dazu, dass die Organisation Geldauflagen erhält, denn auf der Liste sind einige hundert oder gar über tausend Einrichtungen verzeichnet. Nur wenn die Richter, Staats- oder Amtsanwälte den Namen Ihrer Organisation empfehlend genannt bekommen oder sie aus eigener Anschauung kennen, werden sie Sie öfter bedenken. Nutzen Sie dazu alle entsprechenden Kontakte, die Ihre Aktiven, Ihre Mitglieder und deren

Bekannte haben. Denken Sie bei Ihrer Informationsarbeit an viele Personen: Amtsgerichte, Landgerichte, Wirtschaftsstrafkammern und Staatsanwaltschaften vergeben Geldauflagen. Vorschläge für einen Zuschlag können die Verteidiger (möglicherweise auf Anregung ihrer Anwaltsgehilfen), die Schöffen, Gerichtsschreiber, Rechtsreferendare, Staatsanwälte und nicht zuletzt die Beschuldigten selbst machen. Vor allem Staatsanwälte sind wichtig, weil viele Prozesse durch sie gegen eine Geldauflage eingestellt oder niedergeschlagen werden.

Achtung: Die Zuständigkeiten der Richter ändern sich laufend

Von den meisten Gerichten werden keine Listen der derzeitigen Richter und Staatsanwälte mehr herausgegeben. Ein Verzeichnis der Gerichte und der Geschäftsverteilungspläne, aus denen die zuständigen Richter und Staatsanwälte zu ermitteln sind, ist oft auf den Homepages der Justizministerien einzusehen. Die Zuständigkeiten in den Amtsgerichten ändern sich sehr oft, so dass es von den Amtsgerichten meist keine aktuellen Listen gibt. Manche Gerichte bieten an, Informationsmaterialien im Umlaufverfahren weiterzugeben. Personalisierte Datenbanken, in denen bundesweit Gerichte mit Durchwahl-Telefonnummern und Ansprechpartnern angeboten werden (etwa von *Pro-bono-Fundraising*, info@pro-bono.de oder von **www.bussgeld-fundraising.de**), sind selten für die Erlangung von Geldauflagen hilfreich. Zu oft wechseln Richter ihren Zuständigkeitsbereich und das Einwerben über den Landgerichtsbezirk hinaus ist selten Erfolg versprechend – es sei denn, Sie kennen einen Entscheider dort persönlich.

Weitere Zugangswege zu den Entscheidern

Sie können versuchen, redaktionelle Artikel, Gratisanzeigen oder Einhefter/Beilagen zu Ihrer Organisation in juristischen Zeitschriften (wie „Neue Zeitschrift für Strafrecht") unterzubringen oder sogar Beilagen im Paketversand der Robenhersteller. Laden Sie zu Seminaren über Rechtsfragen ein oder positionieren Sie sich mit Werbeständen auf Fachtagungen.

Checkliste 37: Was die Richter und Staatsanwälte für ihre Entscheidung benötigen

Informationsmaterialien (Prospekte), aus denen sie mit einem Blick sehen können, was Ihre Organisation leistet
Vorgedruckte Überweisungsformulare, die den Vermerk „gerichtliche Auflage" bzw. „staatsanwaltliche Auflage" tragen, damit der Einzahler seine von der Bank abgestempelte Quittung nicht steuerlich wie eine Spendenbescheinigung verwenden kann – Geldauflagen sind keine Spenden!
Klebeetiketten mit der Adresse Ihrer Organisation

Gehen Sie in Verhandlungen, um das Verhalten von Richtern und Staatsanwälten kennen zu lernen. Verfolgen Sie Prozessberichte in der Presse, notieren Sie sich die dort genannten Namen von Richtern und Staatsanwälten. Im Informationsportal **www.geldauflagenliste.de** können Zuweisende (Richter, Staatsanwälte…) gezielt nach regionalen oder nach Zweck orientierten Merkmalen gemeinnütziger Organisationen suchen. Organisationen können diese Merkmale über sich dort kostenlos eintragen. Weitere Details sind kostenpflichtig. Falls dieses neue Informationsportal sich tatsächlich bei Zuweisenden einbürgert, ist es möglicherweise sinnvoll, dort zumindest den kostenlosen Eintrag vorzunehmen. Wichtiger aber ist Ihre eigene Homepage: Zuweisende schauen – ebenso wie Spender – sehr oft vor ihrer Zuwendung auf die Website der Empfänger. Diese sollte daher gut gepflegt sein und alle Infos und Hilfen für Zuweisende (und Spender) bieten.

— Tipp: Gezielt für ein Vorhaben werben

Eine gute Möglichkeit, mit Richtern und Staatsanwälten in Kontakt zu bleiben ist, gezielt für ein Vorhaben Geldauflagen einzuwerben. Eine Jugendfreizeiteinrichtung plant eine Aktionswoche zum Thema „Konsumerziehung und Schulden". Hierzu benötigt sie 500 Euro. Eine gezielte Anfrage bei der Staatsanwaltschaft, gerade dieses Projekt durch eine Zuweisung einer Geldauflage von 500 Euro zu ermöglichen, hat hohe Erfolgsaussichten.

Justiznahe Dienstleistungen werden bevorzugt

Richter und Staatsanwälte sind vermehrt gehalten, Einrichtungen, die justiznahe Dienstleistungen der Bewährungs-, Straffälligen-, Drogen- und Opferhilfe erbringen, mit Geldauflagen zu bedenken. Dazu gehören alle Projekte, die präventiv oder wiedereingliedernd tätig sind, zum Beispiel Täter-Opfer-Ausgleich, gemeinnützige Arbeit statt Geldstrafe, Bewährungsauflagen, aber auch Einrichtungen, die Zuweisungen zum Anti-Gewalt-Training oder Drogen-Screening erhalten. Prüfen Sie in Ihrer Einrichtung inwieweit Sie Dienstleistungen anbieten, die die Arbeit der Justiz in Ihrem Landgerichtsbezirk erleichtern. Die Justiz sucht immer Einrichtungen, in denen Jugendliche die ihnen auferlegten Sozialstunden ableisten können. Bieten Sie sich dafür an, dann werden Sie eher bei den Geldauflagen bedacht.

— Tipp: Als Schöffe Einfluss nehmen

Wenn Menschen aus Ihrem Team oder Unterstützerkreis bereit sind, Schöffe zu werden, haben Sie danach gute Beziehungen zur Justiz.

Einrichtungen aus dem eigenen Landgerichtsbezirk werden bevorzugt

In vielen Landgerichtsbezirken werden vor allem Einrichtungen bevorzugt, die ihrem Aufgabenbereich im Landgerichtsbezirk nachkommen. In manchen Landgerichten werden Unterlagen von Einrichtungen aus anderen Landgerichtsbezirken rigoros der Aktenvernichtung zugeführt.

Richter haben nur begrenzte Möglichkeiten, Geldauflagen zu verhängen

Bei vielen Strafverfahren haben Richter nicht die Möglichkeit, hohe Geldauflagen auszusprechen. Straffällige, die Arbeitslosengeld II beziehen oder ein geringes Einkommen nachweisen, haben die Möglichkeit, statt einer Geldauflage gemeinnützige Arbeit abzuleisten. Deutlich mehr Möglichkeiten stehen Staatsanwälten in vielen Fällen der Einstellung eines Verfahrens durch eine Geldauflage zur Verfügung.

Sorgfältige Verwaltung der eingehenden Gelder

Die Gerichte erwarten, dass ihnen ein fester Ansprechpartner mitgeteilt wird. Zur Verwaltung der Gelder empfiehlt es sich, ein eigenes Konto einzurichten. Da die Einzahler oft als Verwendungszweck „Spende" angeben, jedoch keineswegs dafür Zuwendungsbestätigungen ausgestellt werden dürfen (siehe oben), mindert ein eigenes Konto die Gefahr, dass es irrtümlich zu einer solchen Bestätigung kommt. In der Regel wünscht das zuweisende Gericht, über jede Einzahlung unverzüglich informiert zu werden und auch darüber, wenn die Zahlung trotz Ankündigung des Gerichts nicht erfolgt. Da die Zahlungen meist in Raten eingehen, ist der Verwaltungsaufwand nicht unerheblich. Die Daten der Bußgeldzahler dürfen nicht anderweitig (etwa zum Versand von Spendenbriefen) verwendet werden. Nach Abschluss der Zahlungen sind sie zu löschen.

Es droht die Streichung von der Liste

In der Regel bis zum 31. Januar des jeweiligen Folgejahres ist der listenführenden Stelle unaufgefordert mitzuteilen, welche Geldbeträge im Vorjahr aus dem Bereich der Stelle insgesamt zugewiesen worden sind. Eine Akte kann erst geschlossen werden, wenn diese Rückmeldung erfolgt ist. Werden diese Termine nicht eingehalten, wird die Organisation von der Liste gestrichen. Ebenso, wenn in dem Zwei-Jahres-Zeitraum keine Zuweisungen von Geldauflagen erfolgten. In diesem Falle ist jedoch die Neuaufnahme in die Liste per Neuantrag möglich.

— Tipp: Bleiben Sie in Verbindung —————————————

Jährlich sollten Sie möglichst viele Richter sowie Amts-, Staats- und Rechtsanwälte über die Arbeit Ihrer Organisation unterrichten. Bedanken Sie sich zumindest nach der ersten und nach höheren Zuweisungen telefonisch oder schriftlich.

Informationen, Kontaktadressen zu Geldauflagen in den Bundesländern

Weitere Informationen, Merkblätter, Vordrucke, Broschüren, Geschäftsverteilungspläne, sowie eine Übersicht aller Gerichte und Staatsanwaltschaften finden Sie in den jeweiligen Internetseiten der Justizbehörden der Länder.

Baden-Württemberg

Unter **www.justiz.baden-wuerttemberg.de/Geldauflagen** finden sich Downloads der jeweiligen Listen, Anmeldevordrucke und Infostellen. Die Oberlandesgerichte Karlsruhe und Stuttgart führen für den jeweiligen Bezirk Verzeichnisse der gemeinnützigen Einrichtungen, die an der Zuweisung von Geldauflagen interessiert sind: Oberlandesgericht Stuttgart **www.olg-stuttgart.de** (zuständig für den Bereich Württemberg), Oberlandesgericht Karlsruhe **www.olg-karlsruhe.de** (zuständig für den Bereich Baden).

Bayern

In Bayern führen die Präsidenten der Oberlandesgerichte für ihren Geschäftsbereich eine Liste, in die Einrichtungen aufgenommen werden, deren Wirkungskreis sich über den Bezirk eines Landgerichts hinaus erstreckt (überregionale Liste). Die Präsidenten der Landgerichte führen eine Liste, in die Einrichtungen aufzunehmen sind, deren Wirkungskreis den Bezirk des Landgerichts nicht überschreitet (regionale Liste): **www.justiz.bayern.de**.

Berlin

Die Senatsverwaltung für Justiz hat einen *Sammelfonds für Geldauflagen zu Gunsten gemeinnütziger Einrichtungen* („SamBA") eingerichtet. In den Sammelfonds fließen Geldbeträge aus Zahlungsauflagen ein, die im Zusammenhang mit Strafverfahren erteilt werden. Die Mittel werden gemeinnützigen Organisationen für konkrete Maßnahmen im Bereich der Opferhilfe, Kinder- und Jugendhilfe, Straffälligen- und Bewährungshilfe, Gesundheits- und Suchthilfe sowie zur Förderung von Sanktionsalternativen und Vermeidung von Ersatzfreiheitsstrafen zweckgebunden zur Verfügung gestellt. Organisationen mit entsprechenden Zielsetzungen können sich mit dem Antragsformular um Zahlungen aus dem Sammelfonds bewerben. Beim Amtsgericht Tiergarten wird das Verzeichnis der förderberechtigten gemeinnützigen Einrichtungen geführt. Die Verteilung der in den Sammelfonds einfließenden Gelder erfolgt quartalsweise durch ein Entscheidungsgremium. Anträge und Zahlungen werden veröffentlicht. Nicht berücksichtigte Anträge verfallen nach dem Quartalsende ohne weitere Mitteilung: **www.berlin.de/sen/justiz/gerichte/kg/service-fuer-sie/sammelfond/**. Sonstige gemeinnützige Organisationen, welche in das bei dem Präsidenten des Amtsgerichts Tiergarten geführte Verzeichnis eingetragen sind, können jedoch nach wie vor durch Zahlungsauflagen direkt, zweckungebunden und ohne das Erfordernis einer zusätzlichen Antragstellung begünstigt werden.

Brandenburg

Gemeinnützige Einrichtungen, die als Empfänger von Geldauflagen in Betracht kommen, werden bei dem Präsidenten des Brandenburgischen Oberlandesgerichts in einer Liste erfasst: **www.olg.brandenburg.de**.

Bremen

Die Generalstaatsanwältin Bremen führt für den Bezirk des Hanseatischen Oberlandesgerichts in Bremen eine Liste aller gemeinnützigen Einrichtungen, die um Aufnahme in die Liste der Bußgeldinteressenten gebeten haben. Die hier eingestellte Liste wird zum 1. Oktober eines jeden Jahres aktualisiert und an die mit der Zuweisung von Bußgeldern befassten Bremer Justizbehörden verteilt: **www.generalstaatsanwaltschaft.bremen.de**.

Hamburg

In Hamburg können sich nur Einrichtungen bewerben, die in Hamburg oder für Hamburger Bürger aktiv sind oder dort ein starkes Engagement ehrenamtlicher Gruppen nachweisen können. Gerichte und Staatsanwaltschaften weisen Geldauflagen nicht an bestimmte Einrichtungen zu, sondern bestimmen nur den Verwendungszweck. Die Geldauflagen werden in vier Sammelfonds eingezahlt, ein Gremium verteilt dann die Gelder. Es gibt einen Sammelfonds der Staatsanwaltschaft, einen im Bereich allgemeine Strafsachen, einen für Verkehrsstrafsachen und einen für Jugendstrafsachen. Jeder Sammelfonds ist in zehn Fördergebiete unterteilt und verfügt über ein Gremium, das die Gelder dann an Einrichtungen je nach Fördergebiet vergibt. Die Gremien bestehen aus je einem Richter, einem Staatsanwalt, einem Vertreter der Justizbehörde und zwei beratenden Mitgliedern aus der Behörde für Familie und Soziales. Wenn Einrichtungen in den Genuss von Geldauflagen kommen wollen, müssen sie einen Antrag mit Angabe des Verwendungszwecks stellen. Das Gremium entscheidet dann, ob und in welcher Höhe die Einrichtung bedacht wird: **www. hamburg.de/justizbehoerde/service/3810240/bussgeldfonds.html**

Hessen

Das Oberlandesgericht Frankfurt am Main führt im Einvernehmen mit der Generalstaatsanwaltschaft Frankfurt am Main eine gemeinsame Liste, in der Einrichtungen genannt werden, die als Empfänger von Geldauflagen in Ermittlungs- und Strafverfahren sowie in Gnadensachen in Betracht kommen können. Überörtliche Einrichtungen werden in der Liste ohne regionale Untergliederung genannt. Die Liste wird allen hessischen Gerichten und Staatsanwaltschaften zur Verfügung gestellt (Veröffentlichung im BehördenIntranet): **www.olg-frankfurt.justiz.hessen.de.**

Mecklenburg-Vorpommern

Das Oberlandesgericht Rostock führt ein Verzeichnis der Einrichtungen für das Bundesland Mecklenburg-Vorpommern, für die Zuwendungen aus Geldauflagen infrage kommen.

Niedersachsen

Das Oberlandesgericht Oldenburg führt für alle niedersächsischen Gerichte ein Verzeichnis der gemeinnützigen Einrichtungen, die an der Zuweisung von Geldauflagen interessiert sind: **www.oberlandesgericht-oldenburg.niedersachsen. de/portal/.**

Nordrhein-Westfalen

In Nordrhein-Westfalen wird die Registrierung zentral durch die Generalstaatsanwaltschaft Düsseldorf vorgenommen. Dort wird ein elektronisches Verzeichnis der gemeinnützigen Einrichtungen geführt, zu deren Gunsten Geldauflagen festgesetzt werden können. Ein Antrag auf Aufnahme in dieses Verzeichnis kann ausschließlich über das hier angebotene Online-Verfahren erfolgen: **www. justiz.nrw.de/BS/formulare/gemeinnuetzige/formular/.** Die Übersendung von jeglichem Werbematerial (Flyer, Broschüren) mit Antragstellung an die Zentralstelle oder die Gerichte und Staatsanwaltschaften ist nicht erwünscht. Derartige Unterlagen werden nicht verteilt, sondern hier umgehend vernichtet. Sie haben jedoch die Möglichkeit, bei der Anmeldung eine Internetadresse anzugeben, die für die Entscheidungsträger bei der Einsicht in die Liste angezeigt wird. Hier können sie plakativ auf Ihre Schwerpunkte und besondere Aktionen hinweisen.

Rheinland-Pfalz

Bei den beiden Oberlandesgerichten Koblenz und Zweibrücken, wird jeweils eine Liste geführt, in die gemeinnützige Einrichtungen aufgenommen werden, die um Berücksichtigung bei der Zuweisung von Geldauflagen nachsuchen. Die Voraussetzungen und das Verfahren zur Aufnahme in die Liste finden Sie in der Verwaltungsvorschrift vom 6. März 1995 „Geldauflagen in Ermittlungs- und Strafverfahren sowie in Gnadensachen" auf der Service-Seite des Ministeriums **www.mjv.rlp.de/icc/justiz**.

Saarland

Die Aufnahme von gemeinnützigen Einrichtungen in eine bei dem Präsidenten des Landgerichts Saarbrücken und dem Leitenden Oberstaatsanwalt geführte Liste erfolgt aufgrund der Meldung der Einrichtung selbst: **www.saarland. de/71305.htm**.

Sachsen

Im Bundesland Sachsen ist das Oberlandesgericht Dresden das listenführende Oberlandesgericht; **www.justiz.sachsen.de/olg/**.

Sachsen-Anhalt

Das Oberlandesgericht Naumburg führt für alle Gerichte aus Sachsen-Anhalt ein Verzeichnis der gemeinnützigen Einrichtungen, die an der Zuweisung von Geldauflagen interessiert sind: **www.olg.sachsen-anhalt.de/oberlandesgericht-naumburg/**.

Schleswig-Holstein

Das Oberlandesgericht Schleswig führt ein Verzeichnis der Einrichtungen für das Bundesland Schleswig-Holstein, für die Zuwendungen aus Geldauflagen infrage kommen: **www.schleswig-holstein.de/OLG/**.

Thüringen

Das Thüringer Oberlandesgericht erstellt im Einvernehmen mit der Thüringer Generalstaatsanwaltschaft jeweils zum 1. Mai eine gemeinsame Liste, in der Einrichtungen genannt werden, die als Empfänger von Geldauflagen und Geldbußen in Ermittlungs- und Strafverfahren sowie in Gnadensachen in Betracht kommen. Für die Aufnahme in die Liste der gemeinnützigen Einrichtungen ist der Anmeldebogen ausgefüllt und satzungsgemäß unterzeichnet nebst Anlagen an das Thüringer Oberlandesgericht zu übersenden: **www.thueringen.de/th4/olg/ infothek/gemvereine/**.

Voraussetzung
– Verfolgen wir nach §§ 51 bis 68 der Abgabenordnung steuerbegünstigte Zwecke, sind wir als gemeinnützig anerkannt?

Verfahren
– Haben wir alle benötigten Unterlagen, um uns auf der Liste der gemeinnützigen Einrichtungen eintragen zu lassen? (Freistellungsbescheid, Satzung, Eintrag ins Vereinsregister, Selbstverpflichtungs- und Einverständniserklärungen, Einwilligung Finanzamt/Datenweitergabe)
– Bei welchem Gericht erfolgt der Eintrag – überregionale Tätigkeit: Oberlandesgericht, regionale Tätigkeit: Landesgericht?
– Haben wir Informationen über die ggf. besonderen Modalitäten unseres zuständigen Gerichts?
– Verfolgen wir in der Tagespresse, ob Verfahren gegen Geldauflage eingestellt werden? Können wir in dem Falle schnell reagieren?

Serviceleistungen
– Können wir ein Sonderkonto einrichten?
– Können wir die Verfahren für die Richter und Staatsanwälte erleichtern und Adressaufkleber, Überweisungsvordrucke o.ä. zur Verfügung stellen?

Kontaktaufnahme / Kontaktpflege
– Welche Gerichte wollen wir ansprechen?
– Haben wir jemanden, der die Ansprache und Kontaktpflege kontinuierlich gewährleisten kann?
– Haben wir schriftliche Informationsmaterialien über unsere Arbeit / unser Projekt?
– Haben wir organisationsintern Kontakte zu Richtern, Staatsanwälten etc.?
– Haben wir eine Liste der zuständigen Entscheider?
– Welche Möglichkeiten haben wir, den Kontakt zu pflegen?

Geldauflagenverwaltung
– Wer ist für die Erfüllung der Melde- und Rechenschaftspflicht gegenüber dem Gericht und für die interne Verwaltung der Geldauflagen verantwortlich?
– Sind die notwendigen Voraussetzungen gegeben – Sonderkonto, standardisierte Dokumentation, regelmäßige Kontrollmöglichkeit über Eingänge, Rückmeldungen an die Gerichte, zeitnahes Mahnverfahren, Einhalten des Datenschutzes...?

Planung
– Haben wir einen Zeit- / Maßnahmenkatalog?

2.1.11 Kreative Spendenideen von A bis Z

Alexander Gregory / Peter Lindlacher

Abstimmung durch Spenden

Für das Gemeindehaus stehen verschiedene Stuhlmodelle zur Auswahl. Durch Einwurf von Münzen in Plexiglasröhren können die Besucher nach dem Probesitzen ihren Favoriten wählen. Das eingegangene Geld wird dann für den ausgewählten Stuhl verwendet.

Adventskalender als Lotterie

Jeder verkaufte Kalender ist ein Los und hinter den Türen sind die Preise, die gewonnen werden können (beachte die Hinweise im Kapitel 2.1.9 *Garantierter Gewinn – Lotterien und Tombolas selbst veranstalten*).

Advents- oder Osterbriefe

Kirchenjahreszeitlich geprägte Briefe an die Gemeindeglieder kombiniert mit speziellen Spendenaufrufen.

Anlass-Spenden

In der Rubrik Todesanzeigen können Sie jeden Tag in der Zeitung lesen, dass darum gebeten wird, statt Blumen lieber den entsprechenden Betrag für einen guten Zweck auf ein bestimmtes Konto zu überweisen (so genannte „Kranzspende"). Andere Anlässe für eine solche „Anstatt-Spende" sind Geburtstagsfeiern, Hochzeiten, Taufen, Beerdigungen, Betriebsfeste, Verabschiedungen, Ehrungen, Jubiläen, Meisterprüfungen, Studienabschlüsse und Ähnliches. Aber auch zu Weihnachten oder Neujahr verzichten viele Personen oder Unternehmen zugunsten von Spenden für gemeinnützige Zwecke auf (Werbe-) Geschenke und werben zum Teil darüber hinaus auch noch bei Freunden und Bekannten, Kunden oder Lieferanten, ebenfalls die entsprechenden Initiativen zu unterstützen. So hat beispielsweise eine Remsecker Stadträtin zum 60. Geburtstag um Spenden für ein Altenpflegeheim in Kolumbien gebeten und 1.350 Euro erhalten. Die im Kapitel 2.1.5 *Benefizevents – Spendensammeln mit hohem Unterhaltungswert* aufgelisteten Jahres- oder Gedenktage können ebenfalls Anlass für eine Spendenbitte sein.

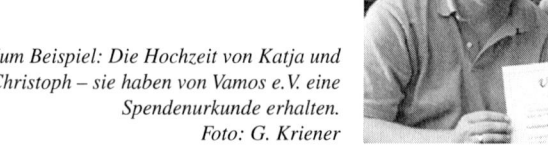

Zum Beispiel: Die Hochzeit von Katja und Christoph – sie haben von Vamos e.V. eine Spendenurkunde erhalten.
Foto: G. Kriener

Bäume spenden

Mit der Wanderbaumallee wirbt *Green City e.V.* für eine Begrünung der Münchner Innenstadt und fördert gleichzeitig bürgerliches Engagement **www.greencity.de.**

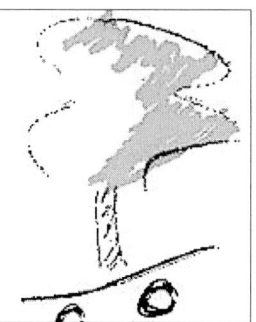

Bäume spenden
www.greencity.de

Bazare

Viele Organisationen nutzen Sachspenden dazu, sie auf Benefizbazaren oder in –läden zu verkaufen, wozu auch gezielt hochpreisige Gegenstände (wie etwa Kleidung, Kunstwerke und anderes) gesammelt werden. So „verdienten" zum Beispiel Ehrenamtliche des AK Fundraising beim 5. Benefizbazar im vom Frankfurter Hotel *Hilton* kostenlos zur Verfügung gestellten Ballsaal 13.000 Euro für den *Kinderschutzbund Frankfurt* durch den Verkauf gespendeter Kleidungsstücke, Designerklamotten, Accessoires und den Erlös für Essen und Trinken.

Ähnlich die Aktion *Buy my Dress* von *Children for a better World*. Promis spendeten ihre selten getragenen Kleider. Läden und Modelabels gaben Teile ihrer Kollektionen dazu. Das alles wurde an zwei Tagen in einem großen Hotel verkauft (das pro-bono mitmacht). Angekündigt wurde das ganze unter anderem über Großplakate, die von der *Ströer AG* gratis zur Verfügung gestellt wurden.

Benefizbazare sind auch ein beliebtes Fundraising-Instrument der unten im gleichnamigen Kapitel vorgestellten Serviceclubs. Den *55. Deutsch-Amerikanischen Frühlingsbazar* in den Kurhauskolonnaden des *Deutsch-Amerikanischen Frauenclubs Wiesbaden* besuchten über 10.000 Menschen. Siehe auch das Kapitel 2.2.6 *Eigenwirtschaftliche Betätigung – Geld verdienen fürs Gemeinwohl.*

Belegschafts-Spende

In vielen Belegschaften von Firmen (etwa bei der Landeszentralbank) oder von Behörden (wie der *Polizeiinspektion 33 München-Laim*) ist es üblich, das Ergebnis einer Sammlung beim Sommerfest oder bei der Weihnachts-Feier/–Tombola einem guten Zweck zu widmen. So haben die Mitarbeiter eines Hotels in Weilimdorf bei einer Tombola den Erlös von 2.500 Euro der *Aktion Multiple-Sklerose-Erkrankter (Amsel)* übergeben. Oft rundet die Firma den Betrag dann noch großzügig nach oben auf (so die Firmen des Medienhauses Luitpold in Ludwigsburg). In manchen Unternehmen gibt es eine Vereinbarung mit dem Betriebsrat, dass alle Mitarbeiter die Möglichkeit haben, von ihrer monatlichen Gehaltssumme einen festen Betrag von ein paar Euro für eine gemeinnützige Organisation abbuchen zu lassen (regelmäßige Lohnabhebung / Payroll giving).

Biblische Speisen und Getränke

Sie werden nach einem biblischen Kochbuch zubereitet und bei diversen Events verkauft. Der Pfarrer hält hierzu passende Erläuterungen bereit.

Black Table-Tennis – Tischtennis im Dunkeln

Zuerst fragten sich die Besucher: „Konnte der Verein die Stromrechnung nicht bezahlen oder warum drehte er die Lichter aus?" Denn bei dieser Benefiz-Veranstaltung wird im Dunkeln gespielt. Schwarzlicht sorgt dafür, dass man den weißen Ball und alles Wichtige sieht. Die Schläger, Tische, Netze, Schläger und sogar die Spieler selbst sind mit einem speziellen Klebeband beklebt. Das schafft eine ganz besondere Atmosphäre und ist interessant anzuschauen. Mit den Einnahmen werden die *Mbale Tigers*, ein Tischtennisklub in Uganda, unterstützt. Das Projekt kümmert sich um benachteiligte Kinder und Jugendliche aus den Slums. Soziale Verhaltensweisen wie Teamgeist, Disziplin und Ehrgeiz werden gefördert. Außerdem wird Aufklärungsarbeit im Bereich Gesundheit, Drogenmissbrauch und Kriminalität betrieben **www.ttv-beratzhausen.de**.

Blutspende virtuell

The *Blood Relations Project* nennt sich eine israelisch-palästinensische Aktion. Mit einer virtuellen „Blutspende" wird Geld gesammelt und die Frage aufgeworfen: „Könntest du jemanden verletzen, der dein Blut in sich trägt?"

Businessplan für Kindergärten

Eine Elterninitiative aller Kindergärten in Prien am Chiemsee erstellte einen Businessplan, um mit Sammelbüchsen in 60 Läden und Gaststätten, Benefizkonzerten, einem Verkaufsstand am Hafen, Live-Jazz-Musik auf dem Dampfer, dem Verkauf von Sponsoren-Logos und einer gesponserten professionellen Werbekampagne 100.000 Euro einzunehmen **www.priener-kindersommer.de**.

Carrotmob

Eine Form des Flashmobs: Zunächst wird ein Ladenbesitzer gesucht, der verspricht, einen besonders hohen Teil seines Gewinnes in die klimagerechte Sanierung seines Ladens zu investieren. Zur Belohnung, und um diese Summe zu steigern, werden dann über soziale Netzwerke junge Menschen aufgerufen, bei ihm zu kaufen.

Demo-Spende „Rechts gegen Rechts"

250 Neonazis vor allem aus dem süddeutschen Raum kamen am 15. November 2014 zum alljährlichen Aufmarsch in Wunsiedel zusammen. Diesmal jedoch marschierten sie – unfreiwillig – gegen sich selbst. Unter dem Motto „Rechts gegen Rechts" haben die *Bürgerinitiative Wunsiedel ist bunt*, die Projektstelle gegen Rechtsextremismus Bad Alexandersbad und die Aussteigerorganisation *Exit* den Nazi-Aufmarsch kurzerhand zu einen Spendenlauf für Aussteiger aus der rechtsradikalen Szene umfunktioniert – ohne Wissen der Beteiligten. Plakate mit motivierenden Zeilen wie „Spenden, marsch!" oder „Endspurt statt Endsieg" wurden geklebt und animierten die knapp 200 Demonstranten zum Laufen. Für jeden gelaufenen Meter gingen zehn Euro an *EXIT-Deutschland*

– das Aussteigerprogramm für Neonazis. Das Ergebnis: 10.000 Euro und jede Menge überraschte Rechte. Gesammelt hatten die Nazi-Gegner das Geld im Vorfeld **www.rechts-gegen-rechts.de**.

Digitaler Bildband bindet Spender

Robin Wood produzierte einen digitalen Bildband als CD, um seine Förderer stärker zu binden. Da die Organisation eine umfangreiche Bilderbank hat, waren die Kosten der CD-Produktion minimal. Umso größer war der Erfolg bei den Förderern: 2.000 Exemplare wurden bestellt. Die Spender zeigten sich in ihren Briefen begeistert und viele erhöhten ihre Dauerspende.

Drei Generationen kochen für den guten Zweck

Eckart Witzigmann, *Thomas Martin* (Louis C. Jacob, Hamburg, zwei Michelin-Sterne), *Sven Brechtmann* (14 Punkte Gault-Millau) kochten gemeinsam in der Küche von „Brechtmanns Botschaft" in Scharbeutz ein exklusives Menü. Pro verkauften Menü gingen zehn Euro an *Paulinchen e.V.* Die Spende von Brechtmanns Gästen in Höhe von 1.200 Euro wurde mit 300 Euro von *FOUR-The Worlds Best Food Magazine* aufgestockt. *Prof. Dr. Peter Mailänder*, Leiter der Plastischen Chirurgie am Universitätsklinikum SH in Lübeck, freute sich, einen Scheck über 1.500 Euro für *Paulinchen* entgegen nehmen zu können.

Elektronischer Opferstock

Er steht im Bonner Münster, in der Benediktinerabtei Schäftlarn im Isartal, in der Münchner Bürgersaalkirche, in der Petruskirche in Bernhausen und an vielen anderen Orten. Kirchenbesucher haben die Möglichkeit, mit der Geld-, EC- oder Bank-Karte zu spenden, beispielsweise für die Renovierung der Rokokokirche in Schäftlarn. Viele Besucher haben eher Plastik- denn Bargeld

Elektronischer Opferstock
www.bonner-muenster.de

bei sich und wollen außerdem ihre Spendenhöhe frei nach ihren spontanen Gefühlen oder dem im Gottesdienst genannten Zweck ausrichten, anstatt nach der zufällig (nicht) mitgeführten Bargeldmenge. Der Opferstock ist diebstahlsicher, kundenfreundlich und einfach zu bedienen. Die Quittung des Kartenterminals dient als Zuwendungsbestätigung für das Finanzamt oder, bei höheren Beträgen, bescheinigt das Gemeindebüro automatisch die Spende, wenn die Postadresse eingetippt wird. Auch anonymes Spenden ist möglich.

Engel auf dem Baugerüst

In der innen eingerüsteten Heilig Kreuz Kirche in Giesing wurden 300 vergoldete Kunststoffengel auf die Baugerüste gesetzt. Man konnte sie erwerben. Der Erlös war für die Kirchenrenovierung bestimmt. 250 gingen schon am ersten Sonntag weg.

Fastenzeit ist Dankzeit

Während der Fastenzeit („Sieben Wochen ohne") werden Sparbüchsen ausgeteilt, in die kleine Beträge eingezahlt werden, so für jede nicht gerauchte Zigarette, jede nicht geschaute TV-Minute, jedes verlorene Pfund, jedes nicht gegessene Stück Kuchen. Gleichzeitig kann auch gespendet werden für von Gott geschenkte Dinge, wie jede im Garten erblühte Blume, jedes freundliche Lächeln eines Mitmenschen. Auch Firmen können sich beteiligen und spenden für jedes (an ein Gemeindemitglied) verkaufte Brot, jede Dauerwelle, jeden Einkauf über 20 Euro.

Fotogeschenke

Bedrucken Sie Fotokalender, -puzzles und Ähnliches mit Fotos aus Ihren Projekten und verkaufen Sie sie über Ihren Online-Shop oder geben Sie es als Dankeschön an Ihre Spender (auch als Spendenbrief-Beilage). Bedrucken kann man fast alles: Taschen, T-Shirts, Schlüsselanhänger, Uhren, Bettwäsche, Regenschirme, Liegestühle, Weinflaschen, Torten, Kekse, Visitenkarten aus Schokolade ... Online-Anbieter wie **www.spreadshirt.de, www.pictrs.com, www. originellefotogeschenke.de, www.personello.com/fotogeschenke, www.fotogeschenke.de/ essbare-fotogeschenke.htm, www.werbekeks.de** bieten (zum Teil auf Provisionsbasis) für SPOs die Einrichtung eines eigenen Online-Shops, der sich bequem in die eigene Website integrieren lässt. Der Käufer wählt selbst das Produkt und das darauf zu druckende Projektmotiv aus. Die Abwicklung der Bestellungen und den Versand übernehmen die Anbieter.

Gemeinwohlaktie, Sozial-Aktie

Hauptaktionärin der *Sozial-Aktien-Gesellschaft Bielefeld* ist die *Stiftung Solidarität bei Arbeitslosigkeit und Armut*. Die Sozial-AG bietet ein Forum zur Unterstützung unterschiedlicher gemeinnütziger oder mildtätiger Zwecke. Jeder kann bei seinem Aktienkauf die Einrichtung auswählen, die er fördern möchte. Er erhält ein Bild als Aktie: Fotoaktien oder Kunstaktien mit einem Spendenanteil von je 20 Euro. Mit dem Namen „Aktie" wird bewusst ein Bezug zu den Produkten des Kapitalmarktes hergestellt. Damit sollen gezielt Menschen, die aktiv im Berufsleben stehen und bereits eine gewisse finanzielle Unabhängigkeit erreicht haben, auf eine Spende angesprochen werden. „Geld anzulegen" (wenn auch symbolisch) hat in dieser Zielgruppe ein höheres Ansehen als zu spenden **www.sozialaktiengesellschaft.de**.

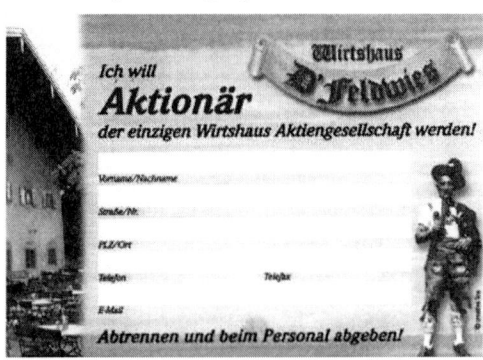

Bürgeraktiengesellschaft

Es ging darum, das eingegangene Wirtshaus wieder zu beleben, da es der Dorfmittelpunkt (mit Bauerntheater) war. 600 Bürger kauften ein oder mehrere „Aktien" zu 100 Euro. Dafür erhielten sie vom neuen Pächter ein Essen pro Jahr gratis. Seitdem fühlten sich die Bürger für das Wirtshaus verantwortlich, gingen regelmäßig hin und luden auch ihre Freunde dazu ein – mit der Folge, dass das Haus boomte.

Genuss-Scheine fürs Café / für den Süßholzanbau

Die *Falkenbergkirche* gibt Genuss-Scheine in einer limitierten Auflage von 100 Stück und mit einer zwölfprozentigen Dividende aus. Ein Genuss-Schein kostet 100 Euro und dient einem doppelten Zweck: Erstens wird damit der Umbau der Küche für das zukünftige Kirchencafé Falkenberg finanziert und zweitens erhalten alle Schnellentschlossenen, die ihren Genuss-Schein noch vor dem 31. Dezember erwerben, eine genussreiche Dividende in Form von Naturalien – nämlich wahlweise ein Kilo des neuen Norderstedt Kaffees „FAIRflixt goot!" oder zwölf Becher Kaffee im neuen Kirchencafé, die ab Februar allein oder gemeinsam mit Freunden in gemütlicher Runde genossen werden können.

Geschenk-Aktion

Für Geschenk-Aktionen an bedürftige oder Flüchtlingskinder gibt es viele Initiativen. Vorbildlich ist die Aktion *Weihnachtszauber* des *Münchner Sozialreferates*. Es bittet um Abgabe von Geschenkpaketen für Flüchtlingskinder bis zum 12. Dezember. Es gibt genaue Vorgaben, was in die Pakete darf (nicht nur Kuscheltiere sondern auch Praktisches, wie Zahnbürste und Zahnpasta!) und was zu vermeiden ist (wie Kriegsspielzeug). Ähnlich: *Weihnachten im Schuhkarton*, *Wunschbaum* etc.

Die Beteiligung an solchen Aktionen ist überwältigend. Viele Menschen wollen Kindern direkt helfen und die Organisatoren schildern anschaulich das „Leuchten in den Kinderaugen", wenn die Geschenke übergeben werden. Kritiker weisen allerdings darauf hin, dass es viel wichtiger wäre, hilfsbereite Menschen zu bitten zum Beispiel Hausaufgabenhilfe für benachteiligte Kinder zu leisten. Oder sie um einen (finanziellen) Beitrag für fundierte professionelle Entwicklungshilfe zu bitten und sich politisch für die Entwicklung einer „Willkommenskultur" für Flüchtlinge und ihre Kinder oder für eine Veränderung der Welthandelsstrukturen einzusetzen, damit es den Kindern in den armen Ländern nachhaltig besser geht.

Guerilla-Aktionen

Diese Aktionen wollen verblüffen, um in der Öffentlichkeit auf Missstände aufmerksam zu machen, „Augen zu öffnen" und damit ins Gespräch zu kommen etwa über ein Hilfsprojekt und darüber, wie man es unterstützen kann. So brachten Freiwillige der *Schweizer Hilfsorganisation Helvetas* Besetztschilder an Büschen in Parks an, um darauf aufmerksam zu machen, dass Milliarden Menschen über keine Toiletten verfügen und verunreinigtes Wasser trinken müssen.

2.1.1.11 Kreative Spendenideen von A bis Z

Gut eingepackt

In der Adventszeit haben die ehrenamtlichen Helfer der *Stiftung Kreuznacher Diakonie* in drei Globus-Märkten der Region Geschenke eingepackt. 166 Ehrenamtliche nahmen so 9.500 Euro an Spenden für lokale Einrichtungen der Wohnungslosenhilfe ein. Das Material und die Verpflegung wurden von den Märkten übernommen.

Help Card

ist eine Guthabenkarte, die vom Erwerber selbst gestaltet werden und dann verschenkt werden kann. Der Beschenkte kann sich dann im Internet ein Projekt auswählen, dem er das Guthaben spendet. Die Karte kann wieder aufgeladen und erneut eingesetzt werden **www.helpcard.org**.

Hexeneinsatz für Paulinchen

Die „Hettrumer Grubehexen" der *Kolpingfamilie Hettenleidelheim* gehen jedes Jahr am „Hexendonnerstag" auf die Straße um Geld für Kinder zu sammeln. Sie sammeln Geld in den Geschäften, halten die Autos auf den Straßen an und „kassieren Maut", dafür gibt es Mini-Berliner („Fasnachtskichelcher" auf pfälzisch). Ein Teil des Erlöses, 777,77 Euro erhielt *Paulinchen e.V.*

Hilfswelle: Beverage for Benefit

Alle Studierenden der privaten *Munich Business School* mussten im ersten Studienjahr ein Social-Profit-Projekt konzipieren. Sechs BWL-Studenten fanden Kneipen, die bereit waren, jeweils zehn Cent auf Getränke aufzuschlagen und der Afrikaarbeit für Ärzte ohne Grenzen zur Verfügung zu stellen.

Himmel über der Kirche verkaufen

Pfarrer Kuglstatter wollte das im Krieg zerstörte Deckenfresko im *Alten Peter* in München wiederherstellen. Die eine Hälfte der eineinhalb Millionen Euro spendete ein großzügiger Münchner. Die andere Hälfte kam herein, indem die Pfarrei den Himmel über ihrer Kirche „verkaufte". Sie teilte ihn in 360 Freskoparzellen auf, die gegen Spenden „erworben" werden konnten.

Holzschafe am Olympiaberg

Der Künstler Walter Kuhn stellte eine ganze Herde von weißen, schwarzen und roten lebensgroßen Holzschafen am Münchner Olympiaberg auf und läßt sie nach einigen Wochen an andere Orte weiter wandern. Damit macht er auf die erzwungene Migration von Flüchtlingen in aller Welt aufmerksam. Die Schafe

Foto: Walter Kuhn

können erworben werden (siehe **www. urbane-transhumanz.com**). Der Erlös geht an *Kolibri Interkulturelle Stiftung* und kommt Flüchtlingsprojekten zugute.

Der Hut ging um

Die vier Bands – *Halle 11*, *STEHK*, *LIFELINE* und *Westpoint* – gaben beim Vogelschießen in Sievershütten Rockmusik zum Besten. Dabei ging der Hut für *Paulinchen e.V.* um, und es kam die tolle Summe von 1.600 Euro zusammen. Dieser Betrag wurde kurz darauf auf 1.700 Euro erhöht.

Kirchgeld steigern

Jeder, der aus der Kirche austritt, fällt als (Kirchensteuer- und) Kirchgeldzahler aus. Da vielerorts das Kirchgeld (anders als die der Gesamt-Kirche zufließende Kirchensteuer) direkt den Ortsgemeinden zugute kommt, lohnt es sich für eine Gemeinde ganz unmittelbar, wenn sie Menschen in der Kirche hält oder zum Wiedereintritt ermutigen kann. Verteilen Sie in den Briefkästen des Sprengels Briefe, in denen typische Austrittsgründe und Gegenargumente aufgezählt werden. Für einen Kirchgeldbrief gelten die selben Kriterien wie für einen Spendenbrief (siehe das Kapitel 2.1.6 *Der Spendenbrief – der Klassiker im Fundraising*). So kommunizierte es die Gemeinde Waldkraiburg, dass sie einen behindertengerechten Aufgang zur Kirche finanzieren will, also ein konkretes Projekt, das Menschen in Not hilft. Der fertige Aufgang wurde danach den Spendern bei einem Fest präsentiert. Andere Gemeinden stellten die Renovierung des Gemeindehauses oder des Kirchendaches in den Mittelpunkt.

Potenzielle Spender geben am ehesten, wenn sie von der Notwendigkeit der Spende überzeugt sind und für sich oder andere Menschen einen Nutzen erkennen. In der Kommunikation mit potenziellen Spendern sollte daher deutlich werden, dass beispielsweise im Keller ein zusätzlicher Fluchtweg geschaffen wird, damit die Baubehörde nicht die Nutzung der Räume für die Jugendarbeit untersagt.

Klimaschutzzertifikate

Eine Art ökologischer Ablasshandel: Jeder Deutsche verursacht jährlich 10,3 Tonnen CO_2. Um das Klima nicht zu belasten, dürften es aber nur 3,6 Tonnen sein. Wir müssen also alle unser Verhalten ändern. Soweit wir das noch nicht können oder wollen, können wir Klimaschutzzertifikate kaufen. Mit dem Geld werden an anderen Stellen in der Welt Ausgleichsmaßnahmen bezahlt, die den CO_2-Ausstoß wettmachen. Ein Zertifikat für einen Flug in die USA mit gutem Umweltgewissen kostet 89 Euro **www.atmosfair.de**.

Klingeltöne verschenken

Spender des *NABU* können zum Dank gratis unter 30 Handy-Klingeltönen mit Vogelstimmen auswählen **www.nature-rings.de**.

Bei Anruf: Natur.
www.nature-rings.de

Kollekte kreativ

Die Verwendung der meisten Kollekten in Gottesdiensten und Messen ist langfristig festgelegt. Doch an einigen Sonntagen im Jahr können die zuständigen Gremien der Pfarr- und Kirchengemeinden den Zweck selbst festlegen – für Projekte der Gemeinde. Eine besondere Form ist die Tütensammlung. Eine kleine, mit dem Spendenaufruf bedruckte Tüte wird ausgelegt oder mit dem Gemeindebrief versandt. Der Spender legt die Geldspende (und seine Adresse, wenn er eine Zuwendungsbescheinigung wünscht) hinein und wirft sie in den Sammelkorb. Wenn statt der üblichen dürren mündlichen „Abkündigung" bunt beklebte Informationstafeln in der Kirche aufgestellt werden oder die Kindergruppe, für die gesammelt wird, ein Lied singt, gehen die Geldbörsen weiter auf.

Einen neuen Service bieten etliche Gemeinden an: Spenden können in Form vorgedruckter Karten in den Kollektenkorb gelegt werden. Die Kärtchen eignen sich auch gut als Geschenk an Kinder, Konfirmanden oder Taufpaten. Sie können im Pfarrbüro mit unterschiedlichem Wert-Aufdruck erworben werden – auch mit Kreditkarte. Im Gegenzug erhält der Käufer eine steuerwirksame Spendenquittung für das Finanzamt.

Konferenz-Spende / Benefiz-Kongress

Aus Überschüssen der Frühjahrsdelegierten-Konferenz spendeten die *Wirtschaftsjunioren München e.V.* einen fünfstelligen Betrag an einen gemeinnützigen Verein **www.wj-bayern.de**. *Management Circle*, ein Fortbildungsanbieter für Führungskräfte, veranstaltete zu seinem zehnjährigen Jubiläum einen Benefiz-Kongress zu Gunsten des *Unesco*-Programms „Bildung für Kinder in Not" und erlöste aus Teilnehmergebühren und Spenden dafür 130.000 Euro.

Konfi-Spende

Mit dem Ende der Passionszeit beginnen in den Kirchengemeinden die Konfirmationen. Eine gute Tradition ist es, dass Konfirmandinnen und Konfirmanden einen Teil ihrer Geldgeschenke zusammenlegen und diese Summe als Konfirmationsspende einer guten Sache zukommen lassen.

Künstler- und Galerie-Spende / Kunst-Versteigerungen

Nur wenige Künstler sind wohlhabend. Dennoch zeigen fast alle ein hohes soziales oder gesellschaftliches Engagement und sind bereit, ihre Kunstwerke für einen guten Zweck versteigern zu lassen. Solche Versteigerungen bringen dann oft einen überdurchschnittlichen Ertrag, weil Kunst Menschen bewegt und auf der Gefühlsebene anspricht. Entscheidend ist oft, ob die Künstler ihre eigenen Stammkunden einladen. Diese schätzen es, wenn dann nicht nur ein Bild ihres Lieblingskünstlers angeboten wird, sondern sie eine gewisse Auswahl haben.

Auch Galerien oder Kunstauktionshäuser sind oft bereit, dabei mitzuwirken, die Galeriebesucher anzusprechen oder ihre Provision aus dem Verkauf von Kunstwerken zu spenden – nicht zuletzt, weil dies für sie nützliche Öffentlichkeitsarbeit ist. Wenn bekannte Schmuckwaren-Hersteller beteiligt werden, stimmt auch die Vermarktung: So feierte das *Internationale Rote Kreuz* sein 150jähriges Jubiläum mit einem Charity-Collier von *Pierre Lang*. Der mit roten Kristallsteinen besetzte Anhänger kann für 39 Euro erworben werden, wovon drei Euro an das Rote Kreuz gehen **www.pierre-lang.com**.

Lesewettbewerb

Spendenaktion an Freiburger Schulen für den Münsterturm. Wer erreicht zuerst die Höhe des Freiburger Münsterturms – 116 Meter? Freiburgs Schülerinnen und Schüler lesen. Alle Buchrücken werden gemessen, die Zentimeter addiert. Freiburger Unternehmen, Vereine und Privatleute spenden: 100 Euro für 10 cm.

Matching-Funds – die vervielfachte Spende

Eine Person oder Institution bietet an, alle Spenden für einen bestimmten Zweck zu vervielfachen. Oder sie stellt einen großen Förderbetrag in Aussicht, unter der Voraussetzung, dass sich noch andere Personen oder Institutionen in bestimmter Höhe beteiligen. Bei der Aktion 1 + 1, die Stellen für Arbeitslose schafft, verdoppelt die *Evangelisch-Lutherische Landeskirche in Bayern* jeden gespendeten Euro. Es spornt an, wenn man mit seiner eigenen Spende noch weitere Förderbeträge mobilisieren kann.

Die *Deutsche Stiftung Umwelt* schloss mit Bamberger Schülern einen Pakt: Wenn sie die Hälfte der Restaurierungskosten für den ältesten erhaltenen Kreuzweg Deutschlands von 1503 sammelten, würde die Stiftung die andere Hälfte übernehmen. Mehr als hundert Schüler musizierten, spielten Theater, verkauften Autoaufkleber und klapperten mit der Sammelbüchse. Nach einem Jahr war das Geld zusammen und die Restaurierung begann.

Die Bayerische Staatsregierung koppelte ihre Bauzusage des neuen *Haunerschen Kinderspitals* in München an die Bedingung, dass 20 von 145 Millionen Baukosten über Spenden finanziert werden. Durch eine Spende des *Sultans von Oman* in Höhe von 17 Millionen und sonstige Spenden in Höhe von drei Millionen war das Spendenziel 2014 erfüllt. *Brot für die Welt* mobilisiert schon seit 44 Jahren Spender durch eine Presse-Meldung: Ein angeblicher (anonymer) „Mister Zehnprozent" verspricht beispielsweise eine Spende von 40.000 Euro, wenn bis zu einem bestimmten Datum mindestens zehn Personen je 400 Euro (zusammen also zehn Prozent) an *Brot für die Welt* spenden **www.zehn-prozent-aktion.de**.

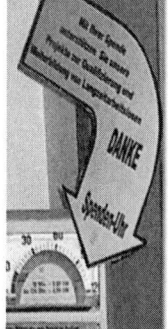

Restgeld-Spende in umgebauten Parkautomaten.

Quelle: Förderverein Sozialer Betrieb Reutlingen e.V., www.fsb-ev.de

Foto: Förderverein Sozialer Betrieb e.V. www.fsb-ev.de

Mein Stück Altes Schloss

Spender für die Aktion des *Landesmuseums Stuttgart* für den Umbau des Alten Schlosses erhalten ein 5x5x1,5 cm kleines Steinchen mit diesem Aufdruck, das tatsächlich aus Steinen des Schlossbaus stammt.

Millionen-Tausch

Das Märchen von Hans im Glück wird bei dieser Aktion umgekehrt: Ausgehend von einem fast wertlosen Objekt soll durch ständiges Tauschen am Ende eine Million Euro für einen guten Zweck zusammen kommen. In einem Fall wurde der Grundstein mit zwei Kieselsteinen gelegt, gegen die eine Flasche Champagner getauscht wurde. Mittels Website und *Facebook*-Auftritt wurde die Aktion immer mehr verbreitet. So ging die Tauschkette bis zu einem exklusivem Privatdinner für zwölf Personen bei Sternekoch *Sören Anders*. Dieses tauschte der Pforzheimer Juwelier *Leicht*, gegen eine Rolex Milgauss im Wert von 6.200 Euro. Bei der Aktion Tausch-Rausch traten sechs Händler-Kunden der Firma *Ültje* nur mit einer Dose Nüsse als Startkapital an, um sich reich zu tauschen. Am Ende konnten 6.000 Euro an den Verein *Dunkelziffer e.V.* gegeben werden **www.dunkelziffer.de/information/aktuelles/Archiv/aktuelles2011/ueltjetauschrausch.html**.

Musik-Wettkampf in der Fußgängerzone

Zwei Musiker stehen sich gegenüber. Zwischen ihnen eine Waage. Passanten werfen Hartgeld in die Waagschale vor dem Musiker, der ihrer Meinung nach „besser" spielt. Die Erfahrung zeigt, dass die Passenten sich richtig hineinsteigern. Eltern leeren – von ihren Kindern gedrängelt – schon mal ihren ganzen Kleingeldbeutel.

Nachteislauf auf dem Dorfteich

Spontanaktion der Feuerwehr von Panitzsch bei Leipzig. Es wurden heiße Getränke und Würstchen zugunsten von *Paulinchen e.V.* verkauft.

Parkautomat sammelt Spenden

In der Münchner Siemens-Niederlassung an der Richard-Strauss-Straße steht ein von der Firma stammender (und von ihr zur Sparbüchse umprogrammierter) Parkautomat, der Spenden für ein *SOS-Kinderdorf* sammelt und auch Spendenquittungen ausdruckt.

Parkettfußboden-Aktie, Parzellenkauf ohne Grundbucheintrag

Das soziokulturelle Zentrum *Lola* in Bergedorf/Lohbrügge verkaufte in einer Kampagne „Aktien" pro qm zu 125 Euro, um seinen Parkettfußboden zu finanzieren. Auf einer riesigen im Lola aushängenden Skizze wurden die Namen der Käufer von ideellen Quadratmetern öffentlich gemacht, bei einem Aktionärsbrunch gefeiert und in der Lokalpresse gewürdigt. Mit 128 gezeichneten „Aktien" konnte die Hälfte der nötigen Kosten von 12.500 Euro aufgebracht werden. Ähnlich funktioniert der Parzellenkauf ohne Grundbucheintrag: Um den Unterhalt des Sportplatzes zu bezahlen, überschreibt man den Besitz für eine Saison symbolisch auf einen Sponsor. Als Gegenleistung werden die Sponsoren auf einer großen Tafel verewigt und nehmen an der Verlosung zu einem Fanwochenende teil.

Patenschaften – nicht nur für Kinder

Die Hilfsorganisationen, über die Spender Paten von Kindern in Entwicklungsländern werden können, haben großen Erfolg beim Spendensammeln. Kinder lösen immer Schutz- und „Brutpflege"-Reflexe aus. Spender wollen persönlichen Kontakt und es erreichen, dass durch ihre Spende einem bestimmten Menschen geholfen wird. Ihr Geld soll nicht in einem großen Topf für Hilfsleistungen verschwinden. Heute werden mit den Patenschaftsbeiträgen dennoch zumeist Projekte finanziert, die der ganzen Gemeinschaft, in der das entsprechende Kind lebt, zugute kommen (wie Dorfentwicklungsprojekte). Diese Art der Förderung vermeidet die Bevorzugung und Hervorhebung Einzelner, die stark kritisiert worden war.

Patenschaften sind eine Form der Dauerspende. Diese hat gegenüber Einzelspenden den Vorteil, dass nicht für jeden einzelnen Spendenvorgang gesondert geworben werden muss. Dauerspender übernehmen auch für hiesige Sozial- und Umweltprojekte Patenschaften: Etwa für eine bestimmte Anbaufläche für Kartoffeln zu Unterstützung der Biolandwirtschaft. Die Paten bekommen eine Urkunde und 25 Kg Kartoffeln. Oder für einen Apfelbaum. Als Pate erhalten Sie köstliche Äpfel, eine Urkunde und haben die Möglichkeit, Ihren Baum zu besuchen. Er ist mit Ihrem Namen gekennzeichnet.

Grundriss-Patenschaft

Der Grundriss des geplanten neuen Gebäudes wird in ein qm große Felder aufgeteilt, für die Paten gesucht werden, die den entsprechenden Anteil der Baukosten übernehmen.

Miet-Pate

kann man werden bei *REFUGIO*, einer Organisation, die traumatisierten Flüchtlingen hilft. Nach dem dringend erforderlichen Umzug in größere Räumlichkeiten wurden so die Mietmehrkosten aufgebracht **www.Refugio-muenchen.de**.

Musik-Pate

Die Kantorin einer Kirchengemeinde teilte ein Orgelkonzert in 100 Teile und verkaufte sie. Nach jedem Gottesdienst spielte sie das Stück so weit, wie es von den Spendern bezahlt wurde. Schnell waren 2.500 Euro eingeworben.

Orgelpfeifen-Patenschaften

Wenn eine neue Orgel oder deren Sanierung zu finanzieren ist, können Sie die einzelnen (neuen oder zu sanierenden) Pfeifen bepaten lassen. Sinnvoll ist eine preisliche Stückelung von 25 bis 2.500 Euro entsprechend der Pfeifengröße. Damit Paten eine Pfeife ihrer Wahl finden, müssen die Pfeifen mit Registerbezeichnung und Wert in einer Broschüre dargestellt werden. Diese enthält einen Coupon zum Eintrag der Wunschpfeife, deren Betrag, Bankverbindung und Adresse der Gemeinde sowie Absender-/Paten-Daten. Nach Überweisung wird dem Paten eine Patenschaftsurkunde zugestellt. Im Rahmen der Orgeleinweihung werden die Paten zu einem Sonderkonzert eingeladen, damit sie „ihre" Pfeifen hören können.

Empfehlen Sie Patenschaften als Geschenk zur Geburt, Taufe, Konfirmation, Hochzeit, Jubiläum. Dazu notiert der Pate auf dem Coupon, dass die Patenschaftsurkunde auf den Namen des Beschenkten ausgestellt werden soll.

Pfand-(Bon-)Spende / „Spende dein Pfand"

In der größten Pfandspendenaktion Europas hat *Lidl* 5.000 Pfand-Rückgabeautomaten in über 3.000 Filialen mit einem Pfandspendenknopf ausgestattet. Bei der Rückgabe von Leergut können Kunden entscheiden, ob sie einen Teilbetrag oder den gesamten Pfandbetrag durch Knopfdruck an den *Bundesverband Deutsche Tafel e.V.* spenden möchten. In den ersten 18 Monaten wurden so 500.000 Euro gespendet. Die Spender – hier die Kunden von *Lidl* – werden auf geeignete Weise informiert, wofür ihre Spenden eingesetzt werden. Auch der *Malteser Hilfsdienst* bietet diese Spendenart in den Filialen der Oldenburger Einzelhandelskette *aktiv&irma* an.

Spende dein Pfand (Studenten der Uni Regensburg)
Foto: Peter Lindlacher

enactus-Regensburg stellte gelbe Tonnen auf dem Gelände der Universität und der Fachhochschule Regensburg auf und wirbt um Mikrospenden in Form von Pfandflaschen. Aus dem Erlös konnten bereits drei Arbeitsplätze für psychisch Kranke geschaffen werden. Ihre Arbeit ist es, die Behälter zu entleeren und die Pfandflaschen zurückzugeben. Durch den erwirtschafteten Erlös werden zum einen die Betroffenen entlohnt, zum anderen Fort- und Weiterbildungsmaßnahmen für die Mitarbeiter der Beteuungsorganisation *retex* finanziert. Bereits über 16 Universitäten in ganz Deutschland haben das Projekt erfolgreich adaptiert.

Pfandgeben.de

Wer seine Pfandflaschen bequem loswerden oder Pfandsammler unterstützen möchte, dem vermittelt diese App die Handynummern von Pfandsammlern in seiner Gegend. Er ruft sie an, hilft ihnen so bei ihrer Suche wird seine Flaschen los.

Prominente auswiegen

Die Händler am *Münchner Viktualienmarkt* haben das Herz am rechten Fleck: Jedes Jahr steigt dort eine prominente Persönlichkeit auf die Waage und wird mit gespendeten Lebensmitteln ausgewogen. Die Lebensmittel werden dem Flüchtlingsamt zur Verteilung übergeben. Zusätzliche Geldspenden der Händler gehen an eine soziale Einrichtung.

Punkte sammeln für den Kindergarten

Die *Real-Märkte* haben gemeinsam mit der *Paritätischen Geldberatung* und anderen ein Projekt gestartet, bei dem Kindergärten mit ihren Eltern und Unterstützern *Payback*-Punkte sammeln können. Die Kindergärten bekommen bei *Payback* ein individuelles Konto. In der Folgezeit können die Eltern und

Teil 2   Spenden, Sponsoring und mehr – klein anfangen, um schnell zu wachsen alle anderen Unterstützer ihre bei *Real* gesammelten *Payback*-Punkte auf dieses Konto spenden. Außerdem sind die Unternehmen *Procter&Gamble* sowie *Nestlé* an dieser Aktion beteiligt. Nach Abschluss des Aktionszeitraumes werden die gesammelten Punkte von Real verdoppelt. Die Kindergärten können dann entweder Produkte einkaufen oder den geldwerten Vorteil projektbezogen ausbezahlen lassen. Der Kirchenkreis Hattingen-Witten lancierte eine eigene Plastikkarte. Sie garantiert Rabatte in über 27 000 Geschäften und Unternehmen. Die Rabatte kamen Gemeinden zugute. Die Frage ist, ob Nachahmer sich gegen den Marktführer *Payback* behaupten könnten.

Recycling-Sammlungen

Gebrauchte funktionsfähige Handys („Handys helfen") können für bis zu 50 Euro an verschiedene Recycling-Unternehmen (wie *Zonzoo*) verkauft werden. Am Ende landen sie in Osteuropa und Afrika. Die wertvollen Rohstoffe in nicht mehr funktionsfähigen Handys werden recycelt. Gesammelte Kupferkabel bringen ebenfalls gute Erlöse. Auch ausgemusterte CDs und DVDs enthalten wertvolle Stoffe und bringen als Kiloware Geld.

„Punkte sammeln für UNICEF" Quelle www.payback.de

Fast 90 Prozent der in Deutschland anfallenden leeren Tintenpatronen und Tonerkartuschen landen im Müll. Besser ist es, sie zu sammeln und an Verwertungsunternehmen zur Wiederbefüllung (beispielsweise **www.geld-fuer-muell. de**) weiterzuverkaufen. Allerdings schwanken die Preise dafür von Monat zu Monat und sind sehr gering.

Regio(nal)geld für gemeinwohlorientierte Projekte

In der Waldorfschule in Prien werden eifrig Geldscheine gedruckt. Allerdings keine Euros, sonst kämen die Schüler ganz schnell hinter Gitter, sondern so genannte *Chiemgauer*. Das sind Gutscheine, die bares Geld wert sind. Pro Jahr werden damit wertmäßig knapp zwei Millionen Euro umgesetzt. Mit etwa 20.000 Euro wurden

Regiocard/Chiemgauer

gemeinnützige Einrichtungen unterstützt. Der Verein *Chiemgauer e.V.* hat in der Region bereits 2.800 Mitglieder, davon sind 600 Unternehmen und 200 Vereine. Der *Chiemgauer* ist ein regionales Zahlungsmittel in den Landkreisen Rosenheim und Traunstein. Ziel ist die Förderung gemeinnütziger Vereine und

2.1.11 Kreative Spendenideen von A bis Z

153

die Belebung regionaler Wirtschaftskreisläufe. Das Regiogeld (Regionalgeld) ist eine Komplementärwährung und ergänzt den Euro, um Ziele der Regionalentwicklung zu unterstützen. Das Geld ist auf einem Tagesgeldkonto ohne Realzins hinterlegt. Drei Prozent der Beträge, die mit *Chiemgauern* bezahlt werden, fließen jeweils an einen gemeinwohlorientierten Verein. Der zahlende Kunde bestimmt, an welchen. Es profitieren also alle: Die Vereine erhalten Zuschüsse, die Unternehmen machen mehr Umsätze und die Kommunen erzielen Einnahmen durch kommunale Steuern. Bundesweit gibt es zahlreiche weitere Regionalwährungen **www.regiogeld.de**.

Rest-Cent-Aktion

Rest-Cent-Aktionen sind Kooperationen gemeinwohlorientierter Organisationen mit den Mitarbeiterinnen und Mitarbeitern großer Unternehmen und Verwaltungen. Zunächst entscheidet sich die Betriebs- oder Personalversammlung für die Teilnahme an der Aktion. Bei der monatlichen Gehaltsabrechnung der Beschäftigten wird dann jeweils der Betrag einbehalten, der hinter dem Komma erscheint – also die „Restcents". Natürlich können alle Mitarbeiter selbst darüber entscheiden, ob sie sich an der Aktion beteiligen möchten. Der finanzielle Aufwand für den Einzelnen ist kaum spürbar – doch durch die große Zahl der Teilnehmenden kann wertvolle Hilfe geleistet werden. Ein gelungenes Beispiel ist die Aktion „Eine Stunde für die Zukunft" des Betriebsrates von *Volkswagen*: Seit 1998 ermöglicht die Belegschaft des Automobilkonzerns zahlreichen Kindern in Projekten von *terre des hommes* in Entwicklungsländern eine Ausbildung.

Restgeld aus dem Urlaub

Devisen-Kleingeld wird durch Sammeldosen, die zum Beispiel an Flughäfen und Wechselschaltern stehen, eingesammelt, sortiert und in die Ursprungsländer zurück transportiert. Der Ertrag wird für soziale Zwecke eingesetzt. Bis 2001 spendeten die Bundesbürger so jährlich viele Millionen Mark. So sammeln Apotheken „den letzten Urlaubsgroschen für *UNICEF*". Auch das *Rote Kreuz* und die *Welthungerhilfe* stellen solche Sammeldosen auf. Die Einführung des Euro ließ diese bisher lukrative Spendenquelle allerdings weitgehend vertrocknen. Wer jedoch noch über bestimmte Altwährungen der jetzigen Euroländer verfügt, kann diese bei *GFC* oder *EuroMoney24* umtauschen. Falls er sie dabei für einen guten Zweck spendet, entfällt die Umtauschgebühr.

Die Freiwiligen von Green City feiern den Erfolg der Aktion „Ummünzen": 1.024 kg an auslaufenden europäischen Währungen wurden gesammelt. Internet: www.greencity.de

Sachspende

Spender wollen in der Regel unmittelbar und „greifbar" helfen. Da erscheint möglicherweise eine konkrete Sachspende (eine Decke für Umweltopfer, Lebensmittel für Hungernde, Nähmaschinen für die Armen, gebrauchte Möbel oder Geräte für das Büro der Hilfsorganisation und Ähnliches) wirksamer als eine Geldspende in den anonymen Spendentopf. Sachspenden sind für viele Hilfswerke eine wichtig Ergänzung ihrer Geldsammlungen, wenn die Sachgüter genau den Bedarf treffen, von guter Qualität sind und den Empfänger ohne große Zusatzkosten erreichen können. Dies ist allerdings nicht immer der Fall. Denn bei vielen Sachspendern spielt das Motiv, die Dinge auf diese Weise elegant zu entsorgen, eine große Rolle. Für Hilfsorganisationen, die im Ausland Bedürftige unterstützen wollen, sind Geldspenden wertvoller als Sachspenden, da sie der Organisation mehr Flexibilität geben, Transportkosten vermeiden, den Kauf notwendiger Güter im Zielland ermöglichen und so die dortige Wirtschaft stärken.

— **Tipp: Achtung Steuerfalle** ————————————————————————

Sachspenden unterliegen gegebenenfalls der Gewinn- und Umsatzsteuerpflicht (siehe im Kapitel 4.3 *Zuwendungen und Kontakte professionell und rechtssicher verwalten*).

Säge-Wettbewerb

Beim achten „Heumadener Säge-Wettbewerb" kämpften acht Mannschaften um den Sieg. Aufgabe war, eine Holzscheibe vom Maibaum 2013 zu sägen. Die Scheibe durfte nicht dicker als zehn Zentimeter sein. Die Startgebühr in Höhe von zehn Euro spendete die *Freiwillige Feuerwehrabteilung Heumaden* (Stadtteil von Stuttgart) traditionell zu Gunsten von *Paulinchen e.V.* und rundete das Ergebnis dabei auf 500 Euro auf.

Sandwich-Werbung, laufende Litfaßsäule

Bei der Sandwich-Werbung hängen sich einzelne Sammler vorn und hinten je ein großes Plakat um. Je nach Konstruktion und Größe werden kleine Litfaßsäulen (mit Löchern für die Arme) von einer Person, größere von mehreren Personen getragen oder gerollt. Weitere Personen sammeln im Umfeld der Säule.

Sammlung nicht benötigter Geschenke

Um nicht benötigten Weihnachtsgeschenken eine sinnvolle Verwendung zu geben und gleichzeitig Bedürftige damit zu unterstützen, hat *AidsTakeCare Deutschland e.V.* in Geltendorf um entgeltfreie Zusendung solcher Geschenke gebeten. Die Geschenke sollen sozial Benachteiligten, Bedürftigen, Aidskranken Kindern und Erwachsenen und sozialen Einrichtungen zur Verfügung gestellt werden. Hochpreisige Artikel werden zugunsten von *AidsTakeCare* versteigert.

Schlafende D-Mark-Schätze erwecken

Noch immer sind 13 Milliarden Mark (auch „Schlafmünzen" genannt) im Umlauf, die ungenutzt auf Dachböden verstauben. Dieses Geld ist nach wie vor sehr wertvoll (nämlich unbegrenzt in Euro umtauschbar) und muss nur entdeckt werden. Mit dem von den Kindern in einem Schulklassen-Wettbewerb

"D-Mark-Detektive" aufgefundenen Geld unterstützte die *Stiftung für Klein-kredite Opportunity International* Schulen in Afrika und Asien.

Schubladengedichte gesucht

Gefängnispfarrer *Frische* sagte sich, dass viele Menschen irgendwann in ihrem Leben mal Gedichte geschrieben haben, die seitdem in der Schublade liegen. Frische versprach, diese Gedichte in einem Sammelband zu veröffentlichen, wenn sie mit einem Druckkostenzuschuss plus Spende an ihn geschickt würden. Die Spenden sind für die Hilfe für Straffällige und ihre Familien gedacht.

Schwitztage

Jugendliche "schwitzen" an einem angekündigten Termin für einen bestimmten Stundenlohn bei Personen, welche sich hierfür angemeldet haben: Gartenzaun streichen, Kompost umstechen, Auto waschen ... Der Lohn wird dann gespendet.

Solidarische Landwirtschaft

Bei der solidarischen Landwirtschaft teilt sich ein fester Kreis von Abnehmern, die Kosten, die Arbeit und die Ernte. Ein schönes Beispiel ist die *gartencoop Freiburg* **http://gartencoop.org**, bei der über 260 Familien versorgt werden. Jeder zahlt einen monatlichen Beitrag nach eigenem Ermessen – wer nicht so viel geben kann, hilft dafür mehr mit (siehe auch oben bei "Patenschaften").

Souvenir-Medaille

Im Tierpark presst ein Stanzautomat gegen Einwurf eines Euros Blech-Medaillen mit Tiermotiven. Darüber ein Aufruf, den Tierpark durch eine solche Medaille zu unterstützen. Das kann im Jahr einige 10.000 Euro an Spenden bringen.

Souvenirmedaille (Bärenpark Worbis, Foto: Peter Lindlacher)

Spenden-Investmentfonds

Nur wenige Fondsgesellschaften bieten spezielle Investmentfonds an, deren Erträge gemeinnützigen Einrichtungen beziehungsweise Zwecken zugute kommen. Beispiele sind der *Gmeiner Kinderdorf Fonds* und der *DWS-Bildungsfonds*: Für den Anleger besteht die Möglichkeit, die Ausschüttung an eine private Bildungseinrichtung seiner Wahl zu spenden. Da ein Fondsvolumen unter 50 Millionen Euro für die Fondsgesellschaft nicht rentabel ist, kommt dieser Weg nur für große Spenden sammelnde Organisationen in Frage, die viele Anleger mobilisieren können.

Spendenbarometer

Es steht an gut sichtbarer Stelle (etwa vorne in der Kirche oder im Theaterfoyer), ist mehrere Meter hoch und zeigt den Stand der Spendenkampagne an.

Spendenclubs

Spendenclubs wurden besonders erfolgreich in den USA im Umfeld von Universitäten etabliert. Den eingetragenen Dauerspendern oder Mitgliedern der

Spenden sammelnden Organisation werden (ähnlich wie bei den Kundenclubs á la *Payback*) spezielle Sonderangebote, Gutscheine, Rabatte bei bestimmten Läden, Versandhäusern und andere Vorteile eingeräumt. Mit diesen Mitteln und mit Clubkarte und Bonusprogramm wird versucht, sie zu binden.

Spenden-Kettenbrief

Ein Spendenbrief wird mit der Bitte gekoppelt, zu spenden und Adressen weiterer potenziell Interessierter zu nennen, an die der Brief dann auch geschickt wird (mit Nennung der Person, von der die Adresse stammt, als Referenz).

Spenden-Parlament

Spendenparlament

Die Idee zum Spenden-Parlament stammt aus Hamburg **www.spendenparlament.de**. Es gibt sie beispielsweise in Wien, Brüssel, Berlin, Lübeck, Reutlingen **www.reutlinger-spendenparlament.de**, Wolfsburg, Celle, Flensburg und als Deutsches Spendenparlament **www.deutsches-spendenparlament.de**. Parlamentarier (Mitglied des Spenden-Parlaments) wird jeder, der eine bestimmte Mindestsumme pro Jahr spendet. In den Parlamentssitzungen entscheiden die Spender gemeinsam über die Verwendung ihrer Gaben, bestimmen also mit, welche sozialen Projekte in ihrer Stadt damit gefördert werden sollen. Förderanträge werden vorher von einer Finanzkommission geprüft, befürwortend oder ablehnend ins Plenum eingebracht, dort debattiert, bestätigt und weiterverfolgt oder abgelehnt. Als Spender gewinnt man dadurch die Übersicht, wo das Geld bleibt.

Spendenkreisel, Münztrichter, Groschenmühle

Im Tierpark, im Rathaus-Foyer am *UNICEF*-Stand und an vielen anderen Orten steht der Münz- oder Spenden-Trichter als unaufdringliche Art, Spenden zu sammeln. Kinder erbetteln sich von den Eltern Münzen und werfen sie hinein, wo die Münze dann manchmal lange ihre Kreise zieht, bis sie im Schlund verschwindet. Die einmalige Ausgabe für die Anschaffung ist bei Aufstellung an belebten Orten schnell wieder eingesammelt. Es gibt auch Selbstbau-Sätze und Anleitungen.

Sportspende

Run for Help, Run for Life, Heldenrennen – diese Benefizläufe, die von der *Deutschen Multiple-Sklerose-Gesellschaft*, den *TSV 1860-Junioren*, den *Frontrunners München* und zahlreichen andere Organisationen durchgeführt werden, erbringen fünfstellige Summen. Ein Marathon hat schon einmal über 100.000 Zuschauer, bei denen es sich lohnt, die Spendendosen zu schwingen, und ein Freundschaftsspiel einer Bundesliga-Mannschaft bringt fünfstellige Einnahmen.

www.kkfk.de

Freizeit- wie Profisportler engagieren sich gerne für ein Spendenevent. Viele Firmen und Behörden – wie der *ADAC* und das *Europäische Patentamt* – haben Mannschaften und mobilisieren zu ihren Spielen regelmäßig ein größeres Publikum. Bewerben Sie sich um den Spendenertrag bei einem dieser Spiele oder laden Sie – mit Ihren Anhängern – zu einem von Ihnen organisierten Turnier ein. Für Benefizspiele sind prominente Sportler/innen besonders ansprechbar. So engagiert sich etwa die Wiesbadener Schwimm-Weltmeisterin *Angela Maurer* als Botschafterin für den *Verein Känguru*, der behinderte Kinder betreut. Oder so spendete der Hanauer Kickboxer *Mirdi Limani* 30 Prozent des Wettkampf-Kartenverkaufs an den *Hilfe für kebskranke Kinder Frankfurt e.V.*

Sponsoren-Rallye

Jeder Teilnehmer sucht sich im Vorfeld der (etwa Laufsport-) Rallye Sponsoren, die ihn für jeden erreichten Kilometer durch eine bestimmte Summe unterstützen. Am Tag der Sponsoren-Rallye versucht der Teilnehmer in seiner Disziplin so viele Kilometer wie möglich zurückzulegen. Es können als Sponsoren neben Unternehmen auch Freunde, Bekannte, Nachbarn, oder Arbeitskollegen angesprochen werden.

24 Stunden Schwimmen für einen guten Zweck

2014 ging der Erlös dieser Traditionsveranstaltung an die die *Sportgemeinschaft Behinderter und Nichtbehinderter der Universität Regensburg e.V.* Das Sportbecken hat Samstag/Sonntag für die 24-Stunden-Schwimmer durchgehend geöffnet. Das 24-Stunden-Armband als Eintrittskarte gilt auch dann, wenn man zwischendurch das Bad verlassen hat. Alle Bahnen sind für das 24-Stunden-Schwimmen reserviert. Jeder Schwimmer spendet mindestens zwei Euro. Es gibt attraktive Preise, unter anderem für den jüngsten und den ältesten Teilnehmer, für die längste geschwommene Einzelstrecke, für die längste Schulstrecke und für die längste Gruppenstrecke (Verein, Firmenmannschaft, Stammtischgruppe etc.). Während der Nachtstunden verlosen die Organisatoren zudem stündlich extra Preise wie Westbad-Tickets und Karten für Veranstaltungen in der Donau-Arena **www.westbad.de/29-und-30-november-6-24-stunden-schwimmen-im-westbad-1888/**. Der *Verein Familientreff* aus Bargfeld-Stegen veranstaltete zugunsten *Paulinchen e.V.* ein Zumba Charity Event. Dank eines hochmotivierten Teams wurde den ganzen Nachmittag durchgetanzt. Es konnte ein stolzer Betrag von 2.140 Euro überwiesen werden.

Umsonstladen

In Regensburg können dort Gegenstände abgegeben werden, die von ihren Besitzern nicht länger gebraucht werden, aber durchaus anderen Leuten von Nutzen sind. Unabhängig davon, ob man selbst etwas mitgebracht hat, darf man alle Dinge im Umsonstladen begutachten und bei Bedarf mitnehmen. In der gemütlichen Sitzecke entstehen bei einer Tasse Tee und einem Stück mitgebrachtem Kuchen, interessante Gespräche und neue Bekanntschaften. Die Aktiven versprechen sich vom geldlosen Weitergeben von Gegenständen einen bewussten und sparsamen Umgang mit Konsumgütern sowie das Beschäftigen mit der Frage: „Was brauche ich wirklich?" Auf diese Weise sollen Ressourcen geschont, die Umweltbelastung durch Produktion und Abfall reduziert, der Sinn für gemeinschaftlichen Umgang mit Dingen und Fähigkeiten geschärft sowie die Freude am Verschenken gestärkt werden **www.transition-regensburg.de**.

Versteigerung / Auktion

Auktionen für einen guten Zweck sind dann erfolgreich, wenn ein witziger und schlagfertiger Auktionator mitmacht und sich dadurch eine gute Stimmung breitmacht. Zuvor müssen Sie attraktive Sachspenden einwerben und kaufkräftiges Publikum anlocken. Es gibt viele Varianten:

Versteigerung unverkäuflicher Gelegenheiten

(siehe Kapitel 2.1.5 *Benefizevents – Spendensammeln mit hohem Unterhaltungswert*)

Amerikanische Versteigerung

Dabei wird der Differenzbetrag zum vorherigen Gebot bezahlt. Vorab wird für die Versteigerung eine Zeitspanne festgelegt, die dem Publikum nicht bekannt gegeben wird. Den Zuschlag erhält derjenige, der das letzte Gebot vor dem Schlussläuten abgegeben hat.

Foto: Peter Lindlacher

eBay-Auktion

Ein modellbau-begeisterter Feuerwehrmann versteigerte ein Diorama bei *eBay*. Ersteigert wurde das Modell von einer Firma, die den Erlös auf 900 Euro verdoppelte und an *Paulinchen e.V.* spendete. Das Diorama wird im Eingangsbereich des Unternehmens ausgestellt.

Visitenkartenspende

Bei Benefizveranstaltungen hat mancher nicht so viel Geld dabei, wie er spontan gerne spenden möchte. Andere wollen für größere Barbeträge gerne eine Spendenquittung. Bieten Sie Ihren Spendenwilligen bei Events deshalb folgenden Service: Auf Ihrer Spendenbox steht zum Beispiel „Box für Ihre Spende" oder „Ihr Spendenversprechen auf Zettel/Visitenkarte mit Ihren Kontaktdaten" und „Anforderung einer Quittung: Spende mit Kontaktdaten in Umschlag". Neben der Box liegen Kuverts mit der Aufschrift „Sie möchten uns eine Spende versprechen oder eine Quittung für Ihre Barspende? Bitte stecken Sie dazu Ihre Notiz oder Ihre Spende zusammen mit Ihren vollständigen Kontaktdaten in diesem Umschlag. Herzlichen Dank!" Auch für den Beitritt zu Ihrem Verein können Sie so werben. Das alles lohnt sich, denn die Erfahrung zeigt, dass die Spendenbereitschaft deutlich nachlässt, umso mehr Stunden und Tage seit dem emotional aufwühlenden Event vergehen. Mit Hilfe der Kontaktdaten können Sie sich zeitnah für das Spendenversprechen bedanken und um die Überweisung auf Ihr Konto bitten oder die Spende quittieren oder den Beitritt bestätigen und um die Überweisung des Mitgliedsbeitrages bitten.

Urlaubs-Postkarte

Die bedürftigen Kinder, die durch eine Spendenaktion teilweise zum ersten Mal überhaupt im Ferienlager fuhren, schickten den Spendern eine Postkarte, auf der sie ihre Ferien beschrieben. Als die dahinter stehende Organisation im nächsten Weihnachts-Spendenbrief um Unterstützung für das nächste Ferienlager bat und auf die Postkarten verwies, kamen besonders viele Spenden.

Weihnachtskarten

www.tolle-weihnachtskarten.de führt Weihnachtskarten inklusive Spende gemeinwohlorientierter Organisationen wie *Peter Maffay Stiftung*, *Menschen für Menschen*, *Deutsche Kinderkrebsstiftung* und *Deutscher Kinderschutzbund*. Pro verkaufter Karte werden zwischen 0,13 Cent und 0,20 Cent an die jeweils auf der Karte angegebene Organisation weitergegeben. Es handelt sich um eine Unterstützung durch den Hersteller, nicht um die Spende des jeweiligen Käufers. Daher gibt es für diese keine Spendenquittung. Wenn Firmen die Karten für ihre Glückwünsche zum Jahreswechsel kaufen, können sie entsprechend bedruckt werden und der Kartenpreis ist als Betriebsausgabe absetzbar.

Weltkuchentag

Das Jugendbegleitprogramm der Stadt München zur Fußball-WM kam Bildungsprojekten in aller Welt zugute. Schüler und Studenten servierten an Straßenständen Kaffee und Kuchen, die von Unternehmen gesponsert waren. Dazu gab es eine Glückskeks-Tombola und ein Unterhaltungsprogramm. Auf dem Höhepunkt der Aktion wurde der Weltkuchen angeschnitten und bei der internationalen Abschlussgala wurden die einzelnen Kontinente mit Tanz und Musik vorgestellt.

Werbe-Hilfe

savethechildren.de bittet seine Unterstützer auch darum, sich mit ihrer Webseite zu verlinken oder einen Werbebanner der Organisation auf die eigene Seite herunterzuladen. So wird savethechildren.de im Internet leichter gefunden und bekannter und die Spendenerträge steigen an.

WM-Tipp-Spiel

Die *Kinderfonds Stiftung* veranstaltete ein großes WM-Tipp-Spiel, bei dem man auch online tippen konnte. Jeder, der spendete, konnte mitmachen. Die Spenden wurden zu 100 Prozent an ein Kinderheim in Gilbert in Argentinien gegeben.

Zahngoldspende

Eine spezielle Form der Sachspende betrifft altes Zahngold und andere Edelmetalle, die beim Ersetzen von Kronen und Brücken bei Zahnärzten anfallen. Eine dem Patienten entfernte Krone enthält zwei bis drei g Gold (oder andere Edelmetalle). Bei Brücken ist es noch mehr. Im Laufe eines Jahres fällt in der Praxis Gold in Höhe vieler Tausend Euro an. Es gehört den Patienten. Bundesweit sammeln bereits viele gemeinwohlorientierte Organisationen dieses Gold. Auch Sie können sich um solche Spenden bewerben oder in Kooperation etwa mit der Zahnärztekammer Ihrer Region oder für die Aktion geworbenen Zahn-ärzten das Zahngold selbst einsammeln. Die kooperierenden Zahnärzte geben den Patienten von den Organisationen gestaltete Flyer mit der Bitte um eine Zahngoldspende. Zweimal im Jahr holen die Organisationen das gesammelte Gold bei den Zahnärzten ab. So wird die Miete eines offenen Betreuungsan-gebots des *Fuldaer Kinderschutzbundes* vom *Verein jolly dent* finanziert. Viele Zahnärzte wissen zwar von solchen Aktionen, haben aber konkret noch keine Partnerorganisation.

2.2 Fundraising-Instrumente für Fortgeschrittene

2.2.1 Unternehmenskooperation – mehr als Sponsoring

Dieter Schöffmann

- Warum sich Unternehmen für gemeinnütziges Engagement interessieren
- Entwicklungsstufen des unternehmerischen Engagements
- Das Unternehmen als Spender: Geld- und Sachspenden, kostenlose Dienstleistungen und Firmenstiftungen
- Das Unternehmen als Sponsor – Auf die Gegenleistung kommt es an
- Ein verlockendes Angebot – der Vereinsbus als Werbeträger
- Das Unternehmen als Ihr Kunde – Kooperation via Auftragsvergabe
- Wachstumsmarkt „Corporate Volunteering" – Gemeinnütziges Arbeitnehmer-Engagement
- Von der einseitigen zur gegenseitigen Hilfe
- So gewinnen Sie Unternehmen für eine Unterstützung
- Ihr Vorstellungsgespräch beim potenziellen Unternehmenspartner
- Die rechtliche Seite – eine passende Lösung lässt sich fast immer finden

Wirtschaftsunternehmen geben in den deutschsprachigen Ländern mehrere Milliarden Euro pro Jahr für (in dieser Reihenfolge) Sport-, Kultur-, Sozial- und Öko-Sponsoring und für Spenden an gemeinwohlorientierte Organisationen aus. Interessant ist, dass diese Ausgaben in den letzten Jahren kontinuierlich gesteigert wurden. Anders als im eher stagnierenden Markt der Privatspender. Wer jedoch bei der Förderung durch ein Unternehmen nur an Geld oder Sponsoring denkt, reduziert von vornherein die Vielfalt der Möglichkeiten und Anknüpfungspunkte, Unternehmen für bürgerschaftliches Engagement zu gewinnen.

Wenn Sie als gemeinwohlorientierte Organisation mit Unternehmen kooperieren möchten, gilt es zunächst, die Vielfalt der Unternehmenstypen und -motive zu verstehen, die teils im selben Unternehmen nebeneinander existieren und die Unterstützungsbereitschaft beeinflussen. Dann sollten Sie die verschiedenen Engagement- oder Unterstützungsoptionen kennen, die Unternehmen zur Verfügung stehen. Schließlich sollten Sie sich mit der Art und Weise einer allmählichen Partnerschaftsentwicklung befassen.

Warum sich Unternehmen für gemeinnützige Aktivtäten interessieren

Wie ein Unternehmen und seine Leitung gesellschaftliche Verantwortung und den Bürgerstatus des Unternehmens interpretiert, wird wesentlich von seiner Eigentümerstruktur geprägt:

Inhabergeführte oder Familienunternehmen – Unterstützung aus Tradition und Überzeugung

Bei inhabergeführten Unternehmen (in der Rechtsform einer Einzelfirma, Personen- oder Kapitalgesellschaft) gibt es einen Eigentümer, der das Unternehmen führt und seine Entwicklung gestaltet. Bis vor einigen Jahren traf dies zum Beispiel auf *The Body Shop* mit der Gründerin und Inhaberin *Anita Roddik* zu. Mit ihren ethischen Vorstellungen (so ist sie etwa gegen Tierversuche und für fairen Bezug von Rohstoffen aus der Dritten Welt) prägte sie das Profil eines gesellschaftlich verantwortlichen Unternehmens. Inhalt, Strategie und Gestalt des gesellschaftlichen Unternehmensengagements sind hier stark von der „Chefin" geprägt, die weitgehend frei ist, über die Verwendung des Unternehmensgewinns zu entscheiden. Insbesondere bei kleineren Unternehmen dominiert häufig die persönliche Motivation und ethische Disposition des Inhabers das gesellschaftliche Engagement und nicht so sehr das Unternehmensinteresse. Für den örtlichen Einzelhandel und das lokale Handwerk können daneben auch erhoffte Werbeeffekte eine Rolle spielen.

Ähnlich einzuschätzen sind die größeren bis multinational tätigen Familienunternehmen, die den Wechsel von der ersten zur nachfolgenden Inhabergeneration hinter sich haben – wie zum Beispiel: *BMW AG, Metro AG, Boehringer Ingelheim Pharma GmbH & Co. KG, Bertelsmann AG, Henkel KGaA* und andere mehr. Die „Shareholder" solcher Unternehmen, also die Familien, achten weniger auf den kurzfristigen Börsen- als eher auf den langfristigen Unternehmenswert. Dies und die Kontinuität der Eigentümerschaft sind wesentliche Einflussfaktoren für die praktische Interpretation der gesellschaftlichen Unternehmensverantwortung und -bürgerschaft. Die Gestaltung der gesellschaftlichen Rolle des Unternehmens wird mehr oder weniger stark aus der Ethik früherer bis heutiger Generationen der Eigentümerfamilie(n) abgeleitet. Die unmittelbare Verknüpfung bürgerschaftlichen Unternehmensengagements mit einem bestimmten Unternehmensnutzen wird dagegen manchmal (noch) als unanständig erachtet – wie ich in einigen Diskussionen erfahren durfte. Dafür wird hier freiwilliges gesellschaftliches Engagement nicht so leicht einem kurzfristigen Renditedenken geopfert.

Aktiengesellschaften im Streubesitz – Gemeinnutz als Wettbewerbsvorteil

Hier handeln – idealtypisch betrachtet – angestellte Manager und angestellte Aktienkapitalverwalter der Fondsgesellschaften, die kein persönliches Vermögen dem unternehmerischen Risiko aussetzen, sondern nur das ihnen anvertraute

Vermögen anonymer Anleger. Solche Unternehmen und ihr Management sind stark dem Shareholder Value verpflichtet. Diese kurz- bis mittelfristige Entwicklung des Börsenwertes der Aktien hat hier eine weitaus größere Bedeutung, als die mittel- bis längerfristige Entwicklung des Substanzwertes und des Gewinns. Dies kann ein betriebswirtschaftliches Denken prägen, das jegliche freiwillige Übernahme gesellschaftlicher Verantwortung als unangebracht betrachtet.

Interessanterweise öffnen sich aber auch diese Unternehmen zunehmend dem Thema gemeinnütziges und gesellschaftliches Engagement. Dies ist aber meist stärker betriebswirtschaftlich motiviert. Das Sponsoring zum Beispiel des örtlichen Kindergartens erhöht die Mitarbeitermotivation und Mitarbeiterbindung. Die Zusammenarbeit mit einem Umweltverband verbessert das Ansehen bei den Kunden und führt zu einem erhöhten Absatz von ökologisch einwandfreien Produkten.

Lokal oder global – Auf dem Markt kommt es an

Wo und in welchem Umfang sich ein Unternehmen engagiert, hängt von den Standorten und den Zielmärkten ab. Hat das Unternehmen nur einen Standort, der zugleich seinem Markt entspricht, ist es also lokal oder regional tätig? Oder hat es zwar seine Unternehmenszentrale hier vor Ort, ist aber ansonsten weltweit in einem globalen Markt tätig und muss sich daher als Weltbürger oder als Bürger vieler unterschiedlicher Gemeinden in dieser Welt verstehen? Ein Unternehmen wie die *Deutsche Bank*, das über die Hälfte seines Umsatzes im Ausland tätigt und zu mehr als der Hälfte in ausländischem Besitz ist, muss und wird einen anderen Bezugsrahmen für sein gesellschaftliches Engagement wählen als die örtliche Volksbank. Nicht anders bei dem Softwareunternehmen *SAP*, das nicht nur im badischen Walldorf, sondern etwa auch in Bangalore (Indien) oder Newtown Square, Pennsylvania (USA) angesiedelt ist. Bei großen Unternehmen kann es Engagement auch auf verschiedenen Ebenen geben. Der Versicherungskonzern *Allianz* unterstützt mit seiner Stiftung auf der einen Seite internationale Kunstprojekte mit hoher Reichweite und anspruchsvoller Ausrichtung. Gleichzeitig können über den Allianz-Vertreter vor Ort auch kleine lokale Kulturprojekte gefördert werden.

Wer soll vom Engagement beeindruckt werden?

Das Engagement des Unternehmens kann sich an die Kunden richten, um bei ihnen mit einem profilierten Bürgerengagement zum Anbieter erster Wahl zu werden oder dies zu bleiben. Dabei lassen sich die Kundengruppen unterscheiden: Handelt es sich um andere Unternehmen, also „Business to Business" (B2B) oder um eine Vielzahl individueller Konsumenten, „Business to Consumer" (B2C). Letztere sind weitaus sensibler für das Thema gesellschaftliches und gemeinnütziges Engagement, da ihre Konsumenten zugleich auch Bürgerinnen und Bürger sind, die aus dieser Perspektive wiederum Kaufentscheidungen treffen. Jedoch dürfte auch für „B2B-Unternehmen" die Bedeutung eines positiven Verantwortungs- und Bürgerprofils in dem Maße zunehmen, wie ihre Kunden selbst eine solch positive Profilierung anstreben und dies nicht durch ihre rückwärtige Wertschöpfungskette, also ihre Zulieferer, gefährden wollen.

Weitere Zielgruppen für öffentlichkeitswirksames gesellschaftliches Engagement können die Anteilseigner bzw. Investoren sein, die sensibel sind für Risiken, die Unternehmen mit geringem Verständnis ihrer gesellschaftlichen Rolle darstellen. Oder es richtet sich an die Öffentlichkeit, die Politik und die Bürgerinnen und Bürger am Standort, um zukünftig die „licence to operate" – also die Erlaubnis, seinem Geschäft nachzugehen – auch in kritischen Situationen zu erhalten. Das Engagement richtet sich möglicherweise sowohl auf das Kerngeschäft – also die proaktive Ausgestaltung von Umwelt- und Sozialstandards, Transparenz und Fairness in den Geschäftsbeziehungen wie in der Unternehmensführung – als auch auf Handlungsfelder außerhalb der eigentlichen Unternehmenstätigkeit, indem mit Hilfe unternehmenseigener Kompetenzen und Ressourcen gesellschaftliche Probleme gemindert oder gelöst werden.

Immer wichtiger: Die Bedürfnisse der Mitarbeiter

Welches sind die Kernkompetenzen und -ressourcen des Unternehmens: eher Rohstoffe und Maschinen oder eher die Mitarbeiter und ihre Kreativität? Ist Letzteres dominierend, wird das gesellschaftliche Unternehmensengagement ein wichtiger Faktor hinsichtlich der Mitarbeitermotivation und -bindung. Jeder Mitarbeiter in einem Unternehmen ist gleichzeitig auch Bürger und nimmt sein Unternehmen auch im gesellschaftlichen und privaten Umfeld wahr. Und da macht es einen Unterschied, ob im Freundes- und Nachbarschaftskreis über das Unternehmen gut oder schlecht geredet wird. Zudem kann man direkt davon profitieren, wenn der eigene Sportverein oder ein attraktives Kulturangebot vor Ort gesponsert wird. Nach einer aktuellen Studie ist das gesellschaftliche Engagement für Hochschulabsolventen in Deutschland ein wichtiges Kriterium bei der Auswahl des zukünftigen Arbeitgebers. Das Angebot eines Top-Gehalts reicht hier nicht mehr alleine.

Entwicklungsstufen des Unternehmensengagements

Die oben beschriebenen Rahmenfaktoren und das Engagement eines Unternehmens über die Zeit führen zu verschiedenen Entwicklungsstufen.

„Altruistisches" Engagement

Dies dürfte derzeit noch die in Deutschland am weitesten verbreitete Form gesellschaftlichen Unternehmensengagements sein: Hier gibt es keine strategische Ausrichtung oder Einbindung des Engagements in das Unternehmensgeschehen. Getragen wird es vor allem von Unternehmensinhabern, Vorständen oder anderen Leitungskräften mit großer (finanzieller) Eigenständigkeit, die sich ad hoc für die eine oder andere Unterstützung eines gemeinnützigen Anliegens entscheiden. Sie bewegen vorwiegend Geld und orientieren sich dabei stark an persönlichen Vorlieben, Empfehlungen des Ehepartners oder der persönlichen Ansprache durch „Bedürftige". Eine Nutzen- oder „Win-Win"-Orientierung des Engagements wird von ihnen teilweise ausdrücklich abgelehnt (selbst wenn sie unbewusst oder nicht ausgesprochen mitgedacht wird).

„Strategische Philanthropie"

Hier werden bislang isolierte Aktivitäten gebündelt und das Engagement systematisiert. Es gibt beispielsweise feste Zuständigkeiten für Spenden und Social-Sponsoring. Das Unternehmensengagement ist auf bestimmte Themen- und Zielgebiete festgelegt, in denen eine Unterstützung stattfindet. Nur in diesen Bereichen wird auf Anfragen von außen reagiert. Der finanzielle Transfer ist gegenüber anderen Unterstützungsformen stark bis dominierend vertreten.

„Investition in das Gemeinwesen"

Dabei geschieht das gesellschaftliche Unternehmensengagement mit einem eindeutigen Geschäftsfokus. Corporate Citizenship ist Teil der Unternehmensidentität und findet in allen Unternehmensbereichen und Geschäftstätigkeiten seinen Niederschlag. Mit Gemeinwohlorganisationen oder dem Gemeinwesen werden langfristige Partnerschaften eingegangen, und es sind vor allem die Kernkompetenzen und Personalressourcen, die das Unternehmen in ein Engagement investiert. Es wird nicht auf Unterstützungsanfragen gewartet, sondern das Unternehmen ergreift selbst die Initiative, identifiziert Probleme, spricht potenzielle Partner an und entwickelt Projekte und Maßnahmen. Die Spenden- und Social-Sponsoring-Etats werden unter einem strategischen Dach gebündelt. In diesem Prozess befinden sich derzeit die ersten deutschen Unternehmen.

So hat die *VSA – ein Abrechnungszentrum und Dienstleistungsunternehmen für Apotheken* mit 900 Mitarbeitern und Hauptsitz in München – ganz gezielt einen Empfänger für seine (erheblichen und wiederholten) Spenden gesucht, mit dem eine dauerhafte Beziehung aufgebaut werden könnte. Die Wahl fiel auf *REFUGIO* München, die gefolterten und traumatisierten Flüchtlingen helfen, weil es der Firma als ein nachvollziehbares und besonders förderungswürdiges karitatives Engagement erschien und dies gerade nicht eine der großen Hilfsorganisationen ist, die durch TV und Presse ohnehin viel Unterstützung erfahren. Weil die Einrichtung am Firmensitz aktiv ist, ist der persönliche vertrauensvolle Kontakt möglich, etwa durch Auftritte von *REFUGIO* bei der Weihnachtsfeier der Firma. Auch die VSA-Mitarbeiter engagieren sich. So sammelten sie beispielsweise Spielsachen und Kleidung für die Klienten von *REFUGIO* und verkauften eine eigenproduzierte CD zugunsten von *REFUGIO* **www.refugio-muenchen.de**.

Das Unternehmen als Spender: Geld- und Sachspenden, kostenlose Dienstleistungen und Firmenstiftungen

Die klassische Geldspende

Vor allem kleine oder mittelständische Unternehmen unterscheiden meist nicht zwischen Spende und Sponsoring, während große, Werbung treibende Unternehmen hier jeweils eine sehr klare Trennlinie ziehen. Eine Spende liegt vor, wenn es sich nicht um das Entgelt für eine bestimmte Gegenleistung des Empfängers (meist Werbung) handelt und auch kein tatsächlicher wirtschaftlicher

Zusammenhang mit einer solchen Leistung besteht. Spenden sind – wirtschaftlich gesehen – immer völlig unentgeltlich und – steuerrechtlich gesehen – uneigennützig.

In der Praxis erwarten Firmen jedoch auch bei Spenden oft einen Nutzen, etwa eine Medienresonanz. Sehr beliebt ist die öffentliche Übergabe eines überdimensionierten Schecks in der Hoffnung, dass die dazu eingeladene Presse ein Foto davon abdruckt. So spendierte ein Unternehmer aus Stuttgart bedürftigen Menschen am Martinstag 500 Portionen Gans, Klöße und Rotkohl. Das war der Lokalpresse die Schlagzeile wert: „Gratis-Gänsekeulen an St. Martin: Festessen für Bedürftige". Firmen können das als Spende deklarierte Geld in erheblichem Umfang steuerlich absetzen. Vier Promille der Summe der gesamten Umsätze plus der im Kalenderjahr aufgewendeten Löhne und Gehälter sind als Sonderausgaben abzugsfähig (§ 10b EStG).

— Tipp: Steuern vermeiden —————————————————————————————

Der Spendenempfänger sollte in seiner Öffentlichkeitsarbeit jeden Eindruck einer vertraglich vereinbarten Gegenleistung meiden. Sonst besteht die Gefahr, dass das Finanzamt dies als Mitwirkung an der Werbearbeit der Firma im Rahmen eines Sponsorings ansieht und Versteuerung der Förderung verlangt.

Im Fokus der Öffentlichkeit – Benefizaktionen

Origineller als die Überreichung von Spendenschecks und deshalb meist auch öffentlichkeitswirksamer sind Benefizaktionen von Unternehmen für gemeinnützige Initiativen, deren Erlöse dann möglicherweise noch durch eine Unternehmensspende erhöht werden. So boten etwa beim Wiesbadener „Open-Hair-Festival" zwölf Wiesbadener Trendfriseure in einer Gemeinschaftsaktion in Pavillons auf dem zentralen Mauritiusplatz Haarschnitte für fünf Euro an. Der Erlös kam der Stiftung Bärenherz zugute.

Vom Computer bis zum Vereinsbus – Sachspenden

Warum spenden Firmen lieber Sachleistungen als Geld? Die beste Werbung für ein Produkt ist das Produkt selbst. Eine Kühltruhe Speiseeis beim Sommerfest der Freizeiteinrichtung ist wesentlich verkaufsfördernder, als wenn das Speiseeisunternehmen einen Scheck überreicht.

— Tipp: Das Portal *Connecting help* ———————————————————————

vermittelt registrierten gemeinnützigen Organisationen Hard- und Softwarespenden namhafter IT-Unternehmen (inklusive *Microsoft*) über die Internetplattform **www.connecting-help.de**. So erfahren Zehntausende dort registrierter Gemeinnütziger regelmäßig von neu in die Spendenliste aufgenommenen Produkten (siehe das Kapitel 3.2.8 *Vermittlungsbörsen für Sachspenden, Pro-bono-Leistungen und Förderausschreibungen*).

Gerne stellen Unternehmen auch ihre Räume für öffentlich wirksame Events zur Verfügung, wie etwa die *EnBW* für eine Verkaufsausstellung von Kunstwerken für die Drogenberatungsstelle *Release*.

Besonders gerne geben Firmen ausgemusterte Büromöbel und -geräte oder Restbestände ausgelaufener Sortimente (Räumungsware) an gemeinnützige Organisationen weiter. Das löst das Entsorgungsproblem und schafft zusätzlich ein gutes Gefühl. Die *Landesbausparkasse (LBS) Baden-Württemberg* hat ein Flurförderfahrzeug, das früher Akten transportiert hat, dem *Katharinenhospital* geschenkt. Dort wird es als Transportfahrzeug für Patienten eingesetzt. Wenn eine Organisation also zum Beispiel ein Büro einrichten will und kein Geld dafür hat, lohnt es immer, einen Rundruf bei Firmen zu starten, ob gerade etwas Passendes abgegeben werden kann.

Achtung: Gibt der Unternehmer (abgeschriebene) Sachen aus dem Betriebsvermögen an Gemeinwohlorientierte als Spende, muss er für den in der Spendenquittung angegebenen Wert Umsatzsteuer zahlen, die bei einer Entsorgung oder Vernichtung der Sachen nicht anfiele. Daher verzichten Unternehmen oft auf eine Spendenquittung.

Mehr als kostenlose Kopien – Infrastrukturhilfe

Viele Firmen leisten logistische Hilfe oder lassen die eigene Infrastruktur nutzen. Sie gestatten ihren Mitarbeiterinnen, PCs, Kopierer und anderes an ihrem Arbeitsplatz für ihren gemeinwohlorientierten Verein mitzubenutzen oder stellen kostenlos Räume und/oder Technik für Veranstaltungen zur Verfügung. Sie drucken Flugblätter und Broschüren in ihrer Hausdruckerei, übernehmen Transporte von gesammelten Kleidern oder der Jugendmannschaft mit firmeneigenen Fahrzeugen oder sind bereit, einen Spendenaufruf an ihre Kunden und Lieferanten weiterzuleiten und ihn in ihrer Hauszeitschrift abzudrucken. Ein Hotel kann Gratisübernachtungen, eine Fluggesellschaft Flüge für die Referenten bei Ihrem Event spendieren.

— Tipp: Jubiläumsspende ——————————————————————————————

Sehr großzügig sind Firmen manchmal aus Anlass ihres Jubiläums. Das können Sie nutzen, indem Sie zwischen Ihrer gemeinnützigen Organisation und einem Firmenjubiläum eine plausible Verbindung herstellen. Nehmen wir einmal an, Ihre Organisation besteht seit vier Jahren. Dann suchen Sie Firmen in Ihrer Stadt, die im kommenden Jahr (also gleichzeitig mit Ihrem fünften) ihr 50. Jubiläum haben.

Zwar gibt die Industrie- und Handelskammer die Daten nicht heraus, doch bieten die Einsichtsstellen der Handelsregistergerichte die Möglichkeit, kostenlos das Register einzusehen und auch nach Firmen mit einem bestimmten Ersteintragungsjahr zu recherchieren. Solche Auskünfte können im Prinzip gegen Gebühr auch online eingeholt werden – doch sind leider gerade die Ersteintragungsjahre nicht immer vollständig online verfügbar **www.handelsregister.de**, **www.infobroker.de**.

Informieren Sie die ermittelten Firmen, dass die Firma und Ihre Organisation nächstes Jahr gleichzeitig „jubilieren" und Sie gerne zusammen feiern würden. Die Firma kann beispielweise ihren Stammkunden einen Sonderrabatt geben und sie zu einem großen Fest einladen, dessen Reinerlöse etwa bei Tombola, Versteigerung, Spendensammlung Ihrer Organisation zugute kommen.

Besser als Geschenke – Anstatt-Spende an Weihnachten

In den Unternehmen scheint die Sitte des geschäftlichen Weihnachtspräsentes auszusterben. Das politisch korrekte Unternehmen von heute versendet Postkarten mit dem Hinweis, dass man das für Präsente vorgesehene Geld wohltätigen Zwecken zufließen lässt.

Sich die Arbeit abnehmen lassen – Pro-bono-Leistungen

Fragen Sie Anwälte, Steuer-, Event- oder PR-Berater, ob sie bereit sind, Sie gratis zu beraten. *McKinsey & Company* berät im Rahmen von so genannten Pro-bono-Projekten unentgeltlich Organisationen und Institutionen im sozialen, kulturellen, sportlichen oder im Bildungsbereich. In den letzten 15 Jahren hat das deutsche *McKinsey*-Büro allein über 50 solcher Organisationen unterstützt, so zum Beispiel das *Evangelische Dekanat München*, das *Deutsche Museum*, die *Oper Frankfurt*, die deutsche Tafelbewegung, das *Werner Otto Institut* in Hamburg oder das rumänische Kinderdorf *Poiana Soarelui*.

Vorsprung durch Wissen – Die Knowhow-Spende

Die *Münchner Rückversicherung* muss Wetterextreme als Folge der globalen Erwärmung erkennen und bewerten. Diese langjährige Erfahrung ließ sie in ihren Ausstellungsbeitrag zu einer Bundesgartenschau einfließen; so steuerte sie nicht nur Geld bei, sondern auch Fakten.

Unterstützung institutionalisiert – Firmenstiftungen

Viele große Unternehmen gründen eigene Stiftungen, um dort die Abwicklung bestimmter Förderaktivitäten zu bündeln. Geschäftsführung und Kuratorium einer Stiftung können mit Personen besetzt werden, die fachlich erfolgreicher mit der Welt von Kunst, Kultur, Musik, Ökologie, Sozialem zusammenarbeiten, als dies die Unternehmenskommunikations- oder Marketing-Abteilung kann. *Klaus Hoppmann*, Inhaber eines alteingesessenen Opel-Händlerbetriebs in Siegen, fördert über seine *Stiftung Demokratie im Alltag* soziale Jugendprojekte, Bürgerinitiativen und die Aus- und Weiterbildung der Mitarbeitenden. Hoppmann, der seine Mitarbeitenden am Gewinn und an Entscheidungen in der *Hoppmann-Gruppe* beteiligt, lässt dies durch die Stiftung gewährleisten. Siehe auch die Kapitel 3.2.2 *Förder- und Spendenfonds – meist unbürokratisch und einfach* und 3.3.3 *Stiftungen als Förderer nutzen*.

Die Gelegenheit nutzen – Unternehmenspreise und -wettbewerbe

Viele Unternehmen und Unternehmensstiftungen stiften Preise und schreiben Wettbewerbe für gemeinnützige Arbeit aus. Unter dem Titel „Bonner Chancen" hat die *Deutsche Telekom* einen langfristig ausgerichteten Wettbewerb unter Bürgern der Stadt Bonn etabliert, der auf eine Verbesserung der Bildungs-

Internet: www.kinderundjugendtelefon.de

und Freizeitmöglichkeiten für Kinder und Jugendliche abzielt. Weitere Beispiele dafür finden Sie im Kapitel 3.2.6 *Lassen Sie sich auszeichnen – Förderpreise und Wettbewerbe*.

Das Unternehmen als Sponsor – Auf die Gegenleistung kommt es an

Einige Zeit galt der Begriff Sponsoring als Synonym für das soziale Engagement von Unternehmen. Allerdings entsprach das nie den Tatsachen. Vielmehr ist Sponsoring nur eines von vielen Instrumenten der Unternehmenskooperation und nicht einmal das wichtigste. Sponsoring im engeren Sinne ist ein Werbegeschäft nach dem Muster: die Firma gibt Geld und darf sich in ihrer Werbung als Förderer einer Social-Profit-Organisation darstellen. Grundlage ist ein Vertrag zwischen dem Unternehmen und dem Sponsoringnehmer, der die beiderseitigen Leistungen genau beschreibt. Die Ausgaben werden in der Regel dem Werbeetat entnommen und steuerlich als Betriebsausgaben abgesetzt. Durch Kultur-, Sozial- und Öko-Sponsoring fällt die Firma im großen Werbekonzert auf und hebt sich von Mitbewerbern ab. Sie bekommt ein besonders positives – weil nicht nur kommerzielles – Image.

Wuchern Sie mit Ihren Pfunden: Ein guter Name und eine hohe Reichweite

Unternehmen wollen im Sponsoring von Ihrem guten Namen profitieren und ihr eigenes Image aufpolieren. Einige machen das mit dem Sponsoring von Stars aus dem Bereich Sport und Showbusiness. Andere suchen nach gemeinnützigen Partnern. Dabei sind allerdings nur Organisationen interessant, welche eine positive und für den Zielmarkt des Unternehmens passende Außenwirkung haben. *Adidas* unterstützt zum Beispiel nur international etablierte und bekannte Organisationen. Der örtliche Schreiner möglicherweise nur den örtlichen Fußballverein. Sie müssen sich also fragen, für welche Werte und Eigenschaften Ihre Organisation bekannt ist. Sind Sie ein traditioneller, angesehener und örtlich tief verwurzelter Verein oder eine hochengagierte Umweltgruppe mit aufsehenerregenden Aktionen in der Öffentlichkeit. Je nach Ihrem Image sind Sie für sehr unterschiedliche Unternehmen interessant (oder auch nicht).

Was neben dem Image bei Sponsoring-Projekten zählt, sind die Kontakte, die Sie der Firma vermitteln. Denken Sie daran, dass Sie für die Firmen umso interessanter sind, je mehr werbende Kontakte Sie zu potenziellen Kunden vermitteln können. Das ist der Grund, warum Sponsoring vor allem Sport-, Umwelt-, Kultur-, aber nur selten Sozial-Sponsoring ist. Firmen sponsern am liebsten (Sport- und Musik-)Veranstaltungen, zu denen die Massen strömen. Insbesondere bei großen Events mit einem bekannten Künstler bietet es sich an, mit einer Agentur zu kooperieren (siehe das Kapitel 2.1.5 *Benefizevents – Spendensammeln mit hohem Unterhaltungswert* und das Kapitel 4.3 *Hilfe von den Profis – Auswahl und Zusammenarbeit mit Dienstleistern*).

Mit der folgenden Checkliste können Sie überprüfen, für welche Werte und Eigenschaften Ihre Organisation steht, welche Reichweite Sie haben und was Sie entsprechend einem Unternehmen zu bieten haben:

Checkliste 39: Vorbereitung auf die Gewinnung von Sponsoren

Welches Image erzielt Ihre Organisation oder das gesponserte Projekt?
Im Kultur- und Sportsponsoring: Ästhetik, Atmosphäre, Fortschritt, gesellschaftlicher Verantwortung, Harmonie, Innovation, Internationalität, Jugendlichkeit, Kontaktpflege, Kreativität, Originalität, Prestige, Spitzenleistungen, Tradition, Vision (Magie)
Im Sozialsponsoring: gesellschaftliche Verantwortung, Sorge um das Gemeinwohl, Zuwendung, Fürsorge, Harmonie, Zusammenleben und Partnerschaft, Kontaktpflege, Kreativität, Originalität, Prestige, Spitzenleistungen, Tradition, Vision.
Im Umweltsponsoring: gesellschaftliche Verantwortung, Nachhaltigkeit, Vision, Bodenständigkeit, Tradition, Zukunftsfähigkeit
Welche Reichweite / welche Kontakte können Sie anbieten?
Wen sprechen Sie an (Konsumenten, Altersgruppen, Einkommensgruppen, Multiplikatoren, politische Entscheider, Presse etc.)?
Wie viele Zielpersonen (sog. Kontakte) werden im Rahmen der Partnerschaft voraussichtlich erreicht?
Wie kann sich der Sponsor präsentieren?
Welche Medien und Projektformen können genutzt werden (öffentliche Veranstaltung; exklusive Events, eigene Medien wie Internet, Newsletter, Hauszeitschriften, Plakate)?
Wie kann das Sponsoring sichtbar werden (Logos und Werbetexte, Vorstellung und Präsentationen, Einbau ins Programm, Informationsstand mit eigenem Personal, Pressemeldungen etc.)?

Sponsoring ist in den allermeisten Fällen zeitlich begrenzt, aber es gibt auch langjährige Verbindungen; so kooperiert das Hamburger Drei-Sterne-Hotel *Wedina* seit 1999 mit dem dortigen Literaturhaus. Pro Jahr werden etwa 150 Autoren, die zu einer Lesung in Hamburg sind, im *Wedina* kostenlos untergebracht. Viele Zimmer sind je einem Autor gewidmet, etwa *Vladimir Nabokov*, *Ingeborg Bachmann* oder *Michael Ondaatje*, und mit deren Werken ausgestattet. Sponsoring ist in der Regel projektorientiert. Mit dem Sponsoring laufender Personal- oder Betriebskosten einer Einrichtung glaubt kaum ein Sponsor, sein Engagement wirksam öffentlich kommunizieren zu können.

— **Praxisbeispiel: Durch Sponsoring erlangt die Firma wichtiges Wissen** —————

„Geld geben – das kann jeder. Wir haben einen anderen Weg gesucht", sagt der Vorstandsvorsitzende von *Axa Art*, dem weltgrößten Kunstversicherer. Mit einem hohen sechsstelligen Betrag hilft *Axa Art* zum Beispiel bei der Reinigung von Gemälden mit Lasertechnik und der Restaurierung von Skulpturen aus Kunststoff, die in der Regel schnell verfallen. Wichtiger als Geld sind dabei die weltweiten Verbindungen zu fünfzig renommierten Kunstexperten, die die Firma in das Projekt einbringt. Auch die Versicherung profitiert dabei: „Wir lernen dramatisch hinzu, wie Kunstwerke angemessen zu bewerten sind".

— **Tipp: Kooperationspartner einbeziehen** ————————————————————

Wenn Ihre Organisation die Vermittlung vieler Kontakte selbst nicht bieten kann, erhöhen Sie Ihre mediale Attraktivität einfach durch Zusammenarbeit mit entsprechenden Organisationen. So kann eine soziale Einrichtung mit einem Sportverein einen Benefizmarathon durchführen und ein Jugendprojekt kann mit einer Disco ein besonderes Musikevent organisieren.

Bier trinken für den Regenwald – Cause Related Marketing

Sponsoring in Form des *Cause Related Marketing* verbindet Absatzförderung und Werbung mit einem finanziellen Beitrag für einen gemeinnützigen Zweck – wie etwa das *Krombacher Regenwald Projekt* unter dem Motto „Sie genießen – wir spenden (ein Cent pro verkaufter Flasche Bier)!" Auch Verlage, Bäcker und Frisöre werben mit solchen Aktionen. So sagten für den Umbau des evangelischen Kindergartens in Hattersheim die Bäcker *Bakalis*, *Grau*, *Mohr* und *Scholz* eine Spende von fünf Cent für jedes am 15. September verkaufte Brötchen zu. Nach einigen Lockerungen im deutschen Werberecht wird diese Form des Engagements in Deutschland immer beliebter. Wichtig ist allerdings, dass Produkt und guter Zweck zusammenpassen, die Höhe der Spende transparent und angemessen ist und das Ganze kein reiner Marketing-Gag bleibt.

Checkliste 40: Mustervertrag für das Sponsoring

Sponsorvertrag zwischen „Veranstalter" (z.B. eines Konzertes) und „Sponsor"

Vorbemerkung

Zwischen beiden Parteien werden folgende Vereinbarungen getroffen:

§ 1 Leistungen des Veranstalters: Der Veranstalter sorgt im Rahmen der Sponsoringvereinbarung für folgende Leistungen:

Beschreibung des Projekts: ....

Nebensponsor ist ....

Rang: „Mit freundlicher Unterstützung von ...."

Branding:

1) Logopräsentation auf Ankündigungsplakaten und Flyern

2) Logopräsentation am Ort: Für die Produktion der Banner ist der Sponsor selbst verantwortlich. Sie dürfen folgende Maße nicht überschreiten: .... Es dürfen maximal drei Banner aufgehängt werden. Der Veranstalter stellt lediglich die Flächen dafür zur Verfügung. Gerne steht der Veranstalter für Fragen zur Seite, um bestmögliche Einbindung zu gewährleisten.

3) Der Veranstalter ist für die Durchführung der Veranstaltung verantwortlich.

4) Der Veranstalter übernimmt die Pressearbeit von der Einladung bis zur Nachbereitung.

5) Der Sponsor erhält fünf VIP-Ausweise.

§ 2 Leistungen des Sponsors: ....

§ 3 Vertragsdauer: ....

§ 4 Gewährleistungen, höhere Gewalt und Haftungsausschluss: Wird infolge höherer Gewalt oder aus Gründen, die zum Zeitpunkt der Vertragsunterzeichnung noch nicht bekannt sind, die Durchführung der Veranstaltung ganz oder teilweise unmöglich, so übernimmt der Veranstalter hierfür keine Haftung.

§ 5 Geheimhaltung: Die Parteien verpflichten sich, sämtliche ihnen bei der Zusammenarbeit bekannt gewordenen Geschäftsvorgänge, auch über die Beendigung des Vertragsverhältnisses hinaus, streng geheim zu halten.

§ 6 Schlussbestimmungen

1) Änderungen und Zusätze, Ergänzungen und Aufhebungen einzelner Bestimmungen dieses Vertrages bedürfen der Schriftform. Mündliche Nebenvereinbarungen sind unwirksam.

Ein verlockendes Angebot – der Vereinsbus als Werbeträger

Viele gemeinnützige Organisationen werden angesprochen, ob sie sich nicht einen „kostenlosen" Vereinsbus beschaffen lassen wollen. Spezialisierte Werbeunternehmen oder Agenturen sammeln 15 bis 30 Firmenaufträge für Werbeaufkleber auf einem „Sozialmobil", das dann unentgeltlich einer sozialen Einrichtung zur Verfügung gestellt wird. Die Einrichtung muss die anzusprechenden Firmen vorschlagen. Das werden in erster Linie örtliche Firmen sein, die eventuell bereits in Geschäftsverbindung zur Einrichtung stehen. Dabei ist wichtig, kein Unternehmen, mit dem eine Geschäftsbeziehung besteht, zu vergessen und für die Agentur eine Anti-Liste zu erstellen, um nicht für Firmen, mit denen man schlechte Erfahrungen gemacht hat, werben zu müssen.

Seriosität prüfen

Wichtig ist ein persönlicher Kontakt zum Außendienstmitarbeiter der Werbeagentur, die das Sozialmobil organisiert. Denn er vertritt die soziale Einrichtung gegenüber den Firmen. Wenn er sie unter starken moralischen Druck setzt und sie verärgert, leidet der Ruf der Einrichtung.

Vertragsgestaltung

Auf eine Befristung (üblich sind zwölf Monate) vom Vertragsabschluss bis zur Auslieferung des Sozialmobils ist zu achten. Lassen Sie sich ein Vorschlags- und ein Vetorecht bezüglich der Sponsoren einräumen. Die kompletten Anschaffungskosten werden in der Regel von der Werbeagentur übernommen. Bestehen Sie auf Barzahlung des Fahrzeugs durch die Werbeagentur, damit sich der Verkäufer wegen der Bezahlung nicht an Sie wenden kann. Stellen Sie sicher, dass im Falle eines Unfalls das Fahrzeug und die Werbeschriften sofort ersetzt werden. Legen Sie fest, dass Ihnen das Fahrzeug nach Ablauf der Laufzeit (meist fünf Jahre) gegen Erstattung des Umsatzsteuerbetrages des Restwertes überlassen wird. Der Unterhalt des Fahrzeuges ist von der Einrichtung sicherzustellen (Vollkasko, Steuer, Inspektionen).

— **Tipp: Erhöhen sich Ihre Einnahmen wirklich?** ————————————————

Die Einrichtung sollte genau überlegen, ob sie auf diese Weise wirklich zusätzliche Förderung bekommt. Denn wenn die Firmen, die das Sozialmobil mit ihrer Werbung finanzieren, bisher bereits spendeten, ist davon auszugehen, dass während der Laufzeit des Sozialmobilvertrages die weitere Spendenbereitschaft versiegt.

Fürs Stadtzentrum weniger geeignet

Voraussetzungen dafür, dass gemeinnützige, kommunale oder kirchliche Einrichtungen ein Fahrzeug als Sozialmobil bekommen, sind die Firmenvorschlagsliste (siehe oben), die Bereitschaft, das Fahrzeug häufig einzusetzen oder auf der Straße sichtbar zu parken und ein hoher Bekanntheitsgrad. Vor allem kleine und mittlere Firmen lassen sich dafür als Werbepartner (Sponsoren) gewinnen. Innenstädte sind dafür kaum, äußere Stadtbezirke und größere Orte im Umland dagegen gut als Standorte geeignet.

Steuerpflicht

Die „kostenlose" Überlassung des Kleinbusses stellt einen steuerschädlichen, wirtschaftlichen Geschäftsbetrieb dar, der grundsätzlich in vollem Umfang steuerpflichtig ist. Eine Werbebindung besteht in der Regel fünf Jahre. Nach Ablauf dieser Zeit müssen alle Werbeflächen abgenommen werden und das Fahrzeug geht in das Eigentum der Einrichtung über. Diese muss das vollständig abgeschriebene Fahrzeug mit dem Restwert versteuern. Die Einrichtung wird eventuell auch zur Entrichtung von Umsatzsteuern auf den Nutzungswert des Sozialmobils (20 Prozent der Anschaffungskosten) herangezogen, wenn die gesamten steuerpflichtigen Umsätze der Einrichtung die Freigrenze von 17.500 Euro übersteigen. Übersteigen die Umsätze 35.000 Euro, können auch Körperschafts- und Gewerbesteuern anfallen. Im Zweifel sollte dazu vor Vertragsschluss beim Finanzamt angefragt werden. Es ist wichtig, dass das Fahrzeug tatsächlich bewegt und für Fahrten genutzt wird. Wenn es immer nur an einer Stelle parkt, erhebt das Ordnungsamt/Kreisverwaltungsreferat Gebühren für die Straßensondernutzung für Werbezwecke.

Die eigene Allianzarena – Vergeben Sie Namensrechte

Fußballstadien heißen *Allianz-* oder *Mercedes-Benz-Arena*. Was Sportvereine können, können Sie schon lange. Suchen Sie sich ein passendes örtliches Unternehmen und vermieten Sie die Namensrechte an Ihren Gebäuden, an einzelnen Sälen darin, an Ihrer Theatergruppe und anderem. Prüfen Sie, wie Sie dem Unternehmen die Möglichkeit geben, sich über einen längeren Zeitraum oder bei einer größeren Veranstaltung wirkungsvoll in der Öffentlichkeit zu präsentieren. So erzielt das Unternehmen einen positiven Imagetransfer. Dabei sollten Sie allerdings darauf achten, dass die Werte und Ziele des Unternehmens zu Ihren passen und Sie keinen negativen Imagetransfer erleiden.

Mit diesem Angebot können Sie viel höhere Sponsoring-Leistungen erzielen als mit der klassischen Logoabbildung. Bei der Kalkulation können Sie sich an dem „Tausender-Kontakte-Preis" im Medienbereich Ihrer Zielgruppen orientieren (Agenturen können Ihnen diese nennen). Achtung: Die Vermietung von Namensrechten stellt einen gegebenenfalls steuerpflichtigen wirtschaftlichen Geschäftsbetrieb dar, ist aber keine Gefahr für Ihre Gemeinnützigkeit.

Das Unternehmen als Ihr Kunde – Kooperation via Auftragsvergabe

Kooperation zwischen Unternehmen und gemeinnützigen Organisationen kann auch auf der Basis geschäftlicher Partnerschaft stattfinden. Seit Jahren eingespielt ist etwa die Vergabe bestimmter Firmenaufträge an Werkstätten für Behinderte oder das Einkaufen von ökologischem Wissen bei Umweltorganisationen. Religiöse Institutionen verkaufen Managertrainings, ökologische Organisationen Outdoor-Events oder kulturelle Initiativen ihre Veranstaltungskonzepte. So erwirtschaftet die *Dramatische Bühne in Frankfurt am Main* mit ihrem „Business Theater", einem speziellen Angebot für Unternehmen, jährlich 30 Prozent ihrer Einnahmen.

Wachstumsmarkt „Corporate Volunteering" – Gemeinnütziges Arbeitnehmer-Engagement

Hier beteiligen sich die Mitarbeiter aktiv am Unternehmensengagement, was dessen Glaubwürdigkeit erhöht. *Corporate Volunteering* bedeutet Gewinn für alle Seiten: Imagegewinn, Personalentwicklung und Teamförderung für das Unternehmen. Praktische Arbeitsleistungen, Wissens- und Kompetenztransfer durch Menschen aus der erwerbswirtschaftlichen Sphäre bereichern gemeinwohlorientierte Organisationen. Die beteiligten Unternehmensmitarbeiter sammeln Erfahrungen und Eindrücke, zu denen sie oder ihr Unternehmen normalerweise keinen Zugang haben. Die Formen sind vielfältig:

Der Therapeut nimmt über den „Klangboden" Kontakt zu taubblinden Kindern auf. Das Beratungszentrum Informationstechnik für Menschen mit Behinderungen der IBM Deutschland entwickelte und sponserte diese computergestützte Anlage für die Einrichtung Herzogsägmühle der Inneren Mission. Internet: www.ibm.com

Gemeinnützige Arbeit als Mitarbeitermotivation

Die Firma informiert beispielsweise via Intranet oder über einen Corporate-Volunteering-Beauftragten ihre Mitarbeiter über Möglichkeiten ehrenamtlichen Engagements in der Region, berichtet in der Mitarbeiterzeitung über engagierte Kollegen und zeichnet diese aus. Der *TakeCare-Gateway* der *Lufthansa* empfiehlt ihren Mitarbeitern soziale Organisationen für deren freiwilliges Engagement.

Gemeinnützige Arbeit im Rahmen der Personalentwicklung

Die *RWE Aktiengesellschaft* sensibilisiert mit dem *Dream-Team-Wettbewerb* ihre Auszubildenden für soziale Fragen und versetzt sie in die Lage, gemeinnützige Einrichtungen zu unterstützen. Die Teilnehmer/-innen werden aufgefordert, „die Seite zu wechseln" und in Kooperation mit externen Institutionen Projekte aus dem sozialen, gesellschaftlichen oder ökologischen Bereich zu entwickeln und diese im Team umzusetzen.

Finanzielle Unterstützung des Ehrenamts durch den Arbeitgeber

Bei *IBM* gibt es die *on demand Community*. Mitarbeiter engagieren sich freiwillig. IBM unterstützt sie dabei mit Technologie, Tools, Schulungen/Präsentationen und finanziellen Mitteln. Und bei *IBM München* können sich die Mitarbeiter registrieren lassen, wenn sie sich außerhalb des Jobs ehrenamtlich engagieren, zum Beispiel im sozialen Bereich. Für jede Meldung spendet *IBM* fünf Euro an eine gemeinnützige Organisation im Raum München. Wer mindestens 50 Stunden ehrenamtlich geleistet hat, kann von der Firma 1.000 Euro oder einen Laptop für die Organisation beantragen, bei der er sich engagiert. Dabei vertraut die Firma auf die Buchführung des Mitarbeiters **www.05.ibm. com/de/ibm/engagement/projekte/buerger/on_demand_community.html**.

Unternehmensinitiativen und -vereine für Freiwilligenarbeit

Oder das Unternehmen gründet eine eigene Initiative – etwa in Form eines gemeinnützigen Vereins – und verwirklicht sie mit eigenen Ressourcen inklusive eigenem Personal. Der im Juni 2000 gegründete gemeinnützige Verein *AXA von Herz zu Herz e.V.* ermöglicht interessierten Mitarbeitern an allen Standorten der *AXA* in Deutschland, sich ehrenamtlich zu engagieren.

Langfristiger Einsatz im Rahmen eines „Secondment"

Beim so genannten *Secondment* werden Mitarbeiter für einen längeren Zeitraum (etwa während des letzten Jahres vor dem Ruhestand) an eine Organisation ausgeliehen, um für sie zu arbeiten und dabei ihr spezielles Knowhow einzubringen. Ein *Secondee* von *IBM Deutschland* arbeitete so für ein Jahr in einer Behindertenwerkstatt mit und entwickelte eine bessere Vermarktungsstrategie für die Produkte der Werkstatt.

Gemeinnütziges Selbstständigen-Engagement

Nicht nur Unternehmen stellen Arbeitnehmer frei für soziales Engagement. Das tun Selbstständige auch mit sich selbst: So engagiert sich etwa in Berlin *Jenny De la Torre* als Obdachlosenärztin und hat inzwischen ein eigenes Gesundheitszentrum und eine dieses absichernde Stiftung für diese Personen initiiert. In Wiesbaden behandeln die Zahnärztin *Ulrike Albert* sowie zwei Allgemeinärzte einmal wöchentlich Obdachlose in der Teestube des *Diakonischen Werks*.

— **Praxisbeispiele: Strategisch gesellschaftliche Engagementspartnerschaft** —————

Hier geht das Unternehmen eine längerfristige Bindung mit einem gemeinnützigen Partner zum gegenseitigen wie zum gesellschaftlichen Nutzen ein. Vorbildhaft ist die Partnerschaft zwischen der *betapharm Arzneimittel GmbH* und dem *Verein zur Familiennachsorge Bunter Kreis e.V.* in Augsburg. Diese seit mehreren Jahren bestehende Engagementpartnerschaft hat zum Wohle schwerkranker Kinder Veränderungen in der Gesundheitsgesetzgebung bewirkt, aber auch dem Unternehmen zu einer erfolgreichen Entwicklung verholfen: *Betapharm* bewegt sich auf einem Markt mit austauschbaren Produkten, dem so genannten Generikamarkt. Hier kann man eigentlich nur über den Preis und Service erfolgreich sein – oder aber mit einer neuen Idee. Das erhebliche Firmenwachstum ist nur möglich gewesen, weil die Mitarbeiter sich – nicht zuletzt wegen dem Engagement ihrer Firma – mit ihrem Arbeitgeber identifizieren und deshalb leistungsbereiter sind.

Gemeinsame Aktionstage – Aufwand und Ertrag müssen zusammen passen

Auch aus den weit verbreiteten „Unternehmensaktionstagen" kann sich eine längerfristige Partnerschaft entwickeln. In der Regel engagiert sich hier eine Mitarbeitergruppe einen Tag lang mit handwerklichen Tätigkeiten, der Gestaltung eines Ausfluges mit Klienten oder auch mit einem fachlichen Beitrag für die gemeinnützige Organisation. Für Gemeinnützige lohnt sich der organisatorische Aufwand oft nur, wenn sich weitere Engagements des Unternehmens daran anschließen.

So haben zum Beispiel Mitarbeiter der Kölner Niederlassung eines Recyclingunternehmens vor Jahren einen Aktionstag bei einem Kinderheim in Köln durchgeführt. Es wurden Seifenkisten mit den Kindern gebaut, ein Musikstück komponiert und einstudiert und Ähnliches mehr. Alle waren sich abends einig, dass es ein für alle erfolgreicher und zufriedenstellender Tag war, der für sich alleine stehen bleiben kann. Auf dieser Zufriedenheit aufbauend ist dann weitaus mehr entstanden: Über das Jahr verteilt gab es diverse Aktivitäten einzelner Mitarbeiter oder Mitarbeitergruppen mit den Kindern. Die Aktionstage wurden in den folgenden Jahren wiederholt. Es flossen Spenden etwa als Weihnachtsgeschenke für die Kinder und anderes mehr. So ist eine langfristige und vielfältige Engagementpartnerschaft entstanden, die mit dem richtigen Maß an Bescheidenheit zu Beginn wachsen konnte.

Während des Aktionstages sollte die gemeinwohlorientierte Organisation daher gut und unaufdringlich einen Eindruck davon vermitteln, was sie insgesamt tut und für welche gemeinnützige Anliegen sie wirkt. So kann sie die teilnehmenden Mitarbeiterinnen und Mitarbeiter zu der Nachfrage motivieren, wo es denn noch Unterstützungsbedarf gibt. Das Unternehmen und seine Mitarbeiter sollten aus der Nähe kommen. Je näher der Unternehmensstandort ist, je mehr Mitarbeiter im Einzugsgebiet der Organisation wohnen, umso eher ergibt sich die Gelegenheit für weitere Begegnungen, des spontanen oder auch geplanten nächsten Engagements.

Von der Hand zum Kopf: Engagement gezielt in eine sinnvolle Richtung lenken

Bei Unternehmensaktionstagen dominiert bis heute immer noch der handwerkliche Aspekte oder die Sozialaktion in Form von Ausflügen mit den Klientinnen und Klienten. In diese Richtung drängen nicht zuletzt die Unternehmensmitarbeiterinnen und -mitarbeiter selbst. Von ihnen kommt häufig das Argument, dass man mal etwas anderes tun wolle als die übliche (Schreibtisch-)Arbeit.

Auf der gemeinwohlorientierten Seite führt aber vor allem der handwerkliche Ansatz zum Engpass. Denn längst nicht jede Organisation verfügt über die für körperbetonte Einsätze erforderlichen Räume, Anlagen oder Aufgaben. Und selbst wenn, dann ist irgendwann alles renoviert. Zugleich mag es weitaus wichtigeren Unterstützungsbedarf geben: etwa zur Verbesserung der Leistungsfähigkeit, des Freiwilligenmanagements, des Fundraisings oder auch der gesellschaftlichen Wirksamkeit. Viele dieser Bedarfe können engagierte Unternehmensmitarbeiter mit ihrer persönlichen oder fachlichen Kompetenz schon innerhalb eines Tages befriedigen.

So veranstaltet der Energieversorger *RWE* seit einiger Zeit den „Kopfverleih": Etwa fünf gemeinnützige Organisation werden ausgewählt, die vor zwanzig bis dreißig *RWE*-Mitarbeiterinnen und -Mitarbeitern ein konkretes Anliegen oder ein zu lösendes Problem präsentieren. Die Mitarbeiter bilden dann Kleingruppen, in denen sie Lösungsideen im gemeinsamen Brainstorming entwickeln. Das Ganze dauert nicht mehr als zwei Stunden und bringt trotzdem Ergebnisse, die den Gemeinnützigen weiterhelfen.

— **Praxisbeispiel: Umfeldanalyse statt Wände streichen** ——————————

Als *Cisco Systems GmbH* anbot, einen Tag lang mit 60 Personen für eine örtliche *Lebenshilfe*-Einrichtung aktiv zu werden, wollte diese keine Renovierungsleistungen (alle Wände waren schon gestrichen), sondern eine Umfeldanalyse mit dem Ziel, die Mitgliederzahl zu verzehnfachen. Also strömten zehn Cisco-Teams einen Tag lang aus, befragten Bürger und Einrichtungen in der Umgebung, analysierten die Ergebnisse und präsentierten am Nachmittag zahlreiche Empfehlungen, wie das Ziel besser zu erreichen wäre. Daraus wurde eine längerfristige Engagement-Partnerschaft.

Von der einseitigen zur gegenseitigen Hilfe

Bei allen gemeinnützigen Themenfeldern, die einen größeren Teil der gesamten Bevölkerung betreffen, kann man davon ausgehen, dass sie auch einen Teil der Unternehmensbelegschaft (zumindest bei größeren Unternehmen) betreffen: Rheuma, Schulden, Sucht, zu pflegende Angehörige, Lernschwierigkeiten der Kinder und vieles andere mehr kommt auch in der Mitarbeiterschaft der Unternehmen vor, beeinträchtigt unter Umständen deren Leistungsfähigkeit und Motivation und ist damit auch ein Problem des Unternehmens. Hier können unter Umständen Informations-, Beratungs-, Fortbildungs- oder gar Dienstleistungsangebote von gemeinnütziger Seite weiterhelfen – entweder im Tausch gegen Unternehmensengagement an anderer Stelle oder auch gegen Bezahlung. Auf eine Partnerschaft anzusprechen sind also auch die Unternehmens-Verantwortlichen, die sich mit dem aktuellen Krankenstand, den Kompetenzdefiziten in der Belegschaft, dem Fachkräftemangel und Ähnlichem auseinandersetzen.

Vom Organisations- zum Gemeinwohl

Bei Unternehmen, Stiftungen und anderen Sozialinvestoren greift die Haltung und Praxis um sich, gemeinnützige Organisationen nicht mehr allein wegen ihrer Existenz zu unterstützen. Man möchte vielmehr in die Lösung gesellschaftlicher Probleme investieren und sucht dazu die Zusammenarbeit mit solchen Gemeinnützigen, die für gesellschaftliche Problemlösungen wirken. Denn es braucht das Zusammenwirken unterschiedlicher gesellschaftlicher Gruppen und Akteure, um soziale Probleme zu lösen. In diese systemische Betrachtung gehören die jeweils Betroffenen, Nachbarn, Sozialdienstleister und eben auch Unternehmen und ihre Mitarbeiter hinein. Letztere nicht mehr nur als Unterstützer einer Organisation, sondern als aktiv mit ihren eigenen Kompetenzen, Perspektiven und Lösungsbeiträgen Mitwirkende. Mit solchen Argumenten kann zu gewinnenden Unternehmen plausibler erklärt werden, warum gerade sie angesprochen werden.

Lobbying für soziale Anliegen

Oft ist die Lobby-Unterstützung von Anliegen sozialer Initiativen im Gemeinwesen durch Kontakte und Fürsprache von Unternehmen hilfreicher für den Erfolg als Geld- oder Sachspenden. So förderten beispielsweise Vorstandsvertreter der *Binding-Brauerei* und der *Deutschen Bank* die Initiative für ein Freies Theaterhaus in Frankfurt am Main weniger durch eigenes Geld als durch die Beratung des Finanzkonzepts und der Lobbyarbeit. Sie öffneten die Türen zur CDU-Fraktion, zum Stadtkämmerer und zu den Medien, unterstützten die Spendenakquisition und setzten die Idee politisch durch.

So gewinnen Sie Unternehmen für eine Unterstützung

Die Gewinnung von Unternehmenspartnern erfordert eine gute Vorbereitung und viel persönliches Engagement. Gehen Sie nicht davon aus, dass Unternehmen von allein auf Sie zugehen, nur weil Sie einen Pressebericht über Sie gelesen haben oder auf Ihrer Internetseite steht, dass Sie Sponsoringpartnerschaften offen gegenüber stehen. Bevor Sie Ihre knappen Ressourcen in diesen Bereich investieren, sollten Sie sich mit folgender Checkliste Klarheit über die Ausgangsbedingungen und Ziele verschaffen:

Checkliste 41:
Strategische Vorüberlegungen zum Aufbau von Unternehmenspartnerschaften

Bei welchen Aufgaben, Aktivitäten und Projekten können Unternehmenskooperationen für Sie sinnvoll sein?
Welche Form der Unterstützung wäre für Sie am sinnvollsten (Geldspenden, Sponsoringeinnahmen, Kundenbeziehungen, Sachspenden, Dienstleistungsspenden, Engagement der Mitarbeiter, gemeinsame Öffentlichkeits-/Lobbyarbeit)?
Was können Sie dem Unternehmenspartner bieten (Öffentlichkeitsarbeit, Imagetransfer, Zugang zu bestimmten Kunden- und Zielgruppen (insbesondere Reichweite, Zahl möglicher Kontakte) Unterstützung im Bereich Mitarbeitermotivation, -bindung und -gewinnung, Knowhow, nachhaltige Wirkung)?
Welche Erwartungen haben Unternehmen an eine Zusammenarbeit? Welcher Aufwand wird intern dadurch erzeugt? Wer übernimmt die dadurch anfallenden Aufgaben?
Welche Angebote von anderen gemeinnützigen Organisationen gibt es bereits? Bieten Sie diesen Angeboten gegenüber einen deutlichen Mehrwert?

Zeigen Sie Rückgrat – Sie sind kein Bittsteller

Wenn von der Kooperation zwischen Gemeinnützigen und Unternehmen die Rede ist, wird in der Regel im selben Atemzug die „eine Augenhöhe" angemahnt, auf der man sich begegnen solle. Tatsächlich ist das Verhältnis jedoch von „Höhenunterschieden" geprägt: Es gibt unterschiedliche Macht-, Kompetenz-, Autoritäts- und sicher noch weitere Gefälle, und zwar im Vergleich der beteiligten Institutionen wie bei den konkret handelnden Personen: Das Unternehmen hat meist die Auswahl, die Gemeinnützigen meist nicht. Das Unternehmen scheint finanziell potent, die Gemeinnützigen nicht. „Augenhöhe" ist unter diesen Voraussetzungen nicht selbstverständlich gegeben. Für die gemeinwohlorientierte Seite heißt dies, sich ihrer Kompetenzen und Stärken bewusst zu sein. Zugleich sollte sie offen sein für neue Sichtweisen, ohne deshalb eigene Werte und Erfahrungen über Bord zu werfen. Und sie sollte sich eine aufrechte und selbstbewussten Haltung – also ein starkes Rückgrat – bewahren, um auch bei materiell verlockenden Aussichten zu einem freundlichen und begründeten Nein in der Lage zu sein, wenn das vom Unternehmen Gebotene nicht mit den eigenen Interessen, Nutzenerwartungen oder Werten in Einklang zu bringen ist.

Versuchen Sie als Grenzgänger die Unternehmenswelt zu verstehen

Die gewerbliche und die gemeinwohlorientierte Welt sind sich meist sehr fremd – in der Kultur und Arbeitsweise, in der Sprache, den Zielen und Interessen und anderem. Dies macht ja auch den Reiz solcher sektorübergreifenden Kooperationen aus. Denn aus diesen unterschiedlichen Kulturen, Erfahrungen, Sichtweisen und Möglichkeiten ergeben sich ja wechselseitig Lern- und Entwicklungschancen, die beispielsweise Personalentwickler unter der Überschrift „Lernen in fremden Welten" zunehmend entdecken. Damit es zu diesem produktiven Zusammenwirken der „fremden Welten" kommt, braucht es aber auf beiden Seiten „Grenzgänger" zwischen diesen Sphären, die als Übersetzer und Mittler wirken und so zur gegenseitigen Verständigung und Vertrauensbildung beitragen.

— **Literaturtipp: Wie der Mittelstand seine gesellschaftliche Verantwortung sieht** —

Dazu gibt es einen Leitfaden mit 50 Praxisbeispielen. Gemeinwohlorientierten Organisationen zeigt er, was Unternehmen wichtig ist und bereitet sie so auf Unterstützungs- und Kooperations-Dialoge mit ihnen vor: **www.upj.de/Leitfaden-Verantwortliche-Unternehmensfueh-rung-Corporate-Social.284.0.html**

Auf der Seite der SPO können solche „Grenzgänger" Ehrenamtliche sein, die in der gewerblichen Wirtschaft berufstätig sind oder waren oder Hauptamtliche, die auch schon für „die andere Seite" gearbeitet haben. Sie können als erste Ansprechpartner, als Türöffner oder auch als Begleiter bei der Erschließung von Unternehmenskontakten und der Anbahnung von Partnerschaften dienen. Und sie können die Aufgabe des ständigen Monitorings der Unternehmenswelt übernehmen und so aktuelle Engagementtrends am Standort oder interessante Positionierungen bei einzelnen Unternehmen frühzeitig identifizieren und intern zur Sprache bringen.

Dem Glück eine Möglichkeit geben – Kontakte identifizieren und ansprechen

Vor der Kontaktaufnahme stellt sich die Frage, wen Sie überhaupt ansprechen könnten. Vor allem bei kleinen bis mittelständischen Unternehmensgrößen und wiederum bei inhabergeprägten Unternehmen liegt das Management des gesellschaftlichen Unternehmensengagements eher bei der Unternehmensleitung – allenfalls mit einer entsprechend geschaffenen Stabsfunktion. Bei größeren Unternehmen (ohne Unternehmer) ist das gesellschaftliche Unternehmensengagement eher bei klassischen Linienfunktionen (Unternehmenskommunikations-, Marketing- oder Personalabteilungen) angesiedelt – zum Teil unter der expliziten Titulierung „Corporate Citizenship" oder „Corporate (Social) Responsibility".

— Tipp: Nehmen Sie Firmen beim Wort ————————————————

Anknüpfungspunkte für eine Unternehmenskooperation bieten auch Leitbilder oder zentrale Werbeslogans von Unternehmen. So löste zum Beispiel die Spendenanfrage des Leiters eines Caritas-Hauses für Obdachlose in Hattersheim in Bezug auf die Werbebotschaft „Wohnst du noch oder lebst du schon?" bei der Ikea-Zentrale in Wallau eine Spende des Möbelkonzerns in Höhe von 165.000 Euro für 33 Wohnungslosenhilfe-Einrichtungen der Caritas in der Region aus.

Sie sollten bei den gemeinwohlorientierten wie gewerblichen Mittleragenturen in der Region bekannt sein, die für Unternehmen Engagementgelegenheiten recherchieren und vermitteln. Insbesondere die eigenen, in der Wirtschaft tätigen Ehrenamtlichen sollten ermuntert werden, an ihrem Arbeitsplatz vom eigenen Engagement und der Organisation zu berichten. Lokale Marketing- und PR-Clubs oder auch Veranstaltungen der *IHK*, der *Handwerkskammer* oder von Wirtschaftsverbänden zu gesellschaftlichen Themen können gute Gelegenheiten für eine erste Kontaktanbahnung bieten. Hier sollten vor allem die zuvor beschriebenen „Grenzgängerinnen und Grenzgänger" präsent sein.

— Tipp: Gründen Sie einen Marktplatz für Kooperationen ————————

Wenn es vor Ort einen „Marktplatz gute Geschäfte" für Unternehmen und SPO zum Aushandeln von Engagements (siehe **www.gute-geschaefte.org**) gibt, dann sollte diese Gelegenheit genutzt werden. Gibt es noch keinen solchen Marktplatz, dann lässt er sich vielleicht gemeinsam mit anderen gemeinnützigen Organisationen, Freiwilligenagenturen, interessierten Unternehmen, der *IHK*, der Stadt oder anderen initiieren. Oder der Dachverband wird ermutigt, dem Beispiel von *Diakonie* und *Caritas in Baden* mit ihrer Initiative „gemeinsam gewinnen" zu folgen **www.diakonie-baden.de/de/themen/ehrenamt-und-engagement/gemeinsam-gewinnen/**).

Auf jeden Fall sollte es in der gemeinnützigen Organisation bekannte Ansprechpartnerinnen und Ansprechpartner geben, wenn sich Unternehmen von sich aus melden und das Gespräch rund um ein mögliches gesellschaftliches Engagement suchen.

Mit dem Leitmotiv „Teilen macht reich" setzt sich der *Volksverein Mönchengladbach* als *gemeinnützige Gesellschaft gegen Arbeitslosigkeit mbH* für soziale Reform und gesellschaftliche Erneuerung in Mönchengladbach ein. In einem Werkstattgespräch mit Unternehmen sollten Kooperations- und Engagementmöglichkeiten erkundet werden. Vom Bedarf des Volksvereins ausgehend wurden unter anderem folgende Wünsche an Unternehmen, ihre Mitarbeiterinnen und Mitarbeiter erarbeitet: Geld-, Sach- oder Zeitspenden zur Unterstützung der Arbeit bzw. einzelner Maßnahmen des Volksvereins. Kompetenzspenden oder unentgeltlicher Rat zur Leistungs- oder Qualitätsverbesserung; Kompetenz, Investitionen und Partnerschaften, um Langzeitarbeitslosigkeit in Mönchengladbach abzubauen.

Umgekehrt wurde überlegt, was Unternehmen vor dem Hintergrund ihrer jeweils eigenen gesellschaftlichen Verantwortung (CSR), ihres Selbstverständnisses als aktive Bürger des Gemeinwesens („Corporate Citizenship") oder spezifischer Herausforderungen etwa in der Personalentwicklung an dem Volksverein interessieren könnte, auf welchen Wegen man mit ihnen ins Gespräch kommen könnte und zu welchen Angeboten der Verein bereit und in der Lage wäre.

Mit diesen Ideen im Hinterkopf sprach der Geschäftsführer des Volksvereins Unternehmen an, zu denen es Geschäfts- oder andere Arbeitsbeziehungen gab oder die schon einmal gespendet hatten. Diejenigen, die sich interessiert zeigten, wurden dann zum Werkstattgespräch eingeladen, das im Herbst 2011 mit sechs Unternehmensvertretern, dem kommunalen Wirtschaftsförderer und Leitungskräften des Volksvereins stattfand. Den Gästen wurde der Verein mit seinem gesellschaftlichen Anliegen und seinen Leistungen vorgestellt. Außerdem wurden die Ideen präsentiert, die in der Vorbereitung erarbeitet worden waren.

Die folende brainstormartige Diskussion ergab zahlreiche konkretere Handlungsansätze und drei dieser Ansätze sollten anschließend vorrangig weiter verfolgt werden: „Restcentaktion", „Bekanntheit des Volksvereins steigern („*Volksverein*, der Arbeitsvermittler der besonderen Art')" und „Sozialberatung und -service für Unternehmen". Zum Abschluss erklärten sich mehrere der Gäste bereit, im Rahmen ihrer Möglichkeiten hieran unterstützend mitzuwirken. Außerdem erklärten sie ihre Bereitschaft, an weiteren Treffen teilzunehmen, die jeweils fokussiert sein sollten auf ein konkretes Thema, eine bestimmte Fragestellung oder eine zu konkretisierende Idee.

Die konkrete Suche nach Unternehmenspartnern

Um passende Unternehmen zu finden und anzusprechen, können Sie die folgende Checkliste nutzen:

Checkliste 42: Identifikation und Ansprache von Unternehmenspartnern

Welche Art (Größe, Branche, Image) **von Unternehmen passt zu Ihrer Einrichtung** (Ihrer Philosophie, Ihrem Leitbild)? **Wer hat zu Ihren Schwerpunkten, Zielgruppen und Aktivitäten einen inhaltlichen oder organisatorischen Bezug? Gibt es einen Verantwortungsbezug?** Welche ethischen Verpflichtungen könnten auf Unternehmerseite den Ausschlag für die Kooperation geben?
Zu welchen Unternehmen und Unternehmern bestehen bereits Kontakte? Z.B. zu Lieferanten oder Firmen, in denen Teammitglieder oder deren Verwandte und Bekannte arbeiten. Welche Firmen haben schon einmal gespendet? Befragung von haupt- und ehrenamtlichen Mitarbeiter Ihrer Organisation, inwieweit sie persönlich, familiär, beruflich o.a. Kontakt zu einem Unternehmen haben und wen sie da ggf. direkt oder über einen persönlichen Kontakt indirekt ansprechen könnten.

Welche lokalen und regionalen Unternehmen kommen in Frage? Sammeln Sie Informationen aus der medialen Werbung, durch persönliche Kontakte und durch Lesen des Wirtschaftsteils der Zeitungen. Welche Unternehmen sind hier bereits aktiv?

Können Sie die Belegschaft eines Unternehmens für sich gewinnen? Überlegen Sie auch, welche Firmen (Belegschaften) einen Nutzen von Ihrem Projekt haben. Versuchen Sie zunächst – am besten durch persönliche Kontakte – die Unterstützung einzelner Mitarbeiter, des Betriebsrates, der Belegschaft bzw. bestimmter Gruppen im Betrieb zu gewinnen, z.B. die Mitglieder des Festausschusses zur Vorbereitung der Weihnachtsfeier. Auf deren Fürsprache sind Firmen am ehesten zugänglich, stellen z.B. Räume zur Verfügung, gestatten es, Spendendosen in ihren Geschäftsräumen aufzustellen, veranstalten bei der Betriebs- oder Weihnachtsfeier eine Sammlung oder eine Tombola zu Gunsten gemeinwohlorientierter Zwecke, organisieren eine Versteigerung unter den Mitarbeitern und runden die Summe anschließend auf (siehe das Kapitel 2.1.11 *Kreative Spendenideen von A-Z*).

Können Sie sich weiterempfehlen lassen? Viele Unternehmen helfen und motivieren auch ihr Netz an Kunden und Unternehmenspartnern, sich am Engagement zu beteiligen. Der Personalleiter von Plötzinger Bräu (Rosenheim) brachte eine Sponsoring-Bitte in ein Treffen der Personalleiter verschiedener Unternehmen in der Region ein und gewann einige dafür, auch mitzumachen.

Lassen Sie sich durch Verbände unterstützen. Industrie- und Handelskammer, Handwerkskammer, Innungen, Branchenverbände, Wirtschaftsjunioren bei der *IHK*, Mitglieder der Clubs *Wirtschaftspresse, Club Münchner Unternehmer e.V., Wirtschaftsforum der Sozialdemokratie, Wirtschaftsbeirat der Union* www.**wbu.de**, *UnternehmensGrün, CorA-Netzwerk für Unternehmensverantwortung* in Berlin www.**cora-netz.de** etc.

Regionales gesellschaftliches Unternehmensengagement:
www.**unternehmen-fuer-die-region.de/**

Nutzen Sie Recherchequellen: Suchmaschinen -> Suchworte u.a. „gesellschaft verantwortung", „sozial verantwortung", „corporate responsibility"; Datenbanken -> z.B. *Genios* (www.**genios.de**, *Hoppenstedt* www.**firmendatenbank.de**, *MARCUS* (Creditreform); Mitgliederverzeichnisse -> *IHK*, Wirtschafts- / Unternehmensverbände; Messekataloge, Markenhandbuch; Online-Nachrichten -> z.B. via *Google* News Alerts; Soziale Netzwerke – insbesondere www.**Xing.com**; Portal des *Handelsblatts* www.**firmenwissen.de**; Corporate Citizenship-, CSR- u.ä. Netzwerke -> wie z.B.: *Global Compact, econsense, UPJ, . . .*; Tagungs-/Veranstaltungsdokumentationen zu entsprechenden Themen –> ReferentInnen, TeilnehmerInnen; Unternehmenswebsites -> insbesondere bei Markenproduzenten sind die Unternehmensinfos nicht hervorstechend platziert -> Suche nach Menüpunkt „Unternehmen" -> dort dann nach Untermenüpunkten wie „Gesellschaftliche Verantwortung" u.a.

Frauen-Netzwerke nutzen: *Bundesverband der Frau in Business und Management* www.**bfbm. de**, *European Women Management Development Network* www.**ewmd.org**), *Schwätzwerk, Networkerinnen, webgirls*, Frauen-Clubs, Frauen-Stiftungen, Frauen-Branchenbücher, internationale Frauenvereinigungen und -netzwerke www.**woman.de.**

— Tipp: Nachrichten rund um Corporate Social Responsibility, —————————
Corporate Citizenship und Corporate Volunteering:

CSR-News Net: www.**csr-news.net**
UPJ: www.**upj.de/Aktuelles.7.0.html**
CSR Germany – Internetportal der vier Spitzenorganisationen der deutschen Wirtschaft – *BDA, BDI, DIHK* und *ZDH*: www.**csrgermany.de**

Zu den Unternehmen sollten Sie insbesondere folgende Infos recherchieren, die Ihnen wiederum den einen oder anderen Anknüpfungspunkt für eine Kontaktaufnahme bieten können:

Checkliste 43: Diese Informationen sollten Sie vor einem Gespräch mit einem Unternehmen recherchieren

Firma – Unternehmensname, Adresse, räumliche Nähe
Gründungsjahr (wegen Jubiläumsfeier)
Rechtsform und Eigentümerstruktur (persönlich haftende InhaberInnen, Kapitalgesellschaft in (mehrheitlichem) Familienbesitz; Kapitalgesellschaft in Streubesitz)
Bestehen persönliche Kontakte Ihrer Organisation zu Eigentümern, Unternehmern, Entscheidern, Niederlassungs-/FilialleiterInnen, Belegschaft, Betriebsrat? Direkte oder indirekte Kontakte zu den Verantwortlichen/Entscheidern („Jeder kennt den Papst um spätestens sechs Ecken!") – von Ihrer Organisation als Institution oder von haupt- bzw. ehrenamtlichen MitarbeiterInnen persönlich (z.B. über **Xing.com** zu recherchieren)
Unternehmens-/Konzernstruktur (Firmensitz und ggf. Niederlassungen; Hauptsitz/Firmenzentrale; Niederlassungs-/Filialstruktur – autonome Entscheidungsmöglichkeiten; Beteiligungen, Dach-/Tochterunternehmen)
Top-Verantwortliche/Entscheider (Geschäftsführung, Vorstand . . .). Wer bestimmt die Leitlinien und Rahmenbedingungen des Unternehmensengagements? Funktions-Verantwortliche/ Entscheider (z.B. für Corporate Citizenship . . .)
Branche – typische Risikofaktoren der Branche, die ihre gesellschaftliche Verantwortung betreffen können – typische Herausforderungen der Branche, die für sie eine Kooperation mit gemeinnützigen Organisationen sinnvoll machen könnten – Anknüpfungspunkte zum Wirken, zu den Anliegen Ihrer Organisation? Gibt es Lösungsbeiträge von Ihrer Seite zu den Unternehmensherausforderungen?
Personal – Mitarbeiterzahl – insgesamt, an interessanten Standorten – Maßnahmen zur Personalgewinnung, -bindung, -entwicklung – Anknüpfungsmöglichkeiten für Mitarbeiterengagement? – Wie viele MitarbeiterInnen leben vermutlich im Einzugsgebiet von Ihrer Organisation bzw. Ihres Projektvorhabens? – Welchen Nutzen könnten die MitarbeiterInnen aus dem Wirken Ihrer Organisation ziehen?
Infoquelle für Hintergrundrecherche – Formulierte Unternehmenswerte, Mission, Leitbild etc. – Verbindungen zu Ihren Organisationswerten – Informationen über bisheriges Engagement
Einschätzung, ob Ihr Anliegen hierzu passt bzw. ob das Unternehmen mit seinem kommunizierten Engagement schon ausgelastet ist

Aktionstage („Freiwilligentag", „Social Day" ...), die Unternehmen aus eigenem Antrieb durchführen und dazu passende gemeinnützige Einsatzorte suchen (teilweise über Freiwilligenagenturen vermittelt) oder die von Freiwilligenagenturen und anderen Mittlern organisiert
werden. Weiterführende Quellen im Web:

www.bagfa.de/freiwilligenagenturen.html

www.upj.de/Mittlernetzwerk.110.0.html

www.malteser-socialday.de/

Marktplatz gute Geschäfte: „Speeddating" zwischen Unternehmen und gemeinnützigen Organisationen: **www.gute-geschaefte.org**

Gute Sache – Qualifizierung zur Anbahnung von Unternehmenskooperationen: **www.gute-
sachen.org**

PHINEO.org analysiert gemeinnützige Organisationen und ihre Projekte und empfiehlt sie
Stiftern, Spendern und sozial engagierten Unternehmen **www.phineo.org**.

Kölner FreiwilligenTag: **www.koeln-freiwillig.de**.

Initiative „gemeinsam gewinnen – **www.gemeinsam-gewinnen.info**.

Kölner Kulturpaten e.V. – **www.koelnerkulturpaten.de**.

Seitenwechsel® **www.seitenwechsel.org**: Mitarbeit in sozialen Organisationen als Perso-
nalentwicklungsmaßnahme für Führungskräfte von Firmen. Ähnlich „SWITCH/social step",
„Blickwechsel" oder *Common Purpose Deutschland e.V.* **www.commonpurpose.de**.

Ihr Vorstellungsgespräch beim potenziellen Unternehmenspartner

Wenn Sie in der Firma niemanden kennen und einen solchen Kontakt auch
nicht über Bekannte herstellen können, rufen Sie zunächst in der Firma an und
fragen, wer für Spenden und Sponsoring zuständig ist (Name, Titel, Abteilung). Danach schreiben Sie entweder einen Brief an denjenigen, in dem Sie
einen baldigen Telefonanruf ankündigen oder Sie rufen gleich an und bitten
um einen Termin. Im letzteren Falle kann es sein, dass er Sie bittet, erst zu
schreiben. Dem Brief legen Sie möglichst eindrucksvoll gestaltete Unterlagen
bei (Präsentationsmappe). Sie sollten nicht nur aus Text bestehen: Ein Bild
sagt mehr als tausend Worte! Nennen Sie einen Verantwortlichen in Ihrem Projekt, an den sich das Unternehmen mit Rückfragen wenden kann.

— Tipp: Kunst/Künstler zu Kontaktgesprächen mitnehmen —

Damit der Funke beim Gespräch mit dem potenziellen Förderer überspringt, sollten Sie nicht mit
leeren Händen kommen. Nehmen sie – wenn möglich – ein Kunstwerk der zu fördernden Ausstellung oder zumindest eine Abbildung davon mit oder lassen Sie sich vom Clown begleiten,
wenn es um Kindertheater geht. Auch ist es günstig, wenn die Künstler, Kuratoren, Regisseure ...
beim Gespräch dabei sind: Dieser Kontakt zu interessanten Personen aus dem Kunstbereich ist
schon eine der Gegenleistungen an den Sponsor. Führen Sie das Gespräch in Ihrem Haus und lassen Sie den Förderer hinter die Kulissen schauen. Denn in der Kulturförderung fällt der Förderer
seine Entscheidung meist emotional.

Perspektivumkehr – Was ist für das Unternehmen wichtig?

Für den Brief und das Gespräch gilt entsprechend das oben im Kapitel 2.1.6 *Der Spendenbrief – der Klassiker im Fundraising* Gesagte: Argumentieren Sie nicht aus Ihrem, sondern aus dem Interesse der Firma heraus (Perspektivumkehr). Kommen Sie gleich zu Beginn darauf zu sprechen, welchen Nutzen die Firma haben könnte. Als Vorbereitung auf das Gespräch mit dem Unternehmen hilft es, den Perspektivenwechsel konkret zu üben, zum Beispiel im Rollenspiel zu erleben, wie Mitarbeiter in einem Unternehmen denken und das vorgeschlagene Projekt beurteilen würden: „Der Wurm muss dem Fisch schmecken und nicht dem Angler".

Checkliste 44: Ihre Argumente für eine Unternehmenspartnerschaft

Warum sind wir ein vertrauenswürdiger und kompetenter Partner? Welche Erfolge können wir vorweisen? Wer kann uns empfehlen?
Welches Image haben wir? Welche Werte und Eigenschaften verkörpern wir? Wie lässt sich unsere Außenwirkung belegen? Wie passt dieses Image zu den Bedürfnissen des Unternehmens?
In welchem Radius sind wir bekannt (Reichweite, Zahl möglicher Kontakte)? Mit welche Zielgruppen des Unternehmens stehen wir in Kontakt? Welche Reichweite haben unsere Medien und öffentlichkeitswirksame Aktivitäten?
Wie lässt sich unser Image auf das Image des Unternehmens konkret übertragen? Ist unser Projekt publikumsträchtig, innovativ, modellhaft, zukunftsweisend, unkonventionell, kreativ, bietet es positive Assoziationen?
Welche aktuellen Herausforderungen des Unternehmens, lassen sich durch eine Kooperation lösen (z.B. Bekanntheit, Außenwirkung, Neukundengewinnung, Mitarbeitermotivation)?
Welche Vorteile/Risiken bietet die Kooperation dem Unternehmen?
Welche Kosten und welcher Aufwand ist von Unternehmensseite notwendig?
Was könnten für ein Unternehmen die drei Hauptgründe sein, unser Angebot anzunehmen?
Wie kann die Zusammenarbeit konkret vereinbart werden?
Wer ist unser fester Ansprechpartner für die weitere Kommunikation und Zusammenarbeit?
Wie lässt sich die Wirkung der Unterstützung (Kundenzugang, Zielgruppenansprache, Teamentwicklung der Mitarbeiter…) für das Unternehmen messen?

— Tipp: Hohe zusätzliche Werbeausgaben der Firma bedenken

Seien Sie sich bewusst, dass eine Firma bei Sponsoringprojekten im Durchschnitt 2/3 für die jeweilige Maßnahme und 1/3 für PR und Vernetzung ausgeben muss – sonst erfahren ihre Kunden ja nichts davon. Wenn Sie also 10.000 Euro erbitten, muss die Firma über 15.000 Euro entscheiden. Zudem sind in der Regel 85 Prozent der Sponsoring-Etats bereits gebunden, nur 15 Prozent für neue Projekte frei. Respektieren Sie eine (mögliche) Absage.

Die rechtliche Seite des Sponsoring
– eine Lösung lässt sich fast immer finden

Sponsoring wird vom Finanzamt nur dann als steuerlich absetzbare Betriebs-ausgabe anerkannt, wenn wirklich eine von der Firma selbst veranlasste und vom Sponsoringnehmer unternommene oder geduldete Werbeleistung vorliegt und diese in einem angemessenen Verhältnis zum Förderungsbetrag steht. Manche Finanzämter verlangen, dass die geförderte Sache zumindest „in die Linie des Unternehmens passt".

Prinzipielle Steuerpflicht für Sie als Sponsoringnehmer

Für die Social-Profit-Organisation sind die Sponsoring-Gelder Einkünfte aus Gewerbetätigkeit (§ 15 EstG) in einem wirtschaftlichen Geschäftsbetrieb (si-ehe das Kapitel 2.2.6 *Eigenwirtschaftliche Betätigung – Geld verdienen fürs Gemeinwohl*) und damit jenseits der folgenden Freigrenzen voll steuerpflichtig (vgl. § 64 AO). Ab einem gewerblichen Gesamtumsatz von 17.500 Euro fällt Umsatzsteuer an. Sie muss in der Rechnung an den Sponsor ausgewiesen wer-den. Übersteigen die Umsätze 35.000 Euro, können auch Körperschafts- und Gewerbesteuern anfallen. Außerdem muss eine Gewinnermittlungsbilanz ge-führt werden, denn bei Gewerbetätigkeit herrscht Aufzeichnungspflicht. Da die Ertragssteuern rückwirkend fällig werden, sollte bei Unklarheiten dazu vor Vertragsschluss beim Finanzamt angefragt werden.

--- Steuertipp 1: Bleiben Sie passiv --

Die gemeinwohlorientierte Organisation kann sich auch darauf beschränken, als ihre Gegenleis-tung der Firma lediglich die Nutzung ihres Logos und Namens zu gestatten. Weil der Name zum Vermögen gerechnet wird, werten die Finanzbehörden dies nach dem so genannten Sponsoring-Erlass des Bundesfinanzministeriums lediglich als (steuerfreie) Vermögensverwaltung. Doch so-bald die Organisation deutlich Werbung für den Sponsor macht, etwa einen Sponsor-Link auf ihrer Homepage einrichtet, der besonders hervorgehoben ist oder durch bloßes Anklicken zur Homepage des Sponsors weiterleitet, liegt bereits ein steuerpflichtiger Gewerbebetrieb vor. Im Rahmen der (steuerfreien) Vermögensverwaltung akzeptieren die Finanzbehörden allenfalls, dass bei einer Ver-anstaltung dem Sponsor gedankt wird, ebenso einen bescheidenen Dank auf der Einladung mit Abdruck eines kleinformatigen Logos des Sponsors. Akzeptiert wird auch die Benennung einzelner (Ausstellungs-)Räume nach dem Sponsor. Ein großes Banner mit dem Firmennamen im Veranstal-tungssaal ist dagegen bereits gewerbliche Tätigkeit. Ebenso die aktive Mitwirkung von Vertretern der Organisation bei Werbekampagnen, Messen und Ausstellungen des Sponsors.

--- Steuertipp 2: Mischen Sie Spenden und Sponsoring --------------------------------

Spenden sind für die Social-Profit-Organisationen steuerfrei. Als Gestaltungsmöglichkeit bietet sich deshalb der Spenden-Sponsoring-Mix an: Der Sponsor gibt einen Teil der Förderung als Spen-de und einen Teil als Sponsoring-Leistung, die möglichst unterhalb der Umsatzsteuer-Freigrenze bleibt. Letzterer Teil kann zudem auf mehrere Jahre verteilt werden.

— Steuertipp 3: Verpachten Sie die Sponsoring-Leistungen an eine Agentur

Verpachten Sie Ihre Rechte an eine Agentur oder einen anderen rechtlich „Dritten", dann sind die Einnahmen der (Körperschafts- und Gewerbesteuerfreien) Vermögensverwaltung zuzuordnen. Es fällt aber oberhalb der Freigrenze gegebenenfalls (die auf 7 Prozent ermäßigte) Umsatzsteuer an (siehe Kapitel 2.2.6 *Eigenwirtschaftliche Betätigung – Geld verdienen fürs Gemeinwohl*). Der Agentur muss ein angemessener Gewinn (10 Prozent) bleiben. Häufig werden von Vereinen spezialisierte Agenturen beauftragt, Sponsoren für den Verein, ein bestimmtes Projekt oder eine Veranstaltung anzuwerben. Die Agentur erhält dafür eine Vergütung, etwa einen Prozentsatz der eingeworbenen Sponsoring-Entgelte. Wenn Sie festlegen, dass die Agentur auch die Verträge abschließt und dafür sorgt, dass die vertraglichen Leistungen (Branding, Kommunikations- oder PR-Leistungen etc.) erbracht werden, sind die Zahlungen der Agentur steuerfreie Einnahmen aus Ihrer Vermögensverwaltung. Denn bei diesem Vorgehen verpachten Sie Ihre Werberechte. Es wird von der Finanzverwaltung nicht beanstandet, wenn Sie dabei nur einen bestimmten, abgrenzbaren Teil Ihrer Werbemöglichkeiten, so bei einer Veranstaltung an eine Agentur verpachten.

— Steuertipp 4: Nutzen Sie einen selbstständigen Förderverein

Überlassen Sie den Abschluss und die Umsetzung des Sponsoringvertrages Ihrem (rechtlich selbstständigen) Förderverein, wenn eine Überschreitung Ihrer steuerlichen Freigrenzen droht. Dieser kann nämlich die steuerlichen Freigrenzen erneut ausschöpfen. Und er kann (gegebenenfalls nach Nutzung der oben angegebenen Steuer-Tipps 1-3) seine Steuerpflicht zusätzlich noch dadurch mindern, dass er erwirtschaftete Mittel als Spende an den Hauptverein weiterreicht.

— Praxisbeispiel: Sponsoren-Pool

Ravensburger Unternehmer und Selbständige erwerben für eine jährliche Pacht das Recht, das Logo „Sozialsponsor in Ravensburg" des *Sozialsponsoring-Vereins* **www.sozialsponsoring-rv. de** als Werbung zu verwenden. Das Logo dient als Gütesiegel, das die Sozialsponsoren erkennbar und ihre besondere Leistung sichtbar macht. Der Verein ist ein Zusammenschluss gemeinnütziger Vereine, die anerkannt gute Arbeit leisten. Die Einnahmen werden zu gleichen Teilen an die Mitgliedsorganisationen verteilt.

www.sozial-sponsoring.de

2.2.2 Spenden aus dem Netz – Online-Fundraising

Kai Fischer

- Von Obamas Spendenkampagne lernen
- Erfolgsgeheimnis von Websites zur Spendengewinnung: Themen statt Organisationen
- Online-Spenden – So kommt das Geld auf Ihr Konto
- Online-Einnahmen jenseits von Spenden
- Online-Instrumente außerhalb der eigenen Website
- Wie Sie Menschen auf Ihre Webseite locken
- Online-Fundraising in der Praxis: Planung, Budgetierung und Erfolgskontrolle
- Nicht zu unterschätzen: Die rechtliche Rahmenbedingungen

Von Obamas Spendenkampagne lernen

Die Wahl *Barak Obamas* zum Präsidenten der Vereinigten Staaten war ohne das Internet nicht denkbar. Und noch keinem Präsidenten oder Bewerber gelang es, so viele Spenden einzusammeln: Fast eine dreiviertel Milliarde Dollar. Fast 300 Mio. Dollar dieser Spenden waren Kleinspenden, die vielfach über das Internet gegeben wurden. Der Erfolg von Obama zeigt: Das Internet ist zumindest in den USA ein vollwertiger Kommunikationskanal, über den Wahlkämpfe entschieden und Spenden jenseits der 100 Mio. US-Dollar-Grenze eingeworben werden können. Ohne Internet und seine Möglichkeiten wird in Zukunft auch in Deutschland keine Organisation mehr auskommen – obwohl derzeit (Stand Frühjahr 2015) Umsätze im Online-Fundraising in Deutschland insgesamt noch übersichtlich sind: 1,8 Prozent aller Spenden wurden 2013 nach der „Bilanz des Helfens" online gegeben. In der Gruppe der unter Fünfzigjährigen ist der Anteil mit 4,1 Prozent allerdings schon größer. Folgende Aspekte waren für den Erfolg Obamas mit verantwortlich:

Registrierungsmöglichkeit für die Unterstützer

Über die Website konnten sich Unterstützer registrieren. Interessenten und Unterstützer konnten so direkt angesprochen und um Unterstützung oder Spenden gebeten werden. Und die Engagierten wussten voneinander, konnten sich auch außerhalb des Internets zusammenschließen und für den Erfolg arbeiten.

Regelmäßige Kommunikation per E-Mail

E-Mail war der zentrale Treiber der Kampagne von Obama. Regelmäßige persönliche E-Mails binden Interessenten und Unterstützer nicht nur, sie weisen auch auf wichtige Ereignisse im Rahmen der Kampagne hin. Mit Hilfe von E-Mails wurden die meisten Spenden eingeworben: Die direkte Kommunikation mit Förderern machte es möglich, sie auch um Beiträge zur Finanzierung der Kampagne und für den gemeinsamen Erfolg zu bitten.

Aktuelle Videos und andere Informationen

Eine Kampagne lebt wie jede Website von ihrer Aktualität. Regelmäßige Beiträge von Obama und seinem Team, aber auch die Nutzung von Videos und Bildern machten die Kampagne anschaulich und bezogen die Besucher mit ein.

Externe Unterstützung der Kampagne

Ob in ihren Blogs oder auf *Twitter* – durch seine Unterstützer hatte Obama in vielen dieser Netzwerke die Lufthoheit. Auffällig war dies nach den Fernseh-Debatten: Während Berater die Journalisten davon überzeugten, dass ihr jeweiliger Kandidat besser war oder gewonnen hat, überzeugten die Blogger das Internet vom „Gewinn" Obamas. Je mehr Menschen Blogs lesen und sich im Internet profilieren, desto größer ist dessen Bedeutung für die öffentliche Meinung. Gerade bei dieser Wahl spielten junge Menschen die entscheidende Rolle. Sie machten den Unterschied zwischen den Kandidaten aus und am Ende waren ihre Stimmen für den Sieg entscheidend.

Aber auch Obama war in den sozialen Netzwerken äußerst aktiv. Sein Profil bei *Facebook* **www.facebook.com/barackobama** hatte 6.319.439 Freunde, bei MySpace **www.myspace.com/barackobama** waren es immerhin noch 1.674.366 Menschen. Diese konnten über die Netzwerke schnell erreicht werden und trugen seine Botschaften zum größten Teil weiter. Dadurch erreichte Obama eine kommunikative Dichte, die sonst nur schwer herzustellen gewesen wäre.

Der gezielte Ressourceneinsatz

Die Kampagne von Obama ist so erfolgreich gewesen, weil Online-Kommunikation und Online-Fundraising für ihn das zentrale Element gewesen sind. Das bedeutete aber auch, dass in Online-Kommunikation und Online-Fundraising erhebliche Mittel investiert worden sind. Eine Kampagne, wie die von Obama lässt sich nicht mit einigen wenigen Ehrenamtlichen umsetzen. Und auch die eingesetzte Technik war deutlich mehr als ein kleiner Web-Server. Obwohl online kostengünstig kommuniziert werden kann, ist dies nicht kostenlos und auch der Einsatz der Ressourcen entscheidet am Ende mit über den Erfolg.

Was lässt sich auf Deutschland übertragen?

Ist der Erfolg von Obama auf Deutschland übertragbar? Wahlkämpfe in den USA und das Fundraising in Deutschland haben zunächst einmal wenig gemeinsam. Wahlkämpfe polarisieren und mobilisieren – wenn sie gut gemacht sind. Sie basieren auf einer Kampagne mit einer inhärenten Dramaturgie und einem Höhepunkt: Dem Wahltag. Auf diesen Punkt sind alle Aktivitäten ausgerichtet. Und trotzdem können wir vom Beispiel Obama eine Menge lernen. Denn er zeigt eindrücklich, wie Online-Fundraising aufgebaut werden muss, damit es zum Erfolg wird.

Erfolgsgeheimnis von Websites zur Spendengewinnung: Themen statt Organisationen

Warum suchen Menschen eine Website auf? Die Antworten auf diese Frage sind entscheidend für den Erfolg Ihres Projekts. Um eine Website aufsuchen zu können, sind eine Reihe von Handlungen notwendig: Die meisten Besucher sitzen an einem Tisch, schalten Ihren Rechner an, verbinden ihn mit dem Internet, rufen den Browser auf und geben mindestens eine Adresse im Browser ein. Es sind also eine ganze Reihe von Handlungen notwendig, um überhaupt zu einer Seite zu gelangen. Menschen führen diese zielgerichteten Handlungen nur dann aus, wenn sie eine Frage haben, auf die sie eine Antwort suchen. Haben Sie die Antworten auf Ihrer Website, werden sich die Menschen mit Ihnen beschäftigen. Im anderen Fall suchen sie eine andere Website und versuchen dort ihr Glück. In diesem Fall haben Sie die Chance vertan, mit einem Menschen in Kontakt zu kommen, ihn zu binden und einen Förderer zu gewinnen.

Zu Beginn eines jeden Online-Projekts steht also die Aufgabe, die Fragen zu identifizieren, die Sie den Besuchern Ihrer Website beantworten wollen. Grundsätzlich gibt es dabei zwei Gruppen von Antworten: Solche über Ihre Organisation und solche über Ihre Themen und Leistungen. Viele Organisationen schreiben auf Ihrer Website von sich selbst. Mit anderen Worten: Sie beantworten Fragen zu ihrer jeweiligen Organisation. Die meisten Förderer interessieren sich aber mehr für Themen und Arbeitsgebiete. Denn die meisten Menschen geben Ihnen Geld nicht wegen Ihrer Organisation, sondern weil Sie in einer besonderen Weise anderen Menschen helfen oder die Welt ein Stück besser machen.

— **Tipp: Internetseiten für verschiedene Aufgaben trennen** —————————

Viele Internetseiten sollen gleichzeitig unterschiedliche Aufgaben erfüllen. Kunden und Mitglieder sollen über die aktuellen Angebote informiert, Produkte und Dienstleistungen sollen verkauft, die Kontaktdaten der verschiedenen Ansprechpartner sollen schnell gefunden werden und zu guter Letzt will man Spender anlocken. Dieser Spagat kann nicht gelingen. Empfehlenswerter ist es, für die Spendengewinnung einen eigenen Auftritt zu konzipieren. Unter www.abc-organisation.de findet man Ihr allgemeines Angebot, unter www.spenden-fuer-xyz.de dann Ihre Spendenseite.

Wollen Sie also Online-Fundraising mit Ihrer Website betreiben, dann müssen Sie die Interessen und Fragen der potenziellen Förderer in den Vordergrund stellen. Deshalb geht es im Online-Fundraising um Themen und um Ihre Projekte und Programme, weniger und häufig erst in zweiter Linie um Ihre Organisation und um die Menschen, die hinter der Organisation stehen. Dies ist auch alles interessant und gehört mit auf eine Website – allerdings nur als Ergänzung.

— **Tipp: Der drei Sekunden Test** ——————————————————

Stehen Themen im Vordergrund, muss der Besucher auf einen Blick – innerhalb von drei Sekunden – erkennen können, worum es bei Ihnen geht. Ist das auf Ihrer Website möglich? Können Menschen, die bisher keinen Kontakt zu Ihnen hatten, die von Ihrer Organisation nichts wissen, gleich erkennen, was Ihre Organisation macht und warum Sie aktiv sind? Denn die erste Frage eines Besuchers Ihrer Website lautet immer: Bin ich hier richtig?

Unserer Aufforderung an den Besucher: „Tu was"

Das Besondere am Medium „Website" ist, dass wir es nur aktiv nutzen können. Fernsehen schauen Sie auf dem Sofa sitzend, drei bis fünf Meter entfernt und können andere Arbeiten parallel verrichten. Wenn es interessant wird, können Sie Ihre Aufmerksamkeit zum Fernseher wenden und sich anschließend wieder den anderen Aktivitäten zuwenden. Spendenbriefe werden hingegen vielfach auf der Treppe gelesen, auf dem Weg vom Briefkasten zur Haustür. Und Ihre Website? Besucher Ihrer Website sitzen aufrecht vor einem Monitor an einem Schreibtisch oder lümmeln mit Ihrem Tablett auf dem Sofa oder in der S-Bahn und klicken von einer Seite zur nächsten. Die Situation der Nutzung bestimmt die Logik des Mediums mit. Menschen sind vor dem Monitor in einem aktiven Modus. Sie handeln. Nur wenn sie aktiv klicken, können sie sich im Internet weiterbewegen. Erst durch aktives Handeln kommen Ihre Besucher zu den Informationen, die sie von Ihnen erwarten.

Checkliste 45: Wie Sie Besucher auf Ihrer Internetseite aktivieren

Eine Handlungsaufforderung benötigt Verben. Schreiben Sie, was der Besucher Ihrer Website tun soll. Fordern Sie ihn zur Handlung auf, indem Sie Imperative verwenden.
Kommen Sie Ihren Besuchern entgegen. Fordern Sie sie auf, zu klicken und die Seiten aufzusuchen, die sie zur letztendlichen Handlung – der Spende – führen.
Zusätzlich zur Spende können Sie Besucher auch zu anderen Handlungen auffordern. Zu den wichtigsten gehören das Abonnement Ihres Newsletters oder auch die Teilnahme an einer Veranstaltung bzw. die Unterstützung einer politischen Forderung.

Erzählen Sie berührende Geschichten. Menschen, die Sie unterstützen, wollen wissen, wie Sie Spenden einsetzen und welchen Unterschied die Spenden machen. Ihre Website ist ein hervorragendes Medium, um diese Aufgaben zu erfüllen. Reportagen und Geschichten aus Ihren Projekten zeigen, wie Menschen oder Tieren geholfen wird oder zu welchen positiven Effekten die Arbeit Ihrer Organisation führt. Geschichten können gut in einem Projekt-Blog erzählt werden. Aktuelle Informationen, Projektfortschritte und Neuigkeiten vermitteln den Besuchern einen Eindruck von Ihrer Arbeit und den Leistungen Ihrer Projekte und Programme.

Statt reiner Texte eignen sich auf einer Website vor allen Dingen größere Bilder und Videos zum Erzählen von Geschichten. Bewegte Bilder führen zu einer höheren Emotionalität und die ist im Fundraising entscheidend. Denn auch im Internet gilt: Spenden ist ein hochemotionaler Akt. Über Bandbreiten und Dateigrößen brauchen sie sich übrigens immer weniger Gedanken zu machen. Die Technik steht in einem größeren Umfang zur Verfügung und viele Anwendungen sind kostenlos erhältlich. Nutzen Sie *YouTube* oder einen anderen Videokanal und Sie können auf Ihrer Website Videos kostenlos einbinden.

Bieten Sie auch Informationen, Filme, Podcasts und andere Informationen zum Download an. Je besser sich die Besucher auf Ihrer Website über Ihre Organisation und Ihre Projekte und Programme informieren können, desto größer ist die Chance, Menschen zu begeistern und zu Förderern zu machen.

Und wenn Sie unterschiedliche Materialien anbieten, erreichen Sie auch unterschiedliche Typen: Jeder kann sich auf dem Weg informieren, der für ihn oder sie der beste und angenehmste ist. Seien Sie besucherfreundlich.

Lesen am Bildschirm ist schwierig. Dies ist der Hintergrundbeleuchtung sowie der geringen Auflösung geschuldet. Da Texte eine wichtige Rolle im Online-Fundraising spielen und um das Lesen am Bildschirm zu vereinfachen, sollten Sie eine Reihe von Regeln beachten:

Checkliste 46: Lesefreundliche Gestaltung von Onlinetexten

Achten Sie auf möglichst großen **Kontrast**. Am besten ist schwarze Schrift auf hellem Untergrund lesbar. Farbige Schriften und inverse Darstellung (weiße Schrift auf schwarzem Grund) sind deutlich schlechter zu lesen und sollten deshalb vermieden werden.
Kurze Texte und kurze Absätze sind einfacher zu erfassen. Vermeiden Sie nach Möglichkeit geschachtelte Nebensätze. Ein Absatz sollte kaum mehr als sechs bis acht Zeilen haben.
Zwischenüberschriften erleichtern nicht nur die Orientierung, sondern bieten auch gute Haltepunkte für die Augen. Sie erleichtern das Lesen und die Orientierung erheblich.
Keine Seite sollte mehr als drei Bildschirmseiten umfassen. Sind Ihre Seiten länger, besteht die Gefahr, dass sich Ihre Besucher in der Seite verlieren und deshalb irritiert aussteigen.
Bilder lockern den Text auf und helfen bei der Orientierung. Sie brauchen nicht nur Untertitelung, sondern auch eine hinterlegte Beschreibung im so genannten Alt-Tag.
Schreiben Sie nur **einspaltige Texte**. Bei mehreren Spalten müssen die Nutzer hoch- und runterscrollen und verlieren schnell die Übersicht.
In einer Zeile sollten nicht mehr als 70 Zeichen stehen. Je mehr Zeichen in einer Zeile stehen, desto schlechter lassen sich die Inhalte auf einen Blick erfassen. Und je mehr Buchstaben in einer Zeile stehen, desto größer müssen die Zeichen sein, damit die Leser nicht die Zeile verlieren.
Achten Sie darauf, dass die Navigation maximal sieben Punkte umfasst. Diese können wir mit einem Blick erfassen.

Wenn Ihre Website barrierefrei gestaltet wird, können auch Menschen mit Einschränkungen die Informationen auf Ihrer Website nutzen. Blinde können sich dann die Website vorlesen oder in Braille umsetzen lassen. Auch muss zur Navigation nicht unbedingt die Maus genutzt werden. Menschen mit motorischen Einschränkungen möchten Tasten-Kombinationen nutzen. Darüber hinaus werden barrierefreie Websites auch besser von Suchmaschinen wie *Google* erfasst.

— Tipp: Barrierefreie Websites ——————————————————

Anforderungen an eine barrierefreie Website finden Sie auf der Website **www.einfach-fuer-alle.de** sowie bei der *Stiftung digitale Chancen* **www.digitale-chancen.de**.

Damit man Sie auch auf dem Smartphone lesen kann: Responsive Web-Design
Immer mehr Menschen betrachten heute eine Website nicht mehr am Computer, sondern auf dem Smartphone oder dem Tablet. Die Bildschirme dieser Geräte haben jedoch eine kleinere Auflösung. Werden die Website in der Auflösung eines Computers auf diesen Geräten angezeigt, können sie entweder

nur schlecht gelesen werden – die Schrift ist vielfach zu klein – oder man muss scrollen, was unübersichtlich ist und nicht viel Spaß macht. Um dieses Problem zu lösen wurde Techniken entwickelt, die automatisch erkennen, welches Ausgabegerät mit welcher Auflösung die Website anfordert. Damit kann für jedes Gerät die passende Auflösung ausgegeben werden und es wird einfacher, die Website zu nutzen.

Dies stellt allerdings neue Anforderungen an das Screen-Design. Unter dem Schlagwort „Responsive Design" wurden Prinzipien aufgestellt, die es der Technik ermöglichen, die passenden Inhalte auszuliefern. Dabei wird die Website in ein unsichtbares Raster unterteilt. Dies ermöglicht, bei jeder Anforderung die Inhalte neu anzuordnen, sodass die Anzeige optimiert wird. Überlegen Sie, eine neue Website aufzusetzen oder einen Relaunch vorzunehmen, sollten Sie unbedingt auf Responsive Design Wert legen und dies in die Anforderungen an Screen-Designer und Programmierer formulieren. Sonst ist Ihre Website schon heute nicht mehr zeitgemäß.

Der wichtigste Knopf: Spenden-Button

Damit Sie über Ihre Website Spenden einwerben können, müssen Sie zunächst die Besucher auch hierzu auffordern. Auf alle Seiten gehört deshalb gut sichtbar ein möglichst großer Spenden-Button mit der Aufforderung, zu spenden. In der Regel steht dieser Button auf der rechten Seite. Da die europäische Blickrichtung von links oben nach rechts unten verläuft, wird hier der Spenden-Button am besten gesehen. Achten Sie auf Sichtbarkeit. Farbkontraste oder alternative Formen sorgen vielfach für die notwendige Aufmerksamkeit. Seien Sie hier nicht zu schüchtern. Wenn die Besucher Ihrer Website den Spenden-Button nicht sehen, können sie auch nicht spenden. Damit wäre ein wesentliches Ziel im Online-Fundraising verfehlt.

Denken Sie auch daran, dass Sie sowohl einen Anlass als auch eine Gebe-Logik brauchen. Zur Gebe-Logik gehört die Frage, warum Ihnen der Besucher eine Spende geben soll. Online-Fundraising wird darüber hinaus einfacher, wenn Sie deutlich machen können, bis wann Sie welchen Betrag brauchen, um einen nächsten Schritt finanzieren zu können.

Checkliste 47: Inhalte und Design einer Fundraising Website

Inhalte und Texte:
- Mit welchen Fragen kommen die Besucher auf Ihre Seite und welche Antworten sollen Sie darauf erhalten?
- Was sind die Kernbotschaften, um zu einer Spende zu motivieren? Wie lassen sich diese kurz und einfach formulieren?
- Welche Geschichten können Sie zur Übermittlung der Botschaft erzählen?
- Zeigen Sie nicht nur den Bedarf auf, sondern auch was mit den Spenden konkret bewirkt werden kann.
- Machen Sie Ihr Anliegen dringlich – jetzt muss gehandelt werden.
- Setzen Sie Fürsprecher (Testimonials) ein – sie erhöhen Ihre Glaubwürdigkeit.
- Konzentrieren Sie sich auf das Wesentliche – es sollte ohne Scrollen sichtbar sein.

- Erläutern Sie im weiteren Text die Kernaussagen und bauen Sie dabei Spannung auf.
- Sprechen Sie Emotionen und Alltagserfahrungen an.
- Fordern Sie zum Dialog auf, bieten Sie Diskussionsforen.
- Stellen Sie Fragen.

Gestaltung:
- Platzieren Sie den Spendenbutton auffällig.
- Stellen Sie (sensationelle) Schlüsselworte bzw. Zusammenfassungen nach oben.
- Sorgen Sie dafür, dass sich das Design Ihrer Webseite an unterschiedliche Endgeräte (PC, Smartphone, Tablet) anpasst.
- Testen Sie unterschiedliche Farben, Texte und Formate.
- Knüpfen Sie crossmedial an Ihre Events, Presse-, Spendenbrief- und Social-Media-Kampagnen an.

Online-Spenden: So kommt das Geld auf Ihr Konto

Online-Spenden sind im Grunde Lastschrifteinzüge. Über ein Formular gibt Ihnen der Spender die Erlaubnis, den Spendenbetrag von seinem Konto einzuziehen. Fast alle Online-Spenden sind Einzüge vom Giro-Konto des Spenders. Alternativen wie Einzüge vom Kreditkarten-Konto oder über *Paypal* spielen nur eine geringe Rolle (zur Spendenmöglichkeit via Handy und SMS siehe das Kapitel 2.1.7 *Fundraising per Telefon, Fax, SMS und E-Mail*). Es gibt eine Reihe von Dienstleistern, die es Ihnen ermöglichen, mit einem Formular unterschiedliche Möglichkeiten der Transaktion anzubieten.

Wie die Abbuchung in der Praxis funktioniert

Grundsätzlich bestehen zwei Möglichkeiten, die Spenden vom Konto Ihrer Spender einzuziehen:
- Über ein von Ihnen administriertes Formular auf Ihrer Website werden Ihnen die Daten übermittelt. Sie lösen den Einzug manuell bei Ihrer Bank aus.
- Die Daten werden direkt auf einen Bank-Server oder zu einem Zahlungsdienstleister übertragen. Hier wird die Lastschrift automatisch ausgelöst und die Spende Ihrem Konto bei der Bank gutgeschrieben.

Im ersten Fall müssen Sie sich um die Abwicklung und vor allem um die Sicherheit der hochsensiblen Bankdaten selber kümmern. Schätzen Sie kritisch ein, ob Sie das mit Ihrer Organisation wirklich dauerhaft gewährleisten können. Im zweiten Fall nimmt Ihnen ein externer Dienstleister die Arbeit ab und Sie müssen sich um die Abwicklung nicht selbst kümmern. Dafür wird der Dienstleister aber eine Gebühr verlangen. Welche der beiden Möglichkeiten für Sie die bessere ist, müssen Sie im Einzelfall klären. Es bieten nicht alle Banken die Online-Verarbeitung von Spenden an. Hier kann die Zusammenarbeit mit Dienstleistern wie Sofort Überweisen **www.sofort.com** ggf. helfen.

Traditionellerweise ist das Spenden-Formular Teil der eigenen Website: Es erscheint in den Farben und im Design („Look and Feel") der eigenen Website. Die Nutzer tragen hier ihre Daten ein und schicken es ab. Im Hintergrund werden die Daten dann verarbeitet.

Achten Sie auf eine gesicherte Verbindung

Wenn Sie das Spendenformular selber administrieren, müssen Sie darauf achten, dass die Daten über eine gesicherte Verbindung übertragen werden. Das gängige Verfahren heißt TSL (Transport Layer Security). Sie erkennen es am geschlossenen goldenen Schloss in der unteren Zeile Ihres Browsers. Wenn Sie auf das Schloss klicken, erhalten Sie Informationen zum Sicherheitszertifikat. Fehlt das Sicherheitszertifikat oder ist es nicht gültig, erhalten Besucher Ihres Spenden-Formulars eine Warn-Meldung, die auf fehlendes Vertrauen in Ihr Spenden-Formular hinweist. Da fehlendes Vertrauen mit ziemlicher Sicherheit zum Abbruch des Spendens führt, sollten Sie diese Warn-Meldungen auf jeden Fall vermeiden. Bei externen Formularen ist die gesicherte Verbindung heute eigentlich Standard. Ihre Seite muss bei eigenen Formularen gut gegen externe Hackerangriffe geschützt werden, um den Verlust von Spenderdaten zu verhindern. Wenn Sie das entsprechende Knowhow nicht haben, sollten Sie sich einen kompetenten Dienstleister suchen.

Spenden-Formulare von Banken und Dienstleistern

In den letzten Jahren gibt es immer mehr Dienstleister, die mit unterschiedlichen Angeboten Spenden-Formulare anbieten oder es Ihnen ermöglichen, die Daten zu verarbeiten und die Spenden einzuziehen. Folgende Angebote können unterschieden werden:

Das Formular in Ihrem Corporate Design

Diese Spenden-Formulare sind von den eigenen Formularen auf Ihrer Website kaum zu unterscheiden: Sie können in Ihre Website eingebunden werden, werden mit Ihrem Logo und Ihren Farben versehen. Allenfalls sind das Design des Formulars sowie die Anordnung und Anzahl der Felder standardisiert. Das muss aber kein Nachteil sein, geht doch in die Gestaltung des Formulars Erfahrungen vieler Organisationen ein.

Formulare ohne Corporate Design

Nicht immer können Sie Spenden-Formulare von Dienstleistern grafisch anpassen. In diesen Fällen wird Ihnen vom Anbieter ein Standard vorgegeben, den Sie auf Ihrer Website integrieren können.

— Tipp: Kostenloses Formular der Bank für Sozialwirtschaft ——————

Wenn Sie das kostenlose Konto bei der *Bank für Sozialwirtschaft* (BfS) nutzen, bietet sie Ihnen darüber hinaus mit dem *BFS NetTool* eine kostenlose Möglichkeit zum Einzug Ihrer Online-Spenden.

Das Spenden-Formular auf einem Portal

Spenden-Portale wie beispielsweise *Betterplace* **www.betterplace.org** bieten Ihnen die Möglichkeit zu Online-Spenden auf ihrem Server. Sie können auf das Formular Ihrer Organisation verlinken und so deren Angebot nutzen. Dies setzt allerdings voraus, dass Sie sich dort anmelden und einen Account anlegen. Nur so können Ihnen die eingehenden Spenden auch zugewiesen und ausgezahlt werden. Wollen Sie ein Spenden-Portal nutzen, informieren Sie sich bitte über die Konditionen. Es gibt Unterschiede, wann und ab welchem Betrag Ihnen die eingehenden Spenden ausgezahlt werden. Auch unterscheiden sich die Portale, wer die Spenden formal einnimmt und damit Zugang zu den Spender-Daten erhält: *Betterplace* versteht sich als Förderverein, der die Spenden einnimmt und erst dann an die Empfänger weiterleitet.

— **Tipp: Angebot von Spendenportalen** ──────────────────────────

Plattformen wie **www.helpdirect.org**, **www.helpedia.de** und **www.betterplace.com** stellen diesen Service kostenlos für Nutzer und Organisationen zur Verfügung.

Vergessen Sie nicht die Menschen, welche nicht online spenden möchten

Da nicht alle Menschen online spenden wollen, sollten Sie auch alternative Möglichkeiten anbieten. Bieten Sie auch ein Formular an, das man Ihnen zusenden oder zufaxen kann. Und vergessen Sie nicht, Ihre Konto-Nummer zu nennen. Es gibt auch Menschen, die Ihnen lieber die Spende überweisen, statt Ihnen die Erlaubnis zum Einzug der Lastschrift zu geben. Das Angebot, Überweisungsträger zuzusenden, ist weniger zu empfehlen. Neben dem Medienbruch ist die zeitliche und damit auch emotionale Nähe von Entscheidung und Spende nicht mehr gegeben. Damit entfällt eine wesentliche Stärke des Online-Fundraisings.

Spenden über Facebook und andere Social-Media-Seiten

Facebook und andere Social-Media-Seiten bieten heute die Möglichkeit, direkt ein Spenden-Tool zu integrieren, um über die eigenen Seiten auch Spenden einwerben zu können. In diesen Fällen stellen Ihnen die Anbieter der Sites auch die technische Infrastruktur zur Verfügung.

— **Tipp: Angebote vergleichen** ────────────────────────────────

Es lohnt sich die verschiedenen Anbieter von Online-Spenden-Lösungen anzuschauen. Sie unterscheiden sich nicht nur im Preis – einige sind sogar kostenlos –, sondern auch in den angebotenen Möglichkeiten sowie in Zusatzmodulen.

Studien aus den USA zeigen, dass sich Spenden-Formulare nicht nur hinsichtlich der Möglichkeit zur Gestaltung unterscheiden, sondern auch in den Umsätzen, die mit ihnen erzielt werden können. Insgesamt wird dort festgestellt, dass die größten Umsätze pro Spende über die eigenen Formulare im Corporate Design der jeweiligen Organisation gemacht werden. Die geringsten Umsätze entfallen auf Formulare über Social-Media-Sites. Augenscheinlich gibt es einen Zusammenhang zwischen der Nähe zur Organisation, der Tiefe der Beziehung, die aufgebaut werden konnte, und der Höhe der Spende. Diese ist bei *Facebook* oberflächlicher als bei der eigenen Website mit eigenen Formularen.

Es muss nicht immer das klassische, einfache Spenden-Formular sein. Alternativen sind heute möglich und werden vielfach mit großem Erfolg eingesetzt: Für *Steps for Children* konnten Sie im Internet einen Olivenbaum pflanzen. Jeder gespendete Baum wird auch gepflanzt und hilft, das Projekt langfristig zu finanzieren.

Ein Geschenk für Bedürftige im Online Shop kaufen: Charity-Shops

Online shoppen gehen und spenden für den guten Zweck kann man zum Beispiel bei *Oxfam* **www.oxfamunverpackt.de**. Bei diesem Projekt liegt eine Sachspenden-Logik zugrunde, die gut abgebildet werden kann. Eine der erfolgreichsten Organisationen mit einem Charity-Shop ist *Heifer international* **www.heifer.org**, die mit ihrem Gift Catalog ein Drittel ihres Umsatzes pro Jahr macht. Dort kann man zum Beispiel eine einzelne Ziege für eine Familie oder eine Weiterbildung für eine Fraueninitiative in der Dritten Welt finanzieren. An dieser Website kann man gut studieren, wie übersichtlich und klar sich eine Organisation aufstellen kann und wie mit einem guten Charity-Shop Spenden-Umsätze zu erzielen sind.

—— Tipp: Entscheidend ist, für wen wird gekauft ——————————

Unterscheiden Sie, ob Sie in Ihrem Online-Shop tatsächlich Spenden einwerben oder Produkte verkaufen. Nicht nur steuerrechtlich ist dies ein großer Unterschied.

Online Einnahmen jenseits von Spenden

Merchandising über den eigenen Web-Shop

Auf Ihrer Website können Sie nicht nur um Spenden werben. Für Organisationen, die im Merchandising aktiv sind, bietet es sich an, ihre Produkte auch über das Internet zu verkaufen. Durch die Integration eines Shops lassen sich die Produkte weltweit anbieten. Und Ihre Besucher und Unterstützer können sich auch nach dem Besuch bei Ihnen für das eine oder andere Andenken entscheiden.

—— Tipp: Von erfolgreichen Beispielen lernen ——————————

Lassen Sie sich inspirieren und schauen Sie bei folgenden Shops vorbei:
- Web-Shop *St. Michaelis Hamburg*: **https://ticket-at-home.de/home.aspx?shopid=15&ac=1**
- *Städel Museum*: **www.staedelmuseum.de/sm/index.php?StoryID=9**
- *WWF Schweiz*: **http://shop.wwf.ch/de/index.cfm**

Achtung: Nicht jeder Web-Shop macht automatisch auch Gewinn. So ist die Einrichtung eines Shops nicht billig. Und Sie müssen Ihren Warenbestand im Auge behalten, um Ihren Kunden über Lieferzeiten Auskunft geben zu können. Denn Kunden sind schnell verärgert, wenn Sie auf ihre Bestellung warten müssen. Und vergessen Sie nicht, die höheren Lieferkosten zu kalkulieren. Diese können am Preis einen hohen Anteil ausmachen.

Charity-Auktionen: Dinge, die man sonst nicht kaufen kann

Sie haben Kontakte zu Promis, die Ihnen Produkte, Leistungen oder Ereignisse zur Verfügung stellen können? Dann verfügen Sie über gute Voraussetzungen, um Charity-Auktionen durchzuführen. Die Liste der Möglichkeiten von „unbezahlbaren Gelegenheiten" ist fast endlos. Versteigert wurden schon der Sitzplatz auf der Trainerbank beim Bundesligaspiel genauso wie ein Tag mit dem Bürgermeister, das Zuschauen bei einer Gehirn-OP oder auch der Auftritt des Ersteigerers in einem Roman. *eBay* **www.ebay.de** bietet mit seiner Plattform Social-Profit-Organisationen Möglichkeiten, Charity-Auktionen einzurichten und durchzuführen. Da sich die Konditionen ändern können, informieren Sie sich bitte auf der Website von *eBay* über Voraussetzungen und Kosten.

Die Maxi-CD Der Bruno Blues entstand im Sommer 2006 als Protest gegen den gewaltsamen Tod des Jungbären Bruno und wird über die Website **www.abschaffung-der-jagd.de** *vertrieben.*

Erfolgskritisch für alle Charity-Auktionen ist die Zahl der Teilnehmer oder der Menschen, die von Ihrer Auktion erfahren. Nur wenn es Ihnen gelingt, eine große Anzahl von Menschen zu erreichen, werden auch die dabei sein, die für Ihre „unbezahlbare Gelegenheit" einen höheren Betrag ausgeben. Arbeiten Sie deshalb mit der örtlichen Presse, Hörfunk oder auch Regionalprogrammen im Fernsehen zusammen. Medien sind vielfach bereit, eine gute Sache zu unterstützen und Ihre Auktion anzukündigen. Einfacher wird es, wenn Sie sich mit anderen Organisationen in Ihrer Region zusammentun. Dann ist es leichter, Medien zu überzeugen, und Sie haben nicht nur ein einzelnes Event.

Online-Flohmarkt

Sie führen jedes Jahr einen Basar durch? Dann lassen Sie sich doch alle Dinge von Wert schenken, die am Ende übrig bleiben. Damit haben Sie eine gute Ausgangsbasis, um zusätzliche Einnahmen zu erzielen: Richten Sie sich auf *eBay* einen eigenen Zugang ein und versteigern Sie die Sachspende. Der Erlös kommt dann Ihrer Organisation zugute. Allerdings gilt auch hier: Versteigerungen bei *eBay* müssen betreut und die verkauften Produkte möglichst schnell versandt werden. Betreuung und Abwicklung kann sehr arbeitsaufwändig sein. Schauen Sie deshalb, ob Sie eine Gruppe von Freiwilligen mit Erfahrung bei *eBay* finden können, die Sie bei der Abwicklung unterstützt oder auch einen Teil der Arbeit abnimmt.

Profitieren Sie von Einkäufen Ihrer Unterstützer

Seit vor mehr knapp 15 Jahren *Amazon* das Affiliate-Marketing erfunden hat, wird dies auch im Fundraising eingesetzt. Im „Affiliate-Marketing" weist der

Inhaber einer Website in seinem Angebot auf ein Produkt oder Leistung eines Online-Shops hin und erhält bei erfolgreicher Vermittlung des Kunden eine zuvor vereinbarte Provision. Da mittlerweile alle Online-Shops auch Affiliate-Marketing anbieten, können Sie von diesen Provisionen profitieren, wenn Sie Kunden auf die Shop verweisen und diese hier einkaufen. Einige Dienstleister bieten Ihnen über ihre Website die Möglichkeit, gleich von einer Vielzahl von möglichen Provisionen zu profitieren. Diese schließen mit den Shops die Vermittlungsverträge und schütten einen Teil der erhaltenen Provisionen an die Organisationen aus, die die Kunden vermittelt haben. Dieses Verfahren ist als „Charity-Mall" bekannt und kann helfen, Einnahmen zu erzielen.

— Tipp: Bekannte Charity-Mall-Plattformen sind: ————————

www.bildungsspender.de, www.planethelp.de, www.klickdiespende.de, www.schulengel.de, www.click4charity.net, www.social-deal.de, www.elefunds.de, www.kauf-ein-zeig-herz.de, www.kaufkroete.de
Bei www.gooding.de profitieren Sie sogar von den DB-Fahrkarten-Umsätzen Ihrer Unterstützer!

Allerdings sollten die Erwartungen nicht zu hoch sein: Nennenswerte Umsätze kommen nur dann zustande, wenn Sie permanent auf diese Möglichkeit der Unterstützung hinweisen und Ihre Unterstützer animieren, über den Dienstleister im Internet einzukaufen. Ob sich dies für Sie finanziell lohnt, müssen Sie im Einzelfall entscheiden.

— Tipp: *Amazon*-Partnerprogramm ————————————————

Wenn Sie Ihren Besuchern Bücher zu Ihrem Thema empfehlen möchten, können Sie am *Amazon*-Partnerprogramm **https://partnernet.amazon.de/** teilnehmen. Sie benötigen hierfür keinen Dienstleister und können direkt von den erzielten Provisionen profitieren.

Ehrenamtliche im Internet gewinnen

Zunehmend werden Websites auch eingesetzt, um Ehrenamtliche zu gewinnen und mit Ehren- und Hauptamtlichen zusammenzuarbeiten. In diesem Fall stehen die „Stellenausschreibungen" – wofür suchen Sie Ehrenamtliche und welche Aufgaben sollen sie in welchem Umfang erfüllen – im Zentrum der Kommunikation. Sie zeigen, wie bei Ihnen Ehrenamtliche eingesetzt werden und ermöglichen Interessenten, mit Ihnen direkt Kontakt aufnehmen zu können. Das können Sie auch einsetzen, wenn Sie Unternehmen gewinnen wollen, die im Rahmen eines Corporate Volunteering Sie ehrenamtlich unterstützen. Anbieter wie *Gute Tat* **www.gute-tat.de** bieten dies als Vermittler an.

Großspenden und Erbschaften im Internet?

Auch wenn der Schwerpunkt im Online-Fundraising auf Kleinspenden von etwa 60 Euro liegt, können Website auch im Großspenden-Fundraising, bei Kapital-Kampagnen und im Erbschafts-Fundraising sowie für Zustiftungen eingesetzt werden. In allen diesen Fällen steht nicht zwingend die Transaktion im Zentrum.

Fast alle Menschen, die sich entscheiden, Ihnen erstmals eine Spende anzuvertrauen, werden vorher Ihre Website angeschaut haben. Dies gilt umso mehr, wenn es dabei um größere Beträge geht.

Entscheidend für den Erfolg ist die genaue Analyse der Fragen, die die Interessenten und zukünftigen Besucher haben und deren Antworten sie auf Ihrer Website suchen. Das kann von der Frage reichen, ob Ihre Organisation seriös ist, wer zu Ihren Unterstützern gehört und hört bei der Frage, welchen Unterschied große Spenden in der Welt durch Ihre Arbeit machen, noch lange nicht auf. Werden die Websites für diese Zwecke speziell entwickelt und umgesetzt, zeigt Online-Fundraising heute schon erstaunlich Ergebnisse. Es kommt sogar vor, dass in solchen Fällen hohe fünfstellige Beträge über ein Online-Formular gespendet werden – allerdings haben fast alle Spender vorher den persönlichen Kontakt gesucht.

Nicht alle Einnahmen sind Spenden

Bitte denken Sie daran: Nicht alle hier beschriebenen Einnahmen sind Spenden, sondern teilweise auch gewerbliche Einnahmen. Sie müssen deshalb anders verbucht und steuerlich anders behandelt werden. Lesen Sie am besten die Hinweise zu den verschiedenen Einkommensarten in diesem Buch (so in den Kapiteln 2.2.1 *Unternehmenskooperation – mehr als Sponsoring* und 2.2.6 *Geldverdienen für den guten Zweck – eigenwirtschaftliche Betätigung*) und fragen Sie gegebenenfalls vorher Ihren Steuerberater.

Lohnt sich Werbung auf der eigenen Website?

Können Sie sich durch Werbung auf Ihrer Website finanzieren? Diese Idee geisterte einige Jahre durch das Fundraising. Heute muss man sagen: Es ist keiner Social-Profit-Organisation gelungen, Werbung auf ihrer Website zu einem Geschäftsmodell zu machen. Die Gründe sind schnell benannt: Die Anzahl der Besucher ist fast immer zu niedrig. Da Bannerwerbung (die klassische Form der Werbung im Internet) zu Tausender-Kontakt-Preisen von unter 50 Euro gehandelt wird, können Sie ja relativ schnell ausrechnen, mit welchen Einnahmen Sie pro Monat rechnen könnten. Wenn Sie jetzt noch Ihre Kosten dagegen rechnen – denken Sie daran, dass Werbepartner gewonnen und betreut werden müssen und die Einnahmen abzurechnen sind – dann bleibt bei dem zu erwartenden Aufwand kaum ein positiver Ertrag übrig.

Wenn Sie tatsächlich Werbung in größerem Stil machen wollen, müssen Sie Ihre Website entsprechend ausrichten – inhaltlich und grafisch. Damit besteht immer die Gefahr, dass Sie Besucher auf Ihrer Website verlieren und Sie diese nicht mehr zur Spende führen können. Bestehen schon Unternehmenskooperationen, macht es durchaus Sinn, auf diese auch auf Ihrer Website hinzuweisen. Setzen Sie allerdings einen Link hin zur Website Ihres Kooperationspartners, kann schon ein wirtschaftlicher Geschäftsbetrieb mit den entsprechenden steuerrechtlichen Folgen (Versteuerung des Sponsorings) gegeben sein. Seien Sie hier vorsichtig und fragen Sie im Zweifelsfall Ihren Steuerberater.

Online-Instrumente außerhalb der eigenen Website

Neben den klassischen Websites mit dem Spendenaufruf und dem Spenden-Formular haben sich zwei Online-Konzepte als besonders erfolgreich herausgestellt:

Online-Communities – Eine Gemeinschaft für ein bestimmtes Thema

Wenn es Ihnen gelingt, eine Community zu gründen und am Laufen zu halten, gewinnen Sie Unterstützer, die sich mit Ihnen für Ihr Thema begeistern und mit Ihnen und anderen Teilnehmern in Austausch treten. Dies können Sie dann auch nutzen, indem Sie Spenden-Anlässe schaffen und hierzu um Spenden bitten. Technisch bieten sich für den Aufbau von Communities Social-Media-Site wie *Facebook* oder *Twitter* oder andere Anwendungen des Web 2.0 an. Diese Anwendungen sind extra dafür geschaffen worden, dass Menschen miteinander in Kontakt treten und Informationen weiterleiten können. Fokussieren Sie Ihren *Facebook*-Account auf Ihr Thema und posten Sie hier Informationen rund um das Thema, dann kann es Ihnen gelingen, Interessenten zu gewinnen, die Ihre Informationen weitertragen. Allerdings ist *Facebook* für den Aufbau einer Community nicht zwingend. Es gibt auch Beispiele, wie Blogs hierfür genutzt werden können.

— Praxisbeispiel: Willkommen Wolf

Ein interessantes Beispiel für eine Online-Community auf *Facebook* bietet der *Nabu* mit seinem Projekt „Willkommen Wolf": **www.facebook.com/WillkommenWolf**

Allerdings können Sie nicht davon ausgehen, dass Sie in jeder Community auch Spenden werben können. Die Community, die sich um den Austausch niedlicher Katzen-Fotos bildet, reagiert auf die Fotos, nicht zwingend auch auf Spenden-Bitten der Organisation, selbst wenn es sich um Schutzprojekte für Katzen handelt. Online-Spenden lassen sich in der Regel nur dann gewinnen, wenn ein hinreichend großer Anteil an Menschen versammelt wird, die auch für das dahinterstehende Projekt spenden. Häufig reicht die Community auf *Facebook* hierfür nicht aus.

Vielfach haben Communities nicht nur die Aufgabe, Spenden einzuwerben. Sie werden von Social-Profit-Organisationen auch im Rahmen der Öffentlichkeitsarbeit eingesetzt, um auf Themen aufmerksam zu machen und Unterstützer für politische Aktivitäten zu binden. Hierfür eignen sich gerade *Facebook* und andere Social-Media-Sites besser als für die Bitte um Spenden. Wenn Sie sich Gedanken machen, eine Community zu gründen, dann sollten Sie auch daran denken, offline Veranstaltungen anzubieten. Es ist bekannt, dass viele Online-Communities sich auch in der Realität von Angesicht zu Angesicht treffen wollen. Für Sie bietet dies die Gelegenheit, die Beziehungen zu Ihren Förderern und Interessenten zu verbessern.

Damit wird schon deutlich: Die Organisation einer Community ist mit einem relativ hohen Aufwand verbunden. Es müssen nicht nur permanent neue Inhalte erstellt werden. Auch Anfragen aus dem Internet müssen zeitnah beantwortet werden. Hinzu kommt die Kommunikation auf den Social-Media-Sites: Wenn Sie Austausch wollen, dann müssen Sie auch hieran teilnehmen. Das heißt aber auch: Wer beteiligt sich an der Kommunikation am Samstagabend oder in der Nacht, wenn die Nutzer Zeit und Lust haben, sich mit Ihnen auszutauschen?

Spenden-Aktionsplattformen – Ihre Unterstützer können aktiv werden

Spenden-Aktion-Plattformen erlauben es allen Unterstützern, zugunsten einer registrierten Organisation eigene Spenden-Sammel-Seiten einzurichten. Das hört sich zunächst etwas kompliziert an, ist aber im Grunde ganz einfach: Sie registrieren sich mit Ihrer Organisation auf einem Spendenportal, welches ihren Unterstützern diesen Service anbietet. Sobald Sie dort registriert sind, können Ihre Unterstützer zu Ihren Gunsten dort eigene Seiten einrichten und in ihren Netzwerken um Spenden für Sie werben.

Traditionellerweise können dies Anlass-Spenden wie Geburtstage oder Ähnliches sein. Kommt der nächste Geburtstag, kann Ihr Unterstützer eine entsprechende Seite einrichten und in seinem Netzwerk um Spenden statt Geschenke bitten. Dies hat den Vorteil: Auch die Freundin, die gerade ihr Praktikum in Kanada macht, kann unproblematisch ihren Gruß mit einer Spende ausdrücken. Am Ende kommt eine Summe zusammen, die Sie als Spende erhalten. Und alle Spender haben die Möglichkeit, dem Jubilar noch einen Kommentar auf seiner Profilseite zu hinterlassen.

Interessant wird diese Möglichkeit des Spendens, wenn Sie aktuellere Formen der Anlass-Spende in den Blick nehmen: So gibt es den Marathon-Läufer, der seinen nächsten Marathon zum Anlass nimmt, um Spenden zu bitten: Sein Netzwerk unterstützt ihn symbolisch, indem Freunde und Bekannte für Ihren guten Zweck spenden. Oder Sie veranstalten die sportliche Herausforderung gleich selbst. Werfen Sie mal einen Blick auf den Trailwalker von *Oxfam* **www. oxfamtrailwalker.be/de/home**: Hier laufen Gruppen von vier Personen in 30 Stunden 100 km durch den Harz oder eine andere Region – für den guten Zweck. Auch diese Gruppen können eigene Seiten schalten, um in ihrem Freundeskreis um Spenden zu bitten.

Für alle diese Möglichkeiten gilt: Ihre Unterstützer bitten in ihrem Netzwerk um Spenden – und hierin liegt auch der Grund, warum gespendet wird. Dadurch erreichen Sie Menschen, die sonst nie von Ihnen erfahren oder nie für Ihr Anliegen gespendet hätten. Darin liegt gleichzeitig aber auch ein Problem: Es gelingt nur sehr selten ohne diesen Umweg, eine weitere Spende von den Spendern zu erhalten. Aber es ist eine Möglichkeit, über die Sie nachdenken sollten.

--- **Tipp: Fundraising-Software mit Formularen für Anlassspenden** ---------------

Die *Fundraising-Box* **www.Fundraising-Box.com** bietet diese Möglichkeit auch für Ihre eigene Website an. Sie brauchen dann kein Portal mehr und können direkt über Ihre Website Anlass-Spenden für Ihre Unterstützer anbieten.

Crowdfunding – Suchen Sie online nach Investoren

Dieses sehr erfolgreiche Online-Konzept wird im Kapitel 3.3.4 *Soziale Investoren und Crowdfunding* vorgestellt.

Wie Sie Menschen auf Ihre Website locken

So gut Ihre Website auch sein mag, Sie werden mit ihr keinen Erfolg haben, wenn es Ihnen nicht gelingt, Menschen auf die Website zu führen. Hierfür steht eine Reihe von Möglichkeiten zur Verfügung, die Sie einsetzen können:

Laden Sie zum regelmäßigen Besuch ein

Wenn Sie im Online-Bereich viel kommunizieren, über Website und soziale Medien Informationen und beispielsweise Petitionen, Verlosungen, Mitmach-aktionen anbieten, gewöhnen Sie Ihre Besucher daran, regelmäßig Ihre Webseite zu besuchen.

Über Google schnell gefunden werden – Suchmaschinen-Marketing

Suchmaschinen kanalisieren den Traffic im Internet. Viele Nutzer rufen sie auf, um sich die Websites anzeigen zu lassen, die ihre Fragen am besten beantworten. Da zurzeit *Google* mehr als achtzig Prozent aller Suchanfragen bearbeitet, ist es von großer Wichtigkeit, bei den entscheidenden Suchbegriffen von *Google* unter den ersten zehn Treffern angezeigt zu werden.

Planung ist für den Erfolg im Suchmaschinen-Marketing unerlässlich. Legen Sie zuerst die Suchbegriffe fest, unter denen Ihre Website gefunden werden soll. Darauf aufbauend wird Ihre Website geplant und werden die Inhalte festgelegt. Da *Google* die Relevanz unter anderem nach Übereinstimmung der Suchbegriffe mit den Inhalten Ihrer Seite festlegt, müssen die definierten Suchbegriffe in einzelne Seiten eingearbeitet werden. Diese können einzeln optimiert werden, das heißt, es können einzelne Suchbegriffe für verschiedene Seiten festgelegt werden. Bei der Berechnung der Relevanz zieht *Google* unter anderem folgende Parameter heran:

Checkliste 48: Nach diesen Kriterien bewerten Suchmaschinen Ihre Internetseite

Aktuelle Inhalte
– Je aktueller die Inhalte auf Ihrer Website sind, desto relevanter und wichtiger wird sie von *Google* eingeschätzt, und der Robot zur Indexierung kommt häufiger vorbei. Deshalb sind viele aktuelle und regelmäßig gepflegte Inhalte so wichtig.

Zum Suchbegriff passende Inhalte
– Die in der Seite hinterlegbaren Stichworte spielen heute keine Rolle mehr. Die Beschreibung der Seite wird von *Google* bei den Suchergebnissen angezeigt. Achten Sie deshalb auf diesen Text. Er soll die Nutzer von *Google* motivieren, auf Ihre Seite zu klicken. Versprechen Sie allerdings nichts, was Sie nicht halten können. Besuch, der etwas anderes von Ihnen will, bringt Ihnen gar nichts. Im Online-Fundraising sind nur diejenigen Besucher von Interesse, die potenzielle Spender sind.
– Stimmt der Titel-Tag mit dem Suchbegriff überein? Der Titel-Tag wird für den Besucher unsichtbar in den Kopf der Datei geschrieben und von Suchmaschinen ausgelesen. Er steht auch in der obersten Zeile des Browsers.
– Gibt es eine Übereinstimmung zwischen dem Suchbegriff und der Überschrift? Auch die formatierte Überschrift gibt einen Hinweis auf den Inhalt der jeweiligen Seite.

- Wie häufig kommt der Suchbegriff im Text vor? Der Begriff sollte weder zu häufig noch zu selten im Text enthalten sein. *Google* geht davon aus, dass eine zu häufige Verwendung des Begriffs auf einen Versuch zur Manipulation hinweisen könnte. Hierauf reagiert *Google* mit Ausschluss der Site von den Ergebnisseiten.

Externe Links auf Ihre Seite
- Je mehr Links von anderen Sites auf Ihre Seiten verweisen, desto wichtiger wird Ihre Site von *Google* eingeschätzt. Wenn diese Links wiederum von Seiten kommen, die ebenfalls viele externe Links haben, dann zählen diese mehr und die Relevanz Ihrer Seiten steigt weiter. Die Links können auf anderen Internetseiten, aber auch über andere sozialen Medien (*Facebook*, *Twitter*, etc.) verbreitet werden.
- Deshalb sind viele externe Links für Ihre Website so wertvoll. Schauen Sie, wer auf Ihre Site einen Link legen kann. Sprechen Sie die Menschen direkt an, und bitten Sie um eine Verlinkung.
- Bieten Sie Inhalte an, die für andere Sites von Interesse sind? Dann sollten Sie diesen Sites Inhalte anbieten oder um Verlinkung bitten. Wenn Interesse vorhanden ist, wird man Ihre Inhalte gerne weiter vermitteln und verlinken.

Die entsprechende Pflege bedeutet für viele Organisationen eine große Herausforderung: Häufig fühlen sich Webmaster allein gelassen und warten händeringend auf neue Informationen aus den Projekten. Zu Ihrer Konzeption gehört deshalb auch die verbindliche Absprache, wann wer welche Inhalte und Informationen zur Aktualisierung Ihrer Website zu liefern hat. Und im Konfliktfall müssen Sie diese Absprache auch durchsetzen können. Andernfalls besteht die große Gefahr einer digitalen Einöde: Einmal erstellt und fünf Jahre nicht mehr angefasst.

Werbung im Internet schalten: Keyword-Advertising
Sie können bei *Google* sowie bei anderen Suchmaschinen und Katalogen auch Werbung schalten. Bei *Google* sind dies die kleinen vierzeiligen Kästchen am rechten Rand oder über den Suchergebnissen. Hierzu müssen Sie sich bei *Google* anmelden. Dann können Sie Suchbegriffe aussuchen und Ihre Werbung formulieren. Nachdem Sie hiermit fertig sind, wird Ihre Werbung geschaltet.

Grundsätzlich bezahlen Sie bei *Google* nur, wenn jemand auf Ihre Anzeige geklickt hat. Die Höhe des Anzeigenpreises können Sie im Prinzip selbst festlegen. Alle Nachfrager nach einem Suchbegriff bieten quasi gegeneinander. Das heißt: Die Anzeige desjenigen, der bereit ist, am meisten zu zahlen, wird an erster Stelle platziert. Alle anderen Anzeigen folgen dann entsprechend des jeweiligen Gebots. Die Reihenfolge wird zusätzlich noch durch die Häufigkeit des Anklickens beeinflusst. Je häufiger Nutzer von *Google* auf Ihre Anzeige klicken, desto höher wird sie platziert – auch ohne dass höhere Preise fällig werden. *Google* stellt hierdurch sicher, dass seinen Nutzern vorwiegend relevante Anzeigen zu den jeweiligen Suchbegriffen angezeigt werden.

Bieten Sie für Ihre Anzeigen nicht genug, werden Ihre Anzeigen weiter unten oder auch erst auf der zweiten Seite gezeigt. Dadurch besteht die Gefahr, dass Sie nicht die Aufmerksamkeit erhalten, die Sie benötigen. Geringer Geldeinsatz kann also bedeuten, dass Sie schon für einen geringeren Beitrag Interessenten zugewiesen bekommen. Es kann aber auch sein, dass es insgesamt zu wenige Menschen sind, um Ihr Fundraising zu einem ökonomischen Erfolg zu führen. Zusätzlich können Sie bei *Google* festlegen, bis zu welchem finanziellen Umfang Anzeigen geschaltet werden sollen. Sie definieren sowohl Ihre Tages- als auch Ihre Monatsgrenze. Werden die Limits erreicht, setzt *Google* Ihre Anzeigen aus. Sie werden erst wieder in der nächsten Periode angezeigt. Dadurch behalten Sie den Überblick über Ihre Kosten.

— Tipp: Kostenlose Anzeigen bei *Google*

Google stellt ausgewählten Social-Profit-Organisationen kostenlos Werbeplätze zur Verfügung. Weitere Informationen zu *Google* Grants erhalten Sie auf der Website von *Google*, wo Sie sich auch für das Programm bewerben können: **www.google.de/grants**

Mit gezielter Pressearbeit Onlinebesucher gewinnen

Neben der Optimierung Ihrer Website für *Google* und dem Keyword-Advertising kommt der Pressearbeit bei der Zuweisung von Besuchern eine große Bedeutung zu. In der Praxis hat sich ein Zusammenhang von Fernsehbeiträgen und Besuchen auf einer Website als außerordentlich fruchtbar herausgestellt. Bringt zum Beispiel ein Fernseh-Magazin einen Beitrag über ein Projekt Ihrer Organisation, werden Menschen auf Sie aufmerksam und besuchen Ihre Website. Sie können feststellen, dass kurz nach Ende des Beitrags die Besucherzahlen in die Höhe gehen. Meistens gehen auch erste Spenden ein, wenn das Thema des Fernsehbeitrags auf Ihrer Website weitergeführt wird. Allerdings sind nicht alle Zeiten gleich gut. Beiträge am Abend führen zu einer deutlich höheren Resonanz als am Mittag oder Nachmittag.

Aber auch alle anderen Medien können Besucher auf Ihre Website weisen. Neben den klassischen Medien wie Zeitungen, Zeitschriften und Radio-Beiträgen, gehören hierzu auch Online-Medien wie Blogs, Newsletter und die Online-Plattformen der klassischen Medien.

Recherchieren Sie die Medien, die über Ihren Gegenstandsbereich berichten und die Interesse haben, Beiträge über Ihre Organisation oder Ihre Projekte und Programme zu veröffentlichen. Achten Sie immer darauf, dass die Themen in den Medien sich auch auf Ihrer Website wiederfinden. Nur dann können die Besucher eine Verbindung zwischen den Medienberichten und Ihrer Website herstellen. Links sollten immer auf eine Seite mit dem Thema verweisen, nie auf Ihre Homepage. Dies könnte Besucher irritieren, die genau wegen dieses Thema Ihre Website besuchen und deshalb sich jetzt auf die Suche machen müssen. Beides Gründe, um aus der Kommunikation mit Ihnen auszusteigen. (Zu Pressearbeit siehe Kapitel 1.3 *Kein Fundraising ohne Öffentlichkeitsarbeit*)

— Tipp: *Wikipedia* nutzen

Wissen Sie, ob etwas und was bei *Wikipedia* über Ihre Organisation geschrieben steht? Für kleinere Organisationen ist es schwierig, einen Beitrag über die eigene Organisation unterzubringen. Immerhin sollten Sie es versuchen und sich auch in den thematischen Seiten einbringen und eventuell vernetzen.

Werbung über Ihre eigenen Medien

Machen Sie für Ihre Website Werbung. Nur wenn viele Menschen erfahren, dass es Ihre Website gibt, werden sie sie auch besuchen. Werbung können Sie auf allen Materialien machen, die Ihr Haus verlassen:

Checkliste 49: Gezielte Bewerbung Ihrer Onlineangebote im eigenen Umfeld

In Spendenbriefen können Sie auf weitere Informationen im Internet und der Möglichkeit zur Online-Spende hinweisen.
Auf Briefpapiere und Visitenkarten gehört auch Ihre Web-Adresse.
Plakate funktionieren nicht nur zur Image-Bildung. Für viele Menschen ist es einfacher, sich eine Web-Adresse zu merken als eine Bankverbindung. Zahlen sind abstrakter und bleiben deshalb weniger gut im Gedächtnis.
Nutzen Sie die Signatur in Ihren E-Mails auch zur Bewerbung Ihrer Spenden-Projekte und bitten Sie um eine Online-Spende.
Bieten Sie in Ihren Flyern weitere Informationen im Internet an. Auch so können Sie Menschen auf Ihre Website führen.

Bei jeder Interaktion können Sie sich überlegen, welchen zusätzlichen Nutzen Sie im Internet anbieten können. Es gibt immer Menschen, die hierauf reagieren und sich weitergehend mit Ihren Projekten beschäftigen wollen. Ein Teil von ihnen wird auch spenden oder sich binden lassen. Schaffen Sie einen Mehrwert mit einem Nutzen. Dies führt deutlich mehr Besucher auf Ihre Website als die bloße Aufforderung zum Besuch oder die Feststellung, dass Sie eine Website haben.

Lassen Sie sich empfehlen

Empfehlungen sind die stärkste Währung im Internet. Sie werden am meisten davon profitieren, wenn andere Menschen empfehlen, Ihre Website zu besuchen oder Ihnen zu spenden. Empfehlungen können im Internet vielfältig sein:
– Jemand leitet per E-Mail Ihre Bitte um eine Spende an sein eigenes Netzwerk weiter – weil es besonders dringlich ist und Sie die Menschen von Ihrem Anliegen überzeugen.
– Interessante Informationen auf Ihrer Website sind immer ein guter Anlass, dass ein Besucher Menschen aus seinem Netzwerk auf Ihre Site aufmerksam macht.
– Newsletter werden weitergeleitet, wenn sie in den Augen Ihrer Empfänger auch für Menschen aus dem Netzwerk Ihrer Empfänger Relevanz besitzen.
Empfehlungsmarketing im Fundraising ist eine hohe Kunst und Sie sollten nicht versäumen, sich dieser Aufgabe anzunähern. Hierin steckt eines der größten Potenziale, neue Förderer zu gewinnen. Empfehlungen gibt es allerdings nur, wenn Sie auch etwas geben, das Menschen in Ihren Netzwerken weiterempfehlen können.

Der Treiber im Online-Fundraising: E-Mail

Alle Erfahrungen zeigen: E-Mail ist für den ökonomischen Erfolg Ihres Online-Fundraisings von entscheidender Bedeutung. Mit Hilfe von E-Mail wird Kontakt gehalten und werden Interessenten und Förderer zurück auf Ihre Website geführt. Und mit speziellen Spendenaufrufen über E-Mail werben Sie Spenden ein. Der Einsatz von E-Mail ist aber nicht per se erfolgreich. Vielmehr gilt eine Reihe von Rahmenbedingungen, die für den Erfolg von entscheidender Bedeutung sind. Bitte lesen Sie dazu das Kapitel 2.1.7 *Fundraising per Telefon, Fax, SMS und E-Mail.*

Online-Fundraising in der Praxis: Planung, Budgetierung und Erfolgskontrolle

So unterschiedlich wie die Organisationen sind auch Ihre Ansprüche und Anforderungen an die Kommunikation im Internet. Entsprechend unterschiedlich sind auch die Websites und damit der Aufwand an Planung und Kosten bei der Umsetzung. Die positive Nachricht zuerst: Die Höhe des Budgets ist nicht entscheidend für Ihren Erfolg. Grundsätzlich gilt: Je einfacher und übersichtlicher, desto schneller führen Sie die Besucher Ihrer Website in die gewünschte Aktion. Und desto weniger können sie sich in den Tiefen Ihrer Website verlieren und entnervt aussteigen.

Am teuersten ist die fortlaufende Pflege der Inhalte

Untersuchungen aus Großbritannien zeigen allerdings auch: Organisationen, die sich auf das Internet konzentrieren und hier auch einen größeren Teil Ihres Budgets investieren, sind deutlich erfolgreicher im Online-Fundraising als Organisationen, die eher geringe Beträge für Online-Fundraising bereitstellen. Denn nicht die Erstellung der Website ist der größte Posten in Ihrem Budget. Am teuersten sind die regelmäßige Pflege und die Erstellung immer neuer Inhalte. Je mehr Sie im Internet kommunizieren, desto eher werden Sie wahrgenommen und desto größer wird Ihr Erfolg ausfallen. Desto teurer wird aber auch Ihr Online-Fundraising werden. Denn menschliche Arbeit ist immer noch am teuersten.

Entscheidend ist die Planung

Erfolgskritisch ist weniger die eingesetzte Technik, sondern die Planung der Website und die Konzeption Ihres Online-Fundraisings. Dies sollten Sie nicht unterschätzen. Fehler und Versäumnisse, die Sie bereits in der Planungs- und Konzeptionsphase begehen, werden sich durchziehen und am Ende Ihren Erfolg negativ beeinflussen. Schauen Sie deshalb nicht, wer Ihnen eine Website schnell und billig zusammenbaut. Suchen Sie sich einen erfahrenen Partner, der Ihnen bei der Konzeption und Planung hilft und der Ihnen auch bei der Umsetzung behilflich sein kann.

Dann noch ein Hinweis: Die Website zum Online-Fundraising muss nicht groß und umfangreich sein. Gute Erfahrungen wurden mit einzelnen separaten Micro-Sites gemacht. Diese haben eine eigene Navigation und eine eigene Domain, sind allerdings im Corporate Design der jeweiligen Organisation gestaltet. Entscheiden Sie sich für eine solche Lösung, müssen Sie Ihre bestehende Website nicht anfassen und können trotzdem ein erfolgreiches Fundraising umsetzen.

Messen Sie regelmäßig den Erfolg Ihrer Online Aktivitäten

Wann wissen Sie, ob Ihr Online-Fundraising erfolgreich ist? Normalerweise bekommen Sie von Ihrem Provider eine Statistik mit den Zugriffszahlen Ihrer Website. Steigen die Zahlen der Besucher – ist dann alles okay? Im Grunde verraten Ihnen diese Zahlen nichts über den Erfolg Ihrer Bemühungen. Viele Besucher zu haben, kann auch bedeuten, dass viele Menschen nur eine Seite sehen und sich nicht weiter mit Ihnen beschäftigen: Sie verlassen Ihre Website sofort wieder. Der Besuch hat Ihrem Fundraising nicht genutzt.

Der eigentliche Erfolgsparameter liegt woanders. Zunächst einmal können Sie nur dort einen Erfolg messen, wo Sie ein Ziel definiert haben. Vielfach ist das eigentliche Ziel die Online-Spende. Ist dies bei Ihnen der Fall, dann zeigen nur die eingegangenen Spenden, ob Ihre Website erfolgreich war. Alle anderen Zahlen helfen Ihnen nicht weiter. Um Ihren Erfolg zu optimieren, schauen Sie sich einmal das Verhältnis von Aufrufen Ihres Spendenformulars zu tatsächlichen Spenden an. In der Regel werden nur sehr wenige Menschen das Spendenformular auch absenden. Hier haben Sie aber Ihr größtes Potenzial. Denn diese Besucher beschäftigen sich schon mit der Möglichkeit, Ihnen eine Spende zukommen zu lassen.

Sagen wir einmal, drei Prozent aller Menschen, die Ihr Spenden-Formular aufrufen, tätigen auch eine Spende. Wenn es Ihnen gelingt, diesen Anteil auf sechs Prozent zu verdoppeln, verdoppeln Sie Ihre Einnahmen im Online-Fundraising – ohne dass Sie in die Neugewinnung von Interessenten und Nutzern einen Euro investieren müssen. Deshalb ist die erste Frage: Was hält Menschen davon ab, das Spendenformular abzusenden. Antworten finden Sie auf zwei Wegen:
– Probieren Sie Alternativen aus. Testen Sie einzelne Elemente Ihres Spenden-Formulars, indem Sie Veränderungen vernehmen. Schauen Sie, mit welchen Alternativen Sie erfolgreicher sind.
– Fragen Sie Spender, Freunde und Experten, warum Menschen Ihr Formular nicht abschicken, was sie hindern könnte. Fragen Sie nach Irritationen und Barrieren und optimieren Sie Ihr Formular.

Nach der Optimierung des Formulars können Sie auf dem gleichen Weg auch untersuchen, wie viele Menschen auf Ihrer Website tatsächlich bis zum Spendenformular kommen. Scheitern Sie schon daran, dass Ihr Spenden-Button nicht zu sehen ist? Ist Ihre Website für Mitglieder oder Experten geschrieben und deshalb für Förderer unverständlich, nicht interessant oder zu unübersichtlich? In diesem Fall sollten Sie dringend über einen Relaunch nachdenken und zuvor mit einem spezialisierten Berater ein Konzept für Ihr Online-Fundraising erarbeiten.

Nicht zu unterschätzen: Die rechtliche Rahmenbedingungen

Das Internet ist kein rechtsfreier Raum – im Gegenteil: In den letzten 15 Jahren wurden eine Reihe von Gesetzen und Verordnungen erlassen, die speziell für das Internet gelten oder geltende Regeln extra für das Internet verschärft haben. Zu den wichtigsten gehören:

Impressumspflicht – Klare Verantwortung nach Außen zeigen

Alle Anbieter einer Website und Versender eines Newsletters müssen ein leicht zugängliches Impressum haben. Es besteht auch eine gesetzliche Vorschrift, welche Informationen das Impressum enthalten muss. Hierzu gehören unter anderem Name, Anschrift, Telefonnummer und E-Mail-Adresse Ihrer Organisation sowie der gesetzlich Vertreter (etwa Vorstand oder Geschäftsführer) und der Verantwortlichen für die Website oder den Newsletter. Ebenso müssen Sie aufführen, unter welcher Nummer Ihr e.V. bei welchem Amtsgericht oder Ihre Stiftung bei welcher Rechtsaufsichtsbehörde geführt wird. Auch der Hinweis auf die Gemeinnützigkeit mit Steuernummer darf nicht fehlen. Da diese Vorschriften immer wieder angepasst und geändert werden, informieren Sie sich bitte über die geltenden Vorschriften. Ein falsches oder fehlendes Impressum kann ein Grund sein, Ihre Organisation abzumahnen.

Datenschutz – Umgang mit sensiblen Daten

Werden auf Ihrer Website Daten gesammelt, müssen Sie verbindlich erklären, wie diese genutzt und eventuell gespeichert werden. Das betrifft zum Beispiel die Verarbeitung der Spende oder Bestellung Ihres Newsletters genauso wie die statistische Auswertung der abgerufenen Seiten (Log-file-Analysen). Sollen darüber hinaus die Daten auch noch für Fundraising oder Marketing genutzt werden, ist eine Einwilligung notwendig.

Datensicherheit – Vorkehrungen gegen den Datenklau

Wenn Sie Daten verarbeiten, sind Sie auch für die Sicherheit dieser Daten verantwortlich. Sie müssen sicherstellen, dass kein Unbefugter auf die Daten zugreifen kann. Dies betrifft insbesondere die Datensicherheit auf Ihrem Webserver. Sie müssen verhindern, dass darauf eingebrochen und die Daten gestohlen werden können. Datensicherheit betrifft auch die unberechtigte Nutzung der Daten durch Mitarbeiter. Auch hier müssen Sie entsprechende Vorkehrungen treffen.

Fernabsatzgesetz – Wenn Sie was verkaufen

Vertreiben Sie in Ihrem Web-Shop auch Merchandising-Produkte, gelten auch für Sie alle Vorschriften des Fernabsatzgesetzes. So hat jeder Käufer die Möglichkeit, ohne Angabe von Gründen Ihnen innerhalb von 14 Tagen die Produkte wieder zurückzusenden.

Diese Aufzählung ist nicht vollständig. Je nachdem, was Sie vorhaben und wofür Sie Ihre Website einsetzen, können weitere rechtliche Vorschriften betroffen sein. Bitte erkundigen Sie sich rechtzeitig über die jeweils geltenden Vorschriften zutreffen.

– Tipp: Bleiben Sie informiert

Regelmäßige Informationen zum Online-Fundraising und anderen Fundraising-Themen erhalten Sie kostenlos im Newsletter „Mission-Based News", den Sie bei *Mission-Based Consulting* **www. mission-based.de** bestellen können.

2.2.3 Medienpartnerschaft – Spendenwerbung mit Geschichten

Andreas Länge

- Auf der großen Bühne: Katastrophenhilfe, Fernsehgala und -lotterie
- Wie auch kleinere Initiativen profitieren können
- Projektpartnerschaften mit regionalen und lokalen Medien

Auf der großen Bühne: Katastrophenhilfe, Fernsehgala und -lotterie

Jeder kennt die Spendenaufrufe im Fernsehen im Katastrophenfall. Die großen oder nationalen Spenden sammelnden Organisationen können mit der Hilfe der überregionalen Medien schnell und wirksam den Kontakt mit potenziellen Spendern aufnehmen. Die in solchen Fällen erforderlichen großen Summen können dadurch sehr schnell gesammelt werden. Nach dem Seebeben in Südostasien am 26.12.2004 kamen so in zwei Monaten 516 Millionen Euro zusammen. Die Flutkatastrophe im Jahr 2013 hat 108 Millionen Euro von gemeinnützigen Spenden durch Wohlfahrtsverbände und Hilfsorganisationen eingebracht. Die Einrichtung von Spendenhotlines beschleunigen die Abläufe bei dieser Form der Spendensammlung noch mehr (siehe oben im Kapitel 2.1.7 *Fundraising per Telefon, Fax, SMS und E-Mail*). Die Massenmedien weisen dem Ereignis Bedeutung zu, je nachdem, ob und wie häufig sie es erwähnen. Berichten sie emotional, anschaulich und ausführlich, steigt die Spendenbereitschaft. Beispielhafte Helfer werden im Fernsehen vorgestellt. Das Interesse wird wach gehalten, weil immer neue Details berichtet werden. Die Realität wird selektiv dargestellt.

Ein Herz für Kinder

Auch bei der Fernsehgala und bei Fernsehlotterien wird die ungeheure mediale Stärke des Fernsehens für den guten Zweck genutzt. Die Spendengala *Ein Herz für Kinder* hat im Jahr 2013 16 Millionen Euro eingebracht. Diese Fernsehgala wurde vom Verleger *Axel Springer* 1978 gegründet und wird heute exklusiv von der Bildzeitung beworben. Diese Aktionen nutzen jedoch auch den Medien selbst. Wenn das Fernsehen nicht nur gut unterhält, sondern sich auch mitfühlend zeigt, steigert dies seine Popularität. Den Sendern geht es dabei um die Einschaltquoten. Manchmal führt auch Verlegenheit zum Ziel: Um die ausgelassenen Silvestersendungen 2004, die schon vorbereitet waren, zu retten, wurden sie kurzerhand zu Benefizsendungen für die Tsunami-Opfer umgewandelt.

Wie auch kleinere Initiativen profitieren können

Die Erlöse der Fernsehgala des *ZDF* „Melodien für Millionen" gehen ausschließlich an die *Deutsche Kinderkrebshilfe*. Von der Spendengala Red Nose

Day bei *Pro Sieben* profitieren Organisationen wie die *Off Road Kids*, *Children for a better World* und die *Stiftung Kinderhospiz*.

Die Medien geben die Spenden weiter

Auch andere Organisationen können sich dort um Spenden bewerben. *Günther Jauch* und die *RTL* Fernsehshow *Wer wird Millionär?* unterstützt die *RTL Stiftung Wir helfen Kindern e.V.* Mit den eingehenden Spenden werden ausgewählte Kinderhilfsprojekte gefördert **www.spendenmarathon.de**. Bei vielen Spendenveranstaltungen können Träger und Projekte Anträge einreichen. Eine Auflistung der Medienfonds mit Antragsmöglichkeit finden Sie im Kapitel 3.2.2 *Förder- und Spendenfonds – meist unbürokratisch und einfach*.

Prominente Fürsprecher gewinnen

Wenn es Ihnen gelingt, dass ein Prominenter beim *Starquiz* mit *Jörg Pilawa* in der *ARD* für Sie beim Ratespiel teilnimmt, kann das sehr lohnend sein. *Marie-Luise Marjan* gewann 18.750 Euro und spendete sie an *Deine Mark macht Schule*, *Maria Furtwängler* unterstützte die *Ärzte für die Dritte Welt* und *Armin Rohde* spendete seinen Gewinn an das *Kinderhilfswerk der Vereinten Nationen Unicef* **www.ndr.de**.

Medientaugliche Geschichten bieten

Dabei achten die Verantwortlichen immer auf die Massentauglichkeit der ausgewählten gemeinwohlorientierten Zwecke, Themen und Darstellungsformen – nach dem Schema: Unschuldig in Not Geratenen wird geholfen mit vorzeigbaren Erfolgen. Auch sich langfristig anbahnende Katastrophen wie Ernteausfälle durch Dürre und schwer bekämpfbare Krankheiten wie Krebs eignen sich. Die Lebensberatungssendung und Talkshow von *Jürgen Fliege* löste auch ohne Aufruf seitens des Moderators so viel Spendenbereitschaft aus, dass die Gründung der *Fliege-Stiftung* mit all diesen Mitteln geradezu zwangsläufig war.

Gezielte Ansprache der Verantwortlichen

Fernsehen und Hörfunk bekommen viele Anfragen von Spenden sammelnden Organisationen, Kontonummern einzublenden. Das gelingt nur den großen, bekannten. Vielleicht sind die Produktionsfirmen sogar die besseren Ansprechpartner als die Sender, weil sie es sind, die die Ideen zu einer Sendung haben und sie auch umsetzen, wenn ihr Vorschlag vom Sender akzeptiert wird. Für kleine Initiativen kommen jedoch die großen Sendeanstalten als Medienpartner eher nicht in Frage.

Trotzdem gibt es auch für sie eine Möglichkeit, ein kleines Stück vom Kuchen abzubekommen, wenn sie sich um Erlöse von Veranstaltungen wie zum Beispiel *Aktion Sternstunden* des *Bayerischen Rundfunks* (siehe das Kapitel 3.2.2 *Förder- und Spendenfonds – meist unbürokratisch und einfach*), „Starquiz" (s.o.), *ARD-Fernsehlotterie* (siehe das Kapitel 3.2.3 *Lotterie- bzw. Wettmittel – Glück kann man beantragen*) bewerben.

Projektpartnerschaften mit regionalen und lokalen Medien

Die Medienlandschaft ist groß und breit gestaffelt. Suchen Sie sich für Ihre größeren Publikumsevents und Festivals den richtigen Partner unter den lokalen und regionalen Printmedien, Hörfunk- und Fernsehstationen. Wenn ein Gummientenrennen geplant ist (siehe im Kapitel 2.1.9 *Garantierter Gewinn – Lotterien und Tombolas selbst veranstalten*), eine große Auktion „unverkäuflicher Gelegenheiten" (siehe im Kapitel 2.1.5 *Benefizevents – Spendensammeln mit hohem Unterhaltungswert*) oder eine Aktion mit mehreren kirchlichen Jugendgruppen aus der Region zur Realisierung gemeinnütziger Hilfsprojekte, hängt das Gelingen davon ab, dass viele Menschen davon erfahren und so die Gelegenheit bekommen, sich daran zu beteiligen. Dafür brauchen Sie die Hilfe der Medien. Überlegen Sie, welche Zeitung, welches

www.menschenfuermenschen.de

Radio, welcher Regionalfernsehsender von Ihren Zielgruppen am ehesten gelesen, gehört oder gesehen wird. So eine Partnerschaft bietet aber auch für die Medien attraktiven Stoff, denn ihre Leser, Hörer, Zuschauer interessieren sich brennend für derartige lokale und regionale Ereignisse. Die Journalisten können die beteiligten Promis interviewen, Life-Übertragungen von den Veranstaltungsorten senden oder eine Fortsetzungsserie daraus machen.

Radio: Unterschätztes Medium mit großer Reichweite

Oft wird das Radio unterschätzt. Statistisch gesehen hört der Erwachsene täglich rund 186 Minuten Radio (2014). Eine Befragung zur Radionutzung aus dem Jahr 2012 hat ergeben, dass 52,8 Prozent beim Autofahren, 26,8 Prozent beim Frühstücken, 10,3 Prozent bei der Arbeit und 8,6 Prozent bei der Freizeit Radio hören. Daher produzieren SPOs Werbespots, die sie dem Sender als Freespot anbieten – vergleichbar der Füll- oder Freianzeige (siehe das Kapitel 2.1.3 *Neuspendergewinnung – Frisches Blut für Ihre Organisation*). Eine viel wirksamere Spendenwerbung wird erreicht, wenn Radioreporter gleichzeitig die Projekte besuchen und darüber berichten. Das wird der Radiosender gerne tun, da sich der Sender als sozial verantwortlich profilieren kann. Sehr wichtig ist es, dass eine solche Kampagne auf der Homepage des Radios verstärkt wird mit Verlinkung zur Hilfsorganisation.

Bei der Aktion „72-Stunden-ohne-Kompromiss" des *katholischen Jugendverbandes BDKJ* im Südwesten Deutschlands war das *Kultradio SWR 3* Medienpartner. Es warb vorher für die Aktion und sendete während der Durchführung rund um die Uhr Beiträge und Interviews. Übertragungswagen und Reporter besuchten die Jugendgruppen vor Ort. Das Radio fungierte als Börse für die Bitten um Hilfe aus der Bevölkerung und die Angebote der Gruppen. Viele Hörer erfuhren so von der Not, spendeten und halfen **www.72stunden.de**.

Wo es gelingt, mit Fernsehsendern (etwa lokales Fernsehen) zu einer Zusammenarbeit zu kommen, sind diese eventuell bereit Werbeclips/Fernsehspots zu senden.

Checkliste 50: Geschichten, welche Medien lieben

bewegende Geschichten, die sich erzählen lassen
lokaler oder regionaler Bezug
Engagement von Prominenten (Sportler, Bürgermeister, Schauspieler)
Engagement von großen Gruppen, Organisationen, große Teile der Gesellschaft
Engagement der Leser, Hörer, Zuschauer
Kinder und Jugendliche
öffentliche oder exklusive Kulturevents
Wetten, Wettbewerbe, Rekordversuche, außergewöhnliche Aktionen
Patenschaftsprojekte
ergreifende Einzelschicksale (Mitleid, Unschuldige)
Interviews mit Betroffenen oder Engagierten
Blick hinter die Kulissen
Möglichkeiten der medialen Aufbereitung
Fernsehen: beindruckende bewegte Bilder
Radio: spannende Vertonung der Geschichte
Zeitung: aussagekräftige Bilder

Unterhalten Sie Ihre Spender

Unterhaltende Aktionen, bei denen Spaß und Klamauk im Vordergrund stehen, sind den Medien am liebsten. Wenn es Ihnen in überzeugender Weise gelingt, auf Ihr Anliegen auf lustige Weise aufmerksam zu machen, unterstützen die Medien Sie eher. Beispiel dafür ist die *ALS Ice Bucket Challenge*. Sie macht auf die Nervenkrankheit Amyotrophe Lateralsklerose (ALS) aufmerksam und sammelt Spenden für den Kampf dagegen. Man gießt sich einen Eimer kaltes Wasser über den Kopf und nennt die Namen weiterer Personen, die das auch tun und zehn Euro spenden sollen. Wollen sie keinen Eimer Wasser über den Kopf haben, sollen sie 100 Euro spenden. Innerhalb von nur zweieinhalb Monaten nahm die ALS im Jahr 2014 rund 94 Millionen Dollar ein und gewann zwei Millionen neue Spender.

2.2.4 Eine eigene Liga – Großspender und Großprojekte

Annette Naeser / Torsten Schmotz

- Großspender sollten kein Einzelfall sein
- Die Motive von Großspendern
- Wer sind Ihre Großspender
- Gezielte Gewinnung von Großspendern
- So betreuen Sie Großspender
- Großspender mit Steuerersparnissen locken
- Spendenkampagne für Großprojekte

Großspender sollten kein Einzelfall sein

Es gibt Organisationen, da gilt es als Sensation, wenn eine Spende in Höhe von 1.000 Euro auf dem Konto eingeht. Man hat es – zumindest von diesem Spender – nicht erwartet und muss nun erst überlegen, wie man darauf reagiert. Nicht wenige der größeren Organisationen beziehen dagegen 10 bis 30 Prozent ihrer Einnahmen aus Großspenden (inclusive Zustiftungen und letztwilligen Verfügungen). Auch deshalb, weil sie für den Dialog mit solchen Großspendern besonders viel Zeit und Mühe aufwenden.

Jede gemeinwohlorientierte Organisation hat potenzielle Großspender unter ihren Stammspendern. Großspenden kommen meist von Personen, die die Organisation bereits mit „normalen" Spenden unterstützt haben und von ihr gut betreut worden sind (regelmäßiger Dank und Information, persönliche Kontakte, Einladungen und Ähnliches). Fünf bis zehn Prozent der Menschen in einer Förderdatenbank gelten als potenzielle Großspender – allerdings in einem künftigen Zeitraum von ein bis zwei Jahrzehnten.

Die Motive von Großspendern

Großspender haben in der Regel über einen längeren Zeitraum eine besondere Bindung zu einer Organisation und ihrer Mission aufgebaut. Sie wollen etwas bewegen, suchen Lösungen für gesellschaftliche Probleme oder wollen ihren Lebensstil durch Förderung von Kunst, Literatur, Musik ausdrücken. Großspender wollen besonders genau darüber informiert werden, wofür ihre Spende verwendet wird. Sie haben das Bedürfnis, sich mit dem Projekt zu identifizieren. Nur wenn sie das persönliche Engagement der in der Organisation Aktiven schätzen, werden sie spenden. Möglicherweise suchen sie auch eine Rolle für sich selbst. Es kann sein, dass sie sich in einem Gebäude verewigt sehen wollen. Es gibt allerdings auch solche, die es einem Notar überlassen, einen geeigneten Platz für ihr Geld zu finden.

Kai Fischer meint: Es macht mehr Spaß, eine Million zu spenden als 50 Euro

Großspender wollen die Welt verändern – mit 50 Euro geht das nicht. Sie wollen sich und anderen beweisen, was sie vermögen. Ihr Ansehen steigt mit der Höhe der Spende.

Wer sind Ihre Großspender?

Um Spender zu Großspendern zu machen und um bestehende Großspender zu halten, ist häufig eine intensivere Betreuung notwendig. Diese Betreuung beispielsweise durch besondere Veranstaltungen oder persönliche Gespräche erfordert ein hohes Engagement und bindet Kapazitäten. Aus diesem Grund muss man sich überlegen, wen man überhaupt als Großspender definiert. Für einen Jugendclub ist der Sponsor der Getränke im Wert von 500 Euro ein Großspender, für ein internationales Kinderhilfswerk ist es ein Spender mit einer Spendensumme von über 50.000 Euro.

Die Antwort auf die Frage, wen sie als (ihre) Großspender ansieht und bei wem sie sich besondere Mühe gibt, eine für beide Seiten befriedigenden Beziehung aufzubauen, muss jede Organisation also selbst treffen. Dabei werden berücksichtigt: eigene Situation, Größe, Umsatz, personelle Ressourcen und der Spenderstamm. Inwieweit finden sich darin schon langjährig treue Spender, solche, deren starke Bindung an die Organisation bekannt ist, die große Einzel-Summen beziehungsweise regelmäßige höhere Beträgen gegeben haben oder bekanntermaßen wohlhabend sind?

Auch der Spenden-Rhythmus spielt eine Rolle: Wer einmal jährlich (etwa zu Weihnachten) spendet, ist leichter davon zu überzeugen, für ein besonderes Anliegen im Sommer noch einmal zu spenden, als jemand, von dessen Konto Sie sowieso schon jeden Monat eine Spende per Lastschrift einziehen dürfen. Auch Menschen, die Ihnen wertvolle Sachspenden zugewendet, viel Geld werte Dienstleistungen geleistet oder wichtige Kontakte vermittelt haben, sind als Großspender anzusehen.

— Tipp: Alle Unterstützer gleich achten ————————————

Die Klassifizierung eines Spenders als Großspender birgt die Gefahr, einen Menschen auf die ihm zur Verfügung stehenden Möglichkeiten des Gebens – also quasi auf seinen Geldbeutel – zu reduzieren. Dies ist zu kurz gegriffen. In einem ideellen Sinn sind Ihre Großspender alle, die (gemessen an ihren Möglichkeiten) durch die Unterstützung Ihrer Organisation zeigen, dass sie deren Anliegen unterstützen. Jeder Mensch, der sich für einen gemeinnützigen Zweck engagiert, leistet „Großes" und dafür sollte ihm Wertschätzung, Respekt und Anerkennung entgegengebracht werden.

Wenn Sie für Ihre Organisation festgelegt haben, wen Sie als Großspender ansehen, werden Sie Ihre Spenderdaten daraufhin analysieren. So erhalten Sie einen Überblick, wie viele Großspender Sie haben. Für diese Personen sollte ein größerer, da individuellerer Betreuungsaufwand eingeplant werden, was auch als Kostenfaktor bei der Budgetplanung zu beachten ist. Die Einbeziehung des Vorstands oder der Geschäftsführung in den Prozess der Großspendergewinnung und -betreuung ist wichtig, um eine Spenderansprache auf „Augenhöhe" zu erzielen und bereits vorhandene Kontakte gezielt zu nutzen. Die Zuständigkeiten fürs Fundraising sollten in der Organisation klar festgelegt sein. Der Großspender braucht einen direkt erreichbaren Ansprechpartner, wenn er Fragen, Probleme, Anmerkungen hat – ohne erst dreimal weiterverbunden zu werden.

Gezielte Gewinnung von Großspendern

Die Gewinnung von Großspendern ist ein langfristiges Ziel, wobei es nicht darum geht, in kurzer Zeit mit möglichst geringem Ressourceneinsatz große Geldsummen zu erwirtschaften. Vielmehr geht es darum, einen Menschen kennenzulernen, dem die Unterstützung der Organisation eine Herzensangelegenheit ist und diesem einen guten Entfaltungsraum für eine Großspende vor dem Hintergrund seiner persönlichen Motivation zu ermöglichen. Eine solche Perspektivumkehr (siehe das Kapitel 1.1 *Fundraising heißt Beziehungsarbeit*) ist im Fundraising immer geboten. Gegenüber (potenziellen) Großspendern ist sie besonders wichtig. In Deutschland sind – anders als in den USA – besondere, auf Großspender ausgerichtete Fundraising-Maßnahmen selten. Bei uns halten sich vermögende Menschen bedeckt. Über den eigenen Wohlstand zu sprechen ist ein Tabu. Eher werden Firmen um eine Großspende gebeten, nicht aber Privatpersonen, obwohl letzteres aussichtsreicher ist, wenn bestimmte Voraussetzungen erfüllt sind.

Steigerung der Spendenbeträge

Manche Organisationen wenden sich per individuellem Brief (besonderes Briefpapier, kein Fensterumschlag, Sonderbriefmarke!), Telefon, Besuch oder Benefizevent an besonders treue Spender und versuchen, sie für ein ausgesuchtes Projekt zu einer höheren Spende als bisher zu bewegen („Upgrading"). Eine gute Möglichkeit, um die Spendensumme einer Gruppe von treuen Spendern langfristig zu erhöhen, sind Patenschaftsprogramme. Vom Projektpaten wird eine Mindestsumme von zum Beispiel 500 Euro erbeten. Dafür erhält dieser eine persönliche Urkunde, regelmäßige Sachstandsberichte und Einladungen zum Besuch des Projektes.

Bieten Sie Ihren Großspendern oder den Personen, von denen Sie sich besonders hohe Spenden versprechen, spezielle Events an, den unvergesslichen Tag, von dem sie noch lange sprechen werden. Lassen Sie sie beim Besuch im Projekt hautnah erleben, was bei Ihnen Spannendes passiert. Laden Sie im kleinen Kreise ein, wenn Ihr Mitarbeiter aus dem Entwicklungsprojekt in Afrika zurückkommt und berichtet. Den älteren Spendern einer Organisation werden Informationen über Erbrecht und Testamentsfragen angeboten. Wer sie bestellt, wird auf eine Großspende oder ein Testat angesprochen.

Prinzip der „gleichen Augenhöhe"

Andere Organisationen umwerben vermögende Personen längere Zeit (zum Beispiel zwei Jahre lang) und bitten erst dann, wenn eine persönliche Beziehung gewachsen ist, um einen größeren Förderbetrag. Die Betreuung (das „Cultivating") solcher Personen übernimmt nicht automatisch der Fundraising-Verantwortliche. Oft eignen sich der Vorstand oder der Organisation verbundene besondere Kontaktpersonen, die aus der gleichen gesellschaftlichen Schicht, Berufsgruppe oder dem gleichen Umfeld stammen (Fürsprecher, Multiplikatoren, Beiräte, Botschafter), dafür besser. Der Fundraising-Verantwortliche koordiniert die Kampagne, hält die Fäden in der Hand. Er organisiert Trainings, beispielsweise zur Gesprächsgestaltung mit potenziellen Großspendern.

Wichtig ist, jede Form von Kontakt und Einladung sehr persönlich zu halten und gut auf die Wünsche des (potenziellen) Förderers vorbereitet zu sein. Hier ist eine genaue Dokumentation der einzelnen Kontakte äußerst wichtig, um den Kommunikationsverlauf – der sich teilweise über Jahre erstreckt –im Blick zu haben und darauf die weiteren Gespräche und Einladungen abzustimmen.

Checkliste 51: Großspendenfundraising planen

Definieren Sie, wer für Sie ein Großspender ist, für den eine besondere Betreuung sinnvoll ist. – Denken Sie dabei nicht nur an (bestimmte) Spendensummen, sondern auch an Sachspenden, Dienstleistungen, Kontaktvermittlungen.
Identifizieren Sie Ihre (potenziellen) Großspender. – Analysieren Sie Ihre Datenbank/Buchhaltung, wer bisher schon viel gibt- große Einzelsummen, langjährige regelmäßige Zahlungen. – Gibt es unter den Kleinspendern Wohlhabende, die um höhere Spenden gebeten werden könnten?
Planen (und kalkulieren) Sie besondere Maßnahmen für Ihre (potenziellen) Großspender. – Schreiben Sie individuelle Briefe (besonderes Briefpapier, kein Fensterumschlag, Sonderbriefmarke). – Führen Sie persönliche Telefonate und planen Sie Besuche (z.B. durch den Vorstand). – Versenden Sie persönliche Einladungen zum Fachgespräch/Austausch im kleinen Kreis. – Starten Sie besondere Patenschaftsprogramme. – Informieren Sie regelmäßig über die Projektentwicklungen durch Sachstandsberichte, Einladungen zum Projektbesuch,… – Bieten Sie Beratung zum Erbrecht und Testamentsfragen an. – Kalkulieren Sie ein entsprechendes Budget für diese Maßnahmen ein!

Gesprächsführung

Vor dem Gespräch mit potenziellen Großspendern sollten Sie möglichst viele Informationen über Ihren Gesprächspartner sammeln – vor allem, woran er interessiert ist. Sie sollten in der Lage sein, Ihre Organisation und den konkreten Spendenzweck genau zu erläutern. Suchen Sie sich einen störungsfreien Raum für das Gespräch. Legen Sie sich vorher eine Gesprächsstrategie zurecht. Stellen Sie sich auf Ihr Gegenüber ein: Argumentieren Sie nicht damit, was Sie überzeugt hat, sondern damit, was Ihren Gesprächspartner überzeugen könnte. Versuchen Sie, so viel wie möglich zuzuhören. Umso mehr Ihr Gesprächspartner selbst spricht, umso wahrscheinlicher wird er danach spenden.

Die Gesprächseinleitung schafft zunächst eine gute Atmosphäre. Danach sprechen Sie über Ihre Organisation und Ihr Projekt. Am Ende bitten Sie Ihr Gegenüber ungeschminkt um eine Summe, die Sie für seine Verhältnisse und sein Engagement für die Sache für angemessen halten. Bereiten Sie sich darauf vor, dass er – zumindest für den Moment – ablehnt/ sich ablehnend verhält/ Ablehnung signalisiert. Nehmen Sie das Nein nicht persönlich. Es ist normal, wenn er erst noch mit dem Partner in der Familie oder Firma darüber sprechen möchte. Hören Sie also genau hin, ob er sagt: „Nein, nicht jetzt" oder „Nein, nicht in dieser Höhe" oder „Nein, das Projekt gefällt mir nicht" oder „Nein, niemals". Bedanken Sie sich am nächsten Tag; entweder für die Zusage oder – bei einem Nein – für das Gespräch. Bleiben Sie mit ihm in Verbindung. Melden Sie sich immer mal wieder bei ihm und suchen Sie nach Gelegenheiten, ihn öfter zu treffen.

Großspender geben für Lösungen. Sie füllen keinen Bedarf

Wie schon im Kapitel 1.1 *Fundraising heißt Beziehungsarbeit* dargelegt, ist es gegenüber (potenziellen) Großspendern besonders wichtig, nicht einfach auf Finanzierungslücken in den Abläufen der Organisation hinzuweisen: „Sie wissen ja, wie wichtig die Tafeln für die Versorgung armer Menschen sind. Nun ist unser Kühlfahrzeug kaputt und wir brauchen ein neues". Sie wollen vielmehr an (innovativen, nachhaltigen) Lösungen beteiligt werden: „Wir wollen den Klienten unserer Tafel nicht nur Lebensmittel, sondern neue Perspektiven bieten. In Zusammenarbeit mit der Arbeitsagentur soll ein Sozialarbeiter für sie in den Betrieben, die uns bisher beliefern, Teilzeitjobs vermitteln. So sollen sich einige aus ihrer krassen Armut befreien können".

Checkliste 52: Gesprächsführung mit (potenziellen) Großspendern

Trainieren Sie das Gespräch im Team (Rollenspiele).
Vereinbaren Sie einen störungsfreien Raum.
Schaffen Sie eine entspannte und gute Atmosphäre.
Stellen Sie sich auf das Gegenüber ein: Stellen Sie offene Fragen und hören Sie genau zu.
Bereiten Sie Argumente vor, welche aus der Perspektive des Spenders wichtig sein könnten.
Erwähnen Sie mögliche Steuerersparnisse.
Überlegen Sie sich im Vorfeld eine konkrete Summe, um auf die Frage vorbereitet zu sein, welche Spendensumme denn geeignet sei.
Seien Sie darauf vorbereitet, dass Sie auf Ihre Bitte auch ein Nein erhalten können.
Versuchen Sie, das Nein nicht persönlich zu nehmen.
Hören Sie genau hin, ob es heißt „Nein, nicht jetzt." oder „Nein, nicht in dieser Höhe." oder „Nein, das Projekt gefällt mir nicht." oder „Nein, niemals.".
Am nächsten Tag per Brief oder Telefon noch einmal für das Gespräch bedanken – auch bei einem Nein.
Dokumentieren Sie das Gesprächsergebnis.
Notieren Sie Sonderwünsche (gegebenenfalls auch in Datenbank eingeben).
Planen Sie, wie sie mit dem Gesprächspartner in Verbindung bleiben.

Langer Atem ist nötig

Der Erfolg der Großspendenakquisition stellt sich oft erst nach langer Zeit ein. Sie brauchen also viel Durchhaltevermögen. *Lothar Schulz* verweist dazu auf die Zeit, die vergeht, bis ein neu gepflanzter Weinstock trägt oder auf die vielen Jahre, die Kolumbus warten musste, bis ihm die spanische Krone drei Schiffe bewilligte.

Pflege und Dank

Wenn Sie eine Großspende erhalten haben, dann bleiben Sie im persönlichen Kontakt mit dem Spender. Laden Sie ihn weiterhin regelmäßig ein, um ihn über die Fortschritte des Projektes zu informieren. Ermöglichen Sie ihm einen persönlichen Einblick ins Projekt in Form von Gesprächen mit Projektverantwortlichen oder auch im direkten Kontakt mit der Zielgruppe des speziellen Projektes. Schätzen Sie ein, was Ihren Spender besonders interessiert und machen Sie ihm darauf abgestimmt besondere Angebote. Ihr Großspender soll begeistert bei Ihrer Einrichtung bleiben und auch künftigen Anfragen positiv entgegen sehen. Notieren Sie penibel alle Sonderwünsche in Ihrer Spender-Kartei. Wer sich einmal Geschenke oder die Zusendung von Drucksachen oder E-Mails verboten hat, meint dies meistens ernst. Hier müssen Sie auf andere Weise versuchen, den Kontakt zu halten.

So betreuen Sie Großspender

Regelmäßige Information und Transparenz über die Arbeit und die Wirkung, welche durch die Spende erzielt werden kann, müssen Grundpfeiler in der Kommunikation mit dem Spender sein. Die Spenderbetreuung zielt darauf, eine starke Bindung zwischen Organisation und Großspender aufzubauen, damit der Großspender sich der Organisation verbunden fühlt und sich weiterhin für die Ziele der Organisation engagiert.

Großspender mit Steuerersparnissen locken

Jährliche Spenden von bis zu 20 Prozent des Gesamtbetrags der Einkünfte von Privatpersonen (oder von bis zu vier Promille der Summe aller Umsätze plus der im Kalenderjahr aufgewendeten Löhne und Gehälter von Unternehmen) können von der Steuer abgesetzt werden (§ 10b Abs.1 EstG). Spenden, die diese Höchstbeträge übersteigen, können innerhalb von zehn Jahren abgezogen werden. Keine Abzugsmöglichkeit besteht allerdings von Abgeltungssteuern. Menschen, die überwiegend vom Ertrag ihres Vermögens leben, haben somit kaum steuerliche Motive fürs Spenden.

Spendenkampagne für Großprojekte

Die Errichtung der *Pinakothek der Moderne* in München wurde von einer Vielzahl von Freundeskreisen und Förderern unterstützt, die die Arbeit der Pinakothek bis heute fördernd begleiten. Eine eigens dafür gegründete Stiftung sammelte allein rund 13 Millionen Euro für den Neubau. Wenn es um ein Spendenziel von mehreren Hunderttausend oder Millionen Euro geht, muss eine Organisationen bereits sein, einen Großteil Ihrer Arbeit über einen Zeitraum von mehreren Jahren auf dieses Vorhaben zu konzentrieren. Die Mitarbeiter müssen voll hinter dem Projekt stehen und der Vorstand und die Geschäftsführung müssen sich in hohem Maße persönlich engagieren. Um große Spendensummen zu sammeln, ist es notwendig, ein schlagkräftiges Netzwerk der verschiedensten Unterstützer zu schaffen: Politiker, Medien, Partner-Unternehmen, selbstständig agierende Gruppen von Freiwilligen und anderes. Dazu ist eine monatelange (manchmal jahrelange) Überzeugungsarbeit erforderlich.

Zu Beginn wird ein Kampagnen-Ausschuss gebildet, der die Aktion plant und begleitet. In den Ausschuss berufen werden gut vernetzte, öffentlich bekannte, vertrauenswürdige Personen. Ihnen öffnen sich viele Türen und sie schaffen es, Gesprächstermine mit den anvisierten Wohlhabenden und Entscheidern zu bekommen. Neben dem Ausschuss ist ein engagiertes operatives Team notwendig, welches sich um die Organisation und die tägliche Abwicklung kümmert.

— **Tipp: Ein Großprojekt benötigt ein Gesicht nach außen** ————————

Erfolgreiche Großprojekte sind häufig stark von einer Persönlichkeit geprägt, die dem Vorhaben das Gesicht nach außen gibt. Wenn man diese Personen fragt, wie viel Zeit sie in Ihr Projekt investieren, kommt man auf Werte von 60 bis 80 Prozent Ihrer Arbeitszeit als Vollzeitkraft!

Viele Großspendenkampagnen haben einen starken lokalen und regionalen Bezug (etwa ein Hospiz für eine Kreisstadt, ein Stadtteiltreff, die Renovierung eines wichtigen Bauwerks). Dadurch sichert man sich die Aufmerksamkeit der örtlichen Medien und der Öffentlichkeit. Vielen gelingt es, mit ihrem Vorhaben an den Lokalpatriotismus zu appellieren. Wenn ein solches Projekt dann gut anläuft, entsteht eine soziale Sog- und Druckbewegung (wenn Autohaus A als Sponsor in der Zeitung genannt wird, möchte Autohaus B dabei nicht im Schatten stehen).

Erst Machbarkeitsstudie erstellen

Vor dem Start der Kampagne ist es sinnvoll, eine Studie anzufertigen, welche Chancen für das Projekt bestehen. Zur weiteren Vorbereitung werden über das Projekt ausführliche, möglichst professionell gestaltete Unterlagen hergestellt. Die Presse wird entweder vom Start der Kampagne weg einbezogen oder erst, wenn die ersten „vorzeigbaren" Unterstützungen eingeworben wurden.

Der Förderverein für den Wiederaufbau der *Dresdner Frauenkirche* **www.frauenkirche-dresden.de** unterstützte ein Projekt, das Symbol für das Zusammenwachsen der Deutschen in Ost und West und ein Zeichen weltweiter Zusammenarbeit und Versöhnung ist. Regelmäßige Rundschreiben und Vorträge informierten über Baufortschritte und wichtige Ereignisse. Der Verein hatte Ortsgruppen in vielen Städten, die ehrenamtlich arbeiteten und eigene Aktionen durchführten. Mit Konzerten und Lesungen sprach der Verein kunstinteressierte Kreise an. Er organisierte Kulturreisen nach Dresden und veranstaltete internationale Radtouren mit Zielankunft an der Dresdner Frauenkirche. Ab 250 Euro erwarben Förderer einen kunstvoll gestalteten Stifterbrief.

Insgesamt hat die Stiftung über 100 Millionen Euro private Spenden eingenommen, davon über 50 Millionen allein aus der Stifterbrief-Aktion der *Dresdner Bank*. An öffentlichen Mitteln wurden 11,5 Millionen Euro von der Bundesregierung als Erlös des Verkaufs von Münzen, 7,5 Millionen vom *Freistaat Sachsen* sowie 11,5 Millionen von der *Stadt Dresden* beigesteuert.

Seit der Spendenaktion für die Vollendung des *Kölner Doms* im 19. Jahrhundert gab es zwar mehrfach regionale Großspendenkampagnen- etwa für die Renovierung des Turms der *Hamburger Michaeliskirche* (12 Millionen Euro)- doch hat kein zweites deutsches Bauvorhaben eine so große Spendenwelle in allen Teilen des Landes ausgelöst wie der Wiederaufbau der Dresdner Frauenkirche. Inzwischen dient das Dresdner Spendenaufkommen als Vorbild für ähnliche Vorhaben in ganz Deutschland. Die Bürgerinitiativen für den Wiederaufbau der *Potsdamer Garnisonskirche*, des *Potsdamer Schlosses*, der *Leipziger Universitätskirche* und des *Alten Rathauses von Halle* nehmen auf das Dresdner Beispiel Bezug.

2.2.5 Erben für einen guten Zweck – Letztwillige Verfügungen

Ulrike Philipp / Michael Stingl

- Warum sich Erbschafts-Marketing lohnt
- Der lange Weg zu Vermächtnis und Erbschaft
- Mögliche Zuwendungsformen, die Sie anbieten können
- Das Thema Erbschaftssteuer
- Tipps für den Erbschaftsfall

Warum Erbschafts-Marketing sich lohnt

250 Milliarden Euro – das ist die Summe, welche die Bundesbürger jährlich vererben. Davon gehen bislang vier Prozent an gemeinnützige Organisationen. In den kommenden Jahren werden die Vermögenswerte noch steigen: 2,6 Billionen Euro – durchschnittlich 305.000 Euro pro Erblasser – sollen bis zum Jahr 2020 in Deutschland vererbt werden, so das *Deutsche Institut für Altersvorsorge*. Ein Großteil der Erblasser sind Haushalte, die durch die Wirtschaftswunderjahre Geldvermögen und Wohneigentum erworben haben. Weil der Anteil Jüngerer in der Bevölkerung sinkt, erben immer weniger Personen immer mehr.

Erblasser möchten etwas Sinnvolles hinterlassen

Die repräsentative GfK-Umfrage „Gemeinnütziges Vererben in Deutschland" fand 2013 heraus, dass jeder zehnte Deutsche über 60 Jahre mit seinem Erbe einen guten Zweck unterstützen würde, bei Kinderlosen sogar jeder dritte. Die Bereitschaft, mit seinem Vermögen Gutes zu bewirken, steigt – einerseits, weil Angehörige oder andere Erben fehlen und andererseits, weil die Menschen ihre eigenen Werte weitergeben und der Gesellschaft etwas zurückgeben wollen. Ein Fünftel der Generation 60plus weiß allerdings nicht, dass man mit einem Testament eine gemeinnützige Organisation bedenken kann. Von den über 60 Jährigen haben 43 Prozent noch keine letztwillige Verfügung getroffen. Drei von zehn Befragten wünschen sich Beratungs- und Serviceangebote. Dieses Interesse ist mit 63 Prozent besonders bei denjenigen ausgeprägt, die sich das gemeinnützige Vererben persönlich vorstellen können.

Für viele Social-Profit-Organisationen sind Mittel aus Erbschaften mittlerweile unverzichtbar und stellen einen Großteil ihrer Einnahmen dar. Daher wird das Erbschafts-Fundraising zu einem wichtigen Bestandteil des Fundraising-Instrumentariums von Social-Profit-Organisationen und Stiftungen. Im Idealfall trifft beim Erbschafts-Marketing die Suche einer Social-Profit-Organisation nach Finanzmitteln um Projekte zu realisieren, auf Menschen mit dem aktuellen Wunsch das eigene Wirken über den Tod hinaus weiterleben zu lassen. Mit einem Vermächtnis für eine gute Sache können sie ein sinnvolles Leben mit einer sinnvollen Tat abrunden.

─ **Tipp: Rechtliche Rahmenbedingungen bei der Beratung einhalten** ─────────

Leisten Sie keine Rechtsberatung – es sei denn, dies geschieht durch einen Anwalt und ist in Ihrer Satzung verankert (§6 Rechtsdienstleistungsgesetz). Trägern von Heimen sowie Heimleitern und Beschäftigten ist es untersagt, sich von Heimbewohnern über das vereinbarte Entgelt hinaus Geld oder geldwerte Leistungen versprechen oder gewähren zu lassen (§14 Heimgesetz).

Der lange Weg zu Vermächtnis oder Erbschaft

Rechnen Sie nicht nur mit den Vermächtnissen der Wohlhabenden. Menschen mit kleinem Einkommen sind oft zähe Sparer und haben aus eigener Erfahrung vielfach mehr Mitleid mit anderen. In der Regel ist eine testamentarische Verfügung die Frucht einer langen emotionalen Beziehung zwischen Ihrer Organisation und dem Erblasser. Nur wer seine Freunde und Spender langfristig pflegt, wird am Ende auch einmal in einem Testament bedacht werden. Zu einem guten Spenderbindungsprogramm gehören der regelmäßige persönliche Kontakt, regelmäßige Informationen, zeitnahe Danksagungen, Gratulation zu Geburtstag und Namenstag, Besuche sowie Einladungen zu Veranstaltungen. Dies kann zum Beispiel durch die Gründung eines Freundes- oder Förderkreises geschehen.

Der Aufbau des Erbschafts-Fundraisings dauert fünf bis fünfzehn Jahre

Der Aufbau Ihres strategischen Erbschafts-Fundraisings wird ca. 5 bis 15 Jahre dauern. Sie können mit dem Erbschafts-Fundraising loslegen, wenn Sie die institutionellen Voraussetzungen dafür erfüllen:

Checkliste 53: Organisatorische Voraussetzungen für das Erbschafts-Fundraising

Ihre Organisation ist als gemeinnützig anerkannt.
Ihre Organisation hat sich etabliert und verfügt über eine stabile Organisation.
Es wurden bereits Spender, Fördermitglieder und Ehrenamtliche gewonnen.
Die Geschäftsführung, die Mitarbeiter und wichtige Unterstützer stehen hinter der Idee des Erbschafts-Fundraisings.
Die Organisation ist bereit, die notwendigen personellen und finanziellen Ressourcen langfristig zu investieren.
Die verantwortlichen Mitarbeiter haben die Möglichkeit, sich für die Aufgabe zu qualifizieren.

Stellen Sie zunächst Ihren direkten (langjährige Spender, Mehrfachspender und Großspender) und indirekten Zielgruppen (Multiplikatoren, Ehrenamtliche, Mitarbeiter, Öffentlichkeit, Vorstand und Geschäftsführung) unaufdringliches Informationsmaterial zur Verfügung:

Gezielt über die Möglichkeit einer Erbschaft informieren

Das zentrale Element für die Ansprache von potenziellen Erblassern ist die Erbschaftsbroschüre. Sie sollte die Motivationslage des Spenders aufgreifen, ebenso wie mögliche Bedenken und Ängste. Neben sachlichen Informationen

(Möglichkeiten der Testamentsgestaltung mit Beispielen, gesetzliche Erbfolge, Pflichtteilsansprüche, Erbschaftssteuer, Freibeträge, Adressenliste der Notar- und Anwaltskammern, Beantwortung häufiger Fragen – FAQs) erklären Sie, warum der Interessent gerade Ihre Organisation im Testament bedenken sollte und nennen die Vorteile für ihn und Ihre Organisation. Bilden Sie den Ansprechpartner in Ihrer Organisation mit Foto und Telefonnummer ab und legen Sie eine Antwortkarte oder ein ähnliches „Response-Element" bei.

— Tipp: Von anderen lernen ——————————————————

Alle größeren Social-Profit-Organisationen haben Erbschaftsbroschüren. Lassen Sie sich diese schicken. Weitere Kommunikationsmaßnahmen sind Beilagen- und Anzeigenschaltung sowie redaktionelle Beiträge (Print, Hörfunk) und Vortragsreihen mit einem Fachanwalt zu Testamentsgestaltung, Vorsorgevollmacht, Patientenverfügung und Stiftungen.

Legen Sie hierbei den Schwerpunkt auf die Dienstleistung für den Spender. Überlegen Sie, ob Sie Kooperationen eingehen können mit Anwälten für Erbrecht, mit Notaren, Steuerberatern, Amtsgerichten, Messen und Kongressen im Gesundheitsbereich, Bestattungsunternehmen oder Friedhofsgärtnereien. Und vergessen Sie nicht die Kommunikation nach innen – regelmäßige Information der Mitarbeiter über Aktivitäten, Erfolge und Misserfolge.

— Tipp: 13. September: Internationaler Tag des Testaments ——————————

Ein guter Termin für Ihre Informationsveranstaltung.

Stellen Sie auf Ihre Webseite Informationen zum Thema Erben und Vererben – zum Bestellen und/oder Downloaden.

Bieten Sie ein persönliches Gespräch an

Die wenigsten Menschen werden Ihre Organisation als Erbe einsetzen, nur weil Sie eine bunte Informationsbroschüre von Ihnen gelesen haben. Häufig haben Sie vor einer endgültigen Entscheidung das Bedürfnis, in einem persönlichen Gespräch offene Fragen zu klären und in der Entscheidung bestärkt zu werden. Aus diesem Grund ist es wichtig, die Möglichkeit für ein persönliches Gespräch offensiv auf allen Medien anzubieten. Wenn dieses Gespräch von Personen der Geschäftsführung oder des Vorstandes angeboten wird, signalisiert dies eine hohe Wertschätzung. Besonders wichtig sind aber auch ein hohes Einfühlungsvermögen und ein detailliertes Wissen zu allen Fragen rund um die Erbschaft.

— Tipp: Machen sie sich fit in Fragen der Nachlassabwicklung ——————————

Viele potenzielle Erblasser haben bereits bei den Vorgesprächen über eine letztwillige Verfügung an eine Social-Profit-Organisation Fragen zur Abwicklung ihres Nachlasses: Wer kümmert sich nach meinem Tod darum? Wie erfährt derjenige davon und kommt an den Wohnungsschlüssel? Was machen Sie mit den Möbeln, dem Schmuck etc.? Wer organisiert meine Beisetzung? Wie werden die Verwandten einbezogen? Was ist, wenn es Streit gibt? Nur wenn Sie sich auf solche Fragen vorbereiten, werden Sie kompetente Antworten geben können, so dass der potenzielle Erblasser Ihnen vertraut.

Der Weg der Mittelbeschaffung über letztwillige Verfügungen erfordert Mut und Sensibilität zugleich. Mut, sich von gewohnten Denkweisen zu trennen. Und Sensibilität, um die notwendigen Gespräche über ein in Deutschland noch stark tabuisiertes Thema zu führen. Wichtige Regeln zur Ansprache älterer Menschen sind dabei:

Checkliste 54: Vorbereitung von persönlichen Gesprächen mit potenziellen Erblassern

Zur Vorbereitung: Menschen, die 50 Jahre und älter sind, stellen keineswegs eine homogene Gruppe dar. Berufstätige, Vorruheständler, aktive Ruheständler und sehr alte Menschen sind unterschiedlich anzusprechen.

Kommunizieren Sie unaufdringlich und zurückhaltend und machen Sie niederschwellige Angebote.

Sprechen Sie ältere Menschen niemals als solche an, sondern verwenden Sie neutrale Bezeichnungen, denn niemand möchte an sein Alter erinnert werden.

Greifen Sie die vermutlichen Motive des Spenders auf (Werte weitergeben, Wichtiges bewahren, Gutes bewirken, Erfahrung nutzen, etwas zurückgeben) und lassen Sie ihn an Ihrer Arbeit teilhaben (Wofür brauchen Sie das Geld und welches Projekt kann der letztwillig Verfügende mit Summe X, Y, Z fördern).

Achten Sie auf eine einfache Wortwahl mit möglichst wenigen Fremdwörtern. Suchen Sie aussagekräftige Bilder dazu.

Vor allem Fakten überzeugen. Die Älteren wissen Bescheid und halten sich lieber an Tatsachen als an vage Versprechungen.

Knüpfen Sie langfristige Beziehungen. Die Verbindung muss langsam reifen. Die Älteren wissen, dass nur wenige Dinge sofort entschieden werden müssen.

Familienereignisse wie Hochzeit des Kindes, Eintritt in den Ruhestand, Umzug oder Gesundheitsprobleme sollten zur Verbindungsaufnahme genutzt werden.

Eher die Freuden als die Leiden des Alters hervorheben und Zukunftsaussichten und Sinn (über den Tod hinaus) bieten.

Demonstrieren Sie Ihre Seriosität in Ihrem persönlichen Auftreten und anhand bisheriger Leistungen.

Beachten Sie die verminderte Sehkraft Älterer (Großschrift!).

Kommt es zu Gesprächen über die Abfassung eines Testaments, in dem Ihre Organisation bedacht werden soll, dann bestehen Sie darauf, dass die erbberechtigten Verwandten informiert werden. So sichern Sie sich gegen spätere Vorwürfe ab und wissen, welche gesetzlichen Ansprüche von diesen gegebenenfalls noch geltend gemacht werden.

Ihr Serviceangebot: Der persönliche Testamentsordner

Als tiefergehende Information und als Serviceangebot kann dann im Rahmen des persönlichen Gesprächs oder auf Anfrage ein so genannter Testamentsordner verschickt werden. Er ist für persönliche Unterlagen des Interessenten zu Testament und Erbschaft gedacht und enthält:

– Informationen zur gesetzlichen Erbfolge und Steuern
– Übersicht über den Nachlass
– Grundfragen zum Testament

- Wünsche für Beerdigung und Grabpflege
- Patientenverfügung und Vorsorgevollmacht
- Beratungsangebot und Kontaktdaten des Ansprechpartners in Ihrer Organisation und nützliche Adressen
- Ablagemöglichkeit für persönliche Unterlagen und Adressen.

— Tipp: Kümmern Sie sich regelmäßig um Ihre Testamentsspender

Rufen Sie Menschen, von denen sich Ihre Organisation ein Vermächtnis erhofft, in gewissen Abständen an (Wiedervorlagesystem evtl. IT-gestützt). Laden Sie sie ein zu Konzerten, Ausflügen, Einweihungen, Spendertreffen, Weihnachtsmarkt etc. Anlässe für Briefe sind Geburtstag, Ostern, Weihnachten, zur Genesung. Besuche sind angebracht: am besten regelmäßig, individuell auf Wunsch, bis zu viermal jährlich, nur mit Terminabsprache, max. 90 Min., in guten wie in schlechten Tagen – z.B. zum Geburtstag. Bereiten Sie sich darauf vor und dokumentieren Sie das Ergebnis.

So machen es die Anderen

Die katholischen Hilfswerke *adveniat*, *Caritas international*, *Sternsinger*, *missio* und *Renovabis* gründeten eine gemeinsame *Erbschaftsinitiative Vermächtnis für die eine Welt*, um ihre Spender mit Veranstaltungen, auf denen Anwälte ehrenamtlich zum Thema Erbe und Testament sprechen, für den gemeinnützigen Nachlass zu gewinnen. 14 weitere Organisationen beteiligen sich an der ähnlichen Kampagne „Mein Erbe tut Gutes. Das Prinzip Apfelbaum". Gemeinsam platzierten sie das Thema „Gemeinnützig vererben" in vielen Zeitungen, Zeitschriften und Online-Portalen. Eine Ausstellung mit prominenten Gesichtern unter dem Motto „Was bleibt?" tourt 2015 durch sieben Städte. Für die Aktion „Was bleibt. Weitergeben. Schenken. Stiften. Vererben." der *Evangelischen Landeskirche in Baden* wurde eine Broschüre, begleitende Studientage, eine Ausstellung und ein Schulungskonzept entworfen. Die sich beteiligenden Kirchengemeinden veranstalten Predigtreihen zum Thema ‚Erben', Vorträge mit Gerontologen u.a.m.

Mögliche Zuwendungsformen, die Sie anbieten können

Es gibt verschiedene Möglichkeiten eine Vermögensübertragung auszugestalten. Zunächst ist zu unterscheiden zwischen Zuwendungen unter Lebenden und von Todes wegen.

Vorweggenommene Erbfolge in Form einer Schenkung oder Zustiftung

Eine alte Weisheit sagt: „Lieber mit warmer Hand geben". So kann der Schenkende zu Lebzeiten beobachten, wie die von ihm bedachte Körperschaft mit dem geschenkten Vermögen umgeht und die Freude an seinem Wirken noch selbst erfahren. Immer muss dem Übertragenden aber dabei klar sein: Geschenkt ist geschenkt. Schenkungen sollten nie rein steuerlich oder sozial motiviert sein und ausreichend finanzieller Spielraum für nicht vorhersehbare Veränderungen des eigenen Lebens bleiben.

Eine Schenkung ist bis auf die Übertragung von Immobilien grundsätzlich formfrei möglich. Die Parteien sind sich bei der Übertragung darüber einig, dass keine Gegenleistung erwartet wird, die Zuwendung also unentgeltlich erfolgt. Achtung: Ein Schenkungsversprechen reicht nicht aus. Anders als eine vollzogene Schenkung ist ein Schenkungsversprechen nur dann wirksam, wenn es notariell beglaubigt ist.

Bei der Zuwendung an eine gemeinnützige Stiftung hat der Schenker darauf zu achten, seine Schenkung als Zustiftung oder Spende zu qualifizieren. Bei einer Zustiftung wird die Zuwendung dem Stiftungsgrundstockvermögen hinzugefügt, so kann die Stiftung einen konstanten und dauerhaften Ertrag erwirtschaften. Nur die Erträge daraus stehen dann jährlich für den jeweiligen Stiftungszweck zur Verfügung. Im Gegensatz zur Zustiftung wird eine Spende nicht dem Grundstockvermögen der Stiftung zugeführt, sondern muss zeitnah verwendet werden.

Letztwillige Verfügung als Testament oder Erbvertrag

Grundsätzlich gilt, sich frühzeitig mit der Thematik einer erbrechtlichen Gestaltung auseinanderzusetzen. Dies fällt vielen Menschen naturgemäß schwer und wird gerne vor sich hergeschoben. Die Praxis zeigt aber, in wie vielen Fälle aufgrund fehlender wirksamer oder unklarer Testamente es zu großen Erbstreitigkeiten zwischen den Hinterbliebenen kommt, was sicher nicht im Sinne des Erblassers gewesen wäre. Auch ist zu bedenken, dass ein unerwarteter Unfall oder Krankheit zur Geschäftsunfähigkeit des Erblassers führen kann und damit keine Möglichkeit mehr besteht, den Nachlass wunschgemäß und sinnvoll zu regeln.

Eine letztwillige Verfügung ist erforderlich, um eine gemeinnützige Körperschaft von Todes wegen mit Vermögenswerten zu bedenken. Liegt keine wirksame Verfügung von Todes wegen vor, richtet sich die Erbfolge nach dem gesetzlichen Erbrecht. Gesetzliche Erben sind der Ehegatte und die Nachkommen, allenfalls auch die Eltern, Großeltern oder die Geschwister. Werden keine Verwandten gefunden, erbt der Fiskus. Grundsätzlich ist jeder Erblasser frei, zu bestimmen, wer in welcher Höhe sein Vermögen erhalten soll. Beschränkt ist er in seiner Verfügungsfreiheit lediglich durch die Pflichtteilsansprüche von nahen Angehörigen (Abkömmlinge, Ehegatten, Lebenspartner und Eltern).

Jederzeit anpassbar – Das Testament

Es gibt vielfache Möglichkeiten eine letztwillige Verfügung zu verfassen. Ein Testament kann handschriftlich oder notariell beglaubigt verfasst werden, als Einzeltestament oder Ehegattentestament mit oder ohne Bindungswirkung zwischen den Ehepartnern oder Lebenspartnern. Unbedingte Voraussetzung für die Wirksamkeit eines handschriftlichen Testamentes ist, dass es vollständig von Hand niedergeschrieben und mit Vor- und Familiennamen sowie Ort und Datum unterzeichnet ist. Das notariell beurkundete Testament entsteht hingegen, indem ein Notar den vom Testierenden geäußerten Willen in eine Urkunde aufnimmt. Gehört Grundbesitz zu einem Nachlass, ist bei einem handschriftlichen Testament die Beantragung eines Erbscheins erforderlich, um das Grundbuch zu berichtigen. Das notariell beurkundete reicht für die Umschreibung aus. Bis auf Ehegattentestamente mit Bindungswirkung kann ein Testament jederzeit widerrufen oder an sich verändernde Umstände im Laufe des Lebens und die Wünsche des Erblassers angepasst werden.

Hohe Bindungswirkung – Der Erbvertrag

Ein Erbvertrag enthält in der Regel keine Gegenseitigkeit, sondern einen Verfügenden und einen Vertragserben oder Vermächtnisnehmer. Ein Erbvertrag ist immer bindend und kann nach Vertragsschluss ohne Zustimmung des Vertragspartners nicht mehr einseitig durch den Erblasser abgeändert oder angepasst werden. Was für den Erblasser sehr erstrebenswert ist, jederzeit sein Testament abändern zu können, ist für Ihre gemeinnützige Organisation oftmals unbefriedigend, wenn sehr viel Engagement von Mitarbeitern in die Kontaktpflege zu Unterstützern eingesetzt wird. Mangels Bindungswirkung kann der Erblasser sein Testament jederzeit ändern ohne dass Sie etwas davon erfahren oder ein errichtetes Testament, in dem Ihre Organisation bedacht wird, verschwindet und es tritt ungewollt die gesetzliche Erbfolge in Kraft. Sie können dies durch einen Erbvertrag als planbare und beidseitig verbindliche Gestaltungsform vermeiden.

Die Zuwendungsformen im Detail

Zu unterscheiden ist grundsätzlich zwischen der Einsetzung als Erbe und als Vermächtnisnehmer. Erben können sowohl eine oder mehrere natürliche oder juristische Personen wie Stiftungen oder Vereine sein, die nach dem Prinzip der Gesamtrechtsnachfolge in alle Rechte und Pflichten des Erblassers eintreten. Im Gegensatz dazu hat der Vermächtnisnehmer lediglich einen Anspruch gegen die Erben auf Zuwendung eines bestimmten Gegenstandes oder Vermögenswertes (Geldbetrag, Wertgegenstand, Immobilie). Diese natürlichen oder juristischen Personen erlangen keine Erbenstellung. Dies ist oftmals die bessere Position, da die Verpflichtungen des Erblassers sowie die Nachlassabwicklung nur den Erben obliegen. Sowohl Erben als auch Vermächtnisnehmer kann der Erblasser mit Auflagen beschweren.

Wird eine bestehende Stiftung als Erbe oder Vermächtnisnehmer eingesetzt, sehen Stiftungsstatuten üblicherweise vor, dass diese Zuwendung als so genannte Zustiftung zu behandeln ist. Anders als die Spende, die dem Gebot der zeitnahen Mittelverwendung unterliegt, wird durch eine Zustiftung das Grundstockvermögen der Stiftung erhöht. Andernfalls sollte dies im Testament explizit erwähnt werden.

Angebot an Ehepaare: Nacherbschaft

Eine Stiftung kann auch als Nacherbin eingesetzt werden. Oft sind sich kinderlose Paare, verheiratet oder nicht, einig, eine gemeinnützige Organisation nach dem Tod des Zweitversterbenden als Erbe einzusetzen. Zunächst soll aber der überlebende Partner versorgt sein und ihm das Erbe zur Verfügung stehen. Paare können sich für diesen Fall als Vorerben einsetzen und die gemeinnützige Organisation dann als Nacherbe. Grundsätzlich tritt die Nacherbfolge mit dem Tod des Vorerben ein.

Das Erbe bleibt sichtbar: Unselbstständige Stiftung

Oftmals haben Erblasser die Befürchtung, dass eine reine Zustiftung in eine bestehende Organisation „untergeht" und nicht genau nachvollziehbar ist, was mit dem Geld passiert. In solchen Fällen kann die Gründung einer unselbstständigen Stiftung eine sinnvolle Variante darstellen. Durch diese Treuhandlösung bleibt das Vermögen unter dem Dach Ihrer Organisation als eigener „Vermögenstopf" autark bestehen und steht ohne großen Verwaltungsaufwand der bedachten Organisation zur Verfügung. Dies kann auch von Todes wegen erfolgen. Im Regelfall wird dazu der Stiftungsträger als Erbe oder Vermächtnisnehmer eingesetzt mit der Auflage die Erträge des zugewendeten Vermögens dauerhaft für die Erfüllung des Stiftungszwecks zu verwenden.

Checkliste 55:
Beispiel eines Ehegattentestaments mit Stiftungsgründung von Todes wegen

---

Testament

Wir, ... geb. am......... und ...., geb. am .... beide wohnhaft .... sind miteinander im gesetzlichen Güterstand der Zugewinngemeinschaft verheiratet und errichten nachfolgendes gemeinschaftliches Testament:

I. Testierfreiheit

In freier Verfügung über unser Vermögen sind wir beide in keiner Weise beschränkt. Vorsorglich widerrufen wir alle früheren Verfügungen von Todes wegen in vollem Umfang.

II. Stiftungserrichtung von Todes wegen

Wir errichten hiermit durch Gründungsgeschäft von Todes wegen nach dem Tod des Letztversterbenden die ....Stiftung unter diesem Namen. Zweck der Stiftung ist .... Die Stiftung soll ausschließlich und unmittelbar gemeinnützige Zwecke verfolgen. Stiftungssitz ist .... Die Einzelheiten regelt die Stiftungsatzung, die Teil dieses Testaments ist. Zum ersten Stiftungsvorstand bestimmen wir ....

III. Erbeinsetzung

Wir setzen uns hiermit gegenseitig, und zwar nach dem Erstversterbenden den Längerlebenden von uns, hinsichtlich unseres gesamten Vermögens zum unbeschränkten Alleinerben ein. Für den Fall unseres gleichzeitigen Todes oder des Todes des Letztversterbenden von uns setzen wir hiermit hinsichtlich unseres gesamten Nachlasses die .... Stiftung als Alleinerbin ein.

IV. Vermächtnisse

Wir beschweren unsere Erbin nach dem Tod des Letztversterbenden mit der Erfüllung folgender Vermächtnisse: Hiermit vermachen wir Beträge von je .... Euro der ....und dem ....

V. Testamentsvollstreckung

Wir ordnen Testamentsvollstreckung nach dem Tod des Letztversterbenden an. Aufgabe des Testamentsvollstreckers ist es, die Stiftung zur Entstehung zu bringen, den Nachlass in Besitz zu nehmen und gemäß den gesetzlichen Bestimmungen auseinanderzusetzen sowie die angeordneten Vermächtnisse zu erfüllen und den Nachlass bis dahin zu verwalten. Zum Testamentsvollstrecker bestimmen wir mit dem Recht einen Ersatztestamentsvollstrecker zu bestimmen ..... (Vergütungsregelung falls gewünscht).

Das Thema Erbschaftssteuer

Jeder Empfang eines Vermögenswertes durch Schenkung oder Erbe ist steuerpflichtig; unabhängig davon, ob er zu Lebzeiten oder als Erbe, Vermächtnis oder Pflichtteil erfolgt. Je nach Verwandtschaftsgrad gelten jedoch unterschiedliche „Besteuerungsklassen", die neben dem Steuersatz auch unterschiedliche Freibeträge (gelten alle zehn Jahre neu) vorsehen. Die aktuell gültigen Sätze finden Sie im Internet (etwa bei *Wikipedia*).

Steuerfrei sind
– der jeweilige Freibetrag alle zehn Jahre neu, wobei zu beachten ist, dass bei vorbehaltendem Nießbrauch die Zehn-Jahresfrist nicht zu laufen beginnt,
– ein Versorgungsfreibetrag für Ehegatten und Kinder.

Ausnahme: juristische Personen wie Stiftungen und Vereine sind von der Erb- und Schenkungssteuer befreit, soweit sie als gemeinnützig anerkannt sind.

— Tipp: Steuersparen für Erben ————————————————

Überlässt eine als Erbe oder Vermächtnisnehmer eingesetzte natürliche Person Nachlasswerte innerhalb von zwei Jahren einer gemeinnützigen Körperschaft fällt hierauf keine Erb- und Schenkungssteuer an.

Tipps für den Erbschaftsfall

Wenn der Erbfall eintritt

Nun kommt es darauf an, herauszufinden, ob Sie Erbe oder Vermächtnisnehmer sind. Als letzterer haben Sie einen entsprechenden Anspruch an den Erben. Als Erbe müssen Sie so schnell wie möglich herausfinden, ob Sie das Erbe überhaupt annehmen sollen. Ist die Sechs-Wochen-Frist dafür vorbei, haften Sie auch für eventuelle Ansprüche anderer Erb- oder Vermächtnisberechtigter, Schulden (etwa bei Sozial- oder Finanzämtern – zum Beispiel wegen unversteuertem Auslandsvermögen) und für die Lasten auf den ererbten Grundstücken. Lassen Sie sich gegebenenfalls von versierten Erbrechtsanwälten, Nachlassagenturen und (wenn Immobilien zum Nachlass gehören) von überregional tätigen Maklern beraten.

Testamentsvollstreckung beugt Streitereien vor

Bei komplexeren Erbgestaltungen kann es sinnvoll sein, in der letztwilligen Verfügung Testamentsvollstreckung zu bestimmen und einen Testamentsvollstrecker zu benennen. So ist gewährleistet, dass eine Person, die das Vertrauen des Erblassers genießt, den Willen im Sinne des Erblassers umsetzt. Er sorgt auch dafür, dass die Vermächtnisse und Auflagen ordnungsgemäß erfüllt werden. So kann gerade in Fällen, in denen Verwandte und Ihre Organisation unterschiedliche Vermögensteile zugedacht bekommen, eine streitlose Auseinandersetzung des Nachlasses gewährleistet sein.

Aufbewahrung des Testaments

Das beste Testament hilft nichts, wenn es nach dem Tod nicht mehr auffindbar ist. Handschriftliche Testamente sollten daher nie im Haushalt des Erblassers aufbewahrt werden. Das Original sollte immer beim zuständigen Nachlassgericht, welches das Testament nach dem Tod auch eröffnet, beim juristischen Berater oder einer vertrauenswürdigen Person aufbewahrt werden. Es ist sinnvoll, wenn Sie sich eine Kopie der letztwilligen Verfügung geben lassen.

2.2.6 Geld verdienen für den guten Zweck – eigenwirtschaftliche Betätigung

Alexander Gregory

- Eigenwirtschaftliche Einnahmen machen Sie weniger abhängig
- Bevor Sie loslegen – Marktanalyse und Plan
- Machen Sie vorhandene Ressourcen zu Geld
- Kostenpflichtige Dienstleistungen anbieten
- Einnahmen aus Sammlungen und Wiederverkauf
- Eigene Produkte auf den Markt bringen
- Eigenwirtschaftliche Betätigung rechtssicher organisieren
- Sozialunternehmertum – Social Entrepreneurship

Eigenwirtschaftliche Einnahmen machen Sie weniger abhängig

Eigenwirtschaftliche Betätigung Gemeinwohlorientierter gibt es in vielen Formen: Gegen Geld bietet ein Bildungsträger Buchhaltung an; die Jugendgruppe entrümpelt Speicher; Grußkarten finanzieren Entwicklungshilfeprojekte und ein Secondhand-Elektrogeräteladen die Drogenberatung; die Kirchengemeinde versteigert Gebrauchtes über *eBay*; der Seniorenclub betreibt ein Café; mit Seminaren, Kursen und Beratungen verdient eine Organisation Geld; Restaurants oder Hotels werden von gemeinnützigen Trägern bewirtschaftet; Arbeitslosenprojekte bieten Umzugshilfen und Reparaturservice; Behindertenwerkstätten verkaufen selbst erzeugte Produkte; Einrichtungen vertreiben Produkte mit dem eigenen Logo, vermieten Räume und Geräte. Auch bei der regelmäßigen Durchführung von Benefizkonzerten können eigenwirtschaftliche Interessen das Motiv sein; das Finanzamt sieht das jedenfalls so.

Viele gemeinwohlorientierte Einrichtungen haben diese Einnahmen aus eigenwirtschaftlicher Betätigung in ihren Finanzierungsmix, um unabhängiger von öffentlichen Zuschüssen, Stiftungsmitteln oder Spenden zu sein. Die Liste der möglichen Modelle und Geschäftsideen ist lang. Besonders wichtig: Mit Einnahmen aus der eigenwirtschaftlichen Betätigung können auch Grundkosten der Einrichtung abgedeckt werden, damit diese überhaupt in der Lage ist, sich um Projektmittel zu bemühen. Doch wie verträgt sich das Anbieten von Waren und Dienstleistungen auf dem Wirtschaftsmarkt mit der gemeinwohlorientierten Arbeit? Was ist zu berücksichtigen beim Aufbau eines Geschäftsbetriebes in wirtschaftlicher, organisatorischer und rechtlicher Hinsicht?

Wirtschaftliche Aktivitäten im kleinen Rahmen finden nahezu bei allen gemeinwohlorientierten Trägern statt – zum Beispiel als Verkauf von Essen und Getränken beim Tag der offenen Tür. Meist geschieht dies jedoch als Nebeneffekt der ideellen Arbeit und ohne langfristige Perspektive. Wer sich stärker auf solche Finanzierungswege stützen will, sollte sich die im Folgenden aufgeworfenen Fragen stellen.

Bevor Sie loslegen – Marktanalyse und Plan

Haben Sie die erforderliche Kapazität an Personal, Knowhow und Startkapital zur Verfügung? Ohne zumindest eine Drittel- bis halbe Stelle hauptamtlich und eine gewisse personelle Kontinuität in der Anfangsphase sind die meisten Geschäftsideen nicht umzusetzen. Zumindest die Leitung sollte die erforderliche betriebswirtschaftliche Kompetenz haben und eventuelle Konflikte an der Schnittstelle zwischen der ideellen und marktlichen Sphäre innerhalb der Organisation lösen können. Auch an Rücklagen und Sicherheiten für die Kredit- und Darlehensaufnahme ist zu denken.

Haben Sie die richtigen Ressourcen?

Zudem bringt eine Geschäftsidee kaum schnelles Geld. Sie müssen mit einer Anlaufzeit von drei bis vier Jahren rechnen, bevor überhaupt Gewinne erwirtschaftet werden. In keinem Fall ist eine Geschäftsgründung ein geeignetes Instrument, um bei einer akuten Finanzkrise Abhilfe zu schaffen. Passt das neue Geschäftsfeld zu Ihrer Einrichtung? Das Erfolgspotenzial ist besonders hoch, wenn zwischen dem ideellen Bereich des Trägers und dem neuen Geschäftsbetrieb eine enge Verbindung besteht. Bietet die Geschäftsidee ein neues Betätigungsfeld für Ihre Klientel? Ist das Produkt oder die Dienstleistung für Ihre Förderer von großem Nutzen?

Welche Chancen haben Sie am Markt?

Im Umwelt-, Kultur- und Bildungsbereich sind die Grenzen zwischen ideellem und marktfähigem Angebot fließend. Das erhöht die Chancen für eine fruchtbare Symbiose zwischen beiden Bereichen. Im Sozialbereich liegt es besonders bei Ausbildungs- und Beschäftigungsprojekten nahe, Produkte oder Dienstleistungen auf dem Markt anzubieten. Sobald Sie Ihre Geschäftsidee gefunden haben, sollten Sie entscheiden, wie Sie sich am Markt positionieren. Welche Produkte werden welcher Zielgruppe zu welchem Preis auf welchem Wege angeboten. Können Sie das soziale Kapital (Nähe zur Klientel, Bindung von Mitarbeitern und Ehrenamtlichen, Vernetzung im gemeinnützigen Sektor) als Wettbewerbsvorteil für den Geschäftsbetrieb nützen?
– Gibt es Mitbewerber?
– Was machen diese anders?
– Wie wird sich der Markt für Ihre Vorhaben weiterentwickeln?
– Welche Rechtsform ist für die neue Geschäftstätigkeit geeignet?
– Wie kann eine Gründung finanziert werden?
– Welche Risiken sind zu beachten?

Machen Sie vorhandene Ressourcen zu Geld

Auf die Idee, ungenutzte Räume zu vermieten, wird wohl jede Organisation kommen. Die *Evangelische Akademie Tutzing* nutzt ihr Domizil in der jährlichen Sommerpause, in der keine Tagungen stattfinden, und vermietet die Zimmer in dieser Zeit an Urlauber, die das stilvolle Ambiente des Schlosses am Starnberger See schätzen und gut bezahlen. Selbst Kirchen und Klöster gehen zunehmend den Weg der kommerziellen Vermarktung ihrer Einrichtung, um ihre Einnahmen zu erhöhen. Das *Münchner Haus der Kunst* hat regelmäßig großen Erfolg mit seinen nächtlichen Partys im Museum, die scharenweise junge Leute in die heiligen Hallen locken, dank DJs, Barbetrieb und kleinen Shows parallel zur jeweiligen Ausstellung (siehe auch das Kapitel 5.6 *Fundraising für Museen*).

Dächer für Sonnenkollektoren, Fassaden für Poster

Haben Sie Dächer oder andere Flächen, die sich für – über Spenden oder Verpachtung finanzierte – Sonnenkollektoren oder Windkraftanlagen eignen? Megaposterwerbung gibt es inzwischen an vielen großstädtischen Baustellen. Sie ist für die Werbenden attraktiv, aber auch teuer. Entsprechend hoch sind die Einnahmen beim Vermieter der Fläche, in der Regel also dem Bauherrn und Hauseigentümer. Voraussetzung ist eine Baustelle mit einem besonders stabilen Gerüst, das die durch das Poster erhöhten Windlasten aushält. Das Poster muss von vielen Menschen gesehen werden. An den (Tausender-)Kontaktzahlen orientiert sich der Mietwert. Je überraschender die Standorte der Megaposter sind, desto höher ist der Werbewert. Das gilt etwa für die Verhüllung einer Kirche (*Stuttgarter Stiftskirche*).

Megaposter an der Stiftskirche Stuttgart auf dem Weihnachtsmarkt

— **Tipp: Nur Motive, welche Sie davor gesehen haben** ———————————

Vertragsinhalt sollte auch sein, dass jedes Motiv dem Vermieter zur Freigabe vorgelegt wird. Bestimmte Werbethemen könnten vorab ausgeschlossen werden (etwa Alkohol, Nikotin, Politik, Erotik, hausfremde Konfession). Die Vertragsdauer ist zu fixieren wie auch die Möglichkeit des Rücktritts vom Vertrag.

Über die Zulässigkeit solcher Werbung an einem besonders sensiblen Gebäude gibt es schon mal Konflikte, beispielsweise in einer Kirchengemeinde oder auch in der Öffentlichkeit. Denn in den seltensten Fällen wird die Werbebotschaft des Posters mit der Botschaft des Gebäudes oder der darin untergebrachten Einrichtung identisch sein.

Aus steuerlichen und vielen anderen Gründen empfiehlt es sich, eine Agentur einzuschalten, die sich zum Beispiel mit den behördlichen Genehmigungen auskennt (wie **www.plakativ.de**, **www.megaplakat.d**e, **www.blowup-media.de**, www.ilg-aussenwerbung.de, www.megaposter.de.) Alle Spezialagenturen agieren deutschlandweit, aber es empfiehlt sich, einen Anbieter in der eigenen Region zu finden.

Lizenzen – Verkaufen Sie Ihren guten Namen

Der *WWF* stellt sein Logo gegen Geld unter anderem für Plüschtiere zur Verfügung. Auch wenn Sie kein so bekanntes Logo, aber immerhin viele Mitglieder haben – suchen Sie sich einen kleineren Versandhandel, dessen Sortiment einigermaßen zu Ihnen passt, und der bereit ist, für Sie bestimmte Waren zusätzlich ins Sortiment zu nehmen. Dessen Katalog, in dem diese Zusammenarbeit genau dargestellt wird, legen Sie Ihrem Vereinsblatt bei. Für die so erzeugten Umsätze mit Ihren Mitgliedern können Sie je nach Fall drei bis zehn Prozent als Lizenzgebühr plus Portokostenanteile aushandeln.

Unter Lizenzen ist die Gewährung von Nutzungsrechten gegen Gebühr an Dritte zu verstehen. Dafür kommt am ehesten ein sehr bekannter Name oder ein entsprechendes Logo in Frage. Sie sollten als Bild- oder Wortzeichen warenzeichenrechtlich geschützt sein. Die Einnahmen werden steuerrechtlich der Vermögensverwaltung zugerechnet, da die Organisation ihren Namen oder ihr Logo nur passiv zur Nutzung vermietet. Solche Einnahmen sind bei Gemeinnützigen gewinnsteuerfrei und die Umsatzsteuer ist ermäßigt.

Verkaufen Sie Wohlfahrtsbriefmarken

Wenn Ihre Organisation einem der Verbände der freien Wohlfahrtspflege angeschlossen ist, können Sie Wohlfahrtsbriefmarken mit Sozialzuschlag verkaufen. Die Marken dürfen nur zum Bruttopreis (Porto – einschließlich Zuschlagswert) weitergegeben werden. Der Zuschlagswert verbleibt Ihnen. Der Zuschlag gilt nicht als Spende. Daher darf darüber keine Zuwendungsbestätigung/Spendenquittung ausgestellt werden www.diakonie-wohlfahrtsmarken.de, www.wohlfahrtsmarken.de, www.caritas-wohlfahrtsmarken.de.

Kostenpflichtige Dienstleistungen anbieten

Welche Dienstleistungen kann Ihre Organisation gegen Geld anbieten? Fragen Sie, was Ihre Aktiven und Unterstützer alles können; vielleicht Computer konfigurieren, Durchführung von Events, Einkaufsservice, Referate halten, fachliche Beratungen, besondere Sprachkenntnisse für Übersetzungen. *Viva Clara*, ein Café, Bistro und Catering-Unternehmen bietet Arbeits- und Qualifizierungsmöglichkeiten für ehemals drogenabhängige und erwerbslose Frauen www.vivaclara.de. Die *Pfennigparade* gründete mit *SIGMETA* das größte Integrationsunternehmen im IT-Bereich www.sigmeta.de. Der *Deutsche Kinderschutzbund* entwickelt Marketingkonzepte für Unternehmen. *IBPro e.V.* und die *Initiativgruppe Interkulturelle Begegnung und Bildung (IG)* gehören zu den Einrichtungen in München, die einen Buchhaltungsservice für andere Organisationen anbieten. Ein Stadttheater vermarktet Kommunikationskurse für Manager.

Kirchliche Jugendgruppen bieten an, gegen Geld Wohnungen zu entrümpeln. Für das Jugendprojekt der Gemeinde rechen sie Laub, mähen Rasen, entrümpeln Keller, machen Babysitting, besorgen Weihnachtsbäume, stellen sie auf und entsorgen sie. Oder sie putzen Schuhe und machen dabei gleichzeitig auf die Lage der Straßenkinder in armen Ländern aufmerksam und werben um neue Mitglieder. Die Musikgruppe der Kirchengemeinde gibt Benefizkonzerte, untermalt Feste, gibt Einzelunterricht gegen Spenden. Der *Münchner Kinderzirkus Trau Dich* macht Auftritte bei Firmenevents und bietet einen „Mitspielzirkus" als Animation etwa bei Kinderfesten und Events mit Familien an **www.cirkus-trau-dich.com**. Die 60 Mitarbeiter der *Evangelischen Akademie Mülheim* an der Ruhr gründeten eine Betriebsgemeinschaft. Alle stellen eine Stunde Arbeitszeit pro Woche zur Verfügung. Mit dieser Arbeitskraft werden private Feiern in der Akademie ausgerichtet, die der Akademie Geld bringen. Durch diese und andere kreative Extra-Einkünfte oder Einsparungen konnten Entlassungen verhindert werden.

Das aktuelle Rechtsdienstleistungsgesetz (RDG) erlaubt auch Nichtanwälten, insbesondere Vereinen sowie Berufs- und Interessenvereinigungen, ihren Mitgliedern und Klienten kostenlose außergerichtliche juristische Beratung zu bieten, die eine rechtliche Prüfung des Einzelfalls erfordern. Die Beratenden müssen entsprechend geschult und fortgebildet werden und zur Not im konkreten Fall auf die besonderen juristischen Kenntnisse der anleitenden Person zurückgreifen können. (Nur) diese muss die Befähigung zum Richteramt haben (Anwalt oder Assessor). Die Rechtsberatung für Mitglieder muss mit den satzungsmäßigen Aufgaben in Zusammenhang stehen und gegenüber dem eigentlichen Vereinszweck untergeordnet sein.

— **Tipp: Tauschen Sie Sach- und Dienstleistungen mit anderen Organisationen** ————

Welche Sachleistungen können Sie anderen anbieten: Räume, Ausrüstung, Netzwerke? Oft kann man einen Dienst „geldlos" gegen einen anderen Dienst tauschen. Was in Tauschringen funktioniert, ist auch unter Organisationen möglich. Sie können zum Beispiel die Räume der Kirchengemeinde nutzen und layouten dafür den zweimonatlichen Gemeindebrief.

Einnahmen aus Sammlungen und Wiederverkauf

Die Sammlung von verwertbaren Rohstoffen hat heute – anders als in den Notzeiten nach dem zweiten Weltkrieg – nicht durchgängig Konjunktur. Durch die Einführung des „grünen Punkts", mit dem auch die Gebietskörperschaften ihre Abfallregelungen vertragsmäßig abstimmen müssen, ist die Sammlung von Altmetall und Flaschen für gemeinnützige Organisationen kaum mehr möglich. Doch mit Korken, Papier, Wachs, Briefmarken, Handys, Kupferkabeln und Ähnlichem lässt sich auch heute oft noch ein Überschuss über die Kosten erzielen, insbesondere, wenn Ehrenamtliche sich

Gebrauchte Handys. Quelle: www.offroadkids.de.

bei der Sammlung und Verwertung engagieren. Je nach Geschäftskonzept und Region lässt sich auch mit Altkleidern, Möbeln und anderen Gebrauchtwaren etwas verdienen.

Wachs, Korken, Elektronikschrott

– Wachsreste, wie sie die *Herzogsägmühle* sammelt, werden zur Wiederverwertung an Kerzenfabriken verkauft.
– Korken und Korkabfälle werden von kommunalen Wertstoffhöfen, aber auch von gemeinwohlorientierten Organisationen (wie *NABU*-Korkkampagne. Korken für Kork) gesammelt und zur Wiederverwertung veräußert, weil der Rohstoff Kork knapp wird.
– Elektronikschrott-Recycling führt beispielsweise sehr erfolgreich die *Weißer Rabe gGmbH* durch.

Tintenpatronen, Handys, Kupferkabel, CDs

Sammeln Sie leere Tinten- und Tonerpatronen, gebrauchte Handys, Kupferkabel, CDs/DVDs und machen sie zu Geld. Organisationen wie Geld für Müll oder *Zonzoo* kaufen Ihnen das Leergut ab und führen es oder die darin enthaltenen Rohstoffe in den Kreislauf zurück.

Altkleidersammlungen

Altkleidersammlungen führen karitative Organisationen, kommerzielle Unternehmen und – in letzter Zeit verstärkt – Kommunen und kommunale Entsorgungsgesellschaften durch. Oft arbeiten gewerbliche Sammler auch im Auftrag von Social-Profit-Organisationen. Oder die karitativen Organisationen gestatten einem kommerziellen Sammler die Nutzung ihres Namens oder Logos und erhalten von diesem dafür entweder einen ausgehandelten Festbetrag oder einen prozentualen Anteil vom Verkaufserlös. Die Menge der gesammelten Altkleider (ca. 500.000 t pro Jahr – 40 Prozent davon ist noch tragbar) übersteigt den tatsächlichen Bedarf hiesiger Stellen für die Versorgung Bedürftiger bei weitem. Der Großteil wird kommerziell vermarktet. Auch die karitativen Organisationen verkaufen für sie überschüssige Kleider an kommerzielle Betriebe.

Gut erhaltene, modische Ware landet in Secondhand-Shops. Der Rest wird exportiert, zumeist nach West- und Osteuropa und Afrika und dort verkauft, was der lokalen Textilindustrie oft erheblichen Schaden zufügt (wenn diese nicht schon vorher durch die Billigimporte aus Fernost zerstört worden ist). Die lokalen *Agenda-21-Gruppen* und *FairWertung e.V.* – eine Vereinigung kirchlicher Organisationen, die Altkleider sammeln **www.fairwertung.de** – haben daher Kriterien für solche Sammlungen aufgestellt.

> **– Tipp: Kerzen gießen als „Verkaufsförderung" ——————————**
>
> Wenn Sie die gesammelten Wachsreste auf Sommerfesten, Weihnachtsmärkten „live" vor den Augen staunender Besucher selbst zu Kerzen verarbeiten, werden Sie sicher viel Aufmerksamkeit erzielen. Das ist mit einigem Aufwand verbunden. Doch locken Sie auf diese Weise viele Leute an Ihren Verkaufsstand und Ihr Umsatz steigt.

Gebrauchte Briefmarken

Mehrere diakonische Einrichtungen, wie die *Herzogsägmühle* und *Rummelsberger* rufen dazu auf, ihnen gebrauchte Briefmarken zu senden. Durch den Weiterverkauf an Großhändler erwirtschaften sie nur geringe Erlöse. Doch so entstehen Beschäftigungsmöglichkeiten für Menschen mit hohem Unterstützungsbedarf. Und die Einrichtungen gewinnen neue Spender. Denn wer zunächst nur Marken geschickt hat, wird später manchmal auch zum Spender.

Flohmärkte, Secondhand-Läden

Wenn in Ihrer Organisation genügend Ehrenamtliche Spaß daran haben, einen gelegentlichen Flohmarktstand (oder einen Secondhand-Laden auf Dauer) zu betreiben, können Sie für Ihre Organisation schöne Einnahmen erzielen. Wichtig ist es, nur wirklich hübsche oder noch funktionsfähige Waren anzunehmen, die dafür gespendet werden. Denn oft überwiegt bei der Gabe das Motiv der „Entsorgung mit gutem Gewissen". Der Nutzen liegt oft nicht nur im finanziellen Erlös, sondern auch in der Schaffung von Arbeitsplätzen, wenn behinderte Jugendliche gebrauchte Fahrräder zum anschließenden Verkauf reparieren oder die Münchner Drogenberatungsstelle *Condrops e.V.* den Elektrogeräteladen *Con-Shop* führt, um substituierten und langzeitarbeitslosen Menschen durch sinnvolle und erfolgsorientierte Beschäftigung im Elektronik-Recycling den Wiedereinstieg ins Berufsleben zu ermöglichen **www.condrobs.de**.

eBay-Versteigerungen

Es gibt inzwischen eine Vielzahl von Wegen, mit dem Sammeln und Versteigern (oder versteigern lassen) von Gebrauchtgütern/Sachspenden Einkünfte für gemeinwohlorientierte Projekte zu erzielen (siehe auch das Kapitel 2.2.2 *Spenden aus dem Netz – Online-Fundraising*). Am bequemsten ist es über spezialisierte Dienstleister. Über die *Wohltätigkeits-Flohmarkt-App SWOP* können Sachspenden in Geldspenden umgewandelt werden. Wer einen gebrauchten, an sich noch verkäuflichen Gegenstand verschenken will, lädt ein Foto auf die App. Interessenten lassen eine Spende von ihrer Handyrechnung abbuchen und bekommen den Gegenstand geschickt oder holen ihn ab. Die Spenden gehen an gemeinnützige Organisationen in der Region. Gemeinnützige Organisationen können sich als potenzielle Empfänger registrieren lassen: **www.swop-team.de**.

Der *Sozial-Aktiengesellschaft in Bielefeld* (*Projekt Social Bay*) können Sie Sachspenden in unfrankierten Paketen schicken. So werden noch nützliche Gegenstände in eine Spende für einen gemeinwohlorientierten Zweck umgewandelt. Sie können Ihre Unterstützer dazu aufrufen, Sachspenden zu diesen Unternehmen zu schicken und Ihre Organisation als Empfänger der in Geld verwandelten Sachspende zu bestimmen. *Ycare* **www.ycare.de** ist ein Internetauktionshaus, auf dem man seine Projektidee vorstellen und um Unterstützer werben kann. Die Unterstützer sollen dann überflüssigen Hausrat auf *Ycare* versteigern und können den Ertrag an ihr Lieblingsprojekt auszahlen lassen.

Gebrauchtwarenhäuser

In den gut florierenden Gebrauchtwarenhäusern, die es inzwischen in fast allen Städten gibt, finden sich Bücher, CDs, komplette Wohnungseinrichtungen und alle Arten von Gebrauchttextilien, Lederwaren, aber auch neuwertige, nicht verkaufte Restbestände aus Handel und Produktion. Die Sachen werden als Spenden eingesammelt und günstig verkauft. Das *Kempodium – Zentrum für Eigenversorgung, ein Bürgerhaus in Kempten* **www.kempodium.de**, eröffnete gleich nebenan das *Gebrauchtwarenhaus Kaufhaus Allerhand*. Dessen Erträge dienen zur Querfinanzierung des *Kempodium*.

Und selbst ausländische Gemeinwohlorientierte wie *Oxfam International* (ein Dach für 13 britische Hilfsorganisationen) drängen auf den lukrativen deutschen Markt mit Gebrauchtwaren. *Oxfam Deutschland GmbH* hat schon über 20 Läden für gebrauchte, aber gut erhaltene Waren. Slogan: „Wir machen Überflüssiges flüssig". In Großbritannien gehört es zum guten Ton, in einem der rund 850 Läden einzukaufen. Hinter der Ladentheke stehen ausschließlich Ehrenamtliche.

Rabattpunkte, Flugmeilen, ungenutzte Tickets, digitale Güter

Ehrenfried Conta Gromberg nennt sie die „neuen Sachspenden": Vielflieger können ihre Flugmeilen, Konsumenten die für Einkäufe gutgeschriebenen Punkte und Leerflaschen-Bons an gemeinnützige Organisationen abtreten. Reise- oder Eventveranstalter können Ihnen ungebuchte Tickets zum Weiterverkauf überlassen. Greenpeace vermarktet professionelle Fotos mit einer eigenen Bildagentur und das *Kinderhospiz Regenbogenland* einen Song.

www.kinderwelten.com

Eigene Produkte auf den Markt bringen

Merchandising wird im Fundraising die Produktion und der Vertrieb von Produkten wie bedruckten T-Shirts, Tassen, Uhren und Ähnlichem genannt. Die Social-Profit-Organisation nutzt dabei ihre Mitglieder- oder Spenderkartei oder ihre Veranstaltungen, um solche Produkte abzusetzen – mit der Hoffnung, einen Überschuss für den guten Zweck zu erzielen. Aber auch die Entwicklung und der Vertrieb von Unterrichtsmaterialien gehören dazu. Die Vermarktung eigener Produkte ist auch für kleinere Organisationen denkbar. Von Freiwilligen selbst Produziertes kann auf einem Bazar oder gut besuchten Weihnachtsmarkt angeboten werden. Wer Erfahrung und Marktgespür hat, was in welcher Jahreszeit immer Abnehmer findet, und wem es gelingt, einen guten Standplatz mit viel Laufkundschaft zu bekommen, wird gute Umsätze machen.

— **Tipp: Bewerben Sie sich um den Erlös eines Bazars** —————————

Nehmen wir an, Sie haben selbst nicht genügend Kräfte für einen eigenen Bazar, Sie haben aber ein sehr überzeugendes Projekt. Dann bewerben Sie sich doch bei Kirchengemeinden, Serviceclubs und Firmenbelegschaften um den Ertrag des nächsten Weihnachtsbazars. Da kommen oft ein paar tausend Euro zusammen. Das funktioniert vor allem dann, wenn Sie den Partnern eine „Gegenleistung" bieten, etwa Mithilfe beim Bazar oder Auftritt Ihrer Kindergruppe bei Veranstaltungen.

Typische Produkte sind witzige Aufkleber, hübsche Lesezeichen oder bedruckte T-Shirts. Unter dem Begriff Textildruck findet man im Branchenbuch eine Fülle von Angeboten. Schöne Kalender gehen gut, müssen aber in begrenzter Zeit verkauft sein. *UNICEF* erzielt einen großen Teil seiner Einkünfte über den Verkauf von Postkarten. Doch hat nicht jede Organisation die Vertriebsmöglichkeiten von *UNICEF*.

— **Tipp: Erst Marktstudie machen** —————————————————————

Wenn Sie über keine Erfahrung verfügen, ob Sie für Ihr gewünschtes Produkt einen Markt erschließen können, machen Sie eine kleine Umfrage (Marktstudie) und erkundigen Sie sich unbedingt bei befreundeten Organisationen, woran dabei gedacht werden muss. Denn ein Defizit ist schnell produziert, wenn die Absatzchancen überschätzt und zu viele Waren hergestellt wurden.

Arbeiten Sie mit Künstlern zusammen, um wirklich schöne Produkte zu erzeugen, die sich zumindest langfristig sicher absetzen lassen. Die Werbe- und Geschenkartikelbranche hat teilweise Erfahrungen mit einer solchen Zusammenarbeit, so die Firma *Gaus Uhrenvertrieb* bei der organisationsspezifischen Gestaltung von Zifferblättern, Armbändern, Zeigern und anderem **www.edelstahluhren.de**. Ebenso die Firma *Präsenta Promotion*.

— **Tipp: Suchen Sie Kooperationspartner** —————————————————

Versuchen Sie, sich an eine publikumsträchtige Veranstaltung anzuhängen. So organisierte das *Münchner Kinder- und Jugendforum* parallel zum Wettbewerb um das offizielle Oktoberfest-Plakat einen Kinder-Malwettbewerb um ein Wiesn-T-Shirt-Motiv. Das siegreiche T-Shirt wurde auf der Wiesn verkauft. Ein Euro pro T-Shirt ging an ein Waisenhaus in Afghanistan.

2.2.6   Geld verdienen für den guten Zweck – eigenwirtschaftliche Betätigung

Produktion von CDs

Ein relativ risikoloses Unternehmen auch für kleinere Organisationen ist die Herstellung von CDs. Auflagen bis 50 Stück kann man selber brennen. Im Internet gibt es Shareware zur Herstellung von Aufklebern. Ab einer Stückzahl von 300 wird von Produktionsfirmen (siehe im Branchenbuch unter CD-ROM) ein Glasmaster erstellt und die CD gepresst.

— Tipp: Erst verkaufen – dann produzieren

Suchen Sie sich eventuell vorher ein Unternehmen, das eine Teilauflage kauft und als Weihnachts-präsent an seine Kunden verteilt. Die Firmen, mit denen Sie bei der Produktion zusammenarbei-ten, sind vielleicht zu einem Nachlass oder Erlass der Kosten bereit.

Der Unterhachinger Religionspädagoge *Martin Gottstein* hatte mit seiner Kin-der-CD „Wie ein Traum wird es sein", mit deren Erlös das *Klinikprojekt Om-nibus* des Franziskanerpaters *Michael Först* unterstützt wird, großen Erfolg. Zusammen mit Spenden kamen aus dem CD-Verkauf über 20.000 Euro herein, wovon nach Abzug der Produktionskosten zwei Drittel für das Projekt übrig blie-ben. Die Ehrenamtlichen in der *Nachbarschaftshilfe deutsche und ausländische Familien in München* schrieben ein interkulturelles Kochbuch, das ein Bestseller wurde. Der Überschuss der Verkaufserlöse half, die Einrichtung zu finanzieren. Ein Kindergarten in Taufkirchen verkaufte die von den Kindern selbst gemalten Bilder an Banken und Geschäftsleute. Dabei entscheiden die Kinder selbst, ob das Bild verkauft wird oder doch lieber im Kindergarten hängen bleibt.

Wucheraktion nach dem Gleichnis von den anvertrauten Pfunden

Jedem interessierten Kirchengemeinde- oder Vereinsmitglied wird ein Zehn-Euro-Schein (50 oder 100 Euro) aus der Kirchen-(Vereins-)Kasse anvertraut, mit der Auflage, etwas daraus zu machen und das Geld zu vermehren. Wie, steht jedem frei; man kann zum Beispiel Bastelmaterial kaufen und mit Ba-stelarbeiten Gewinn machen, Lotto spielen – der Phantasie sind keine Grenzen gesetzt. Jugendlichen werden Schuhputz-Sets zur Verfügung gestellt, mit denen sie auf dem Vorplatz der Kirche Geld für die Renovierung des Jugendkellers verdienen können. Anderen werden Räume der Gemeinde / des Vereins anver-traut, in denen sie ihre eigenen Eventideen zugunsten von Gemeinde-(Vereins)-Projekten umsetzen können. So machen Sie Ihre Mitglieder zu Unternehmern auf Zeit und testen ihr Talent und den Markt. Was sich bewährt, kann wiederholt und ausgebaut werden.

Checkliste 56: Entscheidungshilfen für Verkaufsprodukte

Der Markt: Wer verkauft bereits Produkte und welche? Sind wir bekannt genug, dass Menschen mit unserem Logo etwas anfangen können?
Das Produkt: Was wollen wir herstellen? Was passt zu unserem Image und unseren Kunden? Baut das Produkt auf unseren Kernkompetenzen auf?
Die Kosten: Mit welchen Kosten ist zu rechnen? Wie hoch ist der realistische Verkaufspreis? Wie viele Produkte müssen wir verkaufen, um einen Gewinn zu machen?

Der Vertrieb: Über welche Kanäle können wir den Werbeartikel absetzen? Können wir Vertriebspartner finden? (Beachten Sie auch das Kapitel 2.2.2 *Spenden aus dem Netz – Online-Fundraising*).

Die Kommunikation: Welche Wege stehen uns zur Verfügung, um Werbung zu machen? Bieten Sie Ihre Produktpalette auch Ihren Spendern an.

— **Praxisbeispiel: Lokaler Getränkekonsum fördert lokalen sozialen Nutzen** ——————

„Bier für hier!" lautet die Werbung des Unternehmens *Quartiermeister*. Zusammen mit lokalen Brauereien bietet es Bier zum Verkauf an, dessen Erlöse an lokale gemeinnützige Projekte fließen – pro Kasten etwa drei Euro. Gefördert werden beispielsweise das *Neuköllner Netzwerk Schülerhilfe*, der *Flüchtlingsrat Berlin* oder andere lokale Initiativen. Entscheidend für den Erfolg war, dass die Konsumenten ausführlich über den Zweck des Unternehmens informiert wurden: **www.quartiermeister.org**.

Eigenwirtschaftliche Betätigung rechtssicher organisieren

Eigenwirtschaftliche Tätigkeiten einer gemeinnützigen Organisation dürfen nicht dem Satzungszweck zuwiderlaufen, sonst ist ihre Gemeinnützigkeit gefährdet. Sie müssen nicht, dürfen aber in der Satzung erwähnt sein. Die Satzungs-Formulierung „ohne Gewinnstreben" heißt, dass die Organisation keine Vorteile für Vorstände, Mitglieder oder Gesellschafter anstrebt. Der Organisation selbst ist systematisches Gewinnstreben erlaubt.

Was Sie versteuern müssen

Der wirtschaftliche Geschäftsbetrieb sollte jedoch nicht das Übergewicht (mehr als 50 Prozent an Einnahmen, Zeit- und Personalaufwand) bekommen, sonst kann die Gemeinnützigkeit aberkannt werden. Ein Verlust im Geschäftsbetrieb (etwa im Cafébetrieb) darf nicht auf Dauer durch den ideellen Bereich (zum Beispiel durch „Kredite" aus Spendeneinnahmen) ausgeglichen werden. Aus steuerrechtlicher Sicht lassen sich bei gemeinnützigen Organisationen folgende vier Einnahmebereiche unterscheiden.

— **Literatur-Tipp:** ——————————————————————————————————

Nahezu alle Länder-Finanzministerien verteilen nützliche Broschüren mit „Steuertipps für (gemeinnützige) Vereine": für Bayern beispielsweise über **www.stmflh.bayern.de/service/informationsbroschueren/**. Da Steuerrecht Bundesrecht ist, sind für Sie auch die Broschüren aus einem anderen Bundesland nützlich.

1. Einnahmen aus dem ideellen Bereich

Einnahmen aus satzungsgemäßen Mitgliedsbeiträgen (bis 1.000 Euro jährlich), Aufnahmegebühren (bis 1.500 Euro), Spenden, Schenkungen, Erbschaften, Vermächtnissen oder aus öffentlichen Zuschüssen (wenn kein Leistungstausch vorliegt) sind steuerfrei. Stimmt allerdings der geförderte mit dem Mitgliederkreis überein, tritt Steuerpflicht ein, da keine Förderung der Allgemeinheit mehr gegeben ist.

2. Einnahmen aus Vermögensverwaltung

Kapitalerträge sind steuerfrei. Einnahmen aus gelegentlicher oder langfristiger Vermietung, Verpachtung von Vereinsgaststätten, Immobilien (auch deren Verkauf) oder Inventar und aus Lizenzgebühren für die Verwendung von Logos oder Namen der gemeinnützigen Organisation (etwa durch den Sponsor – siehe das Kapitel 2.2.1 *Unternehmenskooperation – mehr als Sponsoring*) unterliegen (oberhalb der allgemeinen Kleinunternehmer-Freigrenze von 17.500 Euro) nach der bisherigen Rechtsprechung lediglich der auf sieben Prozent ermäßigten Umsatzsteuer. Danach konnten bisher Einnahmen aus der Übertragung der Banden- und Lautsprecherwerbung und des Anzeigengeschäftes an Dritte (wie eine Werbeagentur) der Vermögensverwaltung zugeordnet werden, wenn der Verein weder berechtigt ist, die Werbeinhalte zu bestimmen, noch sie in sonstiger Weise zu beeinflussen und auch nicht für die Überwachung des Inhalts der Werbemaßnahmen verantwortlich ist.

— **Tipp: Geänderte Rechtsprechung** —————————————————————

Nach einem Urteil des Bundesfinanzhofs in 2014 ist diese Praxis allerdings nur dann mit dem Unionsrecht vereinbar, wenn es sich um Leistungen für wohltätige Zwecke oder im Bereich der sozialen Sicherheit handelt. Im Sportbereich beispielsweise wären danach also der Regelsteuersatz abzuführen. Ebenso zum Beispiel Umsätze aus der Gestattung der Namensnutzung zu Werbezwecken oder als Duldungsleistungen aus Sponsorenverträgen (siehe BFH-Pressemitteilung zu Urteil vom 20.03.14 V R 4/13).

Jedenfalls darf die Vermögensverwaltung nicht Selbstzweck oder die überwiegende Tätigkeit des Vereins sein. Sie darf keine dauerhaften Verluste erwirtschaften und nicht Satzungszweck sein.

3. Einnahmen aus Zweckbetrieb

Ein Zweckbetrieb liegt vor, wenn die Tätigkeit und die Einnahmen zum Erreichen der gemeinnützigen Satzungsziele nötig sind, zum Beispiel Volkslauf mit Einnahmen aus Getränkeausschank und Startgebühr, Eintrittskarten bei kulturellen Veranstaltungen, Kursgebühren bei Bildungsveranstaltungen, therapeutische Beschäftigungsgesellschaften, Behindertenwerkstätten oder Vereinsgaststätten auf einem entlegenen Sportgelände, wenn dort maximal fünf Prozent des Umsatzes mit alkoholischen Getränken erzielt wird. Die Abgabe von Speisen und Getränken ist grundsätzlich immer ein steuerpflichtiger wirtschaftlicher Geschäftsbetrieb. Ausnahmen gelten für Volkshochschulen sowie für Einrichtungen, die (und wenn sie) ausschließlich Jugendliche oder Studenten in Schulen, Heimen, Jugendherbergen, Mensen sowie alte, kranke und behinderte Menschen in Heimen, Krankenhäusern und Ähnlichem bewirten. Dies gilt nicht für öffentlich zugängliche Cafés, Bistros. Es gilt in solchen Häusern auch nur, wenn die Bewirtung zur Erreichung des Zwecks der Einrichtung erforderlich ist.

Umsatzsteuerfrei sind auch die Umsätze folgender Einrichtungen des Bundes, der Länder und der Kommunen: Theater, Orchester, Chöre, Museen, Sammlungen, zoologische und botanische Gärten, Archive, Bibliotheken, Denkmäler der Bau- und Gartenbaukunst. Dazu zählte das *Finanzgericht Münster* auch die

Bewirtungsumsätze in diesen Einrichtungen. Das Gleiche gilt für die Umsätze gleichartiger Einrichtungen anderer Unternehmer (darunter fallen so ziemlich alle öffentlich auftretenden Künstler), wenn die zuständige Landesbehörde (in der Regel die Bezirksregierung) bescheinigt, dass sie die gleichen kulturellen Aufgaben wie die öffentlichen Einrichtungen erfüllen (§ 4 Nr. 20 a und b UStG).

Der Zweckbetrieb darf gewerblichen Betrieben nicht unmittelbar Konkurrenz machen. Der Zweckbetrieb darf auch nicht in erster Linie der Erzielung zusätzlicher Einnahmen dienen. Er ist nicht körperschaftssteuerpflichtig (führt also keine Gewinns- und Gewerbesteuer ab) und die anfallende Mehrwertsteuer ist auf sieben Prozent ermäßigt. Die Regelungen sind recht streng, weil der Finanzstatus eines Zweckbetriebes äußerst attraktiv ist: Zweckbetriebe sind berechtigt, die bei Investitionen und Einkäufen gezahlte Umsatzsteuer von 19 Prozent abzuziehen (Vorsteuerabzugsberechtigung), obwohl sie beim Weiterverkauf selbst nur sieben Prozent abführen müssen.

Sie müssen den ideellen Bereich und den Zweckbetrieb (und von beiden den wirtschaftlichen Geschäftsbetrieb) wirtschaftlich streng auseinanderhalten. Wenn Sie beispielsweise einen Computer für den ideellen Bereich anschaffen, können Sie keine Umsatzsteuer vom Finanzamt zurückfordern (im ideellen Bereich sind Sie nicht umsatzsteuerabzugsberechtigt).

4. Einnahmen aus wirtschaftlichen Geschäftsbetrieb

Für alle Einnahmen aus Aktivitäten, die sich nicht zwingend aus der Satzung ergeben, wenn sie nicht vorrangig der Finanzierung des Vereins dienen sollen und auch nicht der Vermögensverwaltung zuzurechnen sind, beispielsweise ein für alle offenes Straßenfest mit Verkauf von Essen, Getränken, Verlosungen, Bazare, Eine-Welt-Läden, Sponsoring, Altmaterialsammlungen (aus Umweltschutzgründen), Verkauf von Programmheften, Postkarten, gilt das folgende:

– Körperschaftsteuer (Gewinnsteuer) von 15 Prozent plus Gewerbesteuer muss gezahlt werden, sofern die Einnahmen insgesamt die Freigrenze von 35.000 Euro in einem Jahr überschreiten (und zwar für die Gesamtsumme abzüglich von Freibeträgen von je 5.000 Euro für Körperschafts- und Gewerbesteuer).

– Oberhalb der Kleinunternehmergrenze von 17.500 Euro fällt zusätzlich Umsatzsteuer (Mehrwertsteuer) an (jedoch, soweit 50.000 Euro nicht überschritten werden, erst ab dem darauf folgenden Jahr).

– Dient die eigenwirtschaftliche Betätigung einer gemeinnützigen Organisation dagegen ihrer Finanzierung, gilt die genannte Freigrenze von 35.000 Euro nicht und es fallen Körperschafts- und Gewerbesteuern an.

Der Verein haftet mit dem gesamten Vereinsvermögen. Vermeiden Sie auf jeden Fall eine Vermischung des ideellen Vereins und des kommerziellen Bereiches. Es kommt sonst leicht zu einer verdeckten Gewinnausschüttung; nach der sucht das Finanzamt gezielt. Wenn zum Beispiel ein Grundstück (Gebäude mit Vereinsgaststätte, Sportgelände o.ä.) sowohl vom Verein ideell als auch vom wirtschaftlichen Geschäftsbetrieb genutzt wird, gilt die anteilige ideelle Nutzung als unentgeltliche Wertabgabe mit ermäßigtem Steuersatz von sieben Prozent, während der Rest einem Vorsteuerabzug von 19 Prozent unterliegt.

Die passende Unternehmensform

Wenn die eigenwirtschaftliche Betätigung einen größeren Umfang annimmt, kann es aus steuerlichen, organisatorischen und betriebswirtschaftlichen Gründen Sinn machen, eine eigene Unternehmensform zu nutzen.

Ausgründung als UG (haftungsbeschränkt), GmbH, GmbH & Co. KG, AG, Ltd. etc.

Die Ausgründung der wirtschaftlichen Aktivitäten kann in Form einer Tochter-GmbH erfolgen, deren einziger oder anteiliger Gesellschafter der gemeinnützige Träger (oder dessen Gesellschafterversammlung bzw. sein Vorstand) ist. An der Gesellschaft können noch andere Träger oder Personen beteiligt sein. Das kann sinnvoll sein, wenn mehrere gemeinnützige Träger wirtschaftliche Aktivitäten in der gleichen Branche verfolgen. Ebenso kann die Einbindung weiterer Gesellschafter eine Strategie sein, zusätzliches Kapital für die Gesellschaft aufzubringen. Auch andere Rechtsformen wie GmbH & Co. KG oder Aktiengesellschaft (AG), die britische Ltd. oder Ltd. & Co. KG (Vorteil: geringere Stammeinlage) können in Betracht kommen. Die Haftung ist auf die Gesellschaftereinlage begrenzt. Die Stammeinlage beträgt bei GmbHs 25.000 Euro.

Beispiel: Die Umweltorganisation *Green City e.V.* gründete die *Green City Energy GmbH*, um Solaranlagen (Photovoltaik) in München zu initiieren **www. greencity.de**. Eine Unternehmergesellschaft – UG (haftungsbeschränkt) – kann bereits ab einem Euro Kapital gegründet werden, hat aber den Nachteil, dass dafür kaum Kredite zu bekommen sind und es auch sonst riskant ist, einen Geschäftsbetrieb ohne Kapital zu führen (Insolvenzrecht!). Die UG ist sinnvoll, wenn sicher ist, dass das Kapital kommt und die Firma schon vorher starten soll. Sobald das GmbH-Kapital da ist, kann die UG in eine GmbH überführt werden.

Die Steuerschuld der Tochtergesellschaft kann verringert werden, wenn sie an den gemeinnützigen Träger Miet- und Pachtzahlungen abführt und so ihre Gewinne schmälert. Beim Empfänger sind dies Einnahmen aus Vermögensverwaltung, also (Gewinn-)steuerfrei. Es fällt nur ermäßigte Umsatzsteuer an. Wenn die Zahlungen marktgerecht sind, wird das Finanzamt darin auch keine verdeckte Gewinnausschüttung sehen. Achtung: Die Gemeinnützigkeit des Trägers ist gefährdet, wenn die Preise von Verrechnungen mit der Tochter nicht den marktüblichen entsprechen, die Tochter längerfristig keine Gewinne erwirtschaftet oder davon nichts an den Träger zurückfließt. Denkbar ist auch eine freistehende Gründung, bei der Mitglieder des gemeinnützigen Trägers den ausgelagerten Geschäftsbetrieb gründen. In diesem Fall darf der Träger keine Mittel dafür aufwenden, sondern das Kapital muss vollständig privat aufgebracht werden.

Genossenschaften

Sozialgenossenschaften haben in Deutschland eine lange Tradition. So haben sich zum Beispiel bei der *GDW-Süd* **www.gdw-wfb.de** mehr als 70 Behindertenwerkstätten mit über 10.000 Mitarbeitern in Baden-Württemberg und Bayern zu einer so genannten Sekundärgenossenschaft zusammengeschlossen. Die Werkstätten bleiben selbstständig, nutzen aber gleichzeitig die Dienstleistung ihrer

Genossenschaft (bei Einkauf, Produktion, Vertrieb und Verwaltung und anderem), um wirtschaftlicher zu arbeiten. Eine andere Form sind Verwaltungsgenossenschaften sozialer Einrichtungen, die Gebäude und Grundstücke verwalten, in denen Soziales angeboten wird. Wohnungsgenossenschaften in sozialen Brennpunkten veranlassen ihre Mitglieder-Bewohner, ihre Wohnungen und Häuser in Selbsthilfe zu sanieren. Arbeitslosengenossenschaften wie die *HausGemacht eG* in München geben Selbsthilfe für das Schaffen von Arbeitsplätzen.

Die Rechtsform der Genossenschaft (eG) bietet durch das jetzt geltende Genossenschaftsgesetz viele Möglichkeiten für gemeinwohlorientierte Projekte. Die Gründung ist einfach: nur drei Mitglieder mindestens; bis 20 Mitglieder reicht ein einköpfiger Vorstand; auch Sachgründung ist möglich. Auch ausdrücklich kulturelle und soziale Ziele sind möglich, was zum Beispiel die Umwandlung (gemeinnütziger) eingetragener Vereine in Genossenschaften erleichtert. Etwa die Hälfte aller bestehenden Genossenschaften braucht keine besondere Jahresabschlussprüfung. Neben fördernden sind auch regelrecht „investive" Mitglieder zulässig, die die Genossenschaft nicht nutzen, sondern ihr Geld anlegen wollen. Unterstützung und Informationen bei Neugründung bieten: **www.innova-eg.de**, **www.genossenschaftsgedanke.de**, **www.zdk-hamburg.de**, **www.pruefungsverband.de**.

— **Literaturtipp** ──────────────────────────────────────

Bundesverein zur Förderung des Genossenschaftsgedankens; Paritätische Bundesakademie; Flieger, Burghard (Hg.): Sozialgenossenschaften. Wege zu mehr Beschäftigung, bürgerschaftlichem Engagement und Arbeitsformen der Zukunft, Verlag AG SPAK, Neu-Ulm, 2003, ISBN 3-930 830-35-3

Rechtsfragen zu Rechnungsstellung, Impressum und Rückgabefrist

In eine Rechnung gehört zwingend Name und vollständige Anschrift von Aussteller und Empfänger, Ihre Steuernummer oder Umsatzsteuer-Identifikationsnummer, das Ausstellungsdatum, die fortlaufende Rechnungsnummer, die Menge und Art der gelieferten Gegenstände, der Zeitpunkt der Leistung, das Entgelt und der anzuwendende Steuersatz oder die Steuerbefreiung. Beim Verkauf übers Internet darf das Impressum nicht fehlen. Ohne Hinweis auf die 14-tägige Rückgabefrist nach dem Fernhandelsgesetz sind Sie unbegrenzt lang verpflichtet, den Artikel zurückzunehmen.

So lässt sich die Gründung finanzieren

Die steuerbegünstigte Organisation kann aus ihrem Vermögen einschließlich freier Rücklagen einen steuerpflichtigen, wirtschaftlichen Geschäftsbetrieb errichten. Nach § 58 Nr. 3 AO neu ist eine Rücklage für die Vermögensausstattung bei Neugründung oder Kapitalerhöhung anderer steuerbegünstigter oder öffentlich-rechtlicher Körperschaften (etwa gGmbH) möglich. Sowohl die Überschüsse aus der Vermögensverwaltung, die Gewinne aus wirtschaftlichen Geschäftsbetrieben und bis zu 15 Prozent der zeitnah zu verwendenden Mittel dürfen dabei verwendet werden. Zu Finanzierungsfragen siehe im übrigen das Kapitel 3.3.4 *Soziale Investoren und Crowdfunding*.

Die Risiken realistisch einschätzen

Welche Risiken bestehen bei der Geschäftsgründung und wie können Sie diesen Risiken begegnen? Im Entscheidungsprozess um die Geschäftsgründung kann bereits der Grund des Misslingens angelegt sein, wenn der Prozess auf unrealistischen Zielen fußt. Nur bei guter Entwicklung und Nutzung des „sozialen Kapitals", also des Umfeldes, des Klientels, der Förderer, der politischen Ebene, der haupt- und ehrenamtlichen Mitarbeiter und der Mitglieder hat die Organisation eventuell einen Wettbewerbsvorteil, der den Mangel an finanziellen Ressourcen ausgleicht. Achtung: Oft haben gemeinwohlorientierte Organisationen kein für einen Geschäftsbetrieb ausreichendes Kontrollsystem.

Wenn der Umsatz Ihres wirtschaftlichen Geschäftsbetriebes wächst, müssen Sie im gleichen Umfang Ihr Geschäftskapital aufstocken. Eine GmbH kann bereits mit einer Einlage von 50 Prozent des Stammkapitals, also 12.500 Euro eingetragen werden. Bei Umsätzen von mehreren Hunderttausend Euro kann dann schnell Unterdeckung eintreten. Für verschleppte Insolvenzanträge haftet die Geschäftsführung persönlich.

Die Rentabilität erfordert es, dass das in den Warenvorräten gebundene Kapital vier bis fünf Mal im Jahr umgeschlagen wird. Prüfen Sie, ob das bei Ihrem Geschäftskonzept zu schaffen ist. Die Preise Ihrer Waren werden von den Kunden oft mit denen am freien Markt verglichen. Gleichzeitig werden hohe ethische und ökologische Anforderungen an die Produkte gestellt. Beschränken Sie sich daher auf einfache und preiswerte Artikel. Arbeiten Sie nach Möglichkeit mit Ehrenamtlichen, die von einer bezahlten Teilzeitkraft koordiniert werden.

— **Tipp: Verkauf mit wichtigen Nebeneffekten** ——————————

Lassen Sie sich durch all das Gesagte nicht die Lust am Unternehmen rauben. Ein gut laufendes Stadtteilcafé, der Flohmarkt, der jedes Jahr mehr Umsatz macht, oder die vom Verein angebotenen Reisen in die Partnerstadt – all das sind nicht nur attraktive Geschäftsbetriebe, sondern prima Werbung für das Anliegen des Vereins. Und vielleicht können Sie die „Kunden" motivieren, im Café, auf dem Flohmarkt oder auf der Reise noch zusätzlich eine Spende für den Verein zu leisten oder Mitglied zu werden. Außerdem bringt ein pfiffiges Produkt, das Sie verkaufen, Ihre Vereinsidee vielleicht besser rüber, als das allen Ihren Broschüren gelingt.

Sozialunternehmertum – Social Entrepreneurship

Seit einigen Jahren werden bestimmte gemeinnützige und gemeinwohlorientierten Aktivitäten als soziales Unternehmertum oder Social Entrepreneurship bezeichnet. Diese Unternehmen haben in der Regel die gleichen Ziele wie andere soziale, ökologische oder kulturelle Nichtregierungs- oder Social-Profit-Organisationen. Die Gründer und Führungskräfte gehen jedoch von vorne herein einen anderen, nämlich unternehmerischen Weg, um dieses Ziel zu erreichen. Der Social Entrepreneur wendet die gleichen wirtschaftlichen Prinzipien an wie andere (Eigenprofit orientierte) Wirtschaftsunternehmen. Statt aber den Gewinn an die Kapitalgeber auszuschütten, wird er in das Sozialunternehmen reinvestiert, um die soziale Zielsetzung nachhaltig abzusichern (allenfalls gibt es eine begrenzte Verzinsung des bereitgestellten Kapitals).

Sozialunternehmen werden gegründet von sozial motivierten Gründern (Entrepreneurs), als zweite gesonderte Unternehmenssparte „gewöhnlicher" Unternehmen oder als unternehmerischer Zweig einer sozialen Organisation. Im letzten Fall liegt der schon oben beschriebene wirtschaftliche Geschäftsbetrieb vor. Entscheidender Unterschied zu „normalen" sozialen Projekten ist weniger die Rechtsform, sondern die unternehmerische Herangehensweise und dass das Sozialunternehmen nicht auf Zuschüsse, Spenden oder anderer Förderung schielt, sondern durch Investoren gegründet wird und sich – wie jedes andere Unternehmen auch – in absehbarer Zeit nach der Gründung selbst tragen soll. Am Anfang steht also ein belastbarer Businessplan. Meist wünscht der Investor, dass das Kapital aus den Erträgen zurückgezahlt wird, um es dann in die Ausweitung der gleichen oder in neue sozialunternehmerische Aktivitäten investieren zu können. Beispiele:

Danone gründete eine eigene Firma in Bangladesch, mit dem Ziel, eine Existenzgrundlage für Frauen zu schaffen, die als Selbstständige von Tür zu Tür gehen und Joghurt verkaufen. Das Projekt wirft Gewinn ab, der wieder in die Schaffung weiterer Joghurt-Produktionsstätten investiert wird. Die Frauen bekommen – wenn nötig – einen Anfangskredit, beispielsweise um sich eine Kühltasche zu kaufen, von der *Grameen Bank*, die der Friedens-Nobelpreisträger *Muhammad Yunus* ebenfalls als Sozialunternehmen gegründet hatte.

Die *Pegasus GmbH* **www.pegasusgmbh.de** in Berlin bietet Maler- und Ausbaugewerke, Barrierefreiheit/Wohnraumanpassungen, Dienstleistungen rund ums Alter, Facility Management, Gastronomie – Catering – Events, Kultur und Kampagnen, IT-Systemleistungen, Verwaltungs- und Personaldienstleistungen, Arbeitsvermittlung, Existenz- und Gründungsberatung sowie verschiedene weitere Beratungs-, Coaching-, und Qualifizierungsdienstleistungen an. Dadurch konnten 100 Arbeitsplätze, auch für physisch und psychisch beeinträchtigte Personen auf dem ersten Arbeitsmarkt geschaffen werden.

Dialog im Dunkeln **www.dialog-im-dunkeln.de**: In völlig abgedunkelten Räumen führen blinde Menschen das Publikum in kleinen Gruppen durch eine Ausstellung aus Düften, Wind, Temperaturen, Tönen und Texturen. Ein Rollentausch findet statt: Sehende Menschen werden herausgelöst aus sozialer Routine und gewohnter Rezeption. Blinde Menschen sichern Orientierung und Mobilität und werden zu Botschaftern einer Kultur ohne Bilder. Der Zuspruch ist beachtlich: *Dialog im Dunkeln* wurde bisher in 38 Ländern und 170 Städten weltweit präsentiert und beeindruckte über sechs Millionen Besucher. Durch ihren Einsatz in den Ausstellungen haben weltweit schon fast 6.000 blinde Menschen im Dialog eine feste Arbeitsstelle gefunden. Dialog im Dunkeln ist als (Consens Austellungs-) GmbH ein Sozialunternehmen.

Weitere Beispiele sind die verschiedenen lokalen (sich selbst tragenden) Energieunternehmen, die stillgelegte Wasserkraftwerke wieder beleben, um die Umwelt zu schonen und um die Energiepolitik besser beeinflussen zu können: *Elektrizitätswerke Schönau*, ökologisch-soziale *Stiftung Zschadraß* und andere.

Risikokapital-Fonds für soziale Unternehmen

Risikokapital- (Venture Capital-)Fonds wie *Bonventure* engagieren sich mit ihrem Kapital in startenden oder expandierenden Unternehmen ohne die üblichen Sicherheiten, weil sie von deren Businesskonzept überzeugt sind. Näheres dazu und zu weiteren Finanzierungsmöglichkeiten von Sozialunternehmern siehe das Kapitel 3.3.4 *Soziale Investoren und Crowdfunding*.

Siehe auch **www.germany.ashoka.org**, **www.regionalwert-ag.de**.

2.2.7 Zusammen geht es besser – Kooperationen und strategische Partnerschaften

Dieter Schöffmann

- Bei der Kooperation müssen beide Seiten gewinnen
- Kooperationen bei Veranstaltungen – Großes Sparpotenzial bei überschaubarem Aufwand
- Verbünden Sie sich, um Ihrem Anliegen mehr Aufmerksamkeit und Gewicht zu verleihen
- Nutzen Sie den gemeinsamen „Reichtum" an Wissen und Werkzeugen
- Zusammenarbeit im Fundraising

Bei der Kooperation müssen beide Seiten gewinnen

Wenn zwei konkurrierende Reiseveranstalter ihren Kunden auch die Kataloge des anderen zuschicken und dann beide die Erfahrung machen, dass sie mehr Reisen verkaufen, weil die Kunden wegen der größeren Auswahl insgesamt mehr Reisen buchen, nennt man dies eine vorteilhafte strategische Partnerschaft. Dies lässt sich auch auf Social-Profit-Organisationen übertragen.

In Kooperationen profitiert man von den besonderen Erfahrungen und Beziehungen des Partners, erweitert dadurch seinen Horizont (der Möglichkeiten) und vermeidet die Pannen des Anfängers. Wenn zwei Organisationen Werbung und Öffentlichkeitsarbeit machen, ist die Reichweite der Kommunikation und am Ende auch der Erfolg des Gemeinschafts-Projekts in der Regel größer. Allerdings sollten Sie unbedingt zusätzliche Zeit für die notwendigen Absprachen mit dem Kooperationspartner einkalkulieren. Der Extra-Aufwand dafür wird jedoch bei länger laufenden oder wiederholten Kooperationen mit dem gleichen Partner immer weniger.

Bei ihrer Aktion „Kultur für Toleranz" setzt die Hilfsorganisation für Traumatisierte und Gefolterte Refugio erfolgreich auf die Kooperation mit zehn Münchner Bühnen und verschiedenen Sponsoren. Erst durch diese Zusammenarbeit gewinnt sie ein großes Publikum für die gezielte Information über die Lebenssituation von Flüchtlingen und für ihre Spendensammlung. www.refugio-muenchen.de

Kooperationen bei Veranstaltungen
– Großes Sparpotenzial bei überschaubarem Aufwand

Sie brauchen für Ihre Veranstaltung Räume. Andere Organisationen haben Räume. Sie brauchen Medienresonanz. Andere haben sie. Sie brauchen mehr oder andere (etwa jüngere) Teilnehmer. Andere können viele oder genau diese anderen Mitglieder mobilisieren. Sie haben Ihr Event-Budget schon ausgeschöpft. Andere haben in diesem Jahr noch etwas übrig. Auf der anderen Seite haben Sie auch einiges zu bieten: Ein Tagungshaus kann Leerkapazitäten füllen, eine Akademie ihr öffentliches Programm erweitern und zusammen kann man vielleicht eher die Presse zu einer Berichterstattung motivieren.

— **Tipp:** *GEMA*-**Gebühren mit Kooperation sparen** ————————————————

Sie wollen ein Benefizkonzert veranstalten und sich die *GEMA*-Gebühren sparen? Dann kooperieren Sie dabei mit Chören, Orchestern, Kirchengemeinden und anderen, die über ihre Verbände *GEMA*-Pauschalregelungen haben.

Sie können viel Geld sparen oder bei gleichem Mitteleinsatz Ihre Ziele viel effektiver erreichen, wenn Sie mit anderen Organisationen kooperieren. So kann im Prinzip fast jedes Benefizkonzert, jeder Flohmarkt oder Bazar, jede Informationsveranstaltung von mehreren Partnern durchgeführt werden. Das bedeutet mitunter weniger Aufwand für jeden, sorgt für mehr Besucher und steigert in der Regel den Ertrag.

— **Tipp: Nutzen Sie die Ressourcen von subventionierten Bildungsträgern** ————

Kooperieren Sie bei Durchführung eines Seminars, einer Studienreise, einem internationalen oder Begegnungsprojekt mit Menschen aus anderen Ländern oder bei sonstigen Veranstaltungen der politischen Bildung je nach Thema mit Bildungsträgern, wie beispielsweise einer der (parteinahen) politischen Stiftungen, die im Kapitel 3.3.3 *Stiftungen als Förderer nutzen* genauer vorgestellt werden. Sie alle wurden vom Staat mit erheblichen Mitteln ausgestattet und können Teile der Veranstaltungskosten übernehmen.

Wenn Sie eine Bildungsveranstaltung zu entwicklungspolitischen Fragen planen und nicht auf einen bestimmten Veranstaltungsort angewiesen sind, können Sie mit dem *Arbeitskreis entwicklungspolitisches Bildungswerk AKE* in Vlotho **www.ake-bildungswerk.de** kooperieren. Er übernimmt einen Großteil der Kosten, wenn die Veranstaltung in Nordrhein-Westfalen und mit einem Anteil von Teilnehmenden aus Nordrhein-Westfalen durchgeführt wird. Kooperieren Sie je nach Veranstaltungsthema auch mit kommunalen Ämtern, Kirchengemeinden, Gewerkschaften, Volkshochschulen und Bildungswerken, Krankenkassen, Zeitungen, Verbänden und anderen.

Verbünden Sie sich, um Ihrem Anliegen
mehr Aufmerksamkeit und Gewicht zu verleihen

Nach einer afrikanischen Weisheit bedarf es eines ganzen Dorfes, um ein Kind groß zu ziehen. Und es braucht sicher auch das Engagement eines ganzen „Dorfes", damit Menschen in Würde bis ins hohe Alter leben können. Solche Einsichten fließen in konzeptionelle Überlegungen und entsprechende Initiativen, die international und inzwischen auch in Deutschland unter Überschriften wie „Collective Impact", „Local Strategic Partnership" oder „Gemeinsam wirken" verfolgt werden. Der Grundansatz ist hierbei immer, nicht den Verein als Akteur in den Mittelpunkt zu stellen, sondern das zu lösende Problem, um das dann die verschiedensten Akteure gruppiert werden, die in der einen oder anderen Weise gemeinsam zur Lösung beitragen müssen oder können.

Die hieraus sich ergebenden (nicht mehr organisations-, sondern) lösungsorientierten Kooperationen und Partnerschaften dürften so vielfältig sein, wie die Herausforderungen, denen sie sich widmen. Eine für gemeinnützige Organisationen wichtige Kooperationsoption ist die mit Unternehmen (siehe Kapitel 2.2.1 *Unternehmenskooperation – mehr als Sponsoring*). Im Folgenden soll der eigentlich näher liegende Aspekt der Kooperation zwischen gemeinnützigen Organisationen beleuchtet werden.

Nutzen Sie den gemeinsamen „Reichtum" an Wissen und Werkzeugen

Gemeinwohlorientierte Organisationen sind es häufig gewohnt, sich arm darzustellen und sich auch so zu verstehen – etwa um besser um Spenden und Förderung werben zu können. Neben dem sicherlich bestehenden Mangel gibt es aber auch den Reichtum. Zumindest aus der Perspektive anderer Gemeinwohlorientierter kann die eigene Organisation sehr wohl einen enormen Reichtum an spezifischem Wissen, Kompetenz, Erfahrung und engagierten Menschen haben. Der gemeinwohlorientierte Nachbar aus einer anderen Branche wiederum hat andere reichhaltige und wichtige Ressourcen, die einem selbst fehlen.

— Praxisbeispiel: Auf den Marktplatz gehen, um andere zu treffen —

Einige gemeinnützige Organisationen bereiteten sich in einem Workshop auf den *Marktplatz Gute Geschäfte* **www.gute-geschaefte.org** vor, bei dem Unternehmen und Gemeinwohlorientierte zusammen kommen und Engagementprojekte und -partnerschaften aushandeln. Am Ende des Workshops sagten mehrere Teilnehmende, dass sich die Vorbereitung auf den Marktplatz schon deshalb voll gelohnt habe, da man hier andere Vereine kennen gelernt habe, die einem beim eigenen Problem weiter helfen konnten.

— Praxisbeispiel: Zäune öffnen —

Da gibt es eine Einrichtung für Menschen mit geistiger Behinderung – für Erwachsene wie für Kinder. Zur Einrichtung gehört ein Freigelände mit Spielplatz und zahlreichen Spielgeräten. Hinter dem Zaun, der das Gelände umschließt, gibt es ein Asylbewerberheim mit Erwachsenen und Kindern – ohne Spielplatz aber mit vielen Kulturen und Welterfahrungen. Eine Öffnung des Zaunes könnte der gegenseitigen Bereicherung dienen: Die Asylbewerberkinder erhalten Zugang zum tollen Spielplatz und spielen gemeinsam mit Kindern mit Behinderung. Die erwachsenen Asylbewerberinnen und -bewerber können dafür ihre beruflichen und Lebenserfahrungen, ihre anderen Kochrezepte, ihre Spiele und Weisheiten und anderes einbringen in den Speiseplan, das Kulturprogramm, den Betrieb der Behinderteneinrichtung.

Ebenso können sich Gruppen der Gesundheitsselbsthilfe, Umweltgruppen, Bildungsinitiativen, Kulturvereine, Sportvereine ... gegenseitig unterstützen und bereichern, wenn es um Fragen der professionellen Öffentlichkeitsarbeit, der Spendenwerbung, des Freiwilligenmanagements, der Vorstandsentwicklung und Ähnliches geht.

Gemeinsame Öffentlichkeits-, Lobby- und Netzwerkarbeit

Wenn Sie viele Menschen und die Presse auf sich aufmerksam machen wollen, brauchen Sie entsprechende Verteiler. Wenn Sie möchten, dass die Presse über Ihre Vorhaben berichtet, brauchen Sie ein gewisses Gewicht. Das erreichen Sie eher im Konzert mit bekannten, größeren Organisationen und deren guten Verbindungen. Wenn Sie politisch etwas erreichen wollen, suchen Sie sich am besten Partner, die einen Draht zu Politikern haben oder – wie die größeren Verbände – vom Gewicht her von der Politik gehört werden.

Als sich ein Träger der ambulanten Pflege im ländlichen Raum darüber beschwerte, dass die Finanzierung angesichts der Rahmenbedingungen (lange Fahrstrecken) nicht ausreichend ist, wurde das von den verantwortlichen Stellen als Einzelproblem angesehen und wenig beachtet. Als sich dann aber alle ambulanten Pflegestationen zusammen taten und argumentierten, dass ohne verbesserte Finanzierung die Pflege im Landkreis nicht mehr gewährleistet werden kann, wurden Presse, Öffentlichkeit und die politischen Entscheidungsträger plötzlich aufmerksam. Dieser reale Fall führte in der Folge dazu, dass der zuständige Kreistag einen jährlichen Sonderzuschuss für die Träger beschloss.

Machen Sie gemeinsame Angebote

Unter Sozialarbeitern ist bekannt, dass sich manche Menschen, die einer Hilfe bedürfen, dennoch nicht immer gleich helfen lassen wollen. Viele haben resigniert oder früher mit anderen Anbietern oder Behörden schlechte Erfahrungen gemacht. Bildungsanbieter wiederum erleben oft, dass ein Kurs zwar gebraucht wird, sie aber die mindestens nötige Teilnehmerzahl nicht erreichen. In solchen Fällen sind gemeinsame Angebote zweier – eigentlich „konkurrierender" Organisationen oft die Lösung. So bieten das *Evangelische Bildungswerk München* und *IBPro e.V.* seit langem viele ihrer Fortbildungen gemeinsam an. Keiner der beiden hätte diese Kurse sonst in all den Jahren füllen können.

Zusammenarbeit im Fundraising

Eine Kooperation sollte letztendlich auch beim Fundraising erwogen werden, obwohl das Konkurrenzdenken hier am stärksten verbreitet sein dürfte. So können sich zum Beispiel gerade kleinere gemeinnützige Organisationen zu einem Akquiseverbund nach dem genossenschaftlichen Solidarprinzip zusammenfinden. In solchen Verbünden schließen sich beispielsweise Verbände zusammen, die über praktische Erfahrungen mit dem Einwerben von Finanzmitteln bei privaten Stiftungen und Sponsoren, staatlichen und europäischen Förderprogrammen verfügen und die bereit sind, diese mit anderen zu wechselseitigem Nutzen zu teilen oder sich zu neuen Vorhaben zusammenzuschließen. „Kompetenz" und

„Erfahrung" sind damit sozusagen die „Einlagen", die in die Genossenschaft eingebracht werden.

So haben manche Kommunen und Verbände eigene Beratungsbüros für EU-Anträge geschaffen, deren Hilfe alle angeschlossenen Stellen und Mitglieder nutzen können. Aber auch im kleinen Maßstab funktioniert das: Innerhalb der von vier interkulturellen Organisationen gegründeten interkulturellen *Stiftung Kolibri* gibt es eine regelmäßige Weitergabe von Tipps für das Fundraising.

Checkliste 57: Kooperation – Strategische Partnerschaft

Klären Sie bei der Planung Ihrer Projekte / Events / Kampagnen / Raumnutzungen etc. immer die Kooperationsfrage: Lässt sich das Ziel evtl. mit einer Kooperation besser erreichen?
Wo wünschen Sie sich am ehesten Unterstützung durch einen Kooperationspartner? – Ideen / Erfahrungen allgemein – Budget-Aufstockung, Erfahrungen bei der Finanzierung durch Dritte – Werbung / Reichweite in Bezug auf (bestimmte) Zielgruppen – (ehrenamtliche und hauptamtliche) Mitarbeiter – Räume, GEMA-Gebühren
Wer kommt dafür in Frage? – Politische Stiftungen, Förderstiftungen – Kommunale Ämter – Kulturelle Einrichtungen, Theater, Chöre, Orchester – Soziale Organisationen und Verbände – Zeitungen, Radio- und TV-Sender – Krankenkassen – Gewerkschaften
Inwieweit sollten Sie das örtliche Umfeld in Ihr Projekt einbeziehen? – Unmittelbare Grundstücksnachbarn – Sport-, Geselligkeits-, Kultur- Umwelt-, bürgerschaftliche Vereine, Organisationen – Einrichtungen, Ämter – Schulen – Unternehmen, Selbstständige
Vielfalt innerhalb der Organisation steigern – Welche Mitglieder/Aktiven hätten Sie gerne in Ihrem Verein / in Ihrer Organisation?

2.2.8 Kosten sparen als Fundraising-Instrument

Alexander Gregory

- Finanzen benötigen klare Verantwortlichkeiten
- Einkaufspolitik: Fragen Sie immer nach einem Rabatt
- Mit einer regelmäßigen Betriebsanalyse Sparpotenziale erkennen
- Gegen ungeplante Zusatzkosten absichern

Wenn eine gemeinnützige Organisation erfolgreich ist, bedeutet das oft auch stetiges Wachstum. Mehr Mitglieder werden betreut und die Angebote werden auf neue Regionen oder Zielgruppen erweitert. Ehrenamtliches Engagement wird durch angestellte Mitarbeiter ergänzt oder vollständig ersetzt. Was viele nicht wissen: Der gemeinnützige Sozialbereich ist nach Arbeitsplätzen und Umsatz einer der größten Branchen in Deutschland.

Wenn ein Verein eine längere Geschichte hat, gibt es zahlreiche Aufgaben und Verpflichtungen, die historisch gewachsen sind (etwa ein vor 100 Jahren gebautes Vereinsheim). Je größer eine Organisation ist, umso höher sind meist die Ausgaben. Um die vorhandenen Ressourcen richtig einzusetzen und das langfristige Überleben zu sichern, gewinnen damit betriebswirtschaftliche Sichtweisen an Bedeutung. Dabei kann man sich an einem Zitat von Aristoteles aus seiner „Rethorik" orientieren: „Nicht allein das Vorhandene mehrend wird man reicher, sondern auch die Ausgaben vermindernd".

Finanzen benötigen klare Verantwortlichkeiten

Auch wenn Sie ein kleiner Verein sind, sollten Sie die Finanzen immer im Blick behalten. Bei einem eingetragenen Verein haften der Vereinsvorstand persönlich gegenüber dem Verein oder Dritten (beispielsweise dem Finanzamt), bei einem nicht eingetragenen Verein haften im Zweifelsfall alle Mitglieder mit ihrem Privatvermögen für die Aktivitäten. Es ist empfehlenswert, zumindest eine Person zu bestimmen, welche sich mindestens monatlich einen Überblick über Einnahmen und Kosten verschafft. Dazu eignen sich natürlich insbesondere Mitarbeiter, welche ein gewisses Grundwissen mit einbringen. Noch besser ist es, hier nach dem Vieraugenprinzip zu arbeiten.

Checkliste 58: Erstellen Sie einen Haushaltsplan

Stellen Sie für alle zu erwartenden Ausgaben einen Haushaltsplan auf. Gravierende Abweichungen davon bedürfen der Zustimmung des Vorgesetzten.
Führen Sie so genau Buch, dass die Kostenentwicklung jederzeit transparent ist und als Entscheidungsgrundlage zur Verfügung steht.

Geben Sie den Mitarbeitern Unter-Budgets, über die sie selbst verfügen.
Machen Sie Kosteneinsparungsvorschläge durch Mitarbeiter zum Gegenstand der Fortbildung, der Ermutigung, Herausforderung und Belohnung.
Übernehmen Sie den bisherigen Haushaltsplan nicht automatisch ins neue Jahr, sondern entwickeln Sie ihn jährlich von Grund auf neu – je nach den veränderten Bedingungen, revidierten Zielen, besonderen Programmen und letztjährigen Ergebnissen.
Überprüfen Sie die wirtschaftliche Effektivität jedes Teilprogrammes gesondert, auch die der Fundraising-Maßnahmen. Auch öffentliche Förderung kann im Einzelfall für Sie unrentabel sein.

Wachsen Sie nicht zu schnell

Leider gehen immer wieder Vereine in die Insolvenz, die zuerst sehr erfolgreich waren und dann das schnelle Wachstum nicht verkraftet haben. Der Aufbau einer Organisation, die Einstellung und die Einarbeitung von neuem Personal und das Anpassen der Strukturen benötigt Zeit. Dabei muss häufig viel vorfinanziert werden, während die Einnahmen erst später kommen. Überwachen Sie dazu die Liquidität und vereinbaren Sie rechtzeitig mit Ihrer Bank einen sinnvollen Kreditrahmen.

— **Tipp: Sind wirklich hauptamtliche Kräfte notwendig?** —————————

Expandieren Sie bei der Erfüllung Ihres Satzungszweckes nicht nur in Bereiche, die die Einstellung von (teurem) Fachpersonal voraussetzen. Es gibt vielleicht Projekte, die Ihren Satzungszweck auch erfüllen, bei denen aber der Einsatz von Freiwilligen schon aus inhaltlichen Gründen im Vordergrund steht. Zwar brauchen auch Freiwillige Fortbildung und Supervision, Arbeitsplatz und -material und sind daher nicht gratis (siehe dazu im Kapitel 2.1.8 *Zeitspenden von Freiwilligen – wertvoller als Geld*). Dennoch erfordern solche Programme geringere Haushaltsansätze.

Ist die Online-Druckerei wirklich billiger?

Sicher nicht, wenn der örtliche Drucker, den Sie bisher hatten, auch Spender oder Sponsor war und sich vielleicht auch andere Sponsoren zurückziehen, die mit ihm gut bekannt sind. In der Online-Druckerei geht – anders als in Ihrer bisherigen – die von Ihnen gelieferte Vorlage in der Regel ungeprüft – also auf Ihr Risiko – in den Druck. Falsch angelegte Farben, nicht ausreichende Auflösung, Schreibfehler, nicht passendes Format, nicht ausreichender Beschnitt und andere Fehler werden nur dann korrigiert, wenn Sie für diesen Service extra bezahlen. Wenn Sie einen (möglicherweise ehrenamtlich für Sie arbeitenden) Grafiker haben, der diese Fehler vermeidet und den (professionellen) Dialog mit der Online-Druckerei führt, sind Sie auf der sicheren Seite.

Einkaufspolitik: Fragen Sie immer nach einem Rabatt

Bitten Sie immer um Nachlass für Sie als gemeinwohlorientierte Organisation. Drängen Sie Ihre Hausbank unter Hinweis auf Ihre Gemeinnützigkeit, Ihnen das Girokonto kostenlos zu führen oder Ihnen eine entsprechende Spende zu geben. Fragen Sie mindestens drei Firmen oder Förderer, Ihnen einen Computer oder Möbel zu schenken, bevor Sie sie kaufen. Bitten Sie Ihren Vermieter um Mietnachlass und Hotels um Gratis-Übernachtung für Ihre auswärtigen

Dozenten, Autoren und Musiker (etwa bei Events). Fragen Sie vor dem Abschluss einer Versicherung nach Spezialtarifen für Gemeinwohlorientierte.

— **Tipp: Portal *stifter helfen – connecting help*** ——————————————

Hier können Gemeinnützige Hardware, Software und Webinare als Spende gegen eine Verwaltungsgebühr erhalten. Siehe das Kapitel 3.2.8 *Vermittlungsbörsen für Sachspenden, Pro-bono-Leistungen und Förderausschreibungen.*

Die erste Frage sollte beim Einkauf immer sein, ob Sie tatsächlich etwas kaufen müssen, oder ob sie durch leihen, mieten oder leasen nicht den gleiche Effekt mit niedrigeren Kosten erreichen können.

Checkliste 59: Cleveres Einkaufen

Holen Sie vor der Auftragsvergabe drei Vergleichsangebote ein.
Lesen Sie das Kleingedruckte bei Billigangeboten. Sind sie auf lange Sicht nicht teurer?
Kalkulieren Sie Ihre Einkäufe längerfristig und erzielen Sie so Einsparungen durch höhere Mengenrabatte.
Bieten Sie Vorauszahlung gegen Rabatt/Skonto an.
Halten Sie dafür und für Notfälle eine ausreichende Barreserve vor.
Überprüfen Sie Lieferungen genau auf Vollständigkeit und Qualität. Inventarisieren Sie Ihre Bestände, bevor Sie etwas bestellen, was noch in ausreichender Menge im Lager steht.
Kaufen Sie in der richtigen Jahreszeit; Badebekleidung ist im Winter billiger.
Testen Sie Dinge, bevor Sie sie kaufen.
Kaufen Sie nur mindestens zwei Jahre alte Gebrauchtwagen. Bei jüngeren ist der Wertverlust zu hoch.
Fragen Sie andere Organisationen, wo sie am billigsten einkaufen.

Preisvergleiche

Nutzen Sie bei Anschaffungen und Aufträgen die Möglichkeiten, die das Internet zu Preisvergleichen und Billigangeboten bei fast allen Waren und Dienstleistungen bietet. Es ist erstaunlich, was alles irgendwo billiger angeboten wird.

Checkliste 60: Kauf von Computern und Software

Braucht Ihre Organisation wirklich neue Computer? Oder reicht eine Instandsetzung bzw. ein Upgrade; reicht vielleicht ein gespendeter Gebrauchter oder Generalüberholter (evtl. mit Garantie)?
Achtung: Eine zu günstige Lösung, die nachher dauernd Probleme macht, ist letztlich teurer. Habe ich einen preiswerten Service zur Hand und kann deshalb das Wagnis eines Gebrauchten eher eingehen?
Wofür benützen Sie die neuen Geräte demnächst bzw. in ferner Zukunft? Nur Dokumente, Internet, Tabellen oder auch Audiovisuelles – das benötigt deutlich mehr Speicherplatz. Reisen Sie mit dem Computer?
Wie muss er und das Betriebssystem zu den bisherigen Geräten und der verwendeten Software passen? Das beantwortet meist auch schon die Frage: „MAC oder PC"?
Laptops sind meist teurer als Standgeräte – auch in der Wartung. Tablets sind nicht für den Dauerbetrieb im Büro konstruiert.
Welche Soft- und Hardware (Maus, Tastatur, Kabel, Monitor...) kommt mit dem neuen Gerät?

Wenn Sie Dienstleistungen und Produkte einkaufen, sollten Sie die Lieferanten automatisch auch in Ihre Fundraising-Adressdatei aufnehmen. Denn diese Firmen sind meist bereit, sich in Form von Spenden oder im Rahmen eines Sponsorings zu revanchieren.

Mit Einkaufsgenossenschaften Kosten reduzieren

Kaufen Sie mit einem Einkaufsverbund kostengünstig ein. Dieser kann hohe Rabatte auszuhandeln. So bietet die *Stuttgarter Altenhilfe Beratungs GmbH ABG*, **www.abg-online.de** den ihr angeschlossenen Einrichtungen einen Preisnachlass bei Lebensmitteln von 8 bis 20 Prozent, bei hauswirtschaftlichen Verbrauchsgütern von 10 bis 40 Prozent. Die Servicegebühr beträgt zwei Prozent. Fachleute wie Pflegedienst- oder Hauswirtschaftsleiter aus den Einrichtungen bilden Arbeitskreise, in denen darüber entschieden wird, welche Waren gebraucht werden. Der *ABG* sucht dann den Lieferpartner, der das beste Angebot bietet. Die Produktpalette ist so umfassend, dass es möglich ist, Heime komplett auszustatten. Ähnlich arbeiten: *Einkaufszentrale für soziale Einrichtungen* **www.innobuy. de** und *Handelsgesellschaft für Kirche und Diakonie mbH* **www.kirchenshop.de**.

─── Tipp: Nutzen Sie die Rahmenverträge Ihres Verbandes ───────────

Die meisten Wohlfahrtsverbände haben Rahmenverträge mit größeren Unternehmen und Unternehmensketten abgeschlossen. So kann ein Verein, der im *Diakonischen Werk* Mitglied ist, 15 Prozent beim Autokauf sparen und der Evang.-Luth. Landeskirche in Bayern angeschlossene Gemeinden und Stellen erhalten von der Möbelfirma Girsberger einen Rabatt von 40 Prozent. Solche Angebote gibt es auch für Mietautos, Reisebüros, Hotelketten und anderes.

Lassen Sie andere bezahlen

Ihre Einrichtung macht vor Ort öffentliche soziale oder kulturelle Angebote. Das entlastet Ihre Kommune. Sie sollten Ihre Kommune daher um ihre Sachunterstützung bitten – etwa um Veranstaltungsräume für Ihren gemeinwohlorientierten Event. Auch Pfarr- und Kirchengemeinden stellen Ihnen möglicherweise Räume umsonst oder sehr preiswert zur Verfügung. Kalkulieren Sie dabei genau, was Ihnen das dort nicht vorhandene Umrüstmaterial (Bestuhlung, Bühne, Flügel …) kostet. Eventuell sind besser ausgerüstete Mietobjekte günstiger.

Fast alle Kommunen verfügen über einen Bauhof. Dieser kann möglicherweise kleinere Reparaturen in Ihrer Einrichtung übernehmen oder Ihren Freiwilligen Werkzeug und Material zur Verfügung stellen. Die Kommunalverwaltung kann Ihnen Fotokopien herstellen oder Ihre Aussendungen frankieren. Fallen Gebühren beispielsweise für die Bearbeitung von Anträgen an, können Sie um Befreiung bitten.

Viele Kommunen veröffentlichen Ausschreibungen, Bekanntmachungen und Ähnliches in einem eigenen Mitteilungsblatt. Nutzen Sie dieses Blatt, das in jeden Haushalt der Gemeinde kommt, für die Ankündigung Ihrer Veranstaltungen – nicht für eine kostenpflichtige Anzeige, sondern für einen redaktionellen Beitrag. Für Neubürger gibt es in manchen Gemeinden Broschüren. Bitten Sie um den Abdruck einer Darstellung Ihrer Einrichtung darin. So können Sie neue Mitglieder gewinnen.

Sparen Sie sich die Umsatzsteuer

Künstler können sich für die Einnahmen aus Kartenverkauf bei Events von der Umsatzsteuer befreien lassen (siehe im Kapitel 2.1.5 *Benefizevents – Spendensammeln mit hohem Unterhaltungswert*). Bei Referentenhonoraren sind die Bildungsveranstalter, die auf einen Beruf oder auf öffentliche Prüfungen vorbereiten, von der Umsatzsteuer befreit. Eine entsprechende Bescheinigung stellen die Bezirksregierungen gegen Gebühr aus. Rechtsgrundlage: § 4 Nr. 21a Buchstaben bb) UStG, § 2 Abs.1 Nr.7 der Zuständigkeitsverordnung zum USt-Bescheinigungsgesetz v. 17.11.1987, Bayer. G. u. VOBlatt Nr. 28/1987, S. 418.

Viele Einnahmen von gemeinnützigen Organisationen unterliegen nur der ermäßigten Umsatzsteuer (siehe Kapitel 2.2.6 *Geld verdienen für den guten Zweck – eigenwirtschaftliche Betätigung*). Das gilt zum Teil auch für ihre Ausgaben: Gemeinnützige Erwachsenenbildungseinrichtungen müssen bei Herstellung von Druckerzeugnissen nur die ermäßigte Umsatzsteuer bezahlen. Das sollte jedoch der Druckerei schon bei der Einholung des Kostenvoranschlages gesagt werden. Rechtsgrundlage: §12 Abs.2 Nr.1 UStG in Verb. mit Nr.49 der Anlage, nebst BMF Schr. vom 27.12.1983 IV A1-ST 220-44/83 und Bestimmung 4 zu Kap. 49 des Zolltarifs. Es gibt viele solche Steuerprivilegien. Fragen Sie bei den Justitiaren Ihrer Verbände und bei spezialisierten Steuerberatern gezielt danach, was für Sie gilt.

Mit einer regelmäßigen Betriebsanalyse Sparpotenziale erkennen

Wie in jedem Betrieb schlummern sicher auch in Ihren Organisationsabläufen noch unentdeckte Rationalisierungs- und Einsparungsmöglichkeiten. Sie können sie aufdecken, wenn Sie Ihren Betrieb von außenstehenden Beratern durchleuchten lassen. Sie können aber auch intern in Ihrem Team Arbeitsgruppen bilden, die systematisch über Einsparungen diskutieren. Die Mitarbeitenden wissen nämlich am besten, wo diese möglich sind. Egal, welchen Weg Sie wählen, sollten alle Mitarbeitenden frühzeitig und umfassend informiert und in die Beratungen einbezogen werden. Sonst können solche Aktionen die Motivation der Mitarbeitenden beschädigen.

Wie lassen sich die laufende Kosten senken

Versuchen Sie, die laufenden Kosten so gering wie möglich zu halten. Eine Analyse nach Kostenarten hilft dabei. Die Fixkosten (wie Miete und Personalkosten) sind notwendige Ausgaben, die nur in Notfällen gekürzt werden sollten. Allerdings kann sich ein Umzug in billigere Räume schon nach wenigen Jahren rentieren. Bei den variablen Kosten können die meisten Einsparungen erreicht werden. So sind vielleicht nicht alle Periodika oder Abonnements notwendig. Testen Sie Ihre Einsparung über einen bestimmten Zeitraum hinweg und überprüfen Sie danach Ihre Entscheidung. Notfalls korrigieren Sie sie.

Kleinvieh macht auch Mist

Überprüfen Sie Ihren Energieverbrauch und lassen Sie sich über Einsparungsmöglichkeiten beraten. Untervermieten Sie nicht genutzte Räume an eine Organisation oder Gruppe, die zu Ihnen passt, und vereinbaren Sie gemeinsame Nutzung Ihrer Geräte. Stellen Sie von zweimal auf einmal wöchentliches Putzen der Büroräume um. Verschicken Sie Ihre Rundbriefe per E-Mail. Pflegen Sie Ihren Postverteiler. Bitten Sie Ihre Mitglieder und Förderer um Abbuchungsermächtigungen.

Kriterien beim Streichen von Angeboten

Der Vorteil des Streichens ganzer Bereiche liegt oft darin, dass Ihr Profil geschärft wird, wenn Sie nicht mehr alles machen, sondern sich auf Ihr Kerngeschäft konzentrieren. Wenn Sie in der Kooperation mit anderen Synergien finden und sich bei Ihrer Spezialisierung absprechen, sparen Sie, ohne dass für Ihre Zielgruppen eine Dienstleistung wegfällt (siehe dazu Kapitel 2.2.7 *Zusammen geht es besser – Kooperationen und strategische Partnerschaften*).

Vermeiden Sie jedoch, dass gewachsene Strukturen zerstört werden, die nur in langen Zeiträumen und teuer wieder aufzubauen sind. Stellen Sie also nicht gerade das ein, das Ihren guten Ruf begründet. Es besteht die Gefahr, dass Ihre Unterstützer sich von Ihnen abwenden. Bedenken Sie, dass mit gestrichenen Projekten oft auch die damit verbundenen Drittmittel wegfallen und Sie am Ende möglicherweise nichts gespart haben.

Gegen ungeplante Zusatzkosten absichern

In vielen Tätigkeitsbereichen schlummert ein erhebliches Kostenrisiko. Sensibilisieren Sie die haupt- und ehrenamtlichen Mitarbeiter auf das Thema und überlegen Sie sich passende Organisationsformen, um dieses Risiko zu minimieren.

Personalbedingte Kosten

Beachten Sie die Vorschriften zur Arbeitssicherheit. Halten Sie die arbeitsrechtlichen Vorschriften ein und vermeiden Sie so teure Prozesse. Arbeitsplatzbeschreibungen, regelmäßige Fortbildung, Überprüfung der Arbeitsergebnisse sind ein Muss. Nutzen Sie den Weggang eines Mitarbeiters, um die Notwendigkeit dieser Stelle zu überprüfen oder ihre Beschreibung anzupassen.

Rückforderungen von Zuwendungen

Halten Sie die Förderbedingungen der öffentlichen Hand ein und vermeiden so eventuelle Rückzahlungsforderungen.

Absicherung gegenüber Schäden

Prüfen Sie alle Versicherungsverträge periodisch und vermeiden Sie so Über- oder Unterversicherung – zu teuer ist das eine laufend, das andere im Ernstfall.

2.2.9 Gründen Sie selbst eine Stiftung

Alexander Gregory

- Die Stiftung als zusätzliches Angebot an potenzielle Unterstützer
- Was Stiftungen für Unterstützer attraktiv macht
- Eine eigene Stiftung ist nicht immer sinnvoll
- Uberblick über die möglichen Stiftungsformen
- Stiftungsgründung und -verwaltung in der Praxis

Viele gemeinwohlorientierte Organisationen schaffen es Jahr für Jahr erfolgreich die Mittel, die sie brauchen einzuwerben. Häufig erhalten Sie gerade so viele Zuwendungen, wie sie aktuell benötigen. Die Vorsorge für schlechtere Zeiten, bleibt vor allem bei den kleineren dabei meist ausgeklammert. Der Gedanke, dass Organisationen ebenso wie Privatpersonen Vermögen brauchen, um stürmische Zeiten durchzustehen und um mit den Erträgen selbst zur Finanzierung ihrer Projekte beizutragen, ist wenig verbreitet.

Wer nie fragt, wird nie etwas bekommen

Viele trauen ihren treuen Spendern nicht zu, auch größere Zuwendungen zu machen und haben sie auch nie danach gefragt. Spätestens dann, wenn es bei Ihnen um Investitionen geht, für die größere Summen gebraucht werden, sollten Sie es wagen, Ihre Freunde und Spender auch gezielt um größere Summen zu bitten. Natürlich werden die allermeisten nein sagen; doch wer nie fragt, wird nie irgendetwas bekommen. Wie Sie Großspenden einwerben können, erfahren Sie im Kapitel 2.2.4 *Eine eigene Liga – Großspenden und Großprojekte*.

Großspender wollen investieren

Viele Förderer, die sich eine größere Zuwendung vorstellen können, möchten sicher gehen, dass ihr Engagement einen „bleibenden Nutzen" hinterlässt und in gewisser Weise „sichtbar" ist und bleibt. Dafür bieten sich zum Beispiel der Erwerb einer Immobilie oder eines Fahrzeugs oder die Einrichtung eines Gebäudes an. Denn solche Summen stammen meist nicht – wie Kleinspenden – vom Girokonto, sondern aus dem angelegten Vermögen des Zuwendenden, und das möchte der Förderer in der Regel nicht für laufende Ausgaben ver(sch)wendet sehen.

... oder stiften

Ein gutes Argument für die Gewinnung größerer Summen kann sein, wenn Sie anbieten können, dass die Großspende als Kapital erhalten bleibt und mit den Erträgen noch lange Zeit Gutes getan wird. Diskutieren Sie daher in Ihrem Team auch darüber, ob Sie eine Stiftung gründen, für die Sie Ihre Spender um Zustiftungen bitten.

Eine Stiftung ist ein Rechtskonstrukt, bei dem ein bestimmtes Vermögen – wie Geldmittel, Immobilien, Unternehmensanteile – einem bestimmten Zweck auf Dauer gewidmet werden. Das für Stifter attraktive dabei ist, dass Stiftungen in der Regel für die Ewigkeit ausgelegt sind. Bei rechtsfähigen, staatlich anerkannten Stiftungen wacht die Rechtsaufsicht darüber, dass das Stiftungskapital erhalten bleibt und nur die Erträge dem Stiftungszweck zugeführt werden. Die ältesten Stiftungen in Deutschland stammen aus dem späten Mittelalter und sind noch heute aktiv. 250 deutsche Stiftungen sind älter als 500 Jahre. So wurde die Münchner *Heiliggeist-Spitalstiftung* bereits 1208 gegründet. Sie besteht noch heute und betreibt ein Altenheim. Gegenüber normalen Spenden bieten Stiftungen erweiterte Gestaltungsspielräume und Steuervorteile. Sie sind ein wichtiges Instrument im Bereich Großspenden (siehe Kapitel 2.2.4) und Erbschaften (siehe Kapitel 2.2.5).

Nach dem Motto „lieber mit warmer Hand gegeben, als aus der kalten Hand gerissen" stiften immer mehr Menschen noch zu Lebzeiten, um den Erfolg selbst zu erleben. Täglich werden in Deutschland zwei Stiftungen gegründet. Es kommt für Gemeinwohlorientierte also darauf an, die Ausrichtung dieser Stiftungen im Sinne eigener Visionen/Ziele/Projekte zu beeinflussen.

── **Tipp: Ergänzen Sie Ihren Fundraising-Mix durch eine Stiftungs-Kampagne** ──────

„Normale" Spendenbitten mobilisieren nur Girokonto-Gelder. Was der Förderer auf seinem Anlagekonto angespart hat, will er – wenn er es hergibt – investiv angelegt wissen. Dafür erscheint ihm eine Zustiftung in das Stiftungskapital möglicherweise sinnvoller.

Die Stiftung als zusätzliches Angebot an potenzielle Unterstützer

Inzwischen haben fast alle größeren Verbände und Hilfsorganisationen hauseigene Gemeinschafts-Stiftungen gegründet, deren Erträge ihrer Arbeit zugutekommen sollen. Sie bitten Ihre Förderer, das Stiftungskapital durch Zustiftungen und Testate zu vermehren. So hat die *Evangelische Gesellschaft Stuttgart e.V.* eine solche Stiftung (Mindesteinlage 5.000 Euro) gegründet und erhoffte sich 500.000 Euro. Stattdessen kamen über 1,2 Millionen Euro zusammen. Die *SOS-Kinderdorf-Stiftung* hat bereits über 600 Zustifter. Die Stiftung erwirtschaftet jährlich einige hunderttausend Euro an Erträgen.

Unter dem Dach einer gemeinnützigen Organisation können Förderer auch eigene Treuhandstiftungen errichten. Das sind nicht rechtsfähige Stiftungen, die dann in der Regel von der Organisation kostenfrei verwaltet werden, weil auch ihre Erträge dem Zweck der Organisation zugutekommen. Zugunsten von *SOS-Kinderdorf* wurden bereits 57 eigener Treuhand-Stiftungen gegründet, die insgesamt nochmal einige hunderttausend Euro ausschütten. Eine Treuhand-Stiftung bietet in der Regel die gleichen steuerlichen Vorteile, wie eine Stiftung bürgerlichen Rechts, ist aber vom Verwaltungsaufwand deutlich attraktiver.

Auch kleine Organisationen gehen diesen Weg. So wurde *Kolibri – Interkulturelle Stiftung* durch die Initiative von vier Münchner Vereinen, die Migranten und Flüchtlingen helfen, als Förderstiftung zugunsten des Aufgaben- und Arbeitsfeldes ihrer Initiatoren gegründet. Die Stiftung hat bereits einige Zustif-

2.2.9   Gründen Sie selbst eine Stiftung

tungen erhalten, benötigt für ihre Zwecke allerdings noch viele weitere. Unter dem Dach von *Kolibri* wurde auch eine nicht-selbstständige (Treuhand-)Stiftung errichtet **www.kolibri-Stiftung.de**, die auch von Kolibri verwaltet wird. Alle Mitarbeiter bei Kolibri sind ehrenamtlich tätig.

— Tipp: Berücksichtigen Sie die Veränderungen im Zuwendungsmarkt ————————

einerseits:
- Spendenaufkommen großer Gemeinwohlorientierter wächst nicht mehr.
- Sponsoring-Erträge für das Soziale sind marginal.
- Die Zuwendung von Geldauflagen stagniert.
- Öffentliche Zuschüsse sinken.

andererseits:
- Patenschaften und Mitgliedsbeiträge haben sich in 20 Jahren fast verdoppelt.
- Es gibt erheblich mehr anfallende Erbschaften.
- Täglich werden zwei Stiftungen gegründet.

Was das Stiften für Unterstützer attraktiv macht

Mit Stiftungsangeboten möchte man in der Regel vor allem größeres Kapital einwerben. Das Potenzial dafür erscheint auf den ersten Blick gewaltig. Die Schere zwischen Arm und Reich geht immer weiter auseinander und die Reichen werden immer reicher. Zudem fließen große Teile des in den vergangenen Jahrzehnten geschaffenen Vermögens nunmehr in den Erbprozess. In den nächsten zehn Jahren gibt es ungefähr eine Million Erbfälle mit höheren Nachlasswerten. Diese bisher noch nie da gewesene Erbschaftswelle begünstigt die Errichtung von Stiftungen.

Die meisten Menschen erben, wenn sie etwa 60 Jahre alt sind. In diesem Alter sind nicht wenige samt ihren Familien längst selbst gut versorgt. Da liegt für den potenziellen Erblasser der Gedanke nahe, nicht alles seinen Erben zu hinterlassen, sondern schon zu Lebzeiten mit einer Stiftung dauerhaft Gutes zu tun und seinem eigenen Leben noch mehr Sinn zu geben. Noch zu Lebzeiten kann er so mitgestalten, was seine Stiftung bewirkt. Wohlhabende Privatpersonen und Unternehmen wollen nämlich zunehmend nicht mehr nur passiv Gutes tun, indem sie bestehenden Einrichtungen etwas spenden oder zustiften, sondern suchen mit der Errichtung einer Stiftung für sich eigene Gestaltungs-Spielräume für ihr Engagement.

Auch die Erben selbst „gehen stiften". In vielen Familien gibt es keine Kinder. Das führt dann dazu, dass Neffen und Nichten nicht nur die Eltern, sondern auch noch Onkel und Tanten beerben. Da kommen nicht wenige Erben auf die Idee, das (in diesem Umfang nicht wirklich benötigte) Erbe in eine Stiftung zu überführen. Tatsächlich können sich 37 Prozent aller Deutschen vorstellen, einmal allein oder mit anderen eine Stiftung zu gründen.

Stifter wollen:

- über den Tod hinaus fördern
- Projekte absichern
- den Erhalt einer Immobilie sichern
- Steuern sparen
- ihren sozialen Status erhöhen: sie geben der Stiftung ihren Namen, übernehmen Posten in den Stiftungsgremien, erhoffen sich ein Medienecho
- sie wollen ihr sinnvolles Leben mit einer sinnvollen Tat abrunden
- aus Dankbarkeit etwas zurückgeben
- einen freiwilligen Beitrag etwa zur Umverteilung leisten.

Stiftungen helfen Steuern sparen

Neben den inhaltlichen Gestaltungsmöglichkeiten bieten Stiftungen sehr attraktive Möglichkeiten, die Steuerlast des Stifters zu mindern. Diese gehen über die Möglichkeiten hinaus, die Spender haben. Wer gemeinnützigen Stiftungen und anderen Organisationen etwas zuwendet, für den gelten die allgemeinen Steuervorteile:

- Unternehmen können bis zu vier Promille der gesamten Umsätze zuzüglich der im Kalenderjahr aufgewendeten Löhne und Gehälter steuerlich absetzen. Gegebenenfalls ermäßigt sich auch die Gewerbesteuer.
- Privatpersonen erhalten für ihre Zuwendung eine steuerliche Begünstigung bis zur Höhe von 20 Prozent ihres Jahres-Einkommens (Gesamtbetrag ihrer Einkünfte). Bei Überschreiten dieser Höchstsätze kann der Betrag auf die Steuerschuld von bis zu zehn Jahren verteilt abgesetzt werden.

Wer dagegen speziell in das Kapital einer Stiftung stiftet oder eine solche errichtet, kann zusätzlich (einmalig) bis zu einer Million Euro voll absetzen, und zwar nach Wahl über einen Veranlagungszeitraum von zehn Jahren, also etwa mit jährlich 100.000 Euro (§ 10b Abs.1a EStG). Diesen Betrag können Ehepaare doppelt in Anspruch nehmen. Von dieser einmaligen erhöhten Absetzung ausgenommen sind Verbrauchsstiftungen. Was aus einem Erbe oder einer Schenkung an Geld oder geldwerten Gegenständen innerhalb von zwei Jahren an eine Stiftung übertragen wird, bleibt in voller Höhe erbschafts- und schenkungssteuerfrei. Soweit eine Übertragung von Grundstücken an Stiftungen lastenfrei erfolgt, entfällt auch die Grundsteuer.

Eine eigene Stiftung ist nicht immer sinnvoll

Bevor Sie eine rechtsfähige Stiftung gründen, muss Ihnen klar sein, dass Sie (oder die Stifter) sich endgültig von dem zur Verfügung gestellten Kapital trennen. Was einmal dem Stiftungszweck rechtsgültig gewidmet wurde, ist danach auf Dauer dem direkten Zugriff entzogen. Das Stiftungskapital muss (außer bei den so genannten Verbrauchsstiftungen) erhalten bleiben und die Erträge dürfen nur für den Satzungszweck eingesetzt werden. Der Aufwand, eine rechtsfähige

Stiftung zu verwalten, ist nicht unerheblich. Er macht nur Sinn, wenn zu erwarten ist, dass das Kapital innerhalb weniger Jahre auf mindestens ein bis zwei Millionen Euro anwächst. In Niedrigzinsphasen sind die Handlungsmöglichkeiten kleinerer Stiftungen sehr eingeschränkt. Im schlechtesten Fall werden die Erträge von den Kosten aufgefressen.

Die Gewinnung von Zustiftern ist ein langwieriges Geschäft. Ihr Zeithorizont sollte sich eher auf Jahrzehnte, als auf Jahre beziehen. Einige Träger wären heute froh, wenn Sie direkten Zugriff auf das Kapital Ihrer Stiftung hätten, um wichtige Arbeiten jetzt damit zu unterstützen. Das ist in der Regel aber nicht möglich. Das Geld ist dort für die Ewigkeit gefangen. Denken Sie auch daran, dass rechtsfähige Stiftungen im Laufe der Jahre zu eigenständigen Akteuren werden können, deren Steuerung der sie gründenden Organisation entgleiten kann. Das ist nur mit einer sehr sorgfältig formulierten Stiftungssatzung mit Sicherheit zu verhindern. Mit der folgenden Checkliste erhalten Sie eine realistische Einschätzung, ob sich dieses Instrument für Sie eignet:

Checkliste 61: Lohnt sich die Gründung einer rechtsfähigen Stiftung?

Soll die Stiftung als Instrument Ihrer Organisation oder als eigenständiger Akteur gegründet werden?
Soll sie nur von und zugunsten Ihrer Organisation oder als Gemeinschaftsstiftung mehrerer Organisationen gegründet werden?
Wenn Sie Kapital selbst bereitstellen: Können Sie darauf wirklich dauerhaft verzichten?
Wenn Sie das Kapital von Zustiftern einwerben wollen: Haben Sie aktuell, mittel- und langfristig ein realistisches Potenzial dafür?
Würden Ihre Förderer Ihnen diese Unterstützung ohne den Aufwand einer Stiftungsgründung vermutlich nicht gewähren?
Haben die Sie beratenden Dienstleister (Bank, Notare, Stiftungsverwalter) sachfremde Eigeninteressen?
Stehen alle in Ihrer Organisation hinter dem Plan der Stiftungsgründung?
Können Sie auf die Ergebnisse im Stiftungsfundraising fünf bis zehn Jahre warten?
Welche Ressourcen können Sie dauerhaft in die Gewinnung und Betreuung von Zustiftern investieren?
Welcher laufende Aufwand ist mit dem Stiftungsmanagement in Zukunft verbunden?
Wer soll diesen erbringen – das Personal Ihrer Organisation, ein externer (kostenpflichtiger) Stiftungsverwalter, Angestellte der Stiftung oder ehrenamtliche Kräfte?
Soll die Stiftung – vor allem in Niedrigzinsphasen – auch selbst Spenden einwerben bzw. anderes Fundraising betreiben? Entsteht Ihrer Organisation dadurch ein unerwünschter Konkurrent?
Soll die Stiftung auch um Treuhandstiftungen werben und diese dann verwalten?
Eigenen sich Treuhandstiftungen und Stiftungs-Fonds nicht besser für Ihre Ziele (siehe nächsten Abschnitt)?

Überblick über die möglichen Stiftungsformen

Es gibt eine Vielzahl von unterschiedlichen Stiftungsformen und stiftungsähnlicher Konstrukte: Stiftungs-Fonds, Treuhand-Stiftungen, rechtsfähige Einzelstiftungen, Gemeinschafts-Stiftungen, Fördervereine, gemeinnützige GmbHs, Corporate-Social-Responsibility-Abteilungen des Unternehmens, Erbverträge und Erbeinsetzungen und Ähnliches. Der Name Stiftung ist nicht geschützt. Auch eine GmbH und ein e.V. können sich Stiftung nennen. Für Ihre Entscheidung, ob und welche Stiftungsform Sie wählen, ist die Frage des Mindestkapitals, des Verwaltungsaufwands und der Attraktivität für Zustifter entscheidend.

Der Klassiker: Die rechtsfähige, staatlich anerkannte Stiftung

Sie wird errichtet, in dem das Stiftungskapital unwiderruflich dem Stiftungszweck gewidmet wird. Es dürfen aber nur die Erträge dafür ausgeschüttet werden. Das Kapital ist in seinem Wert zu erhalten (Ausnahme Verbrauchsstiftungen, siehe unten). Gibt es mehrere Stifter oder sollen im Laufe der Zeit weitere Stifter hinzukommen, spricht man von einer Gemeinschaftsstiftung. Durch die staatliche Anerkennung wird die Stiftung zu einer eigenständigen juristischen Person (Stiftung bürgerlichen Rechts), die der staatlichen Rechtsaufsicht unterliegt. Bei Stiftungen kirchlichen Rechts führt die Kirche die Rechtsaufsicht. Das Mindestkapital beträgt in den meisten Bundesländern etwa 50.000 Euro. Aus steuerlichen Gründen empfiehlt es sich, beim Finanzamt die Gemeinnützigkeit zu beantragen. Stiftungsorgane sind: der Vorstand (zwingend), ein Kuratorium oder Beirat (fakultativ).

Innovation im Stiftungsbereich: Die Verbrauchs-Stiftung

In Zeiten niedriger Zinsen ist es unbefriedigend, dass das Kapital einer Stiftung nicht antastbar ist. Umso mehr, wenn die Stiftung einen dringend zu erfüllenden (Bekämpfung bestimmter Krankheiten) oder sowieso zeitlich begrenzten (Stiftungslehrstuhl auf zehn Jahre) Zweck hat. Daher können neuerdings auch so genannte Verbrauchsstiftungen anerkannt werden (§ 80 Abs.2 BGB). Ihr Kapital wird über zehn oder mehr Jahre hinweg ausgeschüttet. Dabei ist sicher zu stellen, dass auch im letzten Jahr die Erfüllung des Zwecks noch möglich ist. Hier empfiehlt sich gerade nicht die Ausschüttung immer gleicher Teile pro Jahr, sondern eine degressive Ausschüttung. Das heißt, dass maximal zehn Prozent des am Anfang des Jahres noch vorhandenen Kapitals ausgeschüttet werden darf. Erst im letzten Jahr darf dann der Rest ausgeschüttet werden. Auch Mischformen sind möglich: Dass der Verbrauch des Kapitals eine Option ist, wenn bestimmte Situationen eintreten (extrem niedriges Zinsniveau). Oder dass ein Teil des Vermögens als nicht verbrauchbar und ein anderer Teil als verbrauchbar gewidmet wird.

Wenig Aufwand: Die Treuhand-Stiftung

Die treuhänderische Stiftung ist eine unselbstständige, nicht rechtsfähige Stiftung. Dazu überträgt der Stifter per Vertrag ein Sondervermögen einem Treuhänder zur Verwirklichung eines besonderen Zweckes. Wenn nicht-rechtsfähige Stiftungen wie die rechtsfähige mit Gremien, Satzung und einer entsprechenden

Zweckbestimmung ausgestattet sind, können sie eine eigene Steuernummer beim Finanzamt bekommen und werden steuerlich wie rechtsfähige Stiftungen behandelt (können also auch die Gemeinnützigkeit erlangen). Treuhänder können natürliche (Freunde, Verwandte, Notare etc.) oder juristische Personen (etwa rechtsfähige Stiftungen) sein. Bestimmte Dienstleister wie das Stiftungszentrum der *Haus des Stiftens gGmbH* **www.stiftungszentrum.de** haben sich auf die Übernahme solcher Treuhandschaften spezialisiert. Eine Treuhand-Stiftung braucht kein bestimmtes Mindestkapital, bedarf nicht der behördlichen Anerkennung und unterliegt nicht der Rechtsaufsicht der zuständigen Behörde.

> **— Tipp: Ihre Organisation kann auch ohne selbstständige Stiftung**
> **ein Dach für Treuhandstiftungen und Stiftungs-Fonds sein**
> Bieten Sie potenziellen Stiftern, die die gleichen oder ähnlichen Ziele, wie Sie verfolgen an, ihre
> eigene Stiftung unter dem Dach Ihrer Organisation zu errichten, die sie dann nach dem Wunsch
> der Stifter verwalten.

Angebot für kleinere Beträge: Stiftungs-Fonds

Stiftungs-Fonds sind Sondervermögen, die – ohne die Errichtung einer selbstständigen oder unselbstständigen Stiftung – ähnlich wie eine Stiftung verwaltet werden; der Ertrag fließt einem bestimmten Zweck zu. Solche Sondervermögen können von Privatpersonen, Vereinen, Unternehmen, Körperschaften öffentlichen Rechts und anderen Organisationen gebildet und selbst verwaltet werden. Es gibt kein Mindestkapital, der Verwaltungsaufwand ist niedrig und der Zuwender kann trotzdem die Zwecke festlegen, für welche die Erträge eingesetzt werden sollen. Wird die Zuwendung für einen gemeinnützigen Zweck geleistet, kann sie steuerlich entsprechend abgesetzt werden. Der Stiftungfonds bietet sich für Förderer an, die auch bei kleineren Beträgen (meist zwischen 5.000 und 25.000 Euro) einen bestimmten Zweck verfolgen wollen.

Stiftungsgründung und -verwaltung in der Praxis

Vor der Stiftungsgründung: Nutzen Sie Beratungsangebote

Es ist sinnvoll, sich – insbesondere vor der Gründung einer rechtsfähigen Stiftung – bei anderen Stiftungen umzuhören, welche Erfahrungen dort gemacht wurden, und sich von Fachleuten (wie Juristen, Steuer- oder Anlageberatern), von der staatlichen Stiftungsaufsicht, vom Finanzamt, von Kirchen und Wohlfahrtsverbänden beraten zu lassen (viele haben eine eigenen Referenten für Stiftungsberatung). Auch der *Bundesverband deutscher Stiftungen* und die verschiedenen Stiftungszentren beraten. Vergessen Sie dabei nicht, dass manche Beratungsinstitutionen Eigeninteressen verfolgen und dabei schlicht Geld verdienen wollen. Für die Klärung der Vorfragen einer Gründung sind 6 bis 24 Monate einzurechnen.

Die notwendigen Schritte zur Stiftungsgründung

Der Stiftungszweck sollte nicht zu eng gefasst sein, da niemand voraussehen kann, welche Umstände in künftigen Jahrzehnten herrschen. Mit dem Satzungsentwurf geht man (zur Erlangung der Gemeinnützigkeit) zum Finanzamt, lässt ihn prüfen und reicht ihn dann bei der Anerkennungsbehörde Ihres Bundeslandes ein.

Die Erträge (Zinsen, Mieten etc.) aus dem Kapitalstock sind zeitnah, also spätestens in den auf den Zufluss folgenden zwei Kalender- oder Wirtschaftsjahren für die steuerbegünstigten satzungsmäßigen Zwecke zu verwenden. Das Kapital ist sicher und zugleich wirtschaftlich anzulegen (was in der Praxis der Quadratur des Kreises gleichkommt...). Der Rechtsaufsicht sind die Jahresrechnungen vorzulegen. Versuchen Sie, Fachleute wie Anwälte und Steuerberater in die (ehrenamtlich tätigen) Stiftungsgremien aufzunehmen.

Rücklagenbildung für eine Stiftungsgründung

Beim Ansammeln von Vermögen müssen Gemeinützige dafür geltende Vorschriften beachten, insbesondere die der Abgabenordnung und die des öffentlichen Zuwendungsrechts. Spenden, Überschüsse aus der Vermögensverwaltung – Zinsen, Dividenden, Mieterträge – sind grundsätzlich zeitnah (das heißt in den folgenden zwei Jahren) für ihre steuerbegünstigten satzungsmäßigen Zwecke zu verwenden.

Allgemeine Rücklagen sind erlaubt, um etwa Mieten, allgemeine Verwaltungskosten und Gehälter bezahlen zu können, wenn die öffentlichen Zuschüsse dafür noch nicht ausgezahlt wurden. Zweckgebundene Rücklagen können für die Wiederbeschaffung von Wirtschaftsgütern gebildet werden. Freie Rücklagen dürfen maximal für zwei Jahre gebildet werden und dürfen höchstens ein Drittel des Überschusses aus der Vermögensverwaltung und darüber hinaus höchstens zehn Prozent der sonstigen zeitnah zu verwendenden Mittel, wie Spenden betragen. Auch Rücklagen zum Erwerb von Gesellschaftsrechten, Stiftungsgründungen sind maximal zwei Jahre möglich. Über alle diese Fristen können Sie jedoch mit dem Finanzamt verhandeln und so gegebenenfalls eine Verlängerung erreichen.

Auch durch das Zuwendungsrecht ist die Rücklagenbildung eingeschränkt. Öffentliche Zuschüsse sind danach grundsätzlich in genau dem Zeitraum (und für den Zweck) auszugeben, für sie bewilligt wurden. Wer daraus Rücklagen bildet, zeigt, dass er die Zuschüsse (im vereinbarten Zeitraum) nicht braucht und muss sie zurückzahlen. Genaueres siehe im Kapitel 3.2.1 *Bedingungen der Förderung durch die öffentliche Hand.*

Zulässige Zuwendungen ins Vermögen

Nach § 62 Abs. 3 AO können folgende Zuwendungen das Vermögen Gemeinnütziger aufstocken:
– Zuwendungen von Todes wegen, wenn der Erblasser keine Verwendung für den laufenden Aufwand der Körperschaft vorgeschrieben hat;

- Zuwendungen, bei denen der Zuwendende ausdrücklich erklärt, dass diese zur Ausstattung der Körperschaft mit Vermögen oder zur Erhöhung des Vermögens bestimmt sind;
- Zuwendungen auf Grund eines Spendenaufrufs der Körperschaft, wenn aus dem Spendenaufruf ersichtlich ist, dass Beträge zur Aufstockung des Vermögens erbeten werden;
- Sachzuwendungen, die ihrer Natur nach zum Vermögen gehören.

Nach § 62 Abs.4 AO kann eine Stiftung im Jahr ihrer Errichtung und in den drei folgenden Kalenderjahren Überschüsse aus der Vermögensverwaltung und die Gewinne aus wirtschaftlichen Geschäftsbetrieben ganz oder teilweise ihrem Vermögen zuführen.

Vermögensanlage

Von gemeinwohlorientierten Organisationen wird (selbst wenn dies nicht ausdrücklich in der Satzung steht) erwartet, dass sie ihr Vermögen so anlegen, dass zwei – in der Praxis kaum gänzlich zu vereinbarende – Ziele erreicht werden:

1. Die Anlage soll Erträge erbringen. Insbesondere Stiftungen, die ihren Satzungszweck überwiegend mit den erwirtschafteten Zinsen (und evtl. Mieten u.ä.) erfüllen, müssen ihre Aktivitäten daher in Niedrigzinsphasen stark reduzieren.
2. Gleichzeitig soll das Vermögen erhalten, also sicher angelegt und sogar gegen die Auszehrung durch Inflation geschützt werden. Das ist schlecht für den Ertrag, denn auf dem Kapitalmarkt gilt, dass dieser umso geringer ausfällt, umso sicherer die Anlage ist.

Nach einem Urteil des Finanzgericht (FG) Münster (11.12.2014, 3 K 323/12 Erb) können hohe Anlageverluste sogar die Gemeinnützigkeit kosten. Was tun? Mit den so genannten mündelsicheren Anlagen in Sparbücher, Festgelder, Bundes- und Länderanleihen, Sparbriefe und Sparobligationen; Inhaberschuldverschreibungen sowie Pfandbriefe und Kommunalobligationen, wenn die Mündelsicherheit belegt ist, sind in Niedrigzinsphasen praktisch keine Erträge zu erwirtschaften. Das FG hatte entschieden, dass in solchen Zeiten auch Anlagen mit größerem Ausfallrisiko erlaubt sind. Doch darf eine risikobelastete Anlage das Gesamtvermögen nicht gefährden, also nicht hochspekulativ sein. Riskanteren Anlagen müssen ein ausreichendes Gegengewicht in solchen mit geringem Risiko haben.

— Tipp: Ethische Anlage —

Für gemeinwohlorientierte Organisationen bietet es sich zudem an, ihr Vermögen ethisch-ökologisch bzw. ethisch-nachhaltig oder sozial-verantwortlich anzulegen. Für solche Anlagen werden Positiv-Kriterien oder Ausschluss-Kriterien (z.B. die Produktion von Waffen oder unter menschenunwürdigen Arbeitsbedingungen) formuliert. Vergleiche dazu www.gruenesgeld.de, www. gemeinschaftsbank.de, www.ecoreporter.de, www.greenvalue.de, www.sozialbank. de, www.paritaetischegeldberatung.de, www.oikocredit.org, www.gls.de, www. triodos.de, www.ethikbank.de, www.oecoworld.com, www.projekt21plus.de, www. greencity-energy.de, www.suedwind-institut.de, www.sozialbank.de.

Weitere Zustiftungen einwerben

Wenn Sie ein attraktives Stiftungsangebot aufgebaut haben, müssen Sie es in Ihre sonstigen Fundraising-Aktivitäten integrieren, insbesondere in den Bereich Großspenden und Großprojekte (siehe Kapitel 2.2.4) und Erbschafts-Fundraising (siehe Kapitel 2.2.5).

— **Weitergehende Informationen** ———————————————————

Für nähere Informationen besorgen Sie sich den Ratgeber **Stiftungen nutzen, Stiftungen gründen** in dieser Reihe. Er bietet Erfahrungsberichte, Tipps zur Errichtung/Genehmigung/ Verwaltung von Einzel- und Gemeinschafts-Stiftungen, Satzungsmuster und eine umfangreiche Adressen-, Literatur- und Datenbankliste. Mit Beiträgen von Peter Lindlacher, Alexander Gregory, Rupert Graf Strachwitz, Katharina Knäusl, Cornelia Kammerbauer, Ulrich Schmetz, Philipp Hof, Oliver Paxmann, Nikolaus Turner, Christoph Mecking, Volker Then, Diethelm Damm, Stephanie Rüth, Dieter Schöffmann u.a., Verlag AG SPAK Bücher **www.agspak-buecher.de**.

Siehe auch **www.wegweiser-buergergesellschaft.de**, **www.stiftungen.org**, **www.stiftungszentrum.de**

Teil 3

Antragsmittel – Die Fördertöpfe sind gut gefüllt

Kommunen, Ministerien, Stiftungen oder die Soziallotterien (wie die Aktion Mensch) vergeben Ihre Zuwendungen in der Regel nur auf Antrag. Was viele nicht wissen: Die Summe dieser Antragsmittel übersteigt das Finanzierungspotenzial aus dem Bereich Spenden und Sponsoring bei weitem! Wie Sie passende Förderquellen recherchieren und wie Sie Ihre Aktivität und ihr Konzept in einem überzeugenden Förderantrag darstellen, erfahren Sie in Teil 3.1 *Antragsmittel gezielt einwerben*. In Teil 3.2 *Antragsmittel vor der Haustür*, erhalten Sie einen Überblick über die Fördermöglichkeiten, die sich mit relativ wenig Aufwand einwerben lassen. Es gibt aber auch Fördermittelquellen, welche einen größeren Einsatz benötigen, wie zum Beispiel die Europäischen Förderprogramme. Dabei geht es aber dann auch meist um deutlich höhere Summen. Solche Finanzierungsquellen stellen wir in Teil 3.3 *Antragsmittel für Fortgeschrittene* vor.

Kapitelübersicht

3.1 Antragsmittel gezielt einwerben

3.1.1 Was Förderer erwarten und welche Möglichkeiten Antragsmittel bieten

Dieter Harant / Torsten Schmotz

- Förderer erwarten ein maßgeschneidertes Angebot
- Überblick über den Markt der Antragsmittel
- Die Förderinstitution als Investor
- Wie man die unterschiedlichen Antragsmittel gezielt nutzen kann
- Was und wie wird gefördert?
- Die verschiedenen Finanzierungsformen
- Weitere Besonderheiten der öffentlichen Förderung

Beim Einwerben von Antragsmitteln gibt es einige sehr entscheidende Unterschiede gegenüber der Gewinnung von Spenden- und Sponsoringgeldern. Insbesondere unterscheiden sich die Motivation und die Erwartungshaltung der Förderer deutlich von denen der Spender. Auch sind andere rechtliche Rahmenbedingungen zu berücksichtigen.

Förderer erwarten ein maßgeschneidertes Angebot

Antragsmittel werden nicht von Einzelpersonen (nach ihrem Gutdünken) vergeben, sondern von Institutionen. Das sind beispielsweise die kommunale Verwaltung einer Stadt, eine Förderstiftung wie die *Robert Bosch Stiftung*, eine Lotterie wie die *Aktion Mensch* oder ein Unternehmensfonds wie der *Generali Zukunftsfonds*. Diese Institutionen vergeben Ihre Mittel ausschließlich, um damit eigene Ziele zu erreichen. Beispielsweise möchte die örtliche Kommune die Lebensqualität der Einwohner verbessern, die *Robert Bosch Stiftung* sich für die internationale Völkerverständigung einsetzen, die *Aktion Mensch* die Inklusion von Menschen mit Behinderung verbessern und der *Generali Zukunftsfonds* das zivilgesellschaftliche Engagement insbesondere der Generation 50plus stärken.

Es hilft also nichts, wenn Sie aus einem Adressverzeichnis alle irgendwie in Frage kommenden Förderer heraussuchen und mit einem Bettelbrief beglücken. Sie handeln sich dadurch nicht nur massenhaft Absagen ein, sondern hinterlassen auch einen unprofessionellen Eindruck. Förderinstitutionen haben eine genaue Vorstellung, was und wen sie fördern möchten. Sie erwarten von Ihnen und Ihrer Organisation, dass Sie sich mit diesen Vorstellungen auseinandersetzen und – wenn eine Zusammenarbeit wirklich Sinn macht – ein passendes Angebot machen.

Überblick über den Markt der Antragsmittel

Wenn wir im Teil 3 von Antragsmitteln sprechen, verwenden wir folgende Definition:
– Antragsmittel sind freiwillige Leistungen (es besteht kein Gesetzesanspruch, der Rechtsweg ist ausgeschlossen)
– Die Art und Weise der Antragstellung und Vergabe wird von der Förderinstitution selbst vorgegeben. Das betrifft beispielsweise den Antragsweg, den Umfang und die Form der Anträge, Antragstermine, Auswahlverfahren.
– Die Mittel dürfen vom Geförderten ausschließlich zweckgebunden eingesetzt werden.
– Die Gegenleistung des Geförderten liegt in der Erfüllung der Fördererziele.
Antragsmittel können dabei in sechs verschiedenen Formen vergeben werden:
– Zuwendungen im Rahmen der öffentlichen Haushaltsplanung
– Fördermittel im Rahmen von Förderausschreibungen (hierzu rechnen wir auch alle Mittel von Förderstiftungen. Indem sie per Satzung oder durch ihre Förderpolitik, ihre Förderung bestimmten Zielen widmen, an bestimmte Bedingungen knüpfen und diese Informationen mehr oder weniger öffentlich machen, nehmen sie faktisch eine Ausschreibung vor)
– weitergeleitete Spenden etwa von Förderfonds
– Förderwettbewerbe und -preise
– Kredite (von Hausbank, Landesbanken, KfW, kirchlichen Banken und anderen)
– Beteiligungen (beispielweise durch soziale Investmentfonds oder Crowdfunding)
Außer bei den Krediten und Beteiligungen gelten noch zwei weitere Kriterien:
– Die Förderinstitution fördert eindeutig festgelegte Zwecke (beispielsweise die Schaffung neuer Arbeitsplätze, die Entwicklung von Innovationen, die Behebung einer sozialen Notlage)
– Die Zuwendungen müssen nicht zurückgezahlt werden. In diesem Fall spricht man auch von Fördermitteln, Fördergeldern, Zuwendungen oder Zuschüssen. Im Sonderfall des Crowdfundings erhalten sich Beteiligende eine geldwerte oder symbolische Gegenleistung.
Leider gibt es keine offizielle Statistik über das Gesamtvolumen aller öffentlichen und privaten Fördermittel für gemeinnützige Organisationen in Deutschland. Wenn man aber einige Zahlen überschlägt, wie zum Beispiel drei Milliarden Euro von den Förderstiftungen, drei Milliarden Euro aus den Europäischen

Fonds, über zwei Milliarden Euro Zweckerträge aus dem staatlich regulierten Glücksspiel und einen Anteil der freiwilligen Leistungen an den öffentlichen Haushalten von etwa zehn Prozent, kommt man bei einer vorsichtigen Schätzung auf ein jährliches Volumen an Fördermitteln von 25 bis 30 Milliarden Euro. Das Potenzial in diesem Bereich übersteigt das der Spenden und Sponsoringbeträge also um ein Mehrfaches!

Die Förderinstitution als Investor

Zu einer Zusammenarbeit zwischen einer Förderinstitution und Ihnen kann es dann kommen, wenn beide Seiten von der Beziehung profitieren. Dazu muss man sich die unterschiedlichen Sichtweisen vor Augen führen. Der Förderer agiert ähnlich einem Investor. Er möchte sein Geld so anlegen, dass es optimalen Ertrag bringt. Der Ertrag ist in diesem Fall aber keine Dividende oder Kursgewinn, sondern die soziale, gesellschaftliche, wirtschaftliche oder politische Wirkung, die durch das geförderte Vorhaben erreicht wird.

Antragsmittelvergabe als Dreiecksbeziehung

Man kann sich den Prozess Antragsmittelvergabe als Beziehungsnetzwerk veranschaulichen:

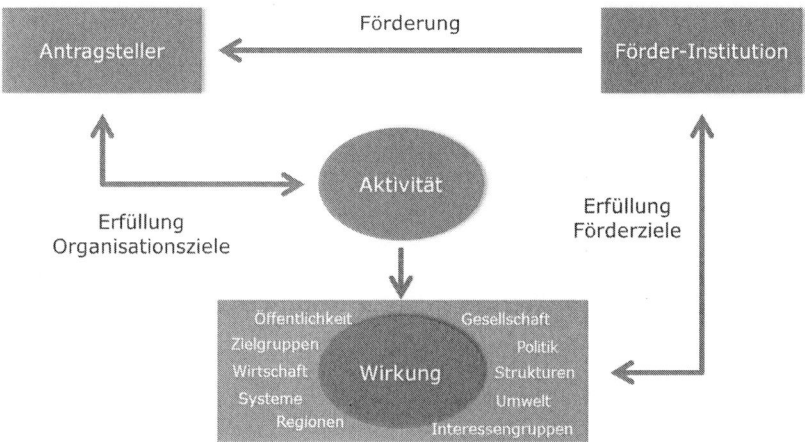

Sie als Antragsteller (dargestellt im linken Kästchen) möchten eine bestimmte Aktivität (Kreis) durchführen, beispielsweise eine Freizeitmaßnahme für Jugendliche mit Behinderung. Damit verfolgen Sie zunächst einmal die Ziele Ihrer eigenen Organisation. Sie sind vielleicht regionaler Träger der offenen Behindertenarbeit und möchten mit der Maßnahme Ihr Programm attraktiver gestalten, neue Kundengruppen ansprechen und das vorhandene Personal besser auslasten. Um einen passenden Förderer (rechtes Kästchen) zu finden, müssen Sie eine Institution suchen, welche die gleiche Zielgruppe (unteres Rechteck) wie Sie hat, in diesem Fall junge Menschen mit Behinderung. Darüber hinaus müssen die Wirkungen Ihrer Maßnahme zu den Zielen des Förderers passen, zum Beispiel eine Verbesserung des Freizeitangebots. Aus Ihrer Sicht suchen Sie einen

277

Mittelgeber, der Sie bei Ihrem Vorhaben unterstützt. Aus Sicht der Förderinstitution übernehmen Sie die Rolle eines Dienstleisters, welcher den Förderer dabei unterstützt, seine Ziele zu erreichen.

Erfolgsgeheimnis Perspektivenwechsel

Ein Förderprojekt geht weit über das nüchterne Verhältnis zwischen Zahlungsgeber und Zahlungsempfänger hinaus, wie wir es beispielsweise bei der Vergabe von Krediten durch unsere Hausbank kennen. Eine Förderinstitution hat ihre eigene Perspektive auf Ihr Projekt und darauf müssen Sie sich bei der gesamten Kommunikation mit einem potenziellen Förderpartner einstellen. Dabei müssen Sie die folgenden Fragen des Förderpartners überzeugend beantworten können:

Checkliste 62: Die grundsätzlichen Fragen des Förderpartners an Ihr Vorhaben

Kann ich dem Antragsteller grundsätzlich mein Geld anvertrauen?
Erfüllt das Vorhaben meine eigenen Ziele und Zwecke?
Besteht ein nachvollziehbarer Bedarf an dem zu fördernden Angebot?
Werden realistische Ziele verfolgt?
Traue ich dem Antragsteller die konkrete Umsetzung wirklich zu?
Wie stark engagiert sich der Antragsteller, wie viel Risiko übernimmt er selbst?
Wie transparent ist seine Arbeitsweise?
Werde ich als Kooperationspartner angesehen oder sieht man mich allein als Geldgeber?
Passt der Antragsteller hinsichtlich der Denk- und Arbeitsweise, der Wertvorstellungen und der Außenwirkung zu mir?
Was sind die möglichen Risiken einer Zusammenarbeit?

— Tipp: Holen Sie sich Feedback von Außenstehenden ——————————

Wenn man lange Zeit und mit viel Herzblut an seinem Projekt arbeitet, ist dieser Wechsel in die Perspektive des Förderers nicht immer einfach. Eine besonders große Herausforderung ist es, die entscheidenden Argumente auf den Punkt zu bringen und die Förderinstitution nicht mit zu vielen Informationen zu überfrachten. Daher empfehlen wir Ihnen, bei der Fertigstellung von Projektkonzeption und der Antragstellung einen Kollegen um Hilfe zu bitten, der inhaltlich nicht oder möglichst wenig involviert ist. Er soll beim Durchlesen bewusst die Position eines potenziellen Geldgebers einnehmen und aus dieser Sicht die von Ihnen ausgearbeiteten Informationen bewerten. So können Sie einer Betriebsblindheit vorbeugen.

Wie man die unterschiedlichen Antragsmittel gezielt nutzen kann

Zuwendungen aus der öffentlichen Haushaltsplanung

Wenn der Sportverein einen außerordentlichen Zuschuss für die Sanierung des Fußballplatzes von der Kommune erhält, die Stadt einen festen Zuschuss an die Organisation eines jährlichen Theaterfestival vergibt oder der Bund ein bundesweit tätiges Selbsthilfenetzwerk unterstützt, geschieht dies in der Regel über Zuwendungen aus der öffentlichen Haushaltsplanung.

Um von solchen Zuwendungen zu profitieren, müssen Sie Ihr Vorhaben aktiv in die jährlichen Haushaltsverhandlungen einbringen. Damit befasst sind die Verwaltung und die Mitglieder der öffentlichen Entscheidungsgremien (wie Gemeinde- und Stadträte). Mit einer gezielten Netzwerk- und Lobbyarbeit müssen Sie diese Personen überzeugen, um Ihren Antrag an der richtigen Stelle zum richtigen Zeitpunkt mit den entscheidenden Unterstützern einzubringen. In bestimmten Fällen ist es auch unterjährig möglich, dringende Förderungen in die Gemeinderatssitzungen einbringen zu lassen.

Diese Zuwendungen werden in der Regel für zukünftige und noch nicht begonnene Maßnahmen verabschiedet. Im Einzelfall können aber auch Verluste aus der Vergangenheit von der öffentlichen Hand mitgetragen werden. Voraussetzung ist immer ein erhebliches Interesse der öffentlichen Hand an Ihrem Tun! Nach der grundsätzlichen Entscheidung, ob Ihr Vorhaben unterstützt wird, greifen die verwaltungstechnischen Vorgaben für die Abwicklung der Förderung. Weitere Informationen zu diesem Bereich finden Sie in den Kapiteln 3.2.1 *Lokale und regionale Fördermöglichkeiten der öffentlichen Hand* und 3.3.1. *Landes- und Bundesförderung – Unterstützung für Vorhaben mit überregionaler Bedeutung.*

Fördermittel aus Ausschreibungen

Die *Software AG Stiftung* fordert jährlich reformpädagogische Einrichtungen auf, Vorschläge für Förderprojekte einzureichen. Dabei werden sowohl Baumaßnahmen, als auch Innovationen im Unterricht oder in der Betreuung unterstützt. Damit ist sie ein repräsentatives Beispiel für Fördermittel auf Antrag. Andere Förderstiftungen kommunizieren ihre Förderziele und -bedingungen nicht so markant (oder sogar gar nicht). Da sie ihre Mittel aber bestimmten Zielen gewidmet, an bestimmte Bedingungen geknüpft haben und (meist auf Antrag) auch so vergeben, werden die Mittel von Förderstiftungen hier zu den ausgeschriebenen Antragsmitteln gezählt.

Fördermittelausschreibungen beziehen sich in der Regel auf zukünftige und noch nicht begonnene Maßnahmen. Dabei definiert der Fördermittelgeber oft sehr detailliert anhand von formalen und inhaltlichen Vorgaben, welche Art von Aktivitäten er unterstützen möchte. Besonders relevant sind dabei Art der Aktivität, inhaltliches Thema, Zielgruppen und der geografische Zuschnitt. Die Förderung ist immer zeitlich begrenzt, im Durchschnitt zwischen ein und zwei Jahren.

— **Tipp: Zuerst gesetzliche und öffentliche Fördermöglichkeiten abfragen** —————

Bevor man Fördermittel beantragt, sollte immer überprüft worden sein, ob es keinen Anspruch auf eine gesetzliche Finanzierung gibt. Private Förderer – wie Stiftungen – erwarten außerdem, dass zunächst die Zuwendungsmöglichkeiten durch die öffentliche Hand ausgeschöpft werden. In diesem Sinne ist dann von einer „nachrangigen Förderung" die Rede.

Bei den Fördermitteln wird vom Antragsteller ein angemessener Eigenanteil an der Finanzierung erwartet. Er liegt bei vielen Stiftungen und Lotteriefonds zwischen 25 und 30 Prozent, bei öffentlichen Förderprogrammen häufig auch bei 50 Prozent oder mehr.

Je nach Förderprogramm kann der Eigenanteil durch eigene Rücklagen, Spendenmittel, Einnahmen durch Partner und Kunden oder Eigenleistungen (auch geldwerte Arbeit von Ehrenamtlichen) erbracht werden.

Wenn es zu einer Förderung kommt, wird in der Regel ein Fördervertrag abgeschlossen. Der Förderer räumt sich dabei ein Recht auf eine Berichterstattung und eine Endabrechnung ein. Ein Teil der Fördermittel wird meist erst nach Projektabschluss ausgezahlt und muss entsprechend vorfinanziert werden. Bitte bedenken Sie stets: Wenn die Fördermittel nicht gemäß den Vertragsbedingungen verwendet werden, können sie zurückverlangt werden. Viele Förderinstitutionen vergeben auch Stipendien oder Einzelfallhilfen für bedürftige Einzelpersonen. Auf diese Sonderform wird im Folgenden nur am Rande eingegangen.

Weitergeleitete Spenden aus Ausschreibungen

Spendenfonds wie *Ein Herz für Kinder* oder *Deutschland rundet auf* verbrauchen die von ihnen eingesammelten Spenden nicht für eigene Projekte, sondern überlassen sie anderen Organisationen für deren Projekte. Anders wie bei einer formalen Fördermittelausschreibung wollen sie damit den bürokratischen Aufwand möglichst gering halten. Die Spenden werden zweckgebunden für ein beantragtes Vorhaben gegen Spendenquittung vergeben. Dazu muss der Empfänger als gemeinnützig vom Finanzamt anerkannt sein.

Dieses vereinfachte Verfahren macht diesen Förderbereich sehr attraktiv. Der Aufwand für Antragstellung und Abwicklung ist meist viel geringer, als bei klassischen Fördermitteln. Allerdings ist die Anzahl von Förderinstitutionen in diesem Bereich beschränkt. Meist werden nur Aktivitäten mit hoher Öffentlichkeitswirkung und mit der Zielgruppe Kinder und Jugendliche gefördert. Weitere Informationen finden Sie im Kapitel 3.2.2. *Förder- und Spendenfonds – meist unbürokratisch und einfach.*

Förderwettbewerbe und -preise

Mit Förderwettbewerben und -preisen werden sowohl abgeschlossene als auch laufende Aktivitäten unterstützt, manchmal auch die Umsetzung von innovativen Konzepten in der Zukunft. Einige Preise werden allein „ehrenhalber" vergeben. Andere haben Preissummen von mehreren tausend oder zehntausend Euro. Die Vergabe erfolgt häufig in Form einer nicht zweckgebundenen Spende, was diese Mittel für den Empfänger besonders wertvoll macht. Selbst wenn mit der Preisverleihung kein höherer Geldbetrag verbunden ist, ist es immer eine Auszeichnung, die man in der Kommunikation mit anderen Förderern gezielt einsetzen kann. Weitere Informationen finden Sie im Kapitel 3.2.6. *Lassen Sie sich auszeichnen – Förderpreise und Wettbewerbe.*

Kredite

Insbesondere in Niedrigzinsphasen können Kredite ein hilfreiches Finanzierungsinstrument sein. Dafür kommt Ihre Hausbank in Frage, aber auch spezielle Förderbanken (Landesbanken, *Kreditanstalt für Wiederaufbau – KfW*).

Einige Banken wie etwa die *Bank für Sozialwirtschaft* oder kirchliche Banken haben sich auf den gemeinnützigen Bereich spezialisiert.

Alle Banken haben natürlich ein großes Interesse, ihr Geld wieder zurück zu bekommen. Deswegen müssen Sie nachvollziehbar darstellen können, wie Sie das Geld für die Rückzahlung wieder erwirtschaften wollen. In Bereichen, die gesetzlich regelfinanziert sind oder die marktwirtschaftlich etabliert sind, wie zum Beispiel der Bau eines Kindergarten oder einer Altenhilfeeinrichtung, ist das in der Regel problemlos möglich, zumal die Immobilie eine gute Sicherheit darstellt. Je unsicherer Ihr Vorhaben ist und umso weniger Sicherheiten Sie vorweisen können, umso schwieriger ist es, einen Kredit zu bekommen.

Eine wirkliche Einschätzung der Kreditwürdigkeit Ihres Vorhabens erhalten Sie aber nur, wenn Sie aktiv nachfragen. Nehmen Sie Kontakt zu mehreren Finanzinstitutionen auf und lassen Sie sich beraten. Vielleicht bekommen Sie keinen Kredit, aber die Sparkasse oder Bank unterstützt Sie als Sponsor oder Spender (siehe auch Kapitel 2.2.1 *Unternehmenskooperation – mehr als Sponsoring*).

Eine weitere Möglichkeit ist es, die eigenen Mitglieder und Unterstützer um einen Kredit zu bitten. Bei einem großen internationalen Bauprojekt einer kirchlichen Bewegung, welches wir beraten haben, kamen über die Kredite der Mitglieder über zwei Millionen Euro zusammen. Im Projektverlauf wurde dann etwa die Hälfte der Kredite in Spenden umgewandelt.

Soziale Investoren und Crowdfunding

Soziale Risiko-Investmentfonds (wie *Bonventure* in München) geben gemeinwohlorientierten Organisationen oder so genannten sozialen Unternehmern Risiko-Beteiligungen, selbst wenn diese nicht die üblichen Sicherheiten bieten können. Die Mittelvergabe erfolgt aufgrund eines schlüssigen und skalierbaren Business Planes. Die Beteiligungen sollen dann langfristig wieder (möglichst mit Gewinn) veräußert werden.

Im Rahmen von Crowdfunding versucht man, vor allem Privatpersonen dazu zu bringen, zum Startkapital eines Projektes etwas beizutragen. Als Gegenleistung erhalten sie in der Regel ein Produkt (CD) oder eine Leistung (Freikarten). Erfolgreiche Projekte finden sich zurzeit vor allem im Kulturbereich (zum Beispiel die Finanzierung einer Musikproduktion, eines Films oder einer Ausstellung). Weitere Informationen finden Sie im Kapitel 3.3.4 *Soziale Investoren und Crowdfunding*.

Was und wie wird gefördert?

Im gemeinnützigen Bereich gibt es eine Vielzahl von Vorhaben, Aktivitäten und Projekten, für die man Fördermittel einwerben kann. Die Jugendgruppe möchte einen Zuschuss für das nächste Feriencamp, der Kindergarten ein neues Spielgerät für das Außengelände, die Schule eine Unterstützung für den Schüleraustausch mit Israel, die Schuldnerberatung eine Förderung der Geschäftsstelle und ein neues Hospiz die Teilfinanzierung des Bauvorhabens. Die Förderinstitutionen konzentrieren sich dabei meist auf bestimmte Arten der Förderung, um möglichst die Förderanträge zu erhalten, die am besten zu ihren eigenen Zielen passen. In diesem Abschnitt geben wir einen kurzen Überblick über die verschiedenen Förderungsarten, damit Sie bei Ihrer Suche nach passenden Fördermöglichkeiten die verwendeten Begriffe richtig einschätzen können.

Personenbezogene Förderung und Einzelfallhilfen – nicht nur für Einzelschicksale

Typische Beispiele sind Zuschüsse für in Not geratene Familien nach einer Naturkatastrophe, die Finanzierung eines gesunden Schulfrühstücks für Kinder aus Familien, die von der Grundsicherung leben müssen oder Stipendien für besonders begabte und engagierte junge Menschen. Auf den ersten Blick scheint eine Förderung für Einzelpersonen für Sie als Verantwortlichem einer gemeinnützigen Organisation kaum interessant zu sein. Sie benötigen ja Geld für ihre Sach- und Personalkosten. Doch können auch Sie von Einzelfallhilfen profitieren, wenn die Personen sich Ihre Dienstleistungen aus ihrem Einzelhilfebudget einkaufen können.

Ein gutes Beispiel dafür ist die staatliche *Bildungsprämie*. Sie wird vom Bundesministerium für Bildung und Forschung und vom *Europäischen Sozialfonds ESF* finanziert. Bildungsinteressierte erhalten einen Gutschein im Wert von bis zu 500 Euro. Bis zu diesem Betrag wird ihnen die Hälfte der Teilnahmekosten an beruflichen Bildungsmaßnahmen zugeschossen. So profitiert außer dem Bedürftigen auch der Anbieter der Bildungsmaßnahme von diesem Fördertopf (weitere Informationen unter **www.bildungspraemie.info**).

Institutionelle Förderung – wenn Sie einen wichtigen Beitrag zur Grundversorgung leisten

Die institutionelle Förderung bezieht sich auf die gesamten nicht abgegrenzten Ausgaben eines Zuwendungsempfängers. Ein typisches Beispiel ist der pauschale Zuschuss einer Kommune zum Betrieb des Stadttheaters oder der örtlichen Musikschule. Es wird immer schwieriger, eine institutionelle Förderung zu erhalten. In Abhängigkeit von der Haushaltslage werden sie meist nur noch von Jahr zu Jahr vergeben. Nur wenn Sie die Entscheidungsträger überzeugen können, dass Sie mit Ihrer Maßnahme einen gesellschaftlich und politisch extrem wichtigen und überaus dringenden Bedarf decken, dürfen Sie sich Hoffnungen auf eine institutionelle Förderung machen.

Meist wird sich diese Förderung aber auf den Start und Aufbau einer Maßnahme beschränken. Aktuelle Förderbeispiele sind der Aufbau von flächendeckenden ambulanten Serviceangeboten zur Inklusion durch die *Aktion Mensch* oder die Förderung von europaweit tätigen Nichtregierungsorganisationen (NGOs) durch die *Europäische Union*.

Projektförderung – Förderung mit klarem Anfang und Ende

Der Großteil der Förderprogramme lässt sich der klassischen Projektförderung zuordnen. Ihr Projekt muss sich dabei fachlich, inhaltlich, zeitlich und finanziell eindeutig abgrenzen lassen. Das ist nicht immer einfach, insbesondere wenn Sie auf bestehendes Personal und vorhandene Sachmittel zurückgreifen. Im Rahmen der Projektförderung finden sich sehr unterschiedliche Ansätze:

a) Maßnahmenförderung – Erfüllen Sie die Vorgaben?

Die Anforderungen an Projekte der Maßnahmenförderung sind meist sehr genau definiert. Typische Aktivitäten sind internationale Bildungs- und Jugendprojekte der binationalen Jugendwerke und europäische Mobilitätsprogramme im Bildungs- und Jugendbereich (etwa *ERASMUS+*). Hier ist das Ziel, möglichst viele Teilnehmer von den Maßnahmen profitieren zu lassen. Attraktiv für den Antragsteller sind die regelmäßigen Ausschreibungen, die standardisierten Antrags- und transparenten Auswahlverfahren und die zunehmend pauschaliert gewährten Zuschüsse ohne Einzelnachweis.

b) Innovationsförderung – Was können andere von Ihnen lernen?

Um hier zum Zuge zu kommen, müssen Sie Themen und Aufgabenstellungen aufgreifen, die möglichst für eine ganze Branche oder Region relevant sind. Sie müssen die Projektergebnisse nicht nur veröffentlichen, sondern sie aktiv unter den wichtigen Entscheidungsträgern (auch Ihren Wettbewerbern!) verbreiten. Meist ist es dazu hilfreich, seinen eigenen Verband oder fachliche Netzwerke einzubinden. Eine solche Ausschreibung ist das ESF-Programm *rückenwind – Für die Beschäftigten und Unternehmen der Sozialwirtschaft*, das neue Ansätze für den Umgang mit dem demografischen Wandel in dieser wichtigen Branche fördert **www.bagfw-esf.de**.

c) Aufbau- und Startförderung – Der Anfang muss nicht schwer sein

Wenn innovative Ansätze ihren Erfolg nachgewiesen haben, ist damit nicht automatisch sichergestellt, dass sie auch in der notwendigen Breite in allen Regionen eingeführt werden können. Hier setzt die Aufbau- und Startförderung an. Sie soll den Aufbau von Institutionen für eine begrenzte Startphase fördern – so lange, bis sich die Dienstleistung selbst trägt. In den letzten Jahren gab es verschiedene derartige Programme, zum Beispiel für den Aufbau von Hospizdiensten im ländlichen Raum, für Mehrgenerationenhäuser, für neue Versorgungsstrukturen für demenziell veränderte Menschen oder für neue Bildungskonzepte für Technik und Naturwissenschaft in der frühkindlichen Erziehung.

d) Investitionsförderung – Nicht leicht einzuwerben

Wenn man sich auf eine Förderquelle beschränken müsste, würden wahrscheinlich die meisten Organisationen die Investitionsförderung auswählen. Ein großzügiger Zuschuss zum Neubau oder zur Renovierung von Gebäuden oder zu den benötigten Fahrzeugen entlastet das Budget am stärksten. Leider gehen die Fördermöglichkeiten in diesem Bereich zurück. Eine Investitionsförderung ist nur in wenigen Ausnahmefällen wahrscheinlich. Ob es das Bundesprogramm *Soziale Stadt* oder die Förderprogramme der Soziallotterien (*Aktion Mensch, Deutsche Fernsehlotterie*) sind, überall werden das Budget und die Höchstfördersummen heruntergefahren. Das ist umso dramatischer, als der Bedarf wächst, es aber kaum alternative Fördermittelquellen gibt. Nur in den Förderbereichen *Energetische Sanierung* und *Gewinnung von erneuerbaren Energiequellen* eröffnet sich die eine oder andere neue Chance.

Eine Ausnahme ist der Bereich der Entwicklungszusammenarbeit. Hier konzentriert sich ein Großteil der Förderung auf Investitionen.

Die verschiedenen Finanzierungsformen

Zuwendungsfähige Kosten

Für einen Träger sind die projektbedingten Kosten zunächst sämtliche Kosten, die ihm bei der Durchführung eines Projektes zusätzlich entstehen. Die Zuschussgeber können entweder die gesamten Kosten als zuwendungsfähig erachten oder nur bestimmte Kostenarten (Personal-, Sach- oder Investitionskosten) als Bezugsgröße für eine Förderung heranziehen. Letzteres ist die Regel bei der Förderung durch die öffentlichen Hände. Bestimmte Kostenarten sind in der Regel von einer Förderung von vornherein ausgeschlossen. Dazu gehören etwa Zinskosten (zum Beispiel aufgelaufen durch die Vorfinanzierung des Zuschusses) und die Kosten für bestimmte Versicherungen. Häufig sind auch Geschäftsführungskosten ausgeschlossen. Auch die Eingruppierungen des Personals oder bestimmte Honorarhöhen können die Zuwendungsfähigkeit beeinflussen (Stichwort: Besserstellungsverbot bei der Förderung durch die öffentliche Hand, das heißt, die Mitarbeiter dürfen nicht mehr verdienen, als vergleichbar eingruppierte Personen im öffentlichen Dienst).

Unterschiedliche Zuschussgeber handhaben die Zuwendungsfähigkeit unterschiedlich. Die verschiedenen Förderrichtlinien regeln Höhe und Bedingungen der Bezuschussung. Voraussetzung für eine Förderung ist ein erhebliches Interesse des Zuwendungsgebers an der Leistung, die sonst nicht oder nicht im notwendigen Umfang erbracht werden würde. Um sich hier keinen Rückforderungen auszusetzen, sollte der Zuwendungsbescheid genau gelesen werden und bei Unklarheiten die zuwendende Institution kontaktiert werden. Hier sollten Sie zur eigenen Absicherung auf schriftlichen Stellungnahmen bestehen.

Bei den Finanzierungsformen lassen sich zwei Typen unterscheiden: die Teil- und die Vollfinanzierung. Bei der Vollfinanzierung werden sämtliche mit einem Projekt verbundenen zuwendungsfähigen Kosten vom Zuwendungsgeber übernommen. Die Vollfinanzierung stellt jedoch die Ausnahme dar. In der Regel muss ein Träger einen bestimmten Eigenanteil aufbringen – insbesondere, um in den Genuss einer öffentlichen Förderung zu kommen. Bei der Teilfinanzierung gibt es bei der Förderung durch die öffentlichen Hände drei Varianten: die Fehlbedarfs-, die Festbetrags- und die Anteilfinanzierung:

Fehlbedarfsfinanzierung

Diese Art der Zuwendung deckt die für das Projekt fehlenden Mittel ab. Dies hat mehrere Konsequenzen. Zum einen wirken sich Ausgabenminderungen voll zuschussmindernd aus. Des Weiteren darf die Zuwendung erst nach Verbrauch sämtlicher Eigen- und sonstiger für das Projekt verfügbarer Mittel in Anspruch genommen werden. In der Praxis ist die Höhe der Zuwendung nach oben begrenzt, das heißt, ein über diesen Betrag gehender Fehlbedarf wird nicht finanziert. Allerdings wird in Ausnahmefällen eine Nachbewilligung zusätzlicher Mittel auf Antrag gewährt.

Der Anreiz, bei der Fehlbedarfsfinanzierung Gelder einzusparen oder zusätzliche Mittel zu akquirieren, ist denkbar gering, aus diesem Grund empfiehlt der Bundesfinanzhof die nachfolgend beschriebene Anteilfinanzierung, bei der zumindest ein Teil der Einsparungen dem Zuschussnehmer verbleibt.

Festbetragsfinanzierung

Die Zuwendung wird in Form eines festen Betrags gewährt. Ausgabeminderungen wirken sich bei dieser Finanzierungsart nicht zuschussmindernd aus. Die Zweckbindung ist trotzdem zu beachten. Die Festbetragsfinanzierung wird immer häufiger gewählt, da ihre Verwaltung einfacher und der Anreiz zur Wirtschaftlichkeit höher ist.

Anteilsfinanzierung

Die die Zuwendung bewilligende Behörde legt den Anteil fest, den ein Träger zur Deckung der Kosten einer Maßnahme / eines Projektes erhält. Den Rest der Kosten muss der Zuwendungsempfänger selbst oder durch andere Geldgeber aufbringen. Der durch den Förderungsgeber bezuschusste Anteil an den geplanten Kosten ist meist in den Richtlinien mit einem bestimmten Prozentsatz und einem Maximalbetrag angegeben. Einsparungen werden anteilig zugunsten des Zuschussgebers verrechnet.

Arten der Teilfinanzierung im Überblick

Anteilsfinanzierung	Fehlbedarfsfinanzierung	Festbetragsfinanzierung
Bestimmter Prozentsatz der zuwendungsfähigen Ausgaben wird übernommen	Zuwendung deckt fehlende Mittel ab (i.d.R. Deckelung)	Pro definierter Maßnahme gibt es einen festen Zuschussbetrag (z.B. pro Teilnehmertag, 20% der Personalkosten können als Sachkosten abgerechnet werden)
Ausgabenminderungen wirken sich anteilig zuschussmindernd aus	Ausgabenminderung wirken sich voll zuschussmindernd aus	Ausgabenminderung wirken sich nicht zuschussmindernd aus – aber Zweckbindung

Weitere Besonderheiten der öffentliche Förderung

Viele Vorüberlegungen, Planungen und Arbeitsschritte sind identisch, egal ob Sie einen privaten Förderer oder die öffentliche Hand zur Unterstützung gewinnen möchten. Folgende weitere Besonderheiten gilt es, zu beachten, wenn Sie von Kommunen, Landkreisen, Bezirken, Ländern, vom Bund oder der Europäischen Union gefördert werden.

Die öffentliche Hand hat ein großes Interesse an Ihrer Arbeit

Auch wenn in vielen Kommunen, kommunalen Verbänden, Landkreisen und Regierungsbezirken die Haushaltslage nicht rosig ist, sind diese in der Gesamtheit die wichtigste Förderquelle für soziale, kulturelle und sonstige gesellschaftliche Aktivitäten in Deutschland. Staatliche und kommunale Leistungen werden auch in Zukunft die finanzielle Grundlage der meisten sozialen und kulturellen Angebote sein. Trotz stagnierender oder schrumpfender Etats handelt es sich in Deutschland dabei immer noch um Summen, die das, was privat aufgebracht wird um ein Vielfaches übersteigen. Im Durchschnitt werden zehn Prozent der öffentlichen Ausgaben für freiwilligen Leistungen zur Verfügung gestellt.

Nur mit großer Ausdauer werden Sie Erfolg haben

Chancen auf freiwillige Zuschüsse der öffentlichen Hand haben zwar prinzipiell alle, die ihr mit ihrer Arbeit helfen, die politisch vorgegebenen Ziele zu erreichen. Doch wird man bei einer ersten Anfrage fast immer große Zurückhaltung erleben, wenn es um einen konkreten finanziellen Zuschuss geht. Die Gewinnung von öffentlichen Förderungen ist ein langer steiniger Weg, bei dem vor allem die Organisationen berücksichtigt werden, welche mit hohem Engagement zu Werke gehen.

Organisationsinterne Voraussetzungen schaffen

In vielen gemeinwohlorientierten Organisationen wird die Unterstützung durch die öffentliche Hand nicht als Fundraising angesehen. Die Zuständigkeit dafür liegt oft nicht bei der Fundraising-Abteilung sondern bei der Geschäftsführung. Diese beschränkt sich nicht selten auf die jährlichen Regelförderungs- oder Wiederholungsanträge und es mangelt an der Absprache und Kommunikation unter den Abteilungen. Das ist schade, weil bei der öffentlichen Hand immer wieder neue (befristete) Fördermöglichkeiten geschaffen werden, um politische Ziele umzusetzen. Die kommunikativen Regeln bei der Einwerbung von Spenden und Stiftungsmitteln gelten weitgehend auch gegenüber den Behörden der öffentlichen Hand. Konzepte für Anträge bei den einen können bei den anderen teilweise wiederverwendet werden.

Zuwendungen der öffentlichen Hand aus rechtlicher Perspektive

Zuwendungen der öffentlichen Hand sind zweckgebundene Geldleistungen öffentlich rechtlicher Art ohne Rechtsanspruch und unmittelbaren Leistungsaustausch, *„wenn der Bund [bzw. die öffentliche Stelle] an der Erfüllung durch solche Stellen ein erhebliches Interesse hat, das ohne die Zuwendungen nicht oder nicht im notwendigen Umfang befriedigt werden kann"* (vgl. §§ 23, 44 BHO). Dies erfolgt in der Form eines Verwaltungsakts (Bescheid) oder Zuwendungsvertrages (öffentlich-rechtlicher Vertrag). Der wesentliche Unterschied zum Bescheid besteht darin, dass die Modalitäten der Mittelvergabe bei einem Vertrag nicht einseitig festgelegt, sondern von zwei gleichberechtigten Vertragspartnern ausgehandelt werden.

Keine Zuwendungen sind Sachleistungen, Bürgschaften, Garantien, Gewährleistungen, Leistungen aufgrund von Rechtsvorschriften, Ersatz von Aufwendungen, Entgelte aufgrund von Verträgen, die den Vorschriften für öffentliche Aufträge unterliegen (VOL, VOB). Merkmale für Zuwendungen der öffentlichen Hand sind:

- Prinzip der Wirtschaftlichkeit (§6 HGrG, §7 BHO) – Sparsamkeits- und Ergiebigkeitsprinzip
- Zweckbindung
- Nachweis der zweckentsprechenden Verwendung (§44 BHO)
- Prüfungsrecht der zuständigen Dienststelle

- meist nur Teilfinanzierung der Ausgaben (Subsidiaritätsprinzip)
- einseitige und freiwillige Leistung
- in der Regel begünstigender Verwaltungsakt

Die Zuteilung von öffentlichen Mitteln erfolgt nach festen Regeln

Prüfen Sie zunächst, welche Ebene der öffentlichen Hand für Ihr Vorhaben zuständig ist. In den meisten Fällen ist das die öffentliche Verwaltung vor Ort. Wenn Ihr Vorhaben eine hohe überregionale oder sogar internationale Bedeutung haben kann, kommen aber auch Ministerien auf Landes- und Bundesebene in Frage oder die Förderinstitutionen der Europäischen Union. Die Zusammenarbeit zwischen gemeinwohlorientierter Organisation und der öffentlichen Hand kann grundsätzlich auf verschiedenen Wegen erfolgen.

a) Übernahme von öffentlichen Pflichtaufgaben

Die Pflichtaufgaben der Gebietskörperschaften sind gesetzlich geregelt. Zum Beispiel ist eine bayerische Kommune nach dem *Bayerischen Kindergartengesetz (BayKiG)* verpflichtet, eine ausreichende Versorgung mit entsprechenden Plätzen in der Gemeinde sicher zu stellen und (zum Großteil) zu finanzieren. Nach dem Grundsatz der Subsidiarität soll sie diese Pflichtaufgabe aber, soweit möglich, an andere Träger abgeben und ist dann gesetzlich verpflichtet, diese zu bezuschussen. Dies ist der Grund, warum es in Deutschland so viele Kindergärten in kirchlicher, gemeinnütziger oder freigewerblicher Trägerschaft gibt. In diesem Fall spricht man von der gesetzlichen Finanzierung. Diese Finanzierungsform wird nicht zum Fundraising gezählt und aus diesem Grund hier auch nicht vertieft (siehe auch Kapitel 1.4).

b) Zuwendungen im Rahmen des öffentlichen Haushalts und von Förderprogrammen

Für Aufgaben, an deren Erfüllung die öffentliche Hand ein erhebliches Interesse hat, kann sie Zuwendungen vergeben. Von echten Zuwendungen spricht man, wenn kein Rechtsanspruch darauf besteht, also eine freiwillige Leistung. Im lokalen und regionalen Umfeld, werden diese Zuwendungen im Rahmen der Verabschiedung des jährlichen Haushaltes beschlossen. Manchmal kann der Gemeinde- und Stadtrat auch während des Jahres oder im Rahmen eines Nachtragshaushaltes kleinere Zuschüsse beschließen. Auch die Verwaltung hat gelegentlich Budgets, um unterjährig bestimmte Aktivitäten im kleineren Rahmen zu unterstützen.

Eine andere Form ist die Ausschreibung von Förderprogrammen. Hier werden in der Ausschreibung bestimmte Rahmenbedingungen vorgegeben, unter denen sich dann interessierte Organisationen bewerben können. Viele Kommunen laden beispielsweise die örtlichen Träger jährlich zu einem festen Termin ein, Vorschläge für lokale Kulturprojekte einzureichen. Das davor festgelegte Förderbudget wird dann an die zehn attraktivsten Projekte vergeben.

c) Öffentliche Ausschreibungen für Dienstleistungen und Sachmittel

Die Kommune benötigt regelmäßig Dienstleistungen und Sachmittel, wenn zum Beispiel das Rathaus umgebaut wird oder die Essensversorgung in der Schulkantine sichergestellt werden soll. Diese Leistungen müssen in der Regel öffentlich ausgeschrieben werden. Diese Form der Zusammenarbeit wird ebenfalls nicht zum Fundraising gezählt und hier nicht weiter vertieft.

— Tipp: Achtung Verwechslungsgefahr bei Ausschreibungen ————————————

Ausschreibungen von öffentlichen Fördermitteln dürfen nicht mit öffentlichen Ausschreibungen für Dienstleistungen und Sachmittel verwechselt werden. Für die Bewerbung und Vergabe gelten völlig unterschiedliche Bedingungen.

Fördervoraussetzung: Subsidiarität der öffentlichen Mittel

Öffentliche Mittel dürfen nur dann in Anspruch genommen werden, wenn eine anderweitige Finanzierung etwa aus Gebühren nicht möglich oder nicht ausreichend ist. Dritte sind angemessen an der Finanzierung zu beteiligen. Aus diesem Grundsatz folgt auch, dass die Übernahme einer Bürgschaft durch die öffentliche Hand, rückzahlbare Zuwendungen und Teilfinanzierungen Vorrang vor einer direkten, endgültigen und Voll-Förderung haben.

Rahmenbedingungen: Vorzeitiger Maßnahmenbeginn, Rücklagenverbot, Verbot der Besserstellung

Projekte dürfen nur gefördert werden, wenn sie noch nicht begonnen wurden, damit die öffentliche Hand nicht erpressbar wird. Wenn sie vor Antragstellung (oder auch vor der schriftlichen Bewilligung) bereits begonnen wurden, geht der Zuschussgeber davon aus, dass es offensichtlich seines Zuschusses nicht bedarf. Von dieser Auflage kann man sich aber befreien lassen durch die Beantragung einer Genehmigung zum vorzeitigen Projektstart oder Maßnahmenbeginn (dies erfolgt auf eigenes Risiko, falls der Antrag abgelehnt wird). Die Bildung von Rücklagen aus den in der Regel für einen bestimmten Zeitraum bestimmten Mitteln für andere Zeiträume ist verboten und führt zur Rückzahlungspflicht. Das aus den Fördermitteln bezahlte Personal darf gegenüber den im öffentlichen Dienst Beschäftigten nicht besser gestellt werden (Orientierungsrahmen ist dabei das Tarifwerk des öffentlichen Dienstes TVÖD).

Der formale Beginn der Zusammenarbeit: Bewilligungsbescheid

Die Zuschussgeber prüfen die Zuschussanträge und erteilen gegebenenfalls einen Bewilligungs- oder Zuschussbescheid. Dieser enthält unter anderem Angaben zur Finanzierungsart, zur Höhe der Zuwendung, zu möglichen Einschränkungen bei der Mittelverwendung und zu den Auszahlungsmodalitäten. Es ist unbedingt notwendig, auch die Nebenbestimmungen, das „Kleingedruckte" des Zuwendungsbescheids durchzulesen, da hier die wesentlichen Rahmenbedingungen für den Zuschuss festgehalten werden (wie Inventarisierungs-Pflichten, Besserstellungsverbote, Informations- und Rückzahlungspflichten). Unliebsame Überraschungen können so vermieden werden. Wenn die Gesamtfinanzierung gesichert ist und sämtliche Bewilligungsbescheide eingegangen sind, kann das Projekt starten.

Verwendungsnachweis – Fehler werden mit Rückzahlung bestraft

Im Verlauf der Projektarbeit werden die bewilligten Gelder ausgegeben. Zur Prüfung der zweckentsprechenden und wirtschaftlichen Mittelverwendung verlangen die Zuschussgeber einen Verwendungsnachweis.

Sachbericht

Dieser enthält einen sachlichen und statistischen Nachweis. Im sachlichen Nachweis dem so genannten Sachbericht werden die mit dem Zuschuss ermöglichten Aktivitäten beschrieben und auch wie erfolgreich diese Aktivitäten waren, also ob und in welchem Umfang der Zuwendungszweck erreicht wurde (Teilnehmerzahlen, vermittelte Arbeitslose...).

Zahlenmäßiger Nachweis

Der zahlenmäßige Nachweis erfolgt anhand der Gliederung der Formulare der Zuwendungsbehörde. Sinnvollerweise sollte der Kontenplan analog dieser Gliederung aufgebaut sein. Das erspart unnötige Mehrarbeit. Es müssen dann nur die Beträge aus der Buchhaltung in die Formblätter übertragen werden. In manchen Fällen werden vom Zuschussgeber die Originalbelege oder Beleglisten zur Überprüfung verlangt.

Prüfungsrecht

Meist wird bereits bei der Beantragung eine Erklärung verlangt, die den öffentlichen Prüfungsbehörden das Recht zur Einsichtnahme in die Buchhaltung geben. Dieses Recht bezieht sich nicht nur auf die Buchhaltung des Projekts oder der Maßnahme, sondern kann sich auf die gesamte Trägerbuchhaltung erstrecken, falls der Verdacht besteht, dass Gelder nicht zweckentsprechend verwendet wurden.

— **Tipp: Die Prüfung kann auch erst nach Jahren erfolgen** ————————

Beachten Sie, dass das Prüfungsrecht über mehrere Jahre gelten kann. Ihr öffentlich gefördertes Projekt sollte so dokumentiert sein, dass Sie es auch fünf Jahre nach Abschluss, selbst wenn die zuständigen Mitarbeiter nicht mehr bei Ihnen arbeiten, ohne Beanstandungen nachweisen können.

3.1.2 In fünf Schritten zur Förderung: Konzeption, Recherche, Antragstellung, Vereinbarung und Umsetzung

Torsten Schmotz

- Erster Schritt: Konzeption der Maßnahme, die gefördert werden soll
- Zweiter Schritt: Recherche der Fördermöglichkeiten – Die Nadel im Heuhaufen
- Dritter Schritt: Antragstellung – ein unwiderstehliches Angebot
- Vierter Schritt: Entscheidung über die Förderung
- Fünfter Schritt: Projektumsetzung

Egal ob Sie 2.000 Euro von einer kleinen örtlichen Stiftung, 20.000 Euro von einem Medienfonds wie den *Sternstunden* des *Bayerischen Rundfunks* oder 200.000 Euro von der *Deutschen Fernsehlotterie* einwerben möchten, die notwendigen Arbeitsschritte sind weitgehend die gleichen:

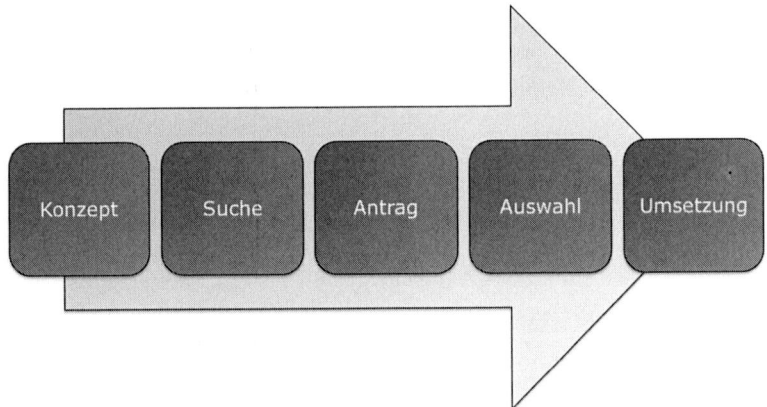

Ausgangspunkt ist ein schlüssiges Konzept, mit dem Sie genau beschreiben, wer Sie als Antragsteller sind und wofür Sie die Förderung einsetzen möchten. Anschließend geht es um die Suche nach den passenden Förderquellen, sowohl in den bereits vorhandenen Netzwerken, als auch über Verzeichnisse und Datenbanken. Hat man eine passende Ausschreibung gefunden, muss der Antrag so (um-)formuliert werden, dass er den ausgewählten Förderer überzeugt. Danach kommt die Auswahl, bei der Sie hoffentlich eine Zusage erhalten. Jetzt kann es dann endlich losgehen. In der Partnerschaft mit einem Förderer müssen Sie bei der Umsetzung des Vorhabens dann einige wichtige Vorgaben beachten.

Bitte beachten Sie, dass das Einwerben von Fördermitteln Zeit benötigt. Rechnen Sie mit einer Vorlaufzeit von minimal drei Monaten. Häufig sind auch sechs bis zwölf Monate und bei großen Bauprojekten auch mehr erforderlich.

Erster Schritt: Konzeption der Maßnahme, die gefördert werden soll

Um einen Förderer ansprechen zu können, müssen Sie ihm einen überzeugenden Eindruck von den Aktivitäten geben, die er unterstützen soll. Sie müssen sich und Ihr Vorhaben so positiv „verkaufen", dass die Förderinstitution bereit ist, in Sie zu investieren. Antragsmittel werden nicht durch Bettelbriefe eingeworben, sondern durch ein überzeugendes Angebot, das zu den Zielen der Förderinstitution passt (siehe Kapitel 3.1.1 *Was Förderer erwarten und welche Möglichkeiten Antragsmittel bieten*). Um die richtigen Argumente zu Hand zu haben, empfehle ich, Ihr Vorhaben in einem Konzeptpapier zusammenzufassen. Dieses Konzept kann Ihnen auch bei der Kommunikation in anderen Fundraisingbereichen wertvolle Dienste leisten. Folgende Grafik veranschaulicht die vier Grundelemente dieses Konzepts einer Maßnahme, für die Fördermittel eingeworben werden sollen:

Wer bin ich und was habe ich zu bieten?

Die Grundlage, auf der diese Konzeption steht, ist die Selbstdarstellung als kompetenter, zuverlässiger und vertrauenswürdiger Partner. Sie müssen den Förderer überzeugen, dass er in Sie investiert. Mit folgender Checkliste können Sie die passenden Argumente herausarbeiten

Checkliste 63: Die Kompetenzen des Antragstellers (Konzeptbeschreibung I)

Selbstverständnis: Ziele, Werte, Visionen, Traditionen, Geschichte, Organisationskultur, Image, Bekanntheit, prägende Persönlichkeiten

Organisatorische Kompetenzen (Aufbau- und Ablauforganisation)
- Gründungsdatum; Rechtsform; Trägerschaft
- Mitgliedschaft in Verbänden, Dachorganisationen
- Kennzahlen, wie Anzahl der Mitarbeiter, Klienten bzw. Kunden, Umsatz oder Bilanzsumme
- Übersicht über die fachlichen Angebote
- Übersicht über die Standorte, regionale Präsenz

Finanzielle Kompetenzen
- Infrastruktur und verfügbare interne Dienstleister
- Erfolgsgeschichten
- bestehende Beziehungen zur Förderstiftung (direkt und indirekt)
- Qualitätsmanagement

Kompetenzen der beteiligten Mitarbeiter (fachlich und organisatorisch)
– abgeschlossene Aus- und Weiterbildungen
– Berufserfahrung
– Projekterfahrung

Hilfreiche Informationsquellen
- Informationen zur Trägerschaft
- Informationen zu wichtigen Personen (Vorstände, Kuratoren, Sponsoren)
- Organisations-/Unternehmensbroschüren
- Abriss der Geschichte
- Organigramm
- Finanzzahlen
- Jahres- und Aktivitätsberichte
- Presseartikel
- Dokumentationen erfolgreich durchgeführter Projekte
- Referenzen, Empfehlungsschreiben, Evaluationsberichte

Warum ist Ihr Vorhaben notwendig und warum werden Sie aktiv?

Als nächstes erwarten potenzielle Förderer von Ihrem Konzept eine saubere Bedarfsanalyse. Da die Mittel zur Förderung grundsätzlich begrenzt sind, möchten sie von Ihnen überzeugt werden, dass es für Ihr Vorhaben einen hohen sozialen, kulturellen, gesellschaftlichen, wirtschaftlichen oder politischen Bedarf gibt und dass das bestehende Angebot nicht ausreichend ist. Die Bedarfsbeschreibung gewinnt dabei an Gewicht, wenn Sie nicht nur auf eigene Erfahrungen zurückgreifen, sondern auf Erhebungen, Statistiken und Analysen von unabhängigen Dritten. Auch hier können Sie sich an unserer Checkliste orientieren:

Checkliste 64: Ausgangssituation und Handlungsbedarf (Konzeptbeschreibung II)

Gibt es einen wirklichen Bedarf für das Projekt, der für potenzielle Förderer nachvollziehbar und förderwürdig darstellbar ist?
– Was ist der Auslöser für das Projekt?
– Wer sind die direkten und indirekten Betroffenen?
– Welcher konkrete Bedarf/Leidensdruck besteht bei den Betroffenen in der Ausgangssituation?
– Was sind die lokalen, regionalen, nationalen und internationalen Folgen der Ausgangssituation?
– Wie hat sich der Handlungsbedarf entwickelt?
– Was sind die spezifischen Rahmenbedingungen?
– Wie wird sich die Ausgangssituation in Zukunft entwickeln?
– Welche Erfahrungen wurden (intern und extern) in dem Aufgabenfeld bereits gemacht?
– Welche Lösungsansätze wurden bereits mit welchen Ergebnissen verfolgt?
– Warum ist jetzt ein guter Zeitpunkt, aktiv zu werden?

Hilfreiche Informationsquellen
- wissenschaftliche Studien von Forschungseinrichtungen, Stiftungen und Ministerien
- Kundenbefragungen und sonstige Marktforschungsergebnisse
- Medienberichte
- eigene Erhebungen und Auswertungen

Was sind die Ziele?

Aufbauend auf dem nachgewiesenen Bedarf werden dann die Zielgruppen, die aktiv und passiv am Vorhaben Beteiligten und die Ziele eingegrenzt.

Checkliste 65: Definition der Beteiligten, der Zielgruppen und des inhaltlichen bzw. örtlichen Bezugs (Konzeptbeschreibung III)

Wer ist direkt (aktiv oder passiv) am Projekt beteiligt?   – eigene Mitarbeiter   – Mitarbeiter von Kooperationspartnern   – (bestimmte) Kunden, Klienten, Betreute
Wer ist indirekt vom Projekt betroffen?   – Kollegen aus den kooperierenden Einrichtungen/Organisationen   – Führungskräfte aus den kooperierenden Einrichtungen/Organisationen   – (andere) Kunden, Klienten, Betreute   – Mitschüler und Kommilitonen (bei Bildungsprojekten)   – Dachverbände/Interessenvertretungen   – Fachöffentlichkeit, Sektor, Branche, andere Unternehmen und Organisationen   – gesellschaftliches Umfeld (lokal, regional, bundesweit, international)   – politisches Umfeld (Verwaltung, Entscheidungsgremien, Volksvertreter)   – Presse und Medien
Welche internen und externen Ziele verfolgt Ihre Organisation mit dem Vorhaben und sind diese auch für Außenstehende attraktiv?
Wirkungsziele   – Ziele in Bezug auf die Ausgangssituation   – personenbezogene Ziele   – organisationsbezogene Ziele   – Ziele in Bezug auf Kunden, Klienten, Patienten   – Ziele mit Bezug auf den Branchen- und Fachbereich   – Innovationsziele   – Qualitätsziele   – Nachhaltigkeitsziele   – gesellschaftliche Ziele   – übertragbare Ziele   – Ziele in Bezug auf die öffentliche Wahrnehmung
Projektbezogene Ziele   – Ziele der Zusammenarbeit der Beteiligten   – zeitliche Ziele   – Einnahmeziele   – Kostenziele   – Budgetziele   – Finanzquellen   – Ressourcenziele (Personaleinsatz, Knowhow)

Was ist der Plan?

Als letzten Schritt müssen Sie dann noch darstellen, mit welchem Plan Sie die Ziele erreichen möchten.

Checkliste 66: Inhalte des Projektplans (Konzeptbeschreibung IV)

Überblick Gesamtprojektplan (Beginn, Ende, Meilensteine, Ablauf der Teilprojekte)
Beschreibung der beteiligten Organisationen und Personen mit ihren jeweiligen Entscheidungskompetenzen, **Verantwortlichkeiten und Aufgaben**
Beschreibung der **Einzelaktivitäten/Teilprojekte** (Art der Aktivität, Inhalt/Thema der Aktivität, Beginn, Ende, Dauer, beteiligte Personen, Ergebnisse)
Darstellung, wie mit dem Projektplan und den Einzelaktivitäten die **Ziele** erreicht werden können
Beschreibung der **Planungs-, Steuerungs-, Abstimmungs- und Informationsprozesse und -systeme**
Maßnahmen und Organisation der **Qualitätssicherung** und des **Monitoring**
Budget- und Ressourcenplan: Beschreibung der notwendigen personellen, organisatorischen, finanziellen und infrastrukturellen Ressourcen und ihres Einsatzes
Erläuterung der **Nachhaltigkeit** des Gesamtprojekts
Evaluation: Maßnahmen der internen und externen Evaluation; Zeitplanung der Maßnahmen; beteiligte Personen und ihre Verantwortlichkeiten; Dokumentation der Ergebnisse
Maßnahmen der **Öffentlichkeits- und Pressearbeit**
Verbreitung der Ergebnisse (am Standort, in der Gesamtorganisation, trägerübergreifend und sektoral)

Alle vier Fragen zum Konzept sind gleich wichtig

Egal ob Sie Ihr Vorhaben auf einer DINA4-Seite beschreiben sollen, oder dafür einen 50-seitigen Antrag ausfüllen müssen, immer geht es um diese vier Fragen, die für die Entscheidungsfindung des Förderers essentiell sind. Dabei ist die Beantwortung jeder der Fragen gleich wichtig. Der schönste Plan überzeugt nicht, wenn der Investor nicht von der Dringlichkeit des dahinterliegenden Problems überzeugt ist und den Eindruck gewinnt, das Vorhaben dient vor allen dem Antragsteller selbst. Das beste inhaltliche Projekt hat keine Förderchancen, wenn der Förderer nicht überzeugt ist, dass der Träger vertrauenswürdig ist und die notwendigen Kompetenzen hat.

Wenn man selbst tief in einer Materie steckt, ist es gar nicht einfach, das Thema für einen Außenstehenden transparent und überzeugend darzustellen. Aus diesem Grund empfehlen wir, dass Sie Ihr Konzept von ein oder zwei Personen lesen lassen, die möglichst wenig in das Vorhaben involviert sind. Lassen Sie sich ein ehrliches Feedback geben, ob Ihre Beschreibung verständlich und überzeugend ist.

Die Ausarbeitung des Konzepts ist ein hartes Stück Arbeit. Je gründlicher Sie das Konzept ausarbeiten, desto mehr Zeit sparen Sie in den folgenden Arbeitsschritten.

Zweiter Schritt:
Recherche der Fördermöglichkeiten – Die Nadel im Heuhaufen

Nachdem ein aussagefähiges Projektkonzept erstellt wurde, muss entschieden werden, welche Art der externen Unterstützung benötigt wird, um das Projekt erfolgreich umsetzen zu können. Dabei sollte kritisch hinterfragt werden, welche internen und externen Finanzierungsalternativen es gibt. Viele Förderinstitutionen setzen voraus, dass alle alternativen Finanzierungsmöglichkeiten im Vorfeld überprüft wurden. Für die Recherche der geeigneten Förderquellen empfehle ich die Vorgehensweise in drei Phasen:

Phase 1:   Überprüfung der organisationseigenen Informationsquellen

Leider werden häufig die bereits in der eigenen Organisation vorhandenen Beziehungen und Erfahrungen bei der Suche nach Fördermöglichkeiten übersehen. Dabei sind die Chancen bei Institutionen, welchen man bekannt ist, generell besser, als wenn man einen Kontakt in Form der „Kaltakquise" erst aufbauen muss. Am Anfang der Suche sollten systematisch folgende Personenkreise bezüglich bestehender Kontakte und Erfahrungen angefragt werden:
– Vorstände, Aufsichtsräte, Kuratoren
– Mentoren, Sponsoren, Förderer und Spender
– eigene Mitarbeiter (haupt- und ehrenamtliche)

Phase 2:   Regionale Informationsquellen

Etwa siebzig Prozent aller Antragsmittel werden regional oder lokal ausgeschrieben. Vor diesem Hintergrund sollten die folgenden Ansprechpartner genutzt werden:
– Kollegen aus benachbarten Social-Profit-Organisationen, Verbänden und Unternehmen
– kommunale Ansprechpartner (Bürgermeister, Referenten, Behörden)
– Finanzinstitute
– Pfarr- und Kirchengemeinden, Dekanate, Diözesen, Landeskirchen
– lokale Medien und deren Archive
– regionale Interessengruppen
– Dachorganisationen der Wohlfahrtsverbände
– regionale Bündnisse und Gruppierungen
– regionale Fördermittelverzeichnisse und Datenbanken

- Fachmedien (Fachzeitschriften, Pressemappen, Newsletter, Internetportale)
- Berufs- und Fachverbände
- Stiftungsverbände
- Förderdatenbanken
- Internetseiten der bekannten Förderinstitutionen und -programme

Checkliste 67:
Die wichtigsten Informationsquellen für die Fördermittelrecherche im Internet

www.foerderdatenbank.de Förderdatenbank des Bundeswirtschaftsministeriums mit den öffentlichen Förderprogrammen des Bundes, der Länder und der Europäische Union
www.eufis.eu Förderdatenbank der Bank für Sozialwirtschaft, die die Europäischen Fördermöglichkeiten umfasst
www.stiftungsindex.de Stiftungsverzeichnis des Bundesverbands Deutscher Stiftungen
www.blog-foerdermittel.de/internetverzeichnis Fördermittel Internetverzeichnis – Das größte Linkverzeichnis rund um das Thema Fördermittel für Social-Profits
www.fmf-online.de Kostenpflichtiges Fördermittelverzeichnis der Agentur Förderlotse für gemeinnützige Organisationen und Projekte
www.connectinghelp.de/angebote/geld-fuer-non-profits Ausschreibungen und Förderwettbewerbe für Non-Profits

Dritter Schritt: Antragstellung – ein unwiderstehliches Angebot

Wenn Sie nach Ihren Recherchen feststellen, dass Sie Zuwendungen im Rahmen der öffentlichen Haushaltsplanung beantragen möchten, müssen Sie mit Ihrem Konzept auf die Verwaltung oder die Mitglieder oder Fraktionen im Entscheidungsgremium (wie Gemeinde- oder Stadtrat) zugehen. Wenn Sie dort Unterstützer gewinnen, wird man Ihnen auch helfen, die notwendigen Formalien für die offizielle Antragstellung zu bewältigen. Anders ist die Vorgehensweise bei den Fördermitteln und weitergeleiteten Spenden in Rahmen von Ausschreibungen und der Beteiligung an Förderwettbewerben und Preisen. Hier müssen Sie einen Antrag einreichen.

Erst anrufen – dann Antrag einreichen

In meinen Seminaren und bei Beratungsmandaten werde ich immer wieder gefragt, ob man vor der Antragstellung Kontakt zur Förderinstitution aufnehmen soll oder darf. Meine Antwort ist: Ich würde immer versuchen, zuerst mit einem Ansprechpartner des Förderers zu sprechen, bevor ich mich an die Ausarbeitung (oder gar Zusendung) des Antrags mache. In der Regel freuen sich die Mitarbeiter der Förderinstitution, wenn sie behilflich sein können. Das gehört mit zu ihrer Stellenbeschreibung. Klären Sie in einem persönlichen Gespräch alle Punkte der Förderbedingungen, bei welchen Sie unsicher sind. Durch die persönliche Ansprache können Sie Folgendes erreichen:

- Sie erfahren, ob ein Antrag überhaupt Sinn macht und ob es offene oder verdeckte Ausschlusskriterien gibt.

- Sie erhalten Informationen über die augenblickliche Antragssituation.
- Sie gewinnen zusätzliche Informationen über die Rahmenbedingungen eines Antrags.
- Sie finden einen persönlichen Ansprechpartner und bauen eine Beziehung zu ihm auf.

Die Förderinstitution profitiert ebenfalls von diesem Gespräch:
- Potenzielle Anträge, welche grundsätzlich nicht in das Förderspektrum passen, werden gar nicht erst gestellt.
- Die Kontaktaufnahme ist ein erster Hinweis auf das hohe Engagement des Antragstellers.
- Die Qualität der Anträge kann durch konkrete Vorschläge gesteigert werden.

Ich habe auf diesem Weg immer wieder hilfreiche Tipps bekommen, die in den Ausschreibungsunterlagen nicht zu finden waren.

Der Antrag ist Ihr maßgeschneidertes Angebot

Wie in Kapitel 3.1.1 beschrieben ist für den Erfolg beim Einwerben von Antragsmitteln entscheidend, ob Sie auf die Erwartungen und Bedürfnisse des Förderers passgenau eingehen. Beschäftigen Sie sich intensiv mit allen verfügbaren Informationen über den Förderer, über seine Visionen, Strategien, Weltanschauungen und Ziele. Professionelle Förderer beschreiben Ihre Erwartungen sehr genau in den Ausschreibungsdokumenten. Dabei gibt es große Unterschiede: *Ein Herz für Kinder* möchte formlos auf einer DINA4 Seite dargestellt haben, was Ihr Vorhaben Gutes für Kinder tut. Die Ausschreibungstexte des *Europäischen Sozialfonds ESF* können sich auf mehr als 100 Seiten addieren und die Anträge haben nicht selten über 20 Seiten.

Jetzt macht es sich bezahlt, wenn Sie bereits bei der Formulierung Ihres Konzepts fleißig waren. Dann haben Sie schon etwa 80 Prozent des Antrags vorbereitet. Nun geht es darum, alles aus Ihrem Konzeptpapier zu streichen, was für den Förderer nicht wichtig ist und die Inhalte zu betonen, welche aus seiner Perspektive im Mittelpunkt stehen (könnten). Der Vorteil eines ausführlichen Antragformulars liegt darin, dass hier die Strukturen und Schwerpunkte aus Sicht des Förderers klar vorgegeben sind. Gerade lokale Förderer bevorzugen aber oft nur eine formlose Projektvorstellung. Mit der folgenden Checkliste haben Sie für diesen Fall einen Strukturvorschlag:

Checkliste 68: Gliederungsvorschlag für einen formlosen Antrag

Zusammenfassung
– Titel (knapp und aussagekräftig)
– Kurzbeschreibung/Zusammenfassung
– Zielgruppe und Bedarf
– Projektziele
– Projektplan und Umsetzung
– Alleinstellungsmerkmal

Informationen über den Antragsteller
– Ansprechpartner und Kontaktdaten
– Fakten und Zahlen (rechtlicher Status, Größe, Arbeitsschwerpunkte)
– Kompetenzen und Erfahrungen (Personen und Organisation)
– Geschichte und Selbstverständnis
– Empfehlungen und Referenzen
– Nennung und Beschreibung eventueller Kooperationspartner
Detailinformationen über das Projekt
– Ausgangslage und Motivation für das Projekt
– Rahmenbedingungen und öffentliches Interesse
– gesellschaftlicher Mehrwert
Zielbeschreibung
– Zielgruppen und deren Bedarf
– Projektidee und methodischer Ansatz
– Träger des Projekts (kann vom Antragsteller abweichen!)
– Nachhaltigkeit
– Alleinstellungsmerkmal
Projektplan (Verantwortlichkeiten, Steuerung, Prozesse)
– Verantwortlichkeiten, Steuerung, Monitoring
– Zeitplan (Beginn, Meilensteine, Abschluss)
– Öffentlichkeitsarbeit
– Sicherung der Nachhaltigkeit
– Qualitätssicherung im Projekt
– Evaluation (Zwischen- und Abschlussevaluation)
– Veröffentlichung der Ergebnisse, Übertragung auf Folgeprojekte
Budgetplan
– Ressourcenplan (Personal, Organisation, Infrastruktur, Ort, Finanzen)
– Einnahmen
– Ausgaben und Finanzierungsbedarf

Gestalten Sie den Antrag lesefreundlich

Bei Förderinstitutionen gehen manchmal hunderte von Anträgen ein. Dabei sind die Kapazitäten, alle Anträge genau zu prüfen, meist begrenzt. Die Anträge werden in der Regel erst einmal in wenigen Minuten quer gelesen. Nur wenn Sie dabei einen ersten guten Eindruck hinterlassen, wird man sich näher mit Ihrem Anliegen beschäftigen. Der Antragstext muss schnell und einfach weiterverarbeitet werden können: Benutzen Sie kurze Sätze, Aufzählungszeichen, Zwischenüberschriften, Unterstreichungen und eine verständliche und attraktive Sprache.

Bitte bedenken Sie, dass 25 bis 50 Prozent aller Förderanträge aus formellen Gründen abgelehnt werden. Wenn Sie nicht den geforderten rechtlichen Status nachweisen können, Ihr Projekt nicht in der Förderregion liegt, die falsche Person unterschrieben hat oder Sie den Antrag zum falschen Termin einreichen, war Ihre Arbeit völlig umsonst. Lassen Sie die Qualität des Antrags vor dem Versand penibel überprüfen.

Vierter Schritt: Entscheidung über die Zusammenarbeit

Nach der Antragstellung wird der Förderantrag im Detail überprüft und entschieden, ob ein Zuschuss vergeben wird. Wenn der Wettbewerb unter den Antragstellern sehr groß ist, wird manchmal nur ein kleiner Bruchteil gefördert. Viele Förderprogramme haben aber auch Förderquoten von 50 oder mehr Prozent. Es gibt auch Förderinstitutionen, welche Ihr Geld nicht loswerden können oder solche, die von sich aus aktiv auf potenzielle Förderpartner zugehen. Und zwischen Stiftungen läuft manchmal sogar ein Wettbewerb, wer die besten Projekte fördert.

Auch der Antragsteller muss sich entscheiden, ob er die Förderung wirklich annehmen möchte. Möglicherweise haben sich in der Zeit zwischen Antragstellung und Zusage wichtige Rahmenfaktoren geändert, zum Beispiel durch Personalfluktuation, Ausfall von Projektpartnern oder eine veränderte Finanzierungslage. Besser, Sie lehnen eine Förderung frühzeitig ab, als dass Sie ein Fördervorhaben mit schlechten Ausgangsbedingungen starten.

Wenn man nach langwieriger Konzeption und Antragstellung endlich die Zusage der Förderinstitution in Händen hält, ist die Freude groß. Endlich kann es mit dem Vorhaben losgehen! Bei aller Euphorie sollte man aber nicht vergessen, dass die Zusammenarbeit mit dem Förderer jetzt in die entscheidende Phase geht. Durch die externe Förderung haben Sie nun einen zusätzlichen Partner, dessen Wünsche und Vorstellungen Sie in die Projektumsetzung integrieren müssen.

Am Anfang steht der Vertrag

Die eigentliche Vergabe der Fördermittel wird in der Regel in einem Vertrag oder einer Vereinbarung festgelegt. Sie verpflichten sich darin, alles zu versuchen, die angestrebten Ziele mit den im Antrag beschriebenen Maßnahmen zu erreichen. Darüber hinaus werden die Details der Zusammenarbeit zwischen Förderinstitution und Gefördertem festgelegt. Folgende Punkte stehen dabei im Mittelpunkt:

- In welcher Form werden die Mittel zur Verfügung gestellt (Fördermittel oder Spenden)?
- Auszahlungsplan (Zu welchen Zeitpunkten und nach Erreichen welcher Meilensteine werden die Fördermittel auf welches Konto überwiesen? Muss die Zahlung jeweils beantragt werden oder erfolgt sie automatisch?)
- Meilensteine und terminliche Rahmendaten (Festlegung von Beginn und Ende des gemeinsamen Projekts, Definition von Meilensteinen)

- Berichtswesen (Wer berichtet wem zu welchem Terminen und in welcher Form?)
- Abrechnungsmodalitäten (Vorgaben für Belege, Vorgehensweise bei Abweichungen, Form und Termin der Endabrechnung)
- Leitlinien für die gemeinsame Außenkommunikation (Einsatz von Logos, Textbausteinen, gegenseitige Freigabe von Pressemitteilungen)
- genereller Rahmen der Zusammenarbeit (Benennung der Ansprechpartner, gegebenenfalls Terminierung von Besprechungen)

Der Vertrag / die Vereinbarung muss von den vertretungsberechtigten Führungskräften Ihrer Organisation fristgerecht unterschrieben und zurückgesandt werden. Die terminlichen Eckpunkte sollten in den operativen Projektplan übernommen werden.

Fünfter Schritt: Projektumsetzung

Mit dem Start der Projektaktivitäten wechseln oft die für das Förderprojekt verantwortlichen Personen. Oft sind die Verantwortlichen für die Antragstellung nicht für die Umsetzung des Projekts zuständig. Von den externen Kooperationspartnern können neue Personen zum Projektteam stoßen. Die Abrechnung wird vielleicht von einem Experten aus der Buchhaltung übernommen, der von dem Vorhaben noch gar nichts weiß.

Für einen guten Start sorgen: Projekt-Kick-off

Damit keine wichtigen Informationen verloren gehen, empfehle ich, einen Projekt-Kick-off mit allen Beteiligten einzuberufen. Das Ziel ist, einen gleichen Informationsstand über das Vorhaben und die Bedingungen der Zusammenarbeit mit dem Förderpartner sicherzustellen. Seit der Fertigstellung des Antrags sind mehrere Monate oder zum Teil Jahre vergangen, bestimmte Rahmenbedingungen haben sich vielleicht geändert und Sie haben in der Zwischenzeit neue Erkenntnisse gewonnen. Das Projektkonzept und der Projektplan müssen entsprechend angepasst werden. Ein wichtiges Ziel vieler Förderinstitutionen ist, durch die Förderprojekte eine positive Öffentlichkeitswirkung zu erzielen. Daher sollte man die generelle Vorgehensweise und die Abstimmungsprozesse für die Öffentlichkeitsarbeit genau absprechen.

Zusammenarbeit während des Projekts

Die Form der Zusammenarbeit hängt in hohem Maße von den Wünschen des Förderers ab. Es gibt Partner, die Projekte „an der langen Leine" laufen lassen und nur bei großen Abweichungen informiert werden wollen, und es gibt Institutionen, die eine sehr enge Zusammenarbeit wünschen. Die Entscheidungsbefugnisse des Ansprechpartners in der Förderinstitution können stark variieren. Manche Referenten haben weite Entscheidungsspielräume; andere müssen in einem engen Korsett von vorgegebenen Leitlinien agieren. Wie sich die konkreten Bedingungen bei Ihrem Partner darstellen, sollten Sie gezielt herausfinden, um die Kommunikationsprozesse entsprechend gestalten zu können.

In den seltensten Fällen wird sich ein Projekt zu hundert Prozent so umsetzen lassen, wie es ursprünglich geplant wurde. Diese Tatsache kennen auch erfahrene Mitarbeiter der Förderorganisationen. Man muss sich aber bewusst machen, dass nur wenig das Vertrauen stärker zerstören kann, als eine unzureichende Information des Partners – insbesondere, wenn größere Veränderungen erst nach Projektende bekannt werden, Ziele nicht erreicht werden, Probleme bei der Öffentlichkeitsarbeit auftreten oder es größere Abweichungen vom Budgetplan gibt.

— Tipp: Gerade bei Schwierigkeiten den Kontakt halten

Bei größeren Veränderungen im Projekt oder wenn sich Risiken abzeichnen, empfiehlt es sich, proaktiv mit der Förderinstitution zu kommunizieren. In den meisten Fällen ist es dann möglich, gemeinsam eine Lösung zu finden.

Gegebenenfalls kann es notwendig sein, Änderungen am Projektkonzept und Projektplan mit dem Förderpartner abzusprechen. Wenn nach der langwierigen Vorbereitung das Projekt endlich gestartet werden kann, passiert es schnell, dass die Aufmerksamkeit vollständig vom Projektgeschäft in Anspruch genommen wird. Aus diesem Grund sollten Sie die Verantwortung für die Kommunikation mit der Förderinstitution klar zuweisen.

Abschlussbericht und Endabrechnung

Die meisten Zuwendungsgeber fordern eine detaillierte Abrechnung wenige Wochen nach Beendigung des Projekts. In vielen Organisationen ist die Motivation dafür zu diesem Zeitpunkt nicht mehr sehr hoch, da das Projekt bereits inhaltlich abgeschlossen wurde und viele den bürokratischen Aufwand scheuen. Wer hier aber nicht sauber arbeitet, kann eine böse Überraschung erleben. Auch werden meist die letzten 20 Prozent der Fördersumme erst nach Einreichen der Abschlussrechnung ausgezahlt.

Förderer behalten sich häufig vor, Gelder zurückzufordern, die nicht ordnungsgemäß ausgegeben wurden. Das kann bei größeren Projekten schnell zu einer Summe anwachsen, die den Fortbestand einer Organisation gefährdet. Ein Hauptfehler, der leider immer wieder gemacht wird, ist, dass es kein laufendes Projektcontrolling für die Finanzmittel gibt. Solange genügend Geld auf dem Projektkonto ist, scheint alles in Ordnung und die Rechnungen werden nicht selten unsortiert gesammelt. Die Aufarbeitung wird bis nach dem Projektende verschoben!

Selbst bei einem inhaltlich hervorragend abgeschlossenen Projekt kann eine fehlerhafte und unvollständige Abrechnung die Bewertung Ihres Projekts durch den Förderer stark verschlechtern. Im Nachhinein ist es häufig unmöglich oder extrem zeitaufwändig, bestimmte Vorgaben zu erfüllen (so, wenn Sie Fahrscheine im Original einreichen müssen und diese nicht gesammelt wurden oder wenn Sie nachweisen müssen, dass Sie vor einer Beauftragung von externen Dienstleistungen Vergleichsangebote eingeholt haben).

Genauso wichtig wie gute Anträge: Lobby- und Netzwerkarbeit

Nicht alle Fördermöglichkeiten werden offiziell ausgeschrieben

Wie in Kapitel 3.1.1 beschrieben, werden nicht alle Antragsmittel offiziell ausgeschrieben. Häufig muss man selbst aktiv werden und einen potenziellen Förderer erst einmal überzeugen, dass er sich einem Förderanliegen öffnet. Das gilt insbesondere für die Förderung durch die öffentliche Hand. Nur wenn Sie geschickt die Verwaltung und die Entscheidungsträger in den kommunalen Parlamenten überzeugen, haben Sie eine Chance.

Auch viele Stiftungen und privaten Förderer haben gar nicht die Kapazitäten Förderprogramme auszuschreiben und einige verzichten ganz bewusst auf eine Internetseite. Sie möchten nicht von Anfragen überrollt werden, sondern vertrauen auf Empfehlungen aus ihrem Umfeld. Ein Beispiel ist die *Theo und Friedl Schöller Stiftung* in Nürnberg. Sie werden von dieser Stiftung keine Homepage im Internet finden, obwohl Sie in der Region als großzügige Förderer von Wissenschaft, Medizin, Kultur und Soziales durchaus nicht unbekannt ist. Wie kommt man an solche Förderungen heran? Die wichtige Informationsquelle ist dabei Ihre Tageszeitung. Im Lokal- und Regionalteil finden Sie immer wieder Nachrichten über Förderaktivitäten bei Ihnen vor Ort. Fragen Sie aktiv in Ihrem privaten und beruflichen Umfeld nach Förder- und Finanzierungsmöglichkeiten. Binden Sie dabei möglichst alle Mitarbeiter und Unterstützer Ihrer Organisation mit ein. Wer kennt wen? Wer sitzt in welchem Gremium? Wer kann eine Empfehlung aussprechen?

Nutzen Sie Ihre Kontakte zur öffentlichen Verwaltung. Auch wenn Ihre Kommune aktuell keine Finanzmittel für Ihr Vorhaben zur Verfügung stellen kann, kann sie Sie empfehlen und ihren Einfluss geltend machen. Es gibt häufig enge Verbindungen zu den örtlichen Sparkassen, zu Bürgerstiftungen und sonstigen Stiftungen, die vielleicht sogar von der Kommune verwaltet werden. Kommunen, Landkreise und Bezirke sind zudem häufig für die Weitergabe von Landes- und Bundesmitteln zuständig. Wenn man sich die Förderpolitik von vielen Landesstiftungen ansieht, fällt auf, dass geförderte Projekte meist durch massive Lobbyarbeit der örtlichen Landtagsabgeordneten und Regierungsmitglieder nachdrücklich empfohlen wurden.

Durch Netzwerkarbeit höhere Fördersummen möglich machen

Das Fördervolumen für einzelne Vorhaben kann stark variieren. Einen Zuschuss von 500 oder 1.000 Euro von der Sparkasse zu erhalten, gelingt relativ vielen gemeinnützigen Vorhaben. Was ist aber, wenn Sie von der Sparkasse 10.000 oder 20.000 Euro benötigen. Da wird es nicht ausreichen, einfach im Antrag eine höhere Fördersumme einzutragen. Durch geschickte Überzeugungsarbeit bei den Entscheidungsträgern, durch Empfehlungen und eine gezielte Öffentlichkeitsarbeit müssen Sie erst den Boden dafür bereiten, dass man Sie auch in höheren Förderkategorien berücksichtigt.

Netzwerk und Lobbyarbeit als Führungsaufgabe

Führungskräfte spielen eine wichtige Rolle, wenn es um die persönliche Ansprache der Entscheider von Förderinstitutionen geht und um die Nutzung wertvoller Kontakte aus dem persönlichen Umfeld. Viele erfolgreiche Social-Profit-Organisationen zeichnen sich durch das große persönliche Engagement ihrer Führungskräfte in diesem Bereich aus. Bei jedem Treffen mit externen Kontakten überlegen sie, ob und wie sie das Gegenüber auf die Unterstützung ihrer Vorhaben ansprechen können. Sie verstehen sich dabei bewusst als Türöffner für die internen Mitarbeiter, die dann die operative Umsetzung von Kooperationen übernehmen.

Nach dem Antrag ist vor dem Antrag

Unabhängig davon, ob der Antrag erfolgreich war oder abgelehnt wurde, haben Sie für die nächste Antragstellung wichtige Erfahrungen gesammelt. Auch bei einer Absage haben Sie möglicherweise neue Projektideen oder Kooperationspartner gewonnen. Viele Stiftungen sind untereinander gut vernetzt und können Ihnen Tipps geben, wo es mit Ihrem Antrag erneut versuchen können. Bei regelmäßigen Ausschreibungen besteht zudem die Chance, sich mit einem modifizierten Projekt erneut zu bewerben. Bei einer erfolgreichen Kooperation mit einem Förderpartner sollte systematisch der Ausbau der Zusammenarbeit geprüft werden. Am besten ist es, wenn im ersten Antrag bereits ein Folgeprojekt skizziert wurde (etwa die Verbreitung der Projektergebnisse eines Pilotprojekts). Wenn der Antragsteller gute Arbeit abliefert, bekommt er vielleicht die Chance, sich als fester Partner der Förderinstitution zu etablieren.

3.2 Antragsmittel vor der Haustür

3.2.1 Lokale und regionale Fördermöglichkeiten der öffentlichen Hand

Torsten Schmotz

- Fördermöglichkeiten durch die Kommunen und den Landkreis
- Auch bei leeren kommunalen Kassen – Gebietskörperschaften vergeben Fördermittel von Land, Bund und Europäischer Union
- Fördermöglichkeiten auf der Ebene der Regierungsbezirke und Landesverbände
- Beispiele für lokal und regional geförderte Themen
- So gewinnen Sie die öffentliche Hand für Ihr Vorhaben
- Eine Unterstützung durch die öffentliche Hand, macht Sie für andere Spender und Förderer attraktiv

Für viele gemeinwohlorientiere Organisationen sind öffentliche Zuwendungen ein wichtiger Bestandteil ihrer Finanzierung. Kommunen fördern beispielsweise die Sanierung des örtlichen Sportplatzes durch den Sportverein, eine Personalstelle im Jugendzentrum eines freien Trägers, geben einen Reisekostenzuschuss für den Auslandsbesuch des Posaunenchors im Rahmen einer Städtepartnerschaft oder gewähren eine finanzielle Unterstützung für die aktuelle Kirchensanierung.

Die öffentliche Hand ist in Summe der größte Förderer

Kommunen, kommunale Verbände, Landkreise, Regierungsbezirke, Länder und der Bund vergeben im Bundesdurchschnitt etwa zehn Prozent Ihrer Haushalte in Form von freiwilligen Zuwendungen. Auch wenn die Haushaltslage bei vielen dieser Gebietskörperschaften nicht rosig ist, sind sie in ihrer Gesamtheit die wichtigste Förderquelle für soziale, kulturelle und sonstige gesellschaftliche Aktivitäten in Deutschland. Von der öffentlichen Hand werden so jährlich etwa 25 bis 30 Milliarden Euro verteilt. Auf der anderen Seite summieren sich die Gelder der privaten Förderer (Stiftungen, Förderfonds, Soziallotterien) zusammen auf etwa vier bis fünf Milliarden Euro. Staatliche und kommunale

Leistungen werden auch in Zukunft die wichtigste finanzielle Grundlage sozialer und kultureller Angebote sein.

Fördermöglichkeiten durch die Kommunen und den Landkreis

Unser Staat ist in verschiedene Ebenen gegliedert. Die Kommune/Gemeinde ist national die unterste räumlich-administrative Staatsgliederung. Im föderalistischen System soll sich die kommunale Selbstverwaltung insbesondere um das Zusammenleben vor Ort kümmern.

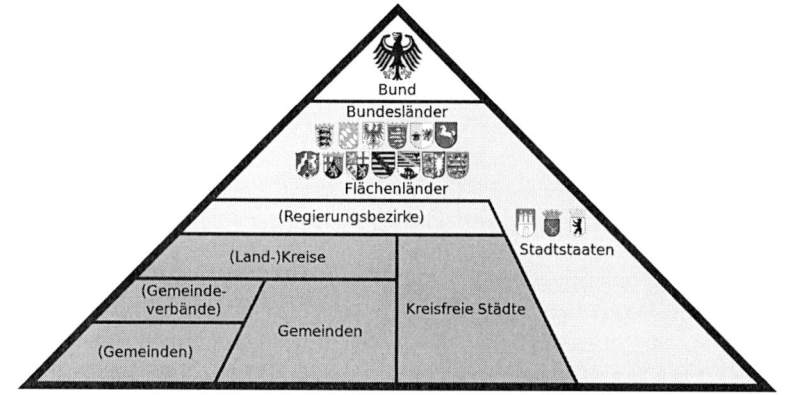

Abbildung 1: aus Wikipedia **www.de.wikipedia.org/wiki/Datei:Administrative_Gliederung_Deutschlands.svg)**
(cc) glglgl – Weitergabe unter gleichen Bedingungen 2.0 Deutschland"

Neben den Pflichtaufgaben können freiwillige Aufgaben übernommen werden

Bei den Befugnissen der über 11.000 Gemeinden in Deutschland wird zwischen Pflichtaufgaben und freiwilligen Aufgaben unterschieden. Pflichtaufgaben sind etwa Feuerschutz, Abwasserbeseitigung, Schulentwicklungsplanung, Anlage/Unterhalt von Kindergärten und Horten, Schulträgerschaft, Friedhöfe. Bei den freiwilligen Aufgaben kann die Gemeindeverwaltung weitgehend frei entscheiden, ob und wie Sie hier Aufgaben übernehmen möchte.

Zuständigkeiten auf Kreisebene

Wenn es sich bei Ihrer Kommune nicht um eine kreisfreie Stadt handelt, übernimmt der (Land-)Kreis bestimmte Aufgaben auf überkommunaler Ebene. An der Spitze steht ein Landrat und der Kreistag. Viele Kreistagsabgeordnete sind in Doppelfunktion tätig, da sie auch auf kommunaler Ebene beispielsweise als Bürgermeister aktiv sind. Typische Aufgabengebiete der Kreise sind Sozialleistungen (Sozial-, Alten- und Jugendhilfe, Krankenhäuser), Kultur (Volkshochschulen, Museen) oder weiterführende Schulen.

Zuständigkeit auf Stadtteilebene

Bei größeren Städten werden bestimmte Aufgaben auf die Stadtteile übertragen. Die Münchner (Stadt-)Bezirksausschüsse fördern stadtteilbezogene Anliegen der Bürger. Initiativen, Gruppen oder sonstige Organisationen, die in den Bereichen Kultur und Kunst, Jugend und Soziales, Schule, Sport und Spiel, Gesundheit und Umwelt das Gemeinschaftsleben ihres Stadtbezirkes durch interessante Aktionen und Projekte gestalten und bereichern wollen, können Zuwendungen beantragen. Häufig gibt es Zuschüsse zur Weihnachtsfeier, zum Sommerfest, zu Seniorenfahrten, Gewaltprävention an Schulen und anderen Schulprojekten oder zur Erstausstattung in Kinderinitiativen. Einige Bezirksausschüsse haben die Zuschüsse begrenzt (300 bis 3.000 Euro), andere fördern auch Vorhaben in einer Größenordnung von 15.000 bis 20.000 Euro. Eine Zuwendung wird erfahrungsgemäß eher bewilligt, wenn ein Eigenanteil (25 bis 50 Prozent) bei der Finanzierung eingeplant ist.

> **Tipp: Analysieren Sie die freiwilligen Leistungen Ihrer Kommune und Ihres (Land-)Kreises**
> Die Haushalte der Gemeinden werden öffentlich beraten und verabschiedet. Jeder Bürger hat ein Recht darauf, alle Budgetposten und Budgetzahlen im Detail zu erfahren. Fast alle Gemeinden veröffentlichen Ihre Haushalte inzwischen im Internet. Nutzen Sie diese Informationsmöglichkeit, um sich gezielt auf Gespräche mit den Entscheidungsträgern vorzubereiten und um eine Einschätzung zu bekommen, welche Themen und welche Träger in Ihrer Gemeinde besonders berücksichtigt werden. In diesem Umfeld müssen Sie sich mit Ihren Anliegen behaupten.

Die Finanzierungsmöglichkeiten von Gebietskörperschaften sind in Deutschland sehr unterschiedlich. Einige Städte und Gemeinden profitieren vom Wirtschafts- und Bevölkerungswachstum in ihrer Region, andere sind finanziell so eingeschränkt, dass sie sogar unter Zwangsverwaltung der vorgesetzten Behörden stehen.

— Praxisbeispiel: Ausgewählte freiwillige Leistungen der *Stadt Ansbach* im Haushalt 2015 —

Die *Stadt Ansbach* liegt in Mittelfranken in der Metropolregion Nürnberg, hat 39.600 Einwohner und einen Gesamthaushalt von knapp 124 Mio. Euro bei einen Schuldenstand von 21,6 Mio. Euro. Der Anteil der Zuweisungen/Zuschüsse im regulären Haushalt beträgt 11,0 Prozent.

Zuschuss an die Bachwoche Ansbach GmbH	130.000 EUR
Städtische Musik- und Singschule	241.600 EUR
Volkshochschule	132.300 EUR
Jugend- und Freizeitzentrum	165.600 EUR
Zuschüsse an Sportverbände und –vereine	200.000 EUR
Wirtschaftsförderung	123.200 EUR
Städtepartnerschaft, Kultur, Heimatpflege und Fremdenverkehr	610.300 EUR
Naturschutz/Landschaftspflege	76.005 EUR
Stadtjugendring	139.017 EUR
Förderung der Wohlfahrtspflege	160.928 EUR
Seniorenarbeit	16.755 EUR

Die direkten Ansprechpartner auf Gemeindeebene

Die Verwaltung der Kommunen ist in verschiedene Verwaltungsbereiche eingeteilt. Die folgende Checkliste hilft Ihnen bei der Suche nach den wichtigsten Ansprechpartnern für gemeinwohlorientierte Organisationen. Bitte beachten Sie dabei, dass in kleineren Gemeinden bestimmte Stellen nicht vorhanden sind oder von übergreifenden Stellen verantwortet werden.

Checkliste 69: Ansprechpartner bei der kommunalen Verwaltung

Verwaltungsspitze/ (Ober-)Bürgermeister	Kann bei entsprechendem Interesse Empfehlungen oder Weisungen an die untergeordneten Verwaltungsstellen geben.
Finanzverwaltung	Kämmerei, Stadtkasse, Steueramt, Liegenschaftsamt, Amt für Verteidigungslasten
Rechts-, Sicherheits- und Ordnungsverwaltung	Rechtsamt, Ordnungsamt, Einwohner- und Meldeamt, Standesamt, Versicherungsamt, Feuerwehr, Zivilschutz
Schul- und Kulturverwaltung	Schulverwaltungsamt, Kulturamt, Bibliothek, Volkshochschule, Musikschule, Museum, Theater, Archiv
Sozial-, Jugend- und Gesundheitsverwaltung	Sozialamt, Jugendamt, Sportamt, Gesundheitsamt, Krankenhäuser, Ausgleichsamt
Bauverwaltung	Bauverwaltungsamt, Stadtplanungsamt, Vermessungs- und Katasteramt, Bauordnungsamt, Wohnungsförderungsamt, Hochbauamt, Tiefbauamt, Grünflächenamt
Verwaltung für Wirtschaft und Verkehr	Amt für Wirtschafts- und Verkehrsförderung, Eigenbetriebe, Forstamt

— Praxisbeispiel: Zuständigkeiten von Dezernaten ———————————————

In *Ludwigsburg*, einer Stadt mit 80.000 Einwohnern, ist das Dezernat II zuständig für Bildung, Sport und Soziales zum Beispiel mit dem Fachbereich Bürgerschaftliches Engagement **www. ludwigsburg.de**. In der Millionenstadt *München* gibt es ein eigenes Sozialreferat und darin etwa das Amt für Wohnen und Migration, das Stadtjugendamt (mit Förderung der „Eltern-Kind-Initiativen"), die Sozialen Stiftungen und die Förderung von Selbsthilfe und Bürgerschaftlichem Engagement. 30 weitere soziale Dienstleistungen für die Bürger werden interdisziplinär und bürgernah in 13 Sozialbürgerhäusern erbracht **www.muenchen.de**.

— Praxisbeispiel: Zuständigkeiten eines Landkreises ———————————————

Im *Landkreis Ludwigsburg* **www.landkreis-ludwigsburg.de** gibt es beispielsweise folgende Zuständigkeits- und Förderbereiche:

Abfall: Die meisten Aktionen verursachen Abfall. Hier gibt es Rat und Tat. Tipp: Bei Mitgliedern nach privaten Sperrmüllkarten fragen, die nicht benötigt werden, und diese dann einlösen.

Ältere Menschen: Zu Beratung, Heimaufsicht und Altenhilfe-Fachberatung gibt es Informationen beim Forum stationäre Altenpflege im Landkreis Ludwigsburg **www.forum-altenpflege-lb.de**.

Einheitlicher Ansprechpartner: Alle in- und ausländischen Dienstleister/Antragsteller können alle Verfahren und Formalitäten über eine Ansprechperson abwickeln.

Gesundheit / Verbraucherschutz: Im Dezernat Gesundheit und Verbraucherschutz sind alle Bereiche des Gesundheits- und des Veterinärwesens zusammengefasst. Hier gibt es auch einen Selbsthilfegruppen-Wegweiser.

Kinder und Jugendliche: Adoption, allgemeiner sozialer Dienst, Jugendamt/Jugendhilfe, Jugendgerichtshilfe, Kreisjugendpflege, *Landesprogramm Stärke*, Mobile Jugendarbeit, Hilfen für Alleinerziehende, Pflegekinderdienst, Tagesmütter, Beistandschaften, Psychologische Beratungsstelle.

Kultur und Bildung: Schulberatung und Schulaufsicht, Schulen im Landkreis, Kreisarchiv, Kreismedienzentrum, Kreisergänzungsbücherei, öffentliche Fachbibliothek, Volkshochschule. Das Staatliche Schulamt Ludwigsburg veröffentlicht im Internet in der Rubrik „Wettbewerbe und Projekte" aktuelle Ausschreibungen **www.ssa-lb.de**. Das Kreismedienzentrum verleiht Medien und audiovisuelle Geräte für Schule, Jugend- und Erwachsenenbildung. Auch werden verschiedene kostenlose Fortbildungen zum Medieneinsatz angeboten.

Planen, Bauen, Wohnen: Immissionsschutz, Denkmalschutzbehörde und Wohnbauförderung.

Sicherheit und Ordnung: Sammlungen, Versammlungsrecht, Messen, Märkte und Ausstellungen, Umsatzsteuerbefreiung, Gaststättenerlaubnis etc.

Soziales: Ausbildungsförderung (BAföG), Bürgerengagement **www.buergerengagement. de** , Beratungsstelle Frau und Beruf, *Europäischer Sozialfonds*, Sozialhilfe, Täter-Opfer-Ausgleich, Wegweiser für Behinderte oder psychisch Kranke, Wohngeld.

Landwirtschaft und Ernährung: Forsten, Landwirtschaft, Ernährung und Gewerbeaufsicht. Ansprechpartner zu Kooperationen von Vereinen mit landwirtschaftlichen Betrieben (Tage der Gläsernen Produktion oder Brunch auf den Bauernhof).

Verkehr: Alles was mit Fahrerlaubnis, Feinstaubplakette, Güterkraftverkehr, KFZ-Zulassung, Schwertransporten und Öffentlichem Personennahverkehr zu tun hat.

Um auf sich aufmerksam zu machen, hatte ein Verein eine symbolische Feinstaubplakette in der Innenstadt direkt zum Verkauf angeboten.

Umwelt: Umweltpreise, Umweltprojekte, staatliche Aufgaben mit Flächen- und Umweltbezug. Wenn etwa ein Gummientenrennen (siehe Kapitel 2.1.9 *Garantierter Gewinn – Lotterien und Tombolas selbst veranstalten*) auf einem Fluss organisiert wird, muss hier vorher angefragt werden.

Volksvertreter, Beiräte und Ausschüsse als Türöffner

Neben den Mitarbeitern der Ämter sollte man unbedingt auch auf einzelne Gemeinderäte/Stadträte und die verschiedenen Fraktionen zugehen. Auf kommunaler Ebene sind diese ja nicht nur für die Verabschiedung von Richtlinien für die Verwaltung, sondern auch selbst für die Entscheidung über größere Fördersummen zuständig. Jeder Gemeinderat bietet regelmäßig Sprechstunden an. Die Räte haben ein hohes Interesse, Ihre Kommune nach vorne zu bringen und ergreifen oft die Gelegenheit, sich mit Vorschlägen zur Unterstützung von bestimmten Projekten (politisch) zu profilieren. In der Regel versuchen Gemeinderatsmitglieder, sich auf bestimmte Themen zu konzentrieren und sind dann Mitglied in bestimmten Fachausschüssen, so für Soziales oder Kultur. Viele Gemeinderäte sind ehrenamtlich aktiv und haben dadurch ein gutes Gefühl für die Bedürfnisse der Bürger vor Ort. Für einen Verein oder eine Kirchengemeinde ist es meist sehr wertvoll, wenn ein Mitglied auch gleichzeitig als Gemeinderat aktiv ist.

In größeren Kommunen gibt es zusätzlich Beiräte, Arbeitsgruppen und Koordinierungsstellen für öffentliche Belange. Beispiele sind *Ausländerbeirat, Beirat für Menschen mit Behinderung, Seniorenbeirat* oder *Jugendparlament*. Nutzen Sie auch Bürgerversammlungen, um die Entscheidungsträger kennen zu lernen, Vorschläge voran zu bringen und eine öffentliche Diskussion anzustoßen.

Förderprogramme auf kommunaler Ebene

In einigen Gemeinden und Städte bestehen für bestimmte Themen eigene Förderprogramme. Hier kann man sich als Träger direkt bewerben, und muss die Mittel nicht über langwierige Netzwerk- und Lobbyarbeit aus dem regulären Haushalt erstreiten.

Richtlinien für Zuschüsse der *Stadt Gersthofen* an die Ortsvereine (Laufende Zuschüssse, Mietzuschüsse, Zuschüsse für besondere Anlässe und Leistungen und Investitionszuschüsse für Vereine im Ortsgebiet)

Förderprogramm *Altstadt Marktbreit* (Erhaltung des ortstypischen, eigenständigen Charakters des Ortsbildes der Altstadt Marktbreit)

Förderprogramme der *Stadt Biberach* (Umweltschutzmaßnahmen wie „Grün in der Stadt", „Bau von Regenwasseranlagen"; „Thermischer Solarbau"; „Wärmedämmung am Altbau; „Modellhafte Energieprojekte")

Förderschwerpunkt für freie Kunst und Kultur der *Stadt Leipzig* (Erhalt von Vielfalt und Qualität des vorhandenen Angebots und verstärkte Förderung neuer, innovativer Projekte)

Auch bei leeren kommunalen Kassen – Gebietskörperschaften vergeben Fördermittel von Land, Bund und Europäischer Union

Auch wenn der Haushalt Ihrer Kommune völlig ausgeschöpft ist, macht es Sinn, auf die Ansprechpartner zu zugehen. Die örtlichen Gebietskörperschaften sind häufig verantwortlich, Förderprogramme der höher angesiedelten Behörden und Körperschaften zu verteilen und zu betreuen. Ein Landesministerium schreibt beispielsweise ein landesweit gültiges Klimaschutzprogramm aus, die Auswahl der Projektträger erfolgt dann aber auf Ebene der Landkreise und kreisfreien Städte. Die Fördermittel aus dem Europäischen Landwirtschaftsfonds im Bereich des Programms *LEADER* werden zu weiterer Verteilung an die regionalen Aktionsbündnisse gegeben. Fragen Sie bei Ihren Gesprächen also aktiv nach, ob es aktuell entsprechende Förderausschreibungen gibt. Größere Kommunen betreiben sogar eigene Beratungsstellen zur Fördermittelgewinnung, Zielgruppen dabei sind allerdings eher Existenzgründer und Unternehmer.

Kommunen benötigen Kooperationspartner, um selbst von Fördermitteln zu profitieren

Bund und Länder schreiben regelmäßig Förderprogramme für Kommunen und Städte aus. Ein Beispiel ist das Städtebauprogramm *Soziale Stadt*. Formal gesehen kann sich dort häufig nur die öffentliche Hand selbst bewerben. Den staatlichen Stellen fehlen aber häufig Knowhow und Kapazitäten, um für solche Fördertöpfe die passenden Konzepte und Programme zu entwickeln und umzusetzen. Gemeinnützige Träger, welche sich hier als Ideengeber und Partner positionieren, können auf diese Weise indirekt von solchen Förderprogrammen profitieren.

— Praxisbeispiel: Förderung der Familienbildung durch Städtebauförderung —

Das Ziel des seit 1999 ausgeschriebenen Bund-Länderprogramms *Soziale Stadt* ist die Stabilisierung und Aufwertung städtebaulich, wirtschaftlich und sozial benachteiligter sowie strukturschwacher Stadt- und Ortsteile. Bis 2015 wurden bundesweit über 600 Gesamtmaßnahmen in 378 Städten und Gemeinden gefördert.

In *Ingolstadt* wurde beispielsweise mit dem Projekt *FaBIA – Familienbildung Augustin* die Bildungssituation in einem Stadtteil mit hohen Anteil von Menschen mit Migrationshintergrund verbessert. Die Arbeit konzentrierte sich dabei auf drei Bausteine: 1) Bildungsförderung für Kinder, 2) Elternbildung und Stärkung der Erziehungskompetenz und 3) Stärkung der Selbsthilfekompetenz von Frauen mit Familien aus verschiedenen Kulturen. Neben Einrichtungen der Stadt (Grundschule, Jugendamt, Volkshochschule) beteiligten sich mehr als zehn gemeinnützige Träger (Caritas, Sportvereine, Kulturvereine, Bildungsträger) an der Umsetzung. Auf den Internetseiten **www.staedtebaufoerderung.info** finden sich zahlreiche weitere Beispiele für erfolgreiche Projekte.

Fördermöglichkeiten auf Ebene der Regierungsbezirke und Landesverbände

Regierungsbezirke – Eine aussterbende Spezies

In vier der größeren Flächenländer gibt es – zwischen den Gemeinden/Kreisen und dem Bundesland – den Regierungsbezirk als Zwischenebene, welche festgelegte Aufgaben übernimmt und über eigene Budgets verfügt. Die Bezirke übernehmen dabei Aufgaben, welche über die Zuständigkeit und das Leistungsvermögen der kreisfreien Städte und Landkreise hinausreicht.

Bundesland	Regierungsbezirke
Bayern	Oberbayern, Niederbayern, Oberfranken, Mittelfranken, Unterfranken, Oberpfalz, Schwaben
Baden-Württemberg	Freiburg, Karlsruhe, Stuttgart, Tübingen
Hessen	Darmstadt, Gießen, Kassel
Nordrhein-Westfalen	Arnsberg, Detmold, Düsseldorf, Köln, Münster

In allen anderen Ländern wurden die Bezirke seit dem Jahr 2000 aufgelöst oder es gab keine Regierungsbezirke.

Bundesland	Beispiele für die Aufgabenfelder der Regierungsbezirke
Bayern	Träger psychiatrischer und neurologischer Fachkrankenhäuser, von Spezialkliniken, Fach- und Sonderschulen und Freilichtmuseen. Ferner sind sie überörtliche Sozialhilfeträger für die Behindertenhilfe. Förderung der Bezirksjugendringe, Denkmalschutz, Heimatpflege
Baden-Württemberg	Anerkennungen neuer Stiftungen; Denkmalpflege, Heimatpflege, Laienmusik, Kleintheater, soziokulturelle Zentren, Maßnahmen der Jugend- und Erwachsenenbildung und der internationalen Jugendbegegnung, Kleinkindbetreuung, psychosoziale Beratungsstellen, ambulante Dienste der Familien-, Behinderten- oder der Altenhilfe. Krankenhausfinanzierung
Hessen	Inneres (Kommunalaufsicht, Öffentliche Sicherheit und Ordnung, Brandschutz, Katastrophenschutz, Rettungsdienst und Luftrettung, Zivile Verteidigung); Soziales (Sozialangelegenheiten, Flüchtlings- und Asylangelegenheiten, Aussiedlerwesen, Arbeitsschutz); Umwelt (Wasser Gewässer-Informationszentrum, Abfall, Immissionsschutz Bergaufsicht); Soziales (Soziales Entschädigungsrecht, Schwerbehindertenrecht, Heimgesetz, Hessisches Altenpflegegesetz, Krankenhauspflegesätze)

Nordrhein-Westfalen	Regionalplanung und Verkehr, Gesundheit, Umwelt- und Arbeitsschutz, Kultur und Sport, Integration und Migration, Wirtschaftsförderung und Schulaufsicht

Die Regierungsbezirke sind häufig für die Vergabe und Verwaltung von Landesmitteln zuständig (Siehe auch Kapitel 3.3.1 *Landes- und Bundesförderung – Unterstützung für Vorhaben mit überregionaler Bedeutung*).

Landschaftsverbände in Niedersachsen und NRW

In Niedersachsen und Nordrhein-Westfalen gibt es so genannte Landschaftsverbände. Dabei handelt es sich um einen kommunalen Zusammenschluss – nicht aber um eine selbstständige öffentliche Körperschaft mit Hoheitsrechten. Die Aufgaben der niedersächsischen Landschaften und Landschaftsverbände beschränken sich auf die Kulturförderung. Dagegen nehmen sie in Nordrhein-Westfalen auch soziale Aufgaben wahr. Die Landschaftsverbände in Niedersachsen sind daher nach Finanzvolumen und Personalbestand deutlich kleiner.

Weitere Verbände in Hessen, Sachsen, Baden-Württemberg und Rheinland-Pfalz

Landeswohlfahrtsverbände bestehen in den Bundesländern Hessen (*Landeswohlfahrtsverband Hessen*) und Sachsen (*Kommunaler Sozialverband Sachsen*). Es handelt sich um Verbände, die jeweils von den Landkreisen und Städten des Bundeslandes getragen und finanziert werden. Sie nehmen Aufgaben der Sozial- und Behindertenhilfe wahr, insbesondere die Funktion des überörtlichen Trägers der Sozialhilfe. Der *Kommunale Verband für Jugend und Soziales in Baden-Württemberg* ist überörtlicher Träger der Sozialhilfe, der Jugendhilfe, der Kriegsopferfürsorge und Sitz des Integrationsamtes. Der *Bezirksverband Pfalz* fördert im Bundesland Rheinland-Pfalz zahlreiche öffentliche und private Initiativen, die mit pfälzischer Geschichte und Volkskunde, mit Kultur und Kunst, mit Umweltschutz oder mit Tourismus zu tun haben, und vergibt eine ganze Reihe von entsprechenden Preisen. Der *Kommunale Sozialverband Mecklenburg-Vorpommern* fungiert als überörtlicher Träger der Sozialhilfe und der Jugendhilfe.

Beispiele für lokal und regional geförderte Themen

Das typische Förderspektrum einer Kommune wird im Folgenden an Beispielen aus der *Stadt München* aufgezeigt:

Bürger gestalten ihre Stadt – neue Formen der Bürgerbeteiligung

Gefördert werden Vorhaben der Bürgermitwirkung, die frühzeitig mit allen relevanten Akteuren vor Ort Vorschläge erarbeiten, Konflikte lösen, die Identifikation mit dem Stadtteil erhöhen und die örtliche Selbstorganisationsfähigkeit erhöhen. Unter der Voraussetzung einer anteiligen Mitfinanzierung können (Stadt-)Bezirksausschüsse daraus Zuschüsse abrufen. Bisher gefördert wurden zum Beispiel Informationsveranstaltungen zur Vernetzung, eine Geschichtswerkstatt, eine Zukunftswerkstatt, Workshops, eine Bewohnerbefragung.

Soziale Sicherung

Konkrete kommunale Aufgabe ist die Förderung freier Träger im Bereich Sozialhilfe, Grundsicherung, Hilfe zur Arbeit/Eingliederung in den Ersten Arbeitsmarkt, berufsbezogene Jugendhilfe, Schuldnerberatung, Hilfen für kranke, pflegebedürftige, zu betreuende und behinderte Menschen, Beratung alter Menschen und Angehöriger, Angebote der Begegnung, Kommunikation und Bildung für alte Menschen und Hilfen zum Erhalt der eigenen Häuslichkeit.

Wohnen und Bauförderung

Im Bereich Wohnen ist das kommunale Amt zuständig für die Vermittlung von Sozialwohnungen und den Erhalt von Wohnraum. Wohnungslosen Haushalten bietet es eine vorübergehende Unterkunft, bemüht sich jedoch bereits im Vorfeld darum, Wohnungslosigkeit zu vermeiden. Wohngeld wird hier beantragt und geprüft, und die kostenlose Mietberatung kann von Mietern und Vermietern in Anspruch genommen werden. Anhand des kostenlosen Mietspiegels können Bürger ihre Miete oder Mietforderung überprüfen. Das Amt fördert freie Träger, die Plätze und Wohnraum in Einrichtungen und Sonderwohnformen und quartierbezogene Bewohnerarbeit anbieten.

Bauförderung für Familien mit geringem oder mittlerem Einkommen ist der Kommune wichtig. Dabei können nicht nur Privatpersonen, sondern auch gemeinwohlorientierte Wohnprojekte von Genossenschaften und Vereinen an verbilligte Grundstücke kommen. So finanzierte *Nachbarschaftlich Leben für Frauen im Alter e.V.* sein zweites Gebäude über Sozialwohnungseinkünfte und über das so genannte *München-Modell* mit der Folge, dass die Mieten 20 bis 30 Prozent unter der marktüblichen Miete bleiben können **www.muenchen.de/ muenchen-modell.**

Migration und Integration

Die Kommune initiiert und fördert Maßnahmen zur Sicherung eines toleranten und friedlichen Zusammenlebens. Die Integration von Flüchtlingen gehört ebenso dazu wie die Hilfe bei ihrer Rückkehr. Die Kommune fördert freie Träger, die Beratung und Betreuung sowie Kinder- und Jugendarbeit für Flüchtlinge anbieten, und ist häufiger und kompetenter Kooperationspartner bei Events zu interkulturellen Fragen.

Stadtjugendamt

Das städtische Jugendamt setzt sich für die Wahrnehmung der Interessen und Bedürfnisse von Kindern, Jugendlichen, jungen Erwachsenen und Familien ein. Das Jugendamt arbeitet in gesetzlich bestimmten Aufgabenbereichen (nach dem KJHG/Kinder- und Jugendhilfe-Gesetz und nach anderen Gesetzen) und vollzieht die Beschlüsse des Stadtrats zu den jeweiligen aktuellen Erfordernissen.

Das Amt fördert freie Träger bei Kindertagesbetreuung in Initiativen, schulbezogener Sozialarbeit, Maßnahmen bei gefährdeten Lebenslagen, Jugendgerichtshilfe, regionale und überregionale sowie verbandliche Angebote der offenen Kinder- und Jugendarbeit, Ferienangebote, Angebote der Begegnung, Kommunikation und Bildung, Familienberatung, Maßnahmen des bürgerschaftlichen Engagements, Lebensberatung. Freie Träger der Jugendhilfe sind insbesondere die Wohlfahrts- und Jugendverbände und Vereine. Die Stadt fördert auf freiwilliger Basis Eltern-Kind-Gruppen für die Betreuung unter dreijähriger Kinder. Ansprechpartner ist auch hier das Jugendamt.

Kultur

Im Bereich der Kulturförderung gilt einmal mehr, dass die Förderung je nach Kommune sehr unterschiedlich sein kann. Es gibt unterschiedliche Arten und Maßnahmen der Kulturförderung:

– Projektzuschüsse und Veranstaltungskooperationen,
– Durchführung von Festivals und Stadtteilwochen,
– Preise, Stipendien,
– Ausstellungen,
– Musik-, Theater- und Tanzförderung,
– Atelier- und Galerienförderung, Ankäufe,
– Beauftragungen, Auftragsarbeiten,
– Förderung stadtteil-kultureller Aktivitäten,
– Zuschüsse für Vereins- und Initiativenarbeit,
– Beteiligung an thematischen Veranstaltungsreihen,
– praktische und organisatorische Unterstützung von Veranstaltungen,
– Programmberatung, organisatorische und inhaltlich-künstlerische Beratung,
– Infrastrukturförderung,
– Zeitzeugenarbeit,
– Herausgabe von Veranstaltungskalendern,
– Förderung des Betriebs kultureller Einrichtungen.

Bei manchen Vorhaben und Events fördern die Kommunen nicht nur, sondern kooperieren aktiv und setzen eigene Mittel ein. In großen Städten wie *München* verleiht die Kommune technische Gerätschaften (Tonanlagen, Lichtanlagen, Bühnentechnik, Ausstellungstechnik) an Vereine, Initiativen und Institutionen gegen eine geringe Verwaltungsgebühr und leistet technische Beratung sowie die technische Leitung von kommunalen Großveranstaltungen.

— **Tipp: Mit öffentlichen Kultureinrichtungen kooperieren** —————————

Es gibt in den Kommunen oft eine Vielzahl von Bibliotheken, Bühnen, Museen, Galerien, Orchester, Musikschulen, Kultur- und Freizeitzentren. In der Regel können diese Einrichtungen keine Förderungen vergeben. Doch sie kooperieren gelegentlich mit gemeinnützigen Organisationen bei kulturellen (Fundraising-)Events (als Beispiel siehe oben das Bild zur Aktion „Kultur für Toleranz" im Kapitel 2.2.7 *Zusammen geht es besser – Kooperationen und strategische Partnerschaften*). Den kulturellen Einrichtungen stehen Mittel für Öffentlichkeitsarbeit, für Projekte, Lesungen, musikalische Veranstaltungen, soziale Kulturarbeit, Zielgruppenarbeit und anderes zur Verfügung. Da sie regelmäßig viel beachtete Programme veröffentlichen und Publikum anziehen, lohnt sich eine solche

Kooperation sehr. Die in diesem Zusammenhang eventuell zur Verfügung gestellten repräsentativen Räumlichkeiten sind eine sonst unbezahlbare Unterstützung. Über die Einrichtungen gelingt der Kontakt zu prominenten Kulturschaffenden, die eine wichtige Rolle bei Events und Kampagnen übernehmen können. Museen haben Mittel für Ausstellungen, Büchereien für Lesungen, Musikschulen für musikalische Events, Freizeitzentren für Veranstaltungen, Theater für Theaternächte oder Kostümverleih.

Finanzierung von Selbsthilfegruppen

Als Unterstützer von Selbsthilfegruppen, -organisationen und -kontaktstellen kommen nach dem SGB in Frage die Sozialhilfeträger, die Renten- und Unfallversicherungsträger, die Versorgungs- und Integrationsämter und die Träger der öffentlichen Jugendhilfe sowie die Kommunen und Länder (siehe die Kapitel 3.2.5 *Förderung durch die Sozialversicherungen und* 3.3.1 *Landes- und Bundesförderung – Unterstützung für Vorhaben mit überregionaler Bedeutung*). In Betrieben und Dienststellen hilft auch das Integrationsteam, das aus Vertretern des Betriebs- oder Personalrates, der Schwerbehindertenvertretung und einem Beauftragten des Arbeitgebers besteht. So fördert das Münchner Sozialreferat Eltern-Kind-Initiativen, Familienselbsthilfe, insbesondere Mütterzentren, Behinderteninitiativen, Nachbarschaftshilfegruppen, selbst organisierte Initiativen für Migranten. Selbsthilfeförderung ist vor allem als Starthilfe gedacht. Information und Beratung: **www.shz.de**.

Eine-Welt-Arbeit

Das *Münchner Nord-Süd-Forum* (NOSFO) erhält vom Kulturreferat Zuschüsse für das Programm. Das können auch Vorhaben von Mitgliedsgruppen in Kooperation mit dem NOSFO sein – ein guter Grund, dem NOSFO beizutreten **www.nordsuedforum.de**.

Stipendien und Preise am Beispiel der Hansestadt Hamburg

Kommunen vergeben traditionell Förderpreise und Stipendien, wobei die Mittel teilweise aus privaten Stiftungen stammen. Die Hansestadt Hamburg vergibt beispielsweise:
– Hamburger Musikpreis für Komponisten *Bach-Preis* mit 15.000 Euro
– *Hubert-Fichte-Preis* für Literatur mit 7.500 Euro
– *Lessing Kunstpreis der Freien und Hansestadt Hamburg* mit 10.000 Euro
– Preis und Stipendien für bildende Kunst *Lichtwark-Preis* mit 15.000 Euro
– Förderpreis für Literatur und literarische Übersetzungen mit Arbeitsstipendien über 6.000 Euro
– *Aby Warburg Preis für Nachwuchswissenschaftler* mit 10.000 Euro und 5.000 Euro Stipendium
– *Karl-Schneider-Preis für angewandte Kunst und Design* mit 7.500 Euro

So gewinnen Sie die öffentliche Hand für Ihr Vorhaben

Wie öffentliche Mittel formal vergeben werden

Grundsätzlich lassen sich Zuwendungen der öffentlichen Hand auf zwei Wegen erlangen:

- Entweder gibt es ein festes Förderprogramm (Haushaltslinie) bei dem Sie sich direkt bewerben können. Eine Stadt reserviert beispielsweise 500.000 Euro für Kulturaktivitäten im laufenden Jahr. Die interessierten Institutionen müssen sich bis Ende November des Vorjahres mit ihren konkreten Vorhaben bewerben.
- Oder der Zuschuss an Ihr Projekt wird im Rahmen des jährlichen Haushaltes verabschiedet. Dazu muss die Verwaltung einen entsprechenden Entwurf in den Haushaltsplan einbringen. Das bedeutet für die Projekte möglicherweise bis zu 1 ½ Jahre Unsicherheit, ob die beantragten Gelder eingehen werden. Denn auch, wenn das Referat den Antrag befürwortet und die Mittel dafür in seinem Etatentwurf eingeplant hat, ist die Zustimmung des Stadtrats noch nicht gesichert. Sogar wenn der Gesamthaushalt bereits verabschiedet ist, können veränderte politische Mehrheiten oder finanzielle Engpässe noch zu einer Kürzung oder Sperrung der Mittel führen. Darum ist es riskant, wenn ein neues Projekt im Vertrauen auf kommunale Zuwendungen zum Beispiel Miet- oder Arbeitsverträge abschließt. Im Ausnahmefall, wenn es eine hohe Dringlichkeit gibt und noch Mittel im Haushalt vorhanden sind, kann ein Stadtrat auch unterjährig über einen Zuschuss entscheiden.

— **Tipp: Nehmen Sie so früh wie möglich Kontakt auf** ——————————————

Gerade bei neuen Vorhaben, die bisher noch nicht gefördert wurden, empfiehlt es sich, so früh wie möglich den Kontakt zur Verwaltung aufzunehmen. Die Haushaltsplanungen für das folgende Jahr beginnen meist schon zu Beginn des Vorjahres.

Schlagkräftige Argumente vorbereiten

Um öffentlich gefördert zu werden, müssen Sie Ihre Vorgehensweise gut planen. Als erstes benötigen Sie eine gute Beschreibung Ihres Vorhabens. Arbeiten Sie dazu den Abschnitt Erster Schritt: *Die Konzeption als Arbeitsgrundlage* in Kapitel 3.1.2 *In fünf Schritten zur Förderung: Konzeption, Recherche, Antragstellung, Vereinbarung und Umsetzung* durch. Sie müssen dabei folgende Fragen konkret und überzeugend beantworten können:

Checkliste 70: Schlagkräftige Argumente für die öffentliche Verwaltung

Welche konkreten Vorteile bringt das Vorhaben den Bewohnern der Gemeinde, des Landkreises etc.?
Warum sollte sich die öffentliche Hand dafür verantwortlich fühlen?
In welcher Form wird die öffentliche Verwaltung entlastet?
Wie passt das Vorhaben zu den aktuellen politischen Zielen?
Welche öffentliche Wirkung kann erwartet werden?
Welche Vorteile liegen in einer Trägerschaft durch eine freigemeinnützige Organisation?
Welche Hebelwirkung kann durch eine öffentliche Förderung erreicht werden?
Welche eigenen Ressourcen bringen Sie ein?
Können durch das Vorhaben weitere Zuschüsse von anderer Seite eingeworben werden (Land, Bund, EU, private Förderer, Spenden)?

Verbündete suchen

Um Zuwendungen zu erhalten, müssen Sie auf Seiten der öffentlichen Hand Unterstützer gewinnen. Zunächst sollten Sie sich einen Überblick über die Verwaltungsstrukturen verschaffen, um die passenden Ansprechpartner zu identifizieren. Zum einen sind das die Mitarbeiter der Verwaltung in den entsprechenden Abteilungen für Soziales, Jugend, Wirtschaft, Sport, Flüchtlingsbetreuung... Diese interessieren sich vor allem für Angebote, welche sie bei ihren aktuellen Aufgaben und Herausforderungen entlasten. Wenn die Kommune gerade unter den dramatisch steigenden Flüchtlingszahlen stöhnt, ist ein Angebot einer freien Flüchtlingsbetreuung natürlich sehr willkommen. Eine städtische Schulverwaltung, die an den Schulen mit einer steigenden Suchtproblematik konfrontiert wird und keine personellen und fachlichen Kompetenzen zur Lösung hat, kooperiert wahrscheinlich gerne mit einer privaten Initiative, die in der Vergangenheit schon nachweislich gute Präventionsarbeit geleistet hat. Wenn Sie so das Interesse der Verwaltung für Ihr Vorhaben geweckt haben, kennen deren Mitarbeiter die internen Abläufe und Entscheidungsmechanismen, um eine Zuwendung für Sie auf den Weg zu bringen.

— **Tipp: Wechseln Sie die Perspektive** —————————————————

Argumentieren Sie Ihren Gesprächspartnern der öffentlichen Hand gegenüber nie mit den Problemen, die Sie als Organisation gerade haben, sondern immer damit, was Ihre Klienten brauchen oder damit, was die öffentliche Hand sich politisch vorgenommen hat.

Die zweite Ebene der potenziellen Unterstützer sind die gewählten Volksvertreter, also Landräte, Bürgermeister oder Ratsmitglieder. Diese haben ein hohes Interesse, ihre eigenen politischen Ziele umzusetzen und öffentlich nachzuweisen, was sie im Interesse der Wähler erreichen. Nutzen Sie zu ersten Kontaktaufnahmen beispielsweise die öffentlichen Sprechstunden der Politiker. Ein regelmäßiger Blick in den regionalen Politikteil Ihrer Tageszeitung informiert Sie über die aktuelle politische Lage. Da viele Zuwendungen im Rahmen der jährlichen Haushaltsverhandlungen entschieden werden, sollten Sie genügend Vorlaufzeit mit einplanen. Nutzen Sie auch die politischen Verbindungen Ihrer Verbände und Arbeitsgemeinschaften

Bringen Sie sich (fach-)politisch ein

Vor einer Bewerbung um Zuwendungen sollten Sie den internen Fach-Diskussionsstand der betreffenden Verwaltung in Erfahrung bringen und in Ihrer Argumentation verwenden. Häufig existieren mehr oder weniger offene Arbeitskreise zu spezifischen Themen, die hier genutzt und als Unterstützer gewonnen werden können. Verwaltung und Politik benutzen bei der Formulierung ihrer Ziele gerne immer wieder neue Schlagworte wie „Gender-Mainstreaming", „Nachhaltigkeit", „Diversity", „Anti-Bias", „Empowerment", „Inklusion" und Ähnliches. Durch die Verwendung solcher Fachausdrücke zeigen Sie, dass Sie das gleiche Anliegen und Vorverständnis wie die öffentliche Hand haben.

So finden Sie passende Argumente für Ihre Gespräche. Nehmen Sie dabei die Volksvertreter und Verwaltungsmitarbeiter bei Ihrem Wort.

Eine Unterstützung durch die öffentliche Hand, macht Sie für andere Spender und Förderer attraktiv

Gerade für junge, noch wenig bekannte Organisationen kann die Unterstützung durch die öffentliche Hand ein wichtiger Anschub in der öffentlichen Wahrnehmung sein. Wenn man bei der Ansprache von potenziellen Spendern, Sponsoren und Förderern anführen kann, dass man von der Kommune ideell und am besten auch finanziell unterstützt wird, verleiht das Ihrem Anliegen Seriosität.

Eine öffentliche Zusage als Fördervoraussetzung für private Förderungen

Viele Förderer, wie beispielsweise die *Aktion Mensch* oder manche Förderstiftungen sind zu einer Förderung nur bereit, wenn die Kommune das Vorhaben für bedarfsgerecht und sinnvoll hält, aber die öffentlichen Mittel für eine Finanzierung nicht ausreichen. Einige Förderer möchten diese Information schriftlich nachgewiesen haben.

Fürsprecher für weitere Fördermöglichkeiten

Wenn der Bürgermeister von Ihrem Vorhaben überzeugt und begeistert ist, kann er zusätzlich seine Kontakte und Netzwerke aktivieren. In der Regel sitzen die Landräte und Oberbürgermeister im Aufsichtsrat der örtlichen Sparkasse. Daher wird diese eine Förderempfehlung durch die öffentlichen Entscheidungsträger wohlwollend prüfen. Auch die Stadtwerke positionieren sich gerne als Sponsor für regionale Belange. Weitere Fördertipps finden Sie im nachfolgenden Kapitel 3.2.2. *Förder- und Spendenfonds – meist unbürokratisch und einfach.*

Kommunale Stiftungsverwaltung

In vielen Kommunen finden sich private Stiftungen, deren Verwaltung innerhalb der jeweiligen Stadtverwaltung stattfindet. Förderanträge an diese Stiftungen werden an die Stadt gerichtet. Erkundigen Sie sich, ob es solche Stiftung vor Ort gibt. So gibt es in *München* derzeit fast 200 Stiftungen mit unterschiedlichen sozialen Zweckbindungen (Kinder, Waisen, Alte, Kranke, Behinderte, Obdachlose, Alleinerziehende, Ehrenamtliche und vieles mehr) in städtischer Verwaltung. Die Stiftungsverwaltung bietet (potenziellen) Stiftern auch Testamentberatung oder Nachlassabwicklung an und hilft bei der Errichtung einer Stiftung. Weitere Infos dazu im Kapitel 3.3.3 *Stiftungen als Förderer nutzen.*

3.2.1 Lokale und regionale Fördermöglichkeiten der öffentlichen Hand

3.2.2 Förder- und Spendenfonds
– meist unbürokratisch und einfach

Claudia Lamprecht / Torsten Schmotz

- Förderung durch Sparkassen, Banken, Versicherungen und andere Unternehmen
- Unterstützung durch Verbände und Dachorganisationen
- Nicht nur zur Weihnachtszeit: Spendenfonds der Medien
- Private Förderfonds mit unterschiedlichsten Schwerpunkten
- Beispiele für öffentliche Förderfonds
- Förderung von Völkerverständigung und internationaler Begegnung

Unter Förder- und Spendenfonds fassen wir die Förderungsmöglichkeiten auf Antrag zusammen, die nicht direkt den Bereichen öffentliche Gebietskörperschaften, Stiftungen, Lotterie- und Wettmittel, Kirchen, Sozialversicherungsträger und Serviceclubs zugeordnet werden können. Förderfonds können sowohl von öffentlicher als auch privater Seite initiiert werden. Ihr Zweck ist es, in bestimmten Themenfeldern oder für fest definierte Zielgruppen Fördermittel, Förderpreise und weitergereichte Spenden zur Verfügung zu stellen. Die Förderfonds, welche ihre Mittel durch eigene Spendenaktivitäten einwerben, werden auch als Spendenfonds bezeichnet. Andere Fonds finanzieren sich durch öffentliche oder kirchliche Zuwendungen. Die Förder- und Spendenfonds sind meist als Verein zum Teil aber auch als Stiftung organisiert (oder führen den Begriff „Stiftung" im Namen). Daher sind sie von Unternehmens- und anderen Stiftungen und auch von direkten Unternehmensspenden nicht immer leicht abzugrenzen. Für die Kontaktaufnahme und Antragstellung gilt das im Teil 3.1 *Antragsmittel gezielt einwerben* Gesagte.

Da Förder- und Spendenfonds nicht staatlich reguliert werden, gibt es keine öffentlichen Verzeichnisse dazu. Aus diesem Grund stellen wir hier nur einige wichtige oder beispielhafte Fonds und Fördertöpfe vor. Weil die Mittelvergabe meist über klar strukturierte und transparente Förderausschreibungen abgewickelt werden, eigenen sich Förder- und Spendenfonds gerade auch für Einsteiger bei den Antragsmitteln.

Förderung durch Sparkassen, Banken, Versicherungen und andere Unternehmen

Für Unternehmen sind Förderfonds (ähnlich wie Unternehmensstiftungen) häufig ein Mittel, ihre Unterstützung des Gemeinwohls nach außen zu kommunizieren und sind damit ein wichtiges Instrument ihrer Öffentlichkeitsarbeit. Neudeutsch spricht man auch von „Corporate Social Responsibility" (CSR).

Wie schon im Kapitel 2.2.1 *Unternehmenskooperation – mehr als Sponsoring* dargestellt, dienen die Fonds häufig auch dazu, die eigenen Mitarbeiter zu gemeinnützigen Aktivitäten im örtlichen Umfeld des Unternehmens zu motivieren. Neben den verfolgten Zielen muss ein gefördertes Projekt zum Image des Unternehmens passen und sich für eine öffentliche Darstellung eignen. Besonders wichtig sind hier vor allem die öffentlich-rechtlichen und privaten Finanzinstitute und Versicherungen. Die Sparkassen müssen jährlich einen nicht unbeträchtlichen Teil ihres Gewinns für das Gemeinwohl in ihrer Stadt oder in ihrem Landkreis gemeinwohlorientiert verwenden. Das geschieht in Form von Spenden, Sponsoring, Sparkassenstiftungen oder Förderfonds. Ähnlich großzügig sind die Genossenschaftsbanken, aber auch private Finanzinstitute.

Dazu ein Beispiel aus dem privaten Umfeld des Mitautors: Die Lehrerin meiner Tochter wollte mit der Klasse ein Schultheaterprojekt mit einer externen Theaterpädagogin durchführen. Die Honorarkosten in Höhe von ein paar hundert Euro wurden nach einen kurzen persönlichen Gespräch mit unserer örtlichen Geschäftsstellenleiterin von der Sparkasse übernommen. Es versteht sich, dass die Vertreterin zur Premiere eingeladen und ihr öffentlich gedankt wurde. Abgerundet wurde das ganze durch einen kleinen Presseartikel mit Hinweis auf die Förderung.

Beispiele für Unternehmensfonds sind:
– *Fanta Spielplatzinitiative.* Initiative von Coca-Cola Deutschland und Deutsches Kinderhilfswerk um öffentliche Spielplätze zu renovieren und auszubauen **http://spielplatzinitiative.fanta.de.**
– *Generali Zukunftsfonds: Engagement der Generation 50+:*Bewerben können sich bundesweite und regionale Projekte im Rahmen des bürgerschaftlichen Engagements der Älteren (Generation 50+) **http://zukunftsfonds.generali-deutschland.de.**
– *Landwirtschaftliche Rentenbank: Förderfonds für den ländlichen Raum:* Fördert Dienstleistungen und Dienstleistungseinrichtungen zur Grundversorgung für die ländliche Wirtschaft und Bevölkerung, die Dorferneuerung und -entwicklung und den Schutz und die Erhaltung des ländlichen Kulturerbes sowie die Entwicklung und Verbesserung der Infrastruktur im ländlichen Raum **www.rentenbank.de**

Viele Förderfonds sind in Form einer Stiftung organisiert (siehe auch Kapitel 3.3.3 *Stiftungen als Förderer nutzen*), beispielsweise:
– *Stiftungen der Landesbank Baden-Württemberg:* Fördert gemeinnützige Vorhaben aus den Bereichen der Aus-, Fort- und Weiterbildung, Natur- und Umweltschutz, Kunst und Kultur in Baden-Württemberg **www.lbbw.de.**
– *VGH-Stiftung:* Unterstützt die Denkmalpflege, Bildende Kunst und Kultur in Niedersachsen **www.vgh-stiftung.de/vgh.**
– *Stiftung MitMenschen* der *PSD Bank Hessen-Thüringen:* setzt sich ein für Projekte für benachteiligte Jugendliche in Hessen und Thüringen **www.psd-bank.de.**
– *Stiftung Kunst, Kultur und Soziales der Sparda Bank West:* Hat ein breites Förderspektrum in den Themenbereichen Kunst, Kultur, Soziales und Sport in Nordrhein-Westfalen **www.stiftung-sparda-west.de.**

– *Stiftung Nord / LB Öffentliche:* Fördert Gemeinnütziges aus den Bereichen Bildende Kunst, darstellende Kunst, Landesgeschichte, Literatur, Musik, Sport, Wissenschaft und Technik in Norddeutschland **www.nordlb-kulturstiftung.de.**

Unterstützung durch Verbände und Dachorganisationen

Wenn der Antragsteller einem Verband oder einer Dachorganisation wie beispielweise *Caritas, Diakonie, AWO, Deutsches Rotes Kreuz* oder *Paritätischer Wohlfahrtsverband* angehört, ergeben sich spezielle Fördermöglichkeiten. Viele Dachverbände haben für ihre Mitglieder eigene, spezielle Förderprogramme für bestimmte Themenbereiche – wie Unterstützung der Professionalisierung von kleineren Trägern, Aufbau von neuen Themenfeldern oder internationale Kooperationen. Verbände sind häufig auch in einer Mittlerposition. Sie erhalten von Landes- und Bundesministerien Mittel, um damit die Arbeit ihrer Mitglieder zu stärken. Für bestimmte Förderungen (etwa bei den Soziallotterien *Aktion Mensch, Glücksspirale* oder *Deutsche Fernsehlotterie*) läuft die Antragstellung ausschließlich über sie (siehe auch Kapitel 3.2.3 *Lotterie- und Wettmittel – Glück kann man beantragen*). Nicht selten betreuen die Verbände auch eigene Förderstiftungen, bei denen sich die Mitgliedsorganisationen um eine Förderung bewerben können. Der *Landesverband der Diakonie in Hessen* hat beispielsweise eine eigene Stiftung, welche diakonische Projekte in Hessen jährlich mit mehreren zehntausend Euro unterstützt. Es ist immer wieder erstaunlich, dass viele dieser Programme bei den Mitgliedsorganisationen der Verbände gar nicht bekannt sind.

Zusätzlich gibt es auf Landes- und Bundesebene oft eigene Ansprechpartner oder Referate für die Beantragung von Fördergeldern. Diese geben Interessenten individuell Auskunft über die Fördermöglichkeiten für Projekte und unterstützen sie bei der Antragstellung. Einige Verbände bieten Ihren Mitgliedern beispielsweise einen Rechercheservice an, bieten eine zentrale Fördermittel-Datenbank oder organisieren Weiterbildungen in diesem Bereich. Nutzen Sie dieses Knowhow und fordern Sie es aktiv ein.

Nicht nur zur Weihnachtszeit: Spendenfonds der Medien

Inzwischen nutzen immer mehr Medienunternehmen ihre Rolle als Kommunikatoren und sammeln bei ihren Nutzern Gelder für soziale Zwecke. Spendenaufrufe und Schilderungen der jeweiligen Notlage erfolgen in der Regel über das Medium (Radio, Zeitung, TV), die Ausschüttung erfolgt über eine (oft hauseigene) Benefizorganisation, etwa die *Kartei der Not* der *Augsburger Allgemeinen Zeitung* oder der *Red Nose Day* von *ProSieben*.

Der Aktionsradius der Hilfen entspricht in der Regel dem Verbreitungsgebiet der jeweiligen Medien. Beispielsweise leistet *Ein Herz für Kinder* (*BILD*-Zeitung) vorrangig Unterstützung für Kinderprojekte in Deutschland, nachrangig auch international. *Sternstunden e.V.* – eine Benefizaktion des *Bayerischen Rundfunks* oder der *Adventskalender* der *Süddeutschen Zeitung* agieren als überregionale Medien ebenfalls deutschlandweit, setzen ihren Hilfe-Schwerpunkt jedoch ganz klar in Bayern. Da sich die Menschen am meisten für Ereignisse in ihrer Umgebung interessieren, lohnt es sich, im Bedarfsfall Kontakt zu jeweiligen lokalen oder regionalen Medien aufzunehmen. Die Mittelvergabe erfolgt meist sehr unbürokratisch, die Anträge sind kurz und die vergebenen Fördermittel reichen von ein paar hundert Euro bis zu sechsstelligen Beträgen. Meist steht die Zielgruppe Kinder und Jugendliche im Fokus oder Menschen in besonderen Notlagen. Die Förderung erfolgt meist in Form von weitergereichten Spenden.

– *München: Adventskalender für gute Werke der SZ:* Viele Leser folgen den Spendenaufrufen der Süddeutschen Zeitung in der Adventszeit. Die intensive Berichterstattung über Menschen in Not erreicht durch die hohe Auflage viele Einzelpersonen und animiert durch sie Bürogemeinschaften, Vereine, Schulklassen und andere zu Spenden. Das gesammelte Geld fließt in Einzelfallhilfe für Menschen in Not, wird aber auch an soziale Organisationen weitergegeben **www.sz-adventskalender.de**.

– *Augsburg: Kartei der Not:* Die Kartei der Not ist die soziale Organisation der *Augsburger Allgemeinen*. Sie sammelt Spenden bei ihren Lesern und leitet sie an Not leidende Menschen weiter, die im Verbreitungsgebiet der Augsburger Allgemeinen leben **www.kartei-der-not.de**.

– *Frankfurt: Leberecht-Stiftung:* Die *Leberecht-Stiftung* der *Frankfurter Neuen Presse* und ihrer Regionalausgaben sammelt für behinderte Kinder und Jugendliche **www.fnp.de/themen/leberecht_stiftung**.

– *Stuttgart: Hilfe für den Nachbarn:* Seit 1970 sammelt die *Stuttgarter Zeitung* bei ihren Lesern für die *Aktion Hilfe für den Nachbarn*. Mit den Spenden werden Haushalte in Not unterstützt **www.stuttgarter-zeitung.de**.

– *Ludwigsburg: Helferherz:* Die *Ludwigsburger Kreiszeitung* (LKZ) sammelt seit 1973 Geld für Menschen in Not. Besonders in der Weihnachtszeit ruft die *LKZ* über die *Aktion Helferherz* zu Spenden auf, die an soziale Träger, Institutionen und Vereine im Landkreis Ludwigsburg für arme Menschen verteilt werden **www.helferherz.lkz.de**

– *Hamburg: Von Mensch zu Mensch:* Seit 1975 hilft die Aktion des *Hamburger Abendblatts* und seiner Leser vielen Projekten und in vielen Einzelfällen von Not **www.abendblatt.de/hamburg/von-mensch-zu-mensch**

– *München: Geschenke in letzter Minute:* Am 24. Dezember werden von Firmen gespendete Wertgegenstände zum halben Preis an Hörer von Radio *Charivari* verkauft – zugunsten sozialer Zwecke, etwa für die *Hauner'sche Kinderklinik* **www.charivari.de**

– *Bayernweit: Stiftung Antenne Bayern hilft:* Die von der Hörerschaft gesammelten Gelder des privaten Hörfunksenders *Antenne Bayern* werden bayernweit zeitnah an Menschen in Not ausgeschüttet oder fließen in Projekte für Menschen in Not **www.antenne-bayern-hilft.de**

– *Bayern und weltweit: Sternstunden e.V.:* Wir helfen Kindern – Sternstunden *e.V.* ist eine Benefizaktion des *Bayerischen Rundfunks*. Durch Spendenaufrufe in TV und Radio werden in der Weihnachtszeit und ganz besonders am Sternstundentag bei Zuschauern und Hörern der BR-Sender Spenden ge-

321

sammelt. Ohne Abzug von Verwaltungskosten fließen die Spenden direkt in Projekte für kranke oder arme Kinder in Deutschland und der ganzen Welt. Sternstunden dokumentiert die Verwendung der Gelder in zahlreichen Fernseh- und Radiosendungen sowie in einem Jahresbericht **www.sternstunden.de**

- *Baden-Württemberg/Rheinland-Pfalz/Saarland: Kinderhilfsaktion Herzenssache e.V.:* Die *Kinderhilfsaktion Herzenssache* wird von den Rundfunksendern *SWR* und *SR* in Zusammenarbeit mit der *Sparda Bank* organisiert. Der Verein fördert die materielle und ideelle Unterstützung hilfsbedürftiger Kinder und humanitärer Hilfsprojekte mit einem Bezug zu Kindern, Jugendlichen und Familien. Herzenssache hilft vor allem in Baden-Württemberg, Rheinland-Pfalz und dem Saarland und nur in begründeten Ausnahmefällen auch im übrigen Deutschland und in der Welt **www.swr.de/herzenssache**

- *Nordrhein-Westfalen: Aktion Lichtblicke:* Die *Aktion Lichtblicke e.V.* wird gemeinsam getragen von *radio NRW*, den 45 Lokalradios in NRW und den kirchlichen Hilfswerken von *Diakonie* und *Caritas* in Nordrhein-Westfalen. Die *Aktion Lichtblicke* fördert Kinder und Jugendliche in Not, die infolge ihres körperlichen, geistigen oder seelischen Zustandes auf Hilfe angewiesen sind oder aufgrund einer wirtschaftlichen Notlage hilfsbedürftig sind. Es werden Kinder und Jugendliche in der Regel bis zum Alter von 21 Jahren sowie Familien, in denen Kinder und Jugendliche in Not leben, gefördert. Darüber hinaus ist eine projektbezogene Förderung von Institutionen möglich, die Kindern und Jugendlichen in Not Hilfe leisten. **http://lichtblicke.de**

- *Deutschland- und weltweit: Red Nose Day:* Der *Red Nose Day* in Deutschland ist eine vom Fernsehsender *ProSieben* 2003 ins Leben gerufene Spendenaktion nach britischem Vorbild. Durch den Verkauf von roten Plastiknasen, Benefiz-Sendungen, Spendenaufrufen und weiteren Zuschauer-Aktionen unter dem Motto „Tu was Verrücktes und sammle Geld" werden Mittel für Kinderhilfsorganisationen in Deutschland und der ganzen Welt gesammelt **www.prosieben.de/tv/red-nose-day**

- *Deutschland- und weltweit: Ein Herz für Kinder:* Als eine der auflagenstärksten Zeitungen Deutschlands engagiert sich *BILD* seit 1978 für Kinder in Not. Die von Verleger *Axel Springer* gegründete *Aktion Ein Herz für Kinder* sammelt über die jährliche ZDF-Benefizgala, BILD-Spendenaufrufe und ganzjährige Spendenaktionen Geld für Kinderprojekte mit Schwerpunkt in Deutschland, aber auch international. Mit einem Fördervolumen im zweistelligen Millionenbereich gehört die Benefizaktion der *BILD-Zeitung* zu einer der erfolgreichsten Spendenorganisationen in Deutschland **www.ein-herz-fuer-kinder.de**

- *Deutschlandweit: Tribute to Bambi Stiftung:* Die vom Verlagshaus *Hubert Burda Media* initiierte Stiftung fördert deutschlandweit Hilfsprojekte für Kinder und Jugendliche und macht auf Themen aufmerksam, die gesellschaftlich zu wenig Gehör finden **www.tributetobambi-stiftung.de**

Private Förderfonds mit unterschiedlichsten Schwerpunkten

– *Deutsches Kinderhilfswerk (mit seinen sieben Einzelfonds):* Fördert Projekte zur Umsetzung des Kinder- und Jugendhilfegesetzes und der UN-Kinderrechtskonvention. Ziel ist die Verbesserung der Lebenswelt von Kindern und Jugendlichen. Durch die im Folgenden kurz vorgestellten sieben Fonds, die jeweils mit etwa 100.000 Euro ausgestattet sind, erhalten solche Projekte, Einrichtungen und Initiativen Unterstützung, die die Beteiligung von Kindern und Jugendlichen bereits in der Planungsphase zum Grundsatz ihrer Arbeit gemacht haben **www.dkhw.de**:

1. *Förderfonds für Spielrauminitiativen:* Gefördert werden Sach- und Planungskosten, Honorare und Öffentlichkeitsarbeit. Förderhöhe in der Regel maximal 2.500 Euro pro Projekt zum Beispiel für kinderfreundliche Veränderungen in Stadt und Dorf, in der Schule, bei Spielplätzen und für Projekte, die den Lebensraum von Kindern nachhaltig verbessern, etwa durch Ressourcen schonende Gestaltung und Rückgewinnung von naturnahen und erlebnisreichen Spiel- und Lebensräumen für Kinder und Jugendliche.

2. *Förderfonds für Kinderpolitik:* Zum Beispiel für Modelle der Interessenvertretung, aktives Handeln für sich und andere, Entwicklung demokratischer Lebensformen.

3. *Förderfonds für Kinderkultur:* Zum Beispiel für die Schaffung sinnvoller Freizeitangebote und Möglichkeiten zur Entwicklung einer kulturellen Identität, von Umweltbewusstsein und Medienkompetenz.

4. *Förderfonds für Kindernothilfe:* Der Fonds hilft Kindern und ihren Familien in Notsituationen. Kinder haben ein Recht auf eine unbeschwerte und fröhliche Kindheit.

5. *Förderfonds für Schule:* Zum Beispiel für Zukunftswerkstätten, Schülerclubs und Schülerzeitungen, Prozesse der Schulentwicklung, Zusammenarbeit von Schülern, Eltern und Lehrern.

6. *Förderfonds für Medien:* Zum Beispiel für Förderung der Medienkompetenz, für Medienprojekte, die von Kindern und Jugendlichen selbst initiiert werden sowie für Gruppen, die in der Medienwelt benachteiligt sind. Es geht dabei nicht nur darum, Medien zu bedienen, sondern auch darum, sie selbst zu produzieren.

7. *Förderfonds fürs Ehrenamt:* Betreuer von Freizeitaktivitäten, Elternvertreter, Begleiter von Hausaufgaben in Schule oder Hort, Vorleser, Geschichtenerzähler im Kindergarten, Helfer bei sozial benachteiligten Kindern oder zwischen den Generationen können ihren ehrenamtlichen Einsatz für Kinder in bares Geld ummünzen: Einfach die geleisteten Stunden einreichen und mit etwas Glück werden je zehn Euro einem von Ihnen benannten Kinderprojekt ausgezahlt.

– *Arbeitskreis für Entwicklungspolitik und Selbstbesteuerung (AES):* Der *AES* bezuschusst durch Selbstbesteuerung seiner Mitglieder Projekte in Entwicklungsländern mit kleinen Zuschüssen **www.aes-ev.de**.

– *Anne Frank-Fonds: Antirassismus:* International, gegen Rechtsextremismus, Rassismus, Antisemitismus **www.annefrank.ch**.

- *Aktion Selbstbesteuerung (ASB): Förderung von Entwicklungspartner-schaften:* Zusammenschluss von Personen, die freiwillig eine „Entwicklungssteuer" abführen und über deren Verwendung für Projekte bestimmen. Neben Projekten im Ausland unterstützt die *ASB* mit geringen Zuschüssen Inlandsprojekte für eine gerechtere Weltordnung **www.aktion-selbstbesteuerung.de.**

- *Children for a better World:* Die von dem Verleger *Florian Langenscheidt* ins Leben gerufene Kinderhilfsorganisation unterstützt Projekte in Deutschland und anderen Ländern der Erde. *Children* fördert Eigeninitiative von Kindern und Jugendlichen insbesondere durch den Children-Kinderbeirat (Kinder bilden das Gremium und entscheiden über kleine Anträge selbst) und die Auslobung des bundesweiten Förderpreises Jugend hilft **www.children-for-a-better-world.de, www.jugendhilft.de.**

- *Deutschland rundet auf: Förderung für innovative Jugendhilfe:* Hier werden Organisationen gefördert, welche sich für von Armut bedrohte Kinder und Jugendliche in Deutschland einsetzen. Im Mittelpunkt stehen Initiativen, welche bereits mindestens in zwei Bundesländer aktiv sind und das Potenzial haben, sich in ganz Deutschland zu verbreiten **www.deutschland-rundet-auf.de.**

- *Bundesförderkreis Amateurkunst e.V.:* Fördert Kunst, Kultur, Jugendliche, Senioren, Frauen, Interkulturalität (Käthe-Kollwitz-Str. 13, 04109 Leipzig).

- *Jugendfonds des Hohenlohekreises:* Der Jugendfonds des Hohenlohekreises finanziert bestehende Projekte der Jugendarbeit und Jugendsozialarbeit. Der Jugendfonds stellt auch Kontakte zwischen möglichen Projektpartnern her **www.jugendHOK.de.**

- *Kuratorium Deutsche Altershilfe kda:* Das *KDA/Wilhelmine-Lübke-Stiftung e.V.* fördert Konzeptentwicklung für Modellvorhaben, Starthilfen für innovative Angebote zu ambulanter Hilfe für Ältere, Tagespflege-Einrichtungen, Fort- und Weiterbildungsmaßnahmen sowie Supervision für Mitarbeiter der Altenpflege und Seniorenarbeit **www.kda.de.** Zuschussanträge sind generell über Ihren Spitzenverband zu leiten.

- *1+1 – Mit Arbeitslosen teilen:* Solidaritätsfonds der *Evangelisch-Lutherischen Landeskirche in Bayern / Kirchlicher Dienst in der Arbeitswelt* **www.kda-bay.de/1+1.**

- *Netzwerk Selbsthilfe:* Dieser Verein fördert aus den Beiträgen seiner Mitglieder selbstverwaltete Betriebe, Projekte und politische Initiativen durch Darlehen und Zuschüsse. Die zur Verfügung stehenden Summen sind sehr gering. Regionalbüros gibt es in Landsberg/Lech, Berlin, Aachen, Bremen, Lübeck, München, Saarbrücken, Dortmund, Hamburg, Hannover, Münster, Raisdorf, Altenkirchen **www.netzwerk-selbsthilfe.de.**

- *Die Lichterkette München:* Am 6.12.1992 beteiligten sich mehr als 400.000 Münchner an der ersten Lichterkette als Zeichen gegen Ausländerhass und Rechtsradikalismus. Der aus dieser Aktion entstandene Verein sammelt Spenden, Beiträge von Fördermitgliedern und unterstützt Projekte, Konzepte und Aktionen, die den Austausch und das friedliche Zusammenleben von Menschen unterschiedlicher Herkunft in München fördern, beispielsweise einen Mittagstisch für fehlernährte Kinder im Hasenbergl, Deutschkurse für Flüchtlinge, Nachbarschaftshilfe für deutsche und ausländische Familien, ein Welcome-Projekt für neu ankommende Flüchtlinge und Ähnliches. Der Verein vermittelt auch Mitarbeiter von Firmen wie der Allianz als Ehrenamtliche in sozialen Organisationen **www.lichterkette.de**.

– *Mietshäuser Syndikat:* Der Unternehmensverbund berät selbstorganisierte Hausprojekte, die sich für das Syndikatsmodell interessieren, beteiligt sich an Projekten, damit diese dem Immobilienmarkt entzogen werden, und hilft mit Knowhow bei der Projektfinanzierung **www.syndikat.org**.

Beispiele für öffentliche Förderfonds

Auf Ebene der Bundesländer (am Beispiel Bayern)

– *Bayerischer Kulturfonds:* Der *Kulturfonds* ist Bestandteil der *Offensive Zukunft Bayern* und wird von den *Bayerischen Staatsministerien für Wissenschaft, Forschung und Kunst* sowie *für Unterricht und Kultus* koordiniert. Der Fonds wurde aus Privatisierungserlösen geschaffen. Mit ihm will die Staatsregierung wichtige Impulse unter anderem zur Verbesserung der regionalen kulturellen Infrastruktur im Freistaat geben. Über die Verwendung der Zinserträge entscheiden die Ministerien, im Bereich des Wissenschaftsministeriums bei Beträgen über 25.000 Euro der Ministerrat, jeweils mit Billigung der zuständigen Ausschüsse des Landtags. Bei der Vergabe der Mittel wird den Grundsätzen der bayerischen Kulturpolitik – Vielfalt, Dezentralität, Subsidiarität und Regionalismus – Rechnung getragen, um jeden Landesteil mit seinem kulturellen Reichtum seiner Eigenart entsprechend zu fördern. So kann der Kulturfonds dazu beitragen, dass die kulturelle Selbstständigkeit der Regionen Bayerns auch für die Zukunft gesichert wird **www.km.bayern.de**.

– *Allgemeiner Umweltfonds Bayern:* Der Fonds wurde aus Privatisierungserlösen geschaffen. Das *Bayerische Staatsministerium für Umwelt* fördert aus den Erlösen zum Beispiel Umweltbildungsmaßnahmen und die Errichtung so genannter Umweltstationen in Bayern **www.stmugv.bayern.de**.

Auf Ebene des Bundes

– *Fonds Darstellende Künste:* Förderung der zeitgenössischen darstellenden Künste und ihrer Vermittlung an weitere Bevölkerungskreise durch künstlerische Einzelprojekte und längerfristige Modellvorhaben **www.fonds-daku.de**.

– *Fonds Soziokultur:* Er fördert mit einem Jahresetat von mehreren 100.000 Euro bundesweit und zeitlich befristet Projekte, in denen neue Angebots- und Aktionsformen erprobt werden. Die Vorhaben sollen Modellcharakter besitzen und beispielhaft sein für andere soziokulturelle Projekte und Einrichtungen. Entwicklung der kulturellen Bildung der Kinder, Jugendlichen und Erwachsenen, künstlerische Ausdrucksformen, Ermutigung zur Teilnahme am kulturellen Leben. In jedem Jahr gibt es neue Schwerpunktthemen. In fünf Bundesländern gibt es entsprechende Länderfonds **www.fonds-soziokultur.de**.

– *(Stiftung) Kunstfonds:* Förderung der zeitgenössischen bildenden Kunst in Deutschland: jährlich rund 70 Künstler, Galerien, Kunstvereine, Museen, freie Kuratoren und Verlage mit bis zu 1,1 Millionen Euro durch Stipendien, Projekt- und Ausstellungsförderungen oder Publikationszuschüsse. Dazu kommt der mit 25.000 Euro dotierte *HAP-Grieshaber-Preis* der *VG BILD-KUNST.* Die Jury richtet ihr Augenmerk besonders auf die Unterstützung des künstlerischen Nachwuchses und die Mitfinanzierung innovativer Projekte, die durch das Raster des zunehmend kommerzialisierten Kunstbetriebes zu fallen drohen **www.kunstfonds.de.**

Förderung von Völkerverständigung und internationaler Begegnung

Für grenzüberschreitende Jugendbegegnungen und Schulprojekte gibt es eine vielfältige Förderlandschaft. Zum Teil werden auch weitere Bereiche unterstützt wie Kooperationen im Bereich Kultur, Denkmalschutz, politische Bildung, Umwelt, bürgerschaftliches Engagement und Tourismus.
– Deutsch-Französisches Jugendwerk **www.dfjw.org**
– Deutsch-Polnisches Jugendwerk **www.dpjw.org**
– Deutsch-Griechisches Jugendwerk
  www.bmfsfj.de/BMFSFJ/kinder-und-jugend,did=209580.html
– Deutsch-Tschechischer Jugendaustausch **www.tandem-org.de**
– Deutsch-Tschechischer Zukunftsfonds **www.zukunftsfonds.cz**
– Visegrad-Fonds (Ungarn, Tschechien, Slowakei, Polen)
  http://visegradfund.org
– Robert-Cimetta-Fonds (Reisestipendien für darstellende Künstler aus oder in Mittelmeerländern **www.cimettafund.org**
– Pädagogischer Austauschdienst der Kulturministerkonferenz (weltweit)
  www.kmk-pad.org
– Stiftung Deutsch-Russischer Jugendaustausch **www.stiftung-drja.de**
– Stiftung Erinnerung, Verantwortung und Zukunft (EVZ) (Osteuropa und Israel) **www.stiftung-evz.de**
– Stiftung West-Östliche Begegnungen (Osteuropa) **www.stiftung-woeb.de**
– UK-German Connection (Vereinigtes Königreich Großbritannien) **www. ukgermanconnection.org**
– Förderlinien der Mercator Stiftung (China, Türkei, Europa)
  www.stiftung-mercator.de
– Förderlinien der Robert-Bosch-Stiftung (Frankreich)
  www.bosch-stiftung.de
Eine gute Ergänzung oder Alternative zu diesen Fonds ist übrigens das EU-Förderprogramm ERASMUS+ (siehe Kapitel 3.3.2 *EU-Förderung für europäische und nationale Aktivitäten*).

3.2.3 Lotterie- und Wettmittel
– Glück kann man beantragen

Torsten Schmotz

- Die Soziallotterien – Aktion Mensch, Deutsche Fernsehlotterie und Glücksspirale
- Jeder macht es anders – Lotterieförderung auf Länderebene
- Lotterieförderung vor Ort

Das Lotteriewesen in Deutschland ist staatlich stark reglementiert. Dank dieser Konstruktion werden erhebliche Teile der Lotterieeinnahmen an gemeinnützige und öffentliche Organisationen ausgeschüttet. In Summe sind das jährlich um die 3,5 Milliarden Euro. Die Antrags- und Vergabeverfahren sind dabei sehr unterschiedlich. Die Fördermöglichkeiten lassen sich in vier Gruppen einteilen
- die Soziallotterien (*Aktion Mensch, Deutsche Fernsehlotterie* und *Glücksspirale*)
- die Lotterien auf Landesebene
- die Lotterien der Sparkassen und Volksbanken
- lokale Lotterien von Verbänden

Darüber hinaus kann ein gemeinnütziger Träger unter bestimmten Bedingungen selbst Tombolas veranstalten (siehe Kapitel 2.1.9 *Garantierter Gewinn – Lotterien und Tombolas selbst veranstalten*). Bei den Einnahmen aus den Klassenlotterien, Spielbanken und dem Automatenspiel gibt es leider keine Fördermöglichkeiten.

Die Soziallotterien
– Aktion Mensch, Deutsche Fernsehlotterie und Glücksspirale

Die so genannten Soziallotterien *Aktion Mensch, Deutsche Fernsehlotterie* und *Glücksspirale* sind bundesweit tätig und haben fest definierte Ausschreibungsverfahren und Antragswege. Die Vergabeorganisation für die *Deutsche Fernsehlotterie* ist das *Deutsche Hilfswerk* (*DHW*). Die Soziallotterien unterscheiden sich hinsichtlich Förderschwerpunkten und Fördervolumen.

Überblick über die Ausrichtung, die zugelassenen Antragsteller und das Fördervolumen der Soziallotterien

	Aktion Mensch	Ein Platz an der Sonne / Deutsches Hilfswerk (DHW)	Glücksspirale
Zielgruppe der Projekte	Menschen mit Behinderung oder sozialer Benachteiligung Kinder- und Jugendhilfe	Kinder, Jugendliche, alte und kranke Menschen (zu 80% Projekte aus der Altenhilfe)	– Menschen mit einer Behinderung – Psychisch kranke und suchtkranke Menschen – Kinder und Jugendliche – alte Menschen – Menschen mit besonderen sozialen Schwierigkeiten – (Förderthemen werden vom einzelnen Wohlfahrtsverband festgelegt!)
Zugelassene Antragsteller	Anerkannte nicht öffentliche gemeinnützige Träger (Keine Träger der Altenhilfe mit Versorgungsvertrag nach SGB XI)	Anerkannte nicht öffentliche gemeinnützige Träger	Träger die einem der Verbände der Bundesarbeitsgemeinschaft der freien Wohlfahrtspflege (BAGFW) angehören
Fördervolumen / Jahr	150–170 Mio. €	70–75 Mio. €	16–20 Mio. €

Bei allen drei Soziallotterien gelten die folgenden Vorgaben

Grundsätzlich ist die Förderung durch die Soziallotterien nachrangig, das heißt, sie ist nur dann möglich, wenn alle anderen Fördermöglichkeiten durch Bund, Länder, Kommunen und sonstige öffentliche Institutionen (wie Sozialversicherungen) ausgeschöpft sind und Eigen- und Kapitalmarktmittel in angemessenem Umfang eingesetzt werden.

– Es besteht kein Rechtsanspruch auf Förderung.
– Es liegt keine Kombination mit weiteren Lotteriemitteln vor.
– Der Antragsteller ist gemeinnützig und wird nicht von der öffentlichen Hand dominiert.

Schwerpunkte der Aktion Mensch

– Die Zielgruppen der geförderten Aktivitäten sind auf bestimmte Personenkreise eingeschränkt: Menschen mit Behinderung (aber keine altersbedingte Behinderung wie etwa Demenz); Kinder- und Jugendliche bis maximal 27 Jahre; Menschen mit besonderen Schwierigkeiten (Wohnungslosigkeit, gewaltgeprägte Lebensumstände, Entlassung aus geschlossener Anstalt)

- Förderspektrum: Investitionsförderung (Grundstücke, Bauten, Inventar, Nutzfahrzeuge); Starthilfen (zum Beispiel ambulante Dienste); Projektförderung (Kunst, Kultur, Sport, offene Behindertenarbeit); Kleinprojekte zum Thema Inklusion

– Tipp: Förderaktion Noch viel mehr vor – 5.000 Euro zum Einstieg ————————

Mit der Förderaktion „Noch viel mehr vor" werden kleinere Aktionen mit bis zu 5.000 Euro für Sach- und Personalkosten unterstützt, welche Menschen mit und ohne Behinderung zusammen bringen. Das ist der ideale Einstieg in die Förderung der Aktion Mensch.

Schwerpunkte der Deutschen Fernsehlotterie / Deutsches Hilfswerk DHW
- Thematisch werden Aktivitäten aus den Bereichen Gesundheit und Soziales unterstützt, besonderer Schwerpunkt ist dabei die Altenhilfe
- Förderspektrum: Investitionsförderung (Baumaßnahmen und Inventar für Einrichtungen der Altenhilfe, der Gesundheitsvor- und -nachsorge); soziale Maßnahmen zum Aufbau neuer, auf Dauer angelegter Aufgabengebiete und Modellprojekte; Sonderförderung über das Kuratorium Deutsche Altershilfe im Bereich Qualifizierung, Beratung und Konzeption in der Altenhilfe

Schwerpunkte der Glücksspirale
- Grundsätzliche Zielgruppen: Menschen mit geistigen, körperlichen, seelischen und/oder Sinnesbehinderung; psychisch kranke sowie suchtkranke Menschen; Kinder und Jugendliche; alte Menschen; Menschen in besonderen Lebensverhältnissen mit besonderen sozialen Schwierigkeiten
- Inhaltliche Schwerpunkte: Ihre Ausgestaltung liegt bei den jeweiligen Dachverbänden und folgt deren förderpolitischer Ausrichtung. Das führt dazu, dass für die Träger des Roten Kreuzes andere Bedingungen gelten können als für die Träger der Arbeiterwohlfahrt oder des Paritätischen Wohlfahrtsverbandes.

In der Regel über den Verband – die Antragstellung
Bei allen Soziallotterien ist auf die fest definierten Prozesse der Antragstellung zu achten. Falls der Antragsteller einem Spitzenverband der freien Wohlfahrtspflege angehört, erfolgt die Antragstellung ausschließlich über die Strukturen dieses Verbandes. Dazu gibt es auf Landes- oder Regionalebene feste Referenten, welche die Träger bei der Antragstellung beraten und betreuen. Wenn man keinem Spitzenverband angehört, kann man sich bei *Aktion Mensch* und *DHW* direkt an die Lotterie wenden. Bei der *Glücksspirale* ist in diesem Fall eine Förderung ausgeschlossen.
Der große Vorteil dieser Vorgehensweise ist, dass Ihr Verbandsreferent den Antrag erst dann an die nächsten Entscheidungsgremien weiterleitet, wenn er auch Aussicht auf Erfolg hat. Der große Nachteil sind die langen Vorlaufzeiten. In der Regel ist mit neun bis zwölf Monaten, bei Bauprojekten mit einem bis drei Jahren zu rechnen. Die Antragssituation bei den Verbänden ist sehr unterschiedlich. Sehr hierarchisch strukturierte Institutionen strukturieren die Antragsmöglichkeiten für ihre Mitglieder stark vor. Stärker basisdemokratisch orientierte Verbände räumen jedem Mitglied die gleichen

Antragsmöglichkeiten ein und dies kann zu einem erheblichen Antragsrück-stau führen.

Jeder macht es anders – Lotterieförderung auf Länderebene

Der Deutsche Lotto- und Totoblock ist eine Vereinigung der Lottogesellschaften der Bundesländer. Zu den Produkten der Gesellschaften gehören unter anderem Lotto (6 aus 49), ODDSET, GlücksSpirale, Toto und KENO. Die Einnahmen werden im Durchschnitt nur zu 50 Prozent in Form von Gewinnen an die Spieler ausgezahlt. Etwa 35 bis 40 Prozent der Einnahmen verwenden die Bundesländer als Zweckerträge nach eigenen Vorstellungen. Zum Teil fließt das Geld vollstän-dig in die Landeshaushalte (so in Bayern oder Baden-Württemberg), zum Teil werden Zuwendungen direkt an Social-Profit-Projekte vergeben.

Einige Bundesländer geben die Mittel an Verbände oder Landesstiftungen weiter, bei denen dann direkt Förderanträge gestellt werden können. Tradi-tionell geht der größte Teil der Fördergelder in den Breitensport (etwa 50 Prozent). Daneben werden Aktivitäten aus den Bereichen Soziales, Kultur, Denkmal- und Umweltschutz gefördert. In folgenden Ländern können gemein-nützige Träger Förderungen aus Lotteriemitteln der Länder beantragen:
- Berlin (*Stiftung Deutsche Klassenlotterie Berlin*) **www.stiftung-deutsche-klas-senlotterie-berlin.de**
- Brandenburg (Verteilung über die Landesministerien **www.lotto-brandenburg.de/index.php?id=145)**
- Hessen (*Stiftung Sporthilfe Hessen* **www.stiftung-sporthilfe-hessen.de**, direktes Sponsoring der Lottogesellschaft)
- Niedersachsen (über die Wohlfahrts- und Kulturverbände, *LandesSport-Bund*, *Lotto-Sport-Stiftung* **www.lotto-sport-stiftung.de** und *Stiftung Nie-dersachsen* **www.stnds.de**
- Nordrhein-Westfalen (*NRW-Stiftung Naturschutz, Heimat- und Kulturpfle-ge* **www.nrw-stiftung.de**; *Kunststiftung NRW* **www.kunststiftungnrw.de**; *Stiftung Wohlfahrtspflege NRW*, **www.sw.nrw.de**; *Stiftung Umwelt und Entwicklung NRW* **www.sue-nrw.de**)
- Rheinland-Pfalz (*Lotto-Stiftung* **www.lotto-rlp.de**, Menü „Lotto-Stiftung")
- Sachsen-Anhalt (Abteilung Projektförderung **www.lottosachsenanhalt.de**, Menüpunkt „Lotto fördert")
- Thüringen (*Stiftung Thüringer Sporthilfe* **www.thueringersporthilfe.de**)

Lotterieförderung vor Ort

Kommunale Tombolen

In einigen Kommunen schließen sich verschiedene gemeinnützige Träger zusammen, um eine Tombola zu organisieren. Die *Tombola für München* ist beispielsweise ein Zusammenschluss verschiedener gemeinnütziger Einrich-tungen in München. Dem Trägerverein gehören die Münchner Wohlfahrtsver-bände, der *Verein für Kinderspielplätze*, der *Bund Naturschutz*, die *Freunde des Nationaltheaters*, die *Landesverkehrswacht* und der *Tierpark Hellabrunn* an. Die Einnahmen werden unter den beteiligten Einrichtungen aufgeteilt.

Prämienspar-Los und Gewinnsparen bei Banken und Sparkassen

Das Gewinnsparen wird von allen Sparkassen, Volks- und Raiffeisenbanken und Sparda-Banken durchgeführt. Der Preis eines Loses setzt sich aus einem Sparbetrag und einem Einsatz für eine Verlosung zusammen. Die Erlöse werden für soziale Zwecke verwendet. Ähnlich ist es mit dem Prämienspar-Los der Sparkassen. Aus dem Zweckertrag des PS-Sparens werden alle Arten von Maßnahmen gemeinnütziger Träger gefördert. Weiter dürfen Maßnahmen im Rahmen der Jugendarbeit und des Versehrtensports von nicht gemeinnützigen Sportvereinen und in begründeten Einzelfällen Maßnahmen von Gemeinden und Gemeindeverbänden gefördert werden. Wenn Sie sich mit Ihrer Spendenbitte an die erwähnten Banken und Sparkassen wenden, entscheiden diese selbst, ob sie im Einzelfall Zweckerträge aus dem Gewinnsparen oder dem Prämienspar-Los verwenden. Es ist nicht nötig, sich speziell auf diese Mittel zu beziehen.

3.2.4 Mit Gottes Segen
– Kirchliche Förderung

Heike Chr. Davidson

- Die Kirchen fördern besonders kirchliche Anliegen
- Gemeinsam stark – Fundraising mit der Kirche
- Den richtigen Ansprechpartner finden

Die Kirchen fördern besonders kirchliche Anliegen

Die kirchliche Landschaft in Deutschland ist bunt. Während die großen Kirchen (*Evangelisch-Lutherische Kirche, Evangelisch-Reformierte Kirche, Unierte Kirche, Römisch-Katholische Kirche, Altkatholische Kirche, Orthodoxe Kirchen*) ihre finanziellen Mittel weitgehend aus Kirchensteuern, öffentlichen Mitteln und Spenden erhalten, finanzieren sich kleinere Kirchen in erster Linie über die Gaben ihrer Mitglieder (*Evangelisch-Methodistische Kirche, Baptisten, Mennoniten…*). Darüber hinaus gibt es noch zahlreiche religiöse Gemeinschaften, welche nicht als „Kirchen" mit allen rechtlichen Konsequenzen anerkannt sind. Deren Finanzen stammen ebenfalls vorrangig aus der Unterstützung ihrer Anhänger.

Da die Kirchen in Deutschland Körperschaften öffentlichen Rechts sind, sind kirchliche Zuwendungen den öffentlichen Fördermitteln zuzurechnen. Säkulare Projektträger sind natürlich nicht im Fokus der Förderung, aber wenn Sie eine Kooperation mit kirchlichen Strukturen eingehen oder die Unterstützung einer Kirchengemeinde gewinnen, haben Sie vielleicht doch Chancen. Es lohnt sich, diesbezüglich die Medienberichterstattung zu verfolgen.

Türöffner – Themen mit Kirchenbezug

Bei allen Kirchen und religiösen Gemeinschaften gilt der Grundsatz: Kirche gibt für Kirche – das Geld bleibt in der Gemeinschaft. Denn die Mitglieder und Spender haben ihr Geld der Kirche anvertraut, damit diese es für ihre Belange verwendet. Diese Regel gilt, begründete Ausnahmen bestätigen diese eher. Will ein säkularer Initiator ein Projekt mit kirchlichen Mitteln finanzieren, sollte er daher bei seinem Antrag die kirchlichen und/oder religiösen Aspekte deutlich machen. Häufig ist es sinnvoll, eine Kooperation mit dem kirchlichen Gegenüber einzugehen, denn als Partner kann man neben möglicher finanzieller Unterstützung unter Umständen auch das kirchliche Netzwerk, die Personalstruktur, Räumlichkeiten und das Knowhow nutzen. Solche Unterstützungsmöglichkeiten sind manchmal mehr wert als der „schnöde Mammon".

Eigentlich engagiert sich die Kirche in nahezu allen menschlichen Lebensbereichen – allerdings in unterschiedlicher Intensität. Grundsätzlich gilt: Die Kirchen engagieren sich für christliche Projekte, die theologische Relevanz haben.

Hierzu gehören gemäß ihrem religiösen Selbstverständnis auch sozialpolitische und soziale Themen (siehe **www.diakonie.de** oder **www.caritas.de** – hier finden sich auch die Kontaktdaten des Verbandes der jeweiligen Landeskirche oder Diözese). Weitere Themen sind Bildung, Jugendarbeit, Denkmalschutz, Demokratie, Umweltschutz oder Kirchenmusik. Zu diesen Themen gibt es jeweils eigene Ansprechpartner, die sich über die jeweilige Homepage der (Landes-)Kirche oder Diözese finden lassen.

— Praxisbeispiel: Aktion 1+1 – Mit Arbeitslosen teilen

Dieser Solidaritätsfonds (Matching-Fonds) der *Bayerischen Evangelischen Kirche* sammelte bereits Spenden im zweistelligen Millionenbetrag, die von der Kirche jeweils verdoppelt wurden. Damit werden Projekte zur Arbeitsvermittlung gefördert.

Mit den großen Spendenwerken wie *Brot für die Welt*, *Misereor* oder *Renovabis* gehören die Kirchen zu den großen Förderern von Projekten der Entwicklungspartnerschaft. Das betrifft sowohl die Arbeit vor Ort in den Entwicklungsländern, als auch die entwicklungspolitische Bildung in Deutschland. Diese Institutionen schreiben eigene Förderprogramme mit festen Rahmenbedingungen aus. Antragsteller müssen nicht ausschließlich in kirchlicher Trägerschaft sein, eine Empfehlung der örtlichen Kirchenstrukturen ist aber meist Voraussetzung. In folgender Checkliste finden Sie die wichtigsten Fördermöglichkeiten

Checkliste 71: Kirchliche Fördermöglichkeiten für Entwicklungszusammenarbeit

Adveniat – für die Menschen in Lateinamerika (katholisch) – **www.adveniat.de**

Brot für die Welt: Partnerschaftsprojektfonds und jährliche Förderpreise (evangelisch) **www.brot-fuer-die-welt.de/**

Evangelischer Entwicklungsdienst (eed): fördert Seminare, entwicklungspolitische Studienreisen und Begegnungsprogramme, Recherchen von Journalisten, Printmedien, Aktionen, Kampagnen, Filme, Ausstellungen, Ein-Welt-Läden, befristete Personalstellen. In manchen Landeskirchen sollten Sie zuerst beim dortigen Entwicklungsdienst anfragen, so in Bayern beim KED **www.ked-bayern.de**. Auch nicht kirchliche Initiativen können Anträge stellen.

Evangelisches Missionswerk in Deutschland (EMV) – **www.emw-d.de/**

Islamic Relief Deutschland hat Büros in Köln, Berlin, München und Essen: leistet Katastrophenhilfe, unterstützt Nothilfe-, Entwicklungshilfe-, Bildungs-, Gesundheits-, Wasser-, Einkommen schaffende Projekte, Waisen. – **www.islamicrelief.de/startseite/**

Kindermissionswerk Die Sternsinger (katholisch): gefördert werden überwiegend katholische Entwicklungshilfeprojekte in der Einen Welt. – **www.sternsinger.org/**

*Katholischer Fonds***:** Fördert weltkirchliche und entwicklungsbezogene Bildungs- und Öffentlichkeitsarbeit in Deutschland: Innovatives, Erfahrungsaustausch, Beratung, Fortbildung. Eventuell auch Kostenbeteiligung von Misereor. Auch nicht-kirchliche Initiativen können Anträge stellen. **www.katholischer-fonds.de/**

Misereor – Hilfswerk – Entwicklungspartnerschaften weltweit (katholisch) – **www.misereor.de/**

Missio – Missionswerk – missionarisch ausgerichtete Projekte (katholisch) – **www.missio.de/**

Renovabis – Solidaritätsaktion der deutschen Katholiken mit den Menschen in Mittel- und Osteuropa – **www.renovabis.de/**

Gemeinsam stark – Fundraising mit der Kirche

Die Kirchen haben eine jahrhundertealte Erfahrung mit Fundraising, auch wenn sie es erst in jüngster Zeit so nennen. Schon in der Bibel werden die verschiedene Arten des Geldsammelns, Spendens und die rechte Verwendung der Gaben thematisiert. Insofern ist die Kirche wie eine große Schatztruhe für Ideen und die Umsetzung von Sammlungen, Spendenaktionen, Sponsoring und Benefiz-Events. Nicht wenige Testate begünstigen die Kirchen. Der Umfang an Zeitspenden durch viele Tausend ehrenamtliche Mitarbeiter in den Kirchen ist riesig (siehe auch das Kapitel 5.5 *Fundraising für die Kirche*). Es lohnt sich, sich intensiver mit dieser Schatztruhe zu beschäftigen, denn nicht jede kirchliche Einrichtung oder jeder Mitarbeiter weiß um deren eigentliche Fülle. Insofern ist der Kontakt mit der Pfarrei oder Kirchengemeinde vor Ort grundsätzlich vielversprechend, aber nicht der einzige Weg, um die kirchlichen Schätze für das eigene Projekt zu heben.

Wenn Sie für Ihre Projektarbeit besondere Fortbildungen benötigen, kann dies für hauptamtliche Mitarbeiter der Kirche gefördert werden, weil es dafür spezielle Etats gibt. Informationen hierüber erhalten sie sowohl im Internet, als auch bei der Kirche vor Ort. Verschiedene Landeskirchen haben aber auch Budgets für die Fortbildung Ehrenamtlicher in Kirchengemeinden und kirchlichen Diensten eingerichtet. So verwaltet das *Evangelische Bildungswerk München* etwa einen solchen Fonds im Auftrag des örtlichen Dekanats.

Für Veranstaltungen, regelmäßige Treffs, einen Flohmarkt, eine Ausstellung oder Theateraufführungen und Ähnliches braucht es die entsprechenden Räume. Oft sind die kirchlichen Örtlichkeiten finanziell günstig. Die meisten sind zudem verkehrstechnisch gut zu erreichen und verfügen über eine entsprechende Ausstattung.

— Tipp: In folgenden Feldern können Sie konkret von einer Kooperation profitieren ——
- Nutzung von Räumlichkeiten und Sachmitteln
- erhöhte öffentliche Wahrnehmung bei gemeinsamen Aktivitäten und Veranstaltungen
- Nutzung der Kommunikationsmedien (Pfarr- und Gemeindebriefe, Kirchenzeitung, Schaukästen, Plakatwände etc.)
- direkter Kontakt mit ehrenamtlich engagierten Menschen
- Profitieren Sie vom (meist) vorhandenen guten Ruf der Kirche
- Bewerbung um Kollekten- und Fördermittel aus dem kirchlichen Umfeld

---

Kirchliche Stiftungen

Eine weitere Möglichkeit, kirchliche Unterstützung zu erfahren, sind Stiftungen. Stiftungen im Umfeld der Kirchen haben eine uralte Tradition, die in den letzten Jahren wieder verstärkt gelebt wird. Da die Stiftungslandschaft so vielseitig und zum Teil auch unübersichtlich ist, haben die Kirchen hierfür spezielle Arbeitsstellen eingerichtet. Dort werden Stiftungen beraten und unter Umständen (im Auftrag des Staates) beaufsichtigt. Zugleich bieten diese Stellen auch weitreichende Informationen für potenzielle Antragsteller.

Den richtigen Ansprechpartner finden

Wie bei säkularen öffentlichen Mitteln ist auch der kirchliche Weg zum richtigen Ansprechpartner manchmal steinig. Doch in der Regel helfen kirchliche Mitarbeiter gerne weiter. Und wenn die Idee oder das Projekt gut ist, finden sich meistens auch schnell Mitstreiter, die sich persönlich für dessen Realisierung einsetzen.

Für ein lokales Projekt ist die örtliche Kirchengemeinde die logische erste Station. Versuchen Sie, mit den Geistlichen, der Kirchenverwaltung oder mit den Mitgliedern des Kirchenvorstandes/Pfarrgemeinderats in direkten Kontakt zu kommen. Ein persönliches Gespräch ist dabei meist viel hilfreicher, als ein Brief oder E-Mail. Am besten ist, wenn Sie in Ihrem Unterstützer- oder Mitarbeiterumfeld aktive Mitglieder der Kirchengemeinde finden, die bei der Kontaktaufnahme helfen können. Ein Blick ins Internet hilft fürs Erste, etwa unter: **www.ekd.de** (*Evangelische Kirche in Deutschland*) **www.katholisch.de** (*Katholische Kirche in Deutschland*). Hierüber lässt sich gut der räumliche oder thematische Rahmen abstecken und es werden weitere Kontaktmöglichkeiten genannt. Weitere Internetseiten sind: **www.orthodoxie.net** und **www.emk.de**

Bereiten Sie das Gespräch gewissenhaft vor. Auch bei diesem Förderer ist entscheidend, dass Sie die richtigen Argumente finden, warum Ihr Vorhaben wichtig und vorteilhaft für die Kirche ist (siehe Kapitel 3.1.1 *Was Förderer erwarten und welche Möglichkeiten Antragsmittel bieten* und 3.1.2 *In fünf Schritten zur Förderung: Konzeption, Recherche, Antragstellung, Vereinbarung und Umsetzung*).

3.2.5 Förderung durch die Sozialversicherungen

Torsten Schmotz / Alexander Gregory

- Förderung von innovativen Vorhaben
- Fördermöglichkeiten durch die *Agentur für Arbeit* und die Rentenversicherung
- Zuschüsse für Selbsthilfegruppen

Förderung von innovativen Vorhaben

Neben der öffentlichen Hand übernehmen Sozialversicherungen einen wichtigen Teil der Finanzierung von gemeinnützigen Aktivitäten. Das meiste konzentriert sich dabei auf die gesetzliche Regelfinanzierung (siehe auch Kapitel 1.4), die ja nicht zum Fundraising gezählt wird. Die Sozialgesetzgebung wird häufig über die Landesgesetzgebung für ein Bundesland konkretisiert. In einigen Fällen gibt es in diesem Rahmen dann die Möglichkeit zur Förderung von innovativen Vorhaben.

Beispielsweise heißt es im *Niedersächsischen Pflegegesetz NPflegeG* in *§13 Förderung neuartiger Maßnahmen*: Das Land kann die Entwicklung und Erprobung neuartiger 1. Formen der Pflege, 2. Maßnahmen zur Vermeidung von Pflegebedürftigkeit und 3. Verbindungen von Pflegeangeboten oder –einrichtungen mit gesundheits- und sozialpflegerischen Angeboten oder Einrichtungen durch Zuwendungen gesondert fördern. Zu den neuartigen Maßnahmen nach Satz 1 zählen auch Modellvorhaben nach § 45c SGB XI.

In ähnlicher Weise gibt es im SGBII Bereich in vielen Bundesländern Fördermöglichkeiten, beispielsweise in Bayern den *Arbeitsmarktfonds*, in Baden-Württemberg das *Landesprogramm Gute und sichere Arbeit* oder *ASaar – Arbeit für das Saarland*. Weitere Fördermöglichkeiten finden Sie auch im Kapitel 3.2.2 *Förder- und Spendenfonds – meist unbürokratisch und einfach*. Aber auch außerhalb der Regelfinanzierung können gemeinwohlorientierte Organisationen von einer Kooperation direkt oder indirekt profitieren, wenn Sie beispielsweise langzeitarbeitslose Menschen einstellen oder eine Selbsthilfegruppe gründen.

Fördermöglichkeiten durch die *Agentur für Arbeit* und die Rentenversicherung

Wenn Vereine, Projekte und gemeinnützige Einrichtungen Mitarbeiter bezahlen, sind die Personalkosten meist der größte Ausgabefaktor. Daher ist es im Fundraising-Mix vorrangig, sich um Zuschüsse zu diesen Kosten zu bemühen. Arbeitsförderungsprogramme gibt es bei EU, Bund, Ländern, Bezirken, Kommunen, Krankenkassen und Kirchen. Zum Teil handelt es sich dabei um

Kooperationen mit der *Agentur für Arbeit* wie etwa bei den *kommunalen Jobcentern*. Erster und Hauptansprechpartner ist in jedem Falle immer die Agentur, die in der Regel auch die Förderprogramme der übrigen Akteure kennt.

Entscheidend ist der Vermittlungserfolg

Bedenken Sie, dass Ihre Gesprächspartner in der *Agentur für Arbeit* immer zuerst die Situation auf dem Arbeitsmarkt im Auge haben. Ziel aller Fördermaßnahmen der *Agentur für Arbeit* ist es nicht, Ihre Haushalte zu entlasten, sondern Arbeitslosigkeit abzubauen sowie die Voraussetzungen einer Wiedereingliederung Arbeitsloser und die Errichtung zusätzlicher Dauerarbeitsplätze zu schaffen. Die Förderungen werden sich immer auf die zu vermittelnden Personen, nie auf die Projekte beziehen, auch dann, wenn es um Leistungen an Arbeitgeber geht. Die Förderung ist in der Regel eine Ermessensleistung und immer zeitlich begrenzt – meist auf ein bis drei Jahre.

— Tipp: Immer den konkreten Einzelfall vorab abklären —————————

Nehmen Sie vor einer konkreten Maßnahme immer zuerst Kontakt zur Agentur auf, um sicher zu gehen, dass alle Rahmenfaktoren für eine Förderung tatsächlich erfüllt sind.

Klären Sie als erstes, ob die Beschäftigung eines Bewerbers aus einer von der *Agentur für Arbeit* geförderten Zielgruppe für Sie überhaupt möglich ist. Können bei Ihnen ältere, ungelernte, behinderte oder sonst schwer vermittelbare Menschen mitarbeiten? Wenn ja, wird Ihnen die Agentur Personalvorschläge machen. Noch besser ist es, wenn Sie selbst entsprechende Personen suchen, da Sie dann schon eine Vorauswahl treffen können. Aber: Sprechen Sie immer vor Abschluss eines Arbeitsvertrages mit der Agentur! Die folgende Checkliste gibt Ihnen einen groben Überblick über die Förderlandschaft der *Agentur für Arbeit*. Genaueres finden Sie im Internet: **www.arbeitsagentur.de**. Die Fördermöglichkeiten können je nach Region sehr unterschiedlich sein.

Checkliste 72: Fördermöglichkeiten durch die *Agentur für Arbeit*

Einstellung von Arbeitnehmern	– Eingliederungszuschuss – Einstiegsqualifizierung
Förderung der beruflichen Weiterbildung	– Zuschuss zum Arbeitsentgelt für Ungelernte
Förderung der Teilhabe behinderter Menschen am Arbeitsleben	– Zuschüsse zur Ausbildungsvergütung – Arbeitshilfen für behinderte Menschen – Probebeschäftigung behinderter Menschen
Leistungen zur beruflichen Eingliederung schwerbehinderter und ihnen gleichgestellter behinderter Menschen	– Zuschüsse zur Ausbildungsvergütung schwerbehinderter Menschen – Eingliederungszuschüsse für behinderte und schwerbehinderte Menschen – Probebeschäftigung schwerbehinderter Menschen
Konjunkturbedingte Reduzierung der Arbeitszeit	– Kurzarbeitergeld/Transfer-Kurzarbeitergeld/Saison-Kurzarbeitergeld

Arbeitsgelegenheit mit Mehraufwandsentschädigung (Ein-Euro-Job)

Der so genannte *Ein-Euro-Job* ist eine Eingliederungsmaßnahme für Arbeitslosengeld-II-Empfänger (§ 16d SGB II). Wenn kommunale Träger oder gemeinnützige Einrichtungen und Vereine für zeitlich begrenzte Tätigkeiten nach arbeitslosen Einsatzkräften suchen, können sie bei der Arbeitsagentur einen Antrag auf Durchführung einer entsprechenden Maßnahme stellen. Nach Bewilligung wird ein Arbeitsloser zugewiesen. Das kann in Einzelfällen auch jemand mit Hochschulqualifikation sein. Das *Evangelische Bildungswerk München* war mit einem Zugewiesenen so zufrieden, dass sie ihn anschließend als Bildungsreferenten unbefristet weiterbeschäftigt hat. Die Maßnahmen begründen kein Arbeitsverhältnis im Sinne des Arbeitsrechts. Vielmehr erfolgt die Beschäftigung auf Grundlage eines berufspraktischen Einsatzplans (gute Info dazu bietet **www.hartziv.org/ein-euro-job.html**).

Förderung behinderter Menschen durch die Rentenversicherungsträger

In bestimmten Fällen obliegen nach dem SGB neben den Integrationsämtern auch den Rentenversicherungsträgern Aufgaben der Integration behinderter Menschen. So können sie zuständig sein, in Abstimmung mit dem Rehabilitationsträger, für behinderte Menschen Leistungen zur Teilhabe am Arbeitsleben zu erbringen, etwa spezielle PCs.

Zuschüsse für Selbsthilfegruppen

Förderung von Selbsthilfegruppen durch Krankenkassen

Gesetzliche Anspruchsgrundlage ist § 20 Abs.4 SGB V, wonach die Krankenkassen Selbsthilfegruppen, -organisationen und -kontaktstellen fördern sollen, wenn diese sich die Prävention oder Rehabilitation von Versicherten bei bestimmten Krankheiten zur Aufgabe machen. Die Krankheitsbilder, um die es geht (wie Tumorerkrankungen), sind in gemeinsamen Grundsätzen der Spitzenverbände der Krankenkassen festgelegt. Die Mittel, die dafür ausgegeben werden sollen, betragen 0,51 Euro mal die Gesamtzahl der Versicherten pro Jahr.

Voraussetzung sind eine bestimmte Größe der Selbsthilfegruppen, ein Alter der Selbsthilfeorganisation von mindestens einem Jahr und die Beschäftigung von hauptamtlichem Fachpersonal bei den Selbsthilfekontaktstellen. Bisher kommen die Krankenkassen dieser gesetzlichen Förderungsverpflichtung nur sehr mangelhaft nach. Die Gruppen müssen keinen e.V.-Status haben und auch nicht einem Verband der freien Wohlfahrtspflege angehören. Letzteres empfiehlt sich allerdings, um in dem nicht einfachen Verfahren beraten und unterstützt zu werden.

Förderung von Selbsthilfegruppen
durch Träger der medizinischen Rehabilitation

Gesetzliche Anspruchsgrundlage ist § 29 SGB IX, wonach die Selbsthilfegruppen, -organisationen und -kontaktstellen durch die Träger der medizinischen Rehabilitation gefördert werden sollen, wenn diese sich die Prävention, Rehabilitation, Früherkennung, Behandlung und Bewältigung von Krankheiten und

Behinderungen zur Aufgabe machen. Auch hier gibt es bisher eine nur sehr mangelhafte Umsetzung der gesetzlichen Vorgabe. Folgende Träger kommen in Frage:

- Träger der gesetzlichen Krankenversicherung
- Träger der Rentenversicherung (BfA etc.)
- Bundesagentur und Agenturen für Arbeit
- Träger der gesetzlichen Unfallversicherung (Berufsgenossenschaften etc.)
- Träger der sozialen Entschädigung bei Gesundheitsschäden (Versorgungs- und Integrationsämter)
- örtliche und überörtliche Träger der Sozialhilfe
- örtliche und überörtliche Träger der öffentlichen Jugendhilfe.

3.2.6 Lassen Sie sich auszeichnen – Förderpreise und Wettbewerbe

Alexander Gregory

- Warum werden Preise ausgelobt?
- So profitieren gemeinwohlorientierte Organisationen von Preisen
- Wie und wo Sie gezielt nach Ausschreibungen recherchieren können
- So bewerben Sie sich

Die Auszeichnung mit einen Preis kann Ihrer Organisation auf zwei Weisen helfen: Einige Preise haben Preisgelder von mehreren tausend Euro. Diese können Sie meist ohne Zweckbindung direkt in Ihre Aktivitäten einfließen lassen. Zum anderen macht Sie eine öffentliche Auszeichnung bei potenziellen Spendern, Sponsoren und Förderpartner bekannt. Bestehende Unterstützer fühlen sich durch eine Auszeichnung gegebenenfalls bestätigt.

Ständig werden von Bund, Ländern, Kommunen, Unternehmen, Verbänden, Stiftungen, Serviceclubs und anderen neue Preise und Wettbewerbe ausgeschrieben, um die sich gemeinwohlorientierte Organisationen bewerben können. Besonders viele Preise werden in den Bereichen Kultur, Kinder, Jugend, Schule und Wissenschaft vergeben, zunehmend aber auch im sozialen und im Umweltbereich. Eine Menge Firmen, Behörden und Akademien vergeben Preise für besondere Ideen und Leistungen ihrer Mitarbeiter oder Absolventen. Vorbildlich sind die Firmen, die ihre Mitarbeiter auszeichnen, wenn sie sich außerhalb der Firma gemeinnützig engagieren.

Warum werden Preise ausgelobt?

Für Firmen, welche einen Preis ausloben, ist dies meist ein Teil ihrer Unternehmenskommunikation, die letztlich auf die eigene Marke, auf die Produkte oder auf das Unternehmen aufmerksam machen soll. Oft soll aber auch gezeigt werden, dass die Firma gesellschaftliche Verantwortung übernimmt (siehe dazu das Kapitel 2.2.1 *Unternehmenskooperation – mehr als Sponsoring*). Ein weiteres Motiv ist es, das Ansehen der Firma nach innen, also bei den eigenen Mitarbeitern zu erhöhen und damit ihre Bindung an das Unternehmen zu steigern.

Verbände, Vereine, Stiftungen können mit einem Preis besonders effektiv umsetzen, was sie sich in der eigenen Satzung zur Aufgabe gemacht haben. Wenn eine kleine Stiftung, die jährlich nur einige Tausend Euro ausschütten kann, sich vorgenommen hat, die Versorgung alter Menschen in Heimen zu verbessern, so kann sie mit direkten Zuschüssen, etwa für zusätzliches Personal, nur sehr wenig erreichen. Lobt sie das gleiche Geld dagegen in einem Wettbewerb um das beste Konzept von Altenheimen aus, so erreicht sie, dass viele Bewerber besondere Anstrengungen im Sinne des Stiftungsanliegens unternehmen, um den Preis zu gewinnen. Ähnlich versucht die öffentliche Hand mit Preisen das zu fördern, was sie sich politisch vorgenommen hat.

— Tipp: Preise im Umfeld von Jahres- und Gedenktagen ———————————————

Viele Wettbewerbe und besondere Förderungen für herausragende Modelle und anderes gibt es im Vorfeld zu national oder international ausgerufenen Jahres- oder Gedenktagen und zu bestimmten Anlässen. Beispiele finden sich im Kapitel 2.1.5 *Benefizevents – Spendensammeln mit hohem Unterhaltungswert.*

Loben Sie selbst einen Preis oder einen Wettbewerb aus!

Installieren Sie selbst einen eigenen Förderpreis oder einen Wettbewerb, um auf Ihr Anliegen und Ihre Arbeit aufmerksam zu machen. Ganz nebenbei können Sie dabei auch viele Unterstützeradressen sammeln. Wichtig ist auch, dass Preise und Wettbewerbe für Zeitungen meist so interessant sind, dass sie darüber berichten. Auf diese Weise kommen Sie mit relativ wenig Aufwand in die Zeitung und bekommen Gelegenheit, über Ihre Organisation zu informieren. Eine publizierte Ausschreibung lockt (endlich mal) hunderte oder tausende Besucher auf Ihre Webseite.

— Tipp: Wie Sie selbst einen Preis ausschreiben können ———————————————

Die Broschüre „Wettbewerbe & Ausschreibungen" beschreibt übersichtlich, was bei der Ausgestaltung eines Wettbewerbs zu beachten ist. Sie richtet sich zwar speziell an Stiftungen, doch sind die Tipps auch auf andere Ausschreibende übertragbar. Download und Bestellung der Broschüre (auch als E-Book) unter **www.bertelsmann-stiftung.de/de/publikationen/publikation/did/wettbewerb-und-ausschreibung/**.

So profitieren gemeinwohlorientierte Organisationen von Preisen

Ein Förderpreis gilt in Social-Profit-Organisationen als hochwillkommene materielle Zuwendung. Weil er in der Regel im Haushalt des Preisträgers nicht eingeplant war, macht er zusätzliche Projekte möglich, an die vorher nicht zu denken war. Wichtig ist in diesem Zusammenhang, dass die Zweckbindung solcher Gelder in der Regel locker ist. So kann die gemeinnützige Einrichtung diese Mittel genau dort einsetzen, wo das größte Loch klafft. Während klassische Fördermittel nur für Zukünftiges, noch nicht Begonnenes gewährt werden, konzentrieren sich Förderpreise meist auf bereits umgesetzte oder mitten in der Umsetzung befindliche Aktivitäten.

Neben dem materiellen Gewinn ist die Auszeichnung auch eine hervorragende Plattform für die Öffentlichkeitsarbeit. Sie steigert das Ansehen und die Seriosität einer Organisation erheblich. Wenn Sie einen Preis gewonnen haben, werden Sie das in Ihrem Briefkopf abdrucken und darauf in Ihren Prospekten und anderen Werbemitteln hinweisen.

Wie und wo Sie gezielt nach Ausschreibungen recherchieren können

Zum Glück gibt es inzwischen eine Vielzahl von Ausschreibungsverzeichnissen und Datenbanken, über welche Sie gezielt nach passenden Wettbewerben und Förderpreisen recherchieren können. Im Folgenden geben wir Ihnen einen Überblick über entsprechende Portale und einige beispielhafte Einzelausschreibungen. Insgesamt gibt es in Deutschland mehrere tausend Ausschreibungen!

Allgemeines Verzeichnis von Preisen und Wettbewerben

– **www.upj.de**

Preise zum Thema Bürgerschaftliches Engagement und Ehrenamt
Verzeichnisse zu Wettbewerben und Preisen:

– *Wegweiser Bürgergesellschaft:* **www.buergergesellschaft.de/mitteilen/nuetzliches/wettbewerbe-foerderpreise/10/ www.lbe.bayern.de/ehrenamt-foerdern/wettbewerb/index.php**
– *Preis Pro Ehrenamt des Deutschen Sportbunds:* Deutscher Olympischer Sportbund (DOSB) und *Commerzbank* vergeben den Preis für Personen und Institutionen, die Ehrenamtliche und das Ehrenamt im Sport unterstützen **www.ehrenamt-im-sport.de**
– *Gustav Heinemann Bürgerpreis* der SPD: 10.000 Euro für Mitwirkung, Mitbestimmung und vorbildhaftes Engagement **www.erinnerungsstaette-rastatt.de/buergerpreis**.
– *Förderpreis Aktive Bürgerschaft:* 10.000 Euro für Initiativen, die Verantwortung für das soziale und kulturelle Leben vor Ort übernehmen **www.aktive-buergerschaft.de**.
– Bagfa-*Innovationspreise für Freiwilligenagenturen:* 10.000 Euro gesamt für vier Projekte **www.bagfa.de**.
– *Deutscher Bürgerpreis (für mich, für uns, für alle:* Die Initiative ist ein Zusammenschluss der *Sparkassen*, engagierter Bundestagsabgeordneter, des *Städtetages* und des *Gemeindetages*. Der Preis fördert bürgerschaftliches Engagement mit Sachpreisen über 300.000 Euro **www.buerger-engagement.de**.
– *Petra-Kelly-Preis* der *Heinrich-Böll-Stiftung:* 10.000 Euro für Achtung der Menschenrechte, gewaltfreies Lösen von Konflikten und Schutz der Umwelt **www.boell.de**.
– *Wettbewerb Demokratisch Handeln:* Für allgemeinbildende Schulen **www.demokratisch-handeln.de**.
– *Wettbewerb für zivilgesellschaftliche Projekte:* Für ein demokratisches und tolerantes Miteinander zum Beispiel zur Gewaltprävention. Preise von 1.000 bis 5.000 Euro **www.buendnis-toleranz.de**.
– *Europäischer Zivilgesellschaftspreis:* würdigt europäische Identitätsbildung und Integration (30.000 Euro) **www.eesc.europa.eu**

Preise zum Thema Kinder, Jugend, Jugendhilfe, Schule
Verzeichnisse zu Preisen und Wettbewerben

- www.kindermedienland-bw.de/de/startseite/serviceangebote/wettbewerbe
- *Schule ans Netz*: www.lehrer-online.de
- *Arbeitsgemeinschaft Schülerwettbewerbe*: www.bundeswettbewerbe.de
- *Bayerisches Kultusministerium* www.km.bayern.de/schueler/schule-und-mehr/wettbewerbe.html
- *Der Landesbildungsserver Baden-Württembergs*: www.schule-bw.de/aktuelles/wettbewerbe
- *Arbeitsgemeinschaft bundesweiter Schülerwettbewerbe*: www.bundeswettbewerbe.de/wettbewerbe
- *Deutscher Bildungsserver*: www.bildungsserver.de/wettbew.html

Einzelpreise

- *Schülerwettbewerb östliche Nachbarn:* Seit 1970 gibt es den jährlichen Schülerwettbewerb zum Thema „Die Deutschen und ihre Nachbarn im Osten" www.nachbarn-im-osten.de.
- *Europäischer Jugend-Karlspreis:* Für Jugend-Initiativen/Projekte, die zur europäischen oder internationalen Verständigung beitragen und die europäische Integration fördern hat das Europäische Parlament und die Stiftung Internationaler Karlspreis gesamt 10.000 Euro ausgesetzt (jährlich, **www.charlemagneyouthprize.eu**).
- *Be Smart – Wettbewerb zum Nichtrauchen:* Geld-, Sachpreise und Reise für „rauchfreie" 6., 7. und 8. Schulklassen **www.besmart.de**.
- *Wettbewerb Trialog der Kulturen* der *Herbert-Quandt-Stiftung:* Der Wettbewerb für Schulen ab Klasse 5 in Hessen und Berlin fördert mit 75.000 Euro Bildungs- und Medienprojekte zum interkulturellen Dialog zwischen Judentum, Christentum und Islam **www.h.quandt-stiftung.de**.
- *Jugend hilft:* 2.500 Euro und Sachpreise für sozial engagierte junge Menschen **www.children.de**.
- Preis *Jugend testet* der *Stiftung Warentest:* 7.000 Euro für konsumkritische und experimentierfreudige Jugendliche **www.jugend-testet.de**.
- Preise und Wettbewerbe des Bundesbildungsministeriums: *Jugend musiziert, Schüler machen Lieder, Bundeswettbewerb Schüler komponieren, Schüler machen Theater – Theatertreffen der Jugend, Theatertreffen deutschsprachiger Schauspielstudenten, Kunststudenten stellen aus, fantastisch malen, Schüler machen Filme und Videos, Schüler schreiben, Vorlesewettbewerb des Börsenvereins des Deutschen Buchhandels, Jugend forscht, Heinz-Leibnitz-Preis für herausragende junge Wissenschaftler* **www.bmbf.de**.
- *Heinz-Westphal-Preis* des *Deutschen Bundesjugendringes:* alle zwei Jahre 15.000 Euro für Engagement von ehrenamtlichen Jugendleitern **www.heinz-westphal-preis.de**.
- *Deutscher Kinder- und Jugendhilfepreis:* auch Hermine-Albers-Preis, gestiftet von der Arbeitsgemeinschaft der obersten Landesjugendbehörden **www.agj.de/Deutscher-Kinder-und-Jugendhilfepreis.40.0.html**.

- *Deutscher Jugendfoto- und -videopreis:* **www.jugendfotopreis.de**, **www.jugend-videopreis.de**.
- *Deutscher Kindertheaterpreis* und *Deutscher Jugendtheaterpreis:* 35.000 Euro gesamt für Autoren, Übersetzer und Theater **www.kjtz.de**.
- *MIXED-UP-Preis* der *Bundesvereinigung Kulturelle Kinder- und Jugendbildung:* mit bis zu sieben Teilpreisen **www.mixed-up-wettbewerb.de**.
- *Aktion Schutzbengel:* Die Aktion Schutzbengel will bundesweit Menschen und Institutionen für vorbildliches, ehrenamtliches Engagement zu Gunsten benachteiligter Kinder und Jugendlicher ehren. Das Preisgeld beträgt 10.000 Euro **www.aktion-schutzbengel.de**.
- *Goldene Göre* – Förderpreise des *Deutschen Kinderhilfswerkes:* höchstdotierte deutsche Kinder- und Jugendlichenpreise – für ihre Beteiligung an der Gestaltung ihrer Lebenswelt **www.dkhw.de**.
- *Kroschke Kinderkulturpreis:* 7.500 Euro alle zwei Jahre für kulturelle Arbeit, die Kindern Raum lässt, sich selbst einzubringen **www.kinderstiftung.de**.
- *Bio find ich kuhl:* Jugendwettbewerb des Bundesministeriums für Ernährung, Landwirtschaft und Verbraucherschutz **www.bio-find-ich-kuhl.de**.
- Schüler-Videowettbewerb *Bio logisch!*: Beim Schüler-Videowettbewerb *Bio logisch!* können Schüler zeigen, wie gesunde Ernährung den Schulalltag verbessert. Teilnehmen können Schulen und Jugendgruppen aus Deutschland. Die Gruppenmitglieder dürfen bis einschließlich 20 Jahre alt sein **www.oekodirektvermarkter.de**.
- *Deutscher Jugendfotopreis:* **www.jugendfotopreis.de**
- *History-Award:* Bundesweiter Schülerwettbewerb: **www.history-award.de**.
- *klicksafe-Preis für Sicherheit im Internet:* Die EU-Initiative klicksafe zeichnet herausragende Leistungen zur Förderung der Medienkompetenz und sicheren Nutzung des Internets aus **www.digitale-chancen.de/klicksafepreis**
- *Schülerwettbewerb zur politischen Bildung:* der Bundeszentrale für politische Bildung **www.schuelerwettbewerb.de**.
- *Schülerzeitungswettbewerb der Länder:* Die besten Schülerzeitungen aus den Landeswettbewerben qualifizieren sich für die Teilnahme am Bundeswettbewerb. Um zum *SZWdL* zugelassen zu werden, müssen die Schüler aus dem Schülerzeitschriften-Wettbewerb eines Bundeslandes als Sieger hervorgehen **www.schuelerzeitung.de**.
- *Verbraucherschutzpreis für Schulen in Baden-Württemberg:* **www.verbraucherschutzpreis-bw.de**

Preise zum Thema Frauen

- *Anita-Augspurg-Preis* der *Landeshauptstadt München:* für vorbildliche Beiträge zur Förderung der Gleichberechtigung **www.muenchen.de**.
- *Goldene Bild der Frau:* Mit dieser Auszeichnung werden jedes Jahr fünf Frauen für ihren Mut, ihre Stärke und ihre Nächstenliebe geehrt. Oft sind es Initiatorinnen von gemeinnützigen Projekten. Jede Gewinnerin erhält ein Preisgeld in Höhe von 10.000 Euro. Zudem wird ein mit 30.000 Euro dotierter Publikumspreis für die Königin der Leserherzen vergeben **www.bilderfrau.de**.

Preise zum Thema Familie

– *Preis der Karl-Kübel-Stiftung für Kind und Familie:* mit wechselnden Themen **www.kkstiftung.de.**

Preise zum Thema Behinderung

– *Europäischer Kunstpreis EUWARD der Augustinum-Stiftung:* alle zwei Jahre plus Katalogpublikation **www. euward.de.**
– *Förderpreis Pflege psychisch kranker, alter Menschen:* von der Deutschen Gesellschaft für Gerontopsychiatrie und -psychotherapie **www.dggpp.de.**

Internationaler Kochkurs der „Nachbarschaftshilfe deutsche und ausländische Familien" (gewann 1994 den Karl-Kübel-Preis). Daraus entstand ein Kochbuch, das mit Gewinn verkauft wurde.

Preise zum Thema Soziales

– *Deutscher Alterspreis:* **www.bosch-stiftung.de/content/language1/html/8325.asp**
– *innovatio – Sozialpreis für caritatives und diakonisches Handeln:* **www. innovatio-sozialpreis.de**
– *Plansecur-Förderpreis:* für soziales Engagement **www.plansecur-stiftung.de**
– *Preis Soziale Stadt:* alle zwei Jahre für den Zusammenhalt in Stadtteilen und Nachbarschaften **www.sozialestadt.de.**
– *Startsocial:* Beratungsstipendien und Geldpreise für Initiativen zur Lösung sozialer und gesellschaftlicher Probleme **www.startsocial.de.**
– *Aspirin-Sozialpreis:* für gemeinnützige Hilfs- und Beratungsangebote im Gesundheitsbereich. An der Ausschreibung beteiligen sich bundesweit Apotheker, indem sie mit Broschüren und Plakaten auf den Aspirin-Sozialpreis aufmerksam machen **www.aspirin-sozialpreis.de.**

Preise zum Thema Interkulturelles / Völkerverständigung / Integration

– *BMW Group Award für interkulturelles Engagement:* Förderung von beispielhaften Initiativen, die eine gemeinsame, facettenreiche Kultur aufbauen möchten. Neben einem individuell maßgeschneiderten Unterstützungsangebot erhalten die Preisträger ein Gesamtpreisgeld in Höhe von 25.000 Euro **www.bmwgroup.com** (Verantwortung, Gesellschaft).
– *Bündnis für Demokratie und Toleranz:* Das bundesweite Bündnis zeichnet seit 2000 jährlich mit insgesamt bis zu 200.000 Euro Initiativen mit Preisen zwischen 1.000 und 5.000 Euro für vorbildliche zivilgesellschaftliche Aktivitäten gegen Intoleranz und Ausländerfeindlichkeit aus **www.buendnis-toleranz.de.**
– *Deichmann-Förderpreis:* Zeichnet in einem bundesweiten Wettbewerb jährlich Unternehmen aus, die schwer vermittelbaren jungen Menschen einen Ausbildungs- oder Arbeitsplatz zur Verfügung gestellt haben. Dotation: 80.000 Euro **www.deichmann-foerderpreis.de.**
– *Münchner Lichtblicke:* 14.000 Euro gesamt für Initiativen gegen Fremdenfeindlichkeit und Rassismus, für ein friedliches Zusammenleben von Deutschen und Ausländern in München **www.lichterkette.de.**

Preise zum Thema Umwelt

- Nahezu jede Kommune, viele Verbände, Behörden, Ministerien, Stiftungen schreiben Umweltpreise aus. Es lohnt sich, unter entsprechenden Stichworten auf deren Internetseiten zu suchen. Siehe dazu auch: **www.umweltpreise.de**; **http://de.wikipedia.org/wiki/Liste_der_Umweltpreise**
- *Deutscher Umweltpreis der Deutschen Bundesstiftung Umwelt:* 500.000 Euro für Personen, Organisationen, Firmen (werden von vorschlagsberechtigten Institutionen der DBU benannt) für Beiträge zum Schutz und zur Erhaltung unserer Umwelt **www.dbu.de**.
- *Bundesumweltwettbewerb:* Prämiert werden schriftliche Arbeiten von Jugendlichen und jungen Erwachsenen zu umweltrelevanten Themen **www.buw-home.de**.
- *Deutscher Klimapreis:* der Allianz-Umweltstiftung **www.allianz-umweltstiftung.de/veranstaltungen/klimapreis**.
- *Umwelt-Online-Award von B.A.U.M.:* für Personen in Unternehmen und Institutionen **www.baumev.de/Preis.html**.

Preise zum Thema Kultur, Bildung und Denkmalpflege

Diese Preise werden vorwiegend an einzelne Kulturschaffende und Initiativen vergeben. Preise für Projekte der Kulturarbeit gibt es eher als Preise für Kulturarbeit mit Kindern und Jugendlichen (siehe im Abschnitt *Preise zum Thema Kinder, Jugend, Jugendhilfe, Schule*).

- Handbuch der Kulturpreise (Suchmaschine dazu: **www.kulturpreise.de**)
- IGBK-Handbuch Stipendien und Kunstpreise
- Europa-Information für Bildende Künstler **www.igbk.de**
- **www.bildungsserver.de**
- Förderprogramme und Förderwettbewerbe für die politische Bildung: **www.bpb.de/partner/akquisos/147610/foerderprogramme-und-foerderwettbewerbe**
- *Kulturpreis der Kulturpolitischen Gesellschaft:* 2.000 Euro für soziokulturelle Initiativen **www.kupoge.de**.
- *Preis für Innovation in der Erwachsenenbildung:* Alle zwei Jahre vom Deutschen Institut für Erwachsenenbildung **www.die-bonn.de**.
- *Deutscher Arbeitgeberpreis für Bildung:* **www.arbeitgeber.de** (Initiativen/Preis)
- *Weiterbildungs-Innovations-Preis:* Seit 1996 zeichnet das Bundesinstitut für berufliche Bildung in unregelmäßiger Folge mehrere innovative Projekte der beruflichen Weiterbildung mit etwa 2.500 Euro pro Preisträger aus **www.bibb.de**.
- *Dieter Baacke Preis Medienpädagogik:* 500 bis 3.000 Euro für drei Projekte der Bildungs-, Sozial- und Kulturarbeit mit Kindern, Jugendlichen und Familien **www.dieterbaackepreis.de**.
- *Bildungspreis der ERGO Stiftung Jugend & Zukunft:* Für Projekte, die Kindern und Jugendlichen eine bessere Chance auf Bildung geben **www.ergo.com/de/Verantwortung/Gesellschaft/Bildung/ERGO_Stiftung/Bildungspreis**.
- *GEDOK-Preise* (geht an Künstlerinnen) **www.gedok.de**

Kommunale Kulturförderpreise (Beispiel München): Die meisten größeren Kommunen vergeben Förderpreise – beispielhaft genannt werden hier Preise des Kulturreferates der Landeshauptstadt München (siehe **www.muenchen.de**). Nicht genannt sind die vielfältigen Stipendien.

- Filmpreis und drei Förderpreise für Spiel-, Dokumentar-, Experimentalfilm
- Literavision: für beispielhafte Fernsehsendungen
- Publizistikpreis
- Musikpreis: alle zwei Jahre für Persönlichkeiten oder Ensembles aus allen musikalischen Wirkungsbereichen (Komposition, Arrangement, Interpretation) und Genres (E-Musik, Jazz, Volksmusik, U-Musik)
- Musikförderpreis: alle zwei Jahre für vier Einzelwerke der zeitgenössischen E-Musik, des Jazz und aller anderen Formen der zeitgenössischen Musik (z.B. auch so genannte „Neue Volksmusik" und Unterhaltungsmusik)
- Kunstpreise: für Architektur, Design und Kunst
- sechs Kunstförderpreise: in den Bereichen bildende Kunst, Fotografie, angewandte Kunst, Architektur
- Seerosenpreis und Leonhard und Ida Wolf-Gedächtnispreis für bildende Kunst: für ältere Künstler bzw. zur Würdigung besonderer künstlerischer Begabung
- Theaterpreis: alle drei Jahre
- Kabarettpreis: alle zwei Jahre
- Tanzpreis und Förderpreis Tanz: alle zwei Jahre
- sowie: Literaturpreis, Übersetzerpreis, Geschwister-Scholl-Preis, Tukan-Preis, Ernst-Hoferichter-Preis (Literatur und Kabarett, Preis für Denkmalschutz und Neues Bauen, Hof-, Vorgarten- und Fassadenpreise.

Preise zum Thema
Unternehmen übernehmen gesellschaftliche Verantwortung

- **www.upj.de/National.45.0.html**

Preise zum Thema Öffentlichkeitsarbeit

- *Bank für Sozialwirtschaft* – Wettbewerb *Beste Sozialkampagne:* 9.000 Euro für die innovativsten und aufmerksamkeitsstärksten Anzeigenkampagnen zu einem sozialen Thema **www.sozialbank.de**.
- *Preis KOMPASS* für Stiftungskommunikation: Mit dem Kompass zeichnet der *Bundesverband Deutscher Stiftungen* Beispiele richtungsweisender Kommunikation von Stiftungen aus. Zu gewinnen gibt es ein eintägiges Coaching mit Kommunikationsexperten **www.Stiftungen.org/Kompass**.
- *Webfish.de* der EKD und des GEP: für die besten christlichen Internetseiten **www.webfish.de**.
- *Karl-Buchrucker-Preis* der *Inneren Mission München*: für journalistische Beiträge zu diakonischen oder sozialen Themen **www.im-muenchen.de**

Preis zum Thema Fundraising

- Preise zum Thema Fundraising: *Deutscher Fundraising-Preis:* **www.fundraising-verband.de**

Eigene Recherche über Suchmaschinen

Von den für Sie in Frage kommenden Preisen und Wettbewerben erfahren Sie, wenn Sie im Internet die für Ihre Arbeit typischen Stichworte („Kultur", „Soziales" etc.) mit den Begriffen „Preis" oder „Wettbewerb" und Wortverbindungen damit eingeben. Allein das Stichwort „Jugendkulturpreis" bringt es auf 800 Einträge. Suchen Sie auch systematisch auf den Seiten der für Ihre Arbeit wichtigen Verbände, Behörden, Landes- und Bundesministerien, einschlägigen Firmen und anderen – meist unter „Aktuelles". Abonnieren Sie deren Newsletter.

Sammeln Sie systematisch Informationen über Preisverleihungen, von denen Sie in der Zeitung lesen. Preise werden oft periodisch, also jährlich oder alle paar Jahre vergeben. So wissen Sie, wo und wann Sie sich über kommende Ausschreibungen informieren können. Aber Achtung: Die Bewerbungsfristen und die Themen der Ausschreibung ändern sich häufig.

So bewerben Sie sich

Recherchieren Sie zunächst im Internet (Ausschreibungstext, Hintergrund und Interesse der ausschreibenden Organisation, frühere Gewinner des Preises, Fristen). Oft lohnt es sich, danach auch telefonisch Kontakt aufzunehmen, um endgültig zu klären, ob das eigene Projekt zur Bewerbung passt – bevor Sie sich umsonst die Arbeit machen. Der Bewerbung sind zum Beispiel beizufügen: wer hinter dem Projekt steht, Mitgliedschaft in Dach- oder Spitzenverband, Anerkennung der Gemeinnützigkeit, Satzung, genaue Angaben zum Träger, ausführliche Beschreibung des Projektes, Aufstellung der Projektkosten und Finanzierung, Arbeitsschwerpunkte des Bewerbers, Angaben zu fachlicher/wissenschaftlicher Begleitung des Projektes, mit dem Projekt verfolgte Ziele, angesprochene Zielgruppen, (vorgesehene) Öffentlichkeitsarbeit, Kooperation mit anderen Trägern.

Beginnen Sie die Bewerbung immer mit Ihrer Anschrift. Nennen Sie einen Ansprechpartner in Ihrer Organisation. Bevor Sie auf sich selbst zu sprechen kommen, begründen Sie, warum Sie sich um diesen Preis bewerben – nehmen Sie also Bezug auf die Ausschreibungskriterien. Stellen Sie dann das Problem dar, wie Ihr Projekt es gelöst hat und weshalb Sie die Kompetenz dafür haben. Nennen Sie bisherige Leistungen Ihrer Organisation auf diesem Gebiet. Die Vergabe von Preisen wird gerne daran geknüpft, dass die ausgezeichneten Projekte besonders kreativ, innovativ und ideenreich sind. Dazu sollten Sie unbedingt etwas schreiben.

— **Tipp: Bleiben Sie in Kontakt** ————————————————————

Nach dem Preisgewinn legen manche Preisausschreiber großen Wert darauf, dass sie mit Ihnen in Kontakt bleiben. So lädt die Kübelstiftung ihre ehemaligen Gewinner immer wieder ein. Darauf einzugehen lohnt sich: Förderorganisationen, deren Vertrauen Sie einmal gewonnen haben, unterstützen Sie möglicherweise auch weiterhin.

3.2.7 Serviceclubs –
Unterstützung durch Lions, Rotary & Co.

Christoph Bolbrügge

- Was ist ein Serviceclub
- *Lions* und *Leos*
- *Rotary*, *Rotaract* und *Interact*
- *Inner Wheel*
- *Soroptimisten*
- *Zonta*
- *Kiwanis*
- *Round Table*

Was ist ein Serviceclub

Ein Serviceclub ist eine formal organisierte Gruppe von Menschen, die auf der Grundlage gemeinsamer Werte freundschaftliche Beziehungen innerhalb des Clubs pflegen und sich gleichzeitig gemeinsam für das Wohl Anderer einsetzen. Dieser Einsatz wird im humanitären, sozialen, medizinischen, kulturellen und im Bildungsbereich geleistet. Serviceclubs sind weder religiös noch politisch gebunden; sie sind Nationalitäten übergreifend und unterstreichen Wert und Bedeutung internationaler Freundschaft. Früher wurden sie oftmals als Geheimbünde angesehen, die nach dem Grundsatz handelten: „Tue Gutes und sprich nicht darüber." Gelegentlich wird statt Serviceclub auch der Begriff Wohltätigkeitsclub verwendet.

In der Regel helfen Serviceclubs unmittelbar dort, wo Not ist. Sie arbeiten dabei auch mit sozialen Einrichtungen zusammen. Meist sind sie gemischte Clubs, einige sind auch reine Männer- oder Frauenclubs, andere wiederum sind Netzwerke von Führungskräften aus Wirtschaft oder Politik und eröffnen daher nicht nur Zugänge zu Geld-, Sach- und Zeitspenden, sondern auch zu vielfältigen Kontakten und Kooperationen. Wer einem örtlichen Serviceclub einen Fördervorschlag machen will, wendet sich am besten an den Vorsitzenden. In vielen Clubs wechselt der Vorsitz jedes Jahr und es ist immer auch schon bekannt, wer der Nachfolger des amtierenden Vorsitzenden sein wird. Da ein Vorsitzender bei seinem Amtsantritt oft die Gelegenheit erhält, sich für ein Förderprojekt einzusetzen (das vom Club dann wohlwollend entschieden wird), kann es sinnvoll sein, gleich den künftigen Vorsitzenden anzusprechen.

Lions und Leos

Lions Clubs International ist eine weltweite Vereinigung freier Menschen, die in freundschaftlicher Verbundenheit bereit sind, sich den gesellschaftlichen Problemen unserer Zeit zu stellen und uneigennützig an ihrer Lösung mitzuwirken. „We Serve" („Wir dienen") ist ihr Motto. Lions helfen. Ob in Kinder- und Jugendprojekten, bei der Unterstützung Sehbehinderter oder in Ländern der Dritten Welt – Lions engagieren sich ehrenamtlich für Menschen, die Hilfe brauchen. Dabei kümmern sie sich um die Mitmenschen in ihrer Nachbarschaft genauso, wie um Notleidende in aller Welt.

Mit fast 1,4 Millionen Mitgliedern weltweit ist *Lions Clubs International* (LCI) eine der größten Nichtregierungsorganisationen. *Lions* initiieren eigene Projekte oder unterstützen nützliche Projekte von Partnerorganisationen. Übergeordnetes Ziel ist dabei die Hilfe zur Selbsthilfe. Die Stiftung von *Lions Clubs International* (LCIF) gewährt jährlich Zuschüsse in Millionenhöhe, um weltweit humanitäre Hilfe zu gewährleisten. Neben sozialen Zielen fördern *Lions* auch kulturelle Projekte und setzen sich für Völkerverständigung, Toleranz, Humanität und Bildung ein.

Der erste deutsche *Lions Club* wurde 1951 in Düsseldorf gegründet. Derzeit engagieren sich in der Bundesrepublik über 50.000 Mitglieder für die Gemeinschaft und für Menschen in Not. Ursprünglich war die Lions-Bewegung in Deutschland eine reine Männersache. Das hat sich schon lange geändert. Heute gibt es auch viele gemischte Clubs und einige Damen-Clubs. Schwerpunkte des Engagements in Deutschland sind unter anderem verschiedene Programme für Kinder und Jugendliche, sowie der weltweite Kampf gegen Blindheit. Die Lions-Jugendprogramme umfassen den internationalen Jugend- und Schüleraustausch, die Präventionsprogramme *Lions-Quest*, *Klasse 2000* und *Kindergarten plus*, *Lions Young Ambassador*, den *Friedensplakatwettbewerb* sowie den *Lions Musik- und Gesangspreis*. Daneben engagieren sich Lions im Bereich Gesundheit und Prävention, helfen nach Katastrophen, organisieren Hilfslieferungen und tragen zum Erhalt deutscher Kulturdenkmäler bei. Mehr unter **www. lions.de**.

Oberster Repräsentant von *Lions Clubs International* ist der Internationale Präsident. 1945 war *Lions Clubs International* maßgeblich an der Gründung des Sektors der Nichtregierungsorganisationen bei den *Vereinten Nationen* beteiligt und ist neben *Rotary International* die einzige Serviceorganisation, die als beratender Partner mit der UNO einen Konsultarstatus hat. Informieren Sie sich auch auf der Website von *Lions Clubs International* unter **www.lionsclubs.org**.

Leo ist die Jugendorganisation von *Lions Clubs International. Leos* gibt es auf der ganzen Welt – derzeit 5.720 Clubs in 139 Ländern. Oder in anderen Worten: Austausch, Kontakte und Freunde von Berlin über Tokio bis Chicago. Jugendliche im Alter von 16 bis 30 Jahren helfen bei so genannten „Activities" dort, wo ihre Hilfe benötigt wird. Zum Beispiel in der Organisation von Benefizveranstaltungen oder in der direkten Unterstützung von Obdachlosen, Menschen mit Behinderung oder Straßenkindern. Jeder Club verwirklicht die individuellen Ideen seiner Mitglieder für Hilfsprojekte in der umliegenden Region, wodurch das Engagement der *Leos* in vielen Facetten hervortritt. Die politische und konfessionelle Einstellung tritt in den Hintergrund, das persönliche Engagement in den Vordergrund. Bei alldem bleibt auch der Spaß nicht auf der Strecke, denn neben Activities gibt es auch regelmäßig Feiern, bei denen man immer wieder neue *Leos* kennenlernt. Der erste *Leo-Club* wurde 1957 in Pennsylvania, USA, gegründet. Der erste deutsche Club 1970 in Gießen. Bis heute ist diese Zahl auf 176 Clubs mit über 3.000 *Leos* angewachsen.

Rotary, Rotaract und Interact

Selbstloses Dienen ist der Wahlspruch der rund 1,2 Millionen *Rotarier* in aller Welt. Seit der Gründung des ersten Clubs durch vier Freunde vor mehr als hundert Jahren in Chicago hat sich *Rotary* zu einem weltumspannenden Netzwerk engagierter Männer und Frauen entwickelt, die eine gemeinsame Vision verfolgen. Sie wollen denen zur Seite stehen, die sich nicht selbst helfen können: im lokalen Umfeld der eigenen Gemeinde und in internationalen humanitären Hilfsprojekten. Dabei stehen, angelehnt an die so genannten *Millenium Development Goals* der *UNO*, folgende Bereiche besonders im Fokus: Frieden und Konflikt-prävention/-lösung, Krankheitsprävention und -behandlung, Wasser und Hygiene, Gesundheitsfürsorge für Mütter und Kinder, Elementarbildung, Wirtschafts- und Kommunalentwicklung.

Neben den Einzelprojekten jedes Clubs gibt es große internationale Projekte, die von *Rotary* global organisiert und über die *Rotary Foundation*, als zentraler Stiftung aller *Rotarier*, finanziell unterstützt werden. Das weltweit bekannteste Projekt von *Rotary* ist „End Polio Now", der weltweite Kampf gegen die Kinderlähmung. Zur Völkerverständigung und einem besseren globalen Verständnis trägt *Rotary* unter anderem durch sein Engagement im internationalen nichtkommerziellen Jugendaustausch bei: Als größte weltweite Austauschorganisation ermöglichen die Clubs jährlich Tausenden von Schülern, Studenten und jungen Berufstätigen Begegnungen mit fremden Kulturen. Mehr finden Sie unter **www.rotary.de** und **www.rotary.org**.

Rotaract ist ein Programm für junge Leute im Alter von 18-30 Jahren, die zusammenkommen, um Ideen auszutauschen, sich in ihrem Gemeinwesen zu engagieren, Führungsqualitäten zu entwickeln und vor allem, um gemeinsam Spaß zu haben. *Rotaract Clubs* werden gesponsert von lokalen *Rotary Clubs*, doch treffen *Rotaracter* alle Entscheidungen über die Organisation ihres Clubs selbst. *Rotary* eröffnet *Rotaractern* eine Fülle von Möglichkeiten, sich einzubringen, Neues zu erleben und zu erlernen. Mehr unter **www.rotaract.de**.

Interact heißt das Jugendclubprogramm von *Rotary* für junge Leute von 12 bis 18 Jahren und besteht seit über 50 Jahren. *Interact Clubs* werden von *Rotary Clubs* als Patenclubs betreut und beraten, sind aber ansonsten selbstständige Clubs. Die Clubmitgliedschaft sieht zumeist recht unterschiedlich aus. Clubs können groß oder klein und manchmal reine Jungs- oder Mädchenclubs sein. Manchmal werden die Clubs an einer Schule gegründet und sind dann dort beheimatet oder sie haben ein ganzes Gemeinwesen als Einzugsbereich. Jedes Jahr vollbringt jeder *Interact Club* mindestens zwei Gemeindienstprojekte, von denen eines sich der internationalen Völkerverständigung widmet. Durch solche Projekte bauen die *Interacter* ein Netzwerk von Freundschaften auf, sowohl lokal, als auch in Übersee. Mehr unter **www.rotary.org**.

Inner Wheel

Inner Wheel ist die weltweit größte Frauen-Service-Organisation. Nachdem die Mitgliedschaft in den frühen Jahren – seit 1924 – zunächst nur Frauen und Witwen von *Rotariern* offenstand, ist der Zugang inzwischen auch dem erweiterten Kreis weiblicher Verwandter von *Rotariern* und *Inner Wheel*erinnen möglich. Zusätzlich können die Clubs mit mehrheitlicher Zustimmung der Mitglieder auch einer Dame ohne rotarischen Hintergrund die Mitgliedschaft anbieten. Die Mitglieder von *Inner Wheel* widmen sich der Pflege der Freundschaft, dem persönlichen sozialen Dienst und der internationalen Verständigung. Mehr unter **www.innerwheel.de**.

Soziales Engagement ist für alle *Inner Wheel Clubs* von Anfang an eine Verpflichtung gewesen. Im Mittelpunkt steht das persönliche Einbringen in die verschiedensten Bereiche wie „Tafeln" und die Sorge um Bedürftige, Unterstützung für Medizinische Hilfsprojekte wie „Friedensdorf Oberhausen", Knochenmarkspenden, Frauenhäuser, Hospizwesen – kurz gesagt: Projekte, wo Menschen in Not sind. Die Clubs bringen das Geld für ihren sozialen Einsatz durch Spenden, Basare und andere Aktivitäten auf. Noch größerer Wert wird aber auf den persönlichen mitmenschlichen Dienst gelegt. Mehr unter **www.innerwheel.de**.

Soroptimisten

Soroptimist International (SI) ist mit über 80.000 Mitgliedern die weltweit größte Service-Organisation berufstätiger Frauen. In Deutschland gibt es über 200 Clubs mit mehr als 6.300 Mitgliedern. Sie verwirklichen ihre Ziele durch Bewusstmachen, Bekennen, Bewegen. Ziele sind, ethische Werte zu wahren, sich für die Menschenrechte und besonders für die Verbesserung der Stellung der Frau einzusetzen, Hilfsbereitschaft zu fördern und weltweit zu internationaler Verständigung beizutragen. Mehr unter **www.soroptimist.de**. Förderbeispiele: Aktuelles Projekt der Europäischen Föderation ist „Let's Go Green – Working for a Healthy Environment". Beispielhafte Projekte der *Soroptimist*

International Deutschland: Kampf gegen Genitalverstümmelung von Frauen und Mädchen; „Mentoring Programm"; SOFIA: Soroptimistinnen für interkulturellen Austausch; „Chancen sichern & erneuern".

Zonta

Zonta International ist ein weltweiter Zusammenschluss berufstätiger Frauen in verantwortungsvollen Positionen, die sich dafür einsetzen, die Lebenssituation von Frauen im rechtlichen, politischen, wirtschaftlichen und beruflichen Bereich zu verbessern. *Zonta International* ist überparteilich, überkonfessionell und weltanschaulich neutral. Pflege von Freundschaft und gegenseitige Hilfe ist ein wesentliches Element des Zusammenseins. Dafür steht das Motto „Zonta ist Begegnung – weltweit". Der Name *Zonta* stammt aus dem Lakota, einer Sprache der Sioux-Familie und heißt so viel wie „ehrenhaft und glaubwürdig handeln". Der Hauptsitz der *Zonta International* befindet sich in Chicago, Illinois. Zonta hat über 30.000 Mitglieder in 67 Ländern. Der erste *Zonta-Club* in Deutschland wurde 1931 in Hamburg gegründet. Heute gibt es bundesweit 128 *Zonta-Clubs* mit rund 4.600 Mitgliedern.

Das Ziel ist es, Kontakte zwischen Frauen verschiedener Nationen und generell die internationale Verständigung zu fördern. Die Mitglieder vertreten eine hohe ethische Berufsauffassung und treten dafür ein, staatsbürgerliche, soziale und kulturelle Aufgaben zu stärken und sich für deren Erfüllung einzusetzen. Dafür gibt es Programme, Projekte, Preise und Stipendien (teilweise über die *Zonta International Foundation*) auf lokaler, nationaler und internationaler Ebene. Mehr unter **www.zonta-union.de** und **www.zonta.org**.

Kiwanis

Nach *Lions* und *Rotary* ist *Kiwanis* die weltweit drittgrößte Service-Club-Organisation. Ihre Dachorganisation ist *Kiwanis International*. Kiwanis ist eine weltweite Organisation von Freiwilligen, die sich aktiv für das Wohl der Gemeinschaft einsetzen. Aktive Frauen und Männer aus allen Berufen und Bevölkerungsschichten engagieren sich überparteilich und über Konfessionen hinweg. Im Focus der Charity-Aktivitäten stehen dabei besonders Kinder und deren Umfeld nach dem internationalen Motto: „Serving the children of the world".

Charity-Einnahmen werden ohne Abzüge in voller Höhe weitergegeben. Die deutschen Clubs helfen dabei mit gezielten Maßnahmen vornehmlich vor Ort. Aus eigenen und gemeinsamen Aktivitäten in den Clubs erwachsen gegenseitige Wertschätzung, Verbundenheit und persönliche Freundschaften auf regionaler und internationaler Ebene. Mit vielen Einzelprojekten dokumentieren die zurzeit etwa 145 deutschen *Kiwanis-Clubs* mit etwa 3.300 Mitgliedern ihre soziale Verantwortung und ihr gesellschaftspolitisches Engagement. Mehr unter **www.kiwanis-germany.de**.

Round Table

Round Table ist eine Vereinigung junger Männer im Alter von 18 bis 40 Jahren. Die Idee und die Organisationsform von *Round Table* haben ihren Ursprung in der Tradition des englischen Clublebens: Örtlich selbstständige „Tische" führen jeweils etwa 15 bis 25 junge Männer unterschiedlicher Berufe und Wirkungsbereiche zusammen. In Deutschland sind etwa 222 Tische mit über 3.500 Mitgliedern aktiv. Weltweit zählt die Vereinigung mindestens 33.000 Mitglieder in 70 Ländern. *Round Table* ist politisch und konfessionell neutral, zudem gibt es keine ethnischen oder landsmannschaftlichen Beschränkungen. Kennzeichnend für *Round Table* ist die Aufgeschlossenheit und das Interesse gegenüber traditionellen wie neuen Ideen und Entwicklungen entsprechend dem Motto „adopt, adapt, improve". *Round Table* erwartet von seinen Mitgliedern unter anderem die Bereitschaft, sich innerhalb des eigenen Tisches und darüber hinaus im Rahmen von „Service-Projekten" für andere zu engagieren.

Ein wesentlicher Teil des Clublebens ist der Information über die Ursachen und Auswirkungen aktueller Entwicklungen und dem Austausch von Berufs- und Lebenserfahrungen der Tischmitglieder untereinander gewidmet. Der einzelne kann auf diese Weise Standpunkte und Meinungen auch aus der Sicht anderer heraus kennenlernen und seinen Horizont über den eigenen Erfahrungsbereich hinaus erweitern. Die Auseinandersetzung mit unterschiedlichen Meinungen und Verhaltensweisen fördert bei den Mitgliedern von *Round Table* eine Form der Toleranz, die Gemeinsamkeiten über Unterschiede hinweg entwickelt und dabei Gräben nicht zuschüttet, sondern Brücken darüber baut **www.round-table.de**.

3.2.8 Vermittlungsbörsen für Sachspenden, Pro-bono-Dienstleistungen und Förderausschreibungen

Torsten Schmotz

- *Stifter-helfen.de:* Vermittlung von Hard- und Softwarespenden
- *ConnectingHelp*: Spendenmarktplatz für Social-Profit-Organisationen

„Die Suche nach Fördermöglichkeiten und Spenden verursacht Aufwand und Mühe" – diese Erkenntnis wird jeder Fundraiser mit Erfahrung sofort unterschreiben. Auf der anderen Seite suchen Unternehmensspender, Dienstleister und Förderinstitutionen nach Partnern aus der gemeinnützigen Welt. Für beide Seiten ist der Aufwand, wirklich passende Kooperationspartner zu finden, relativ hoch.

Um diesen Prozess zu vereinfachen, hat sich in Deutschland, Österreich und in der Schweiz das Portal *Stifter-helfen.net* etabliert. Schwerpunkt liegt dabei auf der Vermittlung von Soft- und Hardwarespenden. Das Portal wird in Deutschland seit 2015 durch einen Schwesterauftritt unter dem Namen *ConnectingHelp* ergänzt, welches nun auch die Vermittlung von kostenlosen Dienstleistungen, so genannten Pro-bono-Leistungen, und die Ausschreibung von Förderprogrammen integriert.

Stifter-helfen.de: Vermittlung von Hard- und Softwarespenden

Das IT-Spendenportal *Stifter-helfen.de* konnte bis Mitte 2015 Soft- und Hardwarespenden im Wert von mehr als 175 Millionen Euro an gemeinnützige Organisationen vermitteln. *Stifter-helfen.de* setzt die IT-Spendenprogramme von Unternehmen wie Adobe, Microsoft oder Symantec um. Social-Profit-Organisationen bekommen dadurch wertvolle zusätzliche Ressourcen und können ihre knappen finanziellen Mittel unmittelbar für ihre gemeinnützigen Ziele einsetzen. Über das Portal werden laufend neue Angebote ausgeschrieben, zum Beispiel Lizenzen für Office Professional Plus gegen eine Verwaltungsgebühr von 30 Euro (Listenpreis 539,00 Euro). Die Registrierung erfolgt online über das Portal **www.stifter-helfen.de**. Dabei muss ein Nachweis der Gemeinnützigkeit erbracht werden.

ConnectingHelp: Spendenmarktplatz für Social-Profit-Organisationen

Seit 2015 hat *Stifter-hel-fen.de* eine Schwesterplatt-form unter dem Namen *ConnectingHelp*. Neben den IT-Angeboten werden hier weitere Sachspenden und Kompetenzspenden vermittelt. Daneben wird über aktuelle Förderaus-schreibungen informiert. Ausgeschrieben werden beispielsweise

- aktuelle Förder- und Wettbewerbsausschrei-bungen
- Sachspenden (z.B. Hygieneartikel, Ba-byartikel, Spiel- und Sportgeräte),
- Softwarespenden (z.B. Office Pakete, Buchhal-tungssoftware, Vereins-software)
- Hardwarespenden (Router, Switches)
- Kompetenzspenden (z.B. Pro-bono-Rechtsberatung)
- Weiterbildungen (z.B. Webinare zu den Themen Fördermittel, Steuern, Vereinsrecht, Projektmanagement)
- Verlosungen (z.B. Messestand, Freiplätze für Seminare). Ähnlich wie bei einem Online-Shop kann man mit Sortier- und Filtermöglichkeiten gezielt nach der passenden Unterstützung suchen.

Der Spendenmarktplatz wendet sich an gemeinnützige Organisationen aller Größen und Bereiche wie Sport, Bildung, Kultur, Wissenschaft, Naturschutz, Soziales, Kirche oder freiwillige Feuerwehr. Das Angebot wird kontinuierlich ausgebaut. Unternehmen und Stiftungen können ihre Förderwettbewerbe und -programme direkt auf der Plattform ausschreiben. Über *ConnectingHelp* erreichen sie gezielt und ohne großen eigenen PR-Aufwand den gemeinnützigen Sektor.

Einfache Registrierung

Social-Profit-Organisationen müssen sich lediglich einmal registrieren, um den Spendenmarktplatz voll nutzen zu können. Die Angaben werden durch das *ConnectingHelp*-Team überprüft, um festzustellen, welche Spendenpro-gramme die Organisation nutzen darf. Denn jeder Spender legt seine Kriterien individuell fest – so schließt ein Förderer vielleicht politische oder kirchliche

Organisationen bewusst aus, ein anderer möchte ausschließlich Kinder- und Jugendhilfeprojekte fördern oder bevorzugt Projekte am eigenen Standort. *ConnectingHelp* überprüft anhand des Freistellungsbescheides die Gemeinnützigkeit jeder Organisation und informiert sich über deren Tätigkeit und Aktionsradius. Diese Form der Registrierung und Validierung verschafft den Spendengebern die Sicherheit, dass ihre Spenden genau dort ankommen, wo sie hingehören.

Haben sich Social-Profit-Organisationen einmal registriert, können sie die Angebote beispielsweise im Bereich IT-Spenden und Webinare wie in einem Online-Shop direkt bestellen oder sich anmelden. Webinare ermöglichen es, Weiterbildung für Social-Profit-Organisationen zeitsparend und günstig anzubieten. Die Online-Seminare zu Themen wie Recht und Finanzen, Fundraising oder Kommunikation sind speziell auf den Bedarf gemeinnütziger Organisationen zugeschnitten. Partnerprogramme, zu denen *ConnectingHelp* im Bereich Produktspenden oder Pro-bono-Beratung direkt verlinkt, ergänzen die Angebotspalette.

Social-Profit-Organisationen, die bereits bei *Stifter-helfen*.de registriert sind und künftig auch den Spendenmarktplatz *ConnectingHelp* nutzen wollen, können ihre Registrierung ganz einfach auf *ConnectingHelp* übertragen. Das macht Sinn für alle, die sich für ein breiteres Förderangebot interessieren. Denn *ConnectingHelp* erweitert das bisherige Angebot maßgeblich – und ist damit die größte Plattform dieser Art. Betreiber beider Spendenportale, *ConnectingHelp* sowie *Stifter-helfen*.de, ist die *Haus des Stiftens gGmbH*. Als gemeinnützige Organisation entwickelt sie praxisnahe Angebote für Stiftungen, Unternehmen und Social-Profit-Organisationen. Alleingesellschafter der *Haus des Stiftens gGmbH* ist die im Jahr 1992 von dem Nürnberger Unternehmer Alexander Brochier errichtete *Brochier Stiftung*.

Internetadressen:
www.connectinghelp.de
www.stifter-helfen.de

3.2.9 Weitere Finanzierungsmöglichkeiten: Tauschen, Leihen und Kredite

Alexander Gregory

- Private Bürgschaften und Darlehen
- Darlehen der öffentlichen Hand, von Banken und Stiftungen
- Gründen Sie eine Leihgemeinschaft

Private Bürgschaften und Darlehen

In bestimmten Situationen brauchen Sie weniger dringend einen Zuschuss oder eine Spende als Menschen, die Ihnen ein Darlehen oder eine Bürgschaft geben. Nehmen wir einmal an, Sie haben schon die Zusage der Förderung Ihres Projektes in der Tasche. Doch die Auszahlung verzögert sich. Bei der Förderung durch die *Europäische Union* bekommen Sie das Geld oft erst Monate oder sogar über ein Jahr nach Projektstart.

Ein banküblicher Überbrückungskredit ist für Sie in manchen Zeiten zu teuer und Sie können der Bank oft auch keine Sicherheiten bieten. Dann brauchen Sie ein zinsgünstiges oder zinsloses Darlehen von Privatleuten. Wenn Sie einen Bürgen finden, können Sie ihn Ihrer Bank präsentieren, damit diese den Zins ermäßigt. Wenn unter den Freunden Ihrer Organisation also Menschen sind, die bereit und in der Lage sind, Ihnen Kredit zu geben oder für Sie zu bürgen (also auch tatsächlich für die Rückzahlung der Kreditsumme einspringen können), sind dies wichtige Unterstützer – auch zur Vermeidung kurzfristiger Dispositionskredite.

Private Kredit-„Geschäfte" unter Vermeidung der dazwischen geschalteten Bank bringen beiden Seiten einen Gewinn. So vergibt *Kolibri-Interkulturelle Stiftung* aus ihrem Grundstockvermögen einer Organisation einen Kredit zur Finanzierung von Wohnungen für unbegleitete minderjährige Flüchtlinge. Der Zinssatz beträgt etwa die Hälfte des für Kredite bei einer Bank üblichen aber eben auch mehr, als die Stiftung bei der Anlage in Festgeldern bekommen würde. *cash coop Hessen* hat jahrelang einen sechsstelligen Zwischenfinanzierungsfonds für kleine selbstorganisierte Initiativen auf Basis dieser Idee organisiert. Bei Bürgschaftskrediten der *GLS Gemeinschaftsbank* sichern eine Vielzahl kleiner persönlicher Bürgschaften einen Kredit ab. So kann etwa eine Gruppe von 30 Personen, die jeweils mit 3.000 Euro für fünf Jahre bürgen, einen Betrag von 90.000 Euro absichern. Meist kennen die Bürgen das zu finanzierende Projekt, beispielsweise einen landwirtschaftlichen Betrieb oder eine Schule sehr gut **www.gemeinschaftsbank.de**.

Social Lending über Peer-to-Peer-Kreditportale

Über Portale kann sich jeder von privat Geld leihen und umgekehrt jeder sein Geld verleihen. Entscheidend ist die Bonität: An Hand von Einkommensnachweisen, Kontoauszügen und Schufa-Anfrage (bei Selbstständigen auch betriebswirtschaftliche Auswertungen oder Gewinnermittlungen) überprüft ein solches Portal, ob der Interessent kreditwürdig ist. Wenn ja, beschreibt der Interessent sein Projekt und interessierte Investoren geben Gebote ab. Reichen sie in der Summe aus, wird das Geld ausgezahlt (maximal 50.000 Euro). Ob die Zinsen tatsächlich günstiger als die der Hausbank sind, muss im Einzelfall recherchiert werden. Bei Zahlungsausfall verkauft das Portal den Schuldschein an eine Inkassofirma. Beispielanbieter sind **www.auxmoney**.com oder **www.kiva.org**.

Darlehen als Aufnahmegebühr

Manche Vereine machen die Aufnahme eines Mitgliedes von einem unverzinslichen, erst bei Austritt aus dem Verein rückzahlbaren Darlehen abhängig. Dies ist als wirtschaftlicher Geschäftsbetrieb (siehe das Kapitel 2.2.6 *Geldverdienen für den guten Zweck – eigenwirtschaftliche Betätigung*) anzusehen, wenn die Vereinsorgane es als verbindlich beschlossen haben oder wenn mehr als drei Viertel aller Mitglieder faktisch solche Zuwendungen leisten. Zu versteuern ist dabei (oberhalb der Freigrenzen und Freibeträge) der volle Betrag, nicht nur die ersparten Zinsen. Ausnahme: Ein Betrag bis zu 1.500 Euro gilt als Höchstsumme für Aufnahmegebühren, die zu den ideellen – steuerfreien – Einnahmen Gemeinnütziger gehören.

Darlehen der öffentlichen Hand, von Banken und Stiftungen

Für viele Banken ist eine Finanzierung unter 100.000 Euro nicht lukrativ. Anders etwa die *Bank für Sozialwirtschaft*, die *GLS Gemeinschaftsbank*, die *Evangelische Bank* und viele *Volksbanken* und *Sparkassen*. Sie sehen sich in ihrer Geschäftspolitik dem Gemeinwohl ganz besonders verpflichtet. Um eine angemessene Eigenkapitaldecke vorzuweisen, bietet die *GLS Gemeinschaftsbank* verschiedene Instrumente zur Einbindung eines fördernden Umfeldes zur Finanzierung an, wie Bürgengemeinschaft und Leih- und Schenkgemeinschaften **www.gemeinschaftsbank.de**. Die *UmweltBank* bietet Kredite beispielsweise in den Bereichen Erzeugung von Solarstrom und bei Zwischenfinanzierungen an **www.umweltbank.de/kredit**. Zur Abdeckung von Sicherheitslücken können Bürgschaftsbanken angesprochen werden (*Bürgschaftsbank für Sozialwirtschaft*). Stiftungen fördern neue Projektideen, die dem Stiftungsziel entsprechen. Mittelständische Beteiligungsgesellschaften gibt es in allen Bundesländern. Einen Überblick über die entsprechenden Förderinstitute in Bayern gibt die Seite der *LFA Förderbank Bayern* **www.lfa.de**.

Oft kommen auch öffentliche Mittel und arbeitsmarktpolitische Förderung in Betracht. Das Bundeswirtschaftsministerium versendet kostenfreie Publikationen zu Förderungen. Von der Arbeitsagentur gibt es *Einstellungszuschüsse bei Neugründungen* **www.arbeitsagentur.de**. Die *KfW-Förderbank* hat aktuelle Förderprogramme im Bereich Energiesparen. *Sozial investieren* heißt bei der

KfW-Förderbank die Mitfinanzierung von kulturellen Einrichtungen **www.kfw-foerderbank.de**. Solche Programme werden in der Regel von Ihrer Hausbank beantragt oder beraten. Das *Deutsche Mikrofinanz Institut* vermittelt Mikrokredite für Kleinstunternehmen **www.mikrofinanz.net**. Auch die Betriebsberatung der *Handwerkskammern* gibt Auskünfte zu öffentlichen Fördermöglichkeiten. Vielleicht lässt sich auch ein Business Angel von Ihrem Geschäftskonzept überzeugen. Das sind private Investoren, die sich aus Spaß, um ihre Erfahrungen weiterzugeben und natürlich in der Hoffnung auf Gewinn beteiligen **www.business-angels-forum.de**. Die *Bewegungsstiftung* vergibt Kredite an Projekte alternativen Lebens, Wohnens und Arbeitens **www.bewegungsstiftung.de**, ebenso die *Stiftung Umverteilen* **www.umverteilen.de**.

Die *Aktion Mensch* vergibt Zinszuschüsse für Baumaßnahmen zugunsten behinderter Menschen an freie gemeinnützige Träger **www.aktion-mensch.de**. Zinssubventionierte Energiesparkredite des *Deutschen Hilfswerkes* vermittelt die *Bank für Sozialwirtschaft* an freie, gemeinnützige Träger, die einem der Spitzenverbände der freien Wohlfahrtspflege angeschlossen sind **www.sozialbank.de**.

Gründen Sie eine Leihgemeinschaft

Leihgemeinschaften oder Spar- und Kreditvereine sind in armen Ländern weit verbreitet. Für Menschen, die nicht kreditwürdig sind, und das sind zum Beispiel in Bangladesch 80 Prozent der Bevölkerung, ersetzen diese Selbsthilfeorganisationen die Banken. Mit Unterstützung der *GLS Gemeinschaftsbank* können auch Sie eine solche Leihgemeinschaft gründen. Nehmen wir an, Sie wollen ein Bauvorhaben vorfinanzieren. Die Dauerspender Ihrer Organisation treten der Leihgemeinschaft bei, nehmen bei der *GLS* einen Kredit von beispielsweise je 2.000 Euro auf und zahlen ihn durch ihre Spenden in den nächsten vier Jahren zurück. Wenn 50 Menschen mitmachen, ergibt das eine Kreditsumme von 100.000 Euro. Dieser Betrag gilt anderen Kreditgebern gegenüber als Eigenkapital, ist also die Grundlage für eine weitere Finanzierung. Auf diesem Wege ist in Bayern der Bau mehrerer Privatschulen finanziert worden **www.gemeinschaftsbank.de**.

3.3 Antragsmittel für Fortgeschrittene

3.3.1 Landes- und Bundesförderung – Unterstützung für Vorhaben mit überregionaler Bedeutung

Dieter Harant / Torsten Schmotz

- Land und Bund dürfen nicht alles fördern
- Bringen Sie sich (fach-)politisch ein
- Fördermöglichkeiten auf Landesebene
- Fördermöglichkeiten auf Bundesebene
- Wege zur öffentlichen Projektförderung

Die wichtigsten öffentlichen Förderer von gemeinnützigen Organisationen sind die Kommunen, Landkreise und (wo vorhanden) die Regierungsbezirke (siehe Kapitel 3.2.1 *Lokale und regionale Fördermöglichkeiten der öffentlichen Hand*). Wenn die Aktivitäten Ihrer Organisation jedoch eine überregionale Wirkung entfalten können oder sich im Kompetenzbereich der überregionalen staatlichen Körperschaften befinden, dann macht es Sinn, Fördermöglichkeiten auf Landes- oder Bundesebene zu überprüfen. Jedes Bundesland hat beispielsweise Fördermöglichkeiten, um Innovationen für den Arbeitsmarkt zu finanzieren. Auf Bundesebene fördert das *Gesundheitsministerium* in Berlin immer wieder spezifische Themen, um die pflegerische und medizinische Versorgung in gesellschaftlich besonders relevanten Bereichen weiter zu entwickeln.

Land und Bund dürfen nicht alles fördern

Wie sieht die überregionale Förderung in der Praxis aus? Zuerst müssen Sie identifizieren, welche staatliche Ebene für Sie zuständig ist. Wenn Sie etwa als freier Kindergarten unterstützt werden wollen, ist in allen Bundesländern die Kommune Ihr zuständiger Ansprechpartner. Im Rahmen der Landesgesetzgebung ist genau geregelt, auf welche Leistungen der öffentlichen Hand Sie Anspruch haben. Wenn Sie darüber gehend weiteren Finanzierungsbedarf haben (etwa für eine außerplanmäßige Renovierung) können Sie die Kommune um weitere freiwillige Zuschüsse anfragen. Übergeordnete staatliche Stellen dürfen Sie in einem solchen Fall nicht unterstützen, da die öffentliche Hand versucht, die Aufgabenbereiche der verschiedenen Ebenen klar voneinander zu trennen.

Hat Ihr Vorhaben eine überregionale Bedeutung

Anders stellt sich die Situation dar, wenn Sie an Ihrem Kindergarten ein neues pädagogisches Konzept erproben, das auch für andere Kinderbetreuungseinrichtungen in anderen Regionen modellhaft sein könnte. Hier können Landes- und Bundesstellen unter bestimmten Bedingungen eine Förderung anbieten oder haben gar spezielle Förderprogramme dafür.

Um einschätzen zu können, ob Ihr Vorhaben durch Land oder Bund gefördert werden kann, macht es Sinn, die zentralen Eigenschaften Ihres Vorhabens zusammen zu stellen (siehe Kapitel 3.1.2 *In fünf Schritten zur Förderung* – Abschnitt Erster Schritt: *Die Konzeption als Arbeitsgrundlage*). Gehen Sie dann Ihr Konzept anhand der folgenden Checkliste durch. Wenn Sie auf die Fragen häufig positiv antworten können, ist das ein deutliches Indiz, dass Ihr Vorhaben für eine überregionale Förderung in Frage kommt.

Checkliste 73: Übergreifende Kriterien für die Landes- und Bundesförderung

Ist der Bedarf für Ihr Vorhaben nur spezifisch für Ihren Standort und Ihre Organisation oder gibt es einen vergleichbaren Bedarf auch in anderen Regionen und bei anderen vergleichbaren Trägern der Branche?
Passt Ihr Vorhaben in die aktuelle politische Agenda der zuständigen Ministerien/Regierungen?
Lässt sich Ihr Vorhaben direkt einem Kompetenzbereich des Landes oder des Bundes zuordnen?
Lassen sich die Ergebnisse des Projekts auf andere Standorte/Träger übertragen? Kann das Vorhaben von seiner Größenordnung her der Bundes- oder Landesebene zugeordnet werden?
Haben Sie bereits Erfahrungen mit Pilotprojekten? Haben Sie die Kompetenzen und Ressourcen, den Mehraufwand für ein überregional relevantes Pilotprojekt um zu setzen?
Haben Sie bereits Erfahrung mit öffentlichen Förderungen?
Hat Ihre Organisation einen klaren rechtlichen Status und ist geschäftsfähig?
Haben Sie Kooperationspartner in anderen Regionen oder aus anderen Verbänden?
Können Sie in das Vorhaben weitere Netzwerkpartner und Unterstützer einbauen (z.B. örtliche *Agentur für Arbeit*, kommunale Verwaltung, Interessenvertretungen, Vereine, Unternehmen, Forschungseinrichtungen etc.)?

Bringen Sie sich (fach-)politisch ein

Wenn Sie von der öffentlichen Hand Mittel für Ihre sozialen oder sonstigen gemeinnützigen Dienste bekommen wollen, sollten Sie klar analysieren, was die Klienten oder andere Nutzer brauchen, und was die öffentliche Hand (für diese Klienten/Nutzer getan haben) will. Dann analysieren Sie, was davon alleine Sie oder nur Sie in einer besonderen Qualität/in einem bestimmten geographischen Bereich erbringen können. Beziehen Sie sich in Ihrer Argumentation auf die politischen Ziele der öffentlichen Hand, schildern Sie das Problem und die Art und Weise, wie Sie beabsichtigen, es zu lösen. Weisen Sie Ihre Kompetenz nach, in dem Sie aufzeigen, wie Sie schon bisher solche Probleme gelöst haben. Bringen Sie – wenn möglich – den internen Diskussionsstand der betreffenden Verwaltung/Ministerien in Erfahrung und benützen Sie die dabei verwendeten Fachausdrücke und Problembeschreibungen in Ihren Förderanträgen.

Politik und Verwaltung sind auf Fachwissen angewiesen

Vertreten sie Ihr Anliegen politisch. Ansprechpartner sind dabei oft weniger die Sozial- oder Kultur-Politiker als vielmehr die Meinungsmacher der jeweiligen Fraktionen. Nutzen Sie auch die Netze der Verbände und Arbeitsgemeinschaften der Träger. Zuwächse in der öffentlichen Förderung sind in der Regel nur bei hoher Aktualität des Themas durchsetzbar. Will die Politik ein neues Vorhaben finanzieren, erfordert das meist eine Umschichtung innerhalb der öffentlichen Haushalte. Fühlen Sie sich nie als Bittsteller! Sie erbringen schließlich wichtige Leistungen für die Gesellschaft.

— **Tipp: Spitzenverbände für Projekte nutzen** ——————————————————

Als kleiner Träger politische Lobbyarbeit in einem Landes- oder Bundesministerium zu machen, ist natürlich nicht einfach. Wenn man sich allerdings als kompetenter Lösungsanbieter anbietet (so durch Modellprojekte, Veröffentlichungen, Beiträge zur Fachdiskussion), ist das nicht unmöglich. Eine wichtige Hilfe können dabei auch die Landes- und Bundesverbände (etwa der Wohlfahrt, Bildung, Kultur und Umwelt) sein. Zu deren Aufgaben gehört es, die Interessen Ihrer Mitglieder gegenüber den staatlichen Entscheidern zu vertreten. Wenn der Bund beispielsweise die Vergütungen im Rahmen der Pflegeversicherung neu festsetzen möchte, lädt er die Wohlfahrtsverbände zur Diskussion der Gesetzesvorschläge ein. Die Verbände haben in der Regel für jedes Fachthema einen entsprechenden Referenten.

So verwundert es nicht, dass die Verbände immer wieder auch direkt in die Vergabe von öffentlichen Fördermitteln eingebunden werden. Wenn man sich die Listen der geförderten Träger einmal ansieht, wird schnell deutlich, dass die einzelnen Verbände dabei sehr unterschiedlich erfolgreich in diesem Aufgabenfeld agieren. Wenn Sie einem Verband angehören, fragen Sie aktiv nach den entsprechenden internen Ansprechpartnern und lassen sich beraten.

Fördermöglichkeiten auf Landesebene

Auf der Ebene der Bundesländer finden sich mehrere hundert Fördermöglichkeiten, welche grundsätzlich für gemeinnützige Organisationen interessant sein können. Dabei ist diese Förderlandschaft einem ständigen Wandel unterzogen. Je nach politischer Ausrichtung der Regierungen und Parlamente, aber auch in Abhängigkeit von der aktuellen öffentlichen Diskussion werden Förderprogramme neu aufgelegt, Förderschwerpunkte neu ausgerichtet oder Zuwendungsmöglichkeiten beendet.

Neue Fördermöglichkeiten bei politischen Wechsel

Das merkt man besonders stark, wenn es zu einem Regierungswechsel kommt. Bis sich die neuen Minister in ihr neues Amt gefunden haben, gibt es meist einen „Förderstillstand". Etwa ein Jahr nach dem Antritt werden dann aber einige völlig neue Förderinitiativen veröffentlicht, welche den Reformeifer und den Gestaltungswillen des neuen Amtsinhabers nach außen zeigen sollen. Zum Glück gibt es aber in vielen Bereichen auch eine gewisse Kontinuität und Förderprogramme werden über mehrere Jahre oder sogar Jahrzehnte fortgeschrieben.

Anders als auf der lokalen und regionalen Ebene (siehe Kapitel 3.2.1 *Lokale und regionale Fördermöglichkeiten der öffentlichen Hand*), werden Zuwendungen für gemeinnützige Aktivitäten auf Landesebene in der Regel nicht in Form eines eigenen Haushaltstitels vom Landesparlament beschlossen. In der Regel lassen sich die Ministerien die Budgets für Ihre Förderprogramme gesamtheitlich im Rahmen Ihres Fachhaushaltes verabschieden. Das einzelne Bundesland ist dabei aber nicht nur auf die Verteilung eigener Mittel beschränkt. Auch bei zahlreichen Bundes- und EU-Förderprogrammen sind für die Verteilung in ihrem regionalen Einzugsgebiet die Länder zuständig (siehe auch Kapitel 3.3.2 *Förderung durch die Europäische Union*).

EU-Förderung für europäische und nationale Aktivitäten

Bei 16 Bundesländern gibt es unterschiedlichste Verantwortlichkeiten, was die Vergabe von öffentlichen Zuwendungen angeht. Es würde den Umfang dieses Buches sprengen, diese Strukturen im Detail vorzustellen. Zumal es hier immer wieder zu Veränderungen kommt.

Einstieg über die Landesministerien

Um sich über die Fördermöglichkeiten eines Bundeslandes zu informieren, sind die Landesministerien und Landesämter eine erste Adresse. Klassischerweise finden gemeinwohlorientierte Träger hier Ansprechpartner in den Bereichen Gesundheit, Soziales, Familien, Frauen, Senioren, Arbeit, Bildung, Wissenschaft, Schule, Kunst, Kultur, Umwelt- und Klimaschutz, Verbraucherschutz, Asyl und Flüchtlinge. Aber auch die Bereich Wirtschaft, Verkehr, Bauwesen und Infrastruktur können interessante Fördermöglichkeiten vorhalten.

Auf den Internetseiten eines Ministeriums finden Sie in der Regel Informationen zu den thematischen Schwerpunkten der Arbeit und ein Organigramm, welche Mitarbeiter für welche Themen zuständig sind. Schrecken Sie nicht davor zurück, zum Telefonhörer zu greifen oder ein E-Mail an einen Sachbearbeiter aufzusetzen um nach Fördermöglichkeiten zu fragen.

Mit der Förderung beauftragte Institutionen in den Ländern
Förder- und Investitionsbanken

Da die personellen und fachlichen Kapazitäten der Ministerien begrenzt sind, delegieren sie die Mittelvergabe häufig an weitere Institutionen. In allen Bundesländern spielen die Landesförder(-Bank-)institute eine große Rolle bei der Mittelvergabe. Die Benennung ist dabei sehr unterschiedlich, beispielsweise *Investitionsbank Berlin*, *Sächsische Aufbaubank*, *Saarländische Investitionskreditbank* oder *Landeskreditbank Baden-Württemberg*. Diese Institutionen werden mit der Beratung der Antragsteller und der Mittelvergabe von zahlreichen öffentlichen Förderprogrammen des Landes beauftragt.

Förderung in drei Förderfeldern:

Gründen und Wachsen:
- Verbesserung der mittelständischen Wirtschaftsstruktur,
- Unterstützung von Existenzgründern,
- Außenwirtschaftsförderung.

Wohnen und Leben:
- staatliche Wohnraumförderung,
- Kommunalfinanzierung,
- Infrastrukturmaßnahmen.

Entwickeln und Schützen:
- Umwelt / Klima / Energie,
- Innovations- und Effizienzförderung,
- Bildungs- und Kulturförderung.

Landesämter

Neben den Förderbanken haben für bestimmte Zuschussprogramme die Landesämter die Kompetenzen. Landesämter gibt es typischerweise für die Themen: Umwelt, Denkmalschutz, Gesundheit, Finanzen, Steuern, Arbeitsschutz, teilweise für Soziales, Jugend und Familie.

— Praxisbeispiel: *Thüringischer Denkmalschutzpreis* ———————————————

Der *Freistaat Thüringen* vergibt in Zusammenarbeit mit der *Sparkassen-Kulturstiftung Hessen-Thüringen* jährlich einen Preis an Personen, Projekte und Einrichtungen, die sich im besonderen Maße für die Denkmalpflege eingesetzt haben.

Regierungsbezirke, Regierungspräsidien und Landschaftsverbände

In größeren Bundesländern gibt es zwischen der Ebene der Kommunen und Landkreise und dem Land noch eine oder mehrere Zwischenebenen. In Bayern sind das beispielsweise die Regierungsbezirke, in Baden-Württemberg oder Hessen die Regierungspräsidien oder in Nordrhein-Westfalen oder Niedersachsen die Landschaftsverbände. Diese Institutionen übernehmen bestimmte Aufgaben bei der Fördermittelvergabe, zum Teil von den Kommunen, zum Teil vom Land (näheres siehe im Kapitel 3.2.1 *Lokale und regionale Fördermöglichkeiten der öffentlichen Hand*).

Kommunen und Landkreise

Bei einigen Förderprogrammen des Landes erfolgt die Auswahl und Betreuung der Empfänger der Mittel über die Gebietskörperschaften vor Ort. Somit hat Ihre Kommune selbst dann noch Fördermöglichkeiten (aus solchen Landesmitteln), wenn sie quasi „Pleite" ist und unter Zwangsverwaltung oder Haushaltssperre steht.

Landesstiftungen und –förderfonds

Die meisten Bundesländer haben eigene Stiftungen und Förderfonds. Diese agieren bei Ihrer Förderung meist unabhängig von der aktuellen Haushaltslage, weil sie zum Beispiel über ein eigenes Stiftungsvermögen verfügen.

Bayerische Landesstiftung	– Erhaltungs- und Instandsetzungsmaßnahmen von bedeutenden Bau- und Kunstdenkmälern – Baumaßnahmen bei überregional bedeutsamen nichtstaatlichen Museen – bedeutende sozialpolitische Bauprojekte (gemeinnütziger oder öffentlicher Träger), vor allem der Alten- und Behindertenhilfe – Preise in den Bereichen Kultur, Soziales und Umwelt
Baden-Württemberg Stiftung	Diverse Förderprogramme mit regelmäßigen Ausschreibungen in den Bereichen Forschung, Bildung, Gesellschaft und Kultur
Landesstiftung „Miteinander in Hessen"	Projekte bürgerschaftlichen Engagements in Hessen
Landesstiftung „Familie in Not" Niedersachsen	Die Stiftung fördert vorrangig kinderreiche Familien mit mindestens drei kindergeldberechtigten Kindern, Alleinerziehende und schwangere Frauen, die ihren ersten Wohnsitz oder gewöhnlichen Aufenthalt in Niedersachsen haben. Die Stiftung hilft, wenn Sie bei unvorhersehbaren Ereignissen in finanzielle Not geraten, z.B. bei Eintritt eines Todesfalles, schwerer oder lang dauernder Krankheit, bei Schwangerschaft oder Geburt eines Kindes, bei Arbeitslosigkeit, Scheidung oder Trennung vom Partner oder der Partnerin, sofern von anderer Seite keine Unterstützung möglich ist. Die Stiftung fördert die Hilfe zur Selbsthilfe, damit Sie wieder auf eigenen Beinen stehen können.
Sächsische Landesstiftung Natur und Umwelt	Förderung von Vorhaben in den Bereichen Naturschutz und Landschaftspflege
Nordrhein-Westfalen-Stiftung Naturschutz, Heimat- und Kulturpflege	Sie hilft gemeinnützigen Vereinen, Verbänden und ehrenamtlich arbeitenden Gruppen, die sich in NRW für den Naturschutz und die Heimat- und Kulturpflege einsetzen.
Kulturstiftung des Landes Schleswig-Holstein	– Kulturgüter und Kunstgegenstände von herausragender Bedeutung für das Land Schleswig-Holstein sichern – Veranstaltungen und Publikationen von besonderem Interesse für die Kultur, Kunst oder Geschichte des Landes Schleswig-Holstein ermöglichen oder selbst durchführen – neue Formen und Entwicklungen auf den Gebieten von Kunst und Kultur fördern – Maßnahmen zur Entwicklung und Stärkung der kulturellen Infrastruktur im Lande unterstützen
Stiftung Rheinland-Pfalz für Innovation	Die Stiftung unterstützt naturwissenschaftlich-technische Forschungsprojekte über die gesamte Innovationskette und fördert dadurch die wissenschaftliche und technologische Entwicklung in Rheinland-Pfalz.

Teil 3   Antragsmittel – Die Fördertöpfe sind gut gefüllt

Landesverbände

Viele Fördermittel der Länder werden an die Landesverbände im Bereich Sport, Umwelt, Jugend, Museen, Theater... vergeben, damit diese damit ihre Mitgliedsorganisationen unterstützen können. Ähnliches gilt für die Industrie- und Handels- oder Handwerkskammern und die Gewerkschaften.

— **Praxisbeispiel: Projektförderung „Kulturelle Bildung" in Baden-Württemberg** ———

Der *Landesverband Freier Theater Baden-Württemberg e.V.* fördert mittels finanzieller Mittel, die vom *Ministerium für Wissenschaft, Forschung und Kunst des Landes Baden-Württemberg* in Stuttgart zur Verfügung gestellt werden, herausragende Projekte der Freien Theaterszene auf dem Gebiet der kulturellen Bildung für Kinder, Jugendliche, junge und ältere Erwachsene und Senioren aus Baden-Württemberg. Die Mindestförderung beträgt 2.000 Euro. Die Bewilligung erfolgt mehrheitlich durch die Jury des Landesverbandes Freier Theater Baden-Württemberg. Antragsberechtigt sind professionelle Freie Theater oder Einzelkünstler, die ihren Sitz und Wirkungskreis in Baden-Württemberg haben.

Schwerpunktthemen der Landesförderung

Die Ausgestaltung der Fördermöglichkeiten auf Landesebene hängt von den politisch agierenden Parteien und Personen ab. Dazu kommen die finanzpolitischen Rahmenbedingungen. Auch wenn sich die Zuschussprogramme zwischen den Ländern im Detail stark unterscheiden, gibt es bei den grundsätzlich geförderten Themen viele Ähnlichkeiten.

Wirtschaft und Arbeitsmarktpolitik

Die positive Entwicklung der Wirtschaft und die Schaffung neuer und höher qualifizierter Arbeitsplätze liegen im Interesse jeder Landesregierung. Ergänzend zu den Fördermöglichkeiten der Agenturen für Arbeit (siehe Kapitel 3.2.5 *Förderung durch die Sozialversicherungen*) werden Förderprogramme meist mit folgenden Schwerpunkten angeboten:
- Entwicklung und Erprobung von neuen Ansätzen und Pilotvorhaben mit landesweiter Relevanz
- Programme für besonders benachteiligte Gruppen am Arbeitsmarkt
- Förderung von strukturschwachen Regionen (ländlicher Raum, Gebiete im Strukturwandel, Konversionsflächen)

— **Praxisbeispiel:** *Arbeitsmarktfond der Bayerischen Staatsregierung* ———————

Für den Doppelhaushalt 2015/2016 werden 8,2 Mio. Euro für Maßnahmen zur Qualifizierung und Arbeitsförderung ausgeschrieben. Die Umsetzung des Programms erfolgt durch die *Arbeitsgruppe Arbeitsmarktfond* mit den Mitgliedern der *Vereinigung der Bayerischen Wirtschaft e.V.*, Industrie- und Handelskammer (IHK), Handwerkskammer (HWK), Deutscher Gewerkschaftsbund (DGB), Christlicher Gewerkschaftsbund (CGB) und die Regionaldirektion Bayern der Bundesagentur für Arbeit. Der Fonds hat vier Förderschwerpunkte: 1) Entwicklung und Erprobung innovativer Instrumente (Experimentiertopf) – Regionale Arbeitsmarktinitiativen, 2) Maßnahmen zur Unterstützung von besonderen Personengruppen auf dem Weg in die Berufsausbildung und zum Berufsabschluss 3) Beschäftigungsfördernde Maßnahmen der Arbeitsweltbezogenen Jugendsozialarbeit (AJS) und 4) Maßnahmen zur beruflichen Wiedereingliederung von Frauen.

Bildung

Bildungfragen fallen generell in die Kompetenz der Bundesländer. Der Schwerpunkt der Förderung liegt auf den öffentlichen Bildungseinrichtungen und Hochschulen. In bestimmten Bereichen, wie Umweltbildung, politische Bildung und Familienbildung sind die Fördertöpfe aber auch offen für freie gemeinnützige Träger.

— Praxisbeispiel: Förderung durch die *Landeszentrale für politische Bildung* in Brandenburg —

Die Landeszentrale fördert Vereine, nichtstaatliche und gemeinnützige Einrichtungen sowie anerkannte Weiterbildungseinrichtungen, damit in allen Regionen des Landes politische Bildung angeboten werden kann. Gefördert werden vielfältige Formate wie Seminare, Workshops, Vorträge, Ausstellungen, Theaterprojekte und Publikationen. Inhaltliche Schwerpunkte liegen in der Aufklärung über Ursachen und Möglichkeiten der Bekämpfung des politischen Extremismus, in der Vermittlung des Verständnisses der verfassungsgemäßen Ordnung, der Darstellung von Politik in Geschichte und Gegenwart sowie der Landesgeschichte Brandenburgs.

Forschung und Entwicklung

Fast jedes Bundesland hat eine eigene Förderinstitution (meist eine Landesstiftung), die Forschungsprojekte unterstützt. In der Regel werden dabei sowohl gemeinnützige Forschungseinrichtungen gefördert, aber auch Unternehmen, vor allem kleine und mittelständische Firmen (KM).

— Praxisbeispiel: *Einstein Stiftung des Landes Berlin* ————————

Die Stiftung des Landes Berlin fördert sowohl Personen (Doktoranden, Postdoktoranden), als auch Projekte und in bestimmten Bereichen auch Institutionen und Strukturen.

Gesundheit und Soziales

Die Länder verantworten die Gestaltung der medizinischen und sozialen Versorgung in ihrem Einflussbereich. Zielgruppen sind dabei insbesondere Kinder, Jugendliche, Familien, Frauen, sozial Benachteiligte und Senioren. Fördermöglichkeiten finden sich bei den zuständigen Ministerien, Landesämtern, Landesverbänden und Bezirken.

— Praxisbeispiel: Förderung nach dem *Landesjugendplan* für Rheinland-Pfalz ————

Zuwendungen in den Bereichen: 1) Förderung der Jugendarbeit und Jugendsozialarbeit, 2) Förderung der Beratungsstellen, Netzwerk Familienbildung, Elternkursprogramm, 3) Förderung der Familienerholung, 4) Kostenerstattung der Jugendämter, 5) Förderung der Kinderschutzdienste und 6) Förderung der Kindertagesstätten.

Migration und Integration

Angesichts steigender Flüchtlings- und Zuwandererzahlen sind die Bundesländer darauf angewiesen, dass neue Konzepte und zusätzliche Ressourcen geschaffen werden. Die Zusammenarbeit mit gemeinnützigen Trägern hat sich dabei in vielen Regionen etabliert.

— Praxisbeispiel: *Förderung von Migranten-Selbstorganisationen in NRW* —————————

Schwerpunkte der Richtlinie liegen unter anderem in der Qualifizierung und Vernetzung von Migranten-Selbstorganisationen sowie in der thematischen Öffnung der Förderung von Einzelprojekten. Die Richtlinie ermöglicht sowohl neuen Migranten-Selbstorganisationen im Sinne einer Anschubförderung eigene Aktivitäten als auch größeren Organisationen die Durchführung zweijähriger Projekte.

Denkmalschutz, Heimat, Kunst und Kultur

Die Gestaltung des Kulturlebens liegt im ureigenen Kompetenzbereich der Länder. Auch wenn der Wettbewerb hoch und die Mittel begrenzt sind, sollten Kulturinitiativen sich einen Überblick über die Fördermöglichkeiten beschaffen.

— Praxisbeispiel: *Förderfonds Kultur & Alter des Landes Nordrhein-Westfalen* —————————

Dabei werden Projekte unterstützt, die sich zum Ziel gesetzt haben, die Entfaltung der ästhetischen, kommunikativen und sozialen Bedürfnisse und Fähigkeiten älterer Menschen zu fördern. Er leistet damit einen Beitrag zur Erhaltung und Weiterentwicklung der kulturellen und sozialen Teilhabe und Lebensqualität hin zu einem aktiven Altern.

Entwicklungszusammenarbeit

Auch auf Landesebene gibt es zahlreiche Partnerschaften mit Ländern aus weniger entwickelten Regionen. Die Bundesländer fördern dabei häufig die entwicklungspolitische Bildungsarbeit im Inland und teilweise entwicklungspolitische Projekte von Trägern mit ihrem Sitz im jeweiligen Bundesland. Dabei konzentrieren sich die Förderungen häufig auf feste Partnerländer, zu denen traditionell enge Beziehungen bestehen.

— Praxisbeispiel: *Leitlinien zur Entwicklungszusammenarbeit des Landes Sachsen-Anhalt* —

Schwerpunkte der Entwicklungszusammenarbeit des *Landes Sachsen-Anhalt* sind die entwicklungsbezogene Informations-, Bildungs- und Öffentlichkeitsarbeit, die Förderung entwicklungsbezogen tätiger Nichtregierungsorganisationen (NRO) einschließlich entsprechender Netzwerkstrukturen, die praxisorientierte Aus- und Fortbildung ausländischer Fach- und Führungskräfte sowie die Unterstützung von Maßnahmen der humanitären Hilfe. In Sachsen-Anhalt erfolgt die landesweite Koordinierung der Entwicklungszusammenarbeit im Ministerium für Wissenschaft und Wirtschaft. Die Schwerpunkte der Entwicklungszusammenarbeit des Landes haben ihren Niederschlag in den gemeinsam mit über 70 entwicklungsbezogen tätigen Organisationen, Gruppen und Vereinen erarbeiteten entwicklungspolitischen Leitlinien gefunden, die die *Landesregierung Sachsen-Anhalt* 2000 verabschiedet hat.

Sport

Die Verantwortung für den Sport liegt in der Regel bei den Landesministerien des Inneren. Förderschwerpunkte sind in der Regel: Sportstättenbau und -sanierung, bürgerschaftliches Engagement und Breitensport und Förderung des Spitzensports.

Fördermöglichkeiten auf Bundesebene

Die Fördermöglichkeiten des Bundes für gemeinwohlorientierte Vorhaben sind meist beschränkt, weil ihm die Kompetenzen in vielen Bereichen fehlt. Beispielsweise fällt Bildung in Deutschland in die Kompetenz der Bundesländer. Fördermöglichkeiten des Bundes bestehen dabei nur im Bereich der Bildungskooperationen mit dem Ausland oder für bundesweite Pilotprojekte. Ähnlich sieht es im Kulturbereich aus. Die Förderstrukturen des Bundes ähneln in vielen Belangen denen der Länder.

Bundesministerien

Hier finden sich vereinzelt Fördermöglichkeiten in den Ministerien für Arbeit und Soziales, Jugend, Familien, Frauen und Senioren, Bildung und Wissenschaft, Umwelt, Wirtschaft, Verkehr und Infrastruktur. Bei internationalen Projekten fördern auch das *Auswärtige Amt* und das *Ministerium für wirtschaftliche Zusammenarbeit und Entwicklung*. Deren Internetseiten sind eine gute Informationsquelle für den ersten Einstieg. Auch hier sollte man versuchen, zuständige Mitarbeiter in den Ministerien direkt anzusprechen.

Förderbank KfW

Ein zentrales Förderinstitut des Bundes ist die *Kreditanstalt für Wiederaufbau KfW*. Sie hat Förderangebote für Privatpersonen, Unternehmen und öffentliche Einrichtungen. Je nach Förderprogramm kann eine gemeinnützige Organisation eine dieser Zielgruppen zugeordnet werden.

— **Praxisbeispiel: Förderschwerpunkte der KfW** ───────────────────────────

- Kommunale und soziale Basisversorgung
- Energetische Stadtsanierung
- Kommunale Energieversorgung
- Soziale Kommune (Barrierefreie Umgestaltung)
- Sozialer Wohnungsbau
- Energie und Umwelt
- Innovationen
- Gründen und Erweitern
- Auslandsvorhaben

Die KfW bietet dabei unterschiedliche Förderangebote: Über Kredite und Zuschüsse bis zu Bürgschaften. Ein Teil der Instrumente kann direkt beantragt werden, ein anderer muss über die Hausbank angefragt werden. Die KfW bietet auf Ihren Internetseiten und über eine Servicenummer eine individuelle Beratung an **www.kfw.de**.

Bundesämter

Die Ministerien beauftragen verschiedene Bundesämter mit der Administration von Förderprogrammen, besonders wichtig sind das *Bundesamt für Migration und Flüchtlinge* (BAMF), das *Bundesamt für Umwelt* (BfN), das *Bundesamt für Wirtschaft und Ausfuhrkontrolle* (BAFA), das *Bundesamt für Familie und zivilgesellschaftliche Aufgaben* (BAFzA).

— **Praxisbeispiele: Fördermöglichkeiten des Bundesamtes für Migration und Flüchtlinge** -

- Gemeinwesenorientierte Integrationsprojekte
- Multiplikatorenschulungen
- Asyl-, Integrations- und Migrationsfonds AMIF
- Rückkehrförderung
- Angebote für Spätaussiedler
- Integration durch Sport
- Strukturförderung von Migrantenorganisationen
- Integration von jüdischen Zuwanderern

Bundesstiftungen und Förderfonds

Der Bund unterhält mehrere Stiftungen und Förderfonds, beispielsweise die *Bundesstiftung Umwelt* (dbu), *Bundestiftung Mutter und Kind, Kulturstiftung des Bundes oder die Conterganstiftung für behinderte Menschen, Fonds Soziokultur* und die *Stiftung Kunstfonds*. Weitere Informationen dazu finden Sie in den Kapiteln 3.2.2 *Förder- und Spendenfonds* und 3.3.3 *Stiftungen als Förderer nutzen*.

Bundesverbände

Die Ministerien kooperieren mit zahlreichen Bundesverbänden, Kammern und Gewerkschaften, wenn es um branchenspezifische Förderungen geht, etwa aus dem *Bundesplan für Seniorinnen und Senioren* oder dem *Kinder- und Jugendplan des Bundes*. Die betrifft dann oft auch EU-Mittel. Die *Bundesarbeitsgemeinschaft der Wohlfahrtspflege* (BAGFW) hat mit dem Arbeitsministerium ein eigenes Unterprogramm im *Europäischen Sozialfonds* (ESF) konzipiert und umgesetzt. Unter dem Namen *rückenwind* werden innovative Personalprojekte von Trägern der frei gemeinnützige Wohlfahrt gefördert.

Wege zur öffentlichen Projektförderung

Die Förderung durch die öffentliche Hand ist häufig bürokratischer und zeitaufwendiger, wenn man sie mit der von privaten Stiftungen oder Förderern vergleicht. Die entscheidenden Schritte beim Einwerben unterscheiden sich aber nicht wesentlich von der in Kapitel 3.1.2 *In fünf Schritten zur Förderung: Konzeption, Recherche, Antragstellung, Vereinbarung und Umsetzung* dargestellten Vorgehensweise. Nutzen Sie die Tipps und Checklisten dort.

— Tipp: Fördermittelrecherche bei den öffentlichen Mitteln

Neben den Internetseiten der einzelnen Förderinstitutionen auf Bundes- und Landesebene gibt es glücklicherweise eine zentrale Recherchedatenbank, mit der Sie unter etwa 1.600 öffentlichen Programmen gezielt nach den passenden Zuschüssen suchen können. Dabei werden alle Fördermöglichkeiten auf den Ebenen der Länder, des Bundes und sogar der Europäischen Union berücksichtigt **www.foerderdatenbank.de**.

Gezielte Lobby- und Netzwerkarbeit verbessert Ihre Förderchancen nachhaltig

Häufig ist es nicht ausreichend, nur die inhaltlichen und formalen Vorgaben der Zuschussprogramme zu erfüllen. In allen Bundesländern können Sie Ihre Förderchancen und die Förderhöhe durch gezielte Lobby- und Netzwerkarbeit deutlich verbessern. Versuchen Sie, die Landtagsabgeordneten und Bundestagsabgeordneten ihres Wahlbezirkes oder die mit der entsprechenden fachlichen Zuständigkeit in den Fraktionen über Ihre Arbeit zu informieren und für konkrete Vorhaben einzuspannen. Eine feierliche Eröffnung oder ein rundes Jubiläum ist vielleicht ein guter Grund, einen Staatssekretär oder gar einen Minister zu einem Grußwort einzuladen. Versuchen Sie mit Hilfe Ihrer lokalen Netzwerke und Ihres Spitzenverbandes, entsprechende Kontakte über Empfehlungen aufzubauen. Viele gemeinnützige Träger bekamen bei einem solchen Ministerbesuch eine mündliche Förderzusage. Die Beantragung der Mittel war dann wirklich nur noch eine Formalie (die man allerdings nicht unterschätzen sollte – auch dann sind die rechtlichen Rahmenbedingungen zu erfüllen). Weitere Informationen siehe Kapitel 3.2.1 *Lokale und regionale Fördermöglichkeiten durch die öffentliche Hand.*

Die öffentliche Hand organisiert Veranstaltungen, um mit Verbänden und Trägern direkt in Kontakt zu kommen. Es werden Arbeitskreise und Begleitausschüsse einberufen, oder Jahrestagungen zu bestimmten Förderprogrammen veranstaltet. Einige dieser Veranstaltungen werden öffentlich ausgeschrieben. Nutzen Sie dazu die Veranstaltungsseiten/Newsletter/Angebote der Ministerien, Ämter und sonstigen Förderinstitutionen. Andere Treffen und Gruppen haben eher informellen Charakter und sind nur den Insidern bekannt.

3.3.2 EU-Förderung für europäische und nationale Aktivitäten

Heike Kraack-Tichy / Renata Kavelj

- Was fördert die *Europäische Union*?
- *EU-Aktionsprogramme* für die grenzüberschreitende Zusammenarbeit
- *EU-Strukturfonds* – Schwerpunkt Bildung, Arbeit und Wirtschaft
- Förderung im ländlichen Raum – regionale Projekte und nicht nur für die Landwirtschaft
- *EU-Außenhilfe* – Aktivitäten außerhalb der *Europäischen Union*

Was fördert die Europäische Union?

Europa ist näher als viele denken – insbesondere im Bereich der gemeinwohlorientierten Arbeit. Vielen Organisationen ist nicht bewusst, dass sie an europarelevanten Themen arbeiten und damit die erste Voraussetzung für ein europäisches Projekt bereits erfüllt haben. Gerade Themen wie Soziales, Bildung, Gesundheit und Umwelt machen an der nationalen Grenze nicht halt. Warum sich also in diesen Bereichen nicht mit europäischen Kollegen austauschen und die Herausforderungen gemeinsam angehen?

Die *Europäische Union* (EU) stellt für diesen Austausch und das Erarbeiten gemeinsamer Lösungen Fördermittel bereit. Zusätzlich ist sie einer der größten Förderer in den Bereichen Arbeitsmarktförderung und struktureller Entwicklung in Bezug auf die Wirtschaft und im ländlichen Raum. Organisationen aller Größenordnungen beantragen mittlerweile erfolgreich europäische Fördermittel. Einige lassen sich von negativen Erfahrungsberichten gescheiterter Anträge und der Komplexität der europäischen Förderwelt abschrecken. Andere werden aus gutem Grund zu „Wiederholungstätern" und stellen immer wieder EU-Anträge. Eines steht fest: Die EU-Förderwelt ist komplex und die *EU* verschenkt kein Geld. Nur wer sich in die Materie einarbeitet, kann erfolgreich sein. Das macht Arbeit – Arbeit, die sich lohnt.

Strategie Europa 2020"

Die *EU* hat europaweite Ziele und Prioritäten in der Strategie *Europa 2020* festgelegt. Um diese Strategie umzusetzen, benötigt die *EU* die Unterstützung ihrer Mitgliedstaaten, der dortigen Organisationen und Unternehmen sowie ihrer Bürger. Die *EU* verfügt über umfangreiche Finanzmittel. Diese Ressourcen werden durch Förderprogramme gemäß dem Subsidiaritätsprinzip dorthin weitergetragen, wo sie am wirkungsvollsten zur Verfolgung der Strategie beitragen. Von der *EU* geförderte Vorhaben müssen daher stets einen Beitrag zur Erreichung der Strategieziele leisten und zu den festgelegten Prioritäten passen.

Europa 2020 zielt insbesondere darauf ab, eine neue Art von Wachstum zu schaffen – ein intelligentes, nachhaltiges und integratives Wachstum. Intelligentes Wachstum ist durch Investitionen in Bildung, Forschung und Innovation charakterisiert. Nachhaltiges Wachstum bedeutet eine stärkere Ausrichtung auf eine kohlenstoffarme Wirtschaft. Integratives Wachstum zeichnet sich durch die Schaffung von Arbeitsplätzen und die Bekämpfung der Armut in Europa aus. Damit liegt der Fokus insbesondere auf einem langfristigen, ganzheitlichen und gemeinsamen Fortschritt.

Die *EU* hat sich fünf Kernziele in den Bereichen Beschäftigung, Bildung, Forschung und Entwicklung, Bekämpfung von Armut und sozialer Ausgrenzung sowie Klimawandel und nachhaltige Energiewirtschaft gesetzt, die bis zum Ende des Jahrzehnts erreicht werden sollen. Bis zum Jahr 2020 sollen etwa im Bereich Beschäftigung 75 Prozent der 20- bis 64-Jährigen in Arbeit stehen. Des Weiteren ist im Bereich Bildung eine Verringerung der Quote vorzeitiger Schulabbrüche auf unter zehn Prozent vorgesehen. Alle Ziele sind wie die zuvor genannten genau beziffert und messbar, so dass deren Erfüllung verfolgt, überprüft und belegt werden kann. Organisationen und Unternehmen, die von europäischer Förderung profitieren wollen, müssen folglich einen Beitrag zur Umsetzung der europäischen Ziele leisten.

Mehrjähriger Finanzrahmen 2014-2020

Die *EU* legt Finanzbestimmungen im so genannten *Mehrjährigen Finanzrahmen* (MFR) fest. Der MFR schafft den Rahmen für eine vorhersehbare Finanzplanung und Haushaltsdisziplin innerhalb bestimmter Grenzen, indem er Höchstbeträge für die Budgetzuweisung bestimmter Politikbereiche für bestimmte Zeiträume, zum Beispiel die Jahre 2014-2020, festlegt. Für potenzielle Antragsteller bedeutet dies eine gewisse Planungssicherheit. Die gesamte Mittelausstattung in der EU-Förderperiode 2014-2020 beträgt rund 960 Mrd. Euro (in Preisen von 2011).

EU-Förderung in vier Bereichen

Die Autoren haben eine Struktur erarbeitet, die sich an den Bedürfnissen von Antragstellern orientiert. Danach lässt sich die EU-Förderung idealtypisch in die folgenden vier Bereiche aufteilen:

EU-Aktionsprogramme „Brüsseler Förderung"	EU-Strukturfonds „Nationale Förderung"
EU als globaler Akteur Außenhilfeinstrumente	Förderung im ländlichen Raum

Im Rahmen der *EU-Aktionsprogramme* arbeiten Partner aus unterschiedlichen EU-Mitgliedstaaten an Themen von europäischer Bedeutung. Projekte mit oder von Organisationen außerhalb der *EU* werden von den *Außenhilfeinstru-*

menten abgedeckt. Im Gegensatz dazu werden die *EU-Strukturfonds* dezentral in den 28 EU-Mitgliedstaaten oder Regionen zur Verfügung gestellt. Der größte Teil des Budgets fließt in die *Gemeinsame Agrarpolitik* (GAP). Die erste Säule der GAP umfasst die reinen Agrarsubventionen (etwa in Form von Direktzahlungen an die Landwirte). Über die zweite Säule der GAP werden auch klassische Projekte gefördert, die sich aus dem *Europäischen Landwirtschaftsfonds für die Entwicklung des ländlichen Raums ELER* speisen.

EU-Fördermittelstruktur

EU-Budget 2014 bis 2020 – rund 960 Mrd. Euro

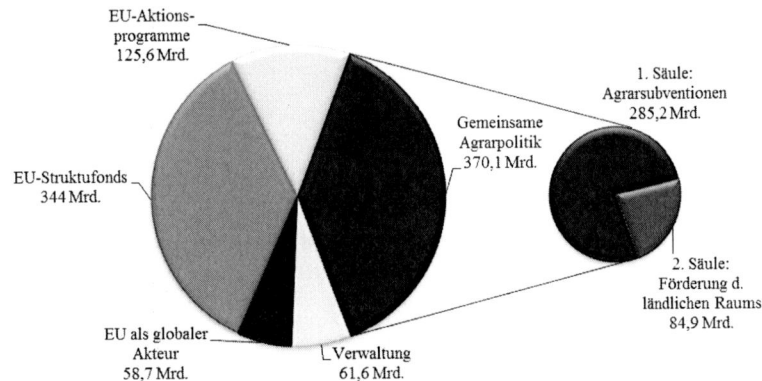

Obwohl die vier Bereiche der EU-Förderung sich in ihrer Zielsetzung, den Antragsmodalitäten und der Verwaltung teilweise stark unterscheiden, haben sie dennoch eines gemeinsam: Mit EU-Mitteln wird der europäische Gedanke gefördert und EU-Politik implementiert. Das heißt, eine Projektidee – und sei sie noch so gut – kann nur mit europäischen Mitteln gefördert werden, wenn sie den Zielsetzungen der *EU* entspricht.

Dies ist leichter als allgemein angenommen wird: Die europäische Politik ist in vielem ein Spiegelbild der nationalen Herausforderungen, so dass es interessierten Antragstellern häufig leicht fällt, sich mit ihr zu identifizieren. Ein weiterer Vorteil: Durch den Einfluss vieler Länder geht die Zielsetzung auf europäischer Ebene häufig einen Schritt weiter als die nationale. Dies ermöglicht die Realisierung von Projekten, für die auf nationaler Ebene keine Förderung bereitsteht.

— **Tipp: Weiterführende Quellen Strategie** *Europa 2020* **und zum** *MFR 2014-2020* ———

Europäische Kommission, *Europa 2020*: **www.ec.europa.eu/europe2020/index_de.htm**
Europäische Kommission, *MFR 2014-2020*: **www.ec.europa.eu/budget/mff/index_de.cfm**

Fast alle Institutionen können Anträge stellen

Antragsberechtigt sind Organisationen sowohl aus dem Profit- als auch aus dem Social-Profit-Bereich sowie öffentliche Einrichtungen. In der Regel muss der Antrag von einer juristischen Person gestellt werden. Die Antragsberechtigung muss immer spezifisch der jeweiligen Förderausschreibung entnommen werden.

Allgemein gilt, dass die *EU* keine Projekte fördert, die bereits begonnen haben. Antragsteller müssen sicherstellen, dass es sich bei ihrem Vorhaben um ein neues Projekt handelt. Der Projektstart darf erst nach der Projektbewilligung erfolgen, gemäß den Angaben in der Zuwendungsvereinbarung zwischen dem Projektträger und der Mittel vergebenden Stelle.

EU-Aktionsprogramme für die grenzüberschreitenden Zusammenarbeit

Kennzeichnend für die Brüsseler *Aktionsprogramme* ist die europäisch-transnationale Ausrichtung der Projekte. Wer eine Projektförderung beantragen möchte, muss europäisch denken und grenzüberschreitend arbeiten. Hierbei gilt: Förderfähig sind in der Regel Projekte, die in einem transnationalen Projektkonsortium durchgeführt werden, das heißt mit Institutionen aus den 28 EU-Mitgliedstaaten sowie weiteren Programmländern. In den jeweiligen Programmausschreibungen ist definiert, wie viele Partner aus wie vielen Ländern mindestens an einem Projekt zu beteiligen sind. Die Mindestanforderung liegt bei vielen EU-Förderprogrammen bei drei Partnern aus drei Ländern. Die *Aktionsprogramme* verfolgen dabei verschiedene Schwerpunkte. Die wichtigsten *Aktionsprogramme* haben wir in der folgenden Checkliste zusammengestellt:

Checkliste 74: Die Schwerpunkte der wichtigsten EU-Aktionsprogramme

ERASMUS+	Bildung, außerschulische Jugendarbeit und Sport
Horizont 2020	Wissenschaft, Innovation und Forschung
Kreatives Europa	Kunst, Kultur, Film
Europa für Bürgerinnen und Bürger	bürgerschaftliches Engagement, Städtepartnerschaften, Erinnerungskultur
Programm für Beschäftigung und soziale Innovation (EaSI)	sozialer Dialog, soziale Innovationen
LIFE	Klimaschutz, Umwelt- und Ressourceneffizienz, Biodiversität

Deutlich gesteigerte Budgets

Hinter den so genannten *EU-Aktionsprogrammen* verbirgt sich eine Vielzahl an Förderprogrammen. In der EU-Förderperiode 2014-2020 erfolgte eine deutliche finanzielle Aufstockung der Brüsseler Aktionsprogramme auf 125,6 Mrd. Euro. Die finanzielle Erhöhung der Mittel für diesen Förderbereich zeigt: Gemeinsame europäische Aktivitäten wie der grenzüberschreitende Erfahrungsaustausch, der Wissenstransfer und die transnationale Mobilität gewinnen in der EU zunehmend an Bedeutung.

3.3.2 EU-Förderung für europäische und nationale Aktivitäten

Antragsberechtigt sind nur juristische Personen mit Rechtsstatus und Sitz in einem Programmland. Einzelpersonen können in der Regel keinen Antrag einreichen oder als Projektpartner mitwirken. Sie können jedoch Teilnehmende in Projekten sein. Projekte im Bereich der Brüsseler *Aktionsprogramme* müssen eine europäische Dimension und einen europäischen Mehrwert aufweisen. Das bedeutet konkret: Die vorgeschlagenen Themen sollten nicht rein lokal, regional oder national sein. Im Idealfall können die gewonnenen Ergebnisse auf andere Regionen und Länder übertragen werden. Jedes Förderprogramm hat seine spezifischen Zielsetzungen, an die das jeweilige Projektziel angepasst werden sollte. Antragsteller sollten sich im Vorfeld ausführlich mit den Programm- und Ausschreibungsunterlagen befassen sowie weitere europapolitische Dokumente des entsprechenden Arbeitsbereichs nutzen.

Bei der Antragstellung muss ein Budgetplan beigelegt werden. Die drei gängigen Förderformen sind Pauschal-, Stückkosten- und Anteilsfinanzierung. Unabhängig vom Finanzierungstyp gilt, die *EU* fördert Projekte nicht zu 100 Prozent, sondern setzt immer einen Eigenanteil – der auch durch Drittmittel beigesteuert werden kann – voraus. EU-Doppelfinanzierungen sind ausgeschlossen, das heißt, ein Projekt oder einzelne Projektaktivitäten können nicht gleichzeitig durch verschiedene EU-Förderprogramme gefördert werden.

So werden die Brüsseler *Aktionsprogrammen* ausgeschrieben

Die Antragstellung im Rahmen der Brüsseler *Aktionsprogramme* erfolgt auf Grundlage von europaweiten Ausschreibungen, so genannte *Aufrufe zur Einreichung von Projektvorschlägen* (engl. *call for proposals*). Sie werden in der Regel im Amtsblatt der *EU* und auf den jeweiligen Programmwebseiten veröffentlicht. Jedes Förderprogramm oder jede darin integrierte Fördermaßnahme hat spezifische Antragsfristen.

Interessierte Projektträger können sich mit ihrer Idee an einer Ausschreibung beteiligen. Die besten Projektanträge erhalten den Zuschlag für eine Förderung. Dabei gilt das Lead-Partner-Prinzip: Das heißt, die für das Projekt federführende Organisation erarbeitet den Antrag, im besten Fall in Zusammenarbeit mit den Partnern und reicht diesen bei der Mittel vergebenden Stelle ein. Die Partner reichen keinen eigenen Antrag ein.

Erster Schritt: Elektronische Registrierung

In zahlreichen EU-Förderprogrammen benötigen die Antragsteller und die Projektpartner eine so genannte *PIC-Nummer* (engl. *Participant Identification Code*). Zum Erhalt der *PIC-Nummer* müssen sich Antragsteller online bei „ECAS" (engl. *European Commission Authentication Service*) anmelden, um ihre Organisation anschließend über das *URF-Portal* (engl. *Unique Registration Facility*) zu registrieren. Im Rahmen der *URF-Registrierung* werden relevante Daten zu ihrer Organisation abgefragt. Ferner müssen auch eine Reihe von weiteren Dokumenten (wie den Vereins- oder Handelsregisterauszug) hochgeladen werden. Nach der Dateneingabe erhalten sie ihre *PIC-Nummer*, die bis zum 31. Dezember 2020 gültig ist. Auf dem *URF-Portal* ist nur eine einmalige Registrierung erforderlich, da die Daten automatisch gespeichert werden. Das bedeutet, dass mit der *PIC-Nummer* beliebig viele EU-Anträge eingereicht werden können. Auf den Webseiten der betreffenden Förderprogramme gibt es zahlreiche Leitfäden zur erfolgreichen Registrierung. Die Online-Registrierung erfolgt über die beiden folgenden Portale:
- ECAS: **www.webgate.ec.europa.eu/cas/eim/external/register.cgi**
- URF: **www.ec.europa.eu/education/participants/portal/desktop/en/home.html**

Antragstellung in Brüssel oder im Heimatland

Im Rahmen der Antragstellung unterscheidet die EU zwischen zentralem und dezentralem Antragsverfahren. Zentrales Antragsverfahren heißt, die Projektanträge werden direkt bei der Mittel vergebenden Stelle in Brüssel eingereicht. Zulässige Antragssprachen sind häufig Englisch, Deutsch oder Französisch. Bei vielen Förderprogrammen ist die englischsprachige Antragstellung mittlerweile Voraussetzung. Beim dezentralen Antragsverfahren erfolgt die Antragstellung über so genannte *Nationale Agenturen* in den Programmländern. Im Rahmen des dezentralen Antragsverfahrens können die Anträge in Deutschland in deutscher und in der Regel in englischer Sprache eingereicht werden.

— Tipp: Die Wahl der richtigen Arbeitssprache —————————————————

In den meisten Fällen empfiehlt es sich, den Antrag in der jeweiligen Arbeitssprache des Projekts einzureichen. So können die Partner bei der Antragstellung mitarbeiten und der ausgefüllte Antrag kann ihnen zur Verfügung gestellt werden, so dass sie über den Verlauf des Projekts und die Arbeitspakete gut informiert sind. Wenn Sie Ihren Antrag in der gemeinsamen Arbeitssprache erarbeiten möchten, überprüfen Sie beim Fördermittelgeber, ob die gewählte Sprache zulässig ist.

Programmverwaltung und Ansprechpartner

Die Gesamtverantwortung für die Verwaltung der Fördermittel liegt bei der *Europäischen Kommission*, im speziellen bei den Generaldirektionen. Diese sind in der Regel für die Umsetzung der EU-Förderprogramme zuständig. Für *ERASMUS+* und *Kreatives Europa* ist beispielsweise die *Generaldirektion Bildung und Kultur* verantwortlich.

Die praktische Umsetzung von EU-Förderprogrammen kann bei der jeweiligen Generaldirektion liegen oder häufig an so genannte Exekutivagenturen übergehen. Die Exekutivagenturen sind von der *Europäischen Kommission* geschaffene Einrichtungen, die im Auftrag der Kommission oder Generaldirektion die Programme umsetzen. Das bedeutet, sie koordinieren das Ausschreibungs- und Auswahlverfahren und begleiten die Projektumsetzung. Eine Exekutivagentur kann mehrere Programme betreuen. Insgesamt gibt es sechs Exekutivagenturen, die ihren Standort in Brüssel oder Luxemburg haben.

Übersicht über die bestehenden Exekutivagenturen

Exekutivagenturen	EU-Programme (Auswahl)
Exekutivagentur Bildung, Audiovisuelles und Kultur (EACEA)	– ERASMUS+ – Kreatives Europa – Europa für Bürgerinnen und Bürger
Exekutivagentur für kleine und mittlere Unternehmen (EASME)	– COSME – Horizont 2020 – LIFE
Exekutivagentur des Europäischen Forschungsrates (ERCEA)	– *Horizont 2020* – Arbeitsprogramm zum *Europäischen Forschungsrat*
Exekutivagentur für Verbraucher, Gesundheit und Lebensmittel (CHAFEA)	– EU-Gesundheitsprogramm – EU-Verbraucherprogramm
Exekutivagentur für die Forschung (REA)	– *Horizont 2020* – Arbeitsprogramm *Marie-Sklodowska-Curie-Maßnahmen* – Arbeitsprogramm *Wissenschaft mit der* – *und für die Gesellschaft*
Exekutivagentur für Innovation und Netze (INEA)	– *Fazilität Connecting Europe* – *Horizont 2020* – Arbeitsprogramm *Intelligenter, umweltfreundlicher und integrierter Verkehr* – Arbeitsprogramm *Sichere, saubere* – *und effiziente Energieversorgung*

Ideal für Einsteiger: Beratung vor Ort

Um potenziellen Antragstellern den Zugang zur EU-Förderung zu erleichtern und insbesondere Neuantragsteller bei ihren ersten Schritten zu unterstützen, wurden für einige EU-Fördermaßnahmen die so genannten *Nationalen Agenturen* geschaffen. Sie sind in den 28 EU-Mitgliedstaaten sowie weiteren Programmländern vertreten und verwalten im Auftrag der *Europäischen Kommission* dezentral einzelne Fördermaßnahmen von EU-Programmen.

Ein Beispiel ist das Förderprogramm *ERASMUS+*, bei dem für einzelne Fördermaßnahmen *Nationale Agenturen* zuständig sind. Die *Nationalen Agenturen* betreuen und koordinieren das gesamte Antrags- und Auswahlverfahren, überprüfen die Projektumsetzung und führen das Finanzcontrolling auf nationaler Ebene durch. Die Vorgaben kommen weiterhin aus Brüssel, so dass das gesamte Verfahren in den Programmländern identisch ist.

Des Weiteren gibt es eine Reihe von nationalen Beratungsstellen, die Projektträger im Prozess der Antragstellung beraten. Hier können Projektideen vorgestellt und besprochen werden. Teilweise wird ein „Vorcheck" vor der Abgabe eines Antrags angeboten. Die Dienste dieser Beratungsstellen sind zwar kostenlos, aber natürlich begrenzt. Eine komplette Antragsbegleitung darf nicht erwartet werden.

Beispiele für Beratungsstellen

EU-Förderprogramm	Beratungsstelle
ERASMUS+	Nationale Agenturen für *ERASMUS+* in Deutschland **www.erasmusplus.de**
Europa für Bürgerinnen und Bürger	Kontaktstelle Deutschland: *Europa für Bürgerinnen und Bürger* **www.kontaktstelle-efbb.de**
Kreatives Europa – Teilprogramm KULTUR	*Cultural Contact Point Germany (CCP)* **www.ccp-deutschland.de**
Kreatives Europa – Teilprogramm MEDIA	*Creative Europe Desk Media Deutschland* **www.creative-europe-desk.de/media.php**
Horizont 2020	*Nationale Kontaktstellen für das EU-Programm Horizont 2020* **www.horizont2020.de**

Vor großen Ausschreibungsrunden werden in vielen Förderprogrammen kostenlose Informationstage angeboten, bei denen nicht nur das Förderprogramm erläutert, sondern auch Tipps für die Antragstellung gegeben werden. Diese Informationstage werden europaweit bzw. bundesweit durchgeführt und auf der jeweiligen Programmwebseite, der Webseite der nationalen Beratungsstellen oder der *Nationalen Agenturen* bekanntgegeben.

— **Tipp: Kein Antrag ohne vorhergehende Beratung** —————————

Stellen Sie keinen EU-Antrag, ohne zuvor mit einer Beratungsstelle, *Nationalen Agentur, Exekutivagentur* oder *Generaldirektion* gesprochen zu haben. Skizzieren Sie kurz Ihr Projektvorhaben und prüfen Sie, ob Sie mit der Auswahl des Förderprogramms richtig liegen, oder passen Sie Ihr Projekt – wenn möglich – der Ausschreibung an. Oft werden Anträge abgelehnt, weil die Projektidee und das Ziel des Förderprogramms nicht zusammenpassen. Machen Sie sich nur die Mühe, einen Antrag zu stellen, wenn Ihr Projektvorhaben hundertprozentig zur Ausschreibung passt.

Nachfolgend werden exemplarisch drei Förderprogramme aus dem Bereich der Brüsseler *Aktionsprogramme* vorgestellt:

ERASMUS+ – EU-Förderprogramm für Bildung, Jugend und Sport

ERASMUS+ ist das Bildungs-, Jugend- und Sportprogramm der *EU*, das im Januar 2014 startete. Das Rahmenprogramm vereint altbekannte Förderprogramme aus den vorangegangenen Förderperioden. Hierzu gehören unter anderem das *Programm für Lebenslanges Lernen (Comenius, Erasmus, Leonardo da Vinci, Grundtvig, Jean Monnet), Jugend in Aktion* sowie die *Initiative Sport*. Im Mittelpunkt von *ERASMUS+* stehen die Förderung der grenzüberschreitenden Mobilität zu Lernzwecken sowie die gemeinsame transnationale Zusammenarbeit. Im Allgemeinen geht es darum, von und miteinander zu lernen, sich auszutauschen und Ideen weiterzuentwickeln.

ERASMUS+ deckt die Sektoren der Schul- und Hochschulbildung, Berufliche Bildung, Erwachsenenbildung sowie die nichtformale und informelle Bildung junger Menschen (Jugend) und den Bereich Sport ab. Im Förderzeitraum 2014 bis 2020 ist *ERASMUS+* mit knapp 14,8 Mrd. Euro ausgestattet. Etwa 33 Prozent der Mittel fließen in den Bereich der Hochschulbildung, 17 Prozent in die Berufliche Bildung, knapp zwölf Prozent in die Schulbildung, zehn Prozent in den Jugendbereich und etwa vier Prozent in die Erwachsenenbildung. Die beteiligten Programmländer umfassen die 28 EU-Mitgliedstaaten, die EWR-Staaten Island, Liechtenstein und Norwegen, die offiziellen und potenziellen Beitrittsländer der EU sowie weitere Drittländer. Die spezifischen Ausschreibungen geben Auskunft darüber, welche der genannten Länder an den jeweiligen Fördermaßnahmen beteiligt sind.

Die Gesamtverantwortung für das Programm trägt die *Generaldirektion für Bildung und Kultur* der *EU-Kommission*. Verwaltet wird *ERASMUS+* teilweise von der *Exekutivagentur für Bildung, Audiovisuelles und Kultur* (EACEA) in Brüssel. Der größte Teil des *ERASMUS+*-Budgets wird von *Nationalen Agenturen* verwaltet.

Akteursübersicht ERASMUS+

Institution (Europa)	Zuständigkeitsbereiche
Generaldirektion für Bildung und Kultur	Gesamtverantwortung
Exekutivagentur für Bildung, Audiovisuelles und Kultur (EACEA)	– Einzelne Fördermaßnahmen z. B. Wissensallianzen, – Allianzen für branchenspezifische Fertigkeiten, – *Jean-Monnet-Aktivitäten*, – Sport
Nationale Agenturen (Deutschland)	Zuständigkeitsbereiche
Pädagogischer Austauschdienst (PAD)	Schulbildung
Deutscher Akademischer Austauschdienst (DAAD)	Hochschulbildung
Nationale Agentur beim Bundesinstitut für Berufsbildung (NABIBB)	Berufliche Bildung Erwachsenenbildung
Nationale Agentur JUGEND für Europa	Außerschulische Jugendarbeit

Die Umsetzung von *ERASMUS+* erfolgt auf der Grundlage von drei Aktions-typen, den so genannten Leitaktionen 1 bis 3:

Leitaktion 1 – Lernmobilität von Einzelpersonen

Diese Leitaktion unterstützt die Mobilität von Studierenden, Auszubildenden, Schülern sowie die Mobilität von Bildungspersonal, die Jugendmobilität und die Mobilität von haupt- und ehrenamtlichen Fachkräften der Jugendarbeit. Es können etwa Berufspraktika im Ausland, Aktivitäten zu Fort- und Weiterbil-dungszwecken, internationale Jugendbegegnungen, der *Europäische Freiwil-ligendienst* oder die Schulung von Fachkräften innerhalb der Jugendarbeit ge-fördert werden. Für die Schul-, Hochschul- sowie die Berufliche Bildung und Erwachsenenbildung gibt es eine Antragsfrist im Jahr. Für Mobilitätsprojekte im Jugendbereich werden drei Antragstermine angeboten.

— Praxisbeispiel: *MULTIPLY – Kapazitätsaufbau in der Erwachsenenbildung* —————

Das zwölfmonatige Mobilitätsprojekt *MULTIPLY – Kapazitätsaufbau in der Erwachsenenbil-dung* bietet 21 Interessierten in der Erwachsenenbildung die Möglichkeit, an einer fünftägigen TrainerInnen-Schulung in Österreich, Italien oder Frankreich teilzunehmen. Zur Auswahl stehen Lernaufenthalte mit den Themenschwerpunkten Lehrkompetenz und Managementkompetenz. Ziel von *MULTIPLY* ist, neue partizipative Lehrmethoden und Managementkompetenzen in der Erwachsenenbildung zu entwickeln, zu testen und einer breiten Öffentlichkeit zugänglich zu ma-chen. Das Projekt wird 2014/2015 von der *EU-Fundraising Association* durchgeführt.

Leitaktion 2 – Zusammenarbeit zur Förderung von Innovation und zum Austausch von bewährten Verfahren

Die wichtigste Maßnahme in dieser Leitaktion sind die *Strategischen Part-nerschaften*. Sie fördern länderübergreifende Projekte zum Austausch be-währter Verfahren und zur Entwicklung sowie zur Umsetzung von Innovation. Gemeint sind zum Beispiel Projekte, die innovative Ansätze für Unterrichts-, Ausbildungs- und Lernkonzepte entwickeln oder die Umsetzung von Quali-fikationen im Bereich des formalen, nichtformalen und informellen Lernens ermöglichen. Die *Strategischen Partnerschaften* greifen in den Sektoren Schul- und Hochschulbildung, Berufliche Bildung, Erwachsenenbildung so-wie im Jugendbereich. Die Projekte können sektorenspezifisch oder sektoren-übergreifend ausgerichtet sein, das heißt zwei oder mehrere Bildungsbereiche abdecken. Wie bei der Leitaktion 1 ist für die Schul- und Hochschulbildung sowie die Berufliche Bildung und Erwachsenenbildung eine Antragsfrist im Jahr geplant. Die Antragstellung für *Strategische Partnerschaften* im Jugend-bereich ist in der Regel dreimal im Jahr möglich.

— Praxisbeispiel: *Europeanisation* ————————————————————

Acht Partnerorganisationen aus Deutschland, Ungarn, Bulgarien, Zypern und Kroatien entwickeln im Rahmen der zweijährigen *Strategischen Partnerschaft* gemeinsam ein europäisches Online-Tool, das Bildungseinrichtungen bei ihrer *Europäisierung* unterstützt. Im Rahmen von *Europea-nisation* wird eine europaweite Umfrage von Bildungseinrichtungen zur Ermittlung ihres Bedarfs für eine strategische europäische Ausrichtung durchgeführt. Auf dieser Grundlage wird das

Online-Tool erarbeitet und im August 2016 in sechs Sprachen für alle interessierten Bildungsein-richtungen verfügbar sein. Es ermöglicht den Einrichtungen eine Selbstevaluation ihrer „Institu-tional Readiness" im Hinblick auf die Durchführung europäischer Projekte. *Europeanisation* wird federführend von der *emcra GmbH* umgesetzt.

Darüber hinaus werden über die Leitaktion 2 so genannte *Wissensallianzen* zwischen Hochschuleinrichtungen und Unternehmen gefördert. In diesen der Hochschulbildung zugeordneten Partnerschaften sollen neue und innovative Ansätze für Lehr- und Lernkonzepte zum Beispiel in den Bereichen Wissensaustausch und Förderung von unternehmerischem Denken entwickelt und umgesetzt werden. Im Bereich der Berufsbildung greifen die *Allianzen für branchenspezifische Fertigkeiten*. Ziel dieser Maßnahme ist es, neue branchenspezifische oder branchenübergreifende Curricula zu erstellen, innovative Methoden in der beruflichen Bildung zu entwickeln und Anerkennungsinstrumente der *EU* (beispielsweise ECVET – engl. *European Creditsystem for Vocational Education and Training*) in die Praxis umzusetzen. Projekte zum *Kapazitätenaufbau im Bereich Jugend* fördern die strategische Zusammenarbeit zwischen Jugendorganisationen und öffentlichen Stellen innerhalb Europas und darüber hinaus.

Leitaktion 3 – Unterstützung politischer Reformen

Unterstützt werden Maßnahmen zur Förderung des politischen Dialogs, dem Wissenstransfer sowie zur Umsetzung innovativer Reformagenden in den Bereichen Bildung, Ausbildung und Jugend. Darunter fallen auch Projekte im Bereich des *Strukturierten Dialogs*. Hierbei geht es um das Zusammenbringen junger Menschen mit Entscheidungsträgern der Jugendpolitik auf lokaler, regionaler, nationaler und europäischer Ebene. Im Fokus stehen die aktive Beteiligung am politischen Leben und der Austausch der Interessen und Ideen. Es werden drei Antragstermine im Jahr angeboten.

— Praxisbeispiel: *All In – design your future through social commitment* —————

Jugendliche im Alter zwischen 18 und 25 Jahren aus Deutschland, Georgien und der gesamten Balkanregion setzen sich aktiv mit dem Thema *Gesellschaftliches Engagement* auseinander. Gemeinsam diskutieren sie über die unterschiedlichen politischen Rahmenbedingungen des Engagements in ihren Ländern und erarbeiten konkrete Vorschläge zur Verbesserung und Unterstützung des Jugendengagements. Die Vorschläge werden an lokale, nationale und europäische Entscheidungsträger sowie Vertreter von zivilgesellschaftlichen Organisationen weitergegeben. Höhepunkt ist ein siebentägiges internationales Jugendforum in Berlin, an dem insgesamt 45 Jugendliche teilnehmen. Die Projektkoordination übernimmt die *START-Stiftung gGmbH*.

Neben den drei Leitaktionen gibt es im Programm *ERASMUS+* die *Jean-Monnet-Aktivitäten*. Schwerpunkte sind die weltweite Lehre und Forschung zur europäischen Integration. Darüber hinaus fördert *ERASMUS+* Maßnahmen im Bereich Sport wie zum Beispiel Kooperationsprojekte zur Bekämpfung von Doping, Gewalt und Rassismus sowie die Durchführung von gemeinnützigen europäischen Sportveranstaltungen.

Weiterführende Informationen zu *ERASMUS+* erhalten Sie auf der offiziellen Programmwebseite sowie auf der gemeinsamen Webseite der deutschen *Nationalen Agenturen* im EU-Bildungsprogramm *ERASMUS+*.

www.eacea.ec.europa.eu/erasmus-plus_en
www.erasmusplus.de

Wir empfehlen Ihnen vor allem die kostenlosen Newsletter zu den einzelnen Programmbereichen, die die *Nationalen Agenturen* erstellen. Alle deutschen *Nationale Agenturen* haben ihren Sitz in Bonn.

— Schulbildung: *PAD*
  www.kmk-pad.org
— Hochschulbildung: *DAAD*
  www.eu.daad.de/de
Berufliche Bildung und Erwachsenenbildung: *NABIBB*
  www.na-bibb.de
Jugend: *NA Jugend in Aktion*
  www.jugend-in-aktion.de

Kreatives Europa – das EU-Förderprogramm
für alle Akteure der Kultur- und Kreativbranche

Das Förderprogramm *Kreatives Europa* für den kulturellen und audiovisuellen Bereich vereint die früheren Einzelprogramme *KULTUR 2007-2013* sowie *MEDIA 2007* und *MEDIA MUNDUS* und schafft einen gemeinsamen neuen Rahmen zur Förderung der Kultur- und Kreativbranche in Europa. Die Kultur- und Kreativszene ist für Europa ein zunehmend wichtiger Markt. Etwa 8,5 Millionen Beschäftigte arbeiten in diesem Bereich (entspricht ca. 3,8 Prozent der EU-Erwerbsbevölkerung), die etwa 4,5 Prozent des europäischen Bruttosozialprodukts erwirtschaften. Um das Wachstum weiter voranzubringen, muss die Wettbewerbsfähigkeit und Finanzkraft der Akteure in diesem Bereich gestärkt werden. An dieser Stelle setzt das neue EU-Förderprogramm an.

Das Programm gliedert sich in drei Aktionsbereiche oder Teilprogramme: *KULTUR, MEDIA* sowie *Bereichsübergreifende Maßnahmen*. Die Förderziele, Programmländer, Antragsberechtigungen, inhaltlichen Schwerpunkte sowie Antragsfristen unterscheiden sich in den einzelnen Teilprogrammen und Fördermaßnahmen. Details hierzu sind in den jeweiligen Ausschreibungen zu finden.

1. Teilprogramm *KULTUR*

In diesem Bereich können öffentliche und private Einrichtungen aus den 28 EU-Mitgliedstaaten sowie weiteren Ländern – zum Beispiel Island, Norwegen, Albanien, Bosnien und Herzegowina, Mazedonien, Montenegro, Serbien – gemeinsam Projekte umsetzen. Weitere Länder sollen in den nächsten Jahren dazu kommen. Die Einrichtungen müssen im kulturellen Bereich aktiv sein. Kulturschaffende Einzelpersonen können keinen Antrag einreichen.

Innerhalb des Teilprogramms KULTUR können verschiedene Projekte und Maßnahmen umgesetzt werden. Hierzu zählen die Durchführung europäischer

Kooperationsprojekte zur Förderung der Mobilität von Kulturschaffenden und kulturellen Werken sowie die Professionalisierung und grenzüberschreitende Zusammenarbeit von Kulturschaffenden vor und hinter der Bühne. Zudem können europäische Netzwerke zur Förderung der Internationalität und europäische Plattformen zur Unterstützung junger Talente gefördert werden. Auch literarische Übersetzungen, die der Verbreitung europäischer Literatur dienen, sind förderfähig.

2. Teilprogramm *MEDIA*

Im Rahmen des Teilprogramms *MEDIA* sollen Maßnahmen zur Unterstützung der europäischen audiovisuellen Industrie sowie zur Förderung des kreativen Prozesses im audiovisuellen Sektor initiiert werden. Produzenten und Produktionsunternehmen können finanzielle Unterstützung bei der Entwicklung von Kinofilmen, TV- und digitalen Projekten sowie Video-Spielen erhalten. Auch die Entwicklung und Erstellung von Drehbüchern und Drehplänen sowie Marketing-Konzepten gehören zu konkreten Aktivitäten, die gefördert werden. Darüber hinaus können der Verleih und Vertrieb von europäischen Filmen, Kinonetzwerken, Filmfestivals und Fortbildungsmaßnahmen für Medienschaffende in Europa sowie internationale Koproduktionsfonds unterstützt werden.

3. Aktion *Bereichsübergreifende Maßnahmen*

Spezielle Garantiefonds sollen die Förderung für kleine und mittlere Unternehmen im Bereich der europäischen Kultur- und Kreativbranche erleichtern. Auch die transnationale politische Zusammenarbeit durch Austausch von Erfahrungen, Studien und Evaluierungen, statistischen Erhebungen, Konferenzen und Seminaren kann gefördert werden. Hierfür wird es separate Ausschreibungen geben.

Dem Programm Kreatives Europa stehen insgesamt 1,46 Mrd. Euro zur Verfügung. Rund 56 Prozent fließen in das Teilprogramm *MEDIA*, 31 Prozent in das Teilprogramm *KULTUR* und 13 Prozent in die *Bereichsübergreifenden Maßnahmen*. Das Programm wird von der *Generaldirektion Bildung und Kultur* verantwortet und operativ durch die EACEA umgesetzt. Auf nationaler Ebene unterstützen Beratungsstellen, die im Vorfeld einer Antragstellung kontaktiert werden können. Die Antragstellung erfolgt zentral in Brüssel.

— **Praxisbeispiel:** *Stockhausen Celebration* —————————————

Im Mittelpunkt dieses Projekts (Förderperiode 2007-2013) stand die Aufführung der Komposition HYMNEN mit Orchester, die zu Ehren von *Karlheinz Stockhausen* — einem der bedeutendsten Komponisten des 20. Jahrhunderts — inszeniert wurde. Sie vereinte über 100 weltweite Nationalhymnen und stellte eine Vision der friedlichen Koexistenz dar. Umgesetzt wurde das Projekt von einem Zusammenschluss europäischer Festivalveranstalter, Kulturinstitutionen und Ensembles, die die Komposition in Warschau, Mailand und Pforzheim aufführten. Die *EU* bezuschusste das Projekt mit knapp 200.000 Euro.

Die Aktionsprogramme entwickeln sich ständig weiter

Es werden an Förderprogrammen oder einzelnen Fördermaßnahmen im Verlauf einer Förderperiode durchaus Änderungen vorgenommen. So können Förderprogramme um weitere Programmländer erweitert oder im Zuge der Vorbereitung auf die nächste Förderperiode Pilotausschreibungen für neue Maßnahmen durchgeführt werden. Aus diesem Grund müssen die Entwicklung eines Förderprogramms, die politischen Debatten und aktuellen Themen gut verfolgt werden. Darüber hinaus hilft ein regelmäßiger Blick auf die Projektdatenbanken oder Listen geförderter Projekte aus den Vorjahren. Sie vermitteln einen guten Überblick über ein Förderprogramm und geben Anregungen für eigene Projektideen.

EU-Strukturfonds – Schwerpunkte Bildung, Arbeit und Wirtschaft

Die *EU-Struktur- und Kohäsionspolitik* ist ein zentraler Politikbereich der EU. Ein Drittel des EU-Haushalts fließt in diesen Politikbereich. Die vorrangige Aufgabe dieses Bereichs liegt in der Festigung des wirtschaftlichen, sozialen und territorialen Zusammenhalts. Fördermittel sollen vor allem den Regionen und Personen zu Gute kommen, die sie am dringendsten benötigen. Somit ist die *EU-Struktur- und Kohäsionspolitik* auch Ausdruck der Solidarität der *EU* mit weniger entwickelten Ländern und Regionen sowie benachteiligten Personengruppen. Darüber hinaus versteht sich die EU-Struktur- und Kohäsionspolitik als Investitionspolitik, die die Schaffung von Arbeitsplätzen, die Wettbewerbsfähigkeit und das Wachstum fördert sowie zur Verbesserung der Lebensqualität beiträgt und eine nachhaltige Entwicklung begünstigt. Die *EU-Struktur- und Kohäsionspolitik* ist besonders eng an die Ziele der Strategie *Europa 2020* gekoppelt und soll einen wesentlichen Beitrag zu deren Verwirklichung leisten. Die *EU-Struktur- und Kohäsionspolitik* wird mit Hilfe folgender Fonds umgesetzt:

1. *Europäischer Fonds für regionale Entwicklung* (EFRE)

Das Ziel des *EFRE* ist vorrangig der Abbau von strukturellen Ungleichheiten zwischen den einzelnen Regionen. Daher werden durch *EFRE*-Mittel insbesondere Infrastrukturen und Investitionen von Unternehmen zur Stärkung des Wirtschaftsstandortes und zur Erhöhung der Wettbewerbsfähigkeit gefördert.

2. *Europäischer Sozialfonds* ESF

Der *ESF* investiert im Gegensatz zum *EFRE* nicht in Infrastrukturen, sondern direkt in den Menschen. Damit ist er das zentrale Instrument zur Verbesserung der Beschäftigungssituation in der *EU*. Der *ESF* unterstützt etwa Aus- und Weiterbildungen von ArbeitnehmerInnen, fördert den Zugang zum Arbeitsmarkt für Arbeitsuchende und benachteiligte Personen und stärkt die Ausbildungssysteme.

3. *Kohäsionsfonds* (KF)

Der *Kohäsionsfonds* hilft insbesondere strukturschwachen Staaten, ihren wirtschaftlichen und sozialen Rückstand zu verringern und ihr Wachstum zu fördern. Fördermittel werden vor allem zum Ausbau transeuropäischer Transportnetze und zum Umweltschutz eingesetzt.

In den 28 EU-Mitgliedstaaten stehen Mittel aus dem *EFRE* und dem *ESF* zur Verfügung – so auch in Deutschland. Der Kohäsionsfonds greift hingegen nur in Staaten, die ein Pro-Kopf-Bruttoinlandsprodukt (Pro-Kopf-BIP) von weniger als 90 Prozent des EU-Durchschnitts aufweisen. Deutschland erhält aus diesem Grund keine Mittel aus dem *Kohäsionsfonds*. Eine wichtige Rolle für die Zuteilung und Vergabe der *EFRE*- und *ESF*-Mittel spielen die so genannten Regionenkategorien. In der Förderperiode 2014-2020 wird zwischen weniger entwickelten Regionen, Übergangsregionen und stärker entwickelten Regionen unterschieden.

Zentrales Kriterium für die Zuordnung ist das Pro-Kopf-BIP:
- weniger entwickelte Regionen: Pro-Kopf-BIP von weniger als 75 Prozent des EU-Durchschnitts
- Übergangsregionen: Pro-Kopf-BIP zwischen 75 Prozent und 90 Prozent des EU-Durchschnitts
- stärker entwickelte Regionen: Pro-Kopf-BIP von mehr als 90 Prozent des EU-Durchschnitts

Die jeweiligen Fördersummen erhöhen sich durch die Auflage aus Brüssel, die Strukturfonds-Gelder nur kofinanziert durch die Mitgliedstaaten zu vergeben. Das bedeutet, dass die 28 EU-Mitgliedstaaten verpflichtet sind, einen Beitrag hinzu zu steuern, wenn sie *EU-Strukturfonds*gelder vergeben. Folglich stehen mehr Mittel für Projekte und Maßnahmen zur Verfügung, als die *EU* bereitstellt.

Die Höhe der Finanzierung durch die *EU* ist von der Zuordnung zu einer Regionenkategorie abhängig. Während für Projekte in schwächer entwickelten Regionen bis zu 85 Prozent der Projektkosten durch die *EU* finanziert werden, stehen in Übergangsregionen bis zu 60 Prozent und in stärker entwickelten Regionen bis zu 50 Prozent zur Verfügung. Die restlichen Projektkosten werden durch nationale oder regionale Mittel erbracht. Üblich ist, dass ein Teil dieser Kosten von den Antragstellern getragen wird.

Dezentrale Vergabe vor Ort

Obwohl es sich bei den *Strukturfondsmitteln* um EU-Fördergelder handelt, werden diese im Gegensatz zu den Mitteln der bereits vorgestellten Brüsseler *Aktionsprogramme* dezentral in den EU-Mitgliedstaaten vergeben. Die *EU-Kommission* ist in die Vergabe der Mittel an die Antragsteller nicht direkt einbezogen. Die zentralen Ansprechpartner sitzen ausschließlich in den Verwaltungen und Ministerien auf Bundes- oder Landesebene oder haben die Vergabe der Fördermittel an nichtstaatliche Institutionen delegiert.

Den Förderbedarf und damit die Förderschwerpunkte legen die Regionen in Zusammenarbeit mit der *EU-Kommission* für den gesamten Zeitraum von 2014 bis 2020 fest. In Deutschland gibt es 32 *Operationelle Programme*. Sie bieten den Rahmen, in dem die Förderprogramme entwickelt werden. Der *ESF* wird in Deutschland mit einem *Operationellen Programm* des Bundes sowie 15 *Operationellen Programmen* der Bundesländer umgesetzt. Im Bereich des *EFRE* findet ausschließlich eine Förderung auf Landesebene statt. Hierzu wurden ebenfalls 15 *Operationelle Programme* erstellt. In Niedersachsen gibt es 2014-2020 erstmalig ein *Multifonds-Operationelles Programm*, das sowohl den *ESF* als auch den *EFRE* regelt.

Die Umsetzung der Förderung und die Initiierung von konkreten Förderprogrammen übernehmen die Bundesländer auf der Landes- und der Bund auf der Bundesebene. Je nach wirtschaftlichen, sozialen und räumlichen Gegebenheiten wird die Förderung regionalspezifisch organisiert, was der Grund für die heterogene Verwaltungsstruktur und Förderlandschaft im Strukturfondsbereich ist. Während auf Bundesebene die Förderstruktur und die Förderprogramme noch relativ übersichtlich sind, ist in den Bundesländern eine detailliertere Recherche notwendig.

Konkrete Fördermöglichkeiten in Deutschland

In Deutschland stehen in der EU-Förderperiode 2014-2020 19,2 Mrd. Euro Strukturfonds-Mittel zur Verfügung. Davon fließen etwa 60 Prozent in den *EFRE* und 40 Prozent in den *ESF*.

Die Strukturfonds-Mittel verteilen sich auf die Regionen wie folgt:
- stärker entwickelte Regionen ca. 8,6 Mrd. Euro
- Übergangsregionen: etwa 9,7 Mrd. Euro
- Grenzregionen (*Europäische Territoriale Zusammenarbeit / INTERREG*): etwa 900 Mio. Euro

Der Europäischer Sozialfonds ESF – Entwicklung des Arbeitsmarktes

Strukturfonds (EFRE und ESF) Förderfähigkeit 2014-2020

– Übergangsregionen (BIP/Kopf 75%-90% des EU-27-Durchschnitts)
– stärker entwickelte Regionen (BIP/Kopf >90% des EU-27-Durchschnitts)

Quelle: EU-Kohäsionspolitik in Deutschland www.esf.de/portal/SharedDocs/PDFs/DE/Printmedien/2014_05_23_kohaesionspolitik_de_infoblatt.pdf?__blob=publicationFile&v=10

Der ESF auf Bundesebene

In der EU-Förderperiode 2014-2020 gibt es 26 ESF-Förderprogramme auf der Ebene des Bundes. Die Vielfalt dieser Programme reicht von Coachingmaßnahmen über spezifische Weiterbildungen für Angestellte bis zu transnationalen Qualifizierungsvorhaben für benachteiligte Jugendliche. Die ESF-Bundesprogramme sollen vorrangig dazu beitragen, die folgenden thematischen Ziele umzusetzen:

– Förderung nachhaltiger und hochwertiger Beschäftigung und Unterstützung der Mobilität der Arbeitskräfte
– Förderung der sozialen Inklusion und Bekämpfung von Armut und jeglicher Diskriminierung
– Investitionen in Bildung, Ausbildung und Berufsbildung für Kompetenzen und lebenslanges Lernen

Für die Umsetzung des *Operationellen Programms* des Bundes ist das *Bundesministerium für Arbeit und Soziales* (BMAS) verantwortlich. Neben dem BMAS sind vier weitere Ministerien in die Verwaltung der *ESF*-Bundesprogramme eingebunden: das *Bundesministerium für Bildung und Forschung* (BMBF), das *Bundesministerium für Familie, Senioren, Frauen und Jugend* (BMFSFJ), das *Bundesministerium für Umwelt, Naturschutz, Bau und Reaktorsicherheit* (BMUB) und das *Bundesministerium für Wirtschaft und Energie* (BMWi).

Teil 3   Antragsmittel – Die Fördertöpfe sind gut gefüllt:

Die ersten Aufrufe in den *ESF*-Bundesprogrammen wurden zu Beginn der Förderperiode 2014-2020 ausgeschrieben, weitere Förderrunden sind 2018/2019 geplant. Während in einigen Programmen eine regelmäßige Antragstellung vorgesehen ist (beispielsweise *Jobstarter plus* oder *Fachkräfte sichern: weiter bilden und Gleichstellung fördern*), gibt es vereinzelt Programme (so die ESF-Integrationsrichtlinie Bund) mit nur einem einzigen Antragstermin. In vielen ESF-Bundesprogrammen müssen Sie als Antragsteller bereits Erfahrung mit ESF-Projekten mitbringen.

— **Tipp: Informieren Sie sich auf der zentralen Infoseite** ———————

Eine vollständige Liste aller ESF-Bundesprogramme und Links zu den Infoseiten der Bundesländer finden Sie hier: **www.esf.de**

— **Praxisbeispiel:** *rückenwind – für die Beschäftigten und Unternehmen in der Sozialwirtschaft* -

Mit *rückenwind* wird das gleichnamige ESF-Programm aus 2007-2013 fortgeführt. Es fördert die Beschäftigungsfähigkeit von Mitarbeitenden in der Sozialwirtschaft und eine nachhaltige Personal- und Organisationsentwicklung in Einrichtungen und Verbänden. Unterstützt werden integrierte Vorhaben zur Verbesserung der Anpassungs- und Beschäftigungsfähigkeit sowie der Demografie-Festigkeit von Unternehmen. Zu den Zielgruppen zählen Beschäftigte aus gemeinnützigen Einrichtungen, Diensten und Verbänden.

— **Praxisbeispiel:** *Gesund in der Pflege* – **Projekt zur Förderung der Verweildauer** ————
im Pflegeberuf unter Berücksichtigung des demographischen Wandels

Mit dem Projekt *Gesund in der Pflege* (Förderperiode 2007-2013) begegnete der DRK Landesverband Schleswig-Holstein e.V. den neuen Herausforderungen im Pflegebereich. Das Projekt sollte dazu beitragen, durch eine systematische Verbesserung der Arbeitsbedingungen die Fähigkeit der Mitarbeiter in der Pflegebranche zu fördern, ihre Arbeit zu bewältigen. Darüber hinaus sollte das Berufsfeld für Nachwuchskräfte attraktiver gemacht werden. In zehn Modellbetrieben wurden im Laufe des Projekts unter Einbezug der Pflege- und Führungskräfte konkrete Maßnahmenpakete zur Verbesserung der Arbeitsbedingungen und der Lebensqualität entwickelt. Die Ergebnisse wurden im weiteren Verlauf des Projekts verfeinert und im Sinne der Nachhaltigkeit einer größeren Anzahl an Betrieben zur Verfügung gestellt.

— **Praxisbeispiel:** *JUGEND STÄRKEN im Quartier (JUSTiQ)* ————————————

Das Modellprogramm wird gemeinsam vom *BMFSFJ* und *BMUB* verwaltet und fördert insbesondere benachteiligte junge Menschen beim Übergang von der Schule in den Beruf. Das sozialräumlich ausgerichtete Förderprogramm wird in benachteiligten Stadtteilen und Regionen an ausgewählten Standorten in Deutschland umgesetzt. Auf Grundlage von vier methodischen Bausteinen können Kommunen bedarfsgerechte Projekte entwickeln und durchführen. Die Bausteine reichen von intensiver und langfristiger sozialpädagogischer Einzelfallarbeit über kurzfristig angelegte individuelle sozialpädagogische Beratungs- und Unterstützungsmaßnahmen bis hin zu Mikroprojekten, die soziale Kompetenzen wie Team- und Kommunikationsfähigkeit stärken. Die Bausteine werden von einer kommunalen Koordinierungsstelle gesteuert. Einzelne Anträge können von örtlichen Trägern der öffentlichen Jugendhilfe eingereicht werden.

Schüler ab 14 Jahren aus Kaufbeuren (Bayern) hatten im Rahmen des Projekts (Förderperiode 2007-2013) die Möglichkeit, ihre Talente und Fähigkeiten im Bereich Bau und Gestaltung zu erforschen. In regelmäßigen, unterrichtsergänzenden Einheiten entstanden an mehreren Nachmittagen in angeleiteten Bau- und Gestaltungsworkshops individuelle Produkte für die Schul-Cafeteria. Ziel war es unter anderem, fehlendes Selbstbewusstsein zu fördern oder fehlgeleitetes Selbstbewusstsein projektbegleitend zu reflektieren.

— Tipp: Frühzeitige Vorbereitung von Kooperationen ─────────────────

Organisieren Sie frühzeitig (strategische) Projektpartnerschaften mit wichtigen Akteuren im *ESF* wie beispielsweise mit Arbeitsagenturen und Jobcentern, Betrieben und öffentlichen Verwaltungen. Die Einbindung relevanter Arbeitsmarktakteure erhöht die Förderchancen Ihres Antrags und erleichtert die Umsetzung des Projekts.

Der ESF auf Landesebene – Schwerpunkt auf regionale Aktivitäten

In Deutschland stehen nicht nur auf Bundesebene ESF-Mittel zur Verfügung. Jedes Bundesland verfügt zusätzlich über ESF-Mittel, die regionalen und lokalen Projekten in den einzelnen Bundesländern zu Gute kommen. Für viele Antragsteller sind diese ESF-Landesmittel aufgrund ihrer regionalen Ausrichtung besonders relevant. Sie sind in der Regel mit den regionalen Verwaltungsstrukturen vertraut und kennen den Handlungsbedarf auf dem regionalen Arbeitsmarkt gut. Auf Grundlage der *Operationellen Programme* für die jeweiligen Bundesländer entwickelt jedes Bundesland spezifische Förderprogramme. Die Förderprogramme in Deutschland unterscheiden sich daher bundeslandspezifisch.

Der ESF auf Landesebene am Beispiel von Berlin

In der EU-Förderperiode 2014-2020 stehen dem *Land Berlin* knapp über 215 Mio. Euro aus dem *Europäischen Sozialfonds* (ESF) zur Verfügung. Der größte Teil der ESF-Mittel geht in die Förderung von Bildung, Ausbildung und Berufsbildung sowie lebenslanges Lernen (95 Mio. Euro). Weitere Mittel fließen in die Förderung der sozialen Inklusion und Bekämpfung von Armut (58 Mio. Euro) sowie in die nachhaltige Beschäftigung und Mobilität von Arbeitskräften (53 Mio. Euro). Der *ESF* soll in Berlin durch 24 Instrumente umgesetzt werden. Das Förderspektrum reicht von internationalen Weiterbildungsmaßnahmen über lokale Modellprojekte zur Beschäftigungsförderung von Benachteiligten und Mikroprojekten bis hin zur Berufsorientierung von Schülern. Für die Umsetzung des *Operationellen Programms* ist federführend die *Senatsverwaltung für Wirtschaft, Technologie und Forschung* zuständig. Die einzelnen Instrumente werden zum Teil durch weitere Senatsverwaltungen begleitet. Informationen zum *ESF* in Berlin sind auf der folgenden Webseite zu finden: **www.berlin.de/ sen/strukturfonds/strukturfonds_2014.html**

Das Projekt *MusikFabrik 2.0* (Förderperiode 2007-2013) bot musisch-kulturell und technisch interessierten Jugendlichen und jungen Erwachsenen aus Berlin berufsorientierende Angebote im Bereich Ton- und Beschallungstechnik. In verschiedenen Workshops konnten sich die Jugendlichen ausprobieren und ihre fachlichen Fähigkeiten erproben. Zum Projektverbund der *Musik-Fabrik 2.0* gehörten das *Berliner Rockmobil,* das *Hip Hop Mobil* und das *Feedback Tonstudio.* Die *Landesmusikakademie Berlin* war ein weiterer wichtiger Partner.

— Praxisbeispiel: Frauenbildung und Beratung im Wedding ————————

Das Projekt *Frauenbildung und Beratung im Wedding* (Förderperiode 2007-2013) des *Frauenzukunft e.V.* richtete sich vorrangig an arbeitslose Frauen. Sie sollten durch die verschiedenen Bildungsangebote ein stärkeres Selbstbewusstsein und eine Berufsperspektive entwickeln. Zu den Angeboten des Projektträgers zählten Berufsorientierungs- und Vorbereitungskurse für den externen Hauptschulabschluss sowie individuelle Förderungen der Teilnehmerinnen zur Stärkung und Weiterentwicklung der persönlichen Kompetenzen. Ein wichtiges übergeordnetes Ziel war es, bei den Teilnehmerinnen ein Verantwortungsgefühl für das eigene Lernen zu entwickeln und sie somit nachhaltig an selbstständiges Lernen heranzuführen.

— Tipp: Weitere Informationen zu den ESF-Programmen der Länder ——————

Eine Übersicht über alle übergeordneten ESF-Kontaktstellen auf Landesebene ist auf der folgenden Webseite zu finden:
www.esf.de/portal/DE/Ueber-den-ESF/ESF-Kontaktstellen/inhalt.html

Der Europäische Fonds für regionale Entwicklung EFRE

Der *Europäische Fonds für regionale Entwicklung* (EFRE) deckt ein breites Förderspektrum ab. Es werden sowohl produktive Investitionen, die zur Schaffung und zum Erhalt von Arbeitsplätzen beitragen, als auch Investitionen in grundlegende und soziale Infrastrukturen sowie die Vernetzung von öffentlichen Behörden mit wirtschaftlichen und sozialen Partnern unterstützt. Im Gegensatz zum *ESF* findet im Bereich des *EFRE* eine Förderung in Deutschland nur auf Landesebene statt. Hierzu wurden 15 reine *EFRE-Operationelle Programme* und in Niedersachsen ein *MultifondsOperationelles Programm* erstellt.

Die einzelnen Fördermöglichkeiten sind – angepasst an die lokalen Gegebenheiten – in den jeweiligen Bundesländern unterschiedlich. Die Ansprechpartner für alle Bundesländer sind auf der Webseite des BMWi zu finden: **www.bmwi.de/DE/Themen/Europa/Strukturfonds/efre-und-esf,did=603300.html**

Der EFRE auf Landesebene am Beispiel von Berlin

In der EU-Förderperiode 2014-2020 stehen dem *Land Berlin* rund 635 Mio. Euro für EFRE-Projekte zur Verfügung. Berlin legt mit einem Finanzvolumen von 300 Mio. Euro einen deutlichen Schwerpunkt auf die Förderung von Forschung und Innovation im Unternehmensbereich. Um die Wettbewerbsfähigkeit der Berliner Wirtschaft insgesamt zu verbessern, stellt das *Operationelle Programm* 70 Mio. Euro für Investitions- und Gründungsaktivitäten speziell für kleine und mittlere Unternehmen zur Verfügung. Weitere 115 Mio. Euro sind zur Stärkung des Klima- und Umweltschutzes vorgesehen. Hier sollen insbesondere geförderte Aktivitäten den CO_2-Ausstoß senken. Zur Verbesserung der sozialen Integration stehen 122 Mio. Euro für Projekte zur nachhaltigen Stadtentwicklung bereit. Für die Umsetzung des *Operationellen Programms* ist – analog zum *ESF* – federführend die *Senatsverwaltung für Wirtschaft, Technologie und Forschung* zuständig.

— Praxisbeispiel: Musik der Kulturen

Im Rahmen der integrierten Stadtentwicklung förderte Berlin aus EFRE-Mitteln (Förderperiode 2007-2013) den Ausbau der musikalischen Bestände in der Neuköllner *Helene-Nathan-Bibliothek* sowie ein spezielles Veranstaltungsprogramm. Das Ziel war es, die Bibliothek und ihr Angebot insbesondere bei Menschen mit Migrationshintergrund bekannt zu machen. Darüber hinaus sollte die Bibliothek künftig für musikalische Veranstaltungen und damit als kultureller Raum im Bezirk verstärkt genutzt werden.

EFRE in den Grenzregionen – Europäische territoriale Zusammenarbeit

Der *Europäische Fonds für regionale Entwicklung EFRE* soll nicht nur auf der Ebene der Bundesländer fördern, sondern auch zu einer stärkeren Zusammenarbeit zwischen den Regionen Europas beitragen.

Deshalb fördert der *EFRE*:
- die grenzüberschreitende Zusammenarbeit *INTERREG A* (von Regionen aus mindestens zwei Mitgliedstaaten mit einer gemeinsamen Grenze)
- die transnationale Zusammenarbeit *INTERREG B* (von Regionen aus Mitgliedstaaten in großen europäischen Räumen, etwa Nordseeanrainer, Alpenstaaten)
- die interregionale, europaweite Zusammenarbeit – *INTERREG C* (*INTERREG Europe*)

Jede Region – unabhängig ob grenzüberschreitend oder transnational – weist verschiedene Merkmale auf und ist mit spezifischen Herausforderungen konfrontiert. Antragsteller müssen mit ihren Projektvorschlägen zeigen, dass sie diese Charakteristika kennen und den Herausforderungen mit passgenauen Konzepten begegnen.

— Tipp: Weitere Informationen zu *INTEREG*

Informationen zu *INTERREG* A, B und C sind auf der Webseite der *Generaldirektion für Regionalpolitik* zu finden: **www.ec.europa.eu/regional_policy/en/atlas/**

— Praxisbeispiel: *INTERREG A – Land der Entdeckungen* (Deutschland-Niederlande)

Im Rahmen des Projekts *Land der Entdeckungen* (Förderperiode 2007-2013) entwickelten deutsche und niederländische Partner aus den Bereichen Denkmalpflege, Wissenschaft und Museum eine Ausstellung zur Archäologie des friesischen Küstenraums. Mit Hilfe von wissenschaftlichen Projekten sollten die Bürger der Region aktiv in die Arbeitsweise der Denkmalpflege und der Wissenschaft eingebunden werden. Durch eine Publikation wurden die Ergebnisse einer breiten Öffentlichkeit zugänglich gemacht.

Suchen Sie sich für Ihr Projektvorhaben regionale Unterstützer aus Politik, Wirtschaft und Gesellschaft. Mit einer guten Vernetzung und Fürsprechern erhöhen Sie Ihre Förderchancen. Wenn möglich – stellen Sie Ihr Projekt der Bewilligungsstelle vor und überzeugen Sie sie persönlich von der Relevanz Ihres Vorhabens. Beziehen Sie die Bewilligungsstelle in Teile der Projektentwicklung mit ein.

Weiterführende Quellen zu EU-Strukturfonds

- *Europäische Kommission, Generaldirektion für Regionalpolitik, Kohäsionspolitik 2014-2020*: **www.ec.europa.eu/regional_policy/index.cfm/en/**
- *Europäische Kommission, Generaldirektion Beschäftigung, Soziales und Integration, ESF:* **www.ec.europa.eu/esf/home.jsp?langId=de**
- *Bundesministerium für Wirtschaft und Energie*, EU-Strukturfonds allgemein: **www.bmwi.de/DE/Themen/Europa/strukturfonds.html**
- *Bundesministerium für Arbeit und Soziales*, ESF in Deutschland: **www.esf. de/portal/DE/Startseite/inhalt.html**

Förderung im ländlichen Raum – regionale Projekte und nicht nur für die Landwirtschaft

Gemeinnützige Organisationen mit Standort im ländlichen Raum können von der EU-Förderung für den ländlichen Raum profitieren. Für den landwirtschaftlichen Bereich stehen in der EU-Förderperiode 2014-2020 rund 370,1 Mrd. Euro zur Verfügung. Dieses Budget finanziert die Ausgaben für die Unterstützung der Landwirte durch Direktzahlungen (Agrarsubventionen) und die Förderung des ländlichen Raums. Diese beiden Säulen bilden die *Gemeinsame Agrarpolitik* (GAP) der EU.

Fördermöglichkeiten für Bildung, Tourismus und Umwelt

Der *Europäische Landwirtschaftsfonds für die Entwicklung des ländlichen Raums* ELER investiert in die ländliche Entwicklung. Das Förderspektrum ist sehr breit gefächert. Es reicht von der Förderung der ländlichen Infrastruktur über wirtschaftliche Diversifizierung bis hin zu Bildungs-, Tourismus- oder Umweltprojekten im ländlichen Raum. Die Zielgruppen des *ELER* sind zum Beispiel Landwirtschafts- und Forstbetriebe, Erzeugergemeinschaften, Beraterdienste für Landwirte und Waldbesitzer, (Umwelt-)Organisationen sowie Wirtschafts- und Sozialpartner.

Im Rahmen des Projekts (Förderperiode 2007-2013) wurden zwei Gutshäuser, die einen stark ortsbildprägenden Charakter haben, im Ortskern von *Petkus/Baruth* (Landkreis *Teltow-Fläming* – etwa 50 km von Berlin entfernt) saniert. Investitionen in die Bausubstanz haben hier den Ausbau für Tourismus und Wohnzwecke ermöglicht sowie neue Einkommensmöglichkeiten geschaffen. Unter anderem wurde das bestehende Hotel saniert und im alten Gutshaus entstanden fünf neue Ferienwohnungen und Wohnraum für die junge Betreiberfamilie.

Für die zweite Säule der *GAP* werden knapp 85 Mrd. Euro für 2014-2020 bereitgestellt (in Preisen von 2011). Davon fließen rund 8,3 Mrd. Euro nach Deutschland. Der *ELER* wird wie der *ESF* und *EFRE* national in den 28 EU-Mitgliedstaaten umgesetzt. Auch hier greift das Prinzip der Kofinanzierung (vgl. EU-Strukturfonds). Die *EU* beteiligt sich an einem Teil der Kosten, die restlichen Mittel werden aus nationalen Mitteln gespeist. Die Kofinanzierungssätze unterscheiden sich nach den verschiedenen Regionenkategorien (weniger entwickelte Regionen, Übergangsregionen, stärker entwickelte Regionen).

Regionale Förderung durch das Programm LEADER

Ein wichtiges Konzept zur Umsetzung ist das Programm *LEADER* (*Liaison entre actions de développement de l'économie rurale*). Im Rahmen von *LEADER* setzen *lokale Aktionsgruppen (LAG)* Projekte auf der Grundlage von gebietsbezogenen Entwicklungsstrategien um.

— Praxisbeispiel: LAG Steinburg (Schleswig-Holstein) AktivRegion Steinburg — Für den ländlichen Raum (LEADER-Gebiet / 2007-2013)

Die *AktivRegion Steinburg* liegt am Rande der Metropolregion Hamburg. Als LEADER-Gebiet setzt sich die *AktivRegion* für eine nachhaltige Entwicklung des ländlichen Raums ein. Handlungsfelder waren die Verbesserung der Familienfreundlichkeit sowie des Kultur- und Naherholungsangebots, die Stärkung der regionalen Wirtschaft sowie der Klima- und Ressourcenschutz. Bei der Erarbeitung der Entwicklungsstrategie wurden über 300 Akteure direkt informiert oder in den Strategieprozess aktiv eingebunden. Bei der Umsetzung auf teilregionaler Ebene oder in der Gesamtregion haben sich viele engagierte Akteure eingebracht. Eine direkte Förderberatung (auch für Einzelpersonen und -organisationen) wurde über die Mitwirkung in den Arbeitskreisen durch die Geschäftsstelle umgesetzt. Abgestimmt auf die Strategie konnten Projekt- und Arbeitsgruppen eingesetzt werden, beispielsweise in den Bereichen Wirtschaft, Regionalentwicklung, Landwirtschaft und Kultur. Die *AktivRegion Steinburg* ist auch in der EU-Förderperiode 2014-2020 wieder LEADER-Region.

Auch hier geht es um Europa 2020

Die Förderung des ländlichen Raums 2014-2020 orientiert sich an folgenden sechs Prioritäten, die mit der Strategie *Europa 2020* übereinstimmen:

Prioritäten	Schwerpunktbereiche und Themen (Auswahl)
Wissenstransfer und Innovation	– Zusammenarbeit und Verbesserung der Wissensbasis – Lebenslanges Lernen – Berufliche Bildung
Wettbewerbsfähigkeit und Lebensfähigkeit landwirtschaftlicher Betriebe	– Betriebsmodernisierung und -umstrukturierung – landwirtschaftliche Diversifizierung – Generationenwechsel in landwirtschaftlichen Betrieben
Nahrungsmittelkette und Risikomanagement	– Verarbeitung und Vermarktung – Einbeziehung von Primärerzeugern – Qualitätsregelungen – Absatzförderung auf lokalen Märkten – Risikovorsorge

Ökosysteme	– Förderung der biologischen Vielfalt
	– *Natura-2000-Gebiete*
	– Verbesserung der Wasserwirtschaft und der Bodenbewirtschaftung
Ressourceneffizienz und Übergang zu einer kohlenstoffarmen und klimaresistenten Wirtschaft	– Effizienzsteigerung bei Wasser- und Energienutzung sowie Nahrungsmittelverarbeitung
	– Nutzung erneuerbarer Energien
Wirtschaftliche Entwicklung in ländlichen Gebieten, soziale Eingliederung und Armutsbekämpfung	– wirtschaftliche Diversifizierung
	– Gründung von kleinen Unternehmen
	– Schaffung von Arbeitsplätzen
	– Förderung der lokalen Entwicklung
	– Zugang zu Informations- und Kommunikationstechnologien (IKT)

In Deutschland erfolgt die Umsetzung des *ELER* auf der Ebene der Bundesländer. Die Grundlage für die Vergabe der *ELER*-Mittel bilden die so genannten Entwicklungsprogramme. Kennzeichnend ist, dass sich die Förderschwerpunkte im *ELER* nach den regionalen Gegebenheiten, den verfügbaren Mitteln und politischen Prioritäten in den einzelnen Bundesländern unterscheiden.

Die *ELER*-Förderung wird dezentral in den einzelnen Bundesländern respektive in den einzelnen Regionen verwaltet und dementsprechend dort beantragt und bewilligt. Aufgrund der föderalen Umsetzung in Deutschland müssen die Fördermöglichkeiten über den *ELER* regionalspezifisch recherchiert werden. Entsprechend variieren Anforderungen, Einreichfristen und Besonderheiten bei der Antragstellung. Die Ansprechpartner sitzen in den Ministerien und regionalen Verwaltungen der Bundesländer in den Bereichen ländliche Entwicklung und Verbraucherschutz.

— Tipp: Weitere Informationen beim *Netzwerk Ländlicher Raum* —————

Informieren Sie sich über die Entwicklungsprogramme der Bundesländer, die Verwaltungsstruktur, die inhaltlichen Förderschwerpunkte und Förderbedingungen des *ELER*. Als zentrale Informationsstelle zur Umsetzung der Politik in ländlichen Räumen fungiert die *Deutsche Vernetzungsstelle Ländliche Räume (dvs)*. Über die Informationsstelle können Sie die Entwicklungsprogramme, die Ansprechpartner in den Verwaltungsbehörden der Bundesländer und weiterführende Informationen recherchieren: **www.netzwerk-laendlicher-raum.de**

EU-Außenhilfe – Aktivitäten außerhalb der Europäischen Union

Die *EU-Außenhilfe* ermöglicht Projektförderungen mit Staaten, die nicht Mitglieder der EU sowie des *Europäischen Wirtschaftsraums* (EWR) und der *Europäischen Freihandelszone* (EFTA) sind. Die *EU* möchte einen Beitrag dazu leisten, demokratische Werte und Wohlstand über die EU-Außengrenzen hinaus zu fördern sowie Armut und Hunger weltweit zu bekämpfen. Erklärtes Ziel der *EU-Außenhilfe* ist es, Trennlinien zu vermeiden und stattdessen stabile und gefahrenfreie Regionen zu schaffen.

Zu den Schwerpunkten des auswärtigen Handelns zählen:
- Fördern und Verteidigen der Werte der EU im Ausland
- Aufklären über die Politik der EU zur Unterstützung der Bewältigung globaler Herausforderungen
- Verbessern der Wirkung der EU-Entwicklungszusammenarbeit mit dem vorrangigen Ziel der
- Armutsbeseitigung
- Stärken des langfristigen Wohlstands und der Stabilität in den Nachbarregionen
- Stärken der europäischen Solidarität nach natürlichen oder vom Menschen verursachten Katastrophen
- Verbessern der Krisenprävention und der Krisenbewältigung

Sie benötigen einen Partner vor Ort
– Arbeit in europäisch-internationalen Partnerkonsortien

In der *EU-Außenhilfe* arbeiten europäische mit nicht-europäischen Partnern zusammen. In den meisten Aufrufen wird explizit verlangt, dass lokale Partner vor Ort in das Projekt eingebunden werden. Die Suche nach geeigneten Partnern ist damit ein wesentlicher Schritt bei der Projektentwicklung und Antragstellung. Europäische Organisationen, die sich an Projekten der *EU-Außenhilfe* beteiligen möchten, sollten daher mit der Struktur vor Ort im jeweiligen Drittstaat bestens vertraut sein.

Ausschreibung über EuropeAid

Insbesondere im Bereich der *EU-Außenhilfe* muss sorgfältig recherchiert werden, denn die Außenhilfeprogramme sind sehr komplex. So können sich die Förderschwerpunkte in ein und demselben Förderprogramm je nach Zielland deutlich unterscheiden. Projektausschreibungen (engl. *call for proposals*) erfolgen in der *EU-Außenhilfe* zumeist unregelmäßig. Das heißt, es gibt zwar insgesamt immer eine Vielzahl offener Ausschreibungen, es ist aber schwer vorauszusehen, wann die nächste Projektausschreibung veröffentlicht wird, welche Länder gefördert und welche spezifischen Förderprioritäten definiert werden.

Die *Generaldirektion Internationale Zusammenarbeit und Entwicklung – EuropeAid* ist verantwortlich für die Umsetzung der europäischen Außenhilfeprogramme, die durch das EU-Budget gefördert werden. *EuropeAid* betreut die Umsetzung aller Phasen des Projektzyklus der Außenhilfeprogramme und verwaltet den größten Teil des Außenhilfebudgets. Die Aufrufe zur Einreichung von Anträgen sind in der *EU-Außenhilfe* sehr spezifisch und beziehen sich im Detail auf die Anforderungen des jeweiligen Ziellandes. Neben Projektausschreibungen wird ein großer Teil der EU-Fördermittel über Dienstleistungs-, Liefer- und Bauaufträge vergeben. Dafür finden europaweite Ausschreibungen statt (engl. *call for tenders*).

— Tipp: Weitere Informationen auf den Seiten von *EuropeAid* ————————

Ausschreibungen im Bereich *EU-Außenhilfe* können auf den Webseiten der EU-Delegationen, die es weltweit gibt, und über die zentrale Webseite von EuropeAid recherchiert werden:
www.ec.europa.eu/europeaid/home_en

Eigenanteil ist auch hier Voraussetzung

Die Finanzierung in der *EU-Außenhilfe* ist im jeweiligen Förderaufruf festgelegt. Nicht selten beträgt der maximale Fördersatz 95 Prozent. In vielen Förderaufrufen ist außerdem ein Mindestfördersatz definiert; dieser liegt häufig bei 50 Prozent.

Regionale und globale Instrumente in der EU-Außenhilfe

Im Bereich der *EU-Außenhilfe* hat sich die Struktur 2014-2020 gegenüber der vorangegangenen Förderperiode 2007-2013 kaum verändert. Insgesamt existieren neun Instrumente, die zwischen regional und global unterscheiden. Die globalen Instrumente setzen auf regionaler, nationaler und internationaler Ebene an und unterstützen sowohl weltweit Aktivitäten in Drittstaaten, als auch in den 28 EU-Mitgliedstaaten. Die regionalen Instrumente hingegen beziehen sich auf eine bestimmte Region sowie auf die Unterstützung und Zusammenarbeit zwischen den 28 EU-Mitgliedstaaten und Drittstaaten.

Vier regionale Instrumente der *EU-Außenhilfe* 2014-2020:
- *Instrument für Heranführungshilfe* (IPA II)
- *Europäisches Nachbarschaftsinstrument* (ENI)
- *Instrument für Entwicklungszusammenarbeit* (DCI)
- *11. Europäischer Entwicklungsfonds* (EDF)

Fünf globale Instrumente der *EU-Außenhilfe* 2014-2020:
- *Partnerschaftsinstrument* (PI)
- *Europäisches Instrument für weltweite Demokratie und Menschenrechte* (EIDHR)
- *Instrument für Zusammenarbeit im Bereich der nuklearen Sicherheit* (INSC)
- *Stabilitäts- und Friedensinstrument*
- *Instrument für die humanitäre Hilfe*

Im Folgenden werden ausgewählte EU-Außenhilfeinstrumente kurz dargestellt.

1. Instrument für Heranführungshilfe (IPA II)

Das *Instrument für Heranführungshilfe* (IPA II) fördert den Aufbau von Institutionen sowie die grenzüberschreitende Zusammenarbeit zwischen der EU und EU-Beitrittsländern. Wesentliches Ziel des IPA II ist die schrittweise Angleichung an die rechtlichen und politischen Standards der EU, die Entwicklung der Humanressourcen sowie die Förderung der regionalen Entwicklung und des ländlichen Raums in den EU-Beitrittsländern. Für IPA II stehen im Zeitraum 2014-2020 rund 11,7 Mrd. Euro zur Verfügung. Hiermit werden etwa Projekte zur Stärkung der demokratischen Institutionen, der Entwicklung der Zivilgesellschaft, der Durchführung von Wirtschaftsreformen und der Reform der öffentlichen Verwaltung gefördert. Die Prioritäten für Maßnahmen zur Erreichung der Ziele werden in Länder- oder Mehrländerstrategiepapieren festgelegt. Aktuell erhalten Albanien, Bosnien und Herzegowina, Mazedonien, Island, Kosovo, Montenegro, Serbien und die Türkei Unterstützung aus IPA II.

Zehn serbische zivilgesellschaftliche Organisationen führten unter der Schirmherrschaft des *Belgrade Centre for Security Policy* (BCSP) im Rahmen des Projekts (Förderperiode 2007-2013) Fallstudien zur Polizeikorruption in verschiedenen serbischen Gemeinden durch. Anhand dieser Fallstudien wurden Maßnahmen zur Bekämpfung der Korruption entwickelt. Durch interaktive Workshops, öffentliche Diskussionsrunden, Runde Tische und dem direkten Kontakt zu staatlichen Behörden sollen künftig weiterführende Maßnahmen erarbeitet werden.

2. Europäisches Nachbarschaftsinstrument (ENI)

Das *Europäische Nachbarschaftsinstrument* (ENI) verfolgt das Ziel, die Zusammenarbeit zwischen der EU und ihren unmittelbaren Nachbarstaaten auf allen Ebenen nachhaltig zu vertiefen und zu stärken. Hierbei geht es vor allem um die Förderung der Menschenrechte, der Grundfreiheiten und der Rechtsstaatlichkeit sowie die Bekämpfung von Korruption und Armut und die soziale Entwicklung und Gleichstellung der Geschlechter. Auch die schrittweise Integration der Nachbarstaaten in den Binnenmarkt der EU soll mit Hilfe von ENI umgesetzt werden. Für dieses Instrument stehen im Zeitraum 2014-2020 etwa 15,5 Mrd. Euro zur Verfügung. ENI wird mit Hilfe von bilateralen Programmen, Mehrländerprogrammen sowie Programmen der grenzüberschreitenden Zusammenarbeit zwischen Mitgliedstaaten und Partnerländern umgesetzt. Derzeit nehmen Länder aus Osteuropa, Mittelasien und dem Mittelmeerraum an diesem Instrument teil.

Dieses EU-Außenhilfeprojekt wurde innerhalb der Komponente *Eastern Partnership Culture Programme* des Vorgängerprogramms ENPI (2007-2013) gefördert. *Das Interkulturelle Zentrum Österreich* hat das Projekt koordiniert; weitere Partnerorganisationen aus Litauen, Georgien, Armenien und Aserbaidschan waren beteiligt. Ziel des *Caucasus Cultural Initiative Network* war es, durch Kunst- und Kulturinitiativen im Kaukasus, die kulturelle Vielfalt und Diversität in der Region sichtbar zu machen und ihre Anerkennung und Wertschätzung zu fördern. Im Rahmen des Projekts wurden verschiedene Seminare im Bereich Kultur- und Projektmanagement, Öffentlichkeitsarbeit etc. organisiert. Es wurden verschiedene lokale Kunst- und Kulturprojekte umgesetzt, in die auch die Bevölkerung eingebunden war. Weiter nahmen politische Akteure sowohl auf lokaler als auch auf regionaler und nationaler Ebene an dem Projekt teil. Langfristiges Ziel war es, ein grenzüberschreitendes Netzwerk von Akteuren zu etablieren, die sich nachhaltig für die kulturelle Vielfalt im Kaukasus einsetzen.

3. Instrument für die Entwicklungszusammenarbeit (DCI)

Das europäische *Instrument für die Entwicklungszusammenarbeit* (DCI) soll sowohl die Entwicklungspolitik als auch die allgemeine wirtschaftliche Zusammenarbeit zwischen der EU und Entwicklungsländern unterstützen. 19,7 Mrd. Euro werden hierfür 2014-2020 zur Verfügung gestellt. Das Instrument unterteilt sich in geografische und thematische Programme. Die geografischen Programme verfolgen das Ziel, die Zusammenarbeit mit den Partnerländern (Lateinamerika, Asien, Mittelasien, Naher und Mittlerer Osten und Südafrika) in den Bereichen Menschenrechte, Demokratie und nachhaltiges Wachstum zu stärken. Die thematischen Programme ergänzen die geographischen Programme. Ihr Anwendungsbereich ist wesentlich umfangreicher, da er sich nicht nur auf die Länder bezieht, die im Rahmen einer geografischen Zusammenarbeit in Frage kommen. Vielmehr können die thematischen Programme auch für Projekte in Ländern und Regionen angewendet werden, die beispielsweise durch den *Europäischen Entwicklungsfonds* (EDF) gefördert werden.

— **Praxisbeispiel: Die Welt braucht dich – Armutsbekämpfung – Klimaschutz – Partnerschaft** -

Das Projekt (Förderperiode 2007-2013) *Die Welt braucht dich – Armutsbekämpfung – Klimaschutz – Partnerschaft* wurde von der Stadt Bielefeld und dem *Verein Welthaus Bielefeld e.V.* gemeinsam mit den Partnerstädten *Rzeszów* (Polen) und *Estelí* (Nicaragua) initiiert. Ziel war es, durch Aktionen und entsprechende Bildungsangebote Armutsbekämpfung und Nachhaltigkeit im öffentlichen Bewusstsein zu stärken. Zu den Aktivitäten des Projekts zählten unter anderem Informationskampagnen, Schulaktionswochen und ein internationales Jugendcamp in Bielefeld. Das Projekt richtete sich vor allem an junge Menschen im Alter von acht bis 28 Jahren, an die Bevölkerung des Städtepartnerschaftsverbunds sowie an zivilgesellschaftliche Akteure, Lehrende und Journalisten. Dieses Projektbeispiel zum Thema *Sensibilisierung der europäischen Öffentlichkeit für die Entwicklungszusammenarbeit* zeigt, dass über die EU-Außenhilfeinstrumente nicht nur Projekte in Drittstaaten gefördert werden, sondern auch Aktivitäten in Deutschland und in den anderen EU-Mitgliedstaaten.

4. Europäischer Entwicklungsfonds (EDF)

Der 11. *Europäische Entwicklungsfonds* (EDF) ist das wichtigste Hilfsinstrument der EU, um die Entwicklungszusammenarbeit mit Staaten in Afrika, im Karibischen Raum und im Pazifischen Ozean (AKP-Staaten) zu fördern. Für den 11. EDF, der nicht Teil des Gesamthaushaltsplans der EU ist, werden 29,1 Mrd. Euro im Zeitraum 2014-2020 zur Verfügung gestellt. Ziel des EDF ist es, die Armut in den Ländern der AKP-Staaten zu verringern. Darüber hinaus fördert das Instrument eine nachhaltige wirtschaftliche, soziale und ökologische Entwicklung und soll zudem Demokratie, Rechtsstaatlichkeit und die Menschenrechte in den jeweiligen Ländern stärken. Die Umsetzung des Entwicklungsfonds erfolgt auf der Grundlage des so genannten *AKP-EU-Partnerschaftsabkommens*.

— **Praxisbeispiel: Action for Strengthening Good Governance and Accountability in Uganda** -

Im Rahmen des Projekts *Action for Strengthening Good Governance and Accountability in Uganda* arbeitet die Konrad-Adenauer-Stiftung (KAS) mit der Nichtregierungsorganisation *Action for Development* (ACFODE) zusammen. Ziel des Projekts ist es, Instrumente und Mechanismen für gesellschaftliche Vertreter und Lokalpolitiker zu entwickeln, damit sie ihre Rollen und Aufgaben im demokratischen System effektiver ausüben können. Hierzu gehören unter anderem ein Trainingsprogramm für Lokalpolitiker sowie der Erfahrungsaustausch zwischen zivilgesellschaftlichen und politischen Interessensvertretern. Diese Maßnahmen zur Verbesserung des demokratischen Prozesses sollen in insgesamt elf Distrikten in Uganda durchgeführt werden.

5. Europäisches Instrument für Demokratie und Menschenrechte (EIDHR)

Das *Europäische Instrument für Demokratie und Menschenrechte* (EIDHR) ist das Hauptinstrument, um die Politik der EU im Bereich Demokratie und Menschenrechte umzusetzen. Im Zeitraum 2014-2020 stehen hierfür 1,3 Mrd. Euro zur Verfügung. Das allgemeine Ziel ist, zur Entwicklung und Konsolidierung von Demokratie und Rechtsstaatlichkeit, Respektierung der Menschenrechte und Grundfreiheiten im Rahmen der Entwicklungspolitik sowie der wirtschaftlichen, finanziellen und technischen Kooperation mit Drittstaaten beizutragen. In seiner Ausrichtung ist der EIDHR global. Das heißt, das Programm setzt auf regionaler, nationaler und internationaler Ebene an und unterstützt Aktivitäten weltweit. Im EIDHR werden globale, regionale oder länderspezifische Ausschreibungen veröffentlicht.

— Praxisbeispiel: Öffnung des Dialogs

Ziel des Projekts (Förderperiode 2007-2013) in Serbien war es, die Rolle sowie die politische Teilhabe der Bürger in demokratischen Prozessen auf lokaler Ebene zu stärken. Hiermit sollte insbesondere eine vermehrte Bürgerbeteiligung innerhalb politischer Entscheidungsprozesse auf kommunaler Ebene erreicht werden. Eine wesentliche Maßnahme des Projekts war es, unter anderem den Dialog zwischen den Bürgern und Vertretern der lokalen Behörden zu verbessern und zu fördern.

— Tipp: Länderspezifische Recherche

Auf der Webseite des *Europäischen Auswärtigen Dienstes (EEAS)* können Sie über eine alphabetische Liste ein Land auswählen und erhalten darüber unter anderem den Link zur jeweiligen EU-Delegation in diesem Zielland. Dort finden Sie einen Überblick zur länderspezifischen Förderung durch die EU: **www.eeas.europa.eu/delegations/index_en.htm**

Weiterführende Quellen zur EU-Außenhilfe:

- *Europäische Kommission, Generaldirektion Internationale Zusammenarbeit und Entwicklung / EuropeAid* (DEVCO): **www.ec.europa.eu/europeaid**
- Aufforderung zur Einreichung von Vorschlägen (engl. *call for proposals*): **www.webgate.ec.europa.eu/europeaid/online-services/index.cfm?ADSSChck=1284977262222&do=publi.welcome&userlanguage=en**
- *Europäische Kommission, Generaldirektion Nachbarschaftspolitik und Erweiterungsverhandlungen* (ELARG): **www.ec.europa.eu/enlargement/index_de.htm**
- *Europäische Kommission, Humanitäre Hilfe und Katastrophenschutz* (ECHO): **www.ec.europa.eu/echo/index_en.htm**

Weitere Informationen

Allgemeine Webseiten der EU

Die Internetseite der EU ist zwar komplex, gibt aber Auskunft über die EU-Politikbereiche und beinhaltet alle wichtigen EU-Dokumente: **www.europa.eu**. Das EU *Who-is-who* ist ein elektronisches Verzeichnis, das die Organisationsstruktur der Organe, Institutionen, Ämter, Agenturen und sonstiger Einrichtungen der EU darstellt. Es ermöglicht unter anderem die detaillierte Suche nach Personen und nach Diensten (Generaldirektion, Abteilung): **www.europa.eu/whoiswho**

Kostenlose Förderdatenbanken

- *Europäische Kommission*, Finanzhilfen: **www.ec.europa.eu/contracts_grants/grants_de.htm**

- *Bundesministerium für Wirtschaft und Technologie* (BMWi):
  www.foerderdatenbank.de
- Senat Berlin, EU-Programmdatenbank:
  www.berlin.de/rbmskzl/europa/europa-in-berlin/eu-foerderung/foerderprogramme
- Die in diesem Autorenbeitrag aufgeführten Weblinks sind auf der Webseite von *emcra* online abrufbar: **www.emcra.eu/ag-spak**

Checkliste 75: Planung eines EU-Antrags

Information und Beratung
- Nehmen Sie die Hilfe von zuständigen EU-Verwaltungs- und Beratungsstellen (z.B. *Generaldirektion, Exekutivagentur, Nationale Agentur* etc.) in Anspruch.
- Sichten Sie Projektbeispiele und die Listen der in den Vorjahren geförderten Projekte.
- Nutzen Sie Netzwerke für EU-Förderung (z. B. *EU-Fundraising Association*) und nehmen Sie Kontakt mit wiederholt erfolgreichen Antragstellern auf.
- Systematisieren Sie Ihr EU-Fördermittelwissen und legen Sie sich einen individuellen EU-Programm- und Antragskalender an.

Formales
- Sie sind als antragstellende Organisation im Sinne des EU-Programms und der gewählten Förderkomponente förderfähig (juristische Person, Sitz in einem Programmland etc.).
- Das Projekt hat noch nicht begonnen.
- Der Start Ihres Projekts ist erst nach einer eventuellen Bewilligung der beantragten EU-Förderung geplant.
- Ihr Projekt ist neu und nicht nur die Fortsetzung Ihrer bisherigen Arbeit.
- Sie erfüllen (oder besser: übertreffen) die in der Ausschreibung geforderte Mindestzahl nötiger Projektpartner.
- Sie beteiligen Fachpartner und Multiplikatoren.
- Sie haben die Antragsfrist im Auge.
- Die von Ihnen gewählte Sprache im Antragsdokument ist zulässig.
- Sie haben den erforderlichen Eigenanteil eingeplant.
- Die Kofinanzierung Ihres EU-Projekts speist sich nicht aus anderen EU-Quellen (Doppelfinanzierungsverbot).

Inhaltliches
- Ihr Projekt leistet einen Beitrag zur Umsetzung (benennbarer) EU-Zielsetzungen.
- Sie können direkten Bezug nehmen auf die in den Programm- und Ausschreibungsunterlagen genannten Ziele und Prioritäten.
- Sie kennen zentrale europapolitische Dokumente des entsprechenden Arbeitsbereichs und lassen dieses Wissen in den Antrag einfließen.
- Bei europäischen Projekten: Ihr Projekt hat eine europäische Dimension und bringt einen europäischen Mehrwert (z.B.: die zu erwartenden Ergebnisse des Projekts sind auf andere Länder und Regionen übertragbar).

— **Tipp: Bleiben Sie informiert** ————————————————————————

Regelmäßige Informationen zu EU-Förderungen erhalten Sie kostenlos im Newsletter „emcra EU-Fördertipp", den Sie bei **www.emcra.eu** bestellen können.

3.3.3 Stiftungen als Förderer nutzen

Alexander Gregory / Peter Lindlacher / Torsten Schmotz

- Der Stiftungssektor in Deutschland wächst kontinuierlich
- Was wollen Förderstiftungen?
- Die Suche nach der passenden Förderstiftung
- Besonderheiten bei der Zusammenarbeit mit Stiftungen
- Wichtige Stiftungsbereiche im Überblick

Der Stiftungssektor in Deutschland wächst kontinuierlich

Die Bedeutung von Stiftungen als Förderer in den kulturellen, sozialen, ökologischen, wissenschaftlichen und anderen Bereichen nimmt laufend zu. Es gibt bereits über 21.000 rechtsfähige und möglicherweise dreimal so viele unselbständige (Treuhand-) Stiftungen in Deutschland, und täglich kommen zwei neue (rechtsfähige) dazu. Diese und andere Stiftungstypen werden im Kapitel 2.2.9 *Gründen Sie selbst eine Stiftung* näher vorgestellt. Für viele gemeinnützige Organisationen sind Stiftungen ein wichtiger Förderpartner.

Nicht nur Privatleute gründen Stiftungen, sondern auch Verbände, Banken und andere Unternehmen sowie die öffentliche Hand bedienen sich dieser Rechtsform, um die Fördertätigkeit aus dem Alltagsgeschäft heraus zu verlagern. Neben steuerlichen Überlegungen spricht ein weiteres Motiv dafür: In Zeiten, in denen Geld zur Verfügung steht, soll dieses langfristig einem besonderen Zweck gewidmet werden, dem es dann auch dient, wenn die Einnahmen nicht mehr so sprudeln. Manche Stiftung der öffentlichen Hand wurde etwa mit Privatisierungserlösen eines größeren staatlichen Unternehmens errichtet.

Die Mittel der *Offensive Zukunft Bayern* (mit denen finanziert werden: *Kulturfonds, Museum der Phantasie, Villa Concordia, Hochschule International, Umweltfonds, Arbeitsmarkt- und Sozialfonds* und anderes) wurden dagegen nicht in eine Stiftung eingebracht, sondern als Fonds bei der Bayerischen Landesbank angelegt. Mit der Krise der Landesbank bleiben die Erträge dieser Anlagen aus und müssen aus dem Landeshaushalt ersetzt werden. Stiftungen sind da – zumindest in guten Zinsjahren – krisensicherer. In Zeiten niedriger Zinserträge kann es dagegen von Vorteil sein, wenn die Stiftung so konstruiert ist, dass ihr nicht bloßes Geldkapital gewidmet wurde, sondern sie direkt an den Erträgen einer Firma oder an Mieteinnahmen aus Immobilien beteiligt ist. Beispiel: Der *Castringius Kinder- und Jugend-Stiftung* fließen die Erlöse der Castringius-Klinikgruppe zu.

Eine Stiftung benötigt für ihre Fördertätigkeit laufende Erträge

Das Besondere an Stiftungen ist, dass nicht das der Stiftung gewidmete Kapital sondern nur die Erträge (Zinsen, Mieten) dieses Kapitals (plus eventuelle sonstige Einnahmen) für den Stiftungszweck ausgeschüttet werden. Im Prinzip soll das Kapital ewig erhalten bleiben und es gibt tatsächlich Stiftungen aus dem Mittelalter, die heute noch existieren und soziale Arbeit fördern.

Nur Förderstiftungen geben Zuwendungen

Stiftungen gibt es in unterschiedlichen Rechtsformen (Stiftung bürgerlichen Rechts, Stiftung öffentlichen Rechts, Stiftungs GmbH, Stiftungsverein) und mit unterschiedlicher Ausprägung (Bürgerstiftung, Familienstiftung, Unternehmensstiftung). Näheres dazu finden Sie im Kapitel 2.2.9 *Gründen Sie selbst eine Stiftung*. Außerdem wird zwischen operativen Stiftungen (diese verfolgen Ihren Satzungszweck ausschließlich durch eigene Tätigkeiten) und fördernden Stiftungen (diese unterstützen andere Organisationen, um ihren Satzungszweck zu erfüllen) unterschieden. Als Unterstützer kommen zwar nur die letzteren in Frage, doch können operative Stiftungen an einer Kooperation mit Ihrem Projekt interessiert sein. Wichtig ist gegebenenfalls auch die Klärung, ob die Stiftung nur Projekte fördert oder nur Einzelfallhilfen und Stipendien vergibt (oder beides macht).

Nur 25 Prozent der Stiftungen sind für die Förderung wirklich relevant

Die Zahl der Stiftungen hat sich in den letzten 20 Jahren vervierfacht! Nicht umsonst spricht man von einem Stiftungsboom. Diese Entwicklung hat eine positive und eine negative Seite. Grundsätzlich ist es zu begrüßen, dass privates Kapital dem gemeinnützigen Bereich zur Verfügung gestellt wird. Nachdem die Stiftungen in der Regel aber nur die Erträge aus Ihrem Stiftungskapital als Förderung weitergeben dürfen, muss der Kapitalstock entsprechend groß sein. Leider haben aber 75 Prozent der Stiftungen bürgerlichen Rechts in Deutschland ein Stiftungskapital von weniger als einer Million Euro. Bei Kapitalmarktrenditen im unteren einstelligen Bereich ist da die Handlungsfähigkeit stark eingeschränkt. Diese Stiftungen werden meist rein ehrenamtlich, beispielsweise vom Stifter persönlich geführt und haben nur wenig Ressourcen, auch was die Bearbeitung Ihrer Anfrage angeht.

Auf der anderen Seite gibt es zahlreiche Großstiftungen mit einem Vermögen im mehrstelligen Millionen-, oder wie bei der *Robert Bosch-* oder *Volkswagenstiftung* im Milliardenbereich. Diese Stiftungen verfügen über einen umfangreichen Mitarbeiterstab und professionelle Strukturen. Der *Bundesverband Deutscher Stiftungen* hat das jährliche Budget der Förderstiftungen auf weit über drei Milliarden Euro geschätzt.

Stiftungen sind ungleich verteilt

Die meisten Stiftungen werden im regionalen Umfeld des Stifters gegründet und konzentrieren sich auf das örtliche Umfeld. Durch die geografisch unterschiedliche Vermögensverteilung und aus historischen Gründen sind die Stiftungen sehr unterschiedlich verteilt. In der *Hansestadt Hamburg* fanden sich 2014 1.337 Stiftungen, im gesamten *Land Mecklenburg Vorpommern* nur 161. Meist gibt es auch ein deutliches Stadt-Land-Gefälle. Die Stadt *Würzburg* führt dabei die Tabelle der Orte mit den meisten Stiftungen pro Einwohner an.

Was wollen Förderstiftungen?

Die Motive von Stiftern sind sehr unterschiedlich. Nach einer aktuellen Befragung des *Centrums für soziale Investitionen und Innovationen Heidelberg* geben Stiftungen die folgenden Ziele an:

bestehende Einrichtungen zu fördern	71%
der Gesellschaft etwas zurückzugeben	67%
das aufzugreifen, was der Staat nicht mehr leisten kann	63%
denen zu helfen, denen sonst keiner hilft	58%
Talente zu fördern oder Leistungen zu würdigen	53%
Tradition und Kultur zu bewahren	48%
Lösungen für Probleme zu finden und Innovationen voranzutreiben	45%
das Andenken des Stifters zu bewahren	45%
dafür zu sorgen, dass es in Deutschland bzw. in der Welt gerechter zugeht	41%
die kulturelle Vielfalt in Deutschland zu fördern	40%
sozialen und politischen Wandel zu befördern	37%
staatliche bzw. öffentliche Maßnahmen zu unterstützen	34%
neue Einrichtungen aufzubauen	26%
das Familienvermögen oder ein Unternehmen zu schützen	11%
die Trägerschaft und Verwaltung anderer Einrichtungen auszuüben	9%

Diese Motive haben eine direkte Auswirkung auf die Ausgestaltung der Förderung und auf die Auswahl der Förderthemen und Förderzielgruppen. Nach der Statistik des *Bundesverbands Deutscher Stiftungen* verteilt sich das Engagement der Förderstiftungen:

soziale Zwecke	26,1%
Bildung und Erziehung	17,3%
Kunst und Kultur	15,4%
Wissenschaft und Forschung	13,0%
Umweltschutz	5,8%
sonstige gemeinnützige Zwecke	19,7%
privatnützige Zwecke	2,7%

Die meisten Stiftungen fördern regional begrenzt

80 Prozent der fördernden Stiftungen in Deutschland konzentrieren sich auf Aktivitäten im lokalen und regionalen Umfeld, nur neun Prozent sind bundesweit aktiv, sechs Prozent im In- und Ausland und fünf Prozent allein im Ausland. Für die Themenbereiche Wissenschaft, Hochkultur und Entwicklungshilfe können für deutsche Antragsteller auch Förderstiftungen aus der Schweiz, aus anderen europäischen Ländern oder den USA interessant sein. Die US Stiftungen schütten jährlich drei Milliarden US-Dollar für gemeinnützige Zwecke außerhalb den USA aus.

Einteilung von Förderstiftungen in drei Kategorien

Wenn Sie nun nach passenden Förderstiftungen suchen, lässt sich der Stiftungsbereich grob in vier Gruppen einteilen:

A. Stiftungen mit Einzelfallhilfen für in Not Geratene

Gerade bei vielen historischen Stiftungen steht die Unterstützung von „unverschuldet" in Not Geratenen im Fokus. Die *Heilig-Geist-Spital-Stiftung* in Nürnberg aus dem Jahr 1339 unterstützt noch heute bedürftige Menschen im Stadtgebiet. Aber es gibt auch neuere Ableger, wie beispielsweise die *Jürgen Fliege Stiftung*, des bekannten Fernsehmoderators. In der Regel gehen die Mittel ausschließlich in Einzelfallhilfen (beispielsweise neue Haushaltsgeräte, Zuschüsse zu Monatstickets und anderes). Bei der Auswahl der Bedürftigen wird häufig mit sozialen Einrichtungen oder Ämtern kooperiert. Vereinzelt sind solche Stiftungen auch bereit, Nothilfeprojekte zu unterstützen, zum Beispiel Aktionen wie „Ein gesundes Frühstück für bedürftige Kinder".

B. Lokal und regional ausgerichtete Klein- und Mittelstiftungen

Viele Stifter möchten die eigene Heimatregion unterstützen. Das bezieht sich dann auf einen Landkreis, eine Gemeinde oder manchmal sogar auf einen einzelnen Stadtteil. Die geförderten Themen und Zielgruppen sind dabei häufig relativ weit gefasst, wichtig ist vor allem die sichtbare Wirkung vor Ort. Die Strukturen diese Stiftungen werden meist rein ehrenamtlich getragen und haben nicht selten auch keine Internetpräsenz. Die Auswahl der Förderprojekte erfolgt meist aufgrund persönlicher Kontakte oder Empfehlungen. Nur selten gibt es Antragsformulare.

Die Fördersummen sind häufig sehr überschaubar und liegen bei ein paar hundert oder tausend Euro. Aber es gibt auch Ausnahmen: Die *Theo und Friedl Schöller-Stiftung* (die Unternehmensgründer der gleichnamigen Eismarke) in Nürnberg hat zwar keine Internetseite, wer aber die Nürnberger Nachrichten aufmerksam liest, weiß, dass die Stiftung einer der wichtigsten Mäzene im Wissenschafts- und Kulturbereich der Stadt ist.

C. Programmstiftungen mit regionalem oder nationalem/internationalen Fokus

Programmstiftungen wollen oft Impulse setzen und dazu Innovatives und Beispielhaftes unterstützen. Dazu konzentrieren sie sich häufig auf spezielle Themen oder Zielgruppen. Die *Software AG Stiftung* unterstützt zum Beispiel Kindergärten nur, wenn sie eine reformpädagogische Ausrichtung haben, die *Liz Mohn Kultur- und Musikstiftung* konzentriert Ihre Förderung auf den Opernnachwuchs und innovative Musikprojekte für Kinder. Nehmen Sie alle – aber insbesondere solche – Stiftungen als fachlich kompetente Dialogpartner ernst.

Wer Programmstiftungen nur nutzen will, weil öffentliche Zuschüsse ausgefallen sind, wird wenig Erfolg bei ihnen haben. Dauerhafte Förderung von Regelaufgaben ist nicht im Interesse dieser Stiftungen, weil sie der öffentlichen Hand oder den Sozialversicherungen keinen Vorwand liefern möchten, sich in Zukunft noch weiter zurückzuziehen.

Programmstiftungen haben klar definierte Ziele, welche sich in konkreten Förderschwerpunkten und Ausschreibungen niederschlagen. Nur wenn Ihr Vorhaben zu diesen Vorgaben passt, haben Sie eine Chance auf Förderung. Auf der anderen Seite kann der Zuschuss hier mehrstellige Tausend Euro erreichen.

Die Suche nach der passenden Förderstiftung

Bevor Sie sich auf die Suche machen können, sollten Sie unbedingt erst das Konzept für Ihr Vorhaben zusammenstellen. Blättern Sie dazu zurück zum Kapitel 3.1.2 *In fünf Schritten zur Förderung: Konzeption, Recherche, Antragstellung, Vereinbarung und Umsetzung*) und gehen Sie möglichst genau so vor, wie dort beschrieben.

— **Buchtipp** —————————————————————

Studieren Sie auch den Ratgeber **Stiftungen nutzen, Stiftungen gründen"** in dieser Reihe. Er bietet Erfahrungsberichte, Tipps, Anleitung zu Förderanträgen und eine umfangreiche Adressen-, Literatur- und Datenbankliste. Mit Beiträgen von Peter Lindlacher, Alexander Gregory, Rupert Graf Strachwitz, Katharina Knäusl, Cornelia Kammerbauer, Ulrich Schmetz, Philipp Hof, Oliver Paxmann, Nikolaus Turner, Christoph Mecking, Volker Then, Diethelm Damm, Stephanie Rüth, Dieter Schöffmann u.a., AG SPAK Bücher, ISBN 978-3-930830-27-5, **www.agspak-buecher.de**

Zunächst in der eigenen Region suchen

Weiter oben rieten wir Ihnen, die zu Ihrem Vorhaben passende Stiftung zunächst in der eigenen Region zu suchen, weil die meisten Stiftungen nur örtlich oder regional begrenzt fördern. Wenn Sie sich an solche Stiftungen wenden, haben Sie größere Chancen als bei den überregional tätigen. Auch die Zeitungen berichten eher über die Aktivitäten örtlicher Stiftungen. Sammeln Sie diese Informationen kontinuierlich.

Fragen Sie bei Ihrer Gemeinde, Stadt, Ihrem Landkreis und Regierungsbezirk nach. Allen mittleren und größeren Kommunen wurden Stiftungen zur Verwaltung überlassen. In *München* sind zum Beispiel derzeit fast 200 Stiftungen mit unterschiedlichen sozialen Zweckbindungen (Kinder, Waisen, Alte, Kranke, Behinderte, Obdachlose, Alleinerziehende, Ehrenamtliche und andere Zwecke) in städtischer Verwaltung. Das Stiftungsvermögen beträgt fast 500 Millionen Euro. Neben der Förderung von sozialen Einrichtungen wie Alten- und Kinderheimen steht die Förderung von Einzelpersonen in besonderer Not im Vordergrund. Die Städte treten auch als Stifter auf oder veranlassen die ihnen gehörenden Unternehmen, Stiftungen zu gründen. So errichteten auf Wunsch der Stadt die Stadtwerke München mit einem Kapital von 20 Mio. die *SWM Bildungsstiftung* „Chancen ermöglichen – Erfolge erleben", die gezielt junge Menschen fördert.

Stiftungsrecherche in Datenbanken

Inzwischen gibt es mehrere, zum Teil gut ausgebaute Datenbanken, in denen Sie über Schlagworte nach für Ihr Anliegen geeigneten Stiftungen suchen können.

Suche nach deutschen Stiftungen regional:

Fast alle Bundesländer haben Stiftungsverzeichnisse, die im Internet – in der Regel über die Seiten der Innen- oder Justizministerien gesucht werden können. In einigen Ländern werden die Verzeichnisse bei den jeweiligen Bezirken oder Regierungspräsidien geführt. Achtung: Die hier angegebenen Adressen können sich im Laufe der Zeit wieder ändern!

- Baden-Württemberg: Verzeichnisse führen die vier Regierungspräsidien: **www.stiftungsverzeichnis-bw.de/stuttgart**; **www.stiftungsverzeichnis-bw.de/tuebingen**; **www.stiftungsverzeichnis-bw.de/freiburg**; **www.stiftungsverzeichnis-bw.de/karlsruhe**
- Bayern: **www.stiftungen.bayern.de** (mit Filter- und Freitextsuche; über „Hinweise" findet man dort auch das Verzeichnis der evangelisch-lutherischen Stiftungen in Bayern)
- Berlin: **www.berlin.de/sen/justiz/struktur/a2_stiftung_idx.html** (dort Download des Verzeichnisses der rechtsfähigen Stiftungen bürgerlichen Rechts mit Sitz in Berlin)
- Bremen: **www.inneres.bremen.de/sixcms/media.php/13/2014-12-31-Stiftungsverzeichnis.pdf** (Senator für Inneres, Kultur und Sport/Bürger und Staat)
- Brandenburg: **www.mi.brandenburg.de** (Verzeichnisse der privat-rechtlichen und öffentlich-rechtlichen Stiftungen)
- Hamburg: **www.gateway.hamburg.de/hamburggateway/fvp/fv/Justiz/Stiftungsdatenbank/?sid=55**
- Hessen: **www.stiftung-hessen.de/dynasite.cfm?dsmid=10012**
- Mecklenburg-Vorpommern: Info über Innenministerium **www.mv-regierung.de/im**
- Niedersachsen: Über die Seite des Innenministeriums können die Stiftungsverzeichnisse der Bezirke gesucht und heruntergeladen werden: **www.mi.niedersachsen.de/portal//search.php?_psmand=33&q=stiftungsverzeichnis&searchMode=0&searchType=0**
- Nordrhein-Westfalen: **www.mik.nrw.de/stiftungsverzeichnis-fuer-das-land-nrw/stiftungen-suchen.html**
- Rheinland-Pfalz: **www.addinter.service24.rlp.de/cgi-bin-inter/stiftung1.mbr/start** oder: **www.add.rlp.de**, Pfad: „Stiftungen", „Stiftungsverzeichnis"
- Saarland: **www.saarland.de/dokumente/res_innen/AKTUELLES_VERZEICHNIS_Stand_11_02_2015.pdf** oder **www.innen.saarland.de**, Pfad: „Stiftungsrecht"
- Sachsen: **www.lds.sachsen.de/kommunal21/index.asp?ID=104&art_param=12&reduce=0&search=stiftungsverzeichnis**, oder **www.rp-dresden.de**, Pfad: „Stiftungsverzeichnis"
- Sachsen-Anhalt: **www.mi.sachsen-anhalt.de/themen/stiftungen/stiftungsverzeichnis/?&q=stiftungsverzeichnis**
- Schleswig-Holstein: **www.schleswig-holstein.de/MIB/DE/Service/Stiftungen/stiftungsverzeichnis__blob=publicationFile.pdf**
- Thüringen: **www.thueringen.de/th3/tlvwa/anwendungen/stiftungsverzeichnis/index.aspx**

Suche nach deutschen Stiftungen überregional:

- **www.stiftungsindex.de** (Stiftungsverzeichnis des Bundesverbands Deutscher Stiftungen)
- **www.stiftungsdatenbank.info** oder **www.maecenata.eu/stiftungsdatenbank/** (Stiftungsverzeichnis des Maecenata Instituts in Kooperation mit der Zeitschrift DIE STIFTUNG)
- **www.stifterverband.info/stiftungen_und_stifter/stiftungen_suche/index.html** (Verzeichnis der im Stifterverband für die deutsche Wissenschaft verwalteten Stiftungen. Dazu gehören auch die früher von der Maecenata Stiftungsverwaltung betreuten Stiftungen)
- **www.genios.de** (kostenpflichtiger Wirtschafts-Auskunftdienst)
- **www.kulturfoerderung.org** (Pfad „Stiftungen")
- **www.miz.org** (Musik-Förder-Stiftungen und -Organisationen)
- **www.die-deutschen-buergerstiftungen.de**

Suche nach Stiftungen in Europa:

- **www.fundersonline.com**

Suche nach Stiftungen in den USA:

- **www.foundationcenter.org** (Der Bundesverband deutscher Stiftungen bietet als Netzwerkpartner des Foundation Centers die kostenfreie Möglichkeit zur Recherche nach Stiftungen, Stiftern und Förderungen US-amerikanischer Stiftungen: Mo bis Fr 10-15 Uhr, Mauerstraße 93, 10117 Berlin, Anmeldung: Tel. 030-897947-29)

Suche nach Stiftungen weltweit:

- **www.fundsnetservices.com**

Informieren Sie sich auch über Netzwerke, wie dem der deutschen Fußballstiftungen **www.fussball-stiftet-zukunft.de**, die jährlich über zwölf Millionen Euro ausschütten. Siehe auch das Kapitel *Literatur, Datenbanken, Diskussionsforen*.

Die Recherche von Stiftungen ist meist sehr aufwendig. Sie müssen nicht nur herausfinden, ob eine Stiftung in Bezug auf ihren Satzungszweck zu Ihrem Vorhaben passt, sondern auch in Bezug auf ihre gerade aktuellen Tätigkeitsschwerpunkte und Zielgruppen und ob die Stiftung überhaupt relevante Fördersummen ausschüttet. Leider sind diese Informationen in den gängigen Stiftungsdatenbanken meist nicht vorhanden und müssen aufwändig recherchiert werden.

— **Tipp: Recherche in zwei Schritten** ──────────────────

- Zuerst eine Grobrecherche in den Datenbanken, um zu sehen ob der Satzungszweck und die Förderregion übereinstimmen.
- Als zweiten Schritt Recherche auf den Internetseiten der Stiftung (hier insbesondere im Bereich Jahresberichte und geförderte Projekte) und über eine allgemeine Suchmaschine, um herauszufinden ob sich eine Kontaktaufnahme wirklich lohnt.

Besonderheiten bei der Zusammenarbeit mit Stiftungen

Für die Antragstellung und weitere Zusammenarbeit mit Stiftungen nutzen Sie bitte das Kapitel: 3.1.2 *In fünf Schritten zur Förderung: Konzeption, Recherche, Antragstellung, Vereinbarung und Umsetzung*, insbesondere die Checklisten. Die Förderung durch Stiftungen unterscheidet sich nicht dramatisch der von anderen Förderquellen. Es gibt allerdings einige Besonderheiten.

Schlanke Prozesse sollen die Konzentration auf das wesentliche erleichtern

Im Vergleich zu vielen öffentlichen Förderprogrammen, mit vielseitigen Formularen und Fördervorschriften, versuchen die meisten Stiftungen, ihre Prozesse schlank zu halten. Bei der *Robert Bosch Stiftung* ist es beispielsweise verpflichtend, auf einem zweiseitigen Formular eine Voranfrage zu stellen. Innerhalb von wenigen Wochen erhält man eine Rückmeldung, ob der Förderer tatsächlich das vorgeschlagene Thema für passend hält. Erst dann werden Sie dazu eingeladen, den eigentlichen Förderantrag zu stellen. Auch wenn die Formalitäten nicht so im Vordergrund stehen, sind die Programmstiftungen sehr anspruchsvoll, was die inhaltlichen Kriterien angeht. Hier müssen Sie stichhaltige Argumente liefern, um sich gegen einen häufig starken Wettbewerb durchsetzen zu können.

Persönliche Beziehungspflege erhöht die Förderchancen

Im Gegensatz zu großen öffentlichen Förderprogrammen, bei denen man die Sachbearbeiter und Entscheider häufig nicht kennt, sind die Strukturen der Stiftungen meist viel übersichtlicher. Nutzen Sie diese Möglichkeit, um eine persönliche Beziehung zu den dortigen Ansprechpartnern aufzubauen. Das bedeutet, dass Sie anstatt einem Brief zu schreiben, erst einmal versuchen, telefonisch oder persönlich einen Kontakt aufzubauen, um sich und Ihre Organisation vorzustellen. Versuchen Sie herauszufinden, ob es über Ihr Netzwerk bereits Beziehungen zur Stiftung gibt. Eine persönliche Empfehlung kann hier viele Türen öffnen.

Bereiten Sie sich auf ein solches Gespräch gut vor. Sie sollten wissen, welche Aktivitäten die Stiftung in der Vergangenheit unterstützt hat und welche Ziele sie

Die Kulturstiftung der Stadtsparkasse München ermöglichte vier Wochen lang das Projekt „U-Bahn-Orgel" der Künstler J. Brunner und R. Ritz. Sie verwandelten die U-Bahnschächte in öffentliche Konzerthallen: Die einfahrenden U-Bahnen aktivierten durch ihren Luftzug vier Mal 84 Klangröhren und erzeugten auf diese Weise wundersame Klänge. www.sskm.de.

verfolgt. Versuchen Sie, im Gespräch heraus zu bekommen, ob die Stiftung ein hohes Interesse an Fachfragen und der Qualität der Konzepte hat oder ob es ihr mehr um die optimale Öffentlichkeitswirkung (oder beides) geht. So können Sie dann ein passgenaues Angebot machen.

Wenn Sie dann tatsächlich gefördert werden, sollten Sie die Beziehungspflege fortsetzen. Viele Stiftungen arbeiten mit der Zeit mit festen Partnern zusammen, mit denen sie gute Erfahrungen gemacht haben. Am Ende geht es Ihnen hoffentlich wie einem unserer Kunden, bei dem sich eine Stiftung gemeldet hat, die ihr übriges Förderbudget gerne in eines seiner Projekte investieren wollte.

Checkliste 76: Kontaktpflege zu Förderstiftungen

Recherche und Kontaktaufbau	– Haben wir schon Kontakte zu einer Stiftung, bei der wir erneut einen Antrag stellen können? Oder kann uns diese Stiftung einen Hinweis auf andere Fördermöglichkeiten geben? – Welche Stiftungsförderung haben Organisationen, die in einem ähnlichen Bereich arbeiten? Bei welchen Wettbewerben / Stiftungen bewerben sie sich? – Wer investiert die Zeit und recherchiert im Internet nach der passenden Stiftung? – Haben wir ein Zeitungs- und Kontaktarchiv über regionale Stiftungen? Besuchen wir regelmäßig Veranstaltungen, bei denen wir Kontakt zu Stiftungsvertretern auf- und ausbauen können?
Kontaktpflege	– Gibt es Events, Veranstaltungen etc., zu denen wir die Stiftung einladen können und im Anschluss informieren? Nehmen wir die Stiftung in einen Verteiler auf? – Wer lässt der Stiftung Pressemitteilungen, Fernsehberichte etc., in denen die Förderung erwähnt wird, zukommen? – Auf welchen Materialien der Öffentlichkeitsarbeit können wir das Logo der Stiftung abbilden? Ist die Größe der Abbildung in Relation zu der anderer Förderer-Logos? – Welche Rolle (Grußwort oder Ansprache beim Event, Schirmherr, Jury- oder Kuratoriumsmitglied) können wir dem Stifter oder einem Vertreter der Stiftung anbieten?

Stiftungen als Kofinanzierer

Stiftungen fördern Sie nie zu 100 Prozent. Vielmehr gehen sie davon aus, dass Sie Eigenmittel und weitere Zuwendungen für ein Vorhaben einbringen. Bei großen Programmstiftungen sind Förderquoten von 50 bis 80 Prozent möglich. Gerade kleinere Stiftungen weisen aber darauf hin, dass sie sich eher in der Rolle eines Mitfinanzierers sehen und sich bewusst sind, dass sie nur einen kleinen Kostenanteil tragen können.

— Tipp: Nennen Sie immer bereits gewonnene Förderer ————————————

Für viele Vorhaben muss man mehrere Stiftungen oder sonstige Förderquellen parallel anfragen, um die notwendigen Größenordnungen zu erreichen. Wenn Sie bereits erste Förderzusagen vorliegen haben, sollten Sie diese Information in den nachfolgenden Anträgen auf jeden Fall nennen. Dass eine andere Förderinstitution Ihr Vorhaben für förderwürdig hält, ist eine Auszeichnung und vermindert die Unsicherheit bei den Entscheidern.

Stiftungen sind Partner

Suchen Sie grundsätzlich in Stiftungen Partner für Ihre Projekte, nicht nur Zuschussgeber. Sie können von Stiftungen viel mehr bekommen als nur Geld. Stiftungen können Sie über Jahre begleiten, Sie beraten, Ihnen Türen (auch zu anderen Förderern) öffnen und Ihnen in vielfältiger Weise helfen, Ihre Ziele zu erreichen.

Fördererkonferenz

Anne Stalfort schlägt in ihrem Beitrag zum Buch *Stiftungen nutzen – Stiftungen gründen* (AG SPAK-Verlag) für besonders große Projektvorhaben vor, „dass Ihr größter und/oder prominentester Förderer andere Förderinstitutionen an einen runden Tisch/zu einer Fördererkonferenz einlädt, um gemeinsam die finanzielle Zukunft Ihres guten und wichtigsten Projekts zu sichern".

Wichtige Stiftungsbereiche im Überblick

Die zehn größten Förderstiftungen in Deutschland

Die zehn größten Förderstiftungen in Deutschland gaben 2013 knapp 570 Millionen Euro aus. Sie sind als Programmstiftungen ausgerichtet. Hier eine Übersicht über die Schwerpunkte:

Name	Förderschwerpunkt	Gesamtausgaben/ Auszahlungen
Volkswagen Stiftung	Wissenschaft und Forschung in Niedersachsen, deutschland- und weltweit	165,5 Mio. Euro
Robert Bosch Stiftung	Gesundheit, Völkerverständigung, Gesellschaft, Bildung, Kultur und Wissenschaft in Deutschland und weltweit	99,1 Mio. Euro
Deutsche Bundesstiftung Umwelt	Umwelttechnik, Umweltforschung/ Naturschutz und Umweltkommunikation in Deutschland und Europa.	50,9 Mio. Euro
Baden-Württemberg Stiftung	Forschung, Bildung, gesellschaftlicher Wandel, Kultur und soziale Verantwortung in Baden-Württemberg	49,3 Mio. Euro
Stiftung Mercator	Europa, Integration, Klimawandel und kulturelle Bildung im Ruhrgebiet, deutschland- und weltweit	44,5 Mio. Euro
Dietmar-Hopp-Stiftung	Sport, Medizin, Soziales und Bildung in der Metropolregion Rhein-Neckar	42,0 Mio. Euro
Deutsche Stiftung Denkmalschutz	Denkmalschutzprojekte deutschlandweit	34,3 Mio. Euro
Klaus Tschira Stiftung	Naturwissenschaft, Mathematik und Informatik in Bildung, Forschung und Wissenschaftskommunikation deutschlandweit	32,6 Mio. Euro
Software AG Stiftung	Erziehung und Bildung, Kinder- und Jugendhilfe, Behindertenhilfe, Altenhilfe, Naturhilfe und Wissenschaftsförderung in Deutschland und weltweit	25,6 Mio. Euro
Else Kröner Fresenius Stiftung	Medizinische Forschung in Deutschland und medizinisch-humanitäre Hilfsprojekte im Ausland	21,1 Mio. Euro

Sparkassenstiftungen

Sparkassen sind Anstalten des öffentlichen Rechts. Ursprünglich wurden sie gegründet als Alternative zu den Großbanken, also als die Kassen der kleinen Leute. Sie unterliegen deshalb, anders als die privatwirtschaftlichen Kreditinstitute, gesetzlichen und satzungsrechtlichen Beschränkungen, die dazu führen, dass sie einen nicht unerheblichen Teil des erwirtschafteten Gewinnes gemeinwohlorientierten Zwecken zuführen.

Zurzeit gibt es über 600 Sparkassen in Deutschland, die fast 700 Stiftungen unterhalten. Besonderes Merkmal der Sparkassenstiftungen ist, dass sie sich ausschließlich regional betätigen, das heißt, nur Antragsteller aus dem Aktionsbereich der jeweiligen Bank oder Sparkasse werden gefördert. Ergänzend gibt es Stiftungen der Sparkassengruppe auf Landesebene (beispielsweise **www.bayerische-sparkassenstiftung.de**) und der jeweiligen Landesbanken. In den 50er und 60er Jahren hatten sie vor allem die Förderung von Wohnraum für breite Bevölkerungsschichten zum Ziel; in den 70er Jahren wurde die Jugendpflege, der Sport und die Förderung von Wissenschaft und Forschung zu einem Schwerpunkt. In den 80er Jahren wurden die Zweckbestimmungen erweitert in Richtung Natur- und Umweltschutz, Heimatpflege und Pflege von Kulturdenkmälern. Der jüngste Trend zielt vor allem auf die Kunst- und Kulturförderung aber auch auf eine Ausweitung der Sozial-Förderung **www.sparkassenstiftungen.de**.

Stiftungsverwalter

Zahlreiche Banken fördern nicht nur mit eigenen Stiftungen, sondern verwalten vor allem kleinere Stiftungen von Kunden. Insofern lohnt es sich, dort nachzufragen. Andere Stiftungen werden von Kommunen, Kirchengemeinden, Notaren oder Rechtsanwälten verwaltet. Über 1.600 kleinere und Treuhand-Stiftungen verwaltete das *Haus des Stiftens*, München **www.haus-des-stiftens.org** 2015. Jeden Monat kommen 2-3 neue dazu. Das DSZ – *Deutsche Stiftungszentrum im Stifterverband für die Deutsche Wissenschaft*, Essen **www.stifterverband.info** verwaltet größere Stiftungen insbesondere im Bereich der Wissenschaftsförderung. Das DSZ verwaltet inzwischen auch die früher von der der *Maecenata Management* verwalteten Stiftungen – darunter zum Beispiel die bekannte *Stiftung Fliege*.

Bürgerstiftungen

In fast allen Städten, Landkreisen und Regionen wurden Bürgerstiftungen gegründet. Das sind unabhängige, autonom handelnde, gemeinnützige Stiftungen von Bürgern für Bürger mit einem breiten Stiftungszweck. Sie engagieren sich nachhaltig und dauerhaft für das Gemeinwesen

an ihrem Ort oder in ihrer Region. Sie bauen kontinuierlich Stiftungskapital auf, indem sie den Bürgern die Möglichkeit geben, auch kleinere Summen zu stiften.

Darüber hinaus sammeln sie auch Spenden und starten mit der Hilfe der bei ihnen engagierten Freiwilligen viele eigene Sozial- und Kultur-Projekte. Die interne Arbeit der Bürgerstiftung wird durch partizipatorische Elemente ergänzt: Wer einen bestimmten Mindestbeitrag zugewendet hat, hat Sitz und Stimme in einem Organ (vergleichbar der Mitgliederversammlung eines Vereins), das Mitspracherechte hat. Obwohl die Bürgerstiftungen ihre Mittel überwiegend für eigene Projekte verwenden, ist die örtliche Bürgerstiftung dennoch eine wichtige Förderadresse und ein möglicher Kooperationspartner für Vereine, Projekte und gemeinnützige Einrichtungen **www.buergerstiftungen.de, www.aktive-buergerschaft.de/buergerstiftungen.**

Politische Stiftungen auf Bundes und Landesebene

Politische Stiftungen sind parteinah und erhalten teils erhebliche staatliche Fördermittel. Sie haben bei einer eventuellen Kooperation mit Ihrem Projekt Mit-Finanzierungs- und Werbemöglichkeiten für die Honorare und Fahrtkosten der Referenten bei Vortragsveranstaltungen, Tages- und Wochenendseminaren sowie bei Publikationen. Darüber hinaus haben sie Räume, Tagungszentren, Förderwerke, Stiftungen für Stipendiaten und Begabtenförderung sowie Entwicklungsprojekte in anderen Kontinenten. Alle haben eigene Veranstaltungs- und Publikationsprogramme und (in allen Bundesländern) jeweils regionale Stiftungen und Akademien mit eigenen Etats. Im Folgenden werden nur die überregionalen Einrichtungen der politischen Stiftungen genannt, obwohl die zahlreichen entsprechenden politischen Stiftungen auf Länderebene oft die naheliegenderen Kooperationspartner sind:

Konrad Adenauer Stiftung (KAS)

CDU-nah **www.kas.de**. Die KAS hat eine Akademie, zwei Bildungszentren und 21 Bildungswerke.

Friedrich Ebert Stiftung (FES)

SPD-nah **www.fes.de**. Die *FES* unterhält eine Akademie der politischen Bildung, eine Akademie für Management und Politik, eine Journalistenakademie und eine OnlineAkademie **www.fes-online-akademie.de**. In der *FES* gibt es fünf weitere, unselbständige Stiftungen:
- *Ernst Strassmann Stiftung* (vergibt Stipendien für die Fächer Kunst, Musik und Sozialwissenschaften)
- *Erich Brost Stiftung* (fördert Völkerverständigung und Friedenssicherung, wissenschaftliche Arbeiten, den interkulturellen Dialog und internationale Begegnungen vor allem in Bezug auf Mittel- und Osteuropa)
- *Henry und Frieda Jacoby Stiftung* (Themen: Sozialstaat, Verwaltung, Bürokratie- und Verwaltungsabläufe)
- *Hans und Traute Matthöfer Stiftung* (Themen: Arbeiterbildung, Humanisierung der Arbeitswelt, Gewerkschaften, Forschung und Technologie, Zukunft des Sozialstaates)
- *Franziska und Otto Bennemann Stiftung* (Themen: Internetgesellschaft, Fremdenfeindlichkeit, islamisches Leben in Deutschland, Grundwerte).

Heinrich-Böll-Stiftung (HBS)

GRÜNEN-nah **www.boell.de**. Die *HBS* hat ein Feministisches Institut und eine Grüne Akademie.

Friedrich Naumann Stiftung (FNS)

FDP-nah **www.fnst.de**. Die *FNS* hat die Theodor-Heuss-Akademie und die **www.virtuelle-akademie-fnst.org**.

Rosa Luxemburg Stiftung (RLS)

PDS-nah **www.rosaluxemburgstiftung.de**. Vergibt Projektförderungen. Die *RLS* hat ein Projekt Alternative Hochschule.

Sonstige Förderstiftungen

Eine Auflistung der vielen tausend Förderstiftungen macht in diesem Band keinen Sinn. Sie sind über die oben im Abschnitt *Suche nach Förderstiftungen* und unten im Kapitel *Literatur, Datenbanken, Diskussionsforen* sowie in den vielen weiteren im Ratgeber *Stiftungen nutzen, Stiftungen gründen* in dieser Reihe **www.agspak-buecher.de** dargestellten Handbüchern und Datenbanken recherchierbar.

3.3.4 Investoren und Crowdfunding

Kai Fischer / Torsten Schmotz

- Klassische Investitionspartner – nicht ohne Rendite
- Soziale Investoren wollen mehr als Rendite
- Crowdfunding – Finanzierung durch Viele

Klassische Investitionspartner – nicht ohne Rendite

Auch mit gemeinnützigen Aktivitäten lassen sich Gewinne erzielen. Es ist ein weitverbreiteter Irrtum, dass gemeinnützige Organisationen keinen Gewinn machen dürfen. Die Vorgabe ist vielmehr, dass Gewinne nicht ausgezahlt werden dürfen, sondern in der Organisation verbleiben, um satzungsgemäß verwendet zu werden. Das rasante Wachstum, welches viele große Träger der Sozialwirtschaft in den letzten Jahren und Jahrzehnten verzeichnen konnten, wäre ohne beträchtliche Überschüsse aus einzelnen Tätigkeitsbereichen nicht möglich gewesen. Diese Entwicklung hat das Interesse von Investoren geweckt.

So können sich Gemeinnützige auch über stille Beteiligungen, Nachrangdarlehen und Ausgabe von Genussscheinen finanzieren. Das muss nicht die Gemeinnützigkeit gefährden, solange nur Zinsen bezahlt, aber keine Gewinnbeteiligungen vereinbart werden. Verbreitet sind auch Investor-Betreiber-Modelle – etwa die Finanzierung von Gebäuden und Anlagen im Sozialbereich und der anschließende Betrieb durch einen Wohlfahrtsträger. Investoren können dabei geschlossene Immobilienfonds sein, die von privaten Anlegern, Versicherungen, Pensionskassen oder Bauunternehmern gezeichnet werden.

Angesichts niedriger Zinsen am Kapitalmarkt und der hohen verfügbaren Kapitalmengen suchen Investoren nach Anlagemöglichkeiten. Der Gesundheits- und Sozialbereich ist mit seinen etablierten und langfristig orientierten Geschäftsmodellen dabei in den Fokus geraten. Schon seit einigen Jahren erhalten Betreiber von großen Sozialimmobilien, wie beispielsweise Altenheime, regelmäßig Angebote von Immobilienfonds, welche Interesse am Erwerb der Einrichtungen haben und diese an den Betreiber zurückvermieten möchten.

Vor zu großer Abhängigkeit in Acht nehmen

Auch für Neubauprojekte ist es nicht allzu schwer, einen Investitionspartner für die Baumaßnahmen zu finden. Wenn man kein eigenes Kapital einsetzen muss, entlastet dies natürlich das eigene Budget und erhöht die Flexibilität und die Wachstumsgeschwindigkeit. Sie müssen bei der Vertragsgestaltung nur darauf achten, dass Sie Ihren gemeinnützigen Status nicht in Gefahr bringen. Dazu gibt es aber genügend funktionierende Beispiele. Größer ist die Gefahr der Abhängigkeit. Der Investor hat naturgemäß ein Interesse, seine Einnahmen zu maximieren, was zu erhöhten Kosten beim Betreiber führen kann. Bedenken Sie, wie lange die Mieten fest geschrieben werden, und mit welchen Mietsteigerungen zu rechnen ist. Wie schnell ist es möglich, dass Sie als Betreiber gegen einen Wettbewerber ausgetauscht werden?

Auch Gemeinnützige können also, wie die gewerbliche Wirtschaft, Instrumente des Kapitalmarktes nutzen. Ihre soziale Zielsetzung müssen Sie dazu nicht aufgeben. Aber sie müssen Rendite-Hoffnungen ihrer Partner erfüllen und sich auch sonst wie Unternehmen organisieren. Für überzeugende Konzepte ist auf dem institutionellen wie auf dem privaten Anlegermarkt genügend Kapital vorhanden, das nach Anlagen sucht.

Investition durch Bewohner

Im Bereich des betreuten Wohnens bieten manche Anbieter aktuellen und zukünftigen Bewohnern die Möglichkeit, eine Wohnung käuflich zu erwerben und sich damit ein bevorzugtes Wohnrecht zu erwerben. Auch solche Modelle entlasten das eigene Budget und sichern möglicherweise eine langfristige Auslastung. Bei der praktischen Umsetzung sind allerdings zahlreiche rechtliche und betriebswirtschaftliche Fallstricke zu vermeiden.

Soziale Investoren wollen mehr als Rendite

Soziale Investmentfonds sprechen philanthropisch orientierte Anleger an. Die *Prognos AG* hat ermittelt, dass ein Drittel der Bevölkerung bereit ist, Geld mit einer unterdurchschnittlichen Rendite in bürgerschaftliche Unternehmungen zu investieren und zwar über die bisher schon bestehende Spendenbereitschaft hinaus. Beispiel: Eine Mischung aus Schenkung und Beteiligung stellen die Landwirtschaftsfonds dar, mit denen die *GLS Bank* und die mit ihr kooperierende *Gemeinnützige Treuhandstelle e.V.* mehr als dreißig Projekte der ökologischen Landwirtschaft mit insgesamt 2,4 Millionen Euro finanzierte. Die privaten Fondszeichner erhalten als Ertrag ein Bezugsrecht auf ökologisch angebaute Lebensmittel. Die Fonds müssen nicht getilgt werden. Beim Tode des Zeichners erlischt die Fondsbeteiligung zugunsten der gemeinnützigen Träger der Höfe (automatischer Schuldenerlass). Inzwischen haben auch andere Ökoprojekte solche Fonds aufgelegt.

Anleger bei einem Microfinanz-Fonds **www.visionmicrofinance.com**, **www. responsibility.com** und andere) ermöglichen Entwicklungspolitik durch ein marktwirtschaftliches Modell. Reiche und Arme stehen in gleichwertigen Geschäftsbeziehungen zueinander. Der Nutzen ist dabei doppelt: Auswege aus der Armut und Renditen für Investoren.

Risikokapital-Fonds für soziale Unternehmen

Unter dem Begriff Social Venture Capital hat sich in den letzten Jahren eine neue Form des sozialen Investments etabliert. Hier werden gemeinwohlorientierte Unternehmen gefördert, welche ein funktionierendes Geschäftsmodell aufbauen möchten und überdurchschnittliche Wachstumsraten erwarten lassen. Risikokapital- (Venture Capital-)Fonds engagieren sich mit ihrem Kapital in startenden oder expandierenden Unternehmen ohne die üblichen Sicherheiten, weil sie von deren Businesskonzept überzeugt sind. *Bonventure* **www. bonventure.de** ist so ein Risikokapital-Fonds, der soziale und ökologische Ziele verfolgt. Dahinter stehen einige sozial verantwortliche Unternehmerfamilien. Im Gegensatz zum traditionellen Stiftungs- und Spendenwesen geht es *Bonventure* darum, dass die unterstützten (gemeinwohlorientierten) Projekte in der Lage sind, sich langfristig finanzieren. Die Investitionssumme liegt zwischen 200.000 und 1.000.000 Euro. Die Investitionen werden verzinst und sollen zurückgezahlt werden, um wieder für andere Investitionen zur Verfügung zu stehen. Vergleichbar ist der *ANANDA Social Venture Fund*.

Crowdfunding – Finanzierung durch Viele

Mit Hilfe von Crowdfunding gelingt es Organisationen (mehrheitlich aus dem Kultur-Bereich), neue Projekte zu finanzieren. Beim Crowdfunding geht es in erster Linie um Investitionen. Es wird also Kapital gesammelt, um etwas Neues zu ermöglichen. Damit handelt es sich um Kapital-Kampagnen im Internet, die in der Regel auf viele Investoren mit eher geringen Investments setzt. Hierdurch verändert sich die Kommunikation, wodurch sich Crowdfunding von anderen Formen des Online-Fundraisings unterscheidet.

Crowdfunding-Kampagnen können in Deutschland heute schon erhebliche Mittel einwerben. Dem Projekt *Krautreporter* **www.krautreporter.de** gelang es, innerhalb von zwei Monaten von mehr als 15.000 Menschen 60 Euro zu erhalten, um ein neues Format des Online-Journalismus zu entwickeln und zu erproben. Es gilt die Regel: Alles oder Nichts. Da es sich um Investments handelt, können diese nur erfolgreich umgesetzt werden, wenn das benötigte Kapital auch vollständig aufgebracht wird. Ist Ihr Crowdfunding wider Erwarten nicht erfolgreich (das passiert leider bei mehr als der Hälfte aller Projekte) erhalten die Investoren ihren zugesagten Einsatz zurück. Sie bekommen nichts, hatten aber die Arbeit.

Auch beim (erfolgreichen) Crowdfunding sollten Sie eine Geschichte und Ihre Motivation in den Vordergrund stellen. Und einige der Crowdfunding-Plattformen, auf denen Sie Ihre Kampagne einstellen können, schreiben auch eine Mindestanzahl von Fans im Vorfeld vor. Das hat den Vorteil, dass vor der eigentlichen Finanzierungsphase die Erfolgsaussichten schon klarer werden. Vielfach wird im Crowdfunding mit Gegenleistungen gearbeitet. Investoren erhalten ein Produkt oder eine Leistung, die mit Hilfe Ihres Investments erstellt wurde.

— Tipp: Achtung Steuerfalle —————————————————————

Sobald beim Crowdfunding für die Mitfinanzierung eine Gegenleistung angeboten wird, handelt es sich rechtlich nicht mehr um eine Spende. Es darf keine Spendenbescheinigung ausgestellt werden und Sie müssen für die Einnahmen oberhalb der Kleinunternehmer-Freigrenze von 17.500 Euro pro Jahr Umsatzsteuer abführen.

Crowdfunding ist – wie alle hier vorgestellten Konzepte – sehr arbeitsintensiv. Nur wenn Sie für die Möglichkeit der Investition hinreichend Werbung machen und Menschen finden, die Ihnen als Multiplikatoren weiterhelfen, haben Sie eine Chance, die notwendigen Mittel auch zu erhalten. Eine starke Basis an

Förderern und ein Zugang zu Massenmedien oder zu Online-Medien ist häufig eine notwendige Voraussetzung für den Erfolg.

Diese Punkte machen deutlich, warum bisher vor allen Dingen kulturelle Projekte über Crowdfunding finanziert werden. Sie benötigen häufig ein Investment, um erstellt werden zu können. Der Genuss – zum Beispiel das hergestellte Buch oder die CD – kann als Gegenleistung eingesetzt werden. Dies heißt jedoch nicht, dass nur kulturelle Projekte hierüber finanziert werden könnten. Ganz im Gegenteil ist es an der Zeit, das Potenzial von Crowdfunding auch für andere Projekte zu erschließen.

Teil 4

Organisatorisches
– Sich die Arbeit leichter machen

Das Fundraising erfordert viel Einsatz und ist oft die schweißtreibende Arbeit von Wenigen. Viele Einsteiger machen den Fehler, dass Sie angesichts der Herausforderungen in Aktionismus verfallen und wertvolle Arbeitszeit verschwenden, weil Sie alles selbst machen möchten. In diesem Teil erläutern wir, inwieweit der Einsatz von Softwarelösungen und die Zusammenarbeit mit spezialisierten Dienstleistern Sie nachhaltig entlasten kann und den Erfolg Ihrer Maßnahmen deutlich verbessert. Zusätzlich werfen wir einen Blick auf übergreifende Themen: Welche rechtlichen Vorgaben müssen Sie beachten, welche ethischen Fragen stellen sich und welche Qualifizierungsmöglichkeiten gibt es im Fundraising?

Kapitelübersicht

4.1 Notwendige Personal-, Sach- und Finanzressourcen

Oliver Viest / Torsten Schmotz

- Wo findet sich das Fundraising im Organigramm?
- Fundraising bedeutet investieren
- Was ist wirtschaftlicher: Auslagern oder selbst machen?
- Fundraising kann man lernen – Angebote zur Aus- und Weiterbildung
- Überleben im Fundraising-Alltag – Erfahrungsaustausch und Networking

Wo findet sich das Fundraising im Organigramm?

Wir werden immer wieder gefragt: Was sind die strategischen Erfolgsfaktoren von Organisationen, denen es gelungen ist, Spenden- Sponsoring und Fördergelder zu einem wesentlichen Finanzierungsbaustein ihrer Arbeit zu machen? Im Wesentlichen sind es drei Faktoren:

Der persönliche Einsatz der Führung

Fundraising braucht einen permanenten Antrieb, die Einbindung aller hilfreichen internen und externen Ressourcen und ein authentisches Gesicht nach außen. Bei erfolgreichen Social-Profit-Organisationen (SPO) investiert mindestens eine Führungskraft auf oberster Ebene zwischen 50 und 70 Prozent ihrer Arbeitszeit in die Themen Öffentlichkeitsarbeit, Netzwerk- und Lobbyarbeit, Marketing und Fundraising. Mit einem solchen Einsatz gelingt es auch kleineren Organisationen, mehrere Hunderttausend oder sogar Millionen Euro einzuwerben.

Klare Aufgabenteilung

Die Führung kann dabei aber nicht alle Aufgaben des Fundraisings selbst übernehmen. Sie benötigt Zuarbeit und Vorschläge auf strategischer Ebene sowie Entlastung und Aufgabenübernahme auf der operativen Ebene. Es ist hilfreich, wenn die Planung von Kampagnen und Veranstaltungen, die Steuerung von Dienstleistern und die Weiterentwicklung der Fundraising-Datenbank von Personen gesteuert werden, welche sich das entsprechende Fach-Knowhow erarbeitet haben. Beim Fundraising fallen aber auch viele reine Verwaltungsaufgaben an, wie die Verbuchung von Spendeneingängen, der Versand von Dankschreiben und die Pflege von Kontaktdaten.

Langfristige Perspektive

Im Fundraising geht es um den nachhaltigen Vertrauensaufbau zu Förderern. Aus einem begeisterten Einzelspender wird mit der Zeit ein Dauerspender. Aus dem zufriedenen Dauerspender vielleicht nach ein paar Jahren ein Großsponsor, Stifter oder Testierer. Diese Beziehungen müssen genügend Zeit zum Aufbau haben. Schwierig wird es, wenn von Seiten der Organisation die Ansprechpartner immer wieder wechseln.

Verschiedene Modelle für verschiedene Organisationen

Wenn Sie Fundraising in Ihrer SPO zum Erfolg führen möchten, müssen Sie diese drei Faktoren im Auge behalten. Die Zuordnung im Organigramm und die konkrete Stellenbeschreibung sind dabei im hohen Maß von den bestehenden Strukturen und ihren Ressourcen abhängig. Eine private rein ehrenamtliche Initiative aus Augsburg hat es geschafft, für eine Kinderbetreuungseinrichtung in Namibia in fünf Jahren über 350.000 Euro einzuwerben. Das Fundraising lief über das Gründungsehepaar, das sich nach dem Ausscheiden aus dem Berufsleben für das Projekt engagierte. Unterstützt wurde es durch einen ehrenamtlichen Förderkreis, Pro-Bono Leistungen von Medienfachleuten und Künstlern sowie die Spendenverwaltung einer Kirchenverwaltung.

Bei einem Regionalverband des *Arbeiter-Samariter-Bundes* mit 100 hauptamtlichen Mitarbeitern kümmert sich der Geschäftsführer um das Fundraising. Er wird unterstützt von einer Mitarbeiterin, die früher auf Vollzeitbasis für den Verein gearbeitet hat und jetzt in der Familienphase auf 400 Euro Basis um die 50.000 Euro pro Jahr an Fördermitteln einwirbt.

Bei einem Regionalverband der *Johanniter-Unfall-Hilfe* (JUH) mit 360 hauptamtlichen Kräften wird der Geschäftsführer durch eine Stabstelle Marketing/Öffentlichkeitsarbeit/Fundraising und einer Assistenzkraft tatkräftig unterstützt. Für ein Hospizprojekt konnten in drei Jahren über 1,5 Millionen Euro eingeworben werden. Dabei wurde eng mit dem örtlichen Hospizverein kooperiert. Zusätzliche Unterstützung gibt es durch die Fundraising-Referenten der JUH auf Landes- und Bundesebene. Für Außenkommunikation wurden professionelle Dienstleister genutzt.

Die *Diakonie Neuendettelsau*, mit knapp 7.000 Mitarbeitern eines der größten Sozialunternehmen in Deutschland, beschäftigt im Bereich Fundraising und Öffentlichkeitsarbeit mehr als zehn Personen und verzeichnete laut DZI im Jahr 2011 Sammlungseinnahmen von 1,2 Mio. Euro. Bei einzelnen Kommunikationsmedien und Kampagnen wird intensiv mit Dienstleistern kooperiert.

— Tipp: Klappt garantiert nicht – Fundraising á la Rumpelstilzchen —————

Sie kennen sicher das Märchen von Rumpelstilzchen, bei dem die arme Müllerstochter mit einem Haufen Stroh in die Kammer gesperrt wird, mit dem Auftrag bis zum Morgen das Stroh zu Gold zu spinnen, wenn ihr das eigene Leben lieb ist. Wenn man so manche Stellenanzeige von Social-Profit-Organisationen liest, fühlt man sich daran erinnert. Da wird gern ein junger und williger Bachelorabsolvent gesucht, der mit einem auf ein Jahr befristeten Vertrag innerhalb von wenigen Wochen für einen Geldregen sorgen soll. Dabei freuen sich die Führungskräfte und Kollegen, weil sie nun endlich dieses leidige Thema Fundraising vom Tisch haben und sich sich vermeintlich damit nicht mehr auseinandersetzen müssen. Da es in der Realität leider kein Rumpelstilzchen als Retter in der Not gibt, ist das Ende absehbar.

Checkliste 77: Stellenbeschreibung Referent für Fundraising

Welche Aufgaben ein Fundraiser in einer SPO übernimmt, ist natürlich extrem von der bestehenden Organisation abhängig. Inhalte der Stellenbeschreibung können sein:

– Dienst- und Fachaufsicht beim Geschäftsführer/Vorstand
– Vertretung durch Referent für Öffentlichkeitsarbeit/Geschäftsführer
– Anrecht auf Informationen aus der Spendenverwaltung
– Befugnis, Honorar- und Werkverträge abzuschließen und Praktikanten anzunehmen
– Planung des Fundraising in Abstimmung mit der Fundraising-Gruppe
– Geschäftsführung und Referenten geben Informationen aus Lobbygesprächen an den Fundraiser weiter
– Planung und Umsetzung der Spender-Kommunikation gemeinsam mit dem Spenden-Service
– Aktive Beteiligung an Finanzierungsanträgen
– Koordination und Leitung der monatlich stattfindenden Fundraising-Gruppe
– Wöchentliche Sitzung mit dem Spenden-Service
– Weiterentwicklung des Fundraisings (Testate, Unternehmenskooperation, Großspenden)
– Koordination und Durchführung von Mailings an verschiedene Zielgruppen
– Jahres-Dankesbrief zum Versand der Spendenbescheinigungen
– Artikel in der Mitglieder-Zeitschrift der Organisation verfassen
– Koordination des Online-Fundraisings
– Hauptverantwortlich für das Datenbankmanagement
– Aktionen planen, Analysen und Auswertungen erstellen

Fundraising bedeutet investieren

Jeder Sparer und jeder Investor kennt die Logik: Erst wenn Kapital angelegt wird, kann Rendite erwirtschaftet werden. Was im Privat- wie im Wirtschaftsleben selbstverständlich ist, müssen viele kleine Social-Profit-Organisationen erst mühevoll entdecken: Fundraising ist, monetär und arbeitszeitbezogen, zuerst eine Investition in die Spenderbeziehung. Die Rendite fließt erst mit der Zeit in Form von Spenden wieder zurück. Und ohne eine Investition kann es keine Rendite geben!

Mit dieser Erkenntnis können SPOs überhöhte Erwartungen und Enttäuschungen vermeiden. Häufig fangen Organisationen „bei Null" an und sind enttäuscht, wenn ihre Vision alleine nicht ausreicht, um genügend Spender für die Idee zu mobilisieren. Um die Vision bekannt zu machen und Menschen zu begeistern, ist der Einsatz von Arbeitszeit, Geld und Material nötig.

Beim Start – Reservieren Sie Anfangskapital für das Fundraising

Die Herausforderung liegt gerade bei neuen Organisationen darin, das konkrete Budget für ihre Fundraising-Aktivitäten zu planen. Vielleicht haben Sie zu Beginn Ihrer Aktivitäten ein erstes Anfangskapital (etwa durch erste Mitgliedsbeiträge oder eine größere Spende). Überlegen Sie, welchen Teil davon Sie in Ihre ersten Fundraising-Aktivitäten investieren können. Wenn das nicht möglich ist, müssen Sie die ersten Schritte der Spendergewinnung allein mit dem Engagement der bestehenden Unterstützer beschreiten. Ziel ist es dabei, das notwendige Startkapital zusammen zu bringen. Kommunizieren Sie diese Tatsache auch gegenüber Ihren Spendern und Sponsoren: Um aktiv werden zu können, müssen wir zuerst unsere Strukturen professionalisieren.

Das Fundraising-Budget für das nächste Jahr

Um die vorhandenen Mittel möglichst gezielt einsetzen zu können, ist es sinnvoll, einen Budgetplan für zwölf Monate zu erstellen. Dazu müssen Sie festsetzen, welche Geld- und Arbeitszeit-Ressourcen Sie investieren können. Dabei sollten Sie erst einmal nicht mit Einnahmen rechnen, die Sie dann gleich wieder ins Fundraising stecken können, sondern mit zurückgestelltem Kapital.

Wenn dann beispielsweise fest steht, dass Sie ein Budget von 8.000 Euro haben und auf bestimmte Anteile der Arbeitszeit von einem Geschäftsführer und einer Assistenzkraft zurückgreifen können, beginnen Sie mit der Planung wie in Kapitel 1.2 *In fünf Schritten zum Fundraisingplan* beschrieben. Beachten Sie, dass Fundraising dabei auch zum Marketing und zur Öffentlichkeitsarbeit Ihrer Organisation (siehe Kapiel 1.3 *Kein Fundraising ohne Öffentlichkeitsarbeit*) beiträgt.

Ebenso wie der inhaltliche Planungshorizont muss auch der zeitliche Erwartungsrahmen festgelegt werden: Was sollte bei den beschriebenen Aufgaben bis wann erreicht werden? Bei Kleinspenderkampagnen kann bereits nach einem Jahr mit ersten Erfolgen gerechnet werden, bei Großspenden- und Erbschaftsmarketing-Aktivitäten rechnet man mit Anbahnungszeiten von zwei bis sieben Jahren. Entsprechend langfristig müssen dann auch die Kosten für das Fundraising geplant werden.

Erfahrungswerte aus der Fundraising-Branche

Wenn die Höhe der durch das Fundraising zu beschaffenden Mittel nebst Zeithorizont und Aufgabenbeschreibung festgelegt sind, bieten folgende Erfahrungsgrößen eine Orientierungshilfe:
- Die Kosten der Mittelbeschaffung sollten 35 Prozent der Einnahmen nicht überschreiten.
- Für Events zur Mittelbeschaffung, die auch der Öffentlichkeitsarbeit der Organisation im Allgemeinen dienen, liegt die Kostengrenze bei 50 Prozent der Einnahmen.
- Bei Großspenden und Erbschaftsmarketing sollte mit 10 bis 20 Prozent Kostenanteil an den geplanten Einnahmen gerechnet werden.
- Bei der Einwerbung von Fördermitteln bei Stiftungen und Unternehmen ist ein Kostenanteil von 20 Prozent einzuplanen.

Nachhaltiges Fundraising bedeutet, permanent nach Mitteln zu fragen, neue Zuwender zu gewinnen und bestehende zu pflegen und zu binden. Das heißt, bei einer gut funktionierenden Organisation werden die Fundraising-Kosten (also der Fundraising-Investitionsbedarf) eher steigen als sinken – wenn auch die Einnahmen gesteigert werden sollen.

Was ist wirtschaftlicher: Auslagern oder selbst machen?

Wie bei allen zu erstellenden Leistungen stellt sich auch beim Fundraising die Frage, welche Leistungen an Dienstleister vergeben und welche durch eigene (bezahlte) Mitarbeiter erbracht werden sollen. Häufig werden bei dieser Entscheidung die Kosten für die Eigenleistungen unterschätzt, da die personalwirtschaftliche Rechnung nicht alle damit verbundenen Kosten berücksichtigt.

In der üblichen personalwirtschaftlichen Rechnung plant man mit Faktor 1,8 bis 2,0. Das heißt, der Mitarbeiter sollte etwa doppelt so viel erlösen wie er kostet. Im Fundraising rechnet man bei mittleren Projekten mit höherer Relevanz (beispielsweise lokale Kinderprojekte) mit Faktor 4-6 (Beispiel: bei Personalkosten von 40.000 Euro ein Spendenziel von 160.000 bis 240.000 Euro). Bei gut kommunizierten Spendenprojekten mit hoher Relevanz (etwa Naturkatastrophen) kann mit Faktor 10 bis 12 (400.000 bis 480.000 Euro) gerechnet werden.

Insbesondere langfristig ausgerichtete und essentielle Fundraising-Aufgaben wie die Gewinnung von Großspendern sollten federführend von Mitarbeitern der Organisation ausgeübt werden. Bei kurz- und mittelfristig angelegten Aufgaben kann es sinnvoll sein, externe Hilfe zu beauftragen. Hier profitieren Organisationen von den bereits vorhandenen Erfahrungen externer Spezialisten.

Da auf Provision basierendes Fundraising den *Ethik-Richtlinien des Deutschen Fundraising Verbandes* widerspricht und nicht zu einer nachhaltigen Entwicklung der Organisation beiträgt, müssen junge Organisationen Investitionsmittel für die ersten Fundraising-Schritte bereit halten, wenn sie planen, externe Dienstleiter zu beauftragen. Ein Budget, das unter dem Motto „Hilfe zur Selbsthilfe" akquiriert wurde, kann erfahrungsgemäß einen guten Start ermöglichen. Es sollte abhängig vom Finanzbedarf sein und 10.000 Euro (oder das Äquivalent in Arbeitszeit) nicht unterschreiten. Weitere Informationen finden Sie in Kapitel 4.2 *Auswahl und Zusammenarbeit mit Dienstleistern*.

Ein weitverbreiteter Mythos: Fundraising finanziert sich von selbst

Dienstleister werden fast immer gefragt, ob sie erfolgsbezogen arbeiten und sich quasi selbst durch das eingeworbene Geld finanzieren könnten. Solche Erwartungen erfüllen sich aber leider nur im Märchen. Fundraising braucht Zeit für den nachhaltigen Beziehungsaufbau zu Spendern und Unterstützern. Hier sprechen wir eher von Jahren, als von wenigen Wochen oder Monaten. Zudem möchte die Spender selten die Arbeit des Fundraisers finanzieren, sondern die Arbeit für die Bedürftigen oder das gesellschaftliche Angebot.

Lassen Sie sich nicht von Lockangeboten von unseriösen Anbietern von Fundraising-Dienstleistungen blenden. Sie versprechen Spendeneinnahmen zum Nulltarif arbeiten aber häufig mit äußerst aggressivem Telefon- und Mitgliedermarketing – und das in Ihrem Namen. Nicht selten werden dabei Erfolgsprovisionen von 50 Prozent und mehr einbehalten. Wenn das Ihre Spender erfahren, können Sie sich in der Regel alle weiteren Aktionen sparen!

Wenn man kein Geld für externe Dienstleister hat

Völlig anders sieht die Rechnung aus, wenn ehrenamtliche Mitarbeiter zum Einsatz kommen. Das Potenzial dafür ist groß: Auf Freiwilligen-Messen oder über Freiwilligen-Vermittlungsagenturen können gemeinwohlorientierte Organisationen oft hervorragend qualifizierte unbezahlte Mitarbeiter gewinnen. Allerdings entstehen auch dabei Kosten für den Arbeitsplatz, das Sachmittelbudget und die Betreuung der Freiwilligen durch bezahlte Mitarbeiter. Näheres siehe im Kapitel 2.1.8 *Zeitspenden von Freiwilligen – wertvoller als Geld.*

Fundraising kann man lernen – Angebote zur Aus- und Weiterbildung

Die Fundraising-Szene in Mitteleuropa hat sich in den letzten beiden Jahrzehnten deutlich professionalisiert. Inzwischen gibt es ein breites Angebot an Fachliteratur und an Qualifizierungsangeboten. Ein fest definiertes Berufsbild des Fundraisers gibt es allerdings (noch) nicht. Neben einigen berufsbegleitenden Studien- und Ausbildungsgängen gibt es eine Vielzahl von Seminaren, Workshops und zunehmend auch Webinaren zu allen erdenklichen Fundraisinginstrumenten. Ergänzend finden zahlreiche Konferenzen, Fundraisingtage und Kongresse auf regionaler, nationaler und internationaler Ebene statt.

Einen guten Überblick über alle Angebote finden Sie auf den Veranstaltungsseiten der *Fundraising Verbandes* **www.fundraisingverband.de** und des *Fundraisermagazins* **www.fundraiser-magazin.de**. Der Mitherausgebers dieses Buches *Torsten Schmotz* bietet unter *Förderlotse Seminare* **www.foerder-lotse.de** spezielle Weiterbildungsangebote für das Thema Fördermittelgewinnung an.

Ausbildungs- und Studiengänge im Bereich Fundraising, Sponsoring und Fördermittel

Die bekanntesten berufsbegleitenden Ausbildungsgänge für Fundraising werden von der *Fundraising Akademie* in Frankfurt **www.fundraisingakademie.de**, 24 Monate, Abschluss: Fundmanager-FA) und vom *Verbandsmanagement Institut* (VMI) an der *Universität Freiburg/CH* **www.vmi.ch**, 9 Monate) angeboten. Diese Zertifikate sind in der Branche anerkannt. Die Investitionskosten liegen aber auch zwischen rund 4.000 und 9.000 Euro.

Daneben gibt es zum Teil deutlich günstigere Angebote. So veranstaltet das *Evangelische Bildungswerk München* **www.ebw-muenchen.de** in Kooperation mit *IBPro e.V.* **www.ibpro.de** jährlich den Lehrgang Praxis Fundraising mit (über das Jahr verteilten) sechs Modulen (Seminartagen) plus fünf einzeln buchbaren Aufbaumodulen. Auch dieser wird von Arbeitgebern geschätzt. Weitere Angebote gibt es zum Beispiel an der *Evangelischen Hochschule Ludwigsburg*, am *Institut für Kultur und Religion* an der *Evangelischen Hochschule Berlin*, am *Katholisch-Sozialen Institut Bad Honnef*, am *Seminarzentrum Göttingen*, beim *Verein Niedersächsischer Bildungsinitiativen*, am *Wirtschaftsförderungsinstitut der Wirtschaftskammer Wien* und an der *Zürcher Hochschule für angewandte Wissenschaften* (hier Abschluss: Diplom).

Ausbildungen zum EU-Fundraiser (und weitere Dienstleistungen im EU-Förderbereich) bieten *emcra* (die hohe Kompetenz der emcra-Mitarbeiter können Sie an dem ihnen verfassten Kapitel 3.3.2 *Förderung durch die Europäische Union* in diesem Buch ermessen) und *EuroConsults*. Fundraisingnahe Ausbildungen gibt es an der *Deutschen Stiftungsakademie*, am *Abbe Institut für Stiftungswesen*, am *Centrum für soziale Investitionen und Innovationen* der *Universität Heidelberg*, den *Fachhochschulen Nordwestschweiz und Burgenland*, der *Hochschule Osnabrück*, der *Hochschule für Technik und Wirtschaft Berlin*, dem *Institut für Lernsysteme*, der *Studiengemeinschaft Darmstadt* und dem *Zentrum für Nonprofit Management* an der *Universität Münster*.

Überleben im Fundraising-Alltag – Erfahrungsaustausch und Networking

Im Fundraising versuchen Social-Profit-Organisationen, möglichst viele Unterstützer in die einzelnen Spendenaktivitäten einzubinden. Die Anzahl der Personen, welche hauptverantwortlich für das Fundraising sind, ist aber meist sehr klein. Nicht selten ist man als Spendeneinwerber sogar allein. Das führt dazu, dass man zwar schnell Erfahrungen und Knowhow in den entsprechenden Fachgebieten aufbaut, es fehlt aber häufig ein Ansprechpartner, mit dem man sich auf „Augenhöhe" unterhalten und austauschen kann. Selbst interessierte Kollegen aus der eigenen Organisation, steigen schnell aus, wenn es zu fachspezifisch wird. Vor diesem Hintergrund ist es umso wichtiger, sich Netzwerke zu anderen Fundraisern extern aufzubauen. Dazu gibt es verschiedenen Möglichkeiten:

Regional- und Fachgruppen des Deutschen Fundraising Verbands

In fast allen größeren Städten in Deutschlands treffen sich Fundraiser und Fundraising-Interessierte regelmäßig in den Regionalgruppen des *Deutschen Fundraising Verbands* DFRV **www.fundraisingverband.de**. Meist monatlich wird zum Erfahrungsaustausch zu einem bestimmten Thema eingeladen. Mal geht es um die neuesten Trends im Online-Fundraising, mal um Erbschafts-Fundraising. Die Teilnahme ist in der Regel auch für Nichtmitglieder möglich. Neben den Regionalgruppen treffen sich bundesweit auch Fachgruppen, beispielsweise zu den Themen Fundraising in Bildung, Gesundheitswesen, Kirche, Kultur, Politik und Digitales.

Einmal im Jahr veranstaltet der *DFRV* seinen mehrtägigen Fundraisingkongress. Hier gibt es die Möglichkeit bei zahlreichen Workshops und Präsentationen Einblick in die verschiedensten Themen zu bekommen und bei durchschnittlich 800 Teilnehmern intensiv zu networken. Neben den Treffen bietet der *DFRV* als Berufs- und Fachverband zahlreiche Serviceleistungen für die Mitglieder. Der persönliche Mitgliedsbeitrag beträgt zur Zeit 160 Euro. In Österreich übernimmt der *Fundraising Verband Austria* **www.fundraising.at** und in der Schweiz *Swissfundraising* **www.swissfundraising.org** eine ähnliche Rolle.

Bundesverband der Stiftungen

Wenn Ihre Social-Profit-Organisation die Rechtsform einer Stiftung oder eine eigene Stiftung gegründet hat, ist der *Bundesverband Deutscher Stiftungen* zum Netzwerkaufbau interessant. Auf seinen Internetseiten **www.stiftungen.org** finden Sie Links zu diversen Arbeitskreisen, Foren und Stiftungstagen.

Fundraisingtreffen von Verbänden, Arbeitskreisen und kommerziellen Anbietern

Viele Wohlfahrtsverbände, Landes- und Bundesverbände, sowie Kirchen veranstalten für Ihre Mitglieder regelmäßig Konferenzen und Foren rund um das Thema Fundraising. Lesen Sie dazu aufmerksam die Kommunikationsmedien Ihres Verbandes. Große verbandsübergreifende Kongresse und Messen wie die *Consozial* in Nürnberg oder der *Kongress der Sozialwirtschaft* berücksichtigen das Thema in ihrem Vortrags- und Workshopprogramm. Das *Fundraiser Magazin* veranstaltet in NRW, Bayern, Sachsen und Berlin-Brandenburg jährlich seine Fundraisingtage. Auch Dienstleister wie Steuerberater, Kommunikationsagenturen oder Softwarehäuser richten immer wieder Vorträge und Workshops aus, bei denen man gut mit Kollegen aus anderen Organisationen in Kontakt kommen kann. Einen guten Überblick über viele Termine finden Sie auf den Veranstaltungsseiten der *Fundraising Verbandes* **www.fundraisingverband.de** und des *Fundraisermagazins* **www.fundraiser-magazin.de**.

Virtuelle Gruppen – Ein ständiges Kommen und Gehen

In sozialen Netzwerken wie *Xing, LinkedIn, Facebook, Twitter* und *Google+* finden sich Fundraiser zu den verschiedensten Themen zusammen. Suchen Sie nach Begriffen wie Spenden, Fundraising, Sponsoring oder Fördermittel. Der Bereich ist in ständiger Bewegung. Neue Gruppen entstehen, alte Gruppen lösen sich auf oder benennen sich um. Schauen Sie danach, bei welchen Netzwerken sich in den letzten Wochen tatsächlich etwas getan hat.

Initiieren Sie selbst einen Erfahrungsaustausch in Ihrem Umfeld

Wenn Sie einem Verband angehören oder mit einem Bildungsträger verbunden sind, regen Sie doch an, das von dort eine Networking-Veranstaltung organisiert wird. Oder wenn Sie kein passendes Angebot in Ihrem Umfeld finden, können Sie selbst eine entsprechende Veranstaltung organisieren. Laden Sie einen externen Fundraising-Referenten zur nächsten Leitungskräfte-Konferenz ein. Organisieren Sie mit Kollegen aus Organisationen in der Nachbarschaft einen Workshop oder eine Diskussionsrunde zum Erfahrungsaustausch. Dabei ist nicht die perfekte Organisation des Rahmenprogramms das entscheidende, sondern eine offene und vertrauliche Atmosphäre. Das Networking hat dabei nicht nur eine fachliche Komponente, sondern ist auch sozial nicht ganz unwichtig. Wenn man häufig als Einzelkämpfer für das Fundraising unterwegs ist, benötigt man ab und zu auch nur eine Aufmunterung von externen Kollegen, welche sich in der gleichen Position befinden.

4.2 Hilfe von den Profis – Auswahl und Zusammenarbeit mit Dienstleistern

Torsten Schmotz

- Konzentrieren Sie sich auf die eigenen Stärken
- Für diese Aufgaben können Sie Dienstleister einsetzen
- Vor- und Nachteile der Zusammenarbeit mit Dienstleistern
- Wie finde ich den passenden Dienstleister?
- Legen Sie die Regeln der Zusammenarbeit fest

Konzentrieren Sie sich auf die eigenen Stärken

Wie sich allein am Umfang dieses Praxisbuches ablesen lässt, sind die einzelnen Aufgabenstellungen im Fundraising umfassend und zum Teil sehr komplex. Eine Vielzahl von Aufgaben muss geplant, koordiniert und mit hoher Qualität umgesetzt werden. Demgegenüber sind die einsetzbaren Ressourcen meist sehr begrenzt. Die Verantwortung für das praktische Fundraising liegt meist auf wenigen Schultern. Bei kleinen Organisationen ist es nicht selten eine zusätzliche Aufgabe der Ehrenamtlichen. In größeren Organisationen mit eigenen Fundraising-Stellen müssen die Ansprüche für eine Vielzahl von Ansprechpartner und Projekte parallel unter eine Hut gebracht werden.

Der größte Motivationskiller: Überforderung

Ich erlebe immer wieder, dass dabei die eigenen wertvollen Kapazitäten nicht effektiv eingesetzt werden. Mit viel Mühe werden Broschüren gestaltet, ohne dass man mit der Publishing-Software richtig umgehen kann. Die Druckerei kann solche Vorlagen dann möglicherweise nicht verarbeiten, weil die technischen Anforderungen nicht eingehalten wurden. In zermürbender Handarbeit werden 500 Briefe händisch gefaltet, kuvertiert und jede Briefmarke einzeln aufgeklebt. In Nachtaktionen werden Excellisten mit Spenderadressen nach Dubletten durchforstet oder ein Benefizevent scheitert, weil man die Veranstaltungstechnik nicht in den Griff bekommt. Am Ende verpufft dann leider ein Großteil des persönlichen Engagements und potenzielle Unterstützer sind durch den unprofessionellen Auftritt abgeschreckt.

Um diesem Dilemma zu entgehen, müssen Sie als Verantwortlicher für das Fundraising vor allem priorisieren und koordinieren. Dazu gehört eine ehrliche Einschätzung der in der Organisation vorhandenen Stärken und Fähigkeiten. Versuchen Sie Ihre Prozesse so auszurichten, dass Sie und Ihre Mitarbeiter vor allem ihre eigenen Stärken einsetzen können und ihre Aufgaben mit hoher Motivation umsetzen. Für Tätigkeiten, für das nicht zutrifft, sollten Sie besser auf externe Dienstleister zurückgreifen.

Für diese Aufgaben können Sie Dienstleister einsetzen

Das Spektrum der Serviceangebote ist riesig. Eine Vielzahl von Dienstleistern haben sich auf gemeinnützige Organisationen und ihre Bedürfnisse spezialisiert. Dabei lassen sich zwei verschiedene Angebotsarten unterscheiden:

Fundraising-Service aus einer Hand

Es gibt zum einen Dienstleister, die einen Rundumservice für Social-Profit-Organisationen anbieten. Sie können dem gemeinnützigen Träger dabei einen Großteil der Fundraising-Aufgaben abnehmen. Dies sind zum einen Fundraising- und Kommunikationsagenturen, welche Strategieentwicklung, Beratung, Gestaltung, Design, Texte, Mailingversand und Ähnliches mit ihrem professionellen Expertenteam umsetzen. Daneben bieten einzelne Fundraising-Berater ihre Dienste an, welche auf ein Netzwerk von weiteren Dienstleistern zurückgreifen können und einen Großteil der Koordinierungsarbeit übernehmen.

Spezialisten für einzelne Aufgaben

Neben den genannten Full-Service-Anbietern gibt es eine Vielzahl von Spezialisten, welche man auch für Teilaufgaben und begrenzte Projekte einsetzen kann. Hier eine Übersicht der professionellen Tätigkeiten, die dafür in Frage kommen:

Checkliste 78: Aufgabenfelder für die es professionelle Dienstleister gibt

Assistenzdienste („Virtuelle Assistenz")
Kundenservice (Telefon, E-Mail, Brief)
Spenderverwaltung, Datenerfassung und Datenpflege
Beschaffung von Spenderadressen
Texte, Korrektorat und Lektorat und Übersetzungen
Design von Kommunikationsmedien (Briefe, Anzeigen, Broschüren)
Foto- und Grafikgestaltung
Druck und Versand (Lettershop, Fulfilment, Mailing)
Presse- und Öffentlichkeitsarbeit
Gestaltung von Webauftritten
Strategie- und Organisationsentwicklung
IT Administration, Fundraising-Datenbanken
Mitarbeiterentwicklung und -qualifikation
Marktforschung
Buchhaltung und Steuerberatung
Messe- und Veranstaltungsmanagement, Events
Zahlungsanbieter (Banken, Paypal, Sofortüberweisen, etc.)
Anbieter von speziellen Fundraising-Aktivitäten wie Online-Fundraising, Telefon-Fundraising, Mitgliederwerbung, Fördermittelgewinnung, Bußgeld-Fundraising, Unternehmenskooperationen

Vor- und Nachteile bei der Zusammenarbeit mit Dienstleistern

Die Vorteile einer solchen Kooperation liegen auf der Hand: Die direkte Unterstützung eines Experten entlastet die eigenen Personalressourcen. Der zeitliche Aufwand von Fachkräften ist meist deutlich geringer, als von ungeübten Laien. Wenn man nicht alles allein macht, kann man eine größere Anzahl von Projekten in einem bestimmten Zeitraum umsetzen.

Entlastung und hohe Qualität

Gleichzeitig steigt durch die Erfahrungen und das Knowhow des Dienstleisters die Qualität der Arbeit. Man profitiert von zusätzlichen Ideen und neuen Entwicklungen, über welche die Spezialisten meist einen guten Überblick haben. Ein offener Blick von außen kann zudem sehr hilfreich sein, um die eigenen Aktivitäten zu überprüfen und zu bewerten.

Aufwendige Suche, Abhängigkeit und Kosten

In der Zusammenarbeit mit Dienstleistern liegen aber auch Risiken. Es ist nicht immer einfach, die tatsächliche Qualität des Angebots als „Laie" zu beurteilen. Nicht jeder selbsternannte „Experte" hält was er verspricht. Die Suche und Auswahl passender Anbieter ist zeitintensive und aufwendig.

Wenn Sie viele Prozesse nach außen vergeben, machen Sie sich in einem hohen Maße abhängig. Wenn Sie dabei nicht darauf achten, organisationsintern eigenes Knowhow aufzubauen, kann eine „Dauerdienstleistung" mit der Zeit sehr teuer kommen. Ein Wechsel zu einem anderen Dienstleister ist eventuell nur mit hohem Aufwand möglich. Wenn der Dienstleister auch für Ihre direkte Konkurrenz tätig ist, und Sie nichts davon wissen, kann es zu Interessenkonflikten kommen.

Die größte Herausforderung ist aber häufig die Finanzierung. Die Dienstleister bieten in der Regel ihre Dienste zu festen Preisen an. Die Stundensätze variieren dabei von 25 bis 40 Euro für einfache Entlastungsarbeiten und von 50 bis 250 Euro für Spezialisten. Diese Kosten müssen Sie mit Ihren Eigenmitteln tragen können.

Erfolgsbezogene Bezahlung – ein hohes Risiko für den Auftraggeber

In einigen Fällen sind Dienstleister zu einer erfolgsbezogenen Bezahlung bereit. Das erscheint auf den ersten Blick als sehr verlockend. Dabei wird dann häufig auf einen sehr aggressiven Vertrieb (etwa beim Telefon-Fundraising oder der Mitgliederwerbung auf der Straße) gesetzt. Die Kampagne ist dann für den Dienstleister kurzfristig ein Erfolg, der langfristige Flurschaden für den Auftraggeber kann aber immens sein.

Provisionsmodelle sind für den Dienstleister nur dann interessant, wenn es um größere Summen geht und sich die Erfolgsaussichten genau abschätzen lassen. Meist ist der Provisionsanteil auch sehr hoch angesetzt. Bei der Mitgliederwerbung kalkulieren viele Auftraggeber damit, dass Sie die Investitionskosten erst nach zwei bis drei Jahren wieder zurückgewinnen! Gehen Sie davon aus, dass Sie mit erheblicher Verärgerung Ihrer Unterstützer rechnen müssen, wenn diese erfahren, dass 50 Prozent der Spenden oder die Mitgliedsbeiträge der ersten zwei bis vier Jahre in die Provisionskasse eines gewerblichen Anbieters geflossen sind.

Generell kritisch sehe ich Prozesse, bei denen der Dienstleister den direkten Kontakt zu den Spendern und Förderern übernimmt. Sie machen einen Fremden zu ihrem „Gesicht nach außen". Das funktioniert nur bei wenigen, hervorragenden Serviceanbietern. Unproblematischer ist es, Tätigkeiten die im Hintergrund laufen, an Externe zu vergeben.

Pro-bono: Dienstleistung umsonst

Einige Dienstleister bieten gemeinnützigen Organisationen Ihren Service auch umsonst an. Dabei spricht man auch von Pro-bono-Aktivitäten. Wenn Sie in Ihrem Umfeld Unterstützer finden, welche Ihre Aktivitäten aus Überzeugung fördern möchten und ein passendes Angebot haben, sollten Sie das natürlich nutzen. Das schont die eigenen Ressourcen und sichert eine hohe Qualität. Der Journalist, welcher die Pressemeldung schreibt oder die Druckerei welche die eigenen Druckkosten übernimmt, sind weit verbreitete Beispiele.

Einige Serviceanbieter, wie Marketingagenturen erhoffen sich durch Pro-bono-Aktionen eine positive Außendarstellung und überbrücken Zeiten, bei denen sie nicht ausgelastet sind. Wenn die Auslastung aber hoch ist, wird es schwierig, sie (zeitnah) für eine Unterstützung zu gewinnen. Das Angebot, Dienstleistungen kostenlos und freiwillig zu übernehmen, kann natürlich auch Auswirkungen auf die Qualität und Zuverlässigkeit haben. Wenn kurzfristig ein zahlender Kunde kommt, kann die Priorität für das Pro-bono-Projekt sinken. Pro bono wird auch häufig von Dienstleistern angeboten, welche ihre Hauptaktivitäten in einer anderen Branche haben. Es macht aber durchaus einen Unterschied, einen Flyer für den Sommerschlussverkauf eines Einzelhändlers zu gestalten oder einen einfühlsamen und authentischen Brief an die Spender zu formulieren. Spezialisten für das Fundraising, die solche Briefe gut schreiben können, sind meist darauf angewiesen, ihr hohes Fach-Knowhow zu refinanzieren und daher nicht Pro bono zu haben.

Wie finde ich den passenden Dienstleister?

Der beste Weg zu einem zuverlässigen Dienstleister ist aus meiner Erfahrung die persönliche Empfehlung. Fragen Sie bei Kollegen, Bekannten und Freunden nach positiven Erfahrungen. Nutzen Sie dazu auch Arbeitskreise und Netzwerkveranstaltungen.

Dienstleisterverzeichnisse und Infoportale

Für weitere Recherchen können Sie folgende Informationsmedien nutzen:
- Mitgliederverzeichnis des *Deutschen Fundraising Verbandes* unter **www.fundraisingverband.de**
- Dienstleisterverzeichnis des *Fundraiser Magazins* im jeweils aktuellen Heft und im Internet **www.fundraiser-magazin.de**
- Anzeigen im Magazin Stiftung und Sponsoring
- Mitgliederverzeichnis des *Deutschen Dialogmarketing Verbandes e. V.* **www.ddv.de**

- Jahrbücher des *Gesamtverbandes Kommunikationsagenturen* GWA **www.gwa.de**
- Lektorat **www.lektorat.de**

Auch über das Business Netzwerk XING **www.xing.de** lassen sich Experten identifizieren. Dort gibt es zahlreiche Gruppen zum Thema Fundraising und Fördermittelgewinnung

Ausschreibungs-Plattformen

Neben den Verzeichnissen bietet das Internet zusätzlich die Möglichkeit, bestimmte Aufträge direkt auszuschreiben. Ihr Auftrag wird dabei an eine Vielzahl von Serviceanbietern weitergeleitet und diese können sich dann bei Ihnen bewerben. Das Preisniveau kann sehr attraktiv sein, weil sich dort insbesondere Dienstleister umtun, die zurzeit nicht ausgelastet sind. Umso wichtiger ist es, dabei auf die Qualität der Anbieter zu schauen.

- Virtuelle Assistenzkräfte: **www.fernarbeit.net**, **www.ebuero.de** und **www.strandschicht.de**
- Grafik und Design: **www.99designs.de** und **www.designenlassen.de**
- Texte: **www.textbroker.de**; **www.content.de** und **www.texter.me**
- Übersetzungen: **www.24translate.de** und **www.tolingo.de**
- Freelancer und Agentur Projekte: **www.twago.de** und **www.elance.com** (Engl.)

Weitere Tipps im Bereich der Porto- und Briefoptimierung finden Sie im Kapitel 2.1.6 *Der Spendenbrief – der Klassiker im Fundraising.*

Passt der Dienstleister zu Ihnen?

Wenn Sie einen Tipp bekommen oder einen Kontakt recherchiert haben, empfehle ich, telefonisch oder per E-Mail einen ersten unverbindlichen und kostenlosen Gesprächstermin zu vereinbaren. Ziel ist es, bei diesem Gespräch heraus zu finden, ob das Angebot zu Ihren Bedürfnissen passt. Geben Sie dabei einen genauen Überblick über die Aufgabe, die übernommen werden soll und die Bedingungen, die für Sie wichtig sind.

In der Regel sollten Sie sich im Anschluss ein schriftliches Angebot zusenden lassen. Um eine fundierte Auswahl treffen zu können, sollten Sie sich Angebote von mindestens drei unterschiedlichen Dienstleistern einholen. Folgende Bewertungskriterien können Sie dann für die Auswahl nutzen:

Checkliste 79: Auswahlkriterien für Fundraising Dienstleister

Wurde die Aufgabenstellung richtig verstanden?
Passt das Angebot wirklich zu ihren Bedürfnissen?
Sind die vorgeschlagene Vorgehensweise und der Umfang der Leistungen für Sie nachvollziehbar und klar eingegrenzt?
Sind Arbeitsproben und Referenzprojekte aussagekräftig?
Ist das Preisniveau fair (Vergleichspreise einholen)?
Gibt es eine Kostenobergrenze?
Haben sie ein gutes Bauchgefühl?
Wenn ich selbst nach Dienstleistern suche, lasse ich mir von jedem Dienstleister die Kontaktdaten von drei Referenzkunden geben mit denen ich dann auch telefoniere.

Dieses Vorgehen hat mich vor einigen teuren Fehlern bei der Auswahl bewahrt. Gute Verkäufer sind leider nicht immer gute Dienstleister.

Legen Sie die Regeln der Zusammenarbeit fest

Die Zusammenarbeit mit dem Dienstleister sollten Sie in der Regel schriftlich fixieren. Folgende Rahmenpunkte sollten dabei festgelegt werden:

Checkliste 80: Vertragsbestandteile für Dienstleistungsverträge

Höhe der Stundensätze für bestimmte Tätigkeiten
Umfang der notwendigen Arbeiten in Stunden (möglichst mit Obergrenze)
Vereinbarung von Zwischenergebnissen nach bestimmten Projektphasen
Ergebnis der Leistungen, ggf. Qualitätskriterien
Übertragung von Urheberrechten auf den Auftraggeber
Konkretisierung der Sachkosten
Beschreibung der Nebenkosten (z.B. Reisekosten)
Festlegung des Zeitrahmens
Form der Rechnungstellung
Möglichkeit der Vertragsbeendigung (insbesondere bei längerfristigen Projekten)
Absprache der Kommunikation im Projekt (feste Ansprechpartner, Zwischenergebnisse, Freigaben etc.)

Wenn diese Punkte im Angebot berücksichtigt sind, benötigen Sie keinen zusätzlichen Text. Auch wenn der externe Dienstleister Ihnen bestimmte Tätigkeiten abnimmt, müssen Sie für das Briefing, die Einarbeitung und die Steuerung mit zusätzlichem internen Aufwand rechnen. Machen Sie sich bewusst, dass der Experte nur so gut sein kann, wie die Informationen, die er von Ihnen bekommt.

Von Dienstleistern lernen

Auch kleinere gemeinwohlorientierte Organisationen können für ihre – eher „handgestrickten" – Versandaktionen manches von den Profis dieser Branche lernen. Alle Dienstleistungsunternehmen haben Angebotslisten oder Leistungsnachweise (oft sind das dicke Jahrbücher), geben nützliche Broschüren gegen Schutzgebühr oder gratis heraus und bieten viel Wissenswertes auf ihren Webseiten. Fragen Sie bei anderen Organisationen in Ihrer Region nach, mit welcher Firma sie zusammenarbeiten und welche Erfahrungen sie gemacht haben.

4.3 Zuwendungen und Kontakte professionell und rechtssicher verwalten

Alexander Gregory / Dieter Schöffmann

- Warum eine Datenbank für das Fundraising so wichtig ist
- Übliche Mindestanforderungen für Datenbank-Software
- Hoffentlich rechtssicher – Ausstellung von Zuwendungsbestätigungen
- Ein wichtiges Argument für die Spender: Steuerliche Begünstigung

Warum eine Datenbank für das Fundraising so wichtig ist

Kontakte und Beziehungen zu Menschen und Institutionen sind das „Kapital" Ihrer Organisation, die Geld- oder anderen Spenden sind der „Zins" aus diesem Kapital, wie wir es eingangs schon mal bei den Fundraising-Grundlagen betont haben. Ein wesentlicher Schlüssel zu diesem „Kapital" ist das möglichst prall gefüllte „Adressbuch" mit Name, Anschrift, Telefonnummer und E-Mail-Adresse – gepaart mit Informationen dazu, wer aus Ihrer Organisation die Person vielleicht kennt und ansprechen kann, was die Person an Ihrer Organisation interessiert und weitere Informationen.

Damit alle in Ihrer Organisation einen dafür legitimierten (siehe das Kapitel 4.4 *Das rechtliche Umfeld des Fundraising*) Zugriff auf die Daten haben, sollten Sie die Kontaktdaten und die weiter gehenden Informationen in einer Datenbank bündeln. In kleinen Organisationen, die nur oder überwiegend ehrenamtlich arbeiten, reicht es oft aus, mit einer Exceltabelle zu arbeiten. Oder Sie finden einen EDV-Fachmenschen, der für Ihre Organisation eine einfache Datenbank programmiert und später die EDV-Unterstützung übernimmt. Wenn Sie mit bezahlten Kräften arbeiten, Ihre Abläufe optimieren möchten und über ein entsprechendes Budget verfügen, ist eine für das Fundraising speziell entwickelte Datenbank meist die wirtschaftlichste Lösung.

--- Tipp: Selbst ausprobieren ---

Es gibt mehr als ein Dutzend Spendenverwaltungsprogramme auf dem Markt. Lassen Sie sich Unterlagen schicken und wählen Sie danach und aufgrund von Referenzen aus. Lassen Sie sich mindestens zwei verschiedene Programme präsentieren. Nehmen Sie sich dafür so viel Zeit, dass Sie alle Ihre Fragen stellen können. Bestehen Sie darauf, dass Sie selbst eine Adresse mit Zahlungssatz erfassen und eine Selektion durchführen. Nur so merken Sie, ob die Erfassung einfach und praktisch ist. Bestehen Sie auf einer zweiwöchigen Probeinstallation. Im Nachhinein erweist sich oft eine gute Hotline (ausprobieren!) oder örtliche Nähe der liefernden Firma als das entscheidende Kriterium.

Bevor Sie sich an die Einrichtung oder Anschaffung einer Datenbank welcher Art auch immer machen, müssen Sie zunächst in Ihrer Organisation die hierfür notwendigen Voraussetzungen klären – etwa entlang folgender Fragen:

Checkliste 81: Kriterien für die Auswahl einer Fundraisingsoftware

Welche Fundraising-Strategie verfolgen wir und welche Rolle spielt dabei ein gut sortierter Adressbestand mit Kennzeichnungs- / Selektionsmöglichkeiten, individuellen Kontakteinträgen, Erfassung von Spendeneingängen etc.?
Wie müsste eine Fundraising-Datenbank aussehen, was müsste die Software leisten angesichts unserer eigenen Anforderungen?
Wie viele Kontaktdaten sind im Augenblick vorhanden? Wie viele Kontakte werden voraussichtlich in den nächsten Jahren dazu kommen? Wie viele Spendenvorgänge haben wir aktuell und wie viele sind geplant?
Welche Prozesse soll die Datenbank abbilden (z.B. Mailings, Dankbriefe, Spendenbescheinigungen, Geburtstagsgrüße, Newsletter, Anrufe, Onlinespendenformulare) Welche Schnittstellen wären dafür notwendig (z.B. mit Bankkonto, E-Mail Software, Bezahlsysteme, Spendenportale, Exportfunktion zu Officeprogrammen)?
Welches System/Instrument nutzen wir aktuell? Welche Programme kennen wir (z.B. von Kollegen aus anderen Organisationen)?
Welche Felder/Informationen pro Kontakt und pro Vorgang müssen vorhanden sein? Wie sollen die Daten selektiert werden können?
Wer arbeitet aktuell (nicht) mit unseren Adress- und Spenderdaten? Wer müsste zukünftig damit arbeiten? Was müssen sie können bzw. lernen, um auch tatsächlich mit einer neuen Software zu arbeiten? Was muss die Software an Bedienkomfort u.a. leisten, damit diese Menschen auch mit ihr arbeiten können?
Verfügen wir über das notwendige EDV-Wissen in unserer Organisation, um eine solche Fundraising-Software einzuführen? Reicht hier erforderlichenfalls eine interne Schulung oder benötigen wir eine externe Unterstützung?
Über welches Budget verfügen wir? Deckt es die absehbaren Anschaffungs-, Einführungs- und Qualifizierungskosten? Wenn nicht: Wo können wir bei den Anforderungen abspecken, oder wie können wir das Budget erhöhen?

Mit den Antworten auf diese Fragen oder schon im Prozess der Beantwortung können Sie sich auf die Suche nach einer geeigneten Softwarelösung machen.

— **Tipp: Softwarekatalog und Marktüberblick zu Datenbanken** ——————

Die Website des *Deutschen Fundraising Verbandes* bietet einen Softwarekatalog: **www.fundrai-singverband.de/service/software-guide/software-katalog.html**.
Die Zeitschrift *Fundraiser Magazin* gibt jährlich eine Marktübersicht zur Fundraising-Software heraus, die kostenfrei von deren Website heruntergeladen werden kann: **www.fundraiser-maga-zin.de/index.php/marktuebersicht-fundraising-software-2014.html**

Übliche Mindestanforderungen für Datenbank-Software

Basisversionen:
- Anwenderfreundliche Übersichtsseite mit allen Stammdaten einer Person
- Merkmale zur Person speicherbar
- Suchfunktion über alle Adressfelder, Buchungen und Merkmale
- Kontakthistorie (Registrierung von Aktionsteilnahmen) vorhanden
- Datenschutz und Datensicherheit (Passwortschutz, Zugriff von außen nur über gesicherte Verbindung, Sicherung von Zugriffen auf die Datenbank ohne Nutzung der Anwendung)
- Erstellung von Quittungen als Ausdruck und Erzeugung von Duplikaten (etwa zur Archivierung der Zuwendungsbestätigung) möglich
- Erstellung von Dankbriefen als Ausdruck möglich
- Textverarbeitung durch Integration von MS Office oder OpenOffice
- Versand von E-Mails aus dem System möglich
- Einlesen von Bankdaten und automatische Verbuchung möglich
- Datenaustausch mit dem Steuerberater (DATEV- etc. kompatibel)
- Tabellen für PLZ/Orte, Straßennamen, Telefonvorwahl
- Überprüfen der Anrede anhand der Vornamentabelle (inclusive ausländischer Vornamen)
- Terminmanagement
- Schulung, Hotline

Pro-Versionen bieten zusätzlich:
- Doublettenerkennung (automatische Prüffunktion und ausdrucken so genannter Matchcode-Listen, die dann manuell gesichtet werden)
- Export von Quittungs- und Dankbriefdateien zum Druck über Dienstleister möglich (inklusive Erzeugung von Duplikaten etwa zur Archivierung der Zuwendungsbestätigungen)
- Möglichkeit, Besprechungsnotizen bei den Personen zu speichern
- frei definierbare Exporte, auch Export der kompletten Datenbank für eventuellen Anbieterwechsel möglich
- standardmäßige Auswertungen: Werbecode / Zielgruppenstatistik für Aktionen; Einnahmen nach Zweck, Spenderanzahl und Einnahmen pro Monat; Recency-Verteilung nach Jahren, Pareto-Auswertung, Verweildauer (oder Treue); Soll-Ist-Vergleiche
- einer Organisation können mehrere Mitarbeiter und Standorte zugeordnet werden.

--- **Tipp: Preiswert anfangen** ---

Für kleine Einrichtungen stellt sich die Frage: Ist das alles bezahlbar? Einige Hersteller haben eine billigere Light-Version entwickelt, bei der die Anzahl der Spender, die zu betreuen sind, oder die Summe der Spendeneingänge begrenzt sind. Werden diese Grenzen später überschritten, ist gegen Aufpreis ein Update auf die Vollversion möglich. Besonders günstig und damit besonders für mittlere und kleine Organisationen geeignet ist das Spendenverwaltungsprogramm *BFS-DONUM*, das Sie über die *Bank für Sozialwirtschaft* auf einer CD-Rom mit ausführlichem Handbuch gegen eine einmalige Verwaltungsgebühr von 50 Euro erhalten (Infos: **www.sozialbank.de/292**. Updates werden über das Internet zur Verfügung gestellt.

Reine Onlinedatenbanken, wie zum Beispiel die *Fundraisingbox*, bieten gestaffelte Preise, je nach Volumen der bearbeiteten Kontakte und Anzahl der Onlineformulare. Bei diesem Modell müssen Sie sich auch nicht um die Administration kümmern, da die Datenbank auf dem Server des Dienstleisters läuft.

Hoffentlich rechtssicher – Ausstellung von Zuwendungsbestätigungen

Körperschaften, die einen mildtätigen, kirchlichen, religiösen, wissenschaftlichen Zweck fördern oder einen gemeinnützigen Zweck verfolgen, der als besonders förderungswürdig anerkannt ist, sind unmittelbar zum Empfang steuerlich abziehbarer Spenden und zur Ausstellung von Zuwendungsbestätigungen berechtigt. Das entsprechende Verzeichnis dieser allgemein als besonders förderungswürdig anerkannten Zwecke im Sinne des § 10 Abs.1 des Einkommenssteuergesetzes findet sich in § 52 AO (siehe unten bei „Formulare").

Zuwendungsbestätigungen müssen nach dem amtlich vorgeschriebenen Vordruck auf einer DIN A4-Seite ausgestellt werden. Hiervon abweichende Formulierungen sind nicht erlaubt, weshalb die früher übliche Praxis, auf den Bestätigungen etwa Danksagungen an Spender abzudrucken, nicht mehr gestattet ist.

— Tipp: Mitgliedsbeiträge sind abzugsfähig

Auch Mitgliedsbeiträge sind abzugsfähig, wenn die Organisation abzugsfähige Zuwendungsbestätigungen für Spenden ausstellen kann. Dies gilt nicht für Sport, Heimatpflege/-kunde, wenn kulturelle Betätigungen überwiegend der Freizeitgestaltung dienen und ebenfalls nicht für die in § 52 Abs. 2 Nr. 23 AO aufgezählten Bereiche. Beiträge bleiben auch dann vom Abzug ausgeschlossen, wenn die empfangende Körperschaft dafür eine geldwerte Gegenleistung (beispielsweise Freikarten) erbringt; es sind dann keine „Spenden", da diese Unentgeltlichkeit voraussetzen. Ausnahme: Fördervereine von Kulturvereinen und kulturellen Einrichtungen. Beispiel: Die Mitglieder des Freundeskreises (e.V.) einer Oper erhalten Vorzugskontingente und verbilligte Eintrittskarten. Der Mitgliedsbeitrag ist abzugsfähig.

Vereinfachter Nachweis der Zuwendung

Bis zur Höhe von 200 Euro reicht den Finanzämtern meist die Vorlage des Bareinzahlungsbelegs oder der Buchungsbestätigung eines Kreditinstitutes. Manchmal fordern sie allerdings noch folgende Angaben: Datum der Freistellung des Empfängers von der Körperschaftssteuer, Verwendungszweck der Spende, Angabe ob Mitgliedsbeitrag oder Spende. Diese Möglichkeit des vereinfachten Spendennachweises sollte Sie als empfangende Organisation nicht dazu verführen, gar nichts zu tun. Es muss hier zwischen der rechtlichen Möglichkeit auf der einen Seite und dem Ziel der Spenderbindung auf der anderen Seite unterschieden werden. Das Ziel der Spenderbindung erfordert letztlich bei jeder kleinsten Spende eine Reaktion. Es sollte also gelten:
– Danke sagen auf keinen Fall vergessen (etwa per Dankesbrief).
– Weisen Sie auf die Möglichkeit des vereinfachten Spendennachweises hin.
– Bieten Sie auf Wunsch trotzdem eine Zuwendungsbescheinigung an oder noch besser: Legen Sie sie unaufgefordert gleich mit bei. Denn oft hat der

Spender bei seiner Steuererklärung den Original-Überweisungsträger oder den Organisationsflyer mit den erforderlichen Angaben nicht zur Hand. Für diesen Dienst wird der Spender dankbar sein.

– Informieren Sie den Spender, wenn Sie die Zuwendungsbescheinigung nach Ende des Jahres verschicken.

Sachspenden sind genau zu beschreiben

Bei einer Sachspende müssen genaue Bezeichnung und Wert des Gegenstandes angegeben werden und Belege dafür vorliegen (§ 9 BewG). Bei einer Sachspende aus Privatvermögen ist die Spende mit dem Marktwert zu bewerten; der Wert ist durch den Spender nachzuweisen (Alter/Zustand, Neupreis – durch Kaufquittung oder Katalog-Ausriss). Sachspenden aus Betriebsvermögen sind mit dem Teilwert zu bewerten, können aber auch nach dem Buchwert bewertet werden (§ 6 Abs. 1 Nr. 4 EstG), jedoch zuzüglich der bei der Entnahme angefallenen Umsatzsteuer.

Achtung: Sachspenden sind umsatzsteuerpflichtig

Lässt sich eine Firma eine Zuwendungsbescheinigung über den Wert einer Sachspende geben, erhöht dies ihre Umsatzsteuer entsprechend. Diese wird nicht (so wie die Gewinnsteuer) durch die bescheinigte Spende ausgeglichen. Das erklärt, warum Firmen oft auf eine Zuwendungsbescheinigung für Sachspenden verzichten (und sich mit dem Imagegewinn und gegebenenfalls der erfolgreichen Entsorgung begnügen). Die Süddeutsche Zeitung verzichtet beispielsweise auf Zuwendungsbescheinigungen, wenn sie gratis „Füllanzeigen" in das Blatt einrückt (siehe oben im Kapitel 2.1.3 *Neuspendergewinnung – frisches Blut für Ihre Organisation*).

Blut- und Organspenden

Die kostenlose Blutspende ist keine abzugsfähige Sachspende, da es an einer Minderung des Spendervermögens (Vermögensopfer) fehlt. Gleiches gilt für Organspenden.

Das Datum des Freistellungsbescheides ist entscheidend

Die Zuwendungsbestätigung muss das Datum des letzten Freistellungsbescheides oder der vorläufigen Bescheinigung enthalten. Ist sie älter als fünf oder drei Jahre, so erkennt das Finanzamt die Bestätigung nicht an.

— **Tipp: Musterformulare für die Zuwendungsbestätigung** —————————

Ein Merkblatt zur letzten Reform des steuerlichen Spendenrechts sowie das Verzeichnis der Zwecke, die allgemein als besonders förderungswürdig im Sinne des §10b Abs.1 EStG anerkannt sind, und Musterformulare für Zuwendungsbestätigungen gemeinnütziger Körperschaften und Vereine finden sich auf den Webseiten der Finanzministerien (etwa **www.stmf.bayern.de**. Die Finanzämter für Körperschaften sind zuständig für die Bearbeitung der Steuerangelegenheiten der Vereine und entscheiden auch über die Gemeinnützigkeit. Vordrucke: **www.blsv.de** (Download/A-Z/Zuwendungsbestätigung).

441

Aufwandsspenden nur unter bestimmten Bedingungen

Von vorneherein als unentgeltlich erbrachte Arbeit („Zeitspenden") oder Dienstleistungen oder die Überlassung von Nutzungsmöglichkeiten oder Räumen sind keine Spende im Sinne der Steuergesetze. Etwas anderes gilt nur dann, wenn der Förderer auf einen ihm zustehenden Anspruch verzichtet. Voraussetzung ist, dass ein vertraglich vereinbarter oder satzungsgemäßer oder durch Vorstandsbeschluss eingeräumter (und den Mitgliedern bekannt gemachter) Anspruch besteht, der einklagbar ist.

Liegt eine dieser Voraussetzungen vor, können etwa Vereinsvorstände ihre Telefon-, Reise-, Porto- und Verpflegungs-Mehraufwand-Kosten oder der Vereinsbuchhalter den vertraglich festgelegten und einklagbaren Wert seiner Arbeitsleistung als Spende absetzen. Es empfiehlt sich, hierbei sehr genau zu sein. Denn eine Körperschaft riskiert ihre Gemeinnützigkeit, wenn sie zum Beispiel ihren Vorständen Zuwendungsbestätigungen für den Wert von Arbeitsleistungen ausstellt, obwohl in der Satzung steht, dass der Vorstand ausschließlich ehrenamtlich arbeitet.

Zunächst muss eine rechtsgültige Forderung entstehen, auf die der Spender dann verzichtet. In jedem Fall sollte in der Zuwendungsbestätigung aufgeführt werden, dass eine Forderung gespendet wird. Die Organisation sollte Aufzeichnungen und Belege über den Vorgang für eine eventuelle Überprüfung des Finanzamtes aufbewahren. Am klarsten ist es, wenn die Forderung in Rechnung gestellt und vom Verein bezahlt wird. Wird der Betrag anschließend als Spende überwiesen, ist alles sauber dokumentiert.

— Tipp: Dienstleistungsspende häufig lohnender ohne Zuwendungsbestätigung ———

Spendet beispielsweise ein Referent sein Vortragshonorar, kann er dafür zwar eine Zuwendungsbestätigung erhalten, muss dieses Honorar jedoch wie eine Einnahme versteuern. Steuerfrei bleibt ein Viertel davon, wenn er seine Werbekostenpauschale für freiberufliche Tätigkeit von 25 Prozent geltend macht oder das, was er an Werbekosten einzeln belegt (siehe oben im Abschnitt „Aufwandsspende"). Ist er zusätzlich Mehrwertsteuer pflichtig, kann es leicht sein, dass der Verzicht auf eine Zuwendungsbestätigung für ihn günstiger kommt. Entsprechendes gilt für einen Handwerker, der die Bezahlung für seine Dienstleistung spendet.

Vorsicht bei Stellvertreterspenden

Oft spenden Rentner oder nicht berufstätige Ehefrauen mit der Maßgabe, dass es sich hier um eine Spende im Namen eines anderen (etwa ihres Gatten oder Verwandten) handele. Sie tragen den Wunsch an Sie heran, dass die Zuwendungsbestätigung auf den Namen des anderen ausgestellt wird. Das ist rechtlich nicht zulässig. Denn grundsätzlich gilt nur der als Spender, bei dem die Vermögensminderung eintritt.

Gleiches gilt bei Spendensammelaktionen, bei denen Ihnen ein Spender mitteilt, es handele sich um mehrere von ihm eingesammelte Einzelspenden anderer Personen, die er an Ihre Organisation einzahlt. Auch hier ist die Ausstellung einer Zuwendungsbestätigung über den Gesamtbetrag der Zuwendung an den Einzahler nicht möglich, da bei ihm keine Vermögensminderung in diesem Umfang eingetreten ist. Bitten Sie ihn um eine Liste mit Spendernamen,

-adressen und die Höhe der Einzelbeträge, damit Sie korrekte Bestätigungen für die eigentlichen Spender ausstellen können.

Weiterleitung von Spenden nur bis 50 Prozent

Gemeinnützige Körperschaften, die anderen Projekten ihre Einnahmen zur Verwirklichung der Förderzwecke weiterleiten möchten, dürfen höchstens die Hälfte der zeitnahen Mittel (alle Einnahmen) an andere Körperschaften leiten, es sei denn, die Weiterleitung ist im Satzungszweck entsprechend geregelt. Der Satzungszweck muss also die Beschaffung von Mitteln für die andere Körperschaft sein (§ 58 Nr. 1 AO – sog. Förder- oder Spendensammelkörperschaft – siehe Kapitel 2.1.2 *Freundeskreis und Förderverein – starke Partner für Ihren guten Zweck*).

Spenden ins Ausland steuerlich absetzbar

Um eine Spende an eine ausländische gemeinnützige Organisation in Deutschland steuerlich abzusetzen, bedarf es einer Zuwendungsbestätigung, die von einer deutschen (gemeinnützigen) Organisation ausgestellt ist. *TRANSNATIONAL GIVING (TG)* – früher *Maecenata International (MINT)* – arbeitet mit dem Netzwerk *Transnational Giving Europe* zusammen, um sich in jedem Einzelfall von der Gemeinnützigkeit der ausländischen Empfängerorganisation zu überzeugen. Wer seine Zuwendung an die ausländische Organisation über *TG* leitet, bekommt nun von *TG* die Zuwendungsbestätigung. Das funktioniert auch umgekehrt aus dem Ausland nach Deutschland **www.maecenata.eu/ actuelles-international**).

— Tipp: Übungsleiter- und Ehrenamtspauschale zurück spenden ————————

Wer sein Übungsleiterhonorar oder sein Entgelt für seine ehrenamtliche Tätigkeit zurück spendet, kann eine Zuwendungsbestätigung über diesen Betrag erhalten. Im Rahmen der steuerfreien Übungsleiterpauschale, § 3 Nr. 26 EStG oder Ehrenamtspauschale, § 3 Nr. 26a EStG hat er dadurch im Ergebnis eine steuerliche Entlastung (siehe dazu im Kapitel 2.1.8 Zeitspenden von Freiwilligen – wertvoller als Geld).

Im Zweifelsfall müssen Sie Ihren Kopf hinhalten: Haftung

„Wer vorsätzlich oder grob fahrlässig eine unrichtige Bestätigung ausstellt oder wer veranlasst, dass Zuwendungen nicht zu den in der Bestätigung angegebenen steuerbegünstigten Zwecken verwendet werden, haftet für die entgangene Steuer. Diese ist mit 30 Prozent (bei der Gewerbesteuer mit zehn Prozent) des zugewendeten Betrags anzusetzen" (§ 10 b Abs. 4 EStG, § 9 Nr. 5 GewStG). In der Regel haften die unterschreibenden Vorstände. Missbrauch im Zusammenhang mit der Ausstellung von Zuwendungsbestätigungen kann zum Verlust der Gemeinnützigkeit führen.

Darauf müssen Sie achten: Zeitnahe Verwendung von Spenden

Spenden müssen (anders als Zuwendungen zum Kapitalstock einer Stiftung) zeitnah verwendet werden. Das heißt, sie sind nach dem Eingang spätestens im zweiten, darauf folgenden Jahr zweckentsprechend auszugeben.

Ein wichtiges Argument für die Spender: Steuerliche Begünstigung

Bis zu einer Höhe von 20 Prozent des Gesamtbetrags der Einkünfte von Privatpersonen oder von vier Promille der Summe der gesamten Unternehmensumsätze plus der im Kalenderjahr aufgewendeten Löhne und Gehälter können Spenden von der Steuer abgesetzt werden (§ 10 b Abs. 1 EstG). Spenden, die diese Höchstbeträge übersteigen und im Veranlagungszeitraum nicht berücksichtigt werden können, sind in den folgenden zehn Veranlagungszeiträumen als Sonderausgaben abziehbar.

Bis zu einer Million Euro kann einmalig zur Kapitalausstattung einer Stiftung (auch verteilt über einen Zehn-Jahres-Zeitraum) steuerlich geltend gemacht werden. Ehepaare haben diese Möglichkeit zweimal. Außerdem entfällt die Erbschaftssteuer, wenn Sie ererbte oder geschenkte Vermögensgegenstände innerhalb von zwei Jahren einer Stiftung zuwenden.

Steuervorteile für Spenden (und Ehrenämter) können auf Antrag als Freibetrag in die Steuerkarte eingetragen werden. Dann zahlen Sie schon bei der Gehaltsabrechnung weniger Steuern (siehe im Kapitel 2.1.8 *Zeitspenden von Freiwilligen – wertvoller als Geld*). Weitere Tipps zum Spendenrecht enthalten Steuertipp-Broschüren, die von fast allen Länder-Finanzministerien und von den größeren Sportverbänden als Print oder als Download angeboten werden (siehe auch **www.buergergesellschaft.de**).

— Tipp: Wann sind öffentliche Zuschüsse zu versteuern? ————————

Entgeltlicher Leistungsaustausch ist Umsatzsteuer pflichtig. Auf die Bezeichnung kommt es nicht an. Wenn der Betreiber eines Schwimmbades von der Kommune einen Zuschuss erhält, fällt keine Umsatzsteuer an, weil der Betreiber seine Leistung nicht der Kommune gegenüber sondern für die Badenden erbringt. Das öffentliche Interesse an der Leistung reicht nicht aus, um einen Leistungsaustausch zu begründen.

Anders bei einem Zuschuss an einen Verein, dessen Satzungszweck ist, ein Stadtjubiläum durchzuführen. Diese Leistung wird gegenüber der Stadt erbracht. Also liegt ein Leistungsaustausch vor. Somit tritt Umsatzsteuer-Pflicht ein. Beruhen die Leistungen auf einem gegenseitigen Vertrag, liegt immer Leistungsaustausch vor.

4.4 Das rechtliche Umfeld des Fundraising

Alexander Gregory

- Vereinsrecht – der Vorstand haftet häufig persönlich
- Datenschutz – die Spender erwarten uneingeschränkte Sicherheit für ihrer Daten
- Urheberschutz bei Grafik und Foto – Beugen Sie einer Abmahnung vor
- Verweise bei Steuerfragen

Vereinsrecht – Der Vorstand haftet häufig persönlich

Viele Engagierte in Vereinen sind sich nicht bewusst, in wie weit sie persönlich bei Gesetzesverstößen verantwortlich gemacht werden können und sogar mit ihrem privaten Vermögen haften. Das betrifft viele Aktivitäten der haupt- und ehrenamtlichen Mitarbeiter einer Organisation. Da etwa im Fundraising mit hochsensiblen Daten der Spender gearbeitet wird (auch mit Kontodaten), ist hier eine hohe Sorgfalt notwendig. Das Vereinsrecht ist – zumal für ehrenamtliche Vorstände – ein Feld, auf dem Sie ständig hinzulernen müssen.

Dokumentierte Regelungen und Absprachen und transparente Abläufe sind die Voraussetzung sowohl für ein erfolgreiches Fundraising, als auch für ein rechtssicheres Arbeiten. Fortbildungen dazu werden in vielen Städten angeboten, etwa in München von den (institutionellen) Mitherausgebern dieses Buches **www.ebw-muenchen.de** und **www.ibpro.de**.

— **Buchtipp** —————————————————————————————

IBPro e.V. (Hg.) / U Köllner / D. Harant (Autoren), **Vereinspraxis**, incl. CD-ROM mit Vereinssoftware und Mustertexten. Aus dem Inhalt: Vereinsgründung, Rechtsform und Vereinsorgane, Steuern und Gemeinnützigkeit, Rechnungslegung, Arbeitgeberpflichten, Arbeitsverträge und Versicherungen, EDV im Verein, Öffentlichkeitsarbeit, Spenden, Sponsoring, Rücklagen, Aufwandsentschädigung, Haftungsfragen, Auflösung, Konkurs etc. 5. Auflage 2013, 210 S., 19 Euro, AG SPAK Bücher ISBN 3-923126-94-8, **www.agspak-buecher.de**

Datenschutz – Die Spender erwarten uneingeschränkte Sicherheit für ihrer Daten

Im Fundraising ist es ein Ziel, möglichst genaue Daten von seinen Spendern zu erhalten, um sie optimal betreuen zu können. Neben den Kontaktinformationen werden sensible Daten, beispielsweise Geburtstage, Telefonnummern, E-Mail Adressen, Spendenverhalten, Spendenhäufigkeit, familiäre Verbindungen, Bankverbindungen und Ähnliches gesammelt. Um diese Daten zu schützen, gibt es in Deutschland mehrmals verschärfte Datenschutzbestimmungen. In folgender Checkliste bekommen Sie einen Überblick über die wichtigsten Vorgaben.

Checkliste 82: Wichtige Grundsätze des Datenschutzrechts

Personenbezogene Daten (nicht anonymisierte bzw. über bekanntes Pseudonym, Telefonnummer, E-Mail-Adresse, IP-Adresse, Personalnummer einer Person zuzuordnende) dürfen nur dann verarbeitet oder genutzt werden, wenn ein Gesetz dies erlaubt oder der Betroffene vorher eingewilligt hat. Dieser Schutz gilt nicht für juristische Personen (Vereine, GmbHs etc.).

Die listenmäßige Zusammenfassung von Grunddaten über eine Personengruppe (z.B. Abonnenten eines Rundbriefes) ist erlaubt, solange kein Widerspruch erfolgt. Zu den Grunddaten zählen z.B. die Zugehörigkeit zu Personengruppen, Namen, Titel, akademische Grade, Post- und E-Mail-Anschrift, Telefon- und Faxnummer, Geburtsjahr, Berufs-, Branchen- und Geschäftsbezeichnungen.

Der Beitritt zu einem Verein gilt z.B. als Einwilligung, dass alle Grunddaten über das neue Mitglied gespeichert werden, sowie diejenigen, die für die Erfüllung des Vereinszweckes erforderlich sind (Eintrittsdatum, Bankverbindung, vereinsspezifische Informationen etc.).

Die Bestellung von Informationsmaterial bei einer Organisation gilt als Einwilligung, alle Daten zu speichern, die erforderlich sind, um auch künftig Informationen übermitteln zu können.

Es dürfen nur diejenigen Daten erhoben, verarbeitet und genutzt werden, die für die Erfüllung der jeweiligen Aufgabe konkret gebraucht werden.

Daten dürfen nur für denjenigen Zweck verarbeitet (gespeichert, verändert, übermittelt) oder genutzt werden, für den sie erhoben werden.

Insbesondere die Verknüpfung von Daten der gleichen Person, die rechtmäßig aus verschiedenem Anlass erhoben wurden, ist nicht gestattet.

Das Datengeheimnis muss gewahrt werden; d.h. personenbezogene Daten dürfen nicht unbefugt verarbeitet oder genutzt werden.

Es müssen diejenigen technischen und organisatorischen Maßnahmen getroffen werden, die erforderlich sind, um die Einhaltung dieser Grundsätze zu gewährleisten.

Jedes Unternehmen, das bei automatisierter Datenverarbeitung mindestens zehn Arbeitnehmer beschäftigt, muss einen Datenschutzbeauftragten bestellen, der sicherstellt, dass die Datenschutzbestimmungen beachtet werden. Ihm unterliegt z.B. bei der Erhebung besonders geschützter Daten über rassische und ethnische Herkunft, die politische Meinung, religiöse oder philosophische Überzeugungen, die Gewerkschaftszugehörigkeit, die Gesundheit und das Sexualleben die Vorabkontrolle vor Beginn der Datenverarbeitung.

Die betroffenen Personen können (außer im Falle gültiger Verträge) ihre Zustimmung zur Verwendung ihrer Daten (z.B. Weiterleitung an Dritte) jederzeit rückgängig machen. Sie haben kostenlos ein Recht auf Auskunft über Quelle, Inhalt und Weitergabe ihrer Daten und können sie bei Unkorrektheiten berichtigen, sperren und löschen lassen. Außerdem können sie sich bei den zuständigen Stellen beschweren.

Wichtig ist die Kontrolle des Datenschutzes durch den Betroffenen selbst. Er weiß am besten, wo überall seine Daten gespeichert sein könnten. Durch die Wahrnehmung seines Auskunftsrechtes hat er die Möglichkeit, denkbare Verstöße gegen Datenschutzvorschriften festzustellen. So kann er der Verwendung seiner Daten für Zecke der Werbung oder der Markt- und Meinungsforschung widersprechen – am besten sofort dann, wenn er seine persönlichen Daten erstmals gegenüber Geschäftspartnern angibt, aber auch noch jederzeit später.

Wer allerdings seiner Eintragung ins Telefonbuch nicht widerspricht, darf sich nicht wundern, wenn er immer wieder Werbung bekommt. Denn Sie als Spenden werbende Organisationen können sich die Daten ganz legal daraus holen, da es sich um ein öffentliches Kundenverzeichnis handelt. Das gleiche gilt für alle allgemein zugänglichen Quellen, wie Zeitungen, Handelsregister, Nachschlagewerke.

── **Tipp:** *Robinson-Liste* **beachten** ──────────────────

In die *Robinson-Liste* des *Deutschen Dialogmarketing-Verbandes (DDV)* lassen sich alle die eintragen, die wollen, dass ihre Anschrift nicht für Werbung verwendet wird. Antragsformulare gibt es beim DDV Robinson-Liste **www.ddv.de**. Sie als Spenden werbende Organisation sollten daher darauf achten, dass Sie fremde (angemietete) Adressen nur dann verwenden, wenn diese mit der *Robinson-Liste* abgeglichen sind.

Schon in Ihrem eigenen Interesse sollten Sie mit Spenderdaten vorsichtig umgehen und über Ihre internen hohen Datenschutz-Standards Transparenz herstellen, also sie nach außen kommunizieren (sie etwa auf Ihrer Website darstellen). Spender registrieren und schätzen es, dass Sie mit ihren Daten ordentlich umgehen. Wenn Sie das garantieren (können), haben Sie einen Wettbewerbsvorteil gegenüber Organisationen, die diese Garantie nicht geben (können).

── **Tipp: Links zum Datenschutz** ──────────────────
www.datenschutz.de
www.bfd.bund.de

Urheberschutz bei Grafik und Foto – beugen Sie einer Abmahnung vor

Für Ihre Spendenwerbung auf Flyer, Newsletter, Webseite ... sollten Sie nach Möglichkeit Fotos aus Ihren eigenen Projekten verwenden. Nur mit diesen können Sie eine emotionale Brücke zu den Herzen Ihrer Spender herstellen. Die Suche nach passenden Bildern im Internet ist mühsam. Den Themen- und Füll-Fotos, die man dort findet, sieht man ihre Herkunft an. Sie wirken immer etwas deplatziert. Außerdem ist bei Fotos und Grafiken aus dem Internet der Urheberschutz zu beachten. Sie müssen den Rechteinhaber ermitteln und die Genehmigung zur Nutzung einholen. Dafür fallen dann möglicherweise Kosten an. Und wer bei der nicht genehmigten Nutzung erwischt wird, riskiert hohe Abmahngebühren.

Auch die Verwendung definitiv kostenloser Bilder und Grafiken aus dem Internet, etwa von *Wikimedia Commons, flickr, Death to the Stock, Unsplash, Little Visuals* und anderen, ist nicht bedingungslos. Viele solcher kostenlosen Bilderdatenbanken nutzen das Lizenzmodell „Creative Commons". Dabei erlaubt der Urheber die Nutzung seines Werkes unter Auflagen, wie

„BY"=Namensnennung, „ND-Non Derivate"=Verbot der Veränderung und Bearbeitung oder „SA-Share Alike"=Weitergabe unter gleichen Bedingungen. Bilder mit der Auflage: „NC-Non Commercial"=Verbot der kommerziellen Nutzung können gemeinwohlorientierte Organisationen nicht verwenden, da sie in diesem Sinne kommerzielle Nutzer sind!

Verweise bei Steuerfragen

Eine gemeinnützige Organisation, welche Spenden, Sponsoringzuwendungen und Fördermittel einwirbt, unterliegt verschiedensten steuerrechtlichen Vorgaben. Entsprechende Hinweise finden Sie in den Beschreibungen einzelner Instrumente und Prozesse in den einzelnen Kapiteln dieses Buches, insbesondere in:

2.1.2   *Freundeskreis und Förderverein – starke Partner für Ihren guten Zweck*
2.1.5   *Benefizevents – Spendensammeln mit hohem Unterhaltungswert*
2.1.8   *Zeitspenden von Freiwilligen – wertvoller als Geld*
2.2.1   *Unternehmenskooperation – mehr als Sponsoring*
2.2.5   *Erben für einen guten Zweck – Letztwillige Verfügungen*
2.2.6   *Geld verdienen für den guten Zweck – eigenwirtschaftliche Betätigung*
2.2.9   *Gründen Sie selbst eine Stiftung*
3.2.1   *Lokale und regionale Fördermöglichkeiten der öffentlichen Hand*
4.3   *Zuwendungen und Kontakte professionell und rechtssicher verwalten*

Bei Verstößen gegen die rechtlichen Vorgaben droht Ihrer Organisation im schlechtesten Fall die Aberkennung des gemeinnützigen Status. Zudem können die Verantwortlichen bei steuerlichen Nachforderungen zum Teil persönlich haftbar gemacht werden. Vor diesem Hintergrund empfiehlt es sich, sich von Steuerprofis unterstützen zu lassen. Die Kosten für einen Steuerberater sind meist gar nicht so hoch. Vielleicht haben Sie aber auch im Unterstützerumfeld jemanden mit dem notwendigen Fachwissen, der für Sie ehrenamtlich das Thema übernimmt.

— **Literaturtipps** ————————————————————————————

Viele nützliche Informationen finden sich in den zumeist kostenlosen Broschüren zur Steuerpflicht gemeinnütziger Vereine, die von den Finanzministerien von Bund und Ländern herausgegeben werden wie: „Vereine, Sport und Steuern" **www.bundesfinanzministerium.de**.
– „Steuertipps für Vereine", *Bayerisches Staatsministerium der Finanzen* **www.stmf.bayern.de**.
– „Rechtswegweiser zum Vereinsrecht" **www.justiz.baden-wuerttemberg.de/Broschüren**

4.5 Eine Frage der Ethik – Spenderschutz und Spendenaufsicht

Heike Chr. Davidson

- Fundraisings ist Vertrauenssache
- Ehrlichkeit und Transparenz – gerade auch bei Fehlern
- Datenschutz – für Spender in Deutschland besonders wichtig
- Siegel, Zertifikate und Verbandsvorgaben – Entscheidungshilfen für Ihre Spender
- Einige wichtige Dachverbände
- Zusammenarbeit mit dem Finanzamt

Fundraising ist Vertrauenssache

Am Anfang jedes Fundraisings steht das Vertrauen: Menschen vertrauen einer Wohlfahrtsorganisation bestimmte Güter an, damit diese ihrem Auftrag nachkommen kann. Es ist Aufgabe der Organisation, dieses Vertrauen zu rechtfertigen. Dies geschieht, indem sie ihre Satzungszwecke erfüllt und die von ihr proklamierten Projekte realisiert, entsprechend der juristischen, buchhalterischen und moralischen Vorgaben. Ebenso vertraut die Social-Profit-Organisation (SPO) den Spendern, dass sie ihre Gabe aus lauteren Motiven heraus geben – und nicht, um etwa Geld gegenüber den Finanzämtern zu „waschen". Auch gegenüber den prüfenden Ämtern und Behörden besteht bestenfalls ein gegenseitiges Vertrauensverhältnis.

Auch der Fundraiser leistet seine Arbeit letztlich im Vertrauen, dass sowohl bei den Gebern als auch bei seiner Organisation Ehrlichkeit und Verantwortungsbewusstsein das Handeln bestimmt. Selbstverständlich stellen auch die Öffentlichkeit, die einzelnen Spender und die SPOs einen hohen Wertekodex an die Fundraiser, welchen es jederzeit im professionellen Spendensammeln zu bestätigen gilt. Gegenseitiges Vertrauen ist damit die entscheidende Basis des Fundraisings.

Für alle Wohlfahrtsorganisationen gilt daher: Glaubwürdigkeit ist das höchste Gut. Verliert es eine SPO gegenüber ihren Spendern, der Öffentlichkeit oder ihren Mitarbeitern, wird sie sich in Zukunft schwer tun, ihre Arbeit überhaupt fortsetzen zu können. Insofern lohnt es sich immer und unter allen Umständen, das gegenseitige Vertrauen zu rechtfertigen.

Transparenz schafft Vertrauen

Für eine SPO ist es von Vorteil, in Sachen Vertrauen in Vorleistung zu treten. Zum Beispiel, in dem sie ihren Jahresbericht veröffentlicht und ihre Bilanz offenlegt. Dies würdigt der (potenzielle) Spender, selbst wenn die Abrechnung nicht ganz positiv ausfällt. Hier zeigt sich: Mut zur Offenlegung der Tatsachen und Ehrlichkeit ist mehr wert als alles Geld der Welt. Glaubwürdig ist eine SPO dann, wenn sie das in sie gesetzte Vertrauen rechtfertigt und den juristischen und moralischen Ansprüchen genügt. Das bedeutet, sie orientiert sich an den gesetzlichen Vorgaben – insbesondere des Grundgesetzes, des Bürgerlichen Gesetzbuches, der Finanzverwaltung, der Buchhaltung und besonders des Datenschutzes in jedem Bereich ihrer Organisation und bei der Realisierung ihrer Wohlfahrtsziele.

— **Tipp: Hohe ethische Ansprüche zahlen sich aus** —————————————

Lieber strengere ethische Maßstäbe anlegen als unbedingt gefordert.
Das schätzt der Spender wert.

Ehrlichkeit und Transparenz gerade auch bei Fehlern

In jedem Auftreten der SPO gilt das Ehrlichkeitsgebot. Sowohl mündlich als auch schriftlich ist Ehrlichkeit das absolute Muss. So sind etwa Testimonials oder emotionale Geschichten immer auf ihre Echtheit zu überprüfen, besonders, wenn diese in Flyern, Spendenbriefen oder auf der Homepage veröffentlicht werden. Auch intern ist ein ehrlicher Umgang mit den Mitarbeitern geboten. Wenn die Organisation einen Fehler begangen hat, ist zeitnahe, ehrliche Aufklärung die beste Reaktion. Der transparente Umgang in der Öffentlichkeit, die rasche Behebung des Problems und die Einrichtung künftiger Schutzmaßnahmen werden positiv gewertet. Siehe auch Kapitel 1.3 *Kein Fundraising ohne Öffentlichkeitsarbeit*.

Datenschutz – für Spender in Deutschland besonders wichtig

In Deutschland wird ein besonderes Augenmerk auf den Datenschutz gelegt. Deshalb ist die Sensibilität der Spender ernst zunehmen. Ihre Rechte an den eigenen Daten sind zu gewährleisten. Dies gilt sowohl für schriftliche, digitale als auch bildnerische Daten. Eine SPO darf die Daten ihrer Geber erst dann verwenden, wenn eine Erlaubnis hierfür vorliegt. Wenn zum Beispiel bei einer Geldüberweisung die Adresse freiwillig übermittelt wurde, um etwa eine Zuwendungsbestätigung postalisch zugestellt zu bekommen, darf diese in die Datenbank der Organisation aufgenommen werden und auch für weitere Fundraisingmaßnahmen genutzt werden. Die Verwendung von gemieteten Adressen ist auf das angegebene Projekt beschränkt. Wünscht ein Unterstützer das Löschen seiner Daten, ist dies unter allen Umständen zu realisieren.

Die SPO muss auch intern auf den Datenschutz achten. So ist sie verpflichtet, die Daten vor Zugriffen Fremder oder nicht berechtigter Mitarbeiter zu schützen. Selbstverständlich sind alle Mitarbeiter auf ihre Verschwiegenheit zu verpflichten. Ein schriftlicher Arbeitsvertrag ist hierfür auch bei ehrenamtlichen Mitarbeitern sinnvoll (weitere Hinweise zum Datenschutz siehe im Kapitel 4.4 *Das rechtliche Umfeld des Fundraising*).

Siegel, Zertifikate und Verbandsvorgaben
– Entscheidungshilfen für Ihre Spender

Im Volksmund gilt häufig die Devise: Vertrauen ist gut – Kontrolle ist besser. Diese Bemerkung lässt sich nicht ohne weiteres auf das Fundraising übertragen, weil hier das Vertrauen immer noch sehr hoch ist. Doch wächst der Wunsch nach Kontrolle. Durch einzelne Skandale und wenige „schwarze Schafe" auf dem Spendenmarkt ist die Öffentlichkeit heute stärker an Kontrollmaßnahmen interessiert. So hat sich neben der staatlichen Sammlungsaufsicht (in Baden-Württemberg, Thüringen, Saarland und Rheinland-Pfalz), den Finanzämtern und der Stiftungsaufsicht ein regelrechter Markt an „Kontrolleuren" etabliert. Der wichtigste Akteur ist hierbei natürlich die Presse. Wird in den Medien von einem Problem oder sogar von einer Misswirtschaft berichtet, schadet es meist der gesamten Wohlfahrtspflege. Andererseits können positive Berichterstattungen auch eine Art Ritterschlag für die SPO bedeuten – leider geschieht dies nur selten.

Eine wichtige Kontrollfunktion haben auch Dachverbände. Sie legen an ihre Mitgliedsorganisationen hohe ethische Maßstäbe an und haben sich extra Regeln auferlegt, die jedes Mitglied zu erfüllen hat und welche auch regelmäßig überprüft werden.

Wirkt-Siegel von PHINEO

PHINEO analysiert Organisationen auf ihre Wirksamkeit. Die besten erhalten das *Wirkt-Siegel*, das einzige kostenfreie Spendensiegel in Deutschland, das auf einer Prüfung beruht, sowie ein Preisgeld, Workshops und Coachings: **www.phineo.org**

Initiative Transparente Zivilgesellschaft (ITZ)

Mit der (ebenfalls kostenlosen) Teilnahme an der *Initiative Transparente Zivilgesellschaft von Transparency International Deutschland e.V.* **www.transparency.de** verpflichten Organisationen sich zu vollständiger Transparenz und legen offen, welchen Tätigkeiten sie nachkommen, woher ihre Mittel stammen, wie sie verwendet werden und wer die Entscheidungsträger sind.

DZI – Deutsches Zentralinstitut für soziale Fragen

Das *DZI* ist – trotz seines amtlich klingenden Namens – eine private Institution. Es dokumentiert in seinem nachfrage-orientiert geführten Wohlfahrtsarchiv Spendenorganisationen des sozialen, insbesondere humanitär-karitativen Bereichs. Die Informationen werden wissenschaftlich ausgewertet. Auf dieser Basis beantwortet das *DZI* Anfragen von Privatpersonen, Unternehmen, Behörden und Medien. Zu grundsätzlichen Themen, die hierbei immer wieder genannt werden, bietet das *DZI* Hintergrundwissen **www.dzi.de**.

Das *DZI* vergibt ein so genanntes *Spendensiegel* auf Antrag an überregional Spenden sammelnde Organisationen. Das Siegel ist kostenpflichtig und rechnet sich daher nicht unbedingt für (kleinere) Organisationen. Beispiel: *GoAhead* – eine Organisation, die Entwicklungshilfeprojekte in Südafrika unterstützt – entschied sich gegen eine Beantragung des *DZI-Siegels*. Sie hätten dafür im ersten Jahr 1.900 Euro, sowie jährlich mindestens 500 Euro plus

0,035 Prozent der Gesamteinnahmen zahlen müssen. Mit 1.900 Euro könnten sie das Training für 30 Child Care Worker am Learning Center in KwaZulu Natal finanzieren.

Das DZI hält angemessene Werbe- und Verwaltungsausgaben ausdrücklich nicht für überflüssig. Prüfkriterien des DZI sind:

– wahre, eindeutige und sachliche Werbung in Wort und Bild,
– nachprüfbare, sparsame und satzungsgemäße Verwendung der Mittel unter Beachtung der einschlägigen steuerrechtlichen Vorschriften,
– eindeutige und nachvollziehbare Rechnungslegung,
– Prüfung der Jahresrechnung und entsprechende Vorlage beim DZI,
– interne Überwachung des Leitungsgremiums durch ein unabhängiges Aufsichtsorgan,
– grundsätzlich keine Prämien, Provisionen oder Erfolgsbeteiligungen für die Vermittlung von Spenden.

Das DZI warnt potenzielle Spender vor den Organisationen, die gegen Auflagen verstoßen haben oder der Bitte um Offenlegung ihrer Arbeit nicht nachgekommen sind.

Deutscher Spendenrat e.V.

Der *Deutsche Spendenrat* ist die Interessengemeinschaft gemeinnütziger Organisationen für das Spendenwesen und setzt auf Selbstverpflichtung seiner Mitglieder **www.spendenrat.de**. Der *Spendenrat* hält einen aus Spendenmitteln finanzierten, aufwändigen Verwaltungsapparat zur Überprüfung aller Spenden sammelnden Organisationen für nicht vertretbar. Er geht vorgebrachten Beschwerden von Betroffenen nach und erteilt gegebenenfalls eine Missbilligung oder den Vereinsausschluss. Die Selbstverpflichtung geht noch weit über die DZI-Prüfkriterien hinaus. Der Spendenrat hält die Publizitätsauflagen für Stiftungen in Deutschland nicht für ausreichend und tritt dafür ein, dass die Stiftungen mehr Transparenz zeigen und ihre Effizienz offenlegen:

– rechtliche Verhältnisse und wesentliche vertragliche Verbindungen mit Dritten,
– Information zu den Werbe- und Verwaltungskosten,
– die Behandlung projekt- bzw. zweckgebundener Spenden; Spendenweiterleitungen,
– Darstellung der Personalstruktur, Informationen zur Mitarbeitervergütung, Provisionszahlungen und Erfolgsbeteiligungen für Mitarbeiter.

Bei kleinen Organisationen mit einem Mittelzufluss bis 250.000 Euro erfolgt eine Prüfung durch organisationsinterne Kassenprüfer/Revisoren. Bei den anderen Organisationen mit einem Mittelzufluss bis einschließlich 1.000.000 Euro ist der Abschluss durch einen Steuerberater/Wirtschaftsprüfer zu prüfen. Hier wird als Ergebnis der Prüfung eine Bescheinigung erwartet. Bei einem Mittelzufluss über 1.000.000 Euro wird als Ergebnis der Prüfung ein Bestätigungsvermerk gefordert. Die Mitgliedschaft kostet 0,025 Prozent der Einnahmen im Jahr – mindestens 130 Euro.

Einige wichtige Dachverbände

Deutscher Fundraising Verband e.V.

Wenn das Fundraising einer Spenden sammelnden Organisation in der Hand von Mitgliedern des Berufsverbandes der deutschen Fundraiser liegt, ist dies für die Organisation ein Pluspunkt. Denn diese haben sich bestimmten ethischen Grundregeln unterworfen, siehe **www.fundraising-verband.de**.

AEM – Arbeitsgemeinschaft Evangelikaler Missionen / DEA – Deutsche Evangelische Allianz www.aem.de

Beide Organisationen sind sehr eng miteinander verbunden und prüfen ausschließlich evangelikale Missions- und Hilfswerke. Sie vergeben gemeinsam ein Spendensiegel. Ihre Richtlinien sind in Anlehnung an die des DZI entstanden.

Auf europäischer Ebene sind unter anderem folgende Verbände aktiv:

Das *europäische Spendensiegel* **www.eu-spendensiegel.de** , die ZEWO, die dem DZI entsprechende Schweizer Einrichtung **www.zewo.ch** und das *Österreichische Spendengütesiegel* **www.osgs.at**

Berufsübergreifende Verbände sind unter anderem:

– Die *Wettbewerbszentrale* zur Bekämpfung des unlauteren Wettbewerbs ist der Zusammenschluss von Industrie- und Handelskammern, Handwerkskammern und Verbänden. Sie bearbeitet 20.000 Beschwerdefälle pro Jahr **www.wettbewerbszentrale.de**.

– Der *Deutsche Presserat* in Bonn ist die freiwillige Selbstkontrolleinrichtung der gedruckten Medien. Er wendet sich gegen die Gefährdung der freien Information und Meinungsbildung der Bürger **www.presserat.de**.

– Der *Deutsche Werberat* in Bonn ist die Selbstkontrolleinrichtung der deutschen Werbewirtschaft **www.werberat.de**.

Die Mitgliedschaft bei solchen Dachorganisationen ist für die SPOs meist kostenpflichtig und erfordert zum Teil einen hohen Arbeitsaufwand. Dieser rechnet sich bei großen Organisationen. Bei kleineren Organisationen will eine Mitgliedschaft gut überlegt sein, ob der Aufwand sich tatsächlich lohnt. Das Plus an Glaubwürdigkeit, welches eine entsprechende Mitgliedschaft mit sich bringt, ist viel wert. Doch bei kleineren Organisationen kann der direkte Draht zum Spender und den staatlichen Kontrolleuren dieses Plus auch kompensieren.

— **Tipp: Man muss nicht Mitglied sein, um sich an bestimmten Vorgaben zu orientieren** ——

Halten sie sich mit der eigenen Organisation an die Richtlinien des Spendenrats, des *Fundraising Verbandes*, des *DZI* und des *AEMs* – auch wenn sie dort nicht Mitglied sind.

Zusammenarbeit mit dem Finanzamt

Über die Anerkennung einer steuerbegünstigten Körperschaft entscheidet das Finanzamt nach Überprüfung der Satzung, ihrer späteren Änderungen und der tatsächlichen Geschäftsführung. Die Überprüfung erfolgt jährlich, wenn der Verein wegen eines wirtschaftlichen Geschäftsbetriebes körperschaftssteuerpflichtig ist, sonst in der Regel in einem dreijährigen Turnus. Die Anerkennung erfolgt im Freistellungsbescheid. Eine vertrauensvolle Zusammenarbeit mit der Finanzbehörde ist für jede Wohlfahrtsorganisation empfehlenswert. Denn so können mögliche Konflikte noch vor deren Eintreten leicht behoben werden.

— Tipp: Proaktiver Kontakt zum Finanzamt

Es ist durchaus sinnvoll, bei hohen Ausgaben zugunsten der Verwaltung oder für Werbezwecke das Finanzamt zu kontaktieren, bevor dieses seine turnusgemäße Überprüfung startet. Denn ein möglicher Verlust der Gemeinnützigkeit ist für die SPO weit teurer und ein kaum mehr zu behebender Imageschaden als es eine kurzfristige Werbekampagne oder die Errichtung eines neuen Verwaltungsgebäudes jemals wettmachen kann.

Auch wenn die Überprüfung der Geschäftsführung durch das Finanzamt in der Praxis nicht besonders streng erscheint, ist sie für jede SPO von großer Bedeutung. Das Finanzamt prüft meist nur dann mehr als die im Drei-Jahres-Turnus angeforderten Unterlagen über die Rechnungslegung, wenn es Informationen bekommt, dass etwa die Verwendung der Zuwendungen nicht satzungsgemäß erfolgte.

Teil 5

Fundraising
in bestimmten Branchen

Die meisten in diesem Buch vorgestellten Strategien und Instrumente gelten übergreifend für alle Branchen, die sich für das Gemeinwohl engagieren. Aber es gibt für bestimmte Branchen auch Besonderheiten. Beispielsweise sind für Schulen und Hochschulen die ehemaligen Schüler und Studenten (die so genannten Alumni) eine besonders wichtige Zielgruppe. Im Teil 5 geben Experten aus folgenden Branchen Einblick in Ihre Fundraisingerfahrungen: Schulen, Hochschulen, Gesundheitswesen, Kulturbereich, Kirchen, Museen und politische Bildung.

Kapitelübersicht

5.1 Fundraising für Schulen

Wolfgang Mayer

- Schulbildung ist ein aktuelles Brennpunktthema
- Keine Lösung für Haushaltsprobleme, aber Finanzierung von strategischen Projekten
- Fundraising verändert Schulen
- Wer sind die Förderpartner?
- Erfolgversprechende Formen von Schul-Fundraising
- Altschüler sind das soziale Kapital einer Schule
- Gute Schulen haben gute Fördervereine
- Neue Partnerschaften mit Unternehmen

Schulbildung ist ein aktuelles Brennpunktthema

Die PISA-Schockwellen, der Reformdruck und die gesellschaftliche Bildungsdebatte haben zu erheblichen Veränderungen, Innovationen und Verbesserungen in Schulen geführt. Heute ist Bildung ein vieldiskutiertes Schlüsselthema. Jeder ist dafür, dass mehr für eine qualitativ gute Bildung investiert wird. Es sind aber eher die Unternehmen, die ihre Mittel für Sponsoring erhöhen und Stiftungen, die Bildung und Erziehung großzügig fördern. Großzügige Privatspenden für Schulbildung sind dagegen immer noch selten in Deutschland. Das philanthropische Engagement für Bildung rangierte in den vergangenen Jahren in der deutschen Hitparade der Spendenzwecke auf einem hinteren Platz.

Dies obwohl Dankbarkeit und Verbundenheit oft zu großzügigem Engagement für die eigene Schule führt. Hierbei spielen der prägende Einfluss von Lehrern und die positiven Erfahrungen in der Schulzeit, beispielsweise in der kulturellen Bildung oder in außerunterrichtlichen Arbeitsgemeinschaften, eine zentrale Rolle. Daran erinnert man sich ein Leben lang mit dankbarer Verbundenheit. Es sind die wertvollen Impulse, Akzente und das Vertrauen von Lehrern, die einem etwas für die ganze Person und das ganze Leben mitgeben. Ohne diese prägenden Begegnungen wäre das Leben anders verlaufen. Meistens nehmen das Interesse an und der Fokus auf die eigene Schule und Klassentreffen ab der vierten Lebensdekade deutlich zu – etwa 20 Jahre nach dem Abitur – nach der „Rushhour des Lebens" und nach der Familienphase sowie nach der Lebensmitte.

Keine Lösung für Haushaltsprobleme, aber Finanzierung von strategischen Projekten

Fundraising für Schulbildung ist noch ein relativ junges Phänomen in Deutschland. Es wird bei den Schulen in freier Trägerschaft und deren Fördervereinen schon länger als Pionierarbeit betrieben als bei staatlichen Schulen und deren

Fördervereinen. Fundraising kann die fehlende Grundfinanzierung bei freien Schulen nicht ausbalancieren und langfristige Strukturprobleme aufgrund von Unterfinanzierung nicht lösen. Vielmehr ermöglicht es mit komplementärer privater Kofinanzierung vielfältige Zusatzangebote, Extraprojekte und strategisch relevante Leuchtturmprojekte. Mit Hilfe von gut funktionierenden Netzwerken und Vereinigungen mit Förderern, Freunden und Partnern können erfolgreich ergänzende Mittel für attraktive Zukunftsprojekte eingeworben werden, um gute Schulen zu Spitzenschulen weiterzuentwickeln und Schule besser zu machen.

Es werden gegenwärtig vermehrt neue Finanzierungsmodelle und kreative Fundraising-Konzepte im Schulbereich entwickelt und umgesetzt, um neue Förderkooperationen und Allianzen zu erproben und private Förderpartner mit ihren Ressourcen einzubinden. Etwa ein Drittel der Gesamtfinanzierung von Großprojekten können als Drittmittel für strategisch relevante Vorhaben und Modernisierungen zusätzlich eingeworben werden. Doch strukturelle Haushaltsprobleme können damit nicht nachhaltig gelöst oder gar öffentliche Pflichtaufgaben übernommen werden.

Darüber hinaus verstärkt der Fundraising-Wettbewerb die Polarisierung im Schulsystem, da eher die sowieso schon privilegierten Schulen in bevorzugten Stadtteilen mit privaten Mitteln gefördert werden. Beispielsweise sind Unternehmen in ihrem Engagement bei bestimmten Schultypen eher zurückhaltend.

Immerhin verbessern sich gegenwärtig die Bedingungen für die schulische Drittmitteleinwerbung aufgrund der zunehmenden gesellschaftlichen Unterstützung im Umfeld von Schulen. Immer mehr Eltern sind bereit, mehr Geld in die schulische Bildung ihrer Kinder zu investieren. Darüber hinaus haben auch Unternehmen in der Region ein großes Interesse an gut qualifizierten Auszubildenden, Studenten und Fachkräften. Es geht zunächst darum, dass Schulen sich für private Kofinanziers (Privatpersonen, Wirtschaftsunternehmen und Stiftungen) öffnen, neue Kooperationen und Partnerschaften vereinbaren und gemeinsam den Standort stärken!

Fundraising verändert Schulen

Die Öffnung von Schulen ins Gemeinwesen hinein sowie der Aufbau und Ausbau von Fundraising-Partnerschaften lösen in der Schule Effekte und Diskurse in mehrfacher Hinsicht aus, und

Interner Diskurs	Externer Diskurs
• Öffnung nach innen • Identifikation • Institutional Readiness • Diskurs/Sensibilisierung • Einbindung/Konsens • Akzeptanz/Integration • Leitbild/Vision • Profilbildung • Positionierung • Interne Verankerung • Projektauswahl	• Öffnung nach außen • Öffentlichkeitsarbeit • Verankerung/Vernetzung in der Region • Offene Kommunikation • Kooperationen • Partnerschaften Netzwerke • Dialog mit Förderern • Dankkultur

es wird klar, dass dieser Prozess von Schulentwicklung gut gesteuert werden sollte.

Wer sind die Förderpartner?

Zu den Aufgaben eines strategischen Schul-Fundraising gehört neben einem attraktiven Projekt, das begeistert, eine umfassende Analyse, um geeignete und interessierte Förderpartner zu finden:

- Privatpersonen: Eltern, Altschüler, Altschülereltern und sonstige Freunde und Förderer im lokalen und regionalen Umfeld
- Unternehmen: lokale und regionale Firmen
- öffentliche Fördermittel und Zuschüsse auf der lokalen bis zur europäischen Ebene (wie *ERASMUS+*)
- Förderstiftungen mit passenden Stiftungszwecken (Bildung und Erziehung: so *Robert-Bosch-Stiftung, Stiftung Mercator*, Jugendstiftungen)
- sonstige Finanzierungsquellen (Bußgelder/Geldauflagen, Lotteriemittel, Service-Clubs und andere)

Erfolgversprechende Formen von Schul-Fundraising

Viele klassischen Fundraisinginstrumente lassen sich für das Fundraising im Schulbereich sehr gut einsetzen. Mit folgenden Instrumenten wurden besonders gute Erfahrungen gesammelt.

Checkliste 83: Instrumente für das Fundraising an Schulen

persönliche Ansprache und Face to Face-Gespräche
Alumni-Fundraising
Schulfördervereine (Mitgliedsbeiträge und Spenden)
Unternehmenskooperationen und Schulsponsoring
Spendenbriefe und Mailings als klassisches Instrument für Kleinspenden
Förderantrag (Förderstiftungen, öffentliche Stellen und andere)
Anlass-Spenden (etwa zum Abitur oder zu einem runden Abitur-Jubiläum)
Benefiz-Events (Sponsorenläufe, Auktionen, Tombola, Sportveranstaltungen, Konzerte, Feste, Lesungen, und Ähnliches)
Online-Fundraising und soziale Netzwerke (regionale Crowdfunding-Plattformen, Internetpräsenz mit Online-Spenden-Tool, Bildungsspenden-Portale – zum Beispiel **wwwbildungsspender.de**
kreative Ideen (beispielsweise Sockenverkauf für den Abiball oder die Klassenfahrt: **www.neuemasche.com**)
innovative Finanzprodukte und Wertpapiere: Bildungsfonds, Bildungsdarlehen, Sparbriefe, Genuss-Scheine und Ähnliches

Altschüler sind das soziale Kapital einer Schule

Die wichtigsten Förderpartner einer Schule sind die Alumni und deren Eltern. In den angelsächsischen Ländern leisten Alumni-Netzwerke einen erheblichen Beitrag zur Finanzierung „ihrer Schule". Hingegen spielen sie in Deutschland gegenwärtig meistens noch keine bedeutende Rolle, obwohl traditionsreiche Schulen hierfür erhebliches Potenzial bergen. Die Altschüler sind für die Schulen aufgrund der Verbundenheit und Zugehörigkeit ein wertvolles „soziales Kapital".

Wer nach einer langen Beziehungspause die ehemaligen Schüler per Spendenbrief um Geld fragt, bekommt meistens erst einmal eine Abfuhr. Es dauert viele Jahre und erfordert kontinuierliche Beziehungsarbeit, bis die Investitionen in die Beziehungs- und Bindungsarbeit in Form von regelmäßigen „Homecomings", Alumni-Klassentreffen, Veranstaltungen und kontinuierlicher Kommunikations- und Informationsarbeit (via Newsletter, Jahrbücher und Ähnliches) über die Schule die Spendierlaune steigern.

— Tipp: Mit diesen Maßnahmen können Sie ───────────────
Altschüler aktiv in das aktuelle Schulleben einbinden

Als Vorstand oder Beirat des Schulfördervereins, Übernahme von Stipendien, Auslobung von Schulpreisen, Alumni-Teams bei Sportveranstaltungen, Fachvorträge durch Altschüler, Unterstützung bei der Studien- und Berufsberatung, Vermittlung von Praktika und anderes.

Hierfür sind passgenaue Konzepte zur Bindung von Altschülern an einer Schule zu erstellen. Die Alumni-Arbeit beginnt nicht erst nach dem Abitur, sondern bereits am ersten Schultag. Grundlegend ist in der ersten Phase ein glaubwürdiges und lebendiges Friendraising, frühestens danach kann ein strukturiertes Fundraising zur Gewinnung von privaten Zuwendungen beginnen. Fazit: Friendraising kommt vor Fundraising!

Gute Schulen haben gute Fördervereine

Gute Schulen haben gut funktionierende Fördervereine als Kooperationspartner und Aushängeschild. Seit dem Gründungsboom in den 2000er Jahren sind die lokalen Schulfördervereine der strukturelle Rahmen für freiwillig Engagierte und spielen eine wichtige Rolle in der Schullandschaft sowie im Öffnungs- und Veränderungsprozess der Schulen. Meist ist der Förderverein ein gemeinnütziger e.V., dessen Ziel in der langfristigen finanziellen und ideellen Förderung der Schule besteht.

Zu seinen Aufgaben gehören vor allem, Beziehungen zu potenziellen Förderern aufzubauen und intensiv zu pflegen sowie Mitgliedsbeiträge, Elternspenden- und Sponsorengelder zu sammeln, um schulische Projekte zu unterstützen. Fördervereine können mit ihrer nicht zu unterschätzenden Mobilisierungs- und Aktivierungskraft große Veranstaltungen und Ereignisse organisieren, beispielsweise Benefizevents. In ihnen sammelt und vernetzt sich das zivilgesellschaftliche Engagement der Eltern, Altschüler, Förderer und Partner. Gerade bei Regelschulen hat ein Förderverein mehr (steuerrechtliche) Gestaltungsspielräume für das Fundraising als die Schulleitung.

Der *Erste Engagementbericht* der Bundesregierung macht deutlich, dass bürgerschaftliches Engagement in Deutschland über eine stabile Quote von 36 Prozent verfügt. Zu den beliebtesten Engagementfeldern bei den über 14-Jährigen gehört die Schule mit fast sieben Prozent. Beim bürgerschaftlichen Engagement der Unternehmen gilt der Bereich Erziehung, Kindergarten und Schule mit 75,3 Prozent sogar als bedeutendstes Tätigkeitsfeld und nimmt den Spitzenplatz ein.

Die Palette des schulischen Engagements ist sehr breit gefächert. So ist die Renovierung von Schulräumen durch Eltern infolge von Sanierungsstau und Finanzknappheit der kommunalen Schulträger längst keine Seltenheit mehr. Ehrenamtliche Initiativen leisten erhebliche Unterstützung an Ganztagsschulen, die unter Personalmangel leiden. Eltern kochen beispielsweise in der Mensa, sie betreiben die Cafeteria oder arbeiten in der Bibliotheks-Ausleihe mit. Das sind alles lobenswerte Vorbilder und Modelle. Allerdings bedeutet die Einführung und Integration von Ehrenamtlichen nicht nur eine Entlastung für die Schule, sondern auch einen zusätzlichen Organisationsaufwand.

Weitere Informationen zu Fördervereinen finden Sie in Kapitel 2.1.2

Neue Partnerschaften mit Unternehmen

In den vergangenen Jahren haben neue Kooperationsformen und Partnerschaften zwischen Schulen und Wirtschaftsunternehmen in allen Schularten erheblich an Bedeutung gewonnen. Primäres Ziel ist es, Schüler gezielter auf den Übergang in das Arbeitsleben vorzubereiten und ein Netzwerk von Bildungspartnerschaften zwischen Schulen und Unternehmen zu schaffen. Die Firmen haben die Zeichen der Zeit erkannt und positionieren sich als attraktive Arbeitgeber an der Schnittstelle zwischen Schule und Beruf. Die Nachwuchsgewinnung rückt daher angesichts des demografischen Wandels und des Fachkräftemangels in den Mittelpunkt: Das gezielte Werben um die begehrten jungen Absolventen hat begonnen. Neben der Rekrutierung am Übergang von Schule und Beruf spielt die Stärkung der ökonomischen, technischen und naturwissenschaftlichen Kompetenz eine weitere wichtige Rolle.

Der Bildungsbegriff darf vor diesem Hintergrund nicht verengt werden auf instrumentelle, kompetenzorientierte Ausbildung für Zwecke: Schule als Zubringer für die Wirtschaft, um mehr Fitness für den Job und die Arbeitswelt zu erzielen. Eine breit aufgestellte Bildung soll die jungen Menschen nicht nur auf vorgegebene Erwartungen, Interessen und Ziele hin entwickeln, sondern sie verfolgt den eigenständigen Auftrag, den Schülern bei der Selbstverwirklichung zu helfen. Bildung ist ein umfassender Prozess der Persönlichkeitsentwicklung: Sie zielt darauf, eigenständig denken, reflektieren, urteilen und entscheiden zu können.

— Tipp: Mehr Verbindlichkeit- Kooperationen schriftlich vereinbaren —

Die Zusammenarbeit der Kooperationspartner ist oft in einer schriftlichen Vereinbarung geregelt. Die Kooperationsformen reichen von Vorträgen, Wettbewerben, Praktikumsangeboten und Bewerbungstrainings über Betriebsbesichtigungen bis hin zur Vorstellung von Berufsbildern und Studiengängen. Dazu kommen die Unterstützung von Arbeitsgemeinschaften, die Ausstattung von Fachräumen mit Geräten und die Auslobung von Preisen. Oft wird eine mittelfristige (drei bis fünf Jahre) Laufzeit geplant und eine Jahresplanung der Partner durch feste Ansprechpersonen gesichert.

461

In diesem Kontext spielen auch Sponsoring-Partnerschaften eine Rolle. Sponsoring funktioniert nach dem Prinzip: finanzielle Förderung der Schule gegen öffentlichkeitswirksame Gegenleistungen. Der Werbeeffekt muss allerdings aus schulrechtlichen und pädagogischen Neutralitätsgründen deutlich hinter dem pädagogischen Bildungs- und Erziehungsauftrag der Schule zurücktreten – reine Produktwerbung zur Absatzsteigerung ist nicht erlaubt!

Das Sponsoring wird vom Unternehmen durch die Medien publiziert: es verspricht sich davon eine Imageförderung. Daraus folgt auch, dass für Sponsoring-Kooperationen grundsätzlich keine Zuwendungsbestätigungen (Spendenquittungen) ausgestellt werden dürfen, sondern ordentliche Sponsoring-Rechnungen (zuzüglich Umsatzsteuer) für die öffentlichkeitswirksamen Kommunikationsleistungen (siehe dazu das Kapitel 2.2.1 *Unternehmenskooperation – mehr als Sponsoring*).

Die Markenzeichen von Sponsoring:

Die Förderung einer Schule erfolgt (gegebenenfalls indirekt über den Schulförderverein) durch ein Unternehmen (Sponsor) mit Zuwendungen in Form von Finanz-, Sach-, Dienstleistungen oder Knowhow. Ziel ist die öffentliche Kommunikation und Sichtbarkeit der Fördermaßnahme (möglichst nur durch das Unternehmen zu veranlassen!). Es ist ein öffentlichkeitswirksames Geschäft nach dem Prinzip von Leistung und Gegenleistung – mit vertraglicher Regelung. Die Ziele und Motive der Unternehmenskommunikation sind:

– Imageförderung: Aufbau und Pflege von positiven Imagewerten
– Wettbewerbsvorteil: Kontakt mit neuen Zielgruppen
– Publizität und Sichtbarkeit: Steigerung des Bekanntheitsgrades
– Gewinnung von Nachwuchs- und Fachkräften

Bei den Vorbereitungen Ihrer Gespräche mit potenziellen Sponsoren können Sie folgende Checkliste nutzen:

— **Praxisbeispiel : Gegenleistungen seitens der Schulen für Unternehmenspartner** —

Präsenz eines Sponsoren-Logos auf der Internetseite der Schule (ohne Verlinkung)
Nutzung von Werbemitteln des Sponsors durch die Schule (T-Shirts mit Logo) – Vorsicht: kann bei Überschreitung der Freigrenze von 17.500 Euro zur Steuerpflicht führen!
Berichterstattung in der Lokalpresse
Dankbare Erwähnung des Sponsors in Elternbriefen, Einladungen und Programmen, sowie auf Sponsoren-Tafeln
Überlassung des Schullogos für Werbezwecke des Sponsors
Dankbare Erwähnung des Sponsors bei Veranstaltungen
Nutzung von Räumlichkeiten in der Schule (wie Festsaal, Halle)
Einladungen zu Veranstaltungen, Schulkonzerten, Theateraufführungen etc.
Platzierung von Werbeanzeigen in Schulpublikationen (z. B. Jahrbuch, Schülerzeitung) – Vorsicht: kann bei Überschreitung der Freigrenze von 17.500 Euro zur Steuerpflicht führen!
Kooperationen bei der Berufsorientierung

Weitere Informationen zur Zusammenarbeit mit Unternehmen finden Sie im Kapitel 2.2.1

5.2 Fundraising für die Hochschule

Frank Frieß

- Was sich mit Fundraising an Hochschulen bewegen lässt
- Hochschul-Fundraising ist Chefsache
- Die spezifischen Zielgruppen des Hochschul-Fundraisings
- Zwei Strategien für die Praxis
- Gezieltes Einwerben von Fördermitteln
- Ethische Richtlinien und Qualitätsmanagement
- Organisatorische Voraussetzungen und ausreichende Ressourcen

Was sich mit Fundraising an Hochschulen bewegen lässt

Universitäten und Hochschulen erfüllen wichtige Funktionen in der Gesellschaft und speziell für den jeweiligen Wirtschaftsstandort. Sie bilden hochqualifizierte Fach- und Führungskräfte für Unternehmen, Verbände, den Staat und den dritten Sektor aus. Durch Forschung und Wissenschaft leisten sie entscheidende Beiträge zur Bewältigung gesellschaftlicher Herausforderungen, wie etwa zu Fragen der zukünftigen Energieversorgung, dem demographischen Wandel oder dem Umweltschutz. Sie sorgen für Innovationen, die in neue Produkte oder Dienstleistungen und in neue Geschäftsmodelle einfließen oder gar den Anstoß zu Existenzgründungen geben.

Die aktuelle Bedeutung des Fundraisings an Hochschulen

In den USA hat das Hochschul-Fundraising eine lange Tradition. Private Universitäten wie *Stanford* oder *Yale* verfügen über Stiftungsvermögen von teilweise mehreren Milliarden Dollar. Große Fundraising-Abteilungen sorgen darüber hinaus für einen stetigen Zufluss an Spenden.

Die Grundfinanzierung der deutschen staatlichen Hochschulen erfolgt durch die Bundesländer. Private Hochschulen finanzieren sich dagegen vorwiegend über Studiengebühren und staatliche Zuschüsse. Daneben machen Drittmittelprojekte, also durch Unternehmen oder staatliche Wissenschaftsförderungen finanzierte Forschungsaufträge, einen nicht zu unterschätzenden Teil des Budgets der Hochschulen aus. Die wichtigsten Drittmittelgeber in Deutschland sind die *Deutsche Forschungsgemeinschaft* (DFG), das *Bundesministerium für Bildung und Forschung* sowie die *EU*. Die Finanzierung über Spenden oder über Stiftungserträge ist in Deutschland bislang noch wenig ausgeprägt.

Fundraising ermöglicht eine höhere Autonomie

Das Hochschul-Fundraising hat sich in Deutschland noch nicht in gleicher Weise etabliert wie in den angelsächsischen Ländern. Durch Fundraising lassen sich jedoch zusätzliche finanzielle Mittel für die Hochschulen erschließen. Diese können zum einen dazu beitragen, dass innovative Projekte vorangebracht oder neue Themenfelder erschlossen werden, so durch die Einrichtung von Stiftungslehrstühlen oder die Gründung neuer Fakultäten. Zum anderen können sie helfen, die Infrastruktur der Universität oder die Studienbedingungen nachhaltig zu verbessern. Durch intelligente strategische Hochschulentwicklungsmaßnahmen kann somit die Wettbewerbsfähigkeit einer Hochschule ausgebaut und ihre Handlungsfähigkeit gestärkt werden. Das führt insgesamt zu einer größeren Autonomie.

Darüber hinaus werben Hochschulen, Universitäten und Wissenschaftseinrichtungen auch Sponsoring-Gelder ein. Hierbei handelt es sich jedoch um einen definierten Leistungsaustausch, der eine Geschäftstätigkeit begründet, nicht um eine gemeinnützige Spende oder Stiftung.

Hochschul-Fundraising ist Chefsache

Dabei überwiegt das Großspenden-Fundraising, da sowohl wissenschaftliche Projekte als auch Hochschulentwicklungsprojekte einen hohen Investitionsbedarf haben. Nur durch Großspenden lässt sich innerhalb kurzer Zeit eine „kritische Masse" an finanziellen Mitteln einwerben. Aus diesem Grund spielt die Hochschulleitung, insbesondere aber der Hochschulpräsident oder Hochschulrektor eine bedeutende Rolle im Fundraising. „Fundraising ist Chefsache." Dieser Satz trifft für das Hochschul-Fundraising besonders zu. Der Präsident oder ein beauftragter Vizepräsident muss einen Teil seines Zeitbudgets für persönliche Gespräche und Telefonate reservieren. Nur durch den persönlichen Kontakt mit der Hochschulleitung lässt sich die Bedeutung des angestrebten Projektes gegenüber einem Förderer dokumentieren.

Die spezifischen Zielgruppen des Hochschul-Fundraisings

Alumni – Unterstützung durch die ehemaligen Studenten

Die Zielgruppen im Hochschul-Fundraising sind spezifischer, als im Fundraising für Social-Profit-Organisationen. Eine wichtige Zielgruppe sind die ehemaligen Absolventen einer Hochschule, die so genannten Alumni. Gingen die ersten Alumni-Vereine noch aus dem privaten Engagement der Absolventen einzelner Lehrstühle oder Fakultäten hervor, so ist die Alumni-Arbeit an deutschen Hochschulen zusehends in den Fokus der Hochschulleitungen gerückt. Zentrale Abteilungen für die Alumni-Arbeit wurden ins Leben gerufen, die sich professionell um die Beziehungsgestaltung und -entwicklung zu den Ehemaligen kümmern.

An einigen Hochschulen ist die Alumni-Arbeit organisatorisch der Fundraising-Abteilung zugeordnet, an anderen gibt es wiederum eine organisatorische Trennung beider Bereiche. Ziel ist die Stärkung des Netzwerkes der Hochschule zu ihren Alumni, aber auch die Erleichterung der Kontaktaufnahme der Alumni untereinander. Die Idee dabei ist, dass sowohl die Hochschule als auch die Alumni von den gegenseitigen Erfahrungen und Verbindungen profitieren. Darüber hinaus soll die emotionale Bindung vertieft und die Alumni zum Engagement für ihre Hochschule motiviert werden. Daher wird die Alumni-Arbeit häufig auch als „Friendraising" bezeichnet.

Alumni können Botschafter und „Türöffner" in Unternehmen sein, sich ideell oder finanziell engagieren, oder als Mentoren Studierende in der Übergangsphase zum Beruf unterstützen. Die Top-Alumni, also Alumni mit einer hohen gesellschaftlichen Stellung und entsprechendem Vermögen, sind für das Hochschul-Fundraising dabei besonders bedeutsam.

Checkliste 84: Beziehungspflege in der Alumni-Arbeit

Frühzeitige Bindung der Studierenden durch feierliche Begrüßungen der Erstsemester und Feste für Absolventen
Begrüßungsveranstaltungen für die Eltern von Studierenden (insbesondere an amerikanischen Universitäten verbreitet)
Einladungen zu exklusiven Veranstaltungen wie beispielsweise den „Homecomings". Bei einem solchen festlichen Anlass treffen Alumni auf Vertreter der Hochschulleitung und werden im persönlichen Gespräch über die Entwicklung der Universität informiert.
Auszeichnung von besonderen Jubiläen im Rahmen von Festveranstaltungen
Versenden von Newslettern oder anderen Publikationen
Bereitstellen von webbasierten Plattformen zur gegenseitigen Kontaktaufnahme
Gewährung von Vergünstigungen (z.B. Nutzung einer universitätseigenen E-Mail-Adresse, vergünstigte Seminarteilnahmen oder Reisen)
Mentoring-Programme für Absolventen

In den USA bilden die Alumni die wichtigste Zielgruppe des Fundraisings und nicht selten werden aus ihren Reihen signifikante Spenden getätigt. Allerdings sollte die Spendenbitte nicht zu früh erfolgen. Zuvor ist eine mehrjährige systematische Bindungsarbeit erforderlich. Außerdem sollte die Alumni-Arbeit nicht ausschließlich unter dem Gesichtspunkt des Einwerbens von Spenden betrieben werden, sondern der Gedanke des „Friendraisings" und der Netzwerkbildung sollte im Vordergrund stehen. Der Wunsch, die „eigene" Hochschule finanziell oder ideell zu unterstützen, wird dann von alleine entstehen – zumindest bei einigen Alumni.

Privatpersonen und Unternehmer

Auch andere Privatpersonen mit einem besonderen Interesse an Wissenschaft und Forschung sind wichtige Adressaten für das Fundraising. So haben in den USA bereits einige Milliardäre Universitäten und Forschungseinrichtungen mit Summen von 100 Millionen US-Dollar und mehr bedacht. Die private Finanzierung von wissenschaftlicher Forschung, nicht selten mit einem Fokus im medizinischen Bereich, ist dort ein nicht zu unterschätzender Faktor.

Die Motive solcher vermögender Privatspender sind unterschiedlich. Meist wollen sie ein Forschungsgebiet voranbringen, dem sie aus persönlicher Betroffenheit, zum Beispiel durch die Krankheit eines Familienmitglieds oder aus einem persönlichen Interesse heraus, zum Durchbruch verhelfen wollen. In den USA gibt es darüber hinaus eine historisch begründete starke Tradition der Philanthropie. Von vermögenden Privatpersonen wird geradezu erwartet, dass sie einen Teil ihres Vermögens für wohltätige, kulturelle oder wissenschaftliche Zwecke spenden.

Unternehmen und Wirtschaftsverbände

Diese Zielgruppen versprechen sich von einer Kooperation Innovationen durch wissenschaftliche Forschung oder die erfolgreiche Rekrutierung von Fach- und Führungskräften.

Förderstiftungen

Eine weitere wichtige Zielgruppe sind Stiftungen, die im Wissenschaftsbereich tätig sind. Diese brauchen zur Umsetzung ihrer Programme Partner, mit denen sie Forschungsprojekte initiieren oder die sie durch Förderungen unterstützen können.

Zwei Strategien für die Praxis

So individuell die Zielgruppen und ihre Interessen und Vorhaben sind, so individuell muss auch die Hochschule auf sie eingehen. Für das Fundraising ergeben sich daraus zwei unterschiedliche Strategien: eine aktive und eine reaktive.

Aktive Strategie – Wir suchen nach Förderern

Bei einer *aktiven Strategie* legt die Hochschule Förderprojekte fest, für die sie Förderer sucht. Dazu muss sie eine klare Vorstellung entwickeln, wozu sie zusätzliche Mittel braucht und welche Ergebnisse sie damit erzielen will. Förderprojekte sollten sichtbar zur Hochschulentwicklung beitragen oder wissenschaftliche Ergebnisse befördern. Dabei ist nicht immer leicht zu bestimmen, welche Projekte auch von Seiten der Förderer Unterstützung finden. Sofern möglich sollten potenzielle Förderer in den Ideenprozess eingebunden und Ideen gemeinsam mit ihnen diskutiert werden.

Großspender haben sich ihren Reichtum oftmals durch eigene unternehmerische Tätigkeit erarbeitet. Sie betrachten ihre Spende als Investition, die eine „Wissens- oder Innovationsrendite" erzielen soll. Mit ihrer Förderung wollen sie sinnvolle Projekte voranbringen, nicht einfach nur Geld spenden. Ihre Aufmerksamkeit richtet sich bisweilen auch auf die Projektverantwortlichen und deren Motivation, das Projekt erfolgreich zu managen. Die Initiative der Projektverantwortlichen, ihre Fähigkeit, zielorientiert vorzugehen, ist ein wichtiges Kriterium bei der Bewertung sinnvoller Förderprojekte.

— Tipp: Typische Förderangebote an Hochschulen in Deutschland sind: ————

- Stiftungslehrstühle
- das Deutschlandstipendienprogramm des Bundes **www.deutschlandstipendium.de**
- Universitätsstiftungen
- Gebäude und sonstige Infrastruktur (z.B. Bibliotheksausstattung, Arbeitsplätze für Studierende)
- spezifische Programme im Bereich der Forschung und Lehre (z.B. Mentorenprogramme, Forschungsprogramme)

Persönlicher Betreuer von Großspendern

Zusätzlich empfiehlt sich der Aufbau eines „Major Donor Stewardship", also die persönliche und individuelle Betreuung und Ansprache von Großspendern, eine organisatorische Maßnahme, die in den USA weit verbreitet ist.

Sogenannte „Major Gifts Officer" betreuen dort etwa zweihundert potenzielle Großspender. Sie führen mit ihnen die Gespräche, laden sie zu Veranstaltungen ein und arrangieren bei Bedarf Gespräche mit der Hochschulleitung, um die Verbindung zwischen Hochschule und Großspendern zu vertiefen.

Kampagnen mit weitreichender Wirkung

Ein wichtiges Instrument einer aktiven Ansprache-Strategie sind Fundraising-Kampagnen. Sie sind an amerikanischen und britischen Universitäten weit verbreitet. Großangelegte Kampagnen laufen dort nicht selten über mehrere Jahre und erzielen Spendeneinnahmen von mehreren Millionen Dollar oder britischen Pfund. So erzielte die Kampagne der *Yale University* („Yale Tomorrow") annähernd 3,9 Mrd. US-Dollar.

Die Kampagnen unterteilen sich in eine stille Phase, in der versucht wird, Initialspenden zu gewinnen und eine öffentliche Phase, in der das Kampagnenziel – meist eine bestimmte Summe an Spenden, die man zu erreichen hofft – kommuniziert wird. In der stillen Phase sollten bereits 30 bis 50 Prozent der angestrebten Summe an Spenden realisiert werden.

Im Vorfeld werden oft so genannte „Machbarkeitsstudien" durchgeführt, bei denen das Potenzial an Groß- und Kleinspendern abgeschätzt und darauf aufbauend eine angestrebte Spendensumme festgelegt wird. Im deutschen Hochschul-Fundraising sind Kampagnen im amerikanischen oder britischen Stil noch selten. Sie bieten sich insbesondere dann an, wenn das Fundraising sich bereits etabliert hat und ein zusätzlicher Impuls, neue Motivationen für Spender, die Hochschulgemeinschaft und Fundraiser schaffen soll.

Ein weiteres Instrument der Ansprache sind so genannte „Annual Givings", die ebenfalls an amerikanischen und britischen Universitäten weit verbreitet sind. Hierbei werden Alumni zu regelmäßigen Spenden aufgerufen. Im Gegensatz zum sehr persönlich geprägten und individualisierten Großspenden-Fundraising richten sich solche „Annual Givings" an eine breite Zielgruppe und haben einen hohen Standardisierungsgrad.

Langfristige Finanzierung durch Endowments

Die Schaffung eines Endowments (Kapitalstocks), aus dessen Erträgen Projekte langfristig finanziert werden können, wird an einigen deutschen Hochschulen gegenwärtig mit Priorität verfolgt. Dazu trägt auch der Umstand bei, dass in den vergangenen Jahren einige Universitäten in Stiftungsuniversitäten umgewandelt wurden.

Zur Realisierung eines Endowments eignet sich die Gründung einer Universitätsstiftung, die mit eigenen Gremien ausgestattet ist und Hochschulprojekte initiiert und finanziert. Aus Sicht eines strategischen Fundraisings empfiehlt sich die Gründung einer Stiftung allerdings erst dann, wenn die Hochschule über ein Potenzial an Zustiftern verfügt, mit der sie einen Grundstock an Kapital von mindestens einer Million Euro erreichen kann.

Dies setzt voraus, dass sie einerseits über Kontakte und Netzwerke zu potenziellen Zustiftern bereits verfügt, „soziales Kapital" also vorhanden ist. Andererseits sind erfahrene Fundraiser erforderlich, die ein solches komplexes Projekt mit der erforderlichen Expertise verantwortlich leiten können. Als Einstieg in das Hochschul-Fundraising empfehlen sich eher konkrete Projektförderungen, die in kürzerer Zeit sichtbare Ergebnisse liefern.

Reaktive Strategie – Wir sind auf Förderer vorbereitet

Es ist keineswegs selten, dass Förderer aus eigener Motivation auf eine Hochschule oder eine Wissenschaftseinrichtung zugehen und eine Spende anbieten. Für das Fundraising stellen sie Glücksfälle in der täglichen Arbeit dar. Eine *reaktive Strategie* zu verfolgen, bedeutet nicht, einfach nur abzuwarten, bis sich Förderer und Interessenten von alleine melden.

Vielmehr muss eine Hochschule durch eine zielgruppenadäquate Kommunikation auf sich als Spenden sammelnde Institution aufmerksam machen. Sie muss ihr Profil schärfen und klar nach außen kommunizieren, wofür sie steht, wozu sie Spendengelder benötigt und was sie damit erreichen möchte. Es geht bei einer reaktiven Strategie außerdem darum, dass das Fundraising angemessen, zielorientiert und schnell auf Anfragen – im Sinne von „Readiness" – reagiert. Der Fundraiser muss kompetenter Ansprechpartner für potenzielle Förderer sein und über einen entsprechenden Verhandlungsspielraum verfügen.

Erbschafts-Fundraising

Zu den reaktiven Strategien kann ferner das Erbschafts-Fundraising gezählt werden. Erbschaften und Vermächtnisse erlangen auch für Hochschulen eine zunehmende Bedeutung. Im Erbschafts-Fundraising oder Erbschafts-Marketing geht es darum, zielgerichtete Informationen für Interessierte bereitzustellen. Dazu zählen Erbschaftsveranstaltungen, die in der Regel durch Rechtsanwälte durchgeführt werden, ebenso wie spezielle Erbschaftsbroschüren und Informationen auf der Homepage. Erfährt eine Hochschule von einem Testament zu ihren Gunsten bereits zu Lebzeiten des zukünftigen Erblassers, so ist es wichtig, ihn ebenfalls in Spenderbindungsmaßnahmen zu integrieren, also ihn so zu behandeln, als ob er bereits gespendet hätte.

Als Fazit kann festgehalten werden, dass sich eine gemischte Strategie aus aktiver Ansprache und reaktivem Vorgehen für Hochschulen empfiehlt. Professionelles Hochschul-Fundraising erfordert ein strategisches Beziehungs- und Kontaktmanagement und eine darauf abgestimmte Organisation. Die Aufgaben des Kontaktmanagements sind in der folgenden Checkliste aufgeführt:

Checkliste 85: Beziehungs- und Kontaktmanagement für professionelles Hochschul-Fundraising

zentrales Kontaktmanagement
Recherche von Zielgruppen und Einzelpersonen
Entwicklung von Ansprache-Konzepten
Erstellung von Informationsmaterialien
Beratung von Förderern und Stiftern
Führung der Vertragsverhandlungen
Organisation von Veranstaltungen
Entwicklung von Dankkonzepten

Gezieltes Einwerben von Fördermitteln

Fördermittel von Stiftungen, Privatfonds, Unternehmen und staatlichen Förderprogrammen spielen für die praktische Forschungsfinanzierung eine zunehmende Rolle. Für die Vorgehensweise verweisen wir an dieser Stelle auf die entsprechenden Kapitel im Teil 3 *Antragsmittel – Die Fördertöpfe sind gut gefüllt.*

Recherche nach Förderinstitutionen und Förderprogrammen

Nachdem Förderprojekte festgelegt wurden, schließt sich eine detaillierte Recherche potenzieller Förderer an. Wer könnte an der Förderung eines bestimmten Projektes Interesse haben? Gibt es Stiftungen, deren Förderschwerpunkte sich mit dem Projektvorhaben decken? Können Unternehmen angesprochen werden, die sich vielleicht durch die Förderung eines Stiftungslehrstuhls Impulse für ihre Forschungs- und Entwicklungsabteilung versprechen? Oder gibt es Alumni, die sich für ein bestimmtes Themengebiet interessieren?

Bei der Recherche von Stiftungen ist der Stiftungszweck entscheidend. Er muss zum geförderten Projekt passen. Bei der Suche nach geeigneten Unternehmen wird man sich auf das Geschäftsinteresse eines Unternehmens fokussieren. Bei Privatpersonen wird man versuchen, die persönlichen Interessen – beispielsweise über Zeitungsinterviews oder Veröffentlichungen – herauszufinden.

Eine weitere wichtige Frage ist, ob bereits Kooperationsbeziehungen oder eine persönliche Bekanntschaft bestehen. Bereits bestehende Beziehungen bieten größere Erfolgsaussichten für eine Spendenbitte. Jede Organisation und jede Hochschule verfügt über „soziales Kapital" in Form von bestehenden Kontakten und Netzwerken. Meist gibt es Kontakte zwischen Professoren und ihren ehemaligen Studierenden oder zu Unternehmen. Es existieren unter Umständen bereits Alumni-Datenbanken. Die Hochschulleitung (Präsident, Rektor, Kanzler, Dekane) oder Mitglieder der Hochschulgremien verfügen vielleicht über aussichtsreiche persönliche Kontakte. Weiterhin existieren möglicherweise Alumni- oder Unterstützungsvereine oder es gibt mit der Hochschule verbundene Stiftungen. Hier lassen sich mit etwas Glück „Netzwerker" identifizieren, die als „Türöffner" für weitergehende Gespräche fungieren können.

Checkliste 86: Identifikation von Fördermöglichkeiten im Hochschul-Fundraising

Zwecke von einschlägigen Stiftungen
Geschäftsinteressen von Unternehmen
persönliche Interessen von Privatpersonen
bestehende Kooperationsbeziehungen
persönliche Bekanntschaften der Hochschulleitung bzw. –gremien
Kontakte von Professoren zu ehemaligen Studenten oder Unternehmen
Gibt es eine Alumni-Datenbank?
Gibt es Alumni- oder Unterstützungsvereine?

Ansprache-Wege: Ins Gespräch kommen und im Gespräch bleiben

Nachdem potenzielle Förderer identifiziert sind, ist der nächste Schritt die Kontaktaufnahme. Im Großspenden-Fundraising kommt dem persönlichen Gespräch eine hervorgehobene Bedeutung zu („people give to people"). Die Persönlichkeit des Fundraisers, also seine eigenen Werte, seine Glaubwürdigkeit und Vertrauenswürdigkeit, und seine Art, auf Menschen zuzugehen, machen den Unterschied zwischen einer erfolgreichen und einer erfolglosen Spendenbitte aus. Im Hochschul-Fundraising sind insbesondere die Präsidenten oder Rektoren zentrale Ansprechpartner für Förderer. Sie repräsentieren die Hochschule und können Hochschulentwicklungsprojekte initiieren und vorantreiben. Aufgabe des Kontaktmanagements ist es, Gesprächsstrategien vorzubereiten und die in Gesprächen vereinbarten Sachverhalte zu dokumentieren.

Ethische Richtlinien und Qualitätsmanagement

Das Vertrauen von Förderern und Interessenten in eine Hochschule und deren Mitarbeiter ist eine wichtige Voraussetzung für dauerhafte Fundraising-Erfolge. Spender dürfen erwarten, dass die zweckgemäße Verwendung von Spenden oder Zustiftungen sichergestellt wird. Darüber hinaus müssen Arbeitsprozesse transparent und effizient gestaltet werden. Die Aufstellung von ethischen Richtlinien und einem systematischen Qualitätsmanagement sollte alle übrigen Fundraising-Maßnahmen flankieren.

Ethische Richtlinien geben Orientierung im Tagesgeschäft

Hochschulen und Wissenschaftseinrichtungen werden ihrer gesellschaftlichen Funktion nur dann gerecht, wenn sie frei von politischen und ökonomischen Interessen forschen und handeln können. Für das Fundraising gibt es daher ethische Richtlinien, die in den Berufsverbänden (*Deutscher Fundraising Verband*; *Association of Fundraising Professionals* – AFP **www.afpnet.org/Ethics/**) niedergelegt sind. Für den Bereich der Stiftungslehrstühle gibt es zusätzliche Richtlinien, die der *Stifterverband für die Deutsche Wissenschaft* vorgeschlagen hat **www.stifterverband.info/wissenschaft_und_hochschule/stiftungsprofessuren/code_of_conduct/index**.html). Mittlerweile haben sich manche Universitäten eigene „Codes of Conducts" als Selbstverpflichtung auferlegt, die für Klarheit in der Kommunikation mit (potenziellen) Förderern sorgen sollen.

So darf es zu keiner Einflussnahme des Förderers auf wissenschaftliche Ergebnisse kommen. Der Grundsatz der Freiheit von Wissenschaft und Forschung muss stets beachtet werden. Ebenso muss die Integrität der Hochschule gewahrt bleiben und gesetzliche Regelungen wie etwa im Datenschutz oder zur Vermeidung von Korruption beachtet werden. Weiterhin sollte klar zwischen Sponsoring und gemeinnütziger Spende oder Stiftung unterschieden werden. Gemeinnützige Spenden oder Stiftungen schließen Gegenleistungen jeglicher Art aus.

In der öffentlichen Diskussion wird nicht selten die private Finanzierung von Wissenschaft und Forschung generell infrage gestellt, weil eine Einflussnahme ökonomischer Interessen auf die Integrität der Wissenschaft befürchtet wird.

Umso wichtiger ist die strenge Beachtung von Gesetzen und ethischen Richtlinien im Hochschul-Fundraising – sowohl im Sinne der Hochschule, als auch im Sinne des Förderers.

Die Pauschalkritik, dass sich mit einer privaten Finanzierung von Universitäten oder Forschungsvorhaben Wissenschaft „kaufen" ließe, ist ohnehin zurückzuweisen. Die Entwicklung der Spitzenuniversitäten in den USA (wie *Stanford*), die von privater Seite im 19. und 20. Jahrhundert angeregt und finanziert wurden, zeigt, dass privates Engagement heutige Spitzenforschung und Wissenschaft auf Weltklasseniveau befördern kann, ohne auf die wissenschaftlichen Ergebnisse Einfluss zu nehmen. Es stellt sich zudem die Frage, ob die staatliche Forschungspolitik und Ressourcenverteilung neutraler und unbeeinflusster von Interessenlagen ist, als privat finanzierte Forschung und Wissenschaft. Siehe auch das Kapitel 4.5 *Eine Frage der Ethik – Spenderschutz und Spendenaufsicht.*

Qualitätsmanagement in der Beziehung zu Spendern und Förderern

Eine effiziente und schnelle Reaktion auf die Anfragen potenzieller Förderer ist für den Erfolg des Hochschul-Fundraisings wichtig. So gilt es, schnell zu entscheiden, ob ein Projekt im beiderseitigen Interesse liegt und ob es zielorientiert gemanagt werden kann. Der Entscheidungsspielraum des Fundraisers muss darum klar definiert sein. Außerdem sollten wiederkehrende Arbeiten und Routinetätigkeiten in Prozessen nachvollziehbar hinterlegt werden und eine klare Arbeitsorganisation herrschen. Jeder Mitarbeiter sollte sein Aufgabengebiet kennen und beherrschen. Aufgabe der jeweiligen Führungskraft ist die Entwicklung der Mitarbeiter und die Kontrolle der Arbeitsergebnisse.

Ein wichtiges Qualitätskriterium betrifft auch die Projektdurchführung. An Hochschulen ist der Fundraiser selten an der Umsetzung der Projekte beteiligt. So muss er beispielsweise bei der Einwerbung von Stiftungslehrstühlen die Berufungsangelegenheiten den zuständigen Referenten und Fakultäten überlassen. Später kann und darf er die Arbeit des Stiftungslehrstuhls nicht beeinflussen. Gegenüber dem Förderer ergibt sich dadurch die etwas unbefriedigende Situation, dass der Fundraiser nicht mehr über alle Details Auskunft geben kann. Dennoch sollte er dafür Sorge tragen, dass der Förderer regelmäßig über den Verlauf des Projektes informiert wird und dass qualitätssichernde Maßnahmen sowie Transparenzregeln beachtet werden.

Regelmäßig in Kontakt bleiben – Spenderbindung

Die Bindung und Entwicklung von Spendern ist auch im Hochschul-Fundraising bedeutend. Regelmäßige persönliche Gespräche sind der wichtigste Schritt zu einer effektiven Spenderbindung. Einladungen zu Veranstaltungen und Events unterstützen dies ebenso wie zum Beispiel die Organisation eines „President's Dinners", bei dem Förderer im Rahmen eines exklusiven Abendessens mit dem Präsidenten und Vertretern der Hochschulleitung zusammentreffen.

Eine weitere mögliche Maßnahme der Spenderbindung und Spenderpflege ist die Einbindung von Förderern in die Ideenfindung für Fördermaßnahmen. Die Mitwirkung in Stiftungs- oder Hochschulgremien kann das Engagement und die Motivation von Förderern ebenfalls vertiefen.

Eine Selbstverständlichkeit ? – Dank, Anerkennung und Wertschätzung

Spendern zu danken, ihr Engagement anzuerkennen und ihren Beitrag wie auch ihre Persönlichkeit wertzuschätzen gehören zu den Grundprinzipien im Fundraising. Im Großspenden-Fundraising sollte der Dank stets persönlich und individuell erfolgen. Besonderes Gewicht haben Danksagungen seitens der Hochschulleitung. Die Wertschätzung gegenüber dem Förderer kann darüber hinaus durch Einladungen zu speziellen Veranstaltungen, durch persönliche und individuelle Weihnachts- und Geburtstagskarten oder durch Anbringen von Spendertafeln zum Ausdruck gebracht werden.

Im Rahmen von Festveranstaltungen können Spender geehrt und ausgezeichnet werden. Organisatorisch muss darauf geachtet werden, dass *allen* Spendern – unter Umständen nach Spendenhöhe abgestuft – gedankt wird. Gerade bei einer Vielzahl von Förderern erfordert dies ein systematisches Spenderbindungsmanagement mit klaren Richtlinien und eingespielten Prozessen. Der Dank muss in jedem Fall der Spende angemessen sein. So ist es wichtig und auch rechtlich bedeutsam, zwischen Dank und der Vereinbarung von Gegenleistungen zu unterscheiden. Diese liegt dann vor, wenn der Förderer seine Spende unter den Vorbehalt der Gegenleistung stellt, diese andernfalls also nicht tätigen würde. Dank und Anerkennung sind überdies bedeutsame Faktoren für ein positives Empfehlungsmarketing. Denn nur zufriedene Spender werden „ihre" Hochschule weiterempfehlen.

Organisatorische Voraussetzungen und ausreichende Ressourcen

Für ein professionelles Hochschul-Fundraising braucht man personelle und finanzielle Ressourcen. Der Aufbau eines Fundraising-Teams benötigt Anfangsinvestitionen, die sich erfahrungsgemäß frühestens nach zwei bis drei Jahren rechnen. Die Aufgabengebiete der Mitarbeiter hängen von der Größe und der Komplexität des Hochschul-Fundraisings ab. In Deutschland sind die Fundraisingabteilungen an Hochschulen eher klein. Gefragt sind somit eher „Fundraising-Allrounder". In den USA, dem Land mit der längsten Tradition im Hochschul-Fundraising und entsprechend großen Abteilungen, sind die Arbeitsgebiete der Hochschulfundraiser stärker ausdifferenziert. So gibt es spezialisierte Fundraiser für Großspenden (Major Gifts Officer), Spezialisten für regelmäßige Kleinspenden (Annual Giving), Spezialisten für die Recherche (Researcher) sowie Spezialisten für Unternehmens- oder Stiftungsbeziehungen („Corporate Fundraising" und „Foundation Relations").

Unabhängig von der Größe erfordert das Hochschul-Fundraising eine enge Anbindung an die Hochschulleitung. Großspenden-Fundraising benötigt das nachhaltige und strategisch orientierte Engagement des jeweiligen Hochschulpräsidenten oder Hochschulrektors. Aber es benötigt auch eine professionell arbeitende Fundraising-Abteilung.

5.3 Fundraising im Gesundheitsbereich

Birgit Stumpf

- Die Bedeutung von Fundraising im Gesundheitswesen
- Fundraising im Krankenhaus
- Welche Spendensummen lassen sich einwerben?
- Welche strategische Bedeutung hat das Fundraising?

Die Bedeutung von Fundraising im Gesundheitswesen

Im Gesundheitswesen werden zusätzliche Finanzierungsquellen gebraucht, denn der wirtschaftliche Druck auf Organisationen im Gesundheitswesen steigt. So schreibt laut *Krankenhaus Barometer* „fast jedes zweite deutsche Krankenhaus rote Zahlen". Zusätzlich kommt die Regelfinanzierung von Krankenkassen und öffentlichen Geldern an ihr Limit. Die Bundesländer kommen ihren Investitionsverpflichtungen immer weniger nach. Der dadurch entstandene Investitionsstau liegt allein für Krankenhäuser bei rund 50 Mrd. Euro.

Fundraising gewinnt somit als alternative Finanzierungsquelle an Bedeutung. Erfolgreiche Vorreiter-Organisationen zeigen, dass Fundraising helfen kann, Finanzierungslücken zu schließen und zusätzliche Einnahmen für Organisationen des Gesundheitswesens einzuwerben.

Größe des Fundraising-Marktes

Der Fundraising-Markt im Bereich Gesundheitswesen ist groß: Mindestens 400 Mio. Euro an Fördergeldern werden von Privatpersonen und 800 Mio. Euro von Stiftungen gegeben. Inklusive sonstiger Zuwendungen (Unternehmensspenden und -sponsoring, öffentliche Fördergelder, Beträge von weiteren Förderinstitutionen und Vereinen sowie Großspenden und Erbschaften) handelt es sich nach vorsichtigen Schätzungen insgesamt um 1,5 bis 2 Mrd. Euro.

Fundraising im Krankenhaus

Exemplarisch für den Bereich Gesundheitswesen wird im Folgenden das Fundraising für Krankenhäuser näher beleuchtet. Viele Aussagen und Beispiele sind auch auf andere Organisationen des Gesundheitswesens übertragbar. In den USA garantieren zentrale Fundraising-Abteilungen den Krankenhäusern im Schnitt Einnahmen von ungefähr fünf Mio. US-Dollar jährlich, bei großen Kliniken sogar im dreistelligen Millionenbereich. Diese professionelle Form des Fundraisings findet dort seit Jahrzehnten Anwendung, in Deutschland gibt es seit knapp zehn Jahren in einigen Kliniken zentrale Fundraising-Strukturen.

Welche Instrumente werden im Klinik-Fundraising eingesetzt?

Die Fundraising-Abteilungen in Kliniken setzen verschiedene Instrumente ein, um Förderer anzusprechen und Spenden einzuwerben. Die nachfolgende Aufzählung zeigt die gängigsten Instrumente in Deutschland auf, bewertet nach ihrer Wichtigkeit.

— **Praxisbeispiel: Fundraising-Werkzeuge für Krankenhäuser** ——————————

Basismaterialien – wie Webseite, Flyer oder eine umfangreichere Broschüre, die für Fundraising-Zwecke verwendet werden – existieren an den meisten Kliniken.
Daneben ist das am meisten Erfolg versprechende Instrument das Mailing an existierende und potenzielle Spender, darunter auch an ehemalige Patienten des Klinikums.
Viele Kliniken gründen zudem Förderstiftungen. Diese sind steuerlich für Großspender und Testamentsspender attraktiv. Langfristig sollen die jährlichen Erträge der Förderstiftung eine feste Einnahme darstellen.
Weiterhin werden Testaments- und Anlassspenden (z.B. „Spende statt Blumen") eingeworben. Kliniken, die erfolgreiches Erbschaftsmarketing betreiben, können durchaus jährliche Zuwendungen in Millionen-Höhe erzielen.
Danach folgen die Akquise von privaten Großspendern sowie von Unternehmen als Unterstützer. Beide Zielgruppen bieten großes Potenzial, werden allerdings in deutschen Kliniken noch wenig umworben.
Eine weitere wichtige Einnahmequelle sind Anträge auf Förderung bei externen Stiftungen. Stiftungsanträge sind jedoch häufig langwierige Projekte und der Erfolg ist nicht konkret planbar. Dennoch lohnt sich der Aufwand aufgrund der Höhe der möglichen Zuwendungen.
Verstärkt werden auch Capital Campaigns zur Finanzierung von Millionenvorhaben, wie sie eher aus dem Kulturbereich bekannt sind, im Gesundheitswesen eingesetzt, besonders für kapitalintensive Renovierungs- oder Neubaumaßnahmen.
Bußgeldmarketing, Sammlungen und Mitarbeiter-Spenden werden von den Kliniken nur vereinzelt durchgeführt. Werden diese Instrumente sorgfältig geplant und strategisch eingebunden, sind auch hier gute Erfolge zu erzielen.
Benefizveranstaltungen wie Kuchenbasar, Flohmarkt, Golf-Event, Konzert etc. erfordern meistens einen – im Verhältnis zu den erzielten Einnahmen – relativ großen organisatorischen Aufwand.
Facebook, *YouTube*, SMS, Online-Spenden und Co. erregen Interesse, aber in der Praxis werden Social- und Digital-Media (noch) kaum zum Spendensammeln genutzt.

Welche Spendensummen lassen sich einwerben?

Fundraising-Stabstellen an deutschen Vorreiter-Kliniken, die strategisch und eng verzahnt mit der Klinikleitung agieren, werben jährlich zwischen einer halben und drei Mio. Euro – in der Spitze auch mehr – ein. Hinzu kommen Einnahmen, die über dezentrale Fördervereine oder dezentrale Aktivitäten fließen.

Welche Kosten verursacht eine Fundraising-Abteilung?

Exemplarisch wird eine „typische" deutsche Fundraising-Stabstelle vorgestellt: Sie besteht meistens aus einer Vollzeitstelle und ein bis zwei Teilzeitstellen. Die Personalkosten belaufen sich durchschnittlich auf 120.000 bis 150.000 Euro pro Jahr. Hinzu kommen die jährlichen Budgets, um geeignete Fundraising-Instrumente umzusetzen: rund 30.000 bis 50.000 Euro. Bei intensiver Nutzung von Agenturen oder Gestaltung von Kampagnen liegen diese Kosten noch höher. Weiterhin fallen Investitionen in Datenbanken (CRM-Systeme und Schnittstellenprogrammierungen zum Back-Office-System) und fachspezifische Schulungen und Support (Steuerberatung, externe Buchhaltung, Testate) an. Als Richtlinie können 200.000 bis 250.000 Euro als Kosten insgesamt angesetzt werden.

Wie sieht der „Return on Investment" (ROI) aus?

Die Einnahmen der deutschen Klinik-Fundraiser belaufen sich – wie oben erwähnt – auf 0,5 bis 3 Mio. Euro. Die maximalen Kosten können mit etwa 250.000 Euro pro Jahr veranschlagt werden. Der so genannte *Return on Investment* (ROI) bewegt sich also zwischen 2:1 (bei Einnahmen von einer halben Mio.) und einem Vielfachen davon. Bei Fundraising Einnahmen von 1,5 Mio. Euro beträgt der ROI bereits 6:1. Meist wird nicht gleich im ersten Jahr ein Überschuss erwirtschaftet. Erfahrungswerte im Fundraising belegen, dass dies nach etwa drei Jahren realistisch ist.

Weitere positive Aspekte von Fundraising

Durch Fundraising entstehen auch nicht-monetäre positive Nebeneffekte, die neben den konkreten Einnahmen durch Spenden und Sponsoring ebenfalls berücksichtigt werden sollten. Dazu zählen der Aufbau von Netzwerken und der Kontakt zu wichtigen Funktionsträgern und Multiplikatoren. Auch kann der Kontakt zu den Medien über Fundraising intensiviert werden: Projekte, die die Klinik über Fundraising finanziert hat und die den Patienten und der Gemeinschaft zugute kommen, können erfolgreich in den Medien platziert werden und so das Image des Klinikums verbessern.

Was wird mit den Spenden finanziert?

Die Spenden werden für ganz unterschiedliche Projekte verwendet. Die Bandbreite reicht von seelsorgerischen Angeboten für Angehörige über neue Geräte bis hin zu Neubauten. Die Projekte fallen im Wesentlichen in drei Kategorien, die die nebenstehende Abbildung aufzeigt.

Welche strategische Bedeutung hat Fundraising?

Im Verhältnis zu dem Gesamt-Klinik-Budget machen die Fundraising-Einnahmen nur einen kleinen Teil der Krankenhausfinanzierung aus. Trotzdem sind diese Gelder wichtig: Sie sind im Rahmen der Zweckbindung für das Krankenhaus relativ frei einsetzbar. Die Fundraising-Einnahmen werden meistens für Projekte im Krankenhaus verwendet, die im Rahmen der Regelfinanzierung nicht oder nicht so zügig realisiert werden könnten. Sie ermöglichen der Klinik, wichtige Projekte bei Bedarf in Angriff zu nehmen und sich damit einen Wettbewerbsvorteil zu verschaffen. Damit ist Fundraising strategisch sehr wichtig.

Fundraising ist ein lohnenswertes Investment. Einige Vorreiter-Kliniken in Deutschland erwirtschaften bereits nennenswerte Fundraising-Einnahmen. Zukünftig wird Fundraising vermutlich nicht dazu verwendet werdet, die gesundheitliche Grundversorgung zu finanzieren. Aufgrund der dualen Finanzierung aus Pflichtversicherung und öffentlichen Mitteln kann und sollte Fundraising dieses nicht leisten. Aber Fundraising ermöglicht den Organisationen, schneller wichtige Projekte umzusetzen und sich dadurch im Wettbewerb mit anderen Häusern zu differenzieren.

5.4   Fundraising im Kulturbereich

Ralf Püpcke

- Kulturfinanzierung
- Fundraising und Kultursponsoring
- Erfolgsfaktoren für das Kultur-Fundraising
- Relevante Fundraising-Instrumente
- Zukunftsperspektiven

Kulturschaffende und Kulturbetriebe bewegen sich im Spannungsfeld zwischen freier Entfaltungskraft und ökonomischen Zwängen. Kreative Visionen prallen auf die oftmals ernüchternde Realität. Begrenzte Ressourcen bis hin zu chronischer Unterfinanzierung stellen die meisten Kulturakteure nahezu täglich vor neue Herausforderungen. Dabei hat Kultur für die Gesellschaft so viel zu bieten.

— Tipp: Argumente für Kultur ────────────────────────────────

Ob Kunstwerk, Bühnenauftritt oder geschriebenes Wort: Kultur weckt Emotionen, vermittelt Inhalte und spricht alle Sinne an. Sie schafft und pflegt Beziehungen, sie ist authentisch, anregend, inspirierend, innovativ, kommunikativ, unterhaltsam, weltoffen und verbindend. Sie ist Bildung und Entspannung zugleich.

Marketing und Fundraising für Kultur ist die Kunst, die Kultur wie ein Produkt zu vermarkten, dabei aber zu bedenken, dass die Kultur kein Produkt im ökonomischen Sinne ist. Es geht um Leidenschaft und persönliche Hingabe von Menschen und nicht in erster Linie um wirtschaftliche Gewinnmaximierung.

Kulturfinanzierung

Die Finanzierung von Kunst und Kultur war ursprünglich vom Mäzenatentum abhängig. Spätestens durch die Entwicklung demokratischer Verfassungen im 20. Jahrhundert ist Kulturförderung zur staatlichen Aufgabe geworden. Kulturförderung erfolgt in Deutschland entsprechend dem im Grundgesetz verankerten Föderalismus insbesondere durch die Gemeinden (44 Prozent) und Länder (42 Prozent); der Bund steuert nur rund 13 Prozent zu den Gesamtausgaben bei. Laut dem letzten *Kulturfinanzbericht* der Statistischen Ämter des Bundes und der Länder (2012) stellte die öffentliche Hand in 2009 insgesamt 9,1 Milliarden Euro für Kultur zur Verfügung. Trotz dieser auf den ersten Blick hohen Zahl entspricht dies nur 0,38 Prozent des Bruttoinlandsproduktes (BIP), 1,64 Prozent der öffentlichen Haushalte oder umgerechnet gerade einmal rund 111 Euro je Einwohner pro Jahr.

Die öffentlichen Fördermittel decken rund 90 Prozent der Kulturausgaben öffentlich-rechtlicher Kulturbetriebe. Die vermeintliche Sicherheit, die dies für die Institutionen bedeutet, ist jedoch vielfach einem Bedrohungsgefühl gewichen. Immer wieder machen Meldungen von Zuwendungskürzungen oder gar Schließungen deutlich, dass die staatliche Kulturförderung eine freiwillige Aufgabe der öffentlichen Hand ist. In Zeiten von klammen Staatskassen (die 2009 ins Grundgesetz aufgenommene „Schuldenbremse" verschärft die Lage!) ist deshalb privates Engagement mehr und mehr gefragt.

Die Kulturfinanzierung erfolgt im Wesentlichen durch drei Quellen:
- die selbst erwirtschafteten Mittel (wie Eintrittseinnahmen),
- die öffentlichen Zuschüsse (laut Haushaltsplan aus Steuereinnahmen)
- sowie freiwillige gegebene öffentliche und private Mittel.

Zudem unterscheidet man in Projektfinanzierung (kurzfristig möglich, aber meist zeitlich beschränkt) oder institutionelle Förderung (lange Vorlaufzeit, aber meist dauerhaft).

Zu den Drittmitteln der öffentlichen Hand gehören beispielsweise Zahlungen der *EU*, von Bund oder Land an eine Stadt oder Fördermittel von Stadt und Land an einen privaten gemeinnützigen Träger wie ein freies Theater. Zu den privaten Drittmitteln gehören vorwiegend projektorientierte Drittmittel durch Sponsoring oder Stiftungen sowie vorwiegend institutionsorientierte Drittmittel wie Spenden, Mitgliedsbeiträge oder betriebsnahe Stiftungen und Sponsoren.

Fundraising und Kultursponsoring

In den USA – und auch in diesem Buch – zählen alle Aktivitäten zur Beschaffung von Finanzmitteln, also auch Sponsoring, Stiftungserträge und öffentliche Zuwendungen zum Fundraising. In Deutschland unterscheiden manche – auch aus steuerlichen Gründen – stärker zwischen der mäzenatischen Spende und dem auf Gegenleistung ausgerichteten Sponsoring, das sie nicht mehr zum Fundraising rechnen. Interpretiert man Fundraising im Kulturbereich aber im weiteren Sinne als Beschaffung von Finanzmitteln, Sach- oder Dienstleistungen, gilt es, das Kunst- und Kultursponsoring an erster Stelle zu nennen. Dieses Finanzierungsinstrument hat sich seit Ende der 1980er Jahre bis heute stetig professionalisiert und etabliert.

Kultursponsoring

Kunst- und Kultursponsoring basiert auf einer klaren Vereinbarung von Leistungen und Gegenleistungen. Beide Seiten wollen dauerhaft einen Nutzen erfahren. Argumente für den Sponsor sind:
- Imagepflege
- Steigerung des Bekanntheitsgrades
- Steigerung der Kundenbindung
- Mitarbeiter-Motivation
- Förderung des regionalen Standortes
- Dokumentation seines gesellschaftlichen Engagements
- Kulturimpulse und der Wissenstransfer für die eigene Unternehmenskultur.

Es liegt in der Natur der Sache, dass Sponsoren meist mehr daran interessiert sind, ein öffentlichkeitswirksames Projekt zu finanzieren, als sich an der Dauerfinanzierung einer Institution zu beteiligen.

Zu den Erfolgsfaktoren für das Kultursponsoring gehört, dass Sponsor und Gesponserte gut zueinander passen. Der Kulturbetrieb muss sich mit den Wünschen und Bedürfnissen des Sponsors auseinandersetzen. Ziel ist eine „Partnerschaft auf Augenhöhe". Die Zusammenarbeit sollte strategisch fundiert und langfristig ausgerichtet sein. In den letzten Jahren wurden aber auch viele von Unternehmen selbst initiierte Kulturprojekte realisiert und vermarktet, teilweise sogar in eigenen Veranstaltungsstätten.

Der Markt wird härter

Die bundesweiten Einnahmen im Kultursponsoring stagnieren seit Jahren bei rund 400 Millionen Euro und gleichzeitig suchen immer mehr Kulturakteure nach Sponsoren. Für manche Förderer scheinen zudem andere Sponsoring-Themen wie der Sport oder der Sozialbereich attraktiver zu sein. Eine weitere Herausforderung sind die verschärften Compliance-(Regeltreue-)Richtlinien von Unternehmen. Der qualitative und quantitative Erfolg ist für den Sponsor nur eingeschränkt messbar.

Erfolgsfaktoren für das Fundraising im Kulturbereich

Zunächst ist zu analysieren: Hat die Kultureinrichtung eine überzeugende Daseinsberechtigung und genießt sie öffentliche Anerkennung? Wie sind ihre Aktivitätsfelder, Strukturen und Finanzierungswege? Auf Basis eines Leitbildes sollten zunächst Fragen zum Selbstverständnis und zur Außenwahrnehmung, zum Leistungsspektrum, zum Nutzen, zu Stärken und Schwächen sowie Chancen und Risiken intern zusammengetragen und diskutiert werden. Zu fragen ist, ob der jeweilige Kulturbetrieb überhaupt bereit ist für Fundraising-Maßnahmen (Institutional Readiness).

Überzeugen die Kulturangebote durch hohe Qualität, ein klares Profil und die Bindung des Publikums, dann stehen sie für Bekanntheit, Vertrauen und Wertvorstellungen, also die Ausrichtung und Eigenschaften einer erfolgreichen Marke. Neben der öffentlichen Wahrnehmung, der emotionalen Ansprache und Kundenbindung gehört der vorhandene oder zu erschaffende Wert einer Kulturmarke zu den Grundvoraussetzungen für erfolgreiches Fundraising.

Gibt es ein Alleinstellungsmerkmal?

Bestenfalls hat das Kulturangebot ein Alleinstellungsmerkmal zu bieten wie die Seebühne der *Bregenzer Festspiele* oder die Architektur des *Guggenheim Museums* in Bilbao. Diese USP (unique selling proposition) ist das herausragende Leistungsmerkmal und Nutzenversprechen (auch für den an positivem Imagetransfer interessierten Sponsor), mit dem sich ein Angebot deutlich vom Wettbewerb abhebt. So ein Alleinstellungsmerkmal sollte „verteidigungsfähig", zielgruppenorientiert und wirtschaftlich sowie in Preis, Zeit und Qualität erreichbar sein.

Zu den weiteren Voraussetzungen gehören ein plausibler Grund und überzeugende Argumente für den Förderbedarf. Diese gilt es zunächst im Rahmen einer Fundraising-Konzeption zu identifizieren. Beispielsweise wird eine Kulturinstitution, der die Zuschüsse massiv gekürzt worden sind, die aber in der Stadt eine hohe Akzeptanz erfährt, leichter Förderpartner finden. Es gilt, kontinuierlich die verschiedenen Interessengruppen (Stakeholder) zu pflegen, um in schwierigen Zeiten genügend Fürsprecher zu haben. Beliebt sind bei eher mäzenatischen Förderern und teilweise bei der öffentlichen Hand auch Projekte, die sich mit relevanten Themen der Gesellschaft künstlerisch auseinandersetzen – wie beispielsweise mit Inklusion, Migration oder dem demographischen Wandel.

── **Praxisbeispiel: Fundraising-Konzeption für den Kulturbereich** ──────────

Es ist selbstkritisch zu fragen:
Ist der Sinn unserer Arbeit allen verständlich?
Werden die Aktivitäten der Organisation als nützlich und unterstützenswert erachtet?
Sind die eigenen Erwartungen realistisch?
Kennen wir das Anliegen der potenziellen Förderer?
Werden Anträge professionell gestellt?
Haben wir aus der Vielzahl der Möglichkeiten den passenden Finanzierungsweg gewählt?
Können wir die Beziehung zu unserem Geldgeber nachhaltig pflegen?
Erfüllen wir die Erwartungen?
Zur Ausarbeitung einer Fundraising-Konzeption und ihrer strategischen Umsetzung mit einer Fundraising-Kampagne sollte intern eine Arbeitsgruppe gegründet werden.
Es gilt zu klären, welche Handlungsfelder als erstes bearbeitet werden.
Welche Schwerpunkte und Gewichtungen werden dabei gesetzt?
Wer macht wann was und wie (Strategie und Kommunikation)?
Welche Finanz-, Zeit- und Personal-Ressourcen stehen zur Verfügung?
Was soll die jeweilige Aktion bis wann konkret bringen (Zielsetzung)?
Ganz wichtig: Lohnt sich der finanzielle und zeitliche Aufwand in Relation zum erhofften Ergebnis?

Grundvoraussetzungen für das konkrete Fundraising sind neben Kompetenz und Sachverstand die eigene Begeisterungsfähigkeit, Authentizität und Überzeugungskraft. Die Einwerbung von finanziellen Mitteln oder anderer Unterstützung hängt im Kulturbereich sehr stark von den handelnden Personen ab.

Fundraising im Kulturbetrieb ist „Chefsache"

Die künstlerische Leitung, die Intendanz oder Geschäftsführung müssen selbst dauerhaft aktiv sein und persönliche Kontakte aufbauen, nutzen und pflegen. Die Marketingabteilung oder externe Berater können den Prozess in der Regel nur strategisch begleiten. Im Einzelfall kann aufgrund der Größe des Kulturbetriebes die Schaffung einer Arbeitsstelle für Fundraising sinnvoll sein – diese wird bei bedeutenden Größenordnungen jedoch nur eine wegbereitende Funktion haben und sollte die Leitungsebene an geeigneter Stelle einbinden. Fundraising ist in jedem Fall eine zentrale Management- und Führungsaufgabe und Teil der allgemeinen Vermarktungsstrategie.

Als Musterbeispiel für eine erfolgreiche Fundraising-Kampagne kann das *Städel Museum* in Frankfurt am Main genannt werden. Dort bieten sich interessierten Förderern vielfältige Möglichkeiten: von Spenden und Schenkungen, über Sponsoring und Stiftungsengagement bis hin zur Mitgliedschaft im Städelverein und Städelclub (siehe **www.staedelmuseum.de**).

Um zu den Förderern eine systematische und dauerhafte Beziehung aufzubauen, gilt es, eine Förderer-Datenbank zu installieren und stetig zu pflegen. Neben den korrekten Adress- und Personendaten können beispielsweise Aktions- und Reaktionsdaten sowie das Fördervolumen erfasst werden. Zudem gilt es, regelmäßig und angemessen zu danken.

Relevante Fundraising-Instrumente im Kulturbereich

Kultursponsoring und Corporate Cultural Responsibility

Aus dem klassischen Kultursponsoring heraus (siehe oben) ist eine erweiterte kulturelle Verantwortung der Unternehmen entstanden: die Corporate Cultural Responsibility (CCR), als Teil von umfassenden CSR-Konzepten und als freiwilliger Beitrag der Wirtschaft zu einer sozialen und nachhaltigen Entwicklung der Gesellschaft.

Kulturangebote mit Eventcharakter sind für Sponsoren oder Großspender von besonderem Interesse, insbesondere, wenn sie durch exklusive Sonderleistungen ergänzt werden. Leistungen, die sich nicht von jedermann an der Abendkasse kaufen lassen. Hierzu gehören beispielsweise der Blick hinter die Kulissen, ein exklusives Künstleressen oder exklusive Events zu bestimmten Anlässen. Der kommerzielle Sektor ist hier seit Jahren erfolgreich aktiv, aber auch die öffentlichen Einrichtungen haben neue Formate für sich entdeckt und zu schätzen gelernt.

Freundeskreise und Fördervereine

Im Kulturbereich werben über tausend Fördervereine und Freundeskreise in Deutschland Spenden ein, die laut einer Studie des *Kulturkreises im BDI e.V.* bei den unterstützten Kulturinstitutionen bis zu 14 Prozent des Gesamtetats abdecken. Hinzu kommen die ehrenamtlichen Zeitspenden. Zudem sind die Mitglieder meist treue Stammkunden, kompetente Multiplikatoren und engagierte Fürsprecher. Als ein gelungenes Beispiel kann die *Bayerische Staatsoper München* mit ihrem Konzept verschieden strukturierter Freundeskreise dienen.

Kultur bereichert Menschen ein Leben lang. Die Bereitschaft alter Menschen, die womöglich durch einen Förderverein in enger Beziehung zu einer Kulturinstitution standen, zur Übertragung von Erbschaften und Legaten auf diese Kulturinstitution dürfte vorhanden sein, ist aber eine strategisch selten genutzte Chance. Kulturelle Institutionen sollten intern eine geeignete Persönlichkeit benennen, die diesen sensiblen Bereich mit entsprechendem Fingerspitzengefühl stetig und aktiv begleitet.

Stiftungsförderung

Nur rund 15 Prozent aller Stiftungen fördern Kunst und Kultur. Viele können aufgrund ihres geringen Stammkapitals und der gegenwärtigen Niedrigzinsphase nur bescheidene Fördermittel ausschütten. Entscheidend für die erfolgreiche Antragsstellung sind der passende Stiftungszweck, die Zuwendungsberechtigung und ein überzeugendes Kulturprojekt.

Crowdfunding

Das Crowdfunding („viele Fans geben wenig") funktioniert bei kreativen oder namhaften Projekten besonders gut. In den USA dient beispielsweise die Plattform *Sellaband.com* zur Finanzierung von Musikprojekten (etwa CD-Produktionen). Weitere Chancen bietet die stetige Spendenakquise auf der eigenen Internetseite, beispielsweise für besondere Kulturprojekte für Kinder und Jugendliche oder die Übernahme einer „Stuhlpatenschaft" nach einer Renovierung.

EU-Fördermittel

Für große Kulturprojekte – meist mit internationaler Ausrichtung – können EU-Fördermittel interessant sein. Allerdings müssen dabei komplexe Anträge frühzeitig und zeitaufwändig ausgearbeitet werden. Die prozentualen Fördersummen liegen selten über 50 Prozent und haben im Verhältnis zur Projektdimension eine relativ kurze Laufzeit von in der Regel nur bis zu drei Jahren.

Zukunftsperspektiven

Während das klassische Kultursponsoring seit Jahren stagniert, bieten die anderen Fundraising-Instrumente im Kulturbereich noch Entwicklungspotenziale, insbesondere Spenden und Fördervereine. Durch die knappen Staatsressourcen richtet sich der Fokus mehr und mehr auf den privaten Sektor. Denn parallel zur Verringerung der Finanzierungsspielräume der öffentlichen Hand hat das private Geldvermögen seit Jahren zugenommen. In Deutschland gibt es weiterhin eine hohe Spendenbereitschaft, wenn auch zu rund 80 Prozent für humanitäre Hilfszwecke. Dennoch sollten sich Kulturschaffende ein Netzwerk aufbauen, in dem sie ihre Interessenten an sich binden, sie allmählich zu Spendern entwickeln, zu Wiederholungsspendern und schließlich zu Testamentsspendern.

People give to people

Die persönliche und engagierte Ansprache der Kulturinteressierten durch die verantwortlichen Kulturakteure ist ausschlaggebend für den Erfolg. Dabei gilt es, im ersten Schritt eine vertrauensvolle Beziehung und den stetigen Dialog aufzubauen, so dass sich potenzielle Förderer mit der Kulturinstitution identifizieren. Erst dann kommt irgendwann der richtige Zeitpunkt für die Einwerbung von Fördermitteln. Die große Kunst ist dabei auch, einen oder mehrere „Großmäzene" zu gewinnen und stetig zu pflegen, damit sie sich kontinuierlich engagieren.

Schließlich gilt es, Vorbehalte gegenüber dem Zusammenwirken öffentlicher und privater Kulturförderung abzubauen. Die erfolgreiche Akquise privater Fördermittel darf nicht umgehend die Kürzung öffentlicher Zuschüsse zur Folge haben. Hier können Public-Private-Partnership-Konzepte neu gedacht und weiterentwickelt werden. Möglicherweise muss eine erfolgreiche Sponsoring- und Spendenwerbung seitens der Kulturinstitution flankiert werden durch intensive vorbeugende Kommunikation mit den öffentlichen Geldgebern. Insgesamt gilt es für viele Kulturbetriebe, zukünftig erst noch ein strategisch fundiertes Fundraising zu entwickeln und dauerhaft zu verankern.

5.5   Fundraising in der Kirche

Heike Chr. Davidson

- Die Kirchen sammeln seit über 2000 Jahren erfolgreich Spenden
- Theologie ist die Basis des kirchlichen Fundraisings
- Besonderheiten des kirchlichen Fundraisings

Die Kirchen sammeln seit über 2000 Jahren erfolgreich Spenden

Die Kirchen sind ganz besondere Organisationen. Ihre Grundlage bildet die Bibel und das theologische Verständnis, welches seit Jahrhunderten gelebt wird. Sie haben einen universellen Anspruch an den Menschen und ziehen diesen aus ihrem existenziellem Gottes- und Menschenbild. Und seit ihrem Bestehen betreiben die Kirchen auch Fundraising, wie sich bereits aus den Briefen des Paulus lesen lässt. Dabei spielt das persönliche Engagement – egal ob als Haupt-, Neben- oder Ehrenamtlicher – immer die Hauptrolle. Denn der respektvolle Umgang untereinander – ausgehend vom christlichen Menschenbild als gottgewolltes Individuum – ist die Grundlage für die Kirche. Mitmenschlichkeit, Nächstenliebe und Gottvertrauen sind eben weit umfassender als die modernen Fundraising-Begriffe wie Beziehungspflege oder Networking. Die Menschen sind und bleiben der größte Schatz der Kirchen.

Die Gläubigen spenden für eine Vielzahl von Themen

Die Kirchen haben aber auch materielle Schätze zu pflegen und zu hüten. Allein die großartigen Kirchenbauten wären ohne vielschichtiges Geben und Spenden gar nicht denkbar. Schließlich müssen auch die Arbeiten und Materialien am *Kölner Dom*, am *Freiburger Münster* oder an der *Nürnberger Lorenzkirche* bezahlt werden. Hierfür bittet die Kirche immer wieder um Geldspenden, baut Mäzenatentum auf und motiviert Stifter. Auch die vielfältigen diakonischen und caritativen Aufgaben tragen die Kirchen teilweise aus gespendetem Geld.

Schon seit Jahrhunderten haben Menschen aus tiefer Glaubensüberzeugung heraus die medizinische Pflege in den Spitälern, die Versorgung der Witwen und Waisen, die Siechenhäuser oder die Armenspeisungen übernommen und den Kirchen finanzielle Mittel dafür anvertraut. Und nicht zuletzt haben Gläubige die reichen Kunstschätze gestiftet und gespendet, mit denen Kirchenräume ausgestattet sind. Wenn auch auf die sehr unterschiedlichen Beweggründe hier nicht näher eingegangen werden kann, so bleibt doch festzustellen, dass die Kirche schon immer erfolgreich Fundraising betrieb und weiterhin betreibt.

Kirchliches Spendensammeln und/ oder kirchliches Fundraising

Erst in jüngster Zeit betitelt die Kirche das strategische Vorgehen und die unterschiedlichen Maßnahmen mit dem englischsprachigen Begriff „Fundraising". Nicht wenige kirchlich gebundene Personen tun sich mit dem Wort „Fundraising" schwer oder lehnen ihn gar für das kirchliche Arbeiten schlichtweg ab. Schon darum braucht es bei allen Fundraisern, die in und für die Kirchen arbeiten, besonders viel Feinfühligkeit und theologisches Verständnis für ihr Handeln.

Im 21. Jahrhundert decken die großen Kirchen in Deutschland ihren finanziellen Bedarf größtenteils aus Kirchensteuermitteln. Aus verschiedenen Gründen (wirtschaftliche Lage, Kirchenaustritte…) gehen diese langfristig zurück. Deshalb werden immer häufiger Projekte zusätzlich aus Spenden finanziert. Bei baulichen Maßnahmen, der Restauration von Orgeln oder Personalangelegenheiten leisten die Kirchengemeinden, die Werke oder Vereine zunehmend einen erheblichen finanziellen Beitrag. Manchmal kommen sie sogar für die Gesamtkosten auf. Dies stellt eine gewisse Herausforderung dar. Denn viele Kirchenmitglieder wundern sich, dass sie neben der Kirchensteuer noch um weitere finanzielle Mittel gefragt werden.

Theologie ist die Basis des kirchlichen Fundraisings

Bei allen Fundraising-Bemühungen innerhalb der Kirche muss natürlich die Theologie als erste und entscheidende Grundlage allen kirchlichen Handelns befragt werden. Denn nur so bleibt das Wichtigste bestehen: Das Vertrauen der Menschen in die Kirche als verantwortungsvolle Gemeinschaft aller Gläubigen. Sprechen gewichtige theologische Gründe gegen ein bestimmtes Fundraising-Vorhaben, so müssen alle weiteren Überlegungen weichen. Diesem Klärungsprozess sollten die kirchlichen Verantwortungsträger stets im Vorfeld genügend Zeit einräumen, bevor sie einen Fundraising-Prozess starten. Hat sich ein kirchlicher Träger aber für das Fundraising entschieden, gelten ähnliche Gesetze wie bei säkularen Organisationen. Häufig werden folgende Fundraising-Instrumente eingesetzt: Mailings, Benefizveranstaltungen, Bazare, persönliche Ansprache und anderes – der Kreativität der kirchlichen Fundraiser sind dann fast keine Grenzen gesetzt.

Besonderheiten kirchlichen Fundraisings

Ein exklusives Alleinstellungsmerkmal

Es gibt einige Besonderheiten für ein kirchliches Fundraising: Sein Alleinstellungsmerkmal beruht darauf, dass die Kirchen ihre Berechtigung und ihr Handeln nicht aus sich selbst und auch nicht aus einem konkreten Thema ziehen, sondern dass sie letztlich den Auftrag von Jesus Christus erfüllen (siehe Matthäusevangelium Kapitel 16, 18-19). Ihnen wird auch deshalb weiterhin großes Vertrauen entgegengebracht.

Ein breites Fundament

In den Kirchen engagieren sich sehr viele Menschen bewusst ehrenamtlich. Häufig haben kirchliche Träger eigene gute Räumlichkeiten oder können diese (kostengünstig) organisieren. Und meist verfügt die kirchliche Organisation über eine Vielzahl an Adressen. Auch eine Buchhaltung und externe Überprüfungen sind Standard.

Unter besonderer Beobachtung

Bei allen Vorteilen gegenüber säkularen Social-Profit-Organisationen (SPOs) haben die Kirchen auch besondere Herausforderungen zu meistern, nicht nur hinsichtlich der ständigen theologischen Klärung und Rechtfertigung ihres Handelns auf allen Ebenen, sondern auch rein praktischer Natur. So geben einige Großunternehmer prinzipiell keine finanzielle Unterstützung an konfessionelle Träger. Dies schränkt die Fundraising-Aktivitäten im Bereich des Sponsorings und der Unternehmenskooperationen erheblich ein. Auch die deutsche Regelung der Kirchensteuer und – zum Beispiel in Bayern – die besondere Steuer des Kirchgeldes stellt die Fundraiser in eine außerordentliche Rechtfertigungsrolle.

Zudem wird von Seiten von Kirchenkritikern kirchliches Agieren deutlich und häufig öffentlich kommentiert, was für die jeweiligen kirchlichen Akteure schwierig werden kann, auch wenn sie selbst gar nicht gemeint sind. Außerdem hat jede aktuelle kirchliche Maßnahme den Vor- oder Nachteil zu meistern, dass alles Tun in die Gesamtkirche integriert wird.

Hat zum Beispiel der Papst eine Verlautbarung getroffen, die jemand nicht teilt, richtet sich dessen Unmut nicht selten auch gegen ein protestantisches Projekt in seinem Heimatdorf. Ebenso beeinflusst ein protestantisches Problem auch die Fundraising-Arbeit der katholischen Kirche, weil häufig nicht bewusst zwischen den Konfessionen oder den unterschiedlichen kirchlichen Handlungsebenen unterschieden wird. Insofern kommen neben den allgemeinen äußeren Faktoren, die jeden Fundraising-Prozess beeinflussen, bei der Kirche noch innerkirchliche hinzu. Auch wird in der öffentlichen Wahrnehmung zu Recht ein besonders hohes Maß an Glaubwürdigkeit, Ehrlichkeit und Verantwortungsbewusstsein an die Kirchen gestellt.

Einige klassische kirchliche Fundraising-Beispiele:

- Kollekten
- Talenteaktion (vgl. Matthäusevangelium 25, 14ff: Dabei setzen Ehrenamtliche ihre Talente zugunsten eines bestimmten Projektes ein)
- Advents- und/oder Osterbriefe
- Anlassspenden bei Kasualien (Taufe, Hochzeit, Beerdigung ...)
- Schwitztage
- diakonische Sammlungen
- Orgelpfeifenpatenschaften.

Viele weitere Beispiele finden sich im Kapitel 2.1.11 *Kreative Spendenideen von A-Z.*

5.6 Fundraising für Museen

Marcella v. Uthmann

- Hohe Erfolgsaussichten im Land der Dichter und Denker
- Fundraising als Chance für die Neuausrichtung
- Lernen von Vorbildern – erfolgreiche Fundraising-Aktionen

Hohe Erfolgsaussichten im Land der Dichter und Denker

Der kontinuierliche Rückgang der öffentlichen Fördermittel macht auch vor den Museen nicht Halt. Die Zeiten erfordern kreative Maßnahmen, um die Eigenmittel zu erhöhen. Die Sorge, dass auf diesem Wege die Kommerzialisierung zunehmend Einzug in die Kultur hält und die Inhalte in den Hintergrund gedrängt werden, ist unberechtigt. Im Gegenteil: Fundraising-Maßnahmen helfen, die Museen ins allgemeine Bewusstsein zu rücken. Fundraising trägt dazu bei, dass Museen sich stärker an Zielgruppen orientieren und versuchen, ihre Besucher dauerhaft zu binden.

Fünf Millionen Euro Spenden aus einer Region

Wenn die Bürger einer deutschen Großstadt fünf Mio. Euro für den Erweiterungsbau „ihres" Museum spenden, dann deutet dies auf ein großes Potenzial für Fundraising im Museumsbereich hin. Es war das *Städel-Museum*, das im Jahr 2009 mithilfe einer sehr erfolgreichen Fundraising-Kampagne begann, die Frankfurter dazu zu bewegen, sich mit dem Projekt eines geplanten Erweiterungsbaus so stark zu identifizieren, dass dieser Geldbetrag – in Ergänzung zu den Einnahmen aus dem Unternehmenssponsoring – eingesammelt werden konnte. Die „Fangemeinde" von Museen ist also groß. Fundraising fällt auf fruchtbaren Boden.

Museen vor Kino und Bundesliga

Jährlich gehen mehr als 110 Mio. Menschen in Deutschland ins Museum. Zum Vergleich: Ins Kino gehen jährlich rund 60 Mio. Besucher und zu Bundesliga-Spielen rund 17 Mio. Menschen.

Fundraising als Chance für die Neuausrichtung

Um selbstbewusst und überzeugend auf Spender, Sponsoren und Förderer zugehen zu können, müssen Museen sich intensiv mit der eigenen Geschichte, der Vision und Strategie und dem gesellschaftlichen Umfeld beschäftigen. Dadurch sind sie gezwungen, das eigene Selbstverständnis zu hinterfragen, und es ergeben sich dadurch nicht selten neue Entwicklungsmöglichkeiten.

Checkliste 87: Konzeptionelle Vorbereitung für das Fundraising eines Museums

Wer sind wir? Wofür stehen wir? Wo wollen wir uns hin entwickeln?
Wie sieht die Positionierung des Hauses innerhalb der Kulturlandschaft aus?
Welche Alleinstellungsmerkmale haben wir?
Welche Zielgruppen sprechen wir bereits an bzw. wie können wir neue Zielgruppen gewinnen?
Wie können wir unsere Zielgruppen nachhaltig an unser Haus binden?

Für die Beantwortung dieser Fragen müssen die Führungskräfte in einen offenen Dialog mit den Verantwortlichen für Programme, Öffentlichkeitsarbeit und Marketing treten.

Lernen von Vorbildern – erfolgreiche Fundraising-Aktionen

Freunde für's Leben – Der Freundes- oder Förderkreis

Ein zentrales Organ zur Gewinnung von Geld- und Zeitspenden ist ein Freundes- oder Förderkreis (siehe auch das Kapitel 2.1.2 *Freundeskreis und Förderverein – starke Partner für Ihren guten Zweck*). Nichts ist wertvoller als die Multiplikatorenfunktion von Freundeskreismitgliedern, die das Museum mit Geld und Zeit unterstützen wollen. Sie tun dies freiwillig und ausschließlich aufgrund einer emotionalen Bindung zum Museum. Ihre Verbundenheit ist meist auf Dauer angelegt.

Als finanzielle Leistung zählt zunächst der jährliche Mitgliedsbeitrag. Des Weiteren kann ein Freundeskreis aber auch Publikationen oder ein bestimmtes Projekt fördern oder gar den Ankauf eines Kunstwerks realisieren. Abgesehen von der finanziellen Unterstützung lassen sich unter den Freundeskreismitgliedern am ehesten Ehrenamtliche rekrutieren, die dem Museum ihre Zeit und ihr Knowhow zur Verfügung stellen. Bedarf gibt es in vielen Häusern etwa bei der Übernahme von Aufsichtsdiensten, von Führungen oder sogar beim Betrieb eines Museumsshops.

Immer mehr Museen haben inzwischen auch einen „Jungen Freundeskreis", der noch einmal mit einem besonderen Programm auf die speziellen Interessen von jüngeren Besuchern eingeht. Kinder und Jugendliche sind die Besucher und Unterstützer von morgen. Deren besondere Bindung an das Museum ist eine Investition in die Zukunft www.bundesverband-der-fordervereine.de, www.bundesverband-der-foerdervereine.de/h/junge_freunde__kunstmuseen_43_de.php.

„Mit Ihrem Einkauf unterstützen Sie die Arbeit unseres Museums" – Der Museumsshop

Mit diesem Aufruf können Sie das Kaufverhalten der Kunden im Museumsshop positiv beeinflussen. Die Besucher realisieren, dass sie mit ihrem Kauf Gutes tun. Die Einnahmen kommen nämlich auf direktem oder indirektem Wege – je nach Betreiberform des Museumsshops – dem Museum zugute. Hier lässt sich mit „wohltätigem" Gewissen einkaufen. Nutzen Sie die Chance, die deshalb in der Ausrichtung des Museumsshops und seiner Produkte liegt. Investieren Sie in ein ausgewähltes Produktsortiment, das Ihre Besucher dazu verführt, durch den Erwerb eines exklusiven Erinnerungsstücks an Ihr Haus gleichzeitig einen finanziellen Beitrag für die Arbeit des Museums zu leisten.

— Tipp: Nutzen Sie die Exklusivität Ihres Angebots ─────────────

In einem Museumsshop können Sie durchaus höhere Preise verlangen als auf dem freien Markt. Ihre Produkte erzählen eine Geschichte und vermitteln die Wertigkeit Ihrer Sammlung oder Ausstellung. Es gibt sie nur bei Ihnen, da sie in unmittelbarem Zusammenhang zu dem erlebten Museumsbesuch stehen und daraufhin produziert wurden. Das Kaufverhalten des Kunden wird getrieben von der Überlegung „jetzt oder nie". Er akzeptiert den höheren Preis auch, weil durch den Verkauf im Shop die Arbeit des Museums unterstützt wird.

Der eher *langfristig* angelegte Betrieb eines Museumsshops bringt Sie aufgrund der zu erwartenden Umsätze oberhalb der jährlichen Umsatzsteuer-Freigrenze schnell in die Situation, über eine geeignete Rechtsform nachdenken zu müssen. Der Museumsshop im Eigenbetrieb des Museums bedeutet Steuerpflicht und Einbindung in den Gesamthaushalt bei relativ geringer Flexibilität. Eine größere Flexibilität erreichen Sie durch die Gründung einer GmbH, die entweder als Tochtergesellschaft an das Museum direkt oder an den Freundes- und Förderkreis angehängt sein kann. Schließlich bleibt noch die Möglichkeit der Verpachtung des Shops an Dritte; eine Möglichkeit, die zwar im ersten Moment weniger Investitionen für das Museum selbst bedeutet, dafür aber auch die Einflussnahme auf das Geschehen im Shop deutlich reduziert.

— Tipp: Fachmessen und Informationsquellen ──────────────

Es gibt einige Fachmessen für Museumsshops wie die *Museum Expressions* in Paris oder die *Museums & Heritage Show* in London **www.museum-expressions.fr, www.museumsandheritage.co**. Äußerst lohnend sind zudem die Informationen auf der Internetseite der amerikanischen *Museum Store Association*, die bereits seit vierzig Jahren sämtliche Themen rund um das Museumsshop-Business behandelt **www.museumdistrict.com**.

Während das Management und die Sortimentgestaltung eines Museumsshops in professionellen Händen liegen sollten, kann das Personal durchaus aus ehrenamtlichen Kräften bestehen. Es gibt bereits eine Reihe von Museumsshops, deren Personal ausschließlich aus ehrenamtlichen Kräften besteht, so wie im Museumsshop des *Von-der-Heydt-Museums* in Wuppertal oder in der *Bremer Kunsthalle*. Die eingesparten Personalkosten – und somit die Zeitspende der Ehrenamtlichen – tragen entscheidend dazu bei, dass der Museumsshop nennenswerte Gewinne abwirft und diese in die Arbeit des Museums zurück fließen können.

Künstler helfen der Kunst – Erfolgreich Versteigerungen organisieren

Als kommerziell vielversprechendes sowie stark öffentlichkeitswirksames Fundraising-Event kann ein Museum eine Versteigerung von dafür eigens geschenkten Kunstwerken veranstalten. Die *Kunstsammlung Nordrhein-Westfalen* hat im Jahr 2011 eine solche Versteigerung von Kunstwerken international bekannter Künstler als Höhepunkt eines festlichen Fundraising-Dinners durchgeführt. Mit mehr als einem Dutzend gespendeter Werke halfen die Künstler der Kunstsammlung beim Ankauf eines neuen Gemäldes **www.kunstsammlung. de/ueber-uns/presse**.

Event zieht – Inhalt bindet:
Einnahmen durch Veranstaltungen und Vermietung

Fundraising-Dinner wie im Fall der Kunstsammlung Nordrhein-Westfalen bieten sich für viele Museen an. Die meisten Museen verfügen über einzigartige und attraktive Räumlichkeiten, deren Nutzung in Erwägung gezogen werden sollte. Der Eventcharakter eines solchen Fundraising-Dinners lockt meist zahlreiche Interessenten zum Kauf eines entsprechend hochpreisigen Tickets. Im Nachgang werden diese Interessenten möglicherweise zu langjährigen Unterstützern. Ein exklusives Fundraising-Dinner verursacht jedoch – je nach Ausgestaltung – einen hohen Organisations-, Personal- und Kostenaufwand. Vor Beginn der Planungen sollten Sie deshalb eine detaillierte Budgetplanung vornehmen, um abzuklären, ob abzüglich aller Kosten (Organisation, Aufbau, Mobiliar, Catering, Service-Kräfte...) überhaupt ein Gewinn übrig bleiben kann. Suchen Sie Firmen/Lieferanten, die Ihnen das Catering sponsern. So können Sie Kosten sparen.

Vermieten Sie Ihre Räumlichkeiten. Sowohl Unternehmen als auch Privatleute sind immer wieder auf der Suche nach attraktiven „Locations". Der Markt der Suchenden ist groß. Für ein besonderes Ambiente mit Geschichte und Aura werden die Interessenten einen höheren Mietpreis akzeptieren als für einen gewöhnlichen Konferenzraum. Die *Bayerische Verwaltung der staatlichen Schlösser, Gärten und Seen* beispielsweise verfügt über ein differenziertes Vermietungsangebot ihrer Häuser **www.schloesser.bayern.de**.

― **Tipp:** *Lange Nacht der Museen* ――――――――――――――――――――――

Die Berliner Erfindung der *Langen Nacht der Museen* ist in den letzten zehn Jahren in viele Städte und Länder exportiert worden. Die nächtlichen Öffnungszeiten ziehen allerorten Tausende von Besuchern an, wovon nicht nur die großen Museen profitieren, sondern auch die kleinen Häuser dank eines Kombitickets für großräumig flanierende Besucher. Für die Museen verbindet sich mit einem solchen Event die Chance, neue Besucher rekrutieren zu können. Dank des Eventcharakters lässt sich eine mögliche Schwellenangst leichter abbauen. Jeder neue Besucher kann potenziell zum „Wiederholungstäter" und nachhaltigen Museumsfreund werden **www.lange-nacht-der-museen.de**.

Weimar on ice – **Kreative Fundraising-Events vor außergewöhnlicher Kulisse**

Wenn Ihr Museum nicht unbedingt über Räumlichkeiten verfügt, die sich für eine Vermietung eignen, so bietet es vielleicht von außen eine Kulisse für ein besonderes Event. Ein winterliches Vergnügen mit Benefiz-Charakter bot sich in den letzten Jahren vor der Kulisse der berühmten *Anna-Amalia Bibliothek* in Weimar. Nach deren verheerendem Brand im Jahr 2005 sponserte die Firma Vodafone auf dem Platz vor der zerstörten Bibliothek im Winter eine Eisbahn. Die Eintrittsgelder der eislaufbegeisterten Bürger und Touristen flossen direkt in den Wiederaufbau der Bibliothek. Eine begleitende Tombola gab den Eisläufern zusätzlich die Möglichkeit, ihren Spaß mit dem Engagement für den Wiederaufbau des Weltkulturerbes zu verbinden **www.klassik-stiftung.de**

Geben und nehmen – Kooperation mit Sammlern und Leihgebern

Eine besondere Art des Fundraising in Form von Sachwerten kann sich für Museen aus der engen Kooperation mit Sammlern und Leihgebern ergeben. Sammler stellen den Museen oftmals gerne und unentgeltlich ihre Sammlungen als Schenkung oder einzelne Kunstwerke zum Beispiel als Dauerleihgabe zur Verfügung. Deren Erwerb könnten die Museen aus Eigenmitteln selten oder gar nicht finanzieren. Auf Seiten des Museums bleibt allein die Aufgabe, die sachgerechte Ausstellung oder Verwahrung der Kunstwerke zu garantieren. Entsprechend ist zu prüfen, ob die Kosten für diese Aufgaben überhaupt getragen werden können. In manchen Fällen können die Folgekosten einer Schenkung die finanziellen und personellen Kapazitäten eines Museums übersteigen, auch wenn die geschenkten Werke von unschätzbarem Wert für das Museum sind.

„Frankfurt baut das neue Städel. Bauen Sie mit!"
– Erfolg durch die Kooperation mit Partnern

Die Kampagne des *Städel-Museums* ist ein gutes Beispiel dafür, dass ein Museum nicht nur viele Partner für ein erfolgreiches Fundraising benötigt, sondern dass es diese auch gewinnen kann. So unterstützte die *Frankfurter Eintracht* die Erweiterung des *Städel-Museums* mit einem Fotoshooting der Mannschaft und einem Promotion-Tag im ausverkauften Stadion mit über 50.000 Besuchern. Die *Taxi-Vereinigung Frankfurt* unterstützte das neue Städel mit Gratis-Werbeflächen und fuhr sechs Monate lang mit zehn Taxis im „Städel-Look" durchs Rhein-Main-Gebiet. Eine örtliche Brauerei produzierte insgesamt vier Millionen Bierdeckel mit dem Städel-Spendenaufruf. Eine Bäckereikette schuf das Städel-Brot mit Logo. 50 Cent von jedem verkauften Brot wurden für die Erweiterung gespendet. Eine Drogeriemarktkette rief einen Malwettbewerb für Kinder aus und spendete einen Euro pro eingereichtem Bild. Die *Frankfurter Verkehrsgesellschaft* sorgte für Sichtbarkeit der Kampagne und stellte an einem der größten Frankfurter Transitpunkte Werbeflächen zur Verfügung, die auf die Städel-Erweiterung aufmerksam machten. In einer benachbarten Schule schufen 1.200 Schüler eigene Werke für das Städel, die sich im Freundes- und Familienkreis sowie im Rahmen einer Live-Versteigerung mit einem Sotheby`s-Auktionator verkauften **www.fundraising.saz.com/fundraising-echo-2012-3-5**. Die gesamte Kampagne wurde von einer großen Werbeagentur pro bono betreut.

Weiterführende Kapitel:

5.7 Fundraising für die politische Bildung

Daniel Kraft

- Politische Bildung wird als Querschnittsthema von unterschiedlichsten Akteuren angeboten
- Zahlreiche Fördermöglichkeiten durch Institutionen
- Professionelles Antragsmanagement unerlässlich
- Money for nothing? Spenden für die politische Bildung liegt im Trend
- Spenden für Partizipation, gesellschaftlichen Zusammenhalt und Selbstwertgefühl
- Fundraising als Beitrag zur Stärkung der Zivilgesellschaft

Politische Bildung wird als Querschnittsthema von unterschiedlichsten Akteuren angeboten

Politische Bildung wird von den unterschiedlichsten Institutionen durchgeführt: In allgemeinbildenden Schulen und Kinderbetreuungseinrichtungen,
- an beruflichen Schulen, in der beruflichen Weiterbildung und in der Bundeswehr,
- an Volkshochschulen und bei anderen Angeboten der Erwachsenenbildung,
- in der außerschulischen Jugendarbeit von Kirchen und Verbänden,
- von Anbietern von Bildungsreisen und im Rahmen von touristischen Angeboten

Die Formen der politischen Bildung sind dabei höchst unterschiedlich:
- Seminare, Workshops und Lehrgänge
- Schul- und Jugendprojekte
- Zusammenspiel mit Kultur-, Musik- und Kunstprojekten
- Studienreisen, Gedenkstättenseminare,
- Jubiläumsveranstaltungen
- Internationale Partnerschaften
- Erstellung von Publikationen, Online-Angebote und Lehrmaterialien

All diese Aktivitäten sind zum Teil mit erheblichem Aufwand verbunden, für welchen man eine ausreichende Finanzierung sicherstellen muss. Da die Regelfinanzierung in diesem Bereich meist beschränkt ist, spielt das Fundraising eine wichtige Rolle.

Zahlreiche Fördermöglichkeiten durch Institutionen

Bundes- und Landeseinrichtungen sowie (parteinahe) Stiftungen, aber auch europäische und private Fördereinrichtungen finanzieren die Tätigkeit vieler, oftmals kleiner lokaler Vereine und Initiativen im Bereich der politischen Bildung.

In der politischen Bildung in Deutschland dominieren nach wie vor öffentliche antragsbasierte Fördermittel. Zu unterscheiden ist dabei zwischen:

- multilateralen Mitteln (etwa Mittel der *EU*, des *Europarates*),
- bilateralen Mitteln (wie des *Deutsch-Tschechischen Zukunftsfonds* oder des *Deutsch-Polnischen Jugendwerkes*),
- nationalen Mitteln (so die der *Bundeszentrale für politischen Bildung*, den Landeszentralen für politische Bildung oder der politischen Stiftungen),
- Landes-, Kommunal- oder regionale Mitteln
- sowie Fördermitteln von privaten Stiftungen (zum Beispiel der *Robert Bosch Stiftung* oder der *Körber-Stiftung*).

Im Idealfall lassen sich diese Fördermittel ergänzen und zu einem „Fördermix" kombinieren.

Bundeszentrale für politische Bildung fördert pro Jahr 1.500 Veranstaltungen

Eine der großen Fördereinrichtungen von Trägern der politischen Bildung ist die *Bundeszentrale für politische Bildung (bpb)*. Bei der *bpb* können Zuschüsse für politische Bildungsarbeit für Jugendliche und Erwachsene beantragt werden. Dies funktioniert auf zwei Wegen: Zum einen können Organisationen, die politische Bildung anbieten und bei der bpb als so genannter Träger anerkannt sind, jährlich Zuschüsse beantragen. Zum anderen besteht die Möglichkeit, projektbezogene Zuwendungen zu beantragen. Rund ein Drittel der gesamten Sachmittel des *bpb*-Haushaltes fließen jedes Jahr in die Trägerarbeit. Damit unterstützt die *bpb* bundesweit rund 100 anerkannte Bildungsträger und 166 Unterträger, die jährlich etwa 1.500 Veranstaltungen anbieten.

— Tipp: Fördermittel-Datenbank ————————————————————————

Eine Übersicht über potenzielle Fördermittel aus allen Bereichen, insbesondere für Projekte der historisch-politischen Bildung, bietet die Datenbank **www.foerderung-geschichtsprojekte. de**. Anhand von Formaten, Inhalten und Fördersummen kann dort nach Institutionen oder Förderprogrammen gesucht werden, deren Profile zu den jeweiligen Vorhaben – wie beispielsweise internationale Begegnungen, Gedenkstättenbesuche oder Fortbildungen – passen. Die Förderdatenbank wird zusammengestellt und aktualisiert vom *Verein Lernen aus der Geschichte e.V.*

Professionelles Antragsmanagement unerlässlich

Aus all dem folgt: Professionelle Förderantragstellung ist unerlässlich. Innovativ erweitern können und sollten Träger der politischen Bildungsarbeit ihre Finanzierungskonzepte aber noch mit anderen Mitteln des Fundraising. Dabei sind Fundraiser keine Bittsteller, sondern sorgen dafür, dass ihre Organisation unabhängig wirken und Raum zur (finanziellen) Partizipation bieten kann.

Boom der Projektförderung

Seit einigen Jahren erlebt die Projektförderung einen Boom. Angesichts knapper öffentlicher Kassen wird die institutionelle Förderung für die politische Bildung immer seltener. Öffentliche Förderer, aber auch private und politische Stiftungen (siehe das Kapitel 3.3.3 *Stiftungen als Förderer nutzen*), setzen auf Projekte, da der finanzielle, zeitliche und personelle Rahmen für sie dadurch besser planbar wird. Das Risiko für den Förderer ist überschaubar. Es werden konkrete Ergebnisse angestrebt, ohne dass langfristige Verpflichtungen eingegangen werden. Umgekehrt eröffnet diese Entwicklung Möglichkeiten für neue nicht-staatliche Organisationen. Gerade relativ junge und besonders engagierte Initiativen erhalten so die Chance für eine Startfinanzierung.

Dennoch wird die antragsbasierte Projektförderung von den Trägern der politischen und kulturellen Bildung häufig als großes Problem beklagt. *Birgit Marzinska* vom Webportal **www.lernen-aus-der-geschichte.de** stellt hierzu fest: „Immer stellen wir fest, dass gerne Modellprojekte gefördert werden, es aber für Vereine und kleinere Träger sehr schwierig ist, kontinuierlich unterstützt zu werden. In der Projektarbeit geht sehr viel Zeit für die Mittelbeschaffung und später für die Abrechnung verloren."

Von der Idee zum Konzept

Bei der Projektplanung sollte zunächst auf der Basis einer Ideenskizze ein Konzept entwickelt werden. Die bestehende Idee sollte dabei zunächst unabhängig von Fördermöglichkeiten weitergesponnen werden. Auf dem Weg zu einem Konzept kann auf zahlreiche bewährte Checklisten zurückgegriffen werden, die in die meisten der gängigen Förderanträge übertragen werden können. Solche Checklisten finden sich in diesem Buch in Teil 3.1 *Antragsmittel gezielt einwerben.*

Ein solches Verfahren stellt die eigene Idee und Expertise in den Mittelpunkt. Nach Fertigstellung des Konzepts folgt die systematische Suche der passenden Förderung. Der Antragsteller sollte das für das eigene Anliegen passende Förderprogramm möglichst genau identifizieren. Die Erfolgschancen steigen, wenn das Anliegen des zu fördernden Projekts weitgehend auf die in den meisten Fällen klar formulierten Förderkriterien passt und der potenzielle Förderer nicht erst von den Vorstellungen des Antragsstellers überzeugt werden muss. Dies gilt umso mehr für Förderausschreibungen, die besonders klare Vorgaben machen.

■ Der Finanzierungskuchen

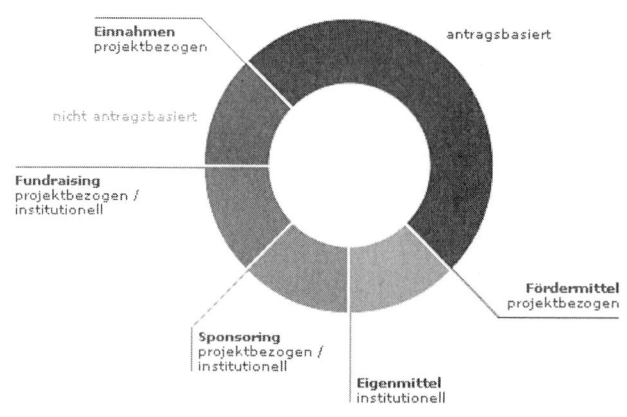

finden Sie im *Akquisos-Newsletter der Bundeszentrale für politische Bildung* unter: **www.bpb. de/partner/akquisos/147610/foerderprogramme-und-foerderwettbewerbe** (wird stets aktualisiert).

Money for nothing?
Spenden für die politische Bildung liegt im Trend

Neben dem professionellen Antragsmanagement ist es für immer mehr Bildungseinrichtungen unerlässlich, Spenden einzuwerben. Wenngleich die Spendenbereitschaft für Anliegen der politischen und kulturellen Bildung nach wie vor deutlich geringer ist als beispielsweise im karitativen Bereich, haben eine Reihe von Trägern der politischen und kulturellen Bildung in den letzten Jahren beachtliche Erfolge dabei erzielt.

An einer Umfrage unter Akquisos-Abonnenten nach ihren Erfahrungen mit Spendenwerbung für politische Bildungsarbeit (die gesamte Auswertung findet sich unter: **www.bpb.de/partner/akquisos/148324/fundraising-fuer-politische-bildung-in-der-praxis**) nahmen 164 Mitarbeiter verschiedener Einrichtung teil. Das Ergebnis zeigt, Spenden sind inzwischen auch für die politische Bildungsarbeit wichtig. Und: die Investition in eine professionelle Nutzung verschiedener Fundraisinginstrumente lohnt sich für große und kleine Einrichtungen.

Spendenwerbung gehört für viele zum Alltagsgeschäft

Fundraising gehört für die meisten der befragten Einrichtungen der politischen Bildung inzwischen zum Alltagsgeschäft. Die Umfrage zeigt dabei, dass sich Professionalisierung lohnt. Die Einrichtungen, die über einen angestellten Fundraiser verfügen und ein klares Konzept haben, sind die erfolgreicheren. Dabei spielt die Größe der Einrichtung keineswegs die entscheidende Rolle.

Auch wenn politische Bildung ein an Spender oft schwierig zu vermittelndes Thema ist, sind Kleinspender für über die Hälfte der Einrichtungen wichtige Unterstützer. Allerdings: die großen Summen werden immer noch über Stiftungen, Bund und EU also „antragsbasiertes Fundraising" eingeworben. Dem Online-Fundraising sagen die Befragten keine große Zukunft voraus: Wichtig wird (und bleibt), was große Beträge bringt – so lässt sich die Prognose der Instrumente zusammenfassen. Die Befragten attestieren sich und ihrer Einrichtung zwar einigen Qualifizierungs- und Unterstützungsbedarf, allerdings wollen nur rund ein Drittel in den kommenden Jahren ein systematisches Fundraising aufbauen oder die bisherigen Tätigkeiten erweitern.

Hohes Maß an Sensibilität gefragt

Die gewählten Fundraising-Instrumente sollten zum eigenen Anliegen passen. Die Erfahrungen und Modelle aus anderen Social-Profit-Bereichen können nicht ohne weiteres auf die Träger politischer und kultureller Bildungsarbeit übertragen werden. So ist in der politischen Bildung, etwa bei der Gedenkstättenarbeit, ein hohes Maß an Sensibilität gefragt.

Spenden für Partizipation, gesellschaftlichen Zusammenhalt und Selbstwertgefühl

Allerdings sollte man nicht vergessen, dass ein professionelles und auf universellen ethischen Prinzipien beruhendes Fundraising auch eine Chance bei der Verstärkung des Bildungsauftrags darstellen kann. Denn es ist ja ein Kernanliegen der politischen Bildung, die Bereitschaft zur Partizipation zu stärken. Dies kann durch Fundraising-Aktivitäten geschehen, die stets auch Teil des Marketings der eigenen Organisation sind. Es ist davon auszugehen, dass viele Teilnehmende, insbesondere der Angebote der politischen Erwachsenenbildung, sich dieser wichtigen Rolle durchaus bewusst sind und zur individuellen Unterstützung dieses Anliegens durch eine Spende bereit sind.

Nicht zuletzt aus diesem Grund ist es für das Fundraising im Bereich der politischen Bildung existentiell, sich an den Grundregeln des Fundraisings zu orientieren: Ehrlichkeit, Respekt/ Würde, Integrität, Empathie, Transparenz. Zielgruppe der politischen Bildung sind oft – aber nicht nur – Kinder und Jugendliche. Diese verfügen zwar selbst über wenig finanziellen Mittel, um Bildungsmaßnahmen zu unterstützen. Diese Zielgruppe ist als Leistungsempfänger jedoch ein Faktor, der sich bei vielen potenziellen Spendern positiv auf die Unterstützungsbereitschaft auswirken kann. Mit einer Spende investiert man in die Zukunft der Gesellschaft. Nicht zuletzt aus diesem Grund gehört die Kinder- und Jugendhilfe seit Jahren zu dem Bereich, für den Deutsche am häufigsten spenden.

Politische Bildung hat etwas Konkretes zu bieten

„If you think, selling a product is difficult, try getting someone to give you money for nothing": Diese Aussage von *Ken Burnett* verdeutlicht, dass es sich beim Fundraising um keinen typischen marktwirtschaftlichen Austauschprozess handelt („Ware gegen Geld"), sondern dass stets der ideelle Wert der Gegenleistung betont werden muss („*Mit Ihrem Beitrag stärken Sie die Demokratie in Deutschland*", oder „*Mit Ihrem Beitrag stärken Sie das Selbstbewusstsein der Kinder und ihre Möglichkeiten zur Teilhabe an der Gesellschaft*").

Dieser ideelle Gegenwert, der im Fundraising für die politische und kulturelle Bildung oftmals nichts weniger ist als die Stärkung der Demokratie oder des gesellschaftlichen Zusammenhalts und des Selbstwertgefühls zahlreicher junger Menschen mit den einhergehenden positiven Auswirkungen auf das Zusammenleben, muss den potenziellen Spendern stets und immer wieder vor Augen geführt werden. Das häufig diskutierte Problem der politischen und kulturellen Bildung, ihre Ergebnisse seien nur schwer mess- oder überprüfbar, kann hier nicht als Ausrede gelten, denn auch karitative Aktivitäten oder Kampagnen für eine saubere Umwelt beispielsweise sind schwer messbar und schon gar nicht auf das Engagement einer einzelnen Institution zurückzuführen.

Spender vertrauen Organisationen mit hohen Kompetenzen

Für das Ansehen einer Organisation ist vielmehr entscheidend, dass die potenziellen Spender auf die Kompetenz der Organisation vertrauen. Dieses Vertrauen in die Leistungsfähigkeit der Organisation ist deren größtes Kapital und es gilt dieses immer wieder zu pflegen und entsprechend an die Spenderzielgruppe zu kommunizieren.

Ganz praktisch lässt sich die Unterstützung der Spenderin oder des Spenders durch so genannte Anreizaustauschelemente dokumentieren (wie Möbelpatenschaften in Studienhäusern, kleine symbolische Gegenleistungen), die sich einerseits an das gängige Konsumverhalten anlehnen (*„mit der Bezahlung ist mein Beitrag geleistet"*) und zugleich die Spende konkret sichtbar machen (etwa kleines eingraviertes Namensschild auf der Rücklehne eines Tagungshaus-Stuhls). Eine der erfolgreichsten Fundraising-Aktionen der letzten Jahre ist der Wiederaufbau der Frauenkirche, die Stein für Stein an ihre Spender „verkauft" wurde und durch die Beiträge vieler entstehen konnte.

People give to People

Eine zentrale Grundregel des Fundraisings ist, dass Menschen für Menschen spenden, nicht für Organisationen. Persönliche Bitten sind am erfolgreichsten. Viele Anbieter von Seminaren oder Betreiber von Studienhäusern, insbesondere im Bereich der Erwachsenenbildung, aber auch in der Jugendbildung, haben hier enorme Potenziale, beispielsweise durch eine langfristig aufgebaute Alumniarbeit, die die Teilnehmenden über Jahre an die Institution bindet. Diese sind ja gerade in den Veranstaltungen der politischen und kulturellen Bildung für die Wichtigkeit der Partizipation an kulturellen, politischen und gesellschaftlichen Prozessen sensibilisiert worden. Dabei ist es oft kein großer Schritt, die Frage der Finanzierung der eigenen Arbeit offen anzusprechen.

Fundraising als Beitrag zur Stärkung der Zivilgesellschaft

Im Wesentlichen geht es für viele Organisationen darum, ihre grundsätzliche Haltung zum Thema Fundraising zu überdenken. Man ist nicht Bettlerin oder Bittsteller, Fundraising ist nicht nur Bürde, sondern zugleich auch eine Chance für die Stärkung der eigenen Organisation durch die Emanzipation von Fördergeldern Dritter. Marita Haibach sagt mit Recht: „Das systematische und kontinuierliche Fundraising leistet einen bedeutenden Beitrag für den Aufbau und Fortbestand der Zivilgesellschaft."

Joan Flanagan geht noch weiter, wenn er behauptet: „Fundraiser sind die Helden, in Amerika und auf der ganzen Welt, weil wir, ohne uns dafür zu entschuldigen, Menschen herausfordern, mehr zu spenden und mehr zu riskieren. Wir finanzieren Organisationen, die Leben retten und Veränderungen in der Gesellschaft bewirken." Wie auch immer man zum Pathos dieser Worte steht, sicher ist, dass ein aktives Fundraising einen zentralen Beitrag zur Finanzierung der politischen und kulturellen Bildung leisten kann und damit zum Erhalt der zahlreichen Angebote der Bildungsarbeit beiträgt. So kann dieses Instrument die Demokratie festigen und eine unabhängige Zivilgesellschaft stärken, die auf selbstbewussten Persönlichkeiten aufbaut.

Nützliches zum Schluss

Kapitelübersicht

Verzeichnis der Checklisten

Verzeichnis Praxisbeispiele

Literatur, Datenbanken, Diskussionsforen

Beachte: Die meisten einschlägigen Datenbanken und manche Newsletter, Zeitschriften, Bücher, Broschüren werden nicht hier, sondern in den jeweiligen Kapiteln aufgeführt.

- Zeitschriften
- Newsletter
- Förder-Datenbanken allgemein
- Datenbanken zu Stiftungen
- Bücher, Broschüren
- Nachschlagewerke, Lexika
- Diskussionsforen, Blogs

Zeitschriften

Fundraiser (6xj.) mit Archiv vorheriger Ausgaben: **www.fundraiser-magazin.de**
Deutscher Fundraisingverband, FUNDStücke für Mitglieder, 4xj:
www.fundraisingverband.de
Stiftung und Sponsoring (6xj.) **www.stiftung-sponsoring.de**
StiftungsWelt, Bundesverband Deutscher Stiftungen (für Mitglieder 4xj.)
www.stiftungen.org
Die Stiftung **www.die-stiftung.de**
BFS-Informationen enthält regelmäßig Infos über Fundraising, gratis,
www.sozialbank.de
BFS Trend-Info für Führungskräfte (mtl.) **www.sozialbank.de**
Magazin Dialog, Deutscher Dialogmarketing Verband **www.ddv.de**

Newsletter

Akquisos, Infodienst der Bundeszentrale für politische Bildung (mehrmals j.)
www.bpb.de/newsletter
ngo-dialog professionell, Deutscher Fundraising-Verband (10xj),
www.fundraising-verband.de
Mission-Based News, der meistgelesene Newsletter zum Thema Fundraising
und Sozialmarketing **www.mission-based.de**
emcra EU-Fördertipp, emcra – Europa aktiv nutzen (14-tgl.) **www.emcra.com**
Fundraising innovativ **www.spendwerk.de**

ebw-Fortbildungs-Rundbrief, Evangelisches Bildungswerk München (ca. 6x j.)
www.ebw-muenchen.de
IBPro-Infodienst (6xj.) **www.ibpro.de**
Maecenata-Notizen, Maecenata Institut (6xj.) **www.maecenata.eu**
StiftungsNews, Newsletter des Bundesverbandes Deutscher Stiftungen (mtl.)
www.stiftungen.org
Newsletter des Bundesnetzwerkes Bürgerschaftliches Engagement **www.b-b-e.de**
Vereinsinfobrief **www.vereinsknowhow.de**
Newsletter von **www.connectinghelp.de** und **www.stifter-helfen.de**
(Spenden-Marktplätze)

Förder-Datenbanken allgemein

Das größte Internetverzeichnis von Datenbanken und Verzeichnissen zum
Thema Fördermittel für Social-Profit Organisationen finden Sie unter:
www.blog-foerdermittel.de/internetverzeichnis/
Förderlotse Fördermittelführer ONLINE, kostenpflichtige Onlinedatenbank
für die Bereiche Bildung, Soziales, Kultur, Umwelt, bürgerschaftliches
Engagement, Entwicklungspartnerschaften und internationale Kooperationen. Die wichtigsten Fördermöglichkeiten aus den Bereichen
Öffentliche Förderung, Europäische Programme, Stiftungen, Lotteriemittel und Förderfonds: **www.fmf-online.de**
www.foerderdatenbank.de Förderdatenbank des Bundeswirtschaftsministeriums
mit den öffentlichen Förderprogrammen des Bundes, der Länder und
der Europäische Union
www.eufis.eu Förderdatenbank der Bank für Sozialwirtschaft, die die Europäischen Fördermöglichkeiten umfasst
www.mehrmoeglichmachen.de Finanzierung und Service für die Bildungsarbeit
www.kulturfoerderung.org Das Internet-Portal DIZK führt durch die deutsche
Stiftungslandschaft zu Kunst und Kultur. Mit Projektmarkt und strukturierter Recherche.
www.europa-foerdert-kultur.info, **www.kupoge.de**
www.service-eine-welt.de (Finanzierung): für Eine-Welt-Projekte

Datenbanken zu Stiftungen

www.stiftungsindex.de Stiftungsverzeichnis des Bundesverbands Deutscher
Stiftungen mit Suchfunktionen nach PLZ, Thema und ob operativ oder
mit und ohne Antragsmöglichkeit fördernd
www.stiftungsdatenbank.info oder **www.maecenata.eu/stiftungsdatenbank/**
(Stiftungsverzeichnis des Maecenata Instituts in Kooperation mit der
Zeitschrift DIE STIFTUNG)
www.stifterverband.info/stiftungen_und_stifter/stiftungen_suche/index.html
(Verzeichnis der im Stifterverband für die deutsche Wissenschaft ver-
walteten Stiftungen. Dazu gehören auch die früher von der Maecenate
Stiftunsverwaltung betreuten Stiftungen)

www.**miz.org** (Musik-Förder-Stiftungen und -Organisationen)

www.**fundersonline.com** Suche nach Stiftungen in Europa

www.**foundationcenter.org** Der Bundesverband deutscher Stiftungen bietet als Netzwerkpartner des Foundation Centers die kostenfreie Möglichkeit zur Recherche nach Stiftungen, Stiftern und Förderungen US-amerikanischer Stiftungen: Mo bis Fr 10-15 Uhr, Mauerstraße 93 | 10117 Berlin, Anmeldung: Tel. (030) 89 79 47-29.

www.**fundsnetservices.com** Suche nach Stiftungen weltweit

Nachschlagewerke, Lexika

Empfehlung: Nutzen Sie auch das Schlagwortregister dieses Buches als Lexikon!

www.**fundraising-wiki.de**, das *Wikipedia* des Fundraisings (im Aufbau)

Schmotz, Torsten, Förderlotse Fördermittelführer 2015/2016 für gemeinnützige Projekte und Organisationen. 275 Finanzierungsmöglichkeiten für die Bereiche Bildung, Soziales, Umwelt, Kultur, bürgerschaftliches Engagement, Entwicklungspartnerschaften und internationale Zusammenarbeit: www.**foerdermittelfuehrer.de**

Bundesverband Deutscher Stiftungen, Verzeichnis Deutscher Stiftungen in dreierlei Form mit jeweils fast allen publizierten Stiftungen. erhältlich als Buch: (1952 S., in großen Bibliotheken einsehbar), als CD-ROM mit Suchfunktionen nach PLZ, Thema und ob operativ oder mit und ohne Antragsmöglichkeit fördernd und im Internet: www.**Stiftungsindex.de** (siehe oben bei Datenbanken)

Maecenata Stiftungsführer 2010: www.**stiftungsfuehrer.maecenata.eu/**

Netzwerk Selbsthilfe, Fördertöpfe für Vereine, selbstorganisierte Projekte und politische Initiativen. 330 Stiftungen und Förderquellen im Porträt (2014)

Bücher, Broschüren

Bertelsmann Stiftung (Hg.), Ratgeber Stiften (4 Bände, 2003-2008)

Bertelsmann Stiftung: Reports „Wissen für soziale Investoren"
- – Ende gut – alles gut: Förderpartnerschaften erfolgreich
- – Engagement mit Wirkung: Warum Transparenz über die Wirkungen gemeinnütziger Aktivitäten wichtig ist
- – Gut gemeint – schlecht gemacht: Was tun, wenn Förderprojekte scheitern?
- – In Wissen investieren: Förderschwerpunkte erkunden und verstehen
- – Ja sagen – nein sagen: Förderanträge professionell annehmen oder ablehnen
- – Nachmachen erwünscht: Methoden erfolgreichen Projekttransfers
  Download: www.**bertelsmann-stiftung.de/cps/rde/xchg/SID-BF0E2D81-C4130FB9/bst/hs.xsl/87723_87727.htm?suchrubrik=**

Bundesministerium für Umwelt, Naturschutz und Reaktorsicherheit (BMU), Finanzierungshandbuch für Naturschutzmaßnahmen. Download: www.**bfn.de/fileadmin/MDB/documents/foerderung/broschuere_finanzierungshdb-oV.pdf**

Bundeanstalt für Landwirtschaft und Ernährung, DVS-Förderhandbuch für den ländlichen Raum – Was gibt es außer ELER? EU- und Bundesprogramme für den ländlichen Raum: **www.netzwerk-laendlicher-raum.de/ service/publikationen/foerderhandbuch/**

Burens, Peter-Claus, Fundraising (2012)

Crole, Barbara, Profi-Handbuch Fundraising: Direct Mail: Spenden erfolgreich akquirieren (angekündigt für 2015)

Evang. Bildungswerk München / IBPro e.V., Stiftungen nutzen – Stiftungen gründen, (2008)

Fundraising Akademie (Hg.), Fundraising. Handbuch für Grundlagen, Strategien und Methoden (2008, Neuauflage geplant)

Gerlach-March, Rita, Kulturfinanzierung. Finanzierungsformen für Kulturbetriebe durch öffentliche und private Mittel mit besonderem Augenmerk auf innovative Modelle und erfolgreiche Beispiele

Haibach, Marita, Handbuch Fundraising: Spenden, Sponsoring, Stiftungen in der Praxis (2012)

Haibach, Marita: Hochschulfundraising. Ein Handbuch für die Praxis, Frankfurt/Main, New York 2008

IBPro (Hg), Autoren: Ulrike Köllner/ Dieter Harant: Vereinspraxis, Ein Ratgeber zum Vereinsrecht, zum Arbeitsrecht und zu kaufmännischen Fragen (2013)

Knoth, Andreas, Eigenmittel erwirtschaften – Eine Navigationshilfe für gemeinnützige Träger

Kurz, Bettina; Kubek, Doreen: Kursbuch Wirkung. Das Praxishandbuch für alle, die Gutes noch besser tun wollen. Download: **www.phineo.org**

Mayer, Wolfgang, Fundraising für Schulen (2013)

Schmotz, Torsten, Förder-Lotse Handbuch Fördermittel für gemeinnützige Projekte und Organisationen. In fünf Schritten systematisch neue Zuschussquellen erschließen: **www.foerdermittelhandbuch.de**

Diskussionsforen, Blogs

Blog Fördermittel für Non-Profit Organisationen: **www.blog-foerdermittel.de**

Xing Gruppe „Fördermittel für Non-Profit Organisationen": **www.xing.com › Gruppen › Fördermittel für Non-Profit-Organisationen**

www.spendenbank.de/spendenportal, Bank für Sozialwirtschaft

www.dfrv-blog.net/, Deutscher Fundraising-Verband

www.sozialmarketing.de

www.dritter-sektor.de, **www.h-net.org**, redaktionell betreutes Austauschforum

www.fundraising-journal.ch – ein Weblog der Schweizer Agentur für Fundraising und strategisches Controlling

The New Chronicle of Philanthropy bietet unter „forum" in **www.philanthropy. com** den besten Einblick in den Erfahrungsaustausch amerikanischer Fundraiser.

Autoren und Herausgeber

Herausgeber

Alexander Gregory ist juristischer Assessor, Politologe und Erwachsenenbildner. Als langjähriger Geschäftsführer eines Verbandes von Bildungseinrichtungen, Trainer und Berater für soziale, umweltbezogene, kulturelle und politische Organisationen sowie bei Stiftungsgründungen und vor allem als Aktivist in Bürgerinitiativen, sammelte er viel Erfahrung in Fundraisingfragen. Er ist Mitautor verschiedener Bücher und regelmäßiger Newsletter sowie Mitinitiator und Beirat der Interkulturellen Stiftung Kolibri **www.kolibri-stiftung.de, beirat2@ kolibri-stiftung.de**.

Torsten Schmotz ist Diplom-Kaufmann (Univ.). Er verfügt über mehr als sechzehn Jahre Erfahrung in den Bereichen Öffentlichkeitsarbeit, Finanzierung, Fördermittelakquise und Fundraising. Seine Agentur Förderlotse hat sich in den letzten fünf Jahren als unabhängiger Dienstleister auf die Fördermittelakquise für gemeinnützige Organisationen spezialisiert. Sie berät sowohl große Sozialunternehmen und Verbände, wie auch kleine ehrenamtliche Initiativen beim strategischen Einwerben von Antragsmitteln. In Seminaren und Workshops gibt Schmotz sein Wissen mit großer Begeisterung weiter. Er ist außerdem Hochschuldozent an der Katholischen Universität Eichstätt-Ingolstadt, an der Evangelischen Hochschule Nürnberg, an der Dualen Hochschule Baden-Württemberg und am MCI in Innsbruck. **www.foerder-lotse.de, www.blog-foerdermittel.de tschmotz@foerder-lotse.de**

Das Evangelische Bildungswerk München (ebw) ist ein Zusammenschluss von 88 Einrichtungen, die im Großraum München Erwachsenenbildung anbieten. Hier finden Sie professionelle und praxisnahe Fortbildungen und Projekte für Social-Profit-Organisationen sowie für freiwillig oder beruflich Engagierte in den Themen Arbeitswelt, Soziales, Gesundheit, Glaube, Medien und Kultur. **www.ebw-muenchen.de**.

IBPro e.V. www.ibpro.de ist seit 1990 Experte für Weiterbildung, Qualifizierung und professionelles Management, vor allem in sozialen Einrichtungen mit Sitz in München. IBPro vereint drei Arbeitsschwerpunkte unter einem Dach: Das Weiterbildungs- und Beratungsangebot umfasst u.a. Organisationsberatung, Coaching von Fach- und Führungskräften, Beratung im Fundraising sowie Moderation von Veranstaltungen. Das Zentrum für Beruf & Familie **www.zentrum-beruf-familie.de** ist für die Kompetenzerfassung, Qualifizierung und berufliche Beratung von arbeitslosen Frauen und Männern zuständig. Der Buchhaltungsservice übernimmt für gemeinnützige Träger die Lohn- und Finanzbuchhaltung. **www.ibpro.de/buchhaltungsservice**

Die PARITÄTISCHE Geldberatung eG engagiert sich für die soziale Arbeit und für soziale Projekte: Beratung und Betreuung bei der Entwicklung von Finanzierungs- und Fundraisingkonzepten sowie bei Stiftungsanträgen, Vermittlung von Darlehen, Informationen zu europäischen Förderprogrammen, Krisenmanagement und Sanierungsberatung, PARITÄTISCHE Sparformen. „Soziales Engagement bedeutet dort zuzuhören, wo andere den Kopf schütteln. Es gilt gemeinsam kreative und innovative, aber abgesicherte Lösungen zu finden": **www.ParitaetischeGeldberatung.de**.

VIS a VIS Beratung – Konzepte – Projekte (Inhaber: Dieter Schöffmann) bietet Gemeinwohlorganisationen, Unternehmen, Kommunen, Stiftungen u.a. Beratung sowie Konzept- und Projektentwicklung zu wirksamen Maßnahmen in der Gesellschaft. Der Schwerpunkt liegt hierbei auf der Förderung und Entwicklung von Bürgerengagement einerseits und der Integration von bürgerschaftlichem Engagement zur Bewältigung gesellschaftlicher Herausforderungen andererseits: **www.visavis-wirkt.de**.

Autoren

Christoph Bolbrügge, Jahrgang 1952, nach dem Abitur in Mexico-City Studium der Elektrotechnik und Wirtschaftsingenieurwesen an der TU München und Karlsruhe. Selbstständiger Unternehmer im Bildungsbereich. Ehrenamtlich seit 1998 Mitglied im Lions Club Schleißheim und im erweiterten Vorstand des Distriktes Bayern Süd zuständig für die Lions Jugendprogramme **www.lions-schleissheim.de**.

Heike Christina Davidson, Jahrgang 1973, hat Evangelische Theologie, Philosophie, Germanistik und Biologie studiert. Sie ist Pfarrerin der Evang. – Luth. Landeskirche in Bayern (ELKB), Fundraising-Managerin (FA), EU-Fundraiserin und Coach. Derzeit ist sie als Fundraiserin der ELKB für München und Oberbayern tätig. Hierin berät sie Evang. – Luth. Kirchengemeinden, Dekanate, Vereine, Werke und Stiftungen im Bereich Fundraising und bei Entwicklungsprozessen. Darüber hinaus bildet sie angehende Fundraiser aus, hält Vorträge, veranstaltet Weiterbildungs- und Netzwerktreffen und veröffentlicht Fachliteratur. Und natürlich gestaltet sie auch weiterhin Gottesdienste und übernimmt ehrenamtliche Tätigkeiten in „ihrer" ELKB. **www.fundraising-bayern.de**

Dr. Frank Frieß seit 2008 Referatsleitung des Hochschulreferats Fundraising an der Technischen Universität München, zuvor mehrjährige Tätigkeit im Verlagsmanagement einer Tageszeitung in verschiedenen Führungspositionen. **www.fundraising.tum.de**

Kai Fischer ist geschäftsführender Partner von Mission-Based Consulting und berät Social-Profit-Organisationen im Fundraising. Schwerpunkte: Strategie, Kapital-Kampagnen und Online-Fundraising sowie innovative Formen der Finanzierung wachsender Organisationen und Unternehmen. Kai Fischer hat drei Fachbücher sowie 60 Beiträge für Zeitschriften und Sammelbände verfasst und gibt einen E-Mail-Newsletter heraus. Er ist Lehrbeauftragter an der HWR Berlin und Dozent der Fundraising Akademie. Sein Wissen gibt er auch in Workshops und Seminaren auf Tagungen und in Projekten mit Kunden weiter. Im Deutschen Fundraising Verband leitet er die Regionalgruppe Hamburg, die Fachgruppe „Politik und Zivilgesellschaft" und sitzt der Schiedskommission vor. **www.mission-based.de**

Regina Glatt ist Dipl.-Fundraiserin und als Vertriebsmanagerin bei der Vertriebsleistung Fundraising der Deutschen Post beschäftigt. Frau Glatt hat nach der Ausbildung verschiedene Stellen bei Deutsche Post DHL absolviert. Sie berät nun Spendenorganisationen und hält Vorträge zum Thema Fundraising und Postversand **www.deutschepost.de**.

Dieter Harant: Diplom-Kaufmann (Univ.), Geschäftsführer von IBPro, Verbandsvorstand, Fortbildungen u.a. in Coaching, Gewaltfreier Kommunikation, Transaktionsanalyse, Controlling, EFQM; Buchautor der AG-SPAK-Ratgeber „Vereinspraxis" und „Praxis Betriebswirtschaft für Nichtökonomen". Arbeitsschwerpunkte: Berater und Referent in den Bereichen Vereinsorganisation, Betriebswirtschaft, öffentliche Finanzierung, Coaching von Vereinsvorständen, Soziale Betriebe, Veröffentlichungen **www.ibpro.de**.

Kerstin Hemme ist Diplom-Sozialarbeiterin mit betriebswirtschaftlicher Zusatzqualifikation. Seit 2012 arbeitet sie als freie Beraterin für soziale Organisationen im Bereich Fundraising & Öffentlichkeitsarbeit **www.heno-beratung.de**.

Renata Kavelj arbeitet seit 2006 bei der emcra GmbH in Berlin und leitet dort die emcra Akademie. Sie verfügt über langjährige Erfahrungen als Trainerin, Beraterin und Referentin auf Veranstaltungen rund um das Thema EU-Fördermittel. Sie hat zahlreiche EU-Projekte als externe Evaluatorin begleitet und war als Gutachterin für die Nationale Agentur Bildung für Europa beim Bundesinstitut für Berufsbildung (NA beim BIBB) im Bereich der beruflichen Bildung tätig. **www.emcra.de**

Tina Keeling: Pädagogin M.A., Referentin Fundraising IB-Pro e.V., Vorstandsmitglied des Vereins zur Förderung der Arbeit der Stiftung Wings of Hope e.V. Arbeitsschwerpunkte: Finanzierung / Fundraising (Beratung, Training, Durchführung eines Fundraisinglehrgangs), Öffentlichkeitsarbeit / Kommunikation, Verwaltungs- und EDV-Seminare **www.ibpro.de**.

Gabi Klein ist Diplom Sozialarbeiterin und arbeitet u.a. als freie Mitarbeiterin bei VIS a VIS Beratung – Konzepte – Projekte-Dieter Schöffmann, Köln in den Bereichen Sozialmarketing und Fundraising. **www.visavis-wirkt.de**

Daniel Kraft studierte in Freiburg im Breisgau und Brno/ Brünn (Tschechische Republik) Politikwissenschaft, Soziologie und Germanistik. 2003/04 absolvierte er den Diplom-Lehrgang Fundraising am Verbands-Management Institut in Fribourg (Schweiz). Bevor er Leiter der Stabsstelle Kommunikation und Pressesprecher bei der Bundeszentrale für politische Bildung in Bonn **www.bpb.de/presse** geworden ist, war er bis Juni 2005 für die private Brücke/ Most-Stiftung zur Förderung der deutsch-tschechischen Verständigung und Zusammenarbeit in Dresden und Prag tätig. Daniel Kraft ist Dozent für Fundraising und PR an der Dresden International University (DIU).

Heike Kraack-Tichy ist seit 2002 geschäftsführende Gesellschafterin der emcra GmbH – ein Weiterbildungs- und Beratungsunternehmen rund um europäische und nationale Fördermittel in Berlin – und hat u. a. die zertifizierte Weiterbildung „Qualifizierung zum EU-Fundraiser" konzipiert, die alles rund um das Thema „EU-Fundraising" (z.B. EU-Projektentwicklung, Antragstellung sowie Projekt- und Finanzmanagement in EU-Projekten) bietet. Im Rahmen ihrer Beratungstätigkeit konzentriert Heike Kraack-Tichy sich seit über 10 Jahren auf das Thema Europäisierung von Organisationen, hier insbesondere auf Organisationsentwicklung und öffentliche Förderung (national und europäisch). Sie ist Mitbegründerin und Vorstandsvorsitzende der EU-Fundraising Association e.V. **www.emcra.eu**.

Andreas Länge: Seine Erfahrungen im Fundraising, Projektmanagement und der Beratung von Organisationen und Initiativen stammen aus seiner 20jährigen Tätigkeit als Bundesreferent für einen Fachverband der Diakonie Deutschland und als langjähriger Vorsitzender von Vereinen mit Hauptamtlichen und Immobilien. Sein Motto ist: „Wer nicht fragt – der nichts gewinnt!"

Claudia Lamprecht: 1995 Abschluss des Magister-Studiums der Kommunikationswissenschaft an der Ludwig Maximilians Universität in München. Seit 1996 tätig für namhafte Benefiz-Organisationen, die sowohl Spenden sammeln als auch ausschütten bzw. operativ arbeiten. Fundierte Erfahrung in den Bereichen Projektarbeit, Kommunikation, Fundraising, Marketing, Presse- und Öffentlichkeitsarbeit von regional, national und international arbeitenden sozialen Stiftungen und Vereinen.

Christine Lindemann ist Verlagskauffrau, studierte Kommunikationswissenschaft, BWL und Werbepsychologie und arbeitete im Verlagswesen, in Werbeagenturen und Medienunternehmen, sowie im Social-Profit-Bereich bei der McDonald's Kinderhilfe Stiftung, missio München. Seit 2012 leitet sie die Geschäftsstelle von HORIZONT e.V., ein gemeinnütziger Verein, der sich um obdachlose Kinder und deren Mütter in München kümmert. Dort ist sie verantwortlich für Großspender-Fundraising und Marketing. **www.horizont-ev.org**

Peter Lindlacher **www.lindlacher.com** ist Dipl. Sozialpäd. (FH) und Mediator BM und arbeitet seit 1997 als Fundraisingberater in München. Er hat u.a. einen Lehrauftrag an der Kath. Stiftungsfachhochschule München für Sozialpädagogik und einen Lehrauftrag an der Ostbayerischen Technischen Hochschule (OTH) Regensburg, Fakultät Angewandte Sozialwissenschaften.

Wolfgang Mayer ist Fundraising-Manager (FA), systemischer Berater, Diplom-Sozialarbeiter (FH) und ausgebildeter Bankkaufmann. Er absolvierte eine theologische Zusatzausbildung und arbeitet seit 2006 als Referent für Fundraising und Öffentlichkeitsarbeit am Jesuiten-Kolleg St. Blasien im Schwarzwald; davor mehrjährige Tätigkeit in der Jugendbildungsarbeit. Langjährige Beschäftigung mit Fundraising und Sponsoring sowie Veröffentlichungen z.B. „Fundraising für Schulen" und Mit-Leitung der Fachtagung Schulfundraising an der Ev. Akademie Bad Boll **www.wolfgang-mayer.de.**

Annette Naeser, Dipl. Sozialpädagogin (FH) und Kommunikationswirtin (BAW) seit 2013 stellvertretende Geschäftsführerin bei Refugio München und verantwortlich für das Fundraising. Sie ist seit 15 Jahren im strategischen und operativen Fundraising für gemeinnützige Einrichtungen tätig. **www.refugio-muenchen.de**

Ulrike Philipp ist Fundraiserin und seit 2003 Referentin bei der von missio initiierten Stiftung ecclesia mundi in München. Die Diplom Kulturwirtin (Univ.) und Stiftungsmanagerin (ebs) studierte in Passau, Toulouse und Oestrich-Winkel und ist Fachautorin sowie Referentin für die Themen Fundraising, Stiftungen und Corporate Social Responsibility. **www.missio.com**

Ralf Püpcke hat für das Kultursponsoring der Deutschen Telekom gearbeitet, Werbewirtschaft studiert und ist selbständiger Kulturmanager und Geschäftsleiter seiner Agentur Püpcke Kulturmarketing, Stuttgart. Schwerpunkte: strategische Beratung, Konzeption, Organisation und Vermarktung sowie Evaluation von Kulturprojekten und Kulturbetrieben. Im Fundraising ist er beratend, konzeptionell oder in der Fördermittelakquise und zeitweise als Gastdozent am Institut für Kulturmanagement Ludwigsburg tätig. Seit 2011 leitet er als Lehrbeauftragter an der Staatlichen Hochschule für Musik und Darstellende Kunst Stuttgart das Seminar Musikmanagement. **www.puepcke.de**

Sieglinde Ruf – Fundraising & mehr, Köln – ist selbständige Fundraising-Beraterin, Organisationsentwicklerin und Coach. Mehr als zehn Jahre Erfahrung in Fundraising, Beratung und Wissensvermittlung. Ihre beruflichen Schwerpunkte sind strategische Beratung und Implementierung von Fundraisingprozessen, Entwicklung und Begleitung von Pilotprojekten sowie Qualifizierung von Mitarbeitern. Ihre Kunden sind vor allem verbandlich verfasste freie Träger der Jugend-, Sozial- und Bildungsarbeit, Kirchen und Kommunen. Vor ihrer Selbstständigkeit war die studierte Theologin Beauftragte für Fundraising und Sponsoring der Evangelischen Landeskirche in Baden. Zuvor entwickelte sie bei einer erfolgreichen Einzelhandelskette den Bereich Aus- und Weiterbildung mit. **http://diefundraiserin.de/**

Dieter Schöffmann ist seit 1990 selbständig und berät seitdem vor allem zu strategischen Fragen des Fundraising. Mit seiner Firma VIS a VIS Beratung – Konzepte –Projekte **www.visavis-wirkt.de** berät er Gemeinwohlorganisationen, Unternehmen, Stiftungen und die Öffentliche Hand rund um Fragen der Förderung von Bürgergesellschaft und Bürgerengagement (öffentliche Förderkonzepte, Freiwilligenmanagement, gesellschaftliches Unternehmensengagement / Corporate Citizenship u.ä.m.).

Dr. Michael Stingl, Rechtsanwalt für Erbrecht und Geschäftsführer der Ditare et Donare Verwaltungs- und Beratungsgesellschaft für Stiftungen in München, begleitet Stifter und Stiftungen von der Gestaltungsplanung über klassische Verwaltungstätigkeiten bis hin zur professionellen Strategieberatung. Er ist selbst Vorstand zahlreicher Stiftungen. **www.ditare-donare.de**

Birgit Stumpf, Diplom-Betriebswirtin, ist im strategischen und operativen Fundraising vor allem im Gesundheitswesen tätig – u.a. am Universitätsklinikum Tübingen und für die Hertie-Stiftung. Zuvor hat sie lange in leitenden Positionen im Marketing und Vertrieb für internationale Konsumgüterfirmen gearbeitet. Sie leitet die Fachgruppe Gesundheitswesen des Deutschen Fundraising Verbandes. Gemeinsam mit Roland Berger Strategy Consultants hat sie die erste deutsche Studie zum Thema Fundraising in Krankenhäusern veröffentlicht. Sie ist Autorin und Co-Autorin zahlreicher Fachartikel und Referentin auf Konferenzen im Bereich Fundraising und Gesundheitswesen **stumpf. birgit@t-online.de, stumpf@fundraisingverband.de**.

Marcella von Uthmann ist Politologin (M.A.) Seit 2006 betreibt sie das Beratungsunternehmen für Kulturmarketing „büro K" **www.buerok.de** und ist Leiterin der Museumsshops im Museum Kunstpalast in Düsseldorf. An diversen Weiterbildungseinrichtungen für Tourismus- und Kulturmarketing hält sie Seminare mit dem Schwerpunktthema „Kulturmerchandising".

Dr. Oliver Viest ist Geschäftsführer der Kommunikationsagentur <em>faktor mit Sitz in Stuttgart und Frankfurt. Er ist seit über 15 Jahren im Fundraising und dem Social-Profit-Marketing für gemeinnützige Einrichtungen tätig. Mit seinem Team hat er bislang 120 Organisationen betreut. <em>faktor bietet kleinen und mittleren Organisationen eine Fundraising-Werkbank in der erfahrene Experten die Organisation in allen Belangen des Fundraisings unterstützen: Von der Konzeption und der Materialerstellung über die Ansprache bis hin zur Großspendergewinnung und Anbahnung von Unternehmenskooperationen. Informationen: **www.em-faktor.de**

Stichwort- und Namensverzeichnis

Stichwort- und Namensverzeichnis

E

525

Stichwort- und Namensverzeichnis

W

X

Y

Z

Andreas W. Hohmann
Marketing für Soziale Arbeit und Initiativen.
Ein Handbuch

ISBN 978-3-940865-44-1 I 2014 I 228 Seiten I 19,80 €

In Zeiten knapper Kassen der öffentlichen Hand wird es immer wichtiger in der Sozialen Arbeit ein gutes Fundament in Bezug auf Marketing aufzubauen. Auch soziale Einrichtungen – wie alle NGOs – müssen sich gut darstellen und präsentieren können. Dabei geht es nicht nur um den „Kampf" um Spendengelder, sondern auch um eine gute Lobbyarbeit der Sozialen Arbeit gegenüber den öffentlichen Geldgebern und der interessierten Öffentlichkeit. Das Handbuch „Marketing" gibt Hilfestellungen im weiten Feld von Marketing, PR, Fundraising und Lobbying und zeigt praxisorientert Möglichkeiten auf.

Evangelisches Bildungswerk München (Hg)
Erfolgreiche Presse- und Öffentlichkeitsarbeit in Bayern.
Ein Praxishandbuch nicht nur für Vereine und soziale Arbeit. Mit über 1500 Medienkontakten, vielen Beispielen und Tipps von Profis

ISBN 978-3-940865-540 I 9. verb. Aufl. 2013, I 192 S. I 18 €

Seit über zwei Jahrzehnten das umfassende Nachschlagewerk für erfolgreiche Presse- und Öffentlichkeitsarbeit in Bayern für alle Bereiche, Print, TV, Radio und Internet. Für Unternehmen, Vereine, Initiativen, Behörden, Kirchen und Parteien. Praktische Tipps und Beispiele erläutern, wie Sie Ihre Organisation interessant präsentieren und erfolgreich mit Medienvertretern zusammenarbeiten.
Ein sehr ausführlicher Adressteil bietet in übersichtlicher Gliederung über 1.500 für die tägliche Öffentlichkeitsarbeit nützliche Kontakt- und Internetadressen der Redaktionen und weiterer wichtiger Partner in Bayern – Printmedien, Nachrichtenagenturen, Hörfunk- und Fernsehsender, Internet-Veranstaltungskalender, Werbepartner.

AG SPAK Bücher I Burlafinger Str. 11 I 89233 Neu-Ulm
www.aggspak-buecher.de I Gesamtverzeichnis anfordern!

Selbsthilfezentrum München (Hg.)

Recht für Selbsthilfegruppen.
Rechtliche Rahmenbedingungen für Initiativen
und Selbsthilfegruppen
2. aktualisierte und erweiterte Auflage
ISBN 978-3-940865-53-3 I 2013 I 160 S. I 16 €

Das Spektrum von Selbsthilfegruppen und Initiativen ist in Deutschland breit gefächert: Gesprächsgruppen bei chronischen Erkrankungen, Stadtteilinitiativen, Gruppen für verschiedene Lebenslagen und viele andere mehr. Praxisgerecht werden die Fragen beantwortet, die in jeder Selbsthilfegruppe auftreten: Wer tritt nach außen auf? Wer unterschreibt den Förderantrag? Wer haftet bei Fehlern, Versäumnissen und Unfällen? Wer ist für den Flyer presserechtlich verantwortlich? Führt ein Straßenfest zur Steuerpflicht? Ausführlich werden Problemstellungen für nicht vereinsrechtlich organisierte Gruppen behandelt und Bezüge zum Vertretungs-, Haftungs-, Presse-, Versicherungs- und Steuerrecht hergestellt.

Dieter Harant

Praxis Betriebswirtschaft für Nichtökonomen
ISBN 978-3-930830-69-5 I 2012 I 184 S. I 19 €

Projektmanager, Leitungen oder Geschäftsführungen sozialer Einrichtungen benötigen ökonomisches Wissen, um ihre Aufgaben zielgerecht erfüllen zu können. Die Reporting-Anforderungen seitens Gesellschafter, Mitgliederversammlung, Banken oder Zuschussgeber nehmen an Komplexität zu. Wobei es nicht mit der Überwachung des Tagesgeschäfts getan ist. Mindestens ebenso wichtig ist eine langfristige Planung und Strategie.
In diesem Buch bekommen Sie das notwendige Wissen vermittelt, um vorhandene Informationen des Rechnungswesens zu verstehen und zu nutzen. Sie lernen auch, welche Informationen Sie zur Steuerung und Kontrolle Ihrer Einrichtung benötigen.

EBW / IBPro (Hg.)

Stiftungen nutzen – Stiftungen gründen

ISBN 978-3-930830-27-5 I 4, akt. Aufl. 2008 I 200 S. I 22 €

Stiftungen erleben seit Jahren einen ungeheuren Boom. Täglich werden in Deutschland drei neue gegründet. Deutlich erhöhte steuerliche Anreize führen dazu, dass auch schon bestehenden Stiftungen große Summen zufließen.

Die Mehrheit der inzwischen rund 16.000 privatrechtlichen Stiftungen sind Förderstiftungen. Sie unterstützen Soziales, Kultur, Ökologie, Wissenschaft etc. Dieses Buch zeigt Ihnen, wie sie erfolgreich Förderanträge stellen.

Wenn Sie selbst stiften oder – auch ohne eigene Mittel – eine Stiftung für Ihr Anliegen gründen wollen, zeigt Ihnen das Buch dafür vielfältige – auch sehr unbürokratische Wege auf.

Die Autoren sind ausgewiesene Stiftungsexperten und nehmen Stellung zur Reform des Stiftungsrechts. Sie stellen verschiedene Modelle für Stiftungen vor (selbständige, treuhänderische, virtuelle Stiftung nach Privat-, öffentlichem oder kirchlichem Recht, Stiftungsfonds etc.). Die Errichtung, Anerkennung und Verwaltung, sowie die Gemeinnützigkeit einer Stiftung werden praktisch erläutert, ergänzt durch Satzungsmuster. Hinweise auf Adressen, Literatur, Stiftungsverzeichnisse und Datenbanken helfen dem, der das Thema weiter vertiefen möchte.

IBPro (Hg.)

Vereinspraxis
inkl. CD-ROM u.a. mit Mustertexten

ISBN 978-3-923126-52-16I 2013 I 210 S. I 19 €

Der Ratgeber gibt Hilfestellung zu: Vereinsgründung; Rechtsform/Vereinsorgane, Steuern/Gemeinnützigkeit, Rechnungslegung, Arbeitgeberpflichten, Arbeitsverträge/Versicherungen, Öffentlichkeitsarbeit, EDV im Verein, Spenden, Sponsoring, Rücklagen, Aufwandsentschädigung, Haftung, Auflösung, Konkurs u.v.a.m.

EBW, Sabine Sautter (Hg.)
Leben erinnern
Ein praxisnahes Handbuch für
Biografiearbeit mit Älteren
ISBN 978-3-930830-49-7 I 2004 I 160 Seiten I 13 €

Die Autorinnen berichten aus ihrer jahrelangen Praxis im Ev. Bildungswerk München, wo sie ein umfangreiches Seniorenprogramm anbieten. Sie beschreiben erprobte Methoden und erläutern die Konzepte, auf denen ihre Arbeit basiert. Biografiearbeit, das ist in diesem Buch biografisches Erzählen, biografisches Schreiben und auch Erinnerungsarbeit mit Hochaltrigen und demenziell Erkrankten.
Die ausführlichen Berichte über zwei umfassende Projekte der Biografiearbeit, das Münchner Erzählcafé und das Zeitschreiber-Projekt, in dem ältere Menschen biografische Texte verfassen und diese bei Lesungen präsentieren, runden den Band ab. Ein Handbuch für alle an Biografiearbeit Interessierte.

Sabine Sautter (Hg.)
Abenteuer Kultur
Erlebnisorientierte Methoden in der Kulturarbeit
Ein Praxisbuch für freiwillig Engagierte
ISBN 978-3-930830-90-9 I 2007 I 151 Seiten I 16 €

„Abenteuer Kultur" richtet sich an freiwillig Engagierte und interessierte Profis, die sich mit anderen Menschen gemeinsam Kunst und Kultur erschließen wollen. Grundlagen sind ihre eigene Begeisterung, etwas Wissen, aber vor allem kreative, gesprächs- und erlebnisorientierte Methoden, die die Wahrnehmung aller zum Tragen bringen. Sie bilden die Voraussetzung für „kulturelle Selbstaneignung".

S. Odierna / F. Letsch (Hg.)

Theater macht Politik
Forumtheater nach Augusto Boal – Ein Werkstattbuch

ISBN 978-3-930830-38-1| 2006 | 210 Seiten | 19 €

Das Forumtheater nach A.Boal bringt Veränderungsprozesse in Gang. Es ist Theater, das „Politik macht". Lernprozesse werden in Gang gesetzt, die kulturelle Bildung öffnet sich politischen Veränderungsprozessen. Das Werkstattbuch versucht den Kraftfeldern des Theaters der Unterdrückten – und insbesondere des Forumtheaters – zu folgen, den Blick für eigene und politische Veränderungsprozesse zu öffnen und Motivation freizusetzen, mit dieser ungewöhnlichen Theaterform zu arbeiten.

Horst Mauer, Norbert R. Müllert

Soziale Kreativitätsmethoden von A bis Z
Nachschlagen, verstehen, einsetzen / Moderationsfibel Soziale Kreativitätsmethoden von A bis Z – Das Praxisbuch zu Problemlösungsverfahren mit Gruppen

ISBN 978-3-930830-91-6 | 138 Seiten | 19 x 23 cm | 19,00 €

Soziale Kreativitätsmethoden sind gruppenbestimmte Verfahren, um gemeinsam Probleme zu lösen, Themen zu durchdringen, Fragestellungen neu und in einer ungewöhnlichen Art und Weise aufzuschließen. Die vierzig sozialen Kreativitätsmethoden umfassen dabei sowohl analytische und assoziative als auch imaginative, kontemplative, konstruktive und spielerische Vorgehensweisen. Ein Praxisbuch für Personen, die Gruppen und Initiativen, Sitzungen und Besprechungen leiten sowie Lehr- und Ausbildungskräfte, Fachleute aus Institutionen.

Beate Kuhnt / Norbert R. Müllert

Moderationsfibel Zukunftswerkstätten
verstehen – anleiten – einsetzen

ISBN 978-3-930830-45-9 | 2006 | 230 Seiten | 21,00 €

Zukunftswerkstätten sind ein soziales Problemlösungsverfahren, ein Instrument kreativer Gruppenarbeit. Damit können Themen durchdrungen, Probleme gelöst und Anliegen zukunftsweisend bewältigt werden.Zielgerichtetes Vorgehen und methodisch kreatives Arbeiten in Gruppen prägen diesen offenen Prozess, der von den Teilnehmenden inhaltlich bestimmt und in seinem Fortgang ausgefüllt wird. Die *Moderationsfibel* vermittelt die Grundlagen und Hintergründe der Werkstattmethode. Spezielle Anleitungstexte und methodische Details machen mit der Moderation einer Werkstatt vertraut. Das Handbuch hilft bei der Planung und Anleitung, der Dokumentation und Auswertung ebenso wie bei Moderationsproblemen.

Die **Vision**, nur noch das drucken zu müssen, was aktuell benötigt wird, ist **Realität**. Ob Broschüre, Buch, Zeitschrift oder Prospekt, all diese Publikationen sind mittels Digitaldruck kostensparend, umweltschonend und in kurzer Zeit zurealisieren.

Ein Großteil der Publikationen der AG SPAK produzieren wir mittlerweile im Verfahren des Digitaldrucks. Ergebnis davon ist unter anderem ein „kleines" Buchlager, flexible Produktionsweise und Herausgabe von Büchern, die wir sonst nicht realisieren könnten.

Unsere Dienstleistungen werden mittlerweile aber auch von anderen Verlagen, Verbänden, Vereinen und Unternehmen im Anspruch genommen. Fordern Sie unsere kostenlose Infobroschüre an oder „besuchen" Sie uns im Internet!

Digitaldruck leibi.de
Burlafinger Str. 11
89233 Neu-Ulm
eMail: digital@leibi.de
Fon (07308) 91 90 94
Fax (07308) 91 90 95
www.leibi.de

Digitaldruck leibi.de